U0142551

青少年發展與輔導

黃 德 祥 著

五南圖書出版公司 印行

二版序

　　本書自從第一版第一刷出版以後即廣受各界歡迎，不只各大學校院相關系所與教育學程採用本書為教科書，各級學校眾多現職教師也以本書為進修與應考教材，更意外的是，香港與中國大陸部分大學也以本書為教本，甚至也有讀者來信讚譽本書是華文世界最好的一本青少年專書，令筆者深受鼓舞。

　　最近幾年來，國內政治與經濟環境改變快速，青少年的生活與學習也受到極大的影響與衝擊，最顯著的，乃是教育改革的不確定性與網際網路的發達，前者使多數青少年仍深為升學壓力所苦，後者使青少年的世界完全改觀，「虛擬的世界」（virtual world）甚至比「實體的世界」（real world）更能觸及青少年的內心深處。目前教育改革何去何從猶未可知，網際網路的深層影響仍持續進行當中，當前青少年的身心發展特質可能不同於以往，因此，對青少年的輔導策略可能亦需有所調整，最重要的，乃是社會各界需要對青少年更多的關心，對當前青少年的問題能有更多的研究與探討，使「e 世代」的青少年有更寬廣的成長與發展空間。

　　基於此，作為青少年研究與輔導工作者，筆者亦深深體認到責任的重大，因此，為持續保有本書的充實性與豐富性，以使青少年教育與輔導工作者對當前的青少年有更正確的認識、更多的關注，乃於年前對本書第一版做較大幅度的修正與資料更新，並且新增名詞索引。第二版第一刷出版以後同樣受到學者與一般讀者的歡迎，此次趁第二版第二刷之便，再將書中疏漏之處加以改正，希望本書能更臻完美，並期望各界能繼續指教。

　　青少年確實是明日國家社會的主人翁，你我的一分關心、一分愛，多

些牽引、多些協助,將能使青少年更積極的成長與發展,當然,我們明天的國家社會也會因而更加美好。

黃德祥 謹識

2002 年 2 月於彰化師大

序

　　如果說：「兒童是國家未來的主人翁」，我們更可以說：「青少年是國家明日的主人翁」，但是我們對即將進入成熟階段，承擔成人責任的青少年所知有多少？從歷史的觀點來看，青少年族群的興起與青少年問題的發生是與工商業社會的發展密不可分的。隨著台灣社會的急速變遷，這一世代的青少年，不論在身心發展、人生體驗、生活方式、價值觀念、交友方式、生涯規劃等各個人生層面上，與上一世代的青少年，乃至於與目前的成人都有著極大的差異。遺憾的是，一般人通常對青少年持有較多負面的印象，國內青少年相關論著，類多以「青少年問題」稱之，即是一例。事實上，青少年期的問題並不一定比其它人生階段為多，也不必然比上一世代的青少年有較多的困擾，這端賴青少年所處的環境與相關人物的支持與協助程度而定。基本上，這一世代的青少年比過去的青少年有更優裕的生活條件，也有更大的發展空間，但社會也給予較大壓力，同時也存有較多不良誘惑，近年來國內青少年濫用違禁藥物人數的增多就是一個徵候。儘管如此，筆者仍然相信目前青少年絕大多數都在向上與向善的方向上成長及發展中，與過去及未來的青少年相同，他們需要社會大眾，尤其是他們的重要他人（父母、老師、同儕）的瞭解、幫助、愛與關懷。基於此，筆者認為國內需要有一本能呈現青少年發展全貌、涵蓋各個發展層面，並且能以積極觀點看待青少年的論著，以作為青少年的教育與輔導，甚至是青少年自我瞭解與自我發展的指引。筆者歷經三年奮鬥，犧牲了無數的假日與睡眠，終於能將本書展現給大家，內心的歡喜無可言喻。本書力求以簡明與具代表性的理論、圖表或數據說明青少年發展的各種現象與輔導策略，字字斟酌、句句詳加考證，相信讀者由字裡行間能體會到筆者的用心與賣力，尤其本書資訊的新穎與豐富程度，相信大多數讀者會滿意的。

　　本書共分十四章，除第一章探討青少年的意義與作入門導言之外，第

二章及第三章闡述青少年發展的重要理論模式，以期奠定深入探討青少年發展相關課題的基礎，這兩章希望讀者能用心鑽研，以引發更多對青少年發展及輔導的深度思考。第四章至第十章分別探討青少年的重要發展層面，包括生理發展及輔導、性發展、性愛問題與輔導、智能發展與輔導、社會化與性別角色的發展與輔導、自我與情緒發展與輔導、道德、價值觀與宗教發展及輔導、生涯與休閒發展與輔導，第十一章及第十二章分別敘述影響青少年發展的家庭、同儕、學校、社會等四大力量，第十三章及第十四章討論青少年的偏差行為與犯罪問題及其防治。本書事實上融入了筆者近年來青少年系列相關研究的心血結晶，包括：父母離婚青少年輔導、青少年刺激尋求、社會發展、社會技巧訓練、社會比較、班級互動與教室管理、生涯與休閒輔導、青少年偏差與犯罪行為防治等，有興趣的讀者可以從參考文獻中蒐尋相關主題資料，作深入研讀。

　　本書全部共約四十五萬餘字，適合當作大專校院青少年相關課程的教科書，更可供教育與輔導工作者的參考。青少年本身、青少年的父母及其他關心青少年發展的各界人士也可以從本書中獲益。筆者建議讀者綜覽全書，倘因課程、工作與個人需要，只選讀部分的章節也未嘗不可。盼望本書對青少年的健全成長與發展有積極的貢獻，不過個人能力有限，書中疏誤之處恐不能免，敬祈大家指正。

　　四十餘萬字的書如果沒有眾多親人、師長、好友的支持與幫忙，可能無法今朝問世。筆者特別要感謝國立彰化師範大學甚多師長的鼓勵，尤其前校長葉學志博士、現任校長陳倬民博士、教育學院院長許天威博士、輔導系前主任陳明照博士的諸多指導。另外王翠婉、黃麗娣小姐，以及輔導系所莊訓當、黃慧芬、陳碩琸、王永平、黃淑靜、李雪禎、王怡誠、林金蟬、許玉珮等諸位同學在文稿整理與謄寫上的幫忙。五南圖書出版公司楊董事長榮川及同仁對本書的出版也貢獻良多，楊董事長的耐心等候本書完成，以及各位同仁對本書編排的用心，令筆者十分感激。

　　最後，願將本書獻給愛妻魏麗敏教授，及我倆可愛的彥蓉與彥杰兩寶
貝，他們是本書順利出版的原動力。

　　　　　　　　　　　　　　　黄　德　祥　謹識
　　　　　　　　　　　　　　　民國八十二年十一月一日
　　　　　　　　　　　　　　　於國立彰化師範大學輔導系

目　錄

第一章

青少年的意義與導論

　　青少年(*adolescence*)是個體一生之中身心發展與改變最大的階段之一，不論在生理、認知、性別角色、自我、生涯等方面都有了新的成長，伴隨而來的，家庭、同儕、學校、社會與文化對青少年也有了新的反應與期望。青少年期可說是個體內外在環境同時鉅大改變的轉型期(*transitional period*)。一般人可以感受到青少年充滿了熱情、活力、希望、歡欣與喜悅，但也可常看到青少年面對了無數的挑戰、挫折、失落、不安與徬徨，在人的一生當中，再也沒有任何一個階段如青少年時期兼有多重正負向交集的景象。

　　另一方面，隨著國內政治、文化、經濟與科技文明的發展，當前的青少年正享受著前所未有的繁榮與富裕的生活，他們的身心特質與行為模式可能也不同於過去世代，對當前成長與發展中的青少年而言，可能正面臨著各種新的挑戰與問題，如網際網路與資訊的發展和暴增、人際的競爭與疏離、兩性關係的調整與家庭結構的改變等，都顯示青少年的發展與輔導是值得關切的課題。

第一節　青少年的意義與特質

青少年的界定頗為不易，不同學者對青少年的意義看法亦不盡相同，本節將先從中文與英文的定義上認識青少年的本質，另外將分析青少年與人生階段的關聯，並探討青少年的人口結構。最後將從歷史與文化的觀點探查青少年概念的沿革。

壹、青少年的意義

一、中文上的意義

「青少年」一詞是近代才產生的名詞，但何時開始使用，已經無從查考。在一般人的印象中，青少年是指身體開始發育，尚未完全成熟的十來歲年輕人，相當於國中與高中階段的學生。

在中國的古籍中，事實上是將「少年」與「青年」分開使用的。「少年」與「青年」兩詞有時意義相通，泛稱年紀輕的人。如《戰國策・群策》中曾說道：「恆思有悍少年，請與叢博」；《史記・准陰侯傳》也有「准陰屠中少年，有侮信者」的話；《漢書・田儋傳》記載著：「儋陽為縛其奴，從少年之廷，欲謁殺奴」。《隋書・李雄傳》更說：「吾兒既少，更事未多」，後來被引伸為年少閱歷淺薄，少不更事。《野叟曝言》中也曾說道：「老姪如此少年老成，吾友為不死矣」，「少年老成」表示年輕而行事穩重。《文選・江淹別賦》中也有一句：「乃有劍客慚思，少年報士」。此外，古文之中也有些單獨使用「少」字，但均有少年之意，如《論語・季氏》：「少之時，血氣未定，戒之在色」。《王羲之・蘭亭集序》：「群賢畢至，少長咸集」。《禮記・曲禮上》也說：「少者賤者不敢辭」。另外，《南史・劉苞傳》稱：「苞少好學。」

《晉書‧王羲之傳》：「王氏諸少皆佳」。大體而言，古時「少」、「少年」或「少者」皆同義，泛指年幼、年輕、年少或三十歲以前之人。

在古籍中，「青年」被引用的地方較少。如：《王世貞詩》提到：「若遇長沙應大笑，不將憔悴送青年」。《剪燈餘話‧瓊奴記》：「青年粹質，終異常人」。《酉陽雜俎續集》中也說過：「皎潔玉顏勝白雪，況乃青年對芳月」。《陳亮‧龍川集》：「亮青年之志，白首奮身」。青年都是泛指年輕，處於壯盛之年的人。

在近代通用辭書中，較多直接對「青年期」、「青年」或「青少年」作闡述，例如：

㈠《中文大辭典》（民74）：

青年期（adolescence）：自成丁至成熟之期。約在男子十四歲至二十五歲、女子十二歲至二十一歲之際。斯時精神及生理上均呈劇烈變化及動搖，易為感情所支配而走極端，理智之作用尚未充分發達，然對於道德及宗教之信仰此時之可塑性最大（第1584-1585頁）。

㈡《辭源》（民70）：

青年期（adolescence）：自十二歲末至十八歲末。謂之青年前期。亦名成丁期（age of puberty）。自十八歲末至二十四歲末謂之青年後期，即自成丁期末至完全成熟之期，在成丁期內，身體發育加速，心理發達亦然，男女性在此期內發達云（第2290頁）。

㈢《大辭典》（民74）：

青年：(1)一般指年齡從16－25歲的人。

　　　(2)身體發展進入青春期的人。女子以第一次月經來潮，男性則以排出精子為準。

　　　(3)社會已停止視其為兒童，但尚未賦予成人的地位及任務，僅要求其準備履行社會義務，享受社會權利的人（第5224頁）。

㈣《新辭典》（民78）：

青少年：(1)指十二、三歲以上，十九歲以下的年輕人。

⑵在發展心理學上，指由兒童變為成人的過渡期（第2146頁）。

㈤《國語辭典》（民73）：

青年：指年紀在中年以下，少年以上的人；亦作輕年（第2927頁）。

㈥《國語活用辭典》（民76）：

青年：⑴人生階段之一，從十六、七歲到二十三、四歲，是由少年過渡到成年的重要歷程。

⑵年齡正在青年階段的人（第1873頁）。

由上述辭書的詮釋中可以發現，所謂青年或青少年係指身心加速發育至完全成熟階段的年輕人，年齡約在12歲至25歲之間。由此亦可發現，中文辭書對於青年或青少年的界定頗不一致，尤其年齡的範圍差異頗大。

二、英文上的意義

英文「 *adolescence* 」（青少年）一詞係由拉丁文 *adolescere* 一字衍化而來，ad 的本意是「朝向」（ *toward* ），*alesere* 的本意是「生長」（ *to grow* ），因此 *adolescence* 一詞包含兩個意義：㈠成長（ *to grow up* ）；㈡即將發育成熟（ *to grow to maturity* ）。*adolescence* 後來被用來代表即將成熟（ *to be mature* ）的年輕人。在另一方面，*adolescence* 也意謂著「即將要進入成長期」（ *to grow into adulthood* ），準備要承擔成人的角色與義務。簡單來說，青少年期是指由兒童期過渡至成人期的一個橋樑階段（ *Dusek*，1987；*Jaffe*，1998）。

在英文中尚有數個與「青少年」一詞有關的名詞，也常在學術論著及日常生活中被應用著：

㈠**青春期**（ *puberty* ）：這是常與「青少年」一詞交互使用的名詞。*Puberty* 一字係由拉丁文 *pubes*（陰毛）所衍化而來。通常用來表示個體長出陰毛、春情發動、性器官接近成熟狀態，並且開始愛慕異性，具有生

育能力的一個人生時期。青春期較偏重於對性成熟的強調，不若「青少年」一詞的泛指個體各方面的發展，因此青春期的意義較爲明確與狹窄。

㈡**青春發動期**（*pubescence*）：此一名詞與「青春期」幾乎同義，不過「青春期」的意義較傾向於生理現象的發生，「青春發動期」較偏重於生理改變與性成熟的一個較長時期的特徵，但兩者要嚴格區分並非容易。

㈢**十來歲的人**（*teenager*）：在英文之中，13（*thirteen*）至19（*nineteen*）之間的數字剛好都有 *teen* 的字尾，年齡在13至19歲的年輕人剛好大約處於青少年階段，故在日常生活與大眾傳播媒體中，普遍以「十來歲的人」代表青少年。

㈣**年輕人**（*youth*）：這是指青春、活潑、血氣方剛、年輕有活力的族群，也是泛指未充分成熟的年紀較輕的人。

㈤**年紀輕的人**（*the young people*）：此一名詞與「年輕人」相當，兩者也難以嚴格區分，不過在習慣上，「年紀輕的人」的年齡較「年輕人」一詞所指較年少些。這是泛指年紀輕輕、比較沒有人生經驗，未成熟的人。

㈥**青少年犯罪**（*juvenile delinquency*）：在英文中，*juvenile*（青少年）與 *delinquency*（犯罪或不良行爲）兩字通常連用，尤其在法律上對青少年慣用 *juvenile* 一詞，泛指違犯法律規定，行爲不當的年輕人。

三、青少年的不同觀點

一般而言，目前對青少年意義之界定主要有五大類不同的觀點：

㈠**生理觀點**

從生理學的角度來看，青少年是指生理各方面快速發育，即將具有生育能力的時期。在兒童期末期，當個體的生殖器官與第二性徵開始改變之時，就開始進入青少年期，當個體的生殖系統充分成熟之時，就結束了青少年期。除了性的發展之外，個體的其他生理器官，如骨骼、內

臟等也急速的在發育與成熟當中。對女性而言，進入青少年期的最明顯象徵是有初經（*menarche*）來臨，當月經規則化，卵子並已具有生殖能力時，就結束了青少年期。男性在生理上較無明顯徵兆，但開始有夢遺與射精現象時，也可表示已進入青春期。

(二)心理觀點

從心理層面來看，青少年是指心智達到一定成熟狀態，具有抽象與邏輯思考的能力，且情緒較趨穩定者。當兒童能開始獨立思考，不再依賴具體事物，並能客觀認知事物，在智能的質與量上都有甚大改變的時候，就進入了青少年階段。在青少年時期個體的情緒雖有變化，但逐漸穩定與持重，對自我與社會環境的了解也會逐漸深刻。整體而言，當個人心智、自我與社會都能充分使用邏輯與抽象思考歷程，並達到成熟、穩定與複雜程度時，就是結束青少年期而進入成人階段的象徵。

(三)社會學觀點

社會學的觀點認為，青少年開始於春情發動（*onset of puberty*）或性成熟之時，但何時結束卻由社會標準（*social criteria*）所決定。像中國與印度社會通常將已結婚者視為成人，而不管他們的年齡多大。有些社會則以儀式或慶典的方式認定成人。基本上，社會學的觀點認為，青少年具有應付社會與生活問題的能力，並受到社會認可時，就結束青少年期而進入成人階段。不過社會的標準為何卻因文化的不同而有顯著差異，同時社會標準也會因社會變遷與價值觀念的改變而有不同，亦即社會標準是較浮動的。

(四)年齡觀點

以年齡作為界定青少年的依據是一般人較普遍的思考方式，尤其目前兒童與青少年大都在求學過程當中，學生入學通常是以年齡為依據，如六歲入小學，十二歲國小畢業，同年進入國中，十五歲國中畢業進入高中，十八歲高中畢業進入大學。各個求學階段的年齡就是青少年的一個重要指標，習慣上中學階段（含國中與高中）被認為是青少年期。不過隨著一般青少年的日益早熟，以及就讀大學人數的增加，青少年期的年齡有向上與向下延伸的趨勢，因此國小五、六年級開始（約10歲）至

大學畢業（約22歲）都可以視爲青少年期。以年齡區分青少年期是最容易的方式，但卻不能充分反映個體在生理、心理與社會各方面的發展與成熟程度。

(五)法律觀點

至於法律的觀點更爲僵硬。我國「民法」第十二條規定：「滿二十歲爲成年」，亦即未滿20歲就不是成年人。同法第十三條第二款規定：「滿七歲以上之未成年人，有限制行爲能力」，第三款規定：「未成年人已結婚者，有行爲能力」。由於近代法律強調罪刑法定主義，青少年的刑罰規定各國都十分明確。我國「少年事件處理法」第二條就規定，12歲以上至18歲未滿之人爲「少年事件處理法」適用的對象。亦即個體在12歲生日當天，至18歲生日前一天就是屬於青少年期。另外，我國「少年福利法」第二條也同樣以12歲以上未滿18歲之人爲法律適用對象。此種法律界定的年齡全無轉圜空間。世界上其他國家的青少年相關法條規定也都明確界定青少年的年齡。有些國家將18歲未滿視爲青少年，也有些國家以16歲未滿視爲青少年。另外世界各國有時也以具投票權的年齡爲法定成熟年齡，此亦即是青少年期結束年齡。我國國民滿20歲方有依法選舉的權利（憲法第一百卅條），美國及甚多國家則以18歲爲開始享有投票權的年齡。除此之外，徵兵與汽機車考照的法定年齡也是一個重要年齡指標，最常見的限定年齡是18歲，我國也以18歲爲徵兵年齡與考照年齡。由此可見國內係以18或20歲爲享受公民權利與盡義務的法定年齡，20歲可視爲完全成熟的年齡。

貳、青少年的界定與性質

雖然在中國古時沒有「青少年」一詞，目前的法律也以「少年」作爲法定名詞，但本書順從目前華文世界與一般社會大衆的習慣，以「青少年」一詞作爲介於兒童與成人之間的一個過渡年齡族群的稱呼。

「青少年期」可說是由兒童期過渡到成人期的一個橋樑階段，在此

階段中，個體的生理、心理與社會等各方面都逐漸成熟，尤其性器官與性徵及其他生理器官的發育都非常迅速，並有明顯的生理成熟現象，同時個體開始具有生育的能力，年齡約在10歲至20歲之間，相當於國小末期至大專求學階段，以法律狹義的觀點而言，年齡在12歲以上至18歲未滿之間。深入分析，青少年具有下列多樣的性質：

(一)青少年是生理發展的時期(as a period of physical development)

生理的快速發展是青少年最明顯的徵候，個體的身高、體重、骨骼、內臟、性器官與性徵等生理發育十分顯著，就女生而言，開始有月經，就男生而言，開始會有射精現象，女生的卵子與男生的精子日漸成熟。女生約在月經出現後二年即具有生育子女的能力。生理急劇發展是青少年期異於其他人生階段的最重要特徵。

(二)青少年是一個年齡層(as an age span)

年齡雖不能真正代表個體的發展與成熟程度，但人類的發展與成熟事實上是受制於遺傳基因的作用，與其他生物一樣，人類個體通常具有生理時鐘(biological clock)，在一定年齡時，即會發育到達某種程度，大約在10至20歲之間個體就會由不成熟發育至成熟。因此，十多歲的年齡層就是青少年現象的發展時期。

(三)青少年是一個發展階段(as a stage in development)

在人生歷程中，會因發展特徵的不同，而呈現階段現象，如嬰兒時期需要全部仰賴父母的照顧，兒童期開始上學讀書，語文與生活能力日漸加強，老年期則生理機能衰退，生活與社會適應能力亦漸退化。同樣地，青少年就是個體由不成熟轉變至成熟的一個發展階段，此一階段會持續數年的時間，假如人生有生有死，有起點有終點，個體的青少年發展階段當然也會有開始與終止之時，雖然不同個體間的差異甚大，但青少年的起始與終止的歷程就是一連串發展的過程。

(四)青少年是一個轉折期(as a transition)

青少年是兒童與成人之間的過渡時期，如同橋樑一樣，連接著不成熟與成熟的兩個自我，在此時期各方面的改變都十分鉅大，因此可視同

人生發展直線上的一個蛻變、轉折、轉型或轉換期,此種蛻變、轉折、轉型或轉換比人生其它任何一個時期都要更加的廣泛與深入,猶如中國人所說的「女大十八變」的含義。

㈤青少年是一種社會文化現象(as a socialcultural phenomenon)

在原始社會中,基本上是沒有青少年現象,社會上只有兒童與成人兩個族群,當兒童長大就變成大人,如台語所說:「囝仔轉大人」,表示兒童長大就變成大人,無青少年的一個過渡階段。青少年的角色、權利與義務大都由社會所決定,何時開始與何時結束青少年期也有一定的社會標準。社會文化會影響大眾對青少年的看法,工商社會中對青少年問題的重視程度也甚於農業社會(Rice,1993;Santrock,1998)。

㈥青少年有一定範圍(as having boundary)

依照艾德沃特(Atwater,1996)的分析,青少年約有表1-1的發展範圍。

表1-1 青少年的範圍

發展層面	青少年的開始	青少年的結束
生理	春情發動	生理與性達到成熟狀態,如具生育能力
情緒	開始從父母獨立自主	達到自我修正的個人認定狀態,並且情緒自主
認知與就業	開始作邏輯思考、具解決問題及作決定的技能	能夠邏輯思考與自主的作決定
人際	由父母轉至同儕	增加對同儕與成人的親密度
社會	開始進入個人、家庭與工作角色中	擁有成人的權利與責任
教育	進入中學或國中	中學或大學畢業
宗教	準備確認、受洗或接受成人禮	在宗教社區中,獲得成人地位
年齡	達到青少年開始的一定年齡,約10來歲	達到成人期的一定年齡,約二十歲
法律	到達青少年法定年齡	到達成人法定年齡
文化	開始接受儀式與慶典的訓練或作相關準備	完成儀式與慶典

資料來源:Atwater, 1996, p. 7.

雖然青少年何時開始與結束頗難認定，但一般而言，青少年成長發育有一定範圍與界限的，青少年的發育現象並非漫無止境。由表1－1可以發現，青少年生理、情緒、認知與就業、人際、社會、教育、宗教、年齡、法律與文化等發展層面都有一定的起迄範圍與特徵，可供辨別青少年成熟與否的參考。

㈦青少年是一個關鍵期(as a critical period)

青少年期具有承先啓後的功能，甚多心理學家把青少年視爲最重要的發展時期，對未來人生的開展具有關鍵性作用。雖然在心理學上有關關鍵期的研究集中於出生不久的嬰幼兒與動物上，但嬰幼兒期對個體的影響卻是基本的，不若青少年的作用是全面的，甚至影響到個人的婚姻、家庭、以及下一代子女，像青少年階段正是性別角色學習與分化的關鍵期，性別角色發展異常者，有可能難以和異性發展親密的關係，妨害了滿意婚姻的達成。再如艾力克遜(Erik H. Erikson)相信，青少年是自我辨識與認定的重要時期，在此時期發展不利者，將阻礙以後人生各期心理社會危機的克服（Dusek, 1996）。

參、青少年與人生階段的關聯及人口結構

一、人生階段與青少年期

前已述及，人生因發展特徵的不同，而有明顯的階段現象，但是由於人生是不斷發展的連續過程，青少年期無法自人生的整個發展過程中獨立與分離，所以青少年期是受過去影響與受未來所牽引的一個人生階段。

18世紀自然主義大師盧梭(Jean Jacques Rousseau)在愛彌兒(Emile)一書中，最早依兒童發展與教育的需求，將人生劃分爲四個階段：㈠嬰兒期（5歲以前）；㈡未開化期(savage stage)（5歲至12歲）；㈢少年期(youth stage)（約12至15歲）；㈣青少年期(adolescence stage)（15歲至20

歲），各階段有不同的發展特徵，需要給予不同的教育方式。雖然盧梭的劃分方法目前已不再被使用，但他卻是首開劃分人生階段的先河。近代的一些心理學家也習慣地對人生作階段區分，如佛洛伊德(*Sigmund Freud*)將兒童與青少年的人格發展劃分為五個階段：㈠口腔期（出生至1½歲）；㈡肛門期（1½至3歲）；㈢性器期（3至5歲）；㈣潛伏期（5至12歲）；㈤兩性期（12歲以上）。皮亞傑(*Jean Piaget*)將兒童智慧發展分為四個階段：㈠感覺動作階段（出生至2歲）；㈡運思前期（2至7歲）；㈢具體運思期（6-12歲）；㈣形式運思期（12歲以上）。艾力克遜更將整個人生劃分為八個時期：(1)嬰兒期(0至1½歲)；(2)兒童早期(1½至3歲)；(3)學前期（3至5歲）；(4)學齡期（5至12歲）；(5)青少年期（12至18歲）；(6)成年初期（18至25歲）；(7)成人期（25至65歲）；(8)老年期（65歲以上）。這些心理學家的分類方式及意義將於稍後各章中再加討論。基本上，教育與心理學家都同意人生發展呈現顯著的階段現象，不過各階段對稱的年齡則觀點不一，像盧梭的階段年齡區分與近代心理學者的分類並不相同。

　　整體而言，如果從人生歷程來看，人生大約可以分成七個階段：㈠嬰兒期（約0-3歲）；㈡兒童期（3-12歲）；㈢青少年期（12-18歲）；㈣成人初期（18-35歲）；㈤中年期（35-60歲）；㈥老年期、成人後期或後成熟期(*later maturity*)（60-80歲）；㈦老年後期（80歲以後）。在人生階段中，各有不同的職業發展歷程，青少年以前是屬於準備期，青少年及成人初期則是工作試驗階段；隨後進入就業選擇期；中年階段是個人就業最大投入期(*maximun involvement*)；近50歲左右則是衰退期(*phasing out*)；60歲左右進入退休期。再以家庭生活而言，青少年以前住在家中，隨後自己選擇住屋，並且結婚；25歲以後可能生養子女；40歲以後孩子都離家自立，然後進入空巢期(*empty nest*)；60歲左右開始因配偶去世，而面臨鰥寡的生活。此外，再由經濟層面作分析，青少年期以前是經濟依賴期，成人以後，經濟開始獨立，成人階段是賺錢的主要階段，另一方面也在維持所賺的錢，進入老年期，個人經濟能力不再，又

形成依賴現象(*Datan & Ginsberg, 1975*)。倘以圖1-1作說明,人生就有各種不同的週期(*cycle*)。由圖1-1的人生週期看來,青少年年齡約在十來歲,開始對就業作準備與試驗,並且開始自己選擇住所,經濟上由依賴開始形成獨立。此外,在人生的其他層面上,如人際關係、婚姻、學習與教育等都同樣具有週期性階段現象。青少年期雖然在整個人生階段中所占的時間並不是最長者,但卻具有主要且關鍵性的地位,尤其它更是漫長成年時期發展與適應的基礎。

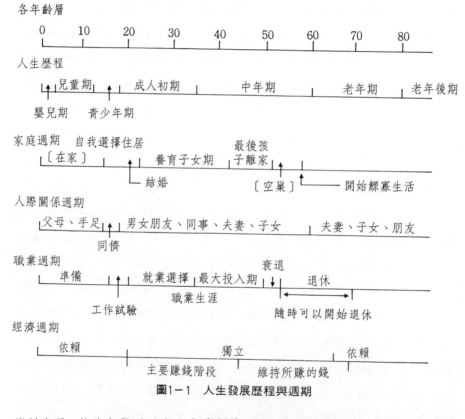

圖1－1　人生發展歷程與週期

資料來源:修改自 Skolnick, A. S. (1986). Psychology development. Orland, FC:Harcourt Brace Jovanovich, p. 518.

二、青少年的人口概況

就個人而言,青少年是兒童期與成人期之間的一個轉折發展階段。

表1-2　台灣地區青少年人口在性別及年齡別及年齡結構之變遷

項目	民　國					
	四十年	五十年	六十年	七十年	八十年	八十五年
	男　性					
10-14歲	483,984	665,939	993,677	977,965	1,033,304	942,633
男/總男性人口數	12.3%	11.5%	12.7%	10.4%	9.8%	8.6%
期間之成長率		37.6%	49.2%	-1.6%	5.7%	-8.8%
15-19歲	425,374	481,138	908,813	1,024,166	928,261	1,028,463
男/總男性人口數	10.8%	8.3%	11.6%	10.9%	8.8%	9.3%
期間之成長率		13.1%	88.9%	12.7%	-9.4%	10.8%
	女　性					
10-14歲	461,624	628,355	941,927	922,715	974,993	884,893
女/總女性人口數	12.2%	11.7%	13.4%	10.7%	9.9%	8.5%
期間之成長率		36.1%	49.9%	-2.0%	5.7%	-9.2%
15-19歲	406,649	451,024	864,612	975,013	884,767	972,600
女/總女性人口數	10.8%	8.4%	12.3%	11.3%	8.9%	9.4%
期間之成長率		10.9%	91.7%	12.8%	-9.3%	9.9%
	男女合計					
10-14歲	945,608	1,294,294	1,935,604	1,900,680	2,008,297	1,827,525
人口數/總人口數	12.3%	11.6%	13.0%	10.6%	9.8%	8.5%
期間之成長率		36.9%	49.5%	-1.8%	5.7%	-9.0%
15-19歲	832,023	932,162	1,773,425	1,999,179	1,813,028	2,001,063
人口數/總人口數	10.7%	8.4%	11.9%	11.1%	8.9%	9.3%
期間之成長率		12.0%	90.2%	12.7%	-9.3%	10.4%
性比例：男/女	104	106	105	105	105	106
	總人口					
男	3,935,254	5,801,123	7,814,003	9,368,483	10,656,150	11,013,960
女	3,776,570	5,350,407	7,021,391	8,601,805	9,889,754	10,400,480
計	7,711,824	11,151,530	14,835,394	17,972,288	20,454,904	21,414,440

資料來源：行政院青年輔導委員會，(民87)，第32頁。

對整個社會而言，青少年是兒童與成人之間的一個身心快速成長與發展的人口族群。了解青少年的人口概況，有助於掌握青少年發展全貌。

　　由表1-2台灣地區的人口統計資料來看，台灣總人口數由民國四十年的7,711,824人至民國八十年突破2,000萬人，民國八十五年增加至21,414,440人。10至19歲的廣義青少年人口數每個10年間期中約佔該間期總人口18%至22%左右。再就性別分析，各間期都是呈現男多於女的情況，這可能是受國人「重男輕女」觀念的影響，所顯現的男女人口數差異現象。

　　由表1－2中可見國內青少年人口數有逐漸下降的趨勢，青少年所占人口比率下降未嘗不是件好事，這可以促使社會把青少年視為稀少與有價值的資源，所以必須積極的協助青少年成長與發展，蔚為國用。青少年人口減少也可以增加青少年的教育與謀職機會，同時也有助於降低犯罪率。不過公司與工廠，以及徵兵單位則會有較多的人力競爭度。不過由表1－2的人口統計來看，台灣地區近年來的青少年人口數，事實上變動不大，在總人口中所占比率基本上是穩定的。也因此，台灣地區青少年的升學、就業機會，甚至犯罪問題可能較少受到人口變動的影響，這可能也有助於探討影響青少年發展的真正與根本的因素。

肆、歷史、文化發展對青少年的影響

一、歷史發展與青少年

　　青少年發展與輔導之受到重視，與人類文明進步及社會變遷有密切關聯。在原始社會中，青少年的概念是不存在的，個體在幼弱時期受到父母的保護，當他們成熟以後就立即擔任成人角色，社會上只有兒童與成人之分。到了農業社會，成人習慣以「小大人」(miniature adult) 對待兒童，要他們從小學習成人的生活與工作方式，並要求兒童參與勞動。自從工業革命以後，青少年的問題才日益興起，童工限制與義務教育是促使青少年問題凸顯的兩個主因。工業革命初期，兒童大量進入工廠，但工作環境惡劣，兒童受到各種剝削，當景氣不佳時，兒童成為首要被裁員的對象。在十八、十九世紀的歐洲，與二十世紀初期以前的美國，到處都可看到孤苦無助、四處流浪的兒童。隨著社會的進步，世界各國紛紛訂定「童工法案」，限制年齡在14歲或16歲以下的兒童不得進入工廠，同時全面實施義務教育，使兒童停留在學校的時間延長，漸漸地在兒童與成人之間的龐大人口族群就浮顯出來，他們既非幼弱的兒童，也非成熟的大人。這一族群年齡大約在10-20歲之間，在二十世紀的先進國家中，這一族群的人多數在求學當中，部分已開始在工作，但

他們卻不若農業社會般的已能擔負各種社會責任（*Fabrega & Miller, 1995*）。不過在成人與兒童兩個人口族群被分割之後，處在中間階層的青少年應如何界定，年齡範圍為何，卻也愈趨曖昧（*ambiguity*）。

　　青少年之受到注意與重視尚與甚多個人及團體的努力有關。古希臘哲學家柏拉圖與亞里斯多德認為青少年是理性成長的時期，他們的感受敏銳（*impressional*），卻也不夠穩定（*unstable*），需要給予適當的教育與保護。柏拉圖與亞里斯多德相信，青少年階段的重心在於努力解決與自然有關的哲學問題，因此，對青少年提供數學與抽象科學的教育非常重要，亞里斯多德更認為青少年需要具備物理世界的實務經驗，青少年應避免接觸腐化的社會事件，以免潛能的發展與成熟狀態受到不良影響，同時社會應對青少年提供必要的保護，並加以適當的掌控。可惜希臘哲人的青少年觀點，隨著希臘的沒落而湮沒，直到文藝復興時期青少年的概念才又日漸受到注意。

　　中古世紀，史稱黑暗時代，當時歐洲社會對青少年並無獨特的見解，兒童被要求與成人穿相同衣服，作相同工作，兒童的權利仍不受重視。不過教會對兒童的處境卻十分關心，教會人士認為兒童是天眞無邪的象徵，應加以保護不受污染。在十五世紀左右，教會人士葛森（*Gerson*）曾譴責大人對兒童的鄙視與虐待，並呼籲社會重視兒童的獨特人格，不能將兒童與成人同等看待（*Grinder, 1973*）。在宗教改革之後，馬丁路德（*Martin Luther*）所領導的新教，十分重視兒童的教育，馬丁路德認為聖經是最終權威，為了了解聖經，父母有義務將子女送至學校讀書，兒童必須兼有知識與德行。兒童的義務教育制度乃開始在新教地區普及。

　　十七、十八世紀教育哲學家輩出，盧梭所倡導的自然主義教育對人類受禁錮心靈的解放，貢獻卓著，他認為兒童與成人殊異，將兒童以小大人看待是有害兒童發展的。在愛彌兒一書中，他認為教育應啓發人類自然的力量，發揮每個人的才賦，以便成為一位有理性的人，在嬰兒與未開化階段（12歲以前），兒童由於缺乏推理能力，因此應該減少各種限制與約束，順從天生的發展潛能，並加強感官與體育教育。在第三個

發展階段中（12歲-15歲），開始施以閱讀與寫作的正式教育，此一階段係理性功能的覺醒期，年輕人擁有鉅大的身體能源與智慧好奇心，因此學校應該鼓勵青少年的探索行為。在第四個發展階段（15歲以後），個人的情緒成熟，不再自私，當個人強烈關懷社會與他人時，青少年就具有成人的道德。盧梭向來主張，青少年期以前應以自然的方法教育兒童，以便使天性完全發展，12至15歲的教育內容也應來自事物與自然，而非書本。由於盧梭的論著感動了許許多多的人，使得兒童與青少年的教育得以掙脫成人無謂的束縛，使其心性能在自然環境中，充分的流露（*Atwater*, 1996）。

德籍瑞士青年斐斯塔洛齊(*Johann Heinrich Pestalozzi*)深受盧梭影響，於1774年開始於農莊中開辦學校及孤兒院，他重視泛愛的教育，尤其相信窮人可以經由教育與勞動而獲得改造。他並且訓練師資，倡導自然主義教育方法，經由斐氏的努力，使得平民教育、初等教育與師範教育奠定良好基礎，在歐洲與美洲並有深遠的影響。

在德國方面，西元1713年普魯士菲特烈威廉大帝發布強制就學命令，開啟了國家教育的先河，在1750年代普魯士就嚴格執行5至14歲的兒童必須入學的規定，凡未送子女就學的父母須科以罰金，學校教育內容與規模自此日益完備，其它歐洲國家也紛紛實施義務教育制度，對青少年的心性發展幫助極大，也帶動了近代歐洲文明的昌盛。當然諸多教育哲學家們的努力也功不可沒，如斐希特(*J. Fichts*)倡導民族精神教育，相信教育可以強國強民。洛克(*John Locke*)重視感官經驗的教育。赫爾巴特(*L. F. Herbart*)提倡科學化的教育，福祿貝爾(*Friedrich Froebel*)倡導神聖統一的心性發展教育等，都對青少年的教育有直接影響。

美國青少年的境遇直到本世紀初期才慢慢有所改善，在十八、十九世紀，青少年幾乎完全受制於父母，1850年美國工業化之後，父母對青少年的影響漸小。1930年至1940年代美國的學校教育蓬勃發展，青少年進中學讀書的人數大增，1950年代學校教育乃大幅擴充。二次世界大戰之後，青少年問題才日益激烈化，尤其經歷民權運動與種族暴亂之後，青少年抗議運動日益興盛，成人的權威減少，同時1960年代開始，美國

青少年的藥物濫用與性行為的約束日減，青少年犯罪也逐漸惡化。1970
年代美國社會更有越戰、水門事件等衝突事件，傳統的家庭約束下降，
青少年的人生試驗日增，像裸奔、嬉皮等都蔚為風潮。1980年代美國青
少年更因毒品氾濫與愛滋病(AIDS)蔓延而飽受威脅。不過本世紀中，
美國的青少年仍過著比世界其他國家青少年更優渥的生活，也享受到
更良好的教育(Fuhrmamn, 1990)。

二、文化發展與青少年

在甚多文化中，大都存有慶祝個體成熟的儀式，就像出生、結婚與
死亡的儀式一樣，代表著該文化對此一重大人生事件的解釋與期望。此
種慶祝成熟或長大成人的儀式，通常稱之為「青春期儀式」(pubertal
rituals)，或「初始慶典」(initiation ceremonies)，不過各文化的儀式或慶
典各有不同的內涵與限定，一般對男性的重視甚於女性，主要因為男性
在社會上的角色比較重要。此外，男性的改變比較緩慢，也沒有明顯的
成熟徵候，透過儀式與慶典，可以使男性青少年自我認定，並使社會大
眾能承認男性青少年的地位與權利，並賦予責任。青春期儀式或初始慶
典有的採用祭拜方式進行，有些則使用刺青，或行割禮(circumcision)、
穿耳、補牙、拔牙、紋身、送禮或鞭打等不一而足。西印度的那第(Nandi)
就對男性青少年施行割禮，並要他們忍受割痛，再給予獎賞，以證明他
們的勇敢程度。亞培齊(Apache)的印第安人則要青少年穿鑿冰洞，並且
在冰水中洗澡，口中含水，以展現雄風。新幾內亞的曼都葛摩(Mun-
dugumor)族在典禮中要青少年接受鞭打與咒語，以及鱷魚骨骼。中部澳
洲的阿連達(Aranda)族則設計一些難度甚高的考驗，要男性青少年努
力去克服，順便學習服從，以及部落的相關秘密，女性在進入青春期
時，則要在乳房上塗油脂與黃土。在非洲中部的一些部落中，女生在進
入青春期之後要離開家庭，並且數年不活動，以使身體變肥。土卡納
(Tukuna)的印第安人會在慶典中，猛抓女生的頭髮，使他們能耐苦。不
過基本上，各文化對女性的要求與考驗較少。此外，如果文化中對兒童
期與成人期的區分並不明顯時，就少有激烈的儀式與慶典，通常會在重

大祭典時，一併宣告青少年擁有成人的地位。反之，如果文化不一致的情形較明顯時，青春期儀式會較為激烈，甚至會有性行為、文化禁忌、成人技巧與宗教儀式的相關教育活動(*Rogers, 1985*)。在日本與中國社會中也曾流行著成人禮，中國儒家以滿二十歲為弱冠禮。台灣南部民間以十六歲為成年，在農曆七夕當天，滿十六歲的青少年男女需要鑽過七娘媽亭，表示已長大成人，可以出人頭地。

近代社會中，代表成熟成人的儀式反而不多見，取而代之的是青少年在各個求學階段的畢業典禮，如國中、高中與大專的畢業典禮反映了不同階段的成熟歷程與學習結果。基本上，愈原始的社會相關成熟與長大成人的儀式及慶典較多，但相關的儀式慶典類多將青少年視為成人，是已經有別於兒童的個體，當他們成熟至一定程度時由社會賦予象徵性意義，以便他們承擔成人的角色與責任，並開始享受成人的權利。工業社會通常以立法規範兒童、青少年與成人的權利與義務，較無明顯的儀式與慶典活動。

第二節　發展與輔導的意義與原則

發展是身心整體連續變化的過程，青少年期的發展雖然以兒童期的發展為基礎，但青少年仍有獨特的發展特徵與問題，也因此，青少年有異於兒童的輔導需求。本節將分別敘述青少年發展與輔導的意義與原則，作為往後各章中各項獨特發展與輔導課題的指引。

壹、發展的意義與本質

一、發展的意義

「發展」(*development*) 隱含發育、成長、分化、成熟、改變、長大、轉變、蛻變等多重意義。個體的發展與年齡的增長密切關聯，在不同年

齡階段可以看到個體不同的面貌，個體也會在不同人生歷程中遭遇各種不同的人生事件（如圖1-1所示）。基本上，人類的發展是有規律的、有順序的、可預測的，與有方向的。發展通常就意謂著個體功能的增進，能夠更有技巧、更有效率、更有能力，同時複雜度與深度增加等。就兒童與青少年的發展而言，其發展的目標就是朝向成熟的成年個體之目標前進，除非有嚴重障礙，否則個體的發展是前進式的(forward)，也是延續性的(continuous)。個體的發展可以利用$C = f(T)$的公式加以表示。C代表改變(Change)，T代表時間(Time)，亦即個人的改變是時間的函數。深一層而言，個體的成熟與行為改變是受到時間與年齡因素所影響，不過時間不是個體發展的直接力量，時間只是系列人生內外在環境改變，以及成熟與學習結果的代表而已(Berzonsky, 1981)。

二、青少年發展的本質

青少年的發展具有下列的基本性質：

㈠兼具質(quality)與量(quantity)的改變

青少年的發展不論在質與量上都有了重大的改變。如青少年智能的發展雖延續兒童的發展基礎，但在質方面卻有顯著不同，皮亞傑認為兒童期的思考需要以具體的事物為根據，青少年期的思考方式則可以超越具體的事物，作形式與邏輯的推理，思考的質大為精進。同時青少年的思考基模結構也有了改變，會以新的觀點解釋事物，並以新的方式解決問題。青少年各種能力的日益精密與複雜化都可視為質的改變。

在青少年的發展上更可以看到量的改變，身高、體重、骨骼等量的改變最為明顯。個體腦部細胞量也有所增加，導致個人思考能力的增進。其它像個人體能、力氣、肺活量的增加也可視為量的提昇。青少年量的改變不僅僅是生理方面而已，青少年記憶廣度的增加、人際交往層面的擴大、個人角色的多樣化等也可視同發展量的增多。

㈡兼有連續性(continuity)與間斷性(discontinuity)的特質

個體的發展是延續上一個階段的基礎而改變的，同時發展是連續不斷的過程，無法作跳躍式或插入式的改變。青少年階段的各種生理器

官的發育也非一夕改變的，通常身高約需三至五年才能達到成人狀態，女性胸部也約需四年才能接近成人狀態。青少年的發展與其他人生階段發展一樣都具有連續性，只不過此階段的發展較快速而已。

在另一方面，青少年的發展有時也稍許具有間斷性的特質，如佛洛伊德的性心理人格理論中強調，進入青少年期以後潛伏的性心理狀態就消失了，代之而起的是兩性的心理需求狀態。艾力克遜也將追求辨識與認定自我當作青少年期的主要發展重點，這可視爲是間斷性的發展現象，雖與其他各人生階段的發展有關，但卻非其它各人生階段的主要發展課題。

㈢同時兼有穩定性(stability)與不穩定性(instability)的狀態

基本上，青少年的發展是在質與量日益改變的穩定性方向發展中，儘管發展的質與量和不同世代的青少年並不完全一樣，但朝向成熟的目標則是一致的，發展的方向是有一定路線(course)爲依循的。一般而言，人類種屬生物力量是個體發展的穩定力量。

不過在另一方面，因爲青少年各方面的發展是急速的，就如同快速行走的車輛，比其它人生階段的發展有較多的不穩定性，容易因外在的些微干擾而產生失衡現象。就青少年本身而言，由於對外在感受敏銳，加上內在荷爾蒙分泌不穩定，因此情緒的反應常常十分敏銳與激烈，容易有高低起伏不定的不穩定狀態發生。

㈣具有共通性(universe)與變異性(variability)的性質

在青少年的發展上，一般人具有頗多相似性、接近性與共同性。如女性開始有月經，男性會長鬍鬚、喉結等，幾乎沒有人種間的差異。本書往後各章所呈現的各種發展課題，都是以多數青少年的共同現象爲探討重點，特殊與異常的發展現象只能視爲特殊個案。

就整體來看，在青少年共通性發展的特質之下，尚存有極大的變異性。青少年發展的變異性比人生其它階段的發展更爲突顯，青少年有明顯的早熟與晚熟現象就是例證。有些女性青少年在十歲左右就已有初經，有些則遲至16歲才有初經，有些青少年在15歲左右身高就停止發育，有些人甚至到了大學階段身高仍在增高。青少年發展的變異是環

境、遺傳與個體交互作用的結果。

　　㈤兼有分化（ *differentiation* ）與統整（ *integration* ）的功能

　　青少年期個體在心理與生理上，會由簡單、單純、一般性的型式，轉化成複雜、精密、特殊的型式，像青少年的道德發展即由兒童期的他律轉向爲自律。個人對自我與世界的理解也較準確與深入，價值判斷也日益考慮事情的多樣性。在青少年的功能分化之中，個體的各種功能同時也逐漸具有綜合性、協調性與系統性。智能的發展成爲道德與價值判斷的基礎，身體功能也成爲求學與就業的根基。在面對外在問題與挑戰時，青少年已能將身心各部分功能加以組織與統合，以發揮最大力量。

　　㈥兼有正常發展(*normality*)與易受傷害(*vulnerability*)的可能

　　青少年的發展容或有快有慢，但多數的青少年會朝著正常的方向發展，青少年本身的生理與心理功能也會趨於正常，人本心理學家就相信個體有往善向上發展的積極可能。社會功能學者也相信社會有調節與適應的機制，使社會趨於穩定，並發揮功能。青少年是社會構成的重要族群，多數青少年在發展過程中會正常的發展，使社會繼續發揮功能，甚至會因爲青少年的聰明才智與潛能充分開發，而帶動人類社會的進步。

　　不過青少年同時也是較易受到傷害的人，他們容易因爲父母與師長的一句話，而感到傷痛，也會因爲同儕的不能接納而傷心欲絕。此外，由於青少年開始嘗試成人世界的角色與行爲，難免會遭遇失敗與挫折，他們既不再喜歡兒童的行爲方式，卻又不被成人的充分接受，形成邊際人(*marginal person*)的狀況(*Lewin, 1939*)。在生理方面，青少年可能因爲一次好奇的藥物使用，而形成終身的藥物依賴，也可能因爲生理發育較晚形成自卑情結，更有可能因爲尋求冒險與刺激而造成意外傷亡，然而也由於青少年的易受傷害，青少年的輔導工作才顯得極爲重要。

貳、輔導的意義與原則

一、青少年輔導工作的發展

輔導(guidance)包含有協助、幫助、支持、鼓勵、援助的意思。本世紀輔導運動的發展，事實上是與青少年問題的興起有密切的關聯。本世紀初期，美國快速的工業化，青少年處境困難，失業與失學青少年日增。輔導運動之父帕慎思(Frank Parsons)有鑑於此，倡導為青少年提供必要的就業輔導。他於1908年於波斯頓設立職業局(Boston　Vocational Bureau)，為青少年提供就業協助，同時訓練教育人員成為稱職的職業輔導員，俾幫助青少年選讀職業學校與選擇職業，並協助青少年由學校轉移至適當的工作環境中。帕慎思認為，青少年要能明智的選擇職業，必須充分的了解自己的性向、能力、興趣、抱負、資源、限制與其它的相關因素，同時也需要對工作具有充分的知識，了解工作成功的條件、優缺點、報酬、機會與不同需求，最後將個人與工作之間作良好的聯結。經由帕慎思的努力，輔導工作在社會中成為新的助人專業，初始是以青少年為主要的服務對象，後來再擴大至不同年齡層的人。帕慎思的工作被稱為傳統的輔導工作，著重青少年的就業準備、職業選擇與就業安置的服務。

在1920年至1930年代，美國的中小學開始引進輔導的觀念，形成有系統、有組織的輔導部門，並且在校園中有計劃的推展各種輔導方案，以便協助學生解決學業與個人問題。隨後輔導工作推廣至各個教育階段，教育工作者與政府對輔導工作的功能日益肯定，對青少年的協助效果日益顯著。1935年美國紐約教師學會就認為輔導是幫助個體適應的歷程，不只學校需要，家庭、社區以及其它青少年生活的情境都需要有輔導協助(Gibson & Mitchell , 1995)。

1960年代以後，隨著心理學的蓬勃發展與測驗工具的日益精進，輔導工作也逐漸科學化與效率化。同時「諮商」(counseling)的名詞興起，強調利用心理學的原理原則，協助個體了解自我、認識環境，以達到成長與適應。雖然諮商較強調深層的語言溝通與情感投入，但本質上也在於協助個體作最好的發展，因此，1960年代以後諮商與輔導兩個名詞常

被交互使用(interchangeability)，或可以合併使用。諮商理論在1960至1980年代發展迅速，可說百家爭鳴，使得諮商與輔導的層次與理論根基更加提昇，輔導人員的專業地位更加鞏固。

1957年以後，美國與蘇聯開始太空競爭與武器競賽，因此輔導工作的發展更受政府的鼓勵。1958年所訂立的「國防教育法案」，對輔導工作投資了鉅大資金，帶動了諮商與輔導工作的快速成長。大學也紛紛設立諮商與輔導相關系所，使諮商與輔導的實務及學術研究的品質更加提昇。經過數十年的發展，輔導工作的功能已受肯定，專業地位也被接納，在學校、社區、矯治機構及其它青少年服務單位都有輔導機構與人員的設置，對協助青少年的健全成長助益極大。

我國輔導工作的推展以民國四十七年「中國輔導學會」成立為最重要的里程碑。中國輔導學會不論在輔導理論的傳播、人員培訓、實務研究，以及推廣服務上，均有重大的貢獻。民國五十七年國中改制，輔導活動正式成為課程的一部分，此外高中、高職於民國七十三年起正式設置專任的輔導教師，國小也於同年甄選輔導室主任，分發各校服務。大專院校則早於民國六十五年成立學生輔導中心。依現況而言，我國學校的輔導體制業已確立。民國八十一年起，教育部鑑於青少年偏差行為與犯罪問題日益嚴重，乃投下大量經費推動「輔導工作六年計劃」，對我國未來輔導工作的整體發展將有相當的助益。在社會方面，救國團各地「張老師中心」一直是青少年諮商與輔導工作推展的主力，極受社會的肯定。

二、輔導的意義、功能與內容

輔導是協助個人了解自己、接納自我、肯定個人與充分發展自我，並能解決生活、學習與生涯問題以達到適應、成長與發展的助人專業工作。就青少年輔導工作而言，輔導工作具有下列的主要功能：

1. 協助青少年了解自己，並且能承擔自己的責任。
2. 協助青少年了解教育與工作世界，並擴展學習與生涯能力。
3. 協助青少年有能力作自我抉擇，並能解決個人的問題。

4. 協助青少年發展良好的道德、良心與價值觀念。

5. 協助青少年學習人際交往技巧與人際關係的性質，並能達到良好的社會適應(Hill, 1974)。

就輔導的內容而言，青少年輔導工作有下列六個重點：

㈠評估(appraisal)：輔導工作者常廣泛蒐集青少年的個人、心理、生理與社會資料，並加以分析、研判、診斷與鑑定，以便能充分瞭解青少年，並協助他們自我了解。

㈡資訊提供(information)：成長中的青少年需要更客觀與充足的教育、就業與個人機會的相關資訊，輔導人員可以提供各種資訊，俾使青少年在複雜的社會中能作適當的選擇與決定。

㈢諮商(counseling)：諮商是以語言溝通的方式，在良好助人關係氣氛中，幫助青少年了解自己與環境的方法，諮商亦是利用輔導員與青少年密切人際互動的情境，影響青少年，促進他們成長與適應的歷程。諮商目前已成為整體輔導工作的核心，相關的諮商理論與技術蓬勃發展。一位有效的輔導人員應充分瞭解青少年的特質與需求，利用各種諮商理論與技術，協助青少年充分發展。

㈣諮詢(consulting)：輔導人員同時也對教師、行政人員、家長、甚至青少年個人提供諮詢服務。使青少年的生活與學習環境能有所增進。

㈤計劃、安置與追踪(planning, placement, & follow-up)：在青少年作決定之前協助他們訂定計劃、掌握工作與學習機會，當他們下決定之後，協助青少年安置於適當的環境中，並與青少年保持聯繫，持續的提供幫助，追踪他們的適應情形。

㈥評鑑(evaluation)：輔導工作需要衡鑑效果、評定績效，以便發現輔導的不足之處，進一步促進專業成長 (Gibson & Mitchell , 1995；Shertzer & Stone , 1981)。圖1－2就是青少年輔導工作的主要內涵。

三、青少年輔導的原則

　　青少年由於可能比人生其他階段更容易遭遇適應上的問題,因此青少年乃是最需要加以輔導的階段,但輔導工作的目標主要包括預防(*prevention*)、矯治(*remedy*)與發展(*development*)三個層次,當適應問題尚未發生,個體經由他人協助,能充分了解自己及環境,並具有良好的應付問題的技巧,則可以避免困擾的產生,達到預防的效果,如同打預防針或保持環境整潔以預防疾病產生一般。另一方面,由於青少年正值身

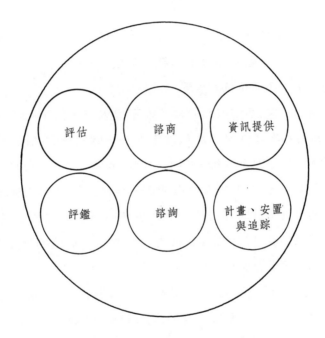

圖1-2　青少年輔導工作的內涵

資料來源:Shertzer & Stone, 1981, p. 42.

心劇烈改變的階段,在生理適應與追求獨立自主的過程中,可能容易產生調適上的困難,甚至產生行為問題或異常行為,此時就需要由教育與輔導諮商人員進行矯治。多數的諮商與心理治療理論係以行為異常為探討重點,相關的輔導技術及策略頗多。如行為治療法中有甚多可以矯正青少年行為的策略,如對抽烟的青少年施以嫌惡治療(*aversive ther-apy*),使之對香烟產生反感,不想再接近香烟,進而戒烟。再如以代幣

法(*token economy*)為酬賞的策略,當青少年有正向行為時給予代幣,負向行為時則不給予代幣或收回代幣,循序漸進建立青少年良好的行為。當青少年趨於正常發展時,輔導工作尚可作潛能開發的工作,協助青少年作充分的發展,如培育青少年的批判思考、創造力,以及科學實驗能力等都是發展性的輔導工作。此外,也可以經由會心團體(*encounter group*)、成長團體等人際發展團體,協助青少年作最佳的自我潛能發展。

基於青少年發展的特性與心理需求的特徵,青少年輔導工作並應掌握下列原則,才能使輔導工作發揮效果:

(一)尊重青少年的價值與尊嚴

青少年雖然在某些方面表現可能不盡人意,甚至有偏差及犯罪行為,但輔導的基本條件是能尊重當事人是一個獨特的個體,擁有個人的價值與尊嚴,不能由青少年一項不良行為而完全否定他的個人價值。青少年在發展階段對他人是否尊重他們最為敏感,從事輔導與教育工作的人更應尊重他們,才有可能促使青少年有自我成長的意願。因此,諷刺、羞辱、刺激、貶抑、斥責等有損青少年價值與尊嚴的言語應該避免。

(二)接納與關愛青少年

青少年偏差行為產生的根源幾乎都可溯自父母之愛與關懷的缺乏(*Johnson, 1979*)。青少年由於有邊際人的尷尬狀況,特別需要成人的愛、接納、關懷與瞭解。從事輔導與教育工作的人需要接納與關愛青少年。羅吉士(*Rogers, 1961*)畢生強調輔導關係的建立最為重要,認為對青少年應該「無條件的積極關注」(*unconditional positive regard*)。對青少年充分的接納與關懷就是促進青少年成長的動力。所謂接納亦即是接受青少年是一位有價值、尊嚴,並有積極向上與向善發展可能的人。關懷則是關心、接近與重視青少年的各種學習與生活概況,並能與青少年共享(*sharing*)成長的喜悅,共同分擔失落的痛苦。

(三)注重青少年的個別需求

如前所述青少年的成長與發展具有共通性的特質,但對每一位青

少年而言，各種的成長與發展都是獨特的經驗，每個人有不同的反應與調適方式。青少年因成長速率的不同，形成極大的個別差異，因此在輔導工作上應採取個別化的策略，針對青少年的個別需求，給予適當協助。如父母離婚的青少年不必然會功課低落與適應困難，也許父母離婚只影響青少年對婚姻的看法而已，因此爲這些青少年提供適宜的家庭與婚姻諮商甚於其它。

㈣教育與輔導工作者應具有良好人格特質

教育與輔導工作者的良好人格特質是諮商輔導工作成功的基本條件，一位有效的助人者應該具有下列的特質：1.具有智慧能力(intellectual competence)：諮商與輔導過程中需要利用智慧掌握各種狀況，因此助人者需要有一定程度的智慧能力，同時教育與輔導工作者也需要努力學習，保持好奇心，並廣泛蒐集各種資料。2.具有能源(energy)：助人者應積極、主動、有活力，才能贏得青少年的信任，並激勵青少年積極面對自己的問題。3.有彈性(flexibility)：助人者應能對青少年的需求採取適當的方法與技術，不受單一理論的限制。4.具支持性(support)：有效的助人者應支持與鼓勵當事人，使當事人擁有希望、情緒穩定、焦慮降低，進而使青少年建立自我支持(self support)的體系。5.良好意願(good will)：青少年輔導與教育工作者應心存善念，以積極及建設性的態度協助青少年成長，同時並應顧及道德倫理準則。6.自知(self-awareness)：青少年的教育與輔導工作者應了解自己的能力、情感、態度與限制。7.具有良好的技巧(skills)：能有技巧的應用各種輔導策略，促進當事人成長(Cormier & Cormier, 1985)。另外，助人者具有同理心、對人感興趣、耐心、不批判、有愛心等特質也極爲重要。

㈤應掌握社會脈動不斷成長

目前社會快速變遷之中，家庭結構、人口遷移、就業困難、升學競爭等問題直接衝擊青少年，教育與輔導工作者應能充分掌握社會脈動，配合青少年現代生活適應的需求，給予必要的協助。例如，協助青少年具有良好的學習策略就極爲重要，使青少年能知道如何(How to)

學習，充分理解、轉換資訊，並建立自我良好的學習環境，提高成就。再者由於家庭功能日益降低，學校就必須承擔更多的輔導職責，使每位學生能在愛與關懷的環境中充分學習，不論在生活、學習與生涯發展上能克服各種適應問題，進而不斷進步。同時也由於社會變遷迅速，教育與輔導工作者也應自我進修，增強各種輔導知能，如使用電腦、個別諮商技術、心理測驗知能等都需要不斷提昇、自我成長。此外，由於生活不斷改善，各先進國家青少年所常見的懶散(*idle*)與不負責任(*irresponsibility*)的現象，也日益在台灣青少年身上出現，青少年教育與輔導工作者應注意及此，並多給予青少年參與成人事務、作決定、學習自我負責與服務他人的機會。

　　至於青少年諮商與輔導的技巧基本上有四大領域：㈠基本技巧：建立關係，並有良好的語言與非語言行為反應；㈡評估與設定目標的技巧：能將青少年的問題概念化(*conceptualizing*)、界定問題所在，並且選擇與設定輔導目標；㈢評鑑的技術：能評鑑助人歷程與輔導效果；㈣選擇輔導策略與應用各種策略的技巧(*Cormier & Cormier, 1985*)。一位有效的諮商輔導人員其專業技巧的不斷提昇，是極為必要的。

　　以上所述青少年輔導的意義、功能與原則適用於青少年的各種發展層面的輔導，如生理、性發展、性別角色、智能、自我、生涯、偏差與犯罪行為等。本書對於青少年的輔導採取較廣義的觀點，注重青少年整體內外在環境的改進，而不把焦點放在具體的諮商技巧與處理策略上，如有需要可自行再參閱相關書籍（黃德祥，民76a）。

　　不過除了上述的基本輔導原則之外，達樹(*Dacey, 1982; 1986*)認為尚需要社會體制的革新與對青少年有適宜的輔導態度相配合，方能整體性的協助青少年健全成長。

㈠社會體制的革新

　　青少年的輔導工作就是一項社會工程(*social engineering*)，社會體制的革新就是在改善青少年的生活與學習環境，從根本上防範青少年問題的產生。其主要的重點有四大項：

　　1.教育體制的革新：青少年偏差與犯罪行爲的產生，常是因爲其生長與發展受到阻礙所致，由於絕大部分的青少年都在學校接受教育，所以學校難辭其咎，因此要有良好的學校教育才能促進青少年健全成長。

　　教育體制的革新應把握下列重點：(1)改善教師教學技巧，以便吸引學生的注意力，提高學生的學習興趣，並且要爲青少年提供博雅的教育(liberalizing education)，使青少年的見識與心胸寬廣。(2)建立延續教育(continuing education)體系，使教育能成爲全體國民終生活動的重心，並且促進青少年及全體國民的責任感與個人價值。(3)提供機會供青少年學習各種生活與職業知能，並能激勵青少年與成人一起學習，共同進步與成長。(4)改善學校課程：家庭與婚姻、生涯教育、法律與經濟、心理學、溝通技巧等應納入課程之中，使青少年的學習更能切合成長與發展的需要。另外，國內青少年嚴重的升學壓力也需要同時加以改善。

　　2.司法體制的革新：司法體制雖然與違規犯罪青少年的關係較爲直接，但整體司法實務的革新，仍是社會正義與秩序維繫的關鍵，混亂、墮落與腐化的社會是青少年走入歧途的主因。整個司法體制都必須將青少年的福祉置於首位，不論在調查、偵察、審理、執行與保護程序上，都需要顧及前述的輔導原則，對於進入司法程序的青少年應以教育及保護爲前提，積極協助他們正常的重返社會。

　　3.家庭教育的增進：家庭是青少年成長與發展所依賴的基本單位，但是社會變遷導致家庭結構與功能的改變，對青少年的不利影響頗爲明顯，固然要求職業婦女重返家庭、實施大家庭制與禁止離婚已有事實的困難，但青少年的父母及政府仍可透過家庭教育的改進，促進青少年積極的發展。例如，鼓勵家庭在育兒階段最好能停留在同一地區，安土重遷；青少年的父母調整工作性質，以便夫婦能同時關照子女；社區機構主動協助家庭教養子女等都是可以立即推廣與實施的方案。

　　4.推廣價值澄清與道德教育：青少年適宜價值觀念與道德意識的建立是青少年輔導工作的中心事項之一。在社會快速變遷中，傳統的價

值與道德最容易受到漠視，但新的價值與道德卻又混沌不明，使青少年無所適從，以致於違法犯紀。良善社會價值與道德之強調與建立，仍需政府與社會大眾的共同努力，如誠實、負責、公平、重然諾、守信用、助人、寬恕、仁心、正義等仍是現代社會之所必需，有賴家庭、教育、社會全面的重視與實踐。當青少年的行為有所偏差時，首先要以其價值觀及道德的重建為輔導重心。

(二)善待青少年

以積極的態度面對青少年是與青少年建立關係及協助青少年發展的基本條件，善待青少年的原則不只適用於青少年的輔導專業人員，也適用於青少年的父母、教師及一般社會大眾。以下是對待與輔導青少年的要項：

1. 誠實

誠實的面對青少年極為重要，青少年對雙重標準最為反感。誠實也是與青少年建立關係的基本要素。由於青少年對於說謊、欺騙與支配特別敏感，因此對待青少年要出於至誠。在面對青少年時不需要掩蓋個人情感，對青少年有不同意見時，就把理由說出，不要害怕誠實的表達自己的情感。此外，需要永遠都保持誠實。

2. 幽默

有幽默感才能吸引青少年，青少年喜歡輕鬆自在，死板保守不容易使青少年親近。不過對於青少年有關的出身、種族、生理條件等方面的幽默是不適宜的。

3. 耐心

不要為青少年的錯誤行為而大發雷霆或過度驚嚇，青少年需要成人的耐心與寬容，使他們有自由與思考的空間，多數的青少年是很孤單的，需要去忍受他們的脾氣，在青少年說話時要耐心的聆聽。他們也有自我作選擇的權利，必須加以尊重，彈性與耐心是輔導青少年的重要條件，青少年的叛逆與敵意，事實上常常只是恐懼的偽裝面具而已。試著去了解青少年，當他們的楷模，但不要說教。

4. 澄清限制

青少年需要有明確的限制，要公正、明確的訂立規約，但標準要一致，要使多數青少年尊重所設立的標準範圍，當青少年有所抗議時，要檢討規約，對不當的青少年行為應加以制止，訂立規約之後不要自己先違反，必須以民主方式執行規約。尊重青少年不只要以瞭解與同理心為基礎，同時也要力量與堅持，然而，當執行不當時，也要道歉。

5. 注意畏縮的青少年

外表文靜不惹麻煩的青少年需要更多的關心，這些不惹事生非的青少年並不表示他們沒有任何困擾，愈安靜的青少年通常愈有深沉的憂鬱感，必須審慎小心的對待他們，以防止他們有自殺的意圖。應該全面的了解所輔導的青少年，避免掛一漏萬。

6. 澄清價值

青少年的不安主要來自於自我價值觀的困惑，因此，他們需要有穩定、富熱情的成人朋友。在合理的範圍內，應儘可能的接納青少年的價值觀念，不能依照成人的標準去判斷青少年。需要促使青少年覺得他們是有用的與有價值的人。應以開放的心胸面對青少年的態度與價值，他們的意見常是同儕的意見，而非他們真正的意見，不要對青少年加以貶抑，澄清他們的價值觀念最為重要，尊重青少年的觀點，幫助他們學習如何享受人生，但不侵犯他人。

7. 具有溝通技巧

多聽少說，多留些時間讓青少年思考與表達情感，要體會青少年獨特的表達方式，最好每天有讓青少年傾吐心事的時間，並多與其父母保持聯繫。另外要能成為好的聆聽者，青少年通常因為沒有可信賴與願意聽他們說話的人，而感到困擾，不過切記對青少年所說的話要加以保密。不要總是期望青少年會作積極的回饋。再者，也不要對青少年加標籤，並能分享青少年的榮耀與挫敗(*Adams & Gullotta, 1989; Dacey, 1982; 1986*)。

第三節　青少年研究的相關課題與研究方法

本書的主要目標是要描述(description)青少年發展的全貌、解釋(explanation)影響青少年發展的內外在因素，並以輔導及矯治的方法控制(control)青少年不良行為的發生，並且預測(prediction)青少年一般的發展趨向，以及青少年的各種未來可能，使青少年的父母、教師、輔導人員、青少年本身，以及其它關心青少年的人能充分了解青少年心理與行為變化的本質。但是青少年發展的層面極為廣濶，本書僅能就現有的相關研究結果作精要式的呈現，與其它人生階段的發展一樣，在青少年發展上仍有太多值得探討的問題，青少年的輔導理論與技巧同樣地也需更加精進，故青少年發展與輔導之持續性探究乃極有必要。本節將敍述目前國內青少年發展上有待深入探討的課題，以及青少年研究的主要方法。

壹、值得關切的青少年研究相關課題

一、理論建構

理論是對人類發展現象作系統性陳述與解釋，並呈現原則與要項的概念性架構(conceptual framework)。目前對於青少年發展與輔導的了解大都借助於相關理論。不過值得檢討的是，現有的相關理論（如第二、三章所述），甚多不是以青少年為探討的焦點，如佛洛伊德的精神分析論、皮亞傑的認知發展論等對兒童發展關注的程度甚於青少年。再如田納的青少年生理發展理論，恐怕並不能充分反映今日青少年的生理發展真相。

另一方面，某些理論雖然頗受重視，但驗證性的支持證據仍然不夠，如哈維葛斯特的發展任務論即是。即使是郭爾保的道德發展論極受

推崇，但也被批評是以男性為主體所建構而成的理論（*Gilligan*, 1993）。
與兒童發展、諮商與心理治療等心理學相關領域相較，青少年發展與輔
導的理論似乎猶待更多的建構與驗證。

二、台灣青少年的獨特經驗

台灣幾乎已成為世界最大的城市國家（ *city country* ），人口集中、
交通便捷、資訊蓬勃發展，但也資源有限、競爭激烈，加上世代的移民
浪潮，台灣社會結構與一般人民生活適應可能迥異於其它國家。再者台
灣人口密度高居世界第二，地窄人稠，更有三分之二是山地，可供使用
的平地面積十分有限，相對的公共設施，如公園、綠地、休閒設施嚴重
不足，連帶的使青少年活動空間窄小，對青少年的正常發展可能影響極
大。再加上台灣青少年國中升高中、高中升大學的激烈競爭與嚴重的惡
補情況，都顯示台灣地區青少年可能有獨特的生活壓力，因此，台灣青
少年的發展似乎有必要做更大規模與有系統的研究。

三、青少年的形象問題

西方社會基本上是不信任青少年，甚至對青少年存有敵意的。社會
上一直認為青少年是叛逆的、不道德的、不成熟、不負責任、懶散、目
無法紀與墮落的一群。成人對青少年存有嚴重的負向刻板印象（*negative
stereotypes*），其成因頗為複雜，但可能有下列主要原因：㈠青少年使成
人記起個人的生活體驗：生意不成功的父親害怕兒子重蹈覆轍，情場
曾失意的媽媽可能會對女兒的交友施加壓力。因此，青少年正好反射了
父母的弱點，以致於對青少年更加的擔憂、恐懼與批評。㈡青少年對成
人的自我、安全與地位有所威脅：成人通常不願自己受到挑戰、思想觀
念受到質疑、自我遭到貶抑，因此會對青少年有所防衛，甚至攻擊。㈢
成人對青少年會有羨慕與嫉妒：青少年的年輕、有活力、流行與自在等
都會讓成人既羨又恨。尤其流行事物常先起於青少年，青少年的生活型
態也較激進，導致成人會有強烈的批評。㈣成人害怕失去對青少年的控
制：青少年叛逆性愈高，成人恐懼程度愈高，青少年愈不明智、經驗愈

少、行爲愈勇敢，對成人威脅愈大，因此成人會對青少年有較多的防堵，而不願意與他們分享責任與關愛。㈤青少年的價值觀念常對成人的傳統價值體系會有所挑戰：因此成人容易感到代間的衝突，尤其在道德、宗敎、金錢使用、愛國、性等方面的價值體系更容易有所歧異（ *Rice* , 1993 ）。國內成人對青少年的印象如何猶待探討，不過可能亦負向印象多於正面形象。如國內青少年相關論著，多數冠於「青少年問題」的名稱，大學所開設的相關課程，也多半以此爲科目名稱。依照學者的論點，這些負向刻板化印象事實上並不正確，青少年不必然會有問題產生，即使有也不一定比人生其他階段爲多（ *Fuhrmam* , 1990 ; *Rice* , 1993 ）。積極且正確的面對青少年的發展是青少年相關研究所應採取的態度。

貳、青少年的研究方法

青少年的研究方法本質上與其他一般心理學的研究方法並無太大的不同。主要的研究方法有實驗法、觀察法、相關法、調查法、個案研究法。在研究設計上主要有縱貫法(*longitudinal research*)、橫斷法(*cross-sectional research*)與時間差法(*time-lag research*)三種。統計方法則涵括描述統計與推論統計上所使用的各種統計方法。

一、青少年研究層面的分類與方法

青少年的研究設計主要可以區分爲四個層面：㈠實驗室對自然法(*laboratory vs. naturalistic*)；㈡支配性對非支配性(*manipulative vs. non-manipulative*)；㈢理論性對非理論性(*theoretical vs. atheoretical*)；㈣年齡改變對年齡不同(*age change vs. age difference*)(*Dusek,* 1996)。

實驗室的研究設計主要是採用人爲的情境，控制無關變項，對青少年提供不熟悉的作業，再考驗受試者的表現(*performance*)。自然法是在自然情境中觀察青少年的行爲表現，記錄行爲頻率或反應方式。自然法

對無關變項的控制較鬆散。如在實驗室中爲青少年提供競爭與合作的控制情境，再比較兩組的作業成績差異，可視爲實驗室的研究法。如直接到街頭觀察青少年的幫派運作與活動方式則是屬於自然研究法。實驗法係屬於實驗室的研究設計，觀察法則屬於自然法。

支配性的研究是研究者操弄某些變項，再決定被操弄的變項是否對受試者的行爲產生作用，被操弄的變項稱之爲自變項（independent variable）。例如，爲研究酒精對青少年閱讀的影響，將喝酒與否的青少年分成不同組別，再考驗不同變項操弄下的受試者閱讀能力的差異情形。實驗法通常就採取變項操弄的方式進行研究。操弄式的研究一般係在自然情境中進行，觀察法即是在不操弄的情境下自然觀察青少年的行爲。目前青少年發展的研究較多人採取變項操弄的方式進行相關問題的探討。

理論取向的研究方法主要目的在考驗或驗證青少年發展理論的可靠程度，目前由於青少年發展的理論甚多，因此理論驗證性的研究甚受歡迎。例如郭爾保的道德發展論與艾力克遜的自我認定理論在國內外均有甚多學者進行考驗。非理論取向的研究則不考慮理論基礎，直接探討青少年發展的相關問題，如班級同儕互動的研究較少涉及理論層次。

青少年發展研究上的第四個層面頗爲重要，有些學者對相同青少年在不同年齡發展上的變化情形甚感興趣，縱貫法的研究大多屬於此類。如田納（第二章所述）所進行的青少年生理改變情形的研究即是例子。另外有些學者關心年齡不同青少年的差異狀況，如比較國中一年級學生與高三學生在生理發展上的差異，而類推青少年初期與青少年後期的發展差異。

上述四個研究取向可以有不同組合，如可以在實驗室中操弄某些變項、驗證相關理論，並比較不同年齡受試者的差異，同時也可以在實驗室中自然觀察青少年的反應、對變項不加操弄，也不驗證理論，再觀察一個月以後相同青少年的行爲差異等（Dusek, 1996）。

　　除了實驗法與觀察法之外，相關研究法也頗受重視。相關研究法是在操作性界定變數之後，對二個或二組以上變項進行系統化評量，再考驗變項之間的關聯程度。例如，求女性初經與身高及體重的相關，以發現是否身體達到一定成熟程度就會開始有月經，而非年齡的作用（如第四章所述）。

　　調查法主要是以問卷或量表調查青少年的思考、價值觀念或生理狀況，以及行為反應方式。例如，調查青少年打電動玩具的次數與類型即是調查法。

二、青少年研究之設計

　　青少年研究之設計主要有縱貫法、橫斷法及時間差法三種方式。縱貫法是考驗相同受試者在不同年齡階段或不同年代的長期行為改變情形，橫斷法則是相同時間對不同年齡的青少年作研究，以考驗行為的差異。時間差研究法則是對單一個年齡層（如17歲）延續不同時間的研究，目的在發現時間差異所造成的行為改變情形。圖1-3係青少年發展之研究上因時間與年齡不同所形成的三種研究設計類型。在圖1-3中斜線係指橫斷法，橫線係代表縱貫法，縱線代表時間差法。

出　　生 年齡層	被研究的年齡				研究方法
	11	13	15	17	
1963	1974	1976	1978	1980	── 縱貫法 (Longitudinal)
1965	1976	1978	1980	1982	╱ 橫斷法 (Cross-sectional)
1967	1978	1980	1982	1984	│ 時間差法 (Time-lag)
1969	1980	1982	1984	1986	

圖1-3　青少年發展研究法

資料來源：Forisha-Kovach, 1983, p. 75.

　　至於其它研究設計與統計方法，可參閱教育與心理學研究法及統計學相關論著。

本章提要

1. 青少年是個體一生之中身心發展與改變最大的階段之一，身心各方面都有新的
成長。家庭、同儕、學校、社會與文化也對青少年有新的反應與期望。

2. 青少年的界定頗為不易，目前對青少年意義之界定，主要有生理、心理、社會、
年齡與法律等不同觀點。

3. 青少年期是由兒童期過渡到成人期的一個橋樑階段，在此階段中，個體的生理、
心理與社會等各方面都逐漸成熟，同時開始具有生育能力，年齡約在10歲至
20歲之間，相當於國小高年級至大專求學階段，以法律觀點而言，年齡在12
歲以上至18歲未滿間。

4. 青少年有下列幾項特質：(1)青少年是生理發展的時期；(2)青少年是一個年齡
層；(3)青少年是一個發展階段；(4)青少年是一個轉折期；(5)青少年是一種社會
現象；(6)青少年有一定範圍；(7)青少年是一個關鍵期。

5. 人生因發展特徵的不同而呈現不同的階段，青少年期是承先啟後的一個重要階
段。

6. 青少年問題的興起與社會結構的改變有密切關係。不同文化對青少年賦予不同
角色地位。

7. 青少年是以兒童期為基礎，具有下列獨特的發展特質：(1)兼具質與量的改變；
(2)兼有連續性與間斷性的特質；(3)同時具有穩定性與不穩定性的狀態；(4)具有
共通性與變異性的性質；(5)兼具分化與統整的特質；(6)兼有正常發展及易受傷
害的可能。

8. 輔導運動的興起與青少年處境困難、廣受關切有重要關聯。青少年輔導目的在
協助青少年了解自己、接納自我、肯定個人與充分發展自我，並能解決生活、
學習與生涯問題，以達到適應、成長與發展的境界。

9. 青少年輔導工作有六個重點：(1)評估；(2)資訊提供；(3)諮商；(4)諮詢；(5)計
畫、安置與追蹤；(6)評鑑。其主要輔導原則有：(1)尊重青少年的價值與尊嚴；
(2)接納與關愛青少年；(3)注重青少年的個別需求；(4)教育與輔導工作應具有良
好人格特質；(5)掌握社會脈動、不斷成長。另外，尚需要有：(1)教育體制的革
新；(2)司法體制的改革；(3)家庭教育的增進；(4)推廣價值澄清與道德教育等社
會體制的革新，以及善待青少年等積極輔導態度的配合。

10.值得重視的青少年研究課題有：⑴理論建構；⑵台灣青少年的獨特經驗；⑶
　　青少年的形象問題等。青少年的研究方法本質上與一般心理學的研究方法相
　　近，在研究設計上有縱貫法、橫斷法與時間差法三種類型。

第二章
青少年發展的理論模式(I)

　　影響青少年成長與發展的因素非常複雜，不同學者對青少年期的發展現象觀點不一，各自提出不同的「概念性架構」。如果一個或一組概念性架構清晰、明確，同時具有系統性、完整性、統合性或實用性，則可視為是一個理論(theory)。青少年發展的理論可以協助我們解析、澄清，或組織青少年發展的事實或現象。青少年發展的理論具有下列四種功能：㈠描述性功能：能夠描述或說明青少年發展的特徵；㈡界定性功能：能設定範圍或領域，作為導引探究青少年問題的基礎；㈢關聯性功能：能夠比較或分析影響青少年發展之重要因素間的關聯性；㈣統整性功能：能夠將青少年發展的重要變項加以統整，形成體系，並使之符合邏輯思考程序。

　　然而青少年發展的理論並非真理，也不是恆久不變的，它可以因為出現新的資料或有了新的研究發現，而被加以重新建構。青少年發展的理論也應具有可驗證性的(testable)與操作性(operational)的特質，關切相關課題的人，可以考驗這些理論的真確性，也可以依照具體、可行的

研究步驟驗證理論的可行性。

　　青少年發展的理論非常之多，有些理論自成一家之言，有些理論則與其它理論重疊，不同理論間也有相互牴觸的地方，主要原因在於青少年發展涉及的層面廣泛，非單一理論所可以詳盡涵蓋。對有興趣探究青少年發展現象的人而言，保持開放的心胸，多方面比較與分析不同理論觀點的異同是必要的。總而言之，青少年發展的理論是解釋事象(events)的系統性陳述，可以作爲了解青少年發展與適應的中心思想，以及深入探究相關問題的基礎。

　　以下將要探討六個重要的青少年發展理論模式：一、進化理論(Evolutionary Theories)；二、生物理論(Biological Theories)；三、精神分析理論(Psychoanalytic Theories)；四、學習理論(Learning Theories)；五、認知發展理論 (Cognitive Developmental Theories)；六、社會文化理論(Social-Cultural Theories)。這六個理論涉及青少年發展的生理、心理、智能、社會等各個層面，在往後各章青少年發展與輔導的各項重要課題的探討上，仍會對這六大理論模式作引申與闡述。本章將先探討前面三個理論，在第三章中將繼續申述另三個理論。

第一節　進化理論

　　青少年發展進化理論主要是假定個體的發展如同其他動物與植物一樣，是受自然法則(natural laws)的影響，重視生物性力量對個體成長與發展的主導作用，同時也把青少年的生長與發展看成是個體適應環境的一種現象，而生長與發展具有共通性，不受社會文化的影響。由於這個理論特別強調青少年內在的生理遺傳(biogenetic)因素對行爲與心理改變的作用，所以也有些學者把這個理論視稱之生物理論(Dusek, 1996；Rice, 1993)。

　　青少年發展的進化理論有三個主要的理論模式：一、複演論(Recapitulation Theory)；二、生物進化論(Biological Evolution)；三、發展螺旋論(Spiral Growth Patterns)。以下將分別加以探討。

壹、複演論

一、理論重點

複演論是由青少年研究的鼻祖霍爾(G. Stanley Hall, 1846-1924)所倡導的。霍爾本人對青少年的研究貢獻卓著，雖然他早年所提倡的青少年是不安、壓力與風暴時期的觀點遭受不少的批評，但他對青少年問題的關注，促成政府與社會大眾對青少年福祉的重視，居功厥偉。霍爾本人同時也是美國第一任心理學會的主席，甚多心理學者受他的影響極大，進而促成青少年研究的蓬勃發展。

霍爾認為個體的發展包含四個階段：一、嬰兒期；二、兒童期；三、少年期(youth)；四、青少年期(adolescence)。這四個時期就是人類祖先由原始社會進化到工商社會的軌跡反映。個體成長的歷程就是在「複演」(mimicked)人種進化的歷程。

人類進化的歷史經歷了四個階段，第一個階段是原始社會(primitive society)，人類生活在蠻荒社會中，與猿猴相似，以追求生存為首要；第二個階段是狩獵時代(hunting and gathering)，在此階段中，人類開始過穴居式的生活，此時期還未發明或使用文字；第三個階段是農牧社會(serfdom and agrarian life)，人類的生活開始穩定下來，文明也逐漸進步；第四個階段是現代社會(modern society)，社會日趨複雜，科學、工業與技術日新月異，文明的進步一日千里，人類生活雖逐漸優渥，但混亂與衝突也不斷發生。霍爾認為嬰兒期就是原始人類的再現，嬰幼兒期就是在重現人種發展初期的「似猴」(monkeylike)階段，這個時期感官與動作的探索對個體的發展最為重要。兒童期則是狩獵時代的再現，因此，兒童會樂於遊戲活動，作幻想與冒險。少年期約在8至12

歲之間，它是人種進化中農牧社會的反映，在此時期中，個體的技術學習與常規訓練最爲重要，如此才能像農牧社會一樣維持社會的穩定與秩序。青少年期則具有演進到現代社會的特徵，充滿了不安與衝突，這也是個體由未開化轉變到文明化的個體（civilized person）的重要時期，就像人種由農牧社會進化到工商社會一樣，在原始的衝動與人道力量之間，無可避免的會導致相互的激盪與衝突。

霍爾基於人種複演的論點，將青少年期視爲是「狂暴與衝突」（turbulence and conflict）、「風暴與壓力」（storm and stress）的階段。從此，青少年是人生的「風暴期」或「狂颮期」的說法乃廣爲流傳。

另一方面，霍爾也把青少年視爲是人的「再生」（new birth），唯有「愛」（love）、「虔敬」（reverence）與「服務」（service）三者才可以撫慰青少年的軀體與靈魂。他認爲青少年是一群足以改變社會發展路線的人。依照霍爾的說法，青少年時期個人生理與社會層面的改變是同時並進的，此種改變也是全面性的，包含生理成長、性成熟、情緒激烈與衝突、新的推理能力，以及道德體認、社會與政治層面的複雜化等特徵（Hall,1905）。

霍爾認爲青少年的年齡約在12至25歲之間，是人類過去二千年歷史的象徵，這個階段具有「矛盾的傾向」（contradicting tendency），隱含著下列各種相互對立的積極發展與騷亂變異的可能性：

㈠活力與熱情對冷漠與無聊。

㈡歡樂與笑聲對憂鬱與悲傷。

㈢虛榮與自誇對謙卑與羞愧。

㈣理想的利他對自私。

㈤敏銳對冷淡。

㈥溫柔對野蠻。

依照霍爾的論點，青少年有極大正向發展的可能性，但也有甚多負向的對應力量，會因青少年本身的努力與社會的配合而有不同的發展面貌。

二、複演論在青少年輔導上的應用

霍爾的複演論在青少年發展與輔導上具有下列的貢獻：㈠開啓青少年研究的先河，使學術界開始重視青少年問題；㈡把青少年視爲人生風暴與不安的階段，促使政府與社會大眾關注青少年輔導工作；㈢把青少年視爲人類進化至工商社會的翻版，使一般人較能容忍青少年不當的行爲表現。

不過霍爾的青少年發展複演論受到的批評非常嚴苛，至今心理與社會學者已很少人支持霍爾的論點了。複演論的缺點在於：㈠個體發展在重複人種發展的歷程，並沒有科學的資料可作佐證，充其量是霍爾的主觀看法；㈡青少年是人生狂飆與風暴期的論點也沒有充分的科學證據，甚多青少年甚至是平安、愉快的度過這個階段；㈢人生的各個階段都有可能遭遇不同的困難，非獨青少年期而已。

科爾曼(*Coleman*，1978)的研究就不支持霍爾的理論。科爾曼經由實徵性的研究結果，提出了「焦點理論」(*focal theory*)，他認爲人生有不同的階段，每個階段都有不同的問題或困難存在，各項困難起起落落，非獨青少年才有，不過人通常會以某一個問題爲處理的焦點，當焦點問題獲得解決，連帶的其他問題就能獲得解決，如果有兩個衝突的問題存在，青少年就會壓制其中的一個問題，全心全意，以另一個問題爲焦點，努力去加以克服，每一個青少年在不同時間會關注不同的問題，也因此不致形成各項問題「同時」集中的風暴與狂飆現象。下圖（圖2-1）就是焦點理論的模型圖，由圖中可以發現，不同年齡存有不同的焦點問題，由此可見霍爾的複演論頗值得商榷。

從青少年輔導工作的角度來看，霍爾呼籲重視青少年研究的論點，仍然值得我們的尊敬。他把青少年視爲人生狂飆期的說法，似乎言過其辭，但如果將霍爾與科爾曼的論點折衷看待，我們應承認青少年期是人生的重要發展階段之一，如果能妥善的加以輔導與協助，多給予關心與支持，也許能對青少年所面對的發展問題，助上一臂之力，使之順

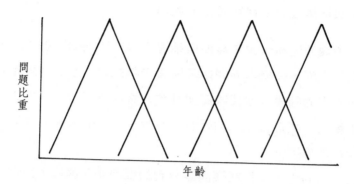

圖2-1　人生焦點圖

資料來源：Coleman, 1978.

利成長。此外，霍爾認爲「愛」、「虔敬」與「服務」三者對青少年的身心發展最爲重要，更值得青少年輔導工作者的深思與反省。

貳、生物進化論

一、理論重點

達爾文(*Charles Darwin, 1809-1882*)嚴格說來並不全心注意青少年問題，他也向來被視爲是一位生物學家。達爾文最大的貢獻在於根據他的觀察研究結果，提出了劃時代的「生物進化論」（簡稱進化論）。達爾文認爲物種可以經由改變與進化形成新的物種，每一物種都會繁衍比實際生存數量爲多的後代，因爲環境中充滿了各種危險，而且食物有限，大自然就持續地在進行抉擇，生物本身唯有適應(*adaptation*)環境才能存活下來，物種的生存就是「自然選擇」(*natural selection*)的結果。人類爲了要生存，因此發展出思考與推理的能力，逐漸克服環境中的危險，進而主宰了地球。

從進化論的觀點來看，青少年期的重點就是人類「再繁衍的歷程」(*reproductive process*)。像其他生物一樣，要讓人類生命延續下去，就必

須交配、生產與養育子女，青少年期就是個體開始具有生殖能力的階段。因此，就進化論的觀點而言，青少年性活動驟升，乃是開始要進行人類種族繁衍的象徵，性活動是極其自然的事。

進化論也認為「適者生存」(survival of fittest)是生物進化的關鍵，生物適應環境的特質會代代相傳。然而生物「絕種」(extinction)的威脅一直存在著，生物（包括人類）必須努力去作適應，以使種屬能綿延下去。青少年期既然是人類再繁衍的重要階段，因此，青少年的發展與適應也關係著人類的生存。達爾文的進化論後來深深的影響了霍爾演化論的建立。

二、生物進化論在青少年輔導上的應用

達爾文的生物進化論雖然在生物學上的貢獻甚於對青少年發展研究的貢獻。但我們可以藉助於生物進化的觀點理解青少年時期行為的動力——為人類生存與繁衍而產生的性活動現象。此外，人類社會與生存環境都不斷地在改變之中，為了代代子孫的健康成長，成人應該有效地協助青少年維護生理健康，使之在婚姻、家庭與生養子女上適應良好。另外，要協助青少年具備謀生技能，以使青少年具有生存能力，能延續人類的生命力。

參、發展螺旋論

一、理論重點

葛賽爾(Arnold Gesell, 1880-1961)也是美國心理學的先驅之一，他慣用觀察的方法紀錄或攝錄兒童發展的歷程。葛賽爾根據觀察研究結果，認為個體的成長即是「被遺傳所導引的成熟歷程」，成長具有「律動順序」(rhythmic sequences)，形成了「螺旋狀」，逐步爬昇，使機體日益成熟與精密，因此他的理論乃稱之為「發展螺旋論」。

　　葛賽爾認爲個體的發展是有次序的，個別差異是由「遺傳編碼」(genetic coding) 的差異所造成的，環境雖然對個體的發展也會有所影響，但遺傳所導引的成熟才是成長的基本機制，有機體成長計畫中，環境的影響力量微乎其微，人類的發展就是依照既有的人類遺傳因子開展的歷程。

　　發展螺旋論認爲生長具有前進(forward)與後退(backward)的現象，當兒童獲得了新的發展領域，促使他們向前生長，並且在移動前會加以鞏固(consolidation)，但在生長歷程中倘遇上不利的因素將會使生長向後退步。基本上，在成長歷程中，由於內在與外在的開展，個體會產生不平衡的狀態，但隨之會以更好的平衡加以克服，因此整個個體的發

表 2-1　10 至 15 歲青少年的自我成長特徵

年齡	特徵
10歲	1.不太關心自己。 2.他們的父母親報告指出，青少年比9歲時更快樂，更易於相處。
11歲	1.青少年常把自己描述成變得比10歲爲惡劣。常說：「現在每件事似乎都很糟」。 2.父母親也有類似的報告。
12歲	1.開始試圖贏取朋友的贊賞而找尋自我，開始能表現適切與成熟的角色行爲。 2.非常在意他人把他們視爲「小孩」。
13歲	1.努力尋求內在的自我，試圖了解自己，包括相貌、思想、脾氣等。 2.興趣日益廣泛，也對人格感興趣。 3.非常在意個人的儀表，如太胖、太瘦、太醜。 4.愈來愈會修飾自己。
14歲	1.由和他人比較與匹配中尋求自我。 2.喜歡與他人相似。 3.樂於趨進他人。 4.非常在意是否受朋友喜歡。
15歲	1.由自我與他人的理念與理想中尋求自我。 2.常常喜好與他人爭議與討論事情，對事情看法的正確性非常在意。 3.喜歡分析自己與他人的思想。

資料來源：Gessell, Ilg, & Ames, 1956, pp・364－367；

Newman & Newman, 1986, p.43・

展，形成前後牽引的律動延續歷程，當成長到達螺旋的中心，個體乃趨近於成熟(Newman & Newman, 1986)。

葛賽爾的另一項貢獻是詳細且有系統地描述個體在每一個年齡層次的發展特徵，他曾經探討青少年的生理成長、自我關懷(self-care)、情緒、自我概念、人際關係、活動與興趣、學校生活、道德與哲學觀等課題。表2-1就是葛賽爾所描述的10至15歲的青少年自我(self)成長在不同年齡階層的特徵。

二、發展螺旋論在青少年輔導上的應用

發展螺旋論的理論重點可以歸納如下：㈠成長是由遺傳所導引的成熟狀態；㈡生長是一個規則的自然發展歷程；㈢生長像是螺旋一樣，具有前進與後退的律動現象；㈣生長歷程中會有不平衡產生，隨之再以新的平衡減低不平衡；㈤10至16歲是個體日趨成熟的一個重要時期。

從發展螺旋論看來，生物力量依然是青少年發展的主導因子，發展且是規則與趨於平衡的過程，個體的生長宛如其他動植物，會依照它們的種屬特性自然的開展，因此，優生保健的重要性可能甚於後天環境的教養。此外，青少年也不一定會產生暴亂與麻煩，時間自然會解決個體發展過程中的困擾。不過葛賽爾仍然建議父母或師長能使用協助青少年自我規劃(self-regulation) 的輔導方法，而不要用情緒化的訓導方法，這樣才能切合青少年的發展特徵，另外，也要給青少年更多的社區經驗，以協助青少年能獲得獨立所需具備的知識。葛賽爾所提出的各年齡層的發展特徵（如表2-1），可供青少年的父母或師長的參考，以免因青少年的某些特異的行為表現，而反應過度。

發展螺旋論於1940至1950年代盛極一時，甚多家長奉為育兒聖經，但隨著行為學派的興起，過度重視遺傳與生物作用的發展螺旋論乃日漸式微。

第二節　生物理論

生長順序與時間論

一、理論重點

　　生物理論注重青少年生理改變歷程的探討，前述的進化論者也都曾分析青少年的生物作用，因此也有學者將霍爾、達爾文與葛賽爾視爲生物論者(*Dusek,* 1996)，不過他們並沒有深入探究青少年生理的改變歷程，故嚴格說來不屬於生物論者。青少年生物論者，以田納(*J. M. Tanner*)的研究最爲卓著，也最受推崇，田納的研究論著至今仍被廣泛引用，因此，本書以田納作爲生物論者的代表人物。

　　田納是英國的生物學者，他以英國青少年爲研究對象，領導進行一項名爲「哈本頓成長研究」(*Harpenden Growth Study*)的專案研究，重點在於探討青少年生理發展的順序(*sequence*)與時間(*time*)，以及類型(*patterns*)及變異(*variations*)情形。

　　根據田納的研究發現，青少年進入青春期(*puberty*)的時間變異甚大，然而，青少年生長改變的順序卻是可以有效地加以預測。例如，田納研究發現，青少年女性「初經」的年齡變異非常大，不同國家與不同人種的青少年亦有極大的差異，美國青少年生理成長的頂峯，女生平均年齡是11.03歲，男生平均年齡是13.07歲。就女生而言，我們可以預測身高的「驟增」(*spurt*)先於青春期其他特徵的發育，隨後胸部隆起，陰毛生長，然後才有初經的出現。就男生而言，睪丸的發育最早發生，然後是陰囊、陰毛、陰莖的成長，稍後，身高也驟增，在同年齡女生身高驟增二年後，男生的平均身高即可超過女生(*Tanner,* 1962)。

二、五大研究重點

田納的研究有五個重點：㈠身體生長；㈡陰毛生長；㈢女性胸部生長；㈣男性生殖器官生長；㈤生長的個別差異現象。以下將再分述之。

㈠身體生長

田納的研究重視青少年身高驟昇現象，兒童期的身高平均每年增加5公分，但在青春期時每年會突然增高到10公分左右，女性的身高驟增會比男生早二年，但女生身高驟增的尺度不如男生，因此成熟的男性平均身高乃高於女性。田納認為無法由兒童期的身高去預測成人期的身高，因為青少年身高的驟增與兒童期身高無關，尤其春春期身高的驟增與生長荷爾蒙(growth hormone, GH)、性荷爾蒙(sex hormones)的分泌有密切關聯。人體性荷爾蒙的分泌是在春春期才開始密集活動，其中雄性激素(androgens)是男女兩性身高增加的共同作用因子，雄性激素刺激腦下垂體分泌生長激素。就男生而言，睪丸素(testosterone)是引發雄性激素的強有力因子，但就女生而言，其作用過程尚不完全清楚，因為就研究所知，雌性激素(estrogens)似乎是在抑制生長而非激發生長。田納(Tanner, 1971)指出，雄性與雌性激素對生長的停止共同扮演了重要的角色，兩者交互影響。因此，女生在生長高峯通過之後，才有初經的出現，在月經出現的第一年間，女生的生長漸趨於緩慢。田納認為生長的現象是十分規則的，青少年通常是大腿先長高，然後臀部變寬，再次是胸部發育，身體軀幹長度與胸部的厚度則較晚達到生長的頂峯。此外，雙手、頭部、以及腳是身體最早停止生長的部位。男生停止生長的平均年齡在17至18歲之間，女生在15.5歲至16.5歲之間，不過依照田納對英國學生所進行的調查發現，有些青少年在20歲之後，骨骼仍然在發育之中，可見生理的發育有極大的差異存在(Tanner, 1962)。

青少年肌肉的發育，一般而言，是與生長驟增期相當，它也受到雄性激素的影響，尤其是睪丸素的作用。在此同時心肌也迅速生長，因而

增強了個體的身體力量，所以在春春期初期女生的氣力乃顯得大於男生。另外，女生的血紅素(hemoglobin)與紅血球的增加比男生快。此種差異主要是睪丸素所造成的，至於是否受到社會因素的影響，目前仍然是未知數(Kimmel & Weiner, 1995)。

田納指出，在身高驟增時，肌肉也隨之生長，但身體卻會變瘦，男生的手臂與大腿，女生的身體都會變瘦，不過整體的體重並未真正降低(Tanner, 1971)。男生的身體變瘦會發生在身體驟增的前二年。青少年整個身體形狀也日漸接近成人狀態，男女生的肩膀與臀部都會增長，但女生的臀部生長多於肩膀，男生則正好相反。男女生的面孔也會改變，不過依照田納的說法，女生面孔的改變幅度比男生為少(Tanner, 1962)，這與中國所說「女大十八變」的說法似乎不符。

(二)陰毛生長

田納的研究發現，青少年的陰毛發育也是有次序的，他將青少年的陰毛發育分為五個階段：

1. 階段一：沒有陰毛，體毛的生長與其他一般身體部位相同。

2. 階段二：開始有稍許的鬆軟、直的或稍彎曲的陰毛出現，主要出現在女生陰唇或男生陰莖的基部。

3. 階段三：陰毛變黑、變粗、更彎曲，並且開始擴散至陰毛區的中間部位。

4. 階段四：陰毛近似成人，但陰毛涵蓋區域仍較窄，未擴及腿部。

5. 階段五：陰毛生長達於成人的質與量狀態，陰毛的分布形成倒三角形，頂部成一水平線，陰毛也擴及腿部，男生陰毛生長也可能擴及腹部。

圖2-2是田納研究所歸納出來的男女生陰毛發育的五個標準階段。

田納的研究指出，男女生的陰毛發育一樣是有順序的，甚至男生的鬍鬚生長也同樣是有順序的。男生鬍鬚生長的時間與腋毛相當，通常開始生長的時間，約發生於陰毛發育的第四個階段。男生鬍鬚先生長於上

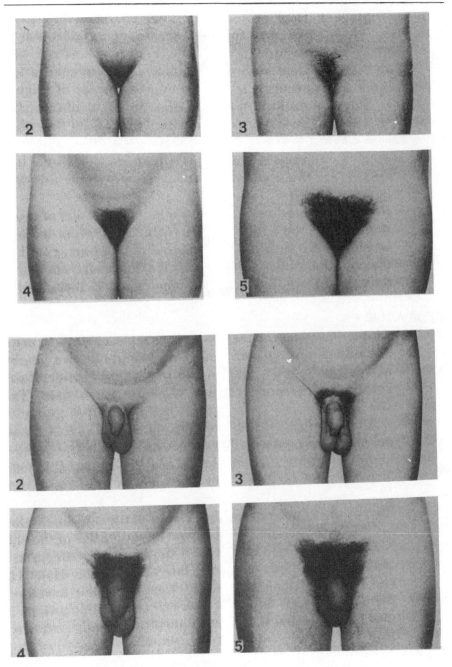

註：由於陰毛發育的第一階段是屬於無陰毛階段，故未在本圖中呈現。圖中值得注意的是男生的陰莖是未被陰毛覆蓋的。

圖2-2　男女生陰毛發育的五個標準階段

（資料來源：Tanner, 1962, p.33。）

唇，上唇部位長滿鬍子之後，接著是下顎及頰部，最後才達到下巴下方的區域。西方男性並有胸毛生長，東方男性通常無胸毛。

　　㈢**女性胸部發育**

　　女生胸部的發育是最重要的第二性徵的顯現，田納依照他的發育順序與時間論之觀點，認為女生乳房發育也經歷五個階段：

　　1.階段一：前青少年期──只有乳頭突出。

　　2.階段二：乳房蕾苞期(*breast bud stage*)──胸部隆起，乳頭仍不大，但乳頭附近開始脹大。

　　3.階段三：胸部持續擴大，乳房隆起，乳暈及乳房發育中。

　　4.階段四：乳房高聳，輪廓明顯，乳頭突出。

　　5.階段五：成熟階段──乳房豐滿，輪廓具明顯曲線，乳頭突出，接近成人狀態。

　　圖2-3係田納研究所提出的女生乳房發育的五個標準順序，左邊五個圖是正面圖，右面五個圖是側面圖。

　　田納的研究發現，女性胸部的發育約需花四年的時間才能由階段二進到階段五，各階段的發育無法以年齡作區分。女性的乳房發育是為哺乳育兒作準備，受雌性激素的影響。女性生產之後，乳房因受到泌乳激素(*prolactin, PRL*)與黃體素(*progesterone*)分泌激素的刺激，會分泌乳汁。

　　不過田納的研究發現，女性的乳房發育有很大的個別差異，有些女生乳房發育階段與陰毛發育階段相同，但有些人則不同。以時間而言，乳房蕾苞期至初經的時間約為5.5年，有人只經歷6個月。但多數女生在乳房發育的第四階段開始有初經現象(*Tanner, 1971*)。

　　㈣**男性生殖器發育**

　　男性的生殖器（外陰）部位的生長也具有順序與階段。男性的睪丸發育最先進行，睪丸是精子產生的地方，其功能與女性的卵巢相當，睪丸之所以要生長於體外，乃因為精子需要有溫度比體溫為低的生長環境，甚多動物均有此特徵，如以達爾文的進化論來看，可能是生物進化

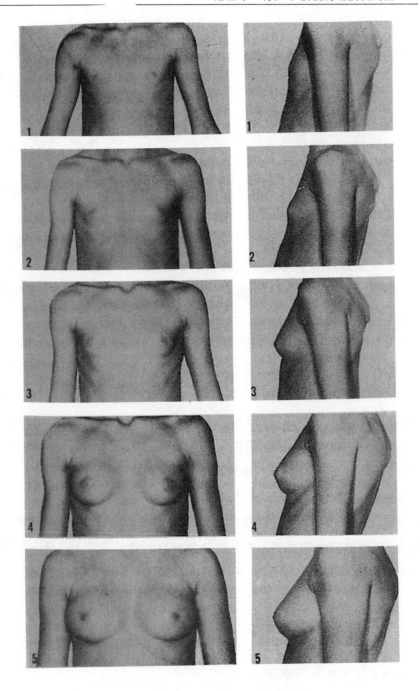

圖2-3　女性胸部發育的五個標準階段
（資料來源：Tanner, 1962, p.37。）

的結果。

田納也提出男性生殖器的五個發育階段：

1. 階段一：前青少年期——陰莖、陰囊、睪丸與兒童期早期的大小及形狀相似。

2. 階段二：陰囊與睪丸擴大，但陰莖長大不多，陰囊的組織改變，並且開始變異。

3. 階段三：陰莖長大（主要是長度），但是睪丸與陰囊也繼續長大。

4. 階段四：陰莖繼續長大、變粗，腺體也有了發展，睪丸與陰囊繼續長大，陰囊皮膚變得更形黑褐色。

5. 階段五：達到成人性器官的大小，隨後不再生長，只有陰莖少許成長。

圖2-4係田納所提出的男性性器官發育的五個階段圖。

根據田納的研究發現，男性生殖器要發育至第五個階段需要3年至5年的時間。但有些接受調查的男生只花1.8年就完成了五個階段，有些男生則費時9.5年，最長者達13.5年。通常男生在13至15歲之間生殖器開始發育，但持續至成人期。男生的陰毛發育通常與睪丸發育相當，不過一般而言，陰毛發育比睪丸發育稍晚。田納研究發現，有三分之一男生性器發育已達第四階段，但陰毛發育仍在第二階段，也有三分之一陰毛發育仍在第一階段，另有三分之一是至第一或第四階段，可見個別差異甚大。不過值得注意的是，男生性器發育達到第五階段時，幾乎所有的男生都會長出陰毛(Marshall & Tanner, 1970)。另一個值得注意的現象是，陰莖開始長長的時間約與身高驟增時間相近，這個時間也大約是睪丸開始發育的後一年。男生性器官發育後開始會有射精(ejaculation)現象，男生第一次射精一般發生於陰莖開始長長的一年後。倘射精發生於睡夢中，通常稱之為夢遺。

青春期男生陰莖常有勃起(erection)現象，不過新生嬰兒即會有陰莖勃起現象，兒童期也有，進入青春期以後，男性陰莖長粗之後，勃起

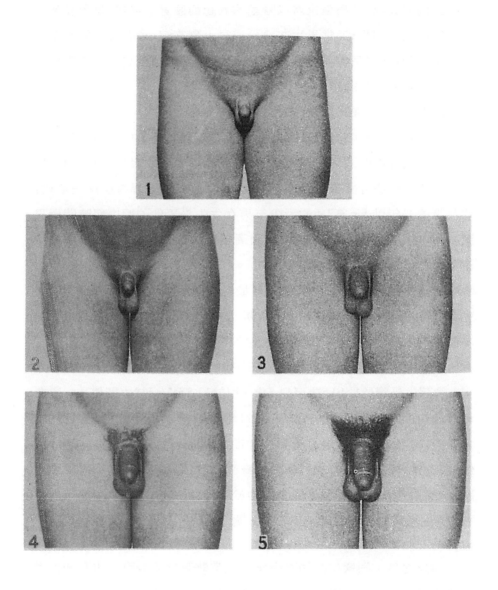

圖2-4 男性生殖器發育五個標準階段
（資料來源：Tanner, 1962, p.33。）

現象最爲頻繁，有些男生也常以陰莖的勃起而感覺不自在，陰莖勃起並不一定有性的聯想，通常男生在睡覺或早上醒來時，會有自然的陰莖勃起現象。青春期男生如果全無陰莖勃起，可能是雄性激素與神經系統失常，反而需要就醫診斷。

伍生長的個別差異現象

田納所主導的哈普頓研究的另一個重要貢獻是，指出男女生在青春期發育過程中的個別差異現象。在各種身體器官的發育上，不同的青少年有不同的發育界限(*range*)，早熟與晚熟的時間差異有些是一年，有些甚至達五年以上。圖2-5的青少年男女生生長事件的順序與時間變異圖，即顯現出發育的差異現象，這個圖至今仍普受推崇與肯定，並被廣泛引用(*Paikoff & Brooks-Gunn, 1991*)。

由圖2-5可見，女生身高的生長最先，男生則睪丸的生長最早，女生身高驟增開始於9.5歲至14.5歲之間，初經出現於10至16.5歲之間，乳房發育開始於8歲至13歲間，而成熟於13至18歲間，陰毛發育於11歲左右至14歲左右。男生身高驟增開始於10.5歲至16歲，而於13.5至17.5歲停止，陰莖生長開始於10.5歲至14.5歲，而於12.5至16.5歲之間停止，睪丸發育開始於9.5歲至13.5歲之間，而於13.5至17歲之間停止，整個性器官大約於11.5至15歲之間發育成熟，陰毛生長則開始於12歲左右，至16歲停止。此外，男生的氣力或力量約在身高達於頂峯之後的二年趨於最大狀態，女生身高驟增的頂峯最多集中於12歲左右，男生則集中於14歲左右，男生發育約比女生晚2歲左右。圖2-5中線段上的數字代表前述發育的五個標準階段。

除此之外，同樣年齡的青少年，在整體軀幹的發育上也有極大個別差異，如圖2-6就是哈普頓研究所提出另一項證據。由圖2-6中可以發現，相同年齡的青少年，身體變化程序有顯著的不同，有些仍似兒童，有些已快接近成人狀態。

三、生長順序與時間論在青少年輔導上的應用

田納的青少年生長順序與時間論乃是青少年生物理論中的一個典

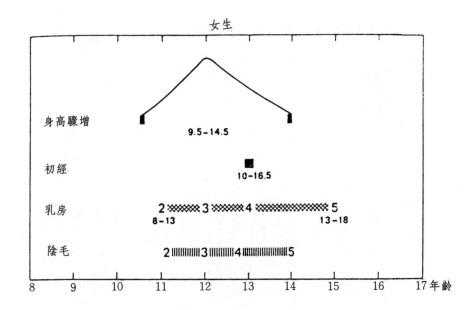

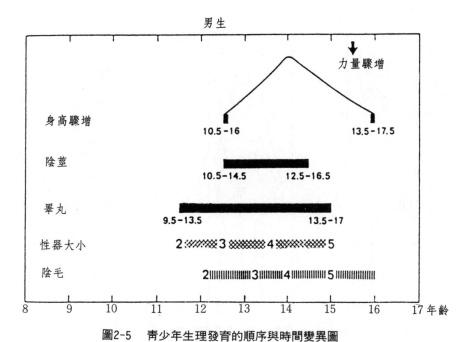

圖2-5　青少年生理發育的順序與時間變異圖

資料來源：Marshall & Tanner, 1970, p. 22；Santrock, 1998, p. 92.

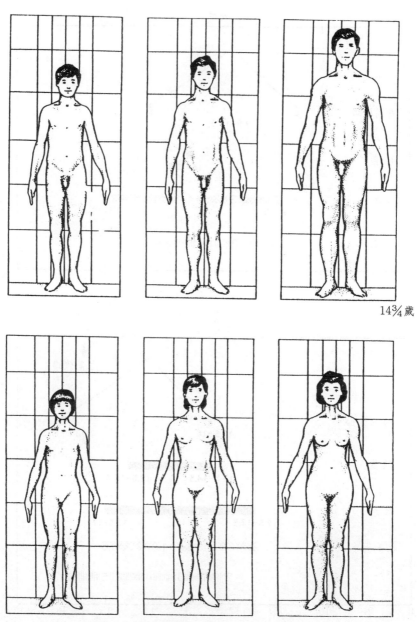

14¾歲

圖2-6　相同年齡男女生身體發育差異現象　　12¾歲
資料來源：Conger & Galambos, 1997, p. 65；Tanner, 1990, p. 45.

範，雖然此一研究距今多年，但仍然頗具意義。此一理論的貢獻及其在
青少年輔導上的應用可以歸納如下：

　　㈠青少年的生理器官，尤其重要性徵的發育是有順序與時間的，發
育時間雖有快有慢，但發展的階段卻是循序漸進的。因此，在青少年輔
導上，教育與輔導工作者應熟悉各個發展階段的特徵，掌握青少年生理
發展狀況，協助青少年作適當的自我了解；㈡青少年的生物性發展具
有極大的個別差異現象，故有些青少年會早熟，有些可能會晚熟，通常
女生早熟與男生晚熟對其社會適應較爲不利，對這些青少年，教育與輔
導工作者應多給予關懷，協助其克服生長上的不安與焦慮；㈢對於某
些發展特別遲緩，如初經與陰莖勃起晚於標準階段之青少年男女應延
醫診斷與治療。

　　田納的研究對青少年生理生長的現象具有良好參考作用，不過，他
的理論已歷經二、三十年，這些年來世界各國的教育、衛生與社會發展
改變甚多，其研究發現似乎有重新再驗證的必要，如此，方能眞正反映
現階段青少年生理發育的特徵。國內現階段青少年生理器官的發展特
徵與模型，亦有待加以探究與建立。

第三節　精神分析理論

　　精神分析理論是心理學研究與心理診療上的第一大學派，在分析
與探討青少年問題上，無可避免的要闡述精神分析理論的觀點與研究
發現。在精神分析理論眾多學者中，本書將選擇性心理發展論
(*Psychosexual Developmental Theory*)、慾力再現論(*Resurgence of Libido*)、
人際關係論(*Interpersonal Theory*)、心理社會論(*Psychosocial Theory*)、以
及辨識認定類型論(*Identity Pattern Theory*)等五個理論加以討論。

壹、性心理發展論

一、理論重點

　　性心理發展論是佛洛伊德(*Sigmund Freud, 1856-1939*) 精神分析理論的重心。佛洛伊德本是一位醫生，專長是神經醫學，但後來把興趣轉移到精神疾病的診療上。一般說來，佛洛伊德的全部理論涉及青少年發展者所占比重並不高，他關注的重點在於兒童早期。不過在他的名著《性學三論》(*Three Essays on the Theory of Sexuality*) (*Freud,*1953) 中，他曾將青少年期描述為性興奮、焦慮，以及有時會有人格困擾的時期。根據佛洛伊德的說法，人格的發展是以性心理的發展為基礎，早期性心理的發展並影響後期的適應。個體人格發展，以性心理的不同作區分，可以分成五個階段：㈠口腔期：這時兒童的性快樂來自於身體器官，口腔的吸吮能獲得口腔性慾(*oral erotic*) 的滿足，口腔期得不到滿足，會形成口腔期滯留(*oral fixation*) 性格，導致長大之後會以抽烟、喝酒等口腔活動來追求滿足；㈡肛門期：在肛門期時，兒童以排便的快感獲得肛門或尿道性慾的滿足，肛門期不能獲得滿足，也會產生肛門期滯留性格，如小氣、殘暴等；㈢性器期：在此階段中，兒童以自己的性器的刺激當作快樂的來源，此時男孩會愛戀母親，女孩會愛戀父親，依照佛洛伊德的看法，同性親子之間會有敵對產生，因而在潛意識中夾雜了情感力量，形成「伊底帕斯情結」(戀母情結，*Oedipus complex*) 與「艾烈克特拉情結」(戀父情結，*Electra*)，兒童為了怕同性父母的報復，轉而向同性父母的認同，因而有利於性別角色的發展；㈣潛伏期：這時期性慾力並不明顯，兒童轉而注意身體之外的人際關係，喜歡與同性的兒童相處，這時期的人格發展有助於超我(*superego*) 的提昇；㈤兩性期：兩性期開始於青春期，由於性衝動產生，開始對異性感到興趣，佛洛伊德認為這個時期是戀母情結或戀父情結的再覺醒(*reawakening*) 時期，青少

年的緊張主要來自於性的威脅，因為社會與家庭的性禁忌壓力極大，為了消除性威脅，青少年可能會逃避現實或從家庭中退縮，也會短暫的貶抑他們的父母，當青少年發展了同儕關係之後，親子間的衝突才會減緩，在青春期末期親子間才有可能建立較自主的關係。

佛洛伊德的理論有三個重心：㈠相信人類所有心理事件都與生理的生物化學特質有關，尤其與性能力密切關聯；㈡心理功能可區分為本我(Id)、自我(ego)、以及超我三者，這三者的發展與衝動的表達、現實的考慮，以及良心的形成有密切的關聯；㈢佛洛伊德相信所有的行為背後都有其動機存在，很多的行為表現是受制於不自覺的潛意識作用。因為潛意識是個人慾求、動機、恐懼與衝突的貯藏庫。

對青少年發展而言，佛洛伊德的精神分析理論特別注重「認同作用」(identification)對青少年社會化的影響，經由認同作用，青少年可以吸收他人的特質與價值觀（包括生活中的重要人物或同儕的特質與價值觀），使自己能深層地感受與他人的相似性與投入程度(involve-ment)，有助於青少年的自我發展。發展中的青少年也可能以英雄人物或明星為認同對象。因為認同作用可以提昇青少年的價值感，使「自我」得以良好發展，並且有助於「超我」的提昇，當青少年知道為所當為時，新的價值觀或新的人生目標乃形成理想的自我，並抑制某些不被社會所讚許的行為，有利於青少年順利的統合進入成人社會，因此，青少年的認同作用可視為是青少年社會化的重要心理歷程(Newman　&　Newman，1986)。

精神分析理論也特別重視早年生活經驗對個體長大之後的成長與適應的影響，青少年期是成人期的基礎，兒童期又是青少年期的根基，因此，倘若青少年的適應產生困難，則必須回溯性地探討早年的生活經驗，尤其是人生的前五年，如親子關係，或戀母與戀父情結是否已經克服等。

佛洛伊德的性心理發展理論認為青少年的心理困擾與衝突可能來自於兒童期慾望無法滿足或不當表達的結果，性衝動所引發的挫折是

主要的問題根源。青少年期由於已進入兩性期階段,自我與超我發展日益成熟,對異性興趣增加,也日益學會克制自己,如發展良好將有利於成人期的適應。因此,青少年的性心理發展歷程值得他們的父母與師長的重視。

二、性心理發展理論在青少年輔導上的應用

佛洛伊德的性心理發展論使我們了解到人生各個發展階段的性心理特徵,早期性衝動的挫折可能會延續至下一個階段。由於沒有一個人可以完全滿足每一個人生階段的需求,所以在青少年輔導上疏導青少年的慾求,使之轉至社會所容許的活動上,乃極其必要,同時也應協助青少年自己建立發抒能源的管道,如文學、藝術、體育活動等即具有此種功能,佛洛伊德即曾指出,「昇華作用」(sublimation)是將性衝動導向社會所接受之方式的一種積極自我防衛機轉,值得在青少年輔導工作上加以引用。

此外,在青少年發展階段,本我、自我與超我仍然在衝突、爭戰著,自我包含知覺、學習、記憶、判斷、自我察覺與語言技能等,且能評量現實。自我雖自嬰幼兒時期開始發展,但對青少年而言,仍然頗為重要,它是調和衝動與良心的中心,因此,協助青少年多體會社會現實,對社會事務更多認識,以使自我的判斷更能切合現實需求。另外,超我包括良心與理想自我兩部分,所以倘能為青少年提供良好楷模,或父母與師長以身作則將有助於青少年良心的發展,並及早建立個人的理想,如此人生才有遠景與抱負,亦才有發展的方向。青少年周圍重要人物的道德污點常是青少年自暴自棄的一個藉口,值得成人們的警惕。

貳、慾力再現論

一、理論重點

佛洛伊德的女兒安娜佛洛伊德(*Anna Freud, 1885~1982*)是兒童心理分析的創始者，也是在青少年發展與輔導上貢獻卓著的治療者與實務者。安娜佛洛伊德早年於維也納追隨父親發展精神分析論，她曾創立一所小學，透過對兒童的觀察，她開始將精神分析理論應用到兒童身上，安娜曾提出情緒困擾兒童的輔導策略研究報告。1938年她與父親為逃避納粹迫害，由奧地利逃到倫敦，1939年佛洛伊德去世，她克紹箕裘，於倫敦建立一所「兒童治療診所」，並開設相關課程，教育與訓練情緒困擾的兒童及其父母。

安娜佛洛伊德的理論大體與其父親相似，但她更強調兒童期與青少年期對自我成熟與發展的重要性，她更把精神分析理論擴大應用到兒童、青少年、以至於成人身上。安娜佛洛伊德的主要論著是《自我與防衛機轉》(*The Ego and the Mechanisms of Defense*)(*Freud, 1946*)。在此書中，安娜概略敘述了嬰兒期至青少年期的性心理發展特徵，她把青少年視為是「慾力再現」(*resurgence of libido*)的階段，在此時期青少年由於生物的成熟而增高了性與攻擊能源(*aggressive energy*)。青少年的性器官情感(*genital feelings*)、性目標、性幻想與目標都是「慾力能源」(*libidinal energy*)的作用。

安娜佛洛伊德並認為青少年階段因為動態性衝突的結果，會導致兩種負向的可能：

(一)本我支配自我

青少年期由於本能能源再度湧現，使得本我力量勝過自我，進而支配了自我，導致青少年期，甚至延續到成人期的低挫折容忍力、過度衝動、持續的尋求本我滿足的性格。

安娜認為青少年期是一個內在衝突、心理不平衡與變化無常的階段，他們會以自我作為世界的中心，只顧滿足個人的興趣，不顧他人的反應，並且容易盲目順從與反抗權威，他們顯得自私、物質取向，並且滿懷不切實際的理想，目中無人。

(二)自我的反應固著與僵化

青少年由於衝突昇高，對個人的自我與超我都形成挑戰，自我乃成為一切自我心理防衛的總合，會排斥或否定任何性衝動的存在。由於要壓制本我的存在，自我乃日益固著與僵化，無法因地因時制宜，配合現實需求作彈性改變。「禁慾主義」(asceticism)與「理智化」(intellectualization)就是青少年階段二種特有的自我防衛機轉。

「禁慾主義」乃是青少年對本能的不信任與拒絕沉湎於任何形式的快樂活動的心理反應。「理智化」就是青少年將友誼、愛、婚姻、或其他衝突過度予以抽象化與理智化的自我本位現象。此二種自我作用促使青少年可以自我克制本能衝動的威脅，然而儘管青少年努力去抑制自己、禁慾，並理智的去討論、思考與閱讀性相關的題材，青少年的活動仍是以自我為中心，且充滿各種衝突的可能。

安娜佛洛伊德認為青少年需要解決「本我、自我與超我的衝突」(id-ego-superego conflict)，否則會傷害自己，並會有神經性症狀產生，安娜相信本我、自我與超我三者之間獲得平衡是有可能的，多數正常的青少年在潛伏期末期可以發展出適當的超我，自我也能發展良好與強壯，當個人有足夠的智慧調和三者的衝突，並且能適當滿足本能，不會過度加以壓抑，罪惡感與焦慮感乃會日漸降低。當自我開始能維持本我與超我之間的和平時，個體就能健康的發展。

二、慾力再現論在青少年輔導上的應用

安娜佛洛伊德將注意力擴及到青少年身上，並把青少年期視為是個人慾力再現的時期，在此時期性衝動強烈，本我、自我與超我三者間的衝突昇高，使青少年備感困擾，此種論點雖少有實徵性資料加以驗

證，但從安娜佛洛伊德的觀點來看，由於青少年慾力再現，個體又無法立即滿足，因此，青少年的衝突、背叛、反抗、壓力乃無可避免，但多數青少年終究會發展順利，因此，青少年輔導工作者或其師長，可能有必要對青少年一時的衝動或反抗多給予寬容，因為衝突與反抗可能是自我在進行內在自我調停的一種反應，不過寬容並非要對過度不當的表現予以縱容，寬容在於給予青少年較多學習與練習的時間，如此才能使青少年有較平靜的心情調節自我、本我與超我之間的爭執。

此外，由慾力再現論可知，青少年為克服自我的焦慮，會發展「禁慾主義」與「理智化」的防衛機轉，此兩種防衛機轉亦如佛洛伊德的其它防衛機轉一樣，只要不使用過當，它們仍是青少年自我調適的必要心理歷程。青少年常見的否定快樂的追求、過分理想化、自命清高等現象，成人們也可視之為自然的心理作用而已，無需過度拒斥。

叁、人際關係論

一、理論重點

被歸為新佛洛伊德學派(Neo-Freudian)一員的蘇利萬(Harry Stack Sullivan, 1892-1949)是人際關係論的創始者。蘇利萬不像佛洛伊德那麼重視生理衝動對個體發展的影響，相反的，他以人際關係與溝通的發展作為了解個體行為的基礎。

蘇利萬本人也是一位醫生，後來與神經精神分析家懷特(William Alanson White)一起作研究，早期他研究的興趣在於精神分裂症，後來他轉而從社會學與人類學的觀點探究人際關係對個體發展的作用。蘇利萬的研究中有二個基本的假設：㈠在個體生存的空間中存有一個「人際場」(interpersonal field)，對所有的人都會造成影響，雖然「人際場」在不同的人生階段會有所改變，但它是個體活動的重要成分；㈡人際溝通不良所產生的焦慮會導致個人的心理失常。

　　蘇利萬認為「人際需求的滿足」對個體的發展最為重要，人類需要「安全感」，而「安全感」就是「免於焦慮的自由」。人的焦慮感起源於兒童期開始的追求獨立及個人的無助感。由於嬰兒需要他人的養育才能存活，因此，對他人的態度與脾氣非常敏感，父母的斥責是兒童焦慮的來源。他發現美國社會中嬰兒的性活動是產生焦慮的根源，在甚多家庭中，當母親發現天真的兒童在玩弄自己的身體時，會顯得非常恐慌，而把不愉快的感受傳達給了兒童，使兒童對性產生了「恐懼症」(phobia)。兒童為了逃避對性的焦慮，會躲避與他們身體活動有關的事務，以遠離他們的性慾(sexuality)，這種狀況導致青少年期形成了「需求之間的衝突」(collisions between needs)。青少年的性器官事實上已成為青少年密集快樂的來源，性的放鬆是青少年強而有力的行為動機，但因為青少年對性有太多的壓制，因此「免於焦慮的自由」乃與需求的滿足相牴觸，多數青少年為克服焦慮轉而期望與異性建立親密關係，由人際關係行為活動中去滿足性的衝動(Sullivan, 1953)。

　　蘇利萬認為青少年有三個性心理發展階段：㈠前青少年期(preadolescence)；㈡青少年期(adolescence)；㈢後青少年期(late adolescence)。

　　在前青少年期中與同性朋友間會發展出特定、親密的人際關係，與好朋友的交往中，青少年獲知了親密的特性，因此形成了「親密動力主義」(intimacy dynamism)，在同性朋友親密關係中，使青少年的衣著、打扮、行為期望有了學習管道，但同時青少年開始會以個人、家庭或同儕好友的價值標準評量自己。青少年雖有了親密的人際經驗，但同時也害怕落單，如果在前青少年期沒有好朋友，就會感到孤單、寂寞。孤獨感是此時期的另一種重要人際體驗。

　　在青少年期中，青少年的興趣轉移到異性朋友上，「親密動力主義」轉變成「色慾動力主義」(lust dynamism)，這時的人際行為動力主要都是在求性衝動的滿足，然而由於真正的性滿足不被社會所容許，衝突在所難免。有些青少年因此誤入歧途，陷入色慾之中，無法自拔。

在後青少年期中，青少年開始解決人際關係與「色慾動力主義」之間的衝突，青少年由於教育與工作的歷練，及推理能力的提昇，自我與對他人的觀感也隨之發展，但如果青少年一味沉迷於作白日夢與虛無幻想之中，不顧及現實，將會阻礙其健康的發展。蘇利萬認爲，健全的發展爲成人，有賴於青少年的自我尊重與對他人的尊重。

二、人際關係論在青少年輔導上的應用

蘇利萬的人際關係論強調個人在與他人交互來往與溝通之中發展與形成了人格。青少年的行爲與自我體系的形成乃是在對抗人際交往中所產生的焦慮，蘇利萬不同意性是青少年行爲的動力。對青少年的發展而言，親密關係(chumship)才是青少年發展的重要助力，如果沒有親密關係將會妨害未來人際關係的開展與維持。青少年爲克服性焦慮轉而試圖與異性建立人際關係，是了解異性與學習與異性相處的重要歷程。因此，倘青少年適應欠佳，必須由人際關係的角度加以檢核。輔導與治療的本身也是一種獨特的人際關係，對協助青少年健康發展有正向效果。

蘇利萬認爲輔導的過程包括四個階段：㈠起始階段(inception)：輔導員和當事人要發展良好的人際投契(rapport)氣氛，並注意當事人的人際反應；㈡探索階段(reconnaissance)：探討當事人的社會、生活與人際關係的大概情況，對當事人的各個層面加以了解；㈢細節探究階段(detailed inquiry)：輔導員不斷地傾聽與發問，詳細了解當事人生活中的各項細節，如個人對身體的態度、性的活動、與他人的關係等；㈣終結階段(determination)：協助當事人統整與整理自我的相關資料，並對當事人作建議，如果輔導員與當事人關係發展良好，將有助於當事人作改變(Feist，1985)。

肆、心理社會論

一、理論重點

艾力克遜(*Erik H. Erikson*)思想的發展雖然源自於精神分析理論，也通常被視爲是新佛洛伊德學派的一員，但在青少年發展與輔導研究上，艾力克遜所創立的心理社會論，受到極高的評價，有時也被視爲是與精神分析理論有所不同的獨特理論體系。心理社會理論與精神分析理論最大的不同有三點：㈠心理社會理論重視人的一生的發展，而佛洛伊德的精神分析論只探討至青少年的兩性期發展階段；㈡心理社會論認爲人生的每個發展階段都會遭遇心理社會危機(*psychosocial cri-sis*)，每個階段都對他們的生理成長有所影響，而精神分析理論卻只注重性心理的作用，強調個體的生物決定性甚於社會與心理層面；㈢心理社會論主張社會文化會影響個人的成長，每個人生階段如文化水準、期望與機會都會對個體的發展有所影響，性、親密與工作對個體會交互影響，而精神分析理論卻漠視社會力量，認爲個體的潛意識作用與性慾力才是個人生長的主導力量。

艾力克遜本人的成長經驗頗爲獨特，他於1902年於德國出生，父母是丹麥人，曾經潛心於藝術工作，也曾受邀於安娜佛洛伊德於維也納所創立的兒童學校任教，並在維也納修習精神分析技術，後來移民美國，成爲哈佛醫學院兒童分析師，隨之再於舊金山開設臨床診療所，1942年他成爲加州柏克萊大學的教員，再受聘爲哈佛大學的教授，他一生經驗非凡，對一個沒有進入正規大學，也無醫師資格的艾力克遜而言，一切的成就，歸功於他本身的努力與研究成果的受到肯定。艾力克遜的代表論著《兒童期與社會》(*Childhood and Society*)於1950年出版，奠定了他在心理學上的地位，在書中，艾力克遜提出了他著名的心理社會論，隨後他更有無數的著作，擴展與驗證他的理論，他也曾以他的心理社會論

表2-2　人類發展的八個階段

階段	年齡層	心理社會危機	特徵	美德	發展重點
I 嬰兒期	0-1	信任對不信任	1.信任情感居多危機就能獲得解決。 2.信任是自我發展的基礎。 3.缺乏愛會導致不信任。	希望	親子關係是信任與不信任發展的主要力量。
II 兒童初期	1-3	自主對羞愧與懷疑	1.父母予以兒童較多自治與自由空間有助其自主、自動。 2.訓練過嚴或懲罰不當會導致羞愧與懷疑。	意志	兒童需要學習自我控制、建立自主感。
III 學前期	3-6	創新對罪惡	1.容許兒童自由選擇有意義的活動，可以發展其進取、積極特質。 2.兒童處處受限，不允許做決定，會產生罪惡感與退縮。	目標	兒童需要保有自由與好奇心以掌握環境。
IV 就學期	6-12	勤勉對自卑	1.兒童勤勉奮勵會滿懷信心。 2.懶惰消極會導致自卑。	能力	兒童需要學習面對不當幻想，努力完成學業，並獲得成就。
V 青春期	12-20	辨識(認定)對角色混亂	1.能界定自己，知道人生的意義與方向，自我要能辨識自己與認定自我。 2.自我不了解，迷失人生方向，不能承擔角色任務即發生混亂。	忠誠	青少年需要獲得自我的獨特感，並學習獲得社會中有意義的角色與地位。
VI 成年期	20-30	親密對孤獨	1.能與人建立親密關係。被愛、愛人才能克服危機。 2.不與他人往來則產生孤獨或導致被孤立。	愛	成人需要學習如何愛人與付出愛。

| VII
中年期 | 30-65 | 活力對頹廢 | 1.生活如幸福與充實
可以具有生產性，並
造福下一代。
2.如只關心自己或自
我關注，將會停滯或
頹廢。 | 成人需要具有創造
力與生產性，包括
思想、產品與子
女。 |
| VIII
晚年期 | 65歲以後 | 完美對絕望 | 1.倘人生有價值的渡
過，將會有完美的感
受。
2.人生如過度失敗、
無助、罪惡、愧疚，
將會產生絕望。 | 智慧 老年人需要滿足於
過去的一切，但不
迷戀，能肯定一生
所作所爲。 |

資料來源：Erikson, 1959；1963．

用來分析馬丁路德(Martin Luther)與印度聖雄甘地(Mahatma Gandhi)
的一生，在心理學研究上，別樹一格。

艾力克遜認爲人生的發展可以分成八個階段，每一個階段都隱含
了各種社會期望，個人的成長就是每個人生階段中所遭遇的衝突與緊
張所導致的結果。個人的緊張起源於個人努力適應社會的需求，但同時
想保持個人的獨特性(sense of individvality)與個人意義(personal mean-
ing)。艾力克遜將每個人生階段的衝突稱之爲「心理社會危機」，在危
機中個人會面臨危險，但同時也充滿機會，個人如能發展新的技巧以面
對人生危機的挑戰，則成長就會發生，反之，則會遭遇不利的結果。他
認爲人生的八個階段是固定不變的，先前階段危機的克服與否又影響
了以下各個階段解決危機的能力，嬰兒期、兒童期、青少年期，以至老
年期都存在著生長的挑戰與機會，艾力克遜不似傳統精神分析論的過
度重視早年生活經驗的影響。

艾力克遜認爲一個人的發展過程可以區分爲下列八個階段(如表2
-2所示)，這八個階段有大概的年齡層，不同階段各有相對的正向與負
向的心理危機，每個階段中並有需要發展的美德(virture)，這是在發展
良好，克服了心理危機挑戰之後所產生的特質，是個人的基本力量
(basic strength)所在，每個階段的發展危機都有其特徵，從輔導的觀點

來看，每個階段也都有其主要的發展項目。

二、心理社會論在青少年輔導上的應用

艾力克遜的心理社會論擴展了精神分析論狹隘的性心理觀，並提供適合各年齡層之教育與輔導工作一個良好的觀念性架構。艾力克遜在他所提出的人生八個發展階段中，認為青少年期是處於自我辨識與認定的時期，這個時期亦即是自我對自己的看法、角色任務的認定與社會地位形成的重要時期。依照艾力克遜的看法，青少年期的發展危機主要是與其辨識、認定或認同有關，如果個人對自己的瞭解深刻，知悉個人應扮演的角色，並知道人生的意義與方向，將有助於個人價值體系的形成，使個人的生活哲學得以建立，並使人生具有目標與方向，不致於迷失或產生混淆。在青少年階段中他們必須對宗教信仰、性倫理、人生價值等作各種選擇，否則會形成負向的自我認定(negative identity)，而迷失自己或逃避責任。青少年也需要辨別是與非、善與惡，以建立自我的「意識型態」(ideology)，並形成自己的價值體系。

青少年如果辨識自己順利，即能發展出「忠誠」(fidelity)的美德，因而能對自己的價值觀產生忠誠與信賴，同時也因為有了忠誠的美德，青少年乃能發展較穩固的自我認定感。不管外界有何挑戰與誘惑，青少年將能相信自己，或堅持有所為與有所不為。如果這時期的心理危機無法克服，就會造成「心理社會遲滯」(psychosocial moratorium)，不利於未來成人角色的適當發展。因此，在青少年輔導上，協助青少年順利度過青少年的認定危機是必要的。此外，社會文化因素或環境條件會影響青少年的發展。犯罪的青少年常是因為他所處的環境剝奪了他自我認定與辨識自我的機會，因此，青少年乃轉而反抗社會，失去建立自我的價值觀與欠缺承擔正常的社會角色的機會，「做壞人」乃成為青少年的可能選擇。所以在輔導工作上，要肯定青少年的價值與接納他們的角色，使之能建立自己的身分感與自我信心，如此青少年就容易去克服心理社會危機，而順利地往下一個階段發展。依照艾力克遜的看法，

有效協助青少年正常發展除了成人的幫助與社會環境的配合外，最主要的仍在於青少年本身是否願意努力與付出，以找尋自我、應付危機。

伍、辨識認定類型論

一、理論重點

艾力克遜認爲青少年發展上的心理社會危機是辨識或認定(identity)的危機，identity一詞向來不同學者有不同界定，即在中文中也有認同、統合、統整、認定等不同的譯法，考諸艾力克遜的原意，本書將identity稱之爲辨識或認定。

在衆多探討艾力克遜理論與概念的學者中，以馬西亞(James Marcia)的研究最受重視，馬西亞的研究也最能反映艾力克遜identity的眞正涵義。

依照馬西亞的論點，一個能辨識與認定自我或一位成熟認定自己的人可以從職業選擇、宗教與政治意識形態中的「危機」(crisis)與「承諾」(commitment)兩個變項加以評斷，並可經由此兩個變項，衍伸爲四個自我辨識與認定類型。

馬西亞所稱的「危機」是指在人生事件的選擇與決定上是否經過一個「主動作決定」(active decision-making)的時期，「承諾」是指在個人表現(individual exhibits)上個人投資或投注心力(personal investment)的程度。一個能成熟辨識自己的角色與身分，及認定自我的人，即是他能經歷「危機」，並且能對職業與意識形態有所承諾，且全心全意投入的人。馬西亞就依危機與承諾兩個變項將自我辨識分爲四個類型：㈠辨識有成(identity achievement)；㈡辨識預定(identity foreclosure)；㈢辨識遲滯(identity moratorium)；㈣辨識混淆(identity diffusion) (Feist, 1985; Marcia, 1980)。

馬西亞的四個辨識類型及其區分方式如表2-3所示：

表2-3 馬西亞的四個辨識類型

類型	危　　機		承　　諾	
	有無	特徵	有無	特徵
辨識有成	○	已解決	○	已下承諾
辨識預定	×	未曾經驗到	○	已下承諾
辨識遲滯	○	尚在經驗中	?	尚未下承諾
辨識混淆	○／×	並未經驗到	×	不顯著

資料來源：Marcia，1980，table 1．

　　辨識有成類型者係個人在人生事件上曾經歷危機，個人謹慎的衡量各種可能的選擇，解決了辨識上的危機，最後並對自己有所承諾，全心全意的對自己的選擇投注心力，亦即他的承諾是面對不確定（uncertainty）而作了抉擇之後的努力與付出。他們有較高的成就動機，也有可能達到成就，主要是因為他們有較高水平的心在心理統整（intrapsychic integration）與社會適應（social adaptation）。個人能清楚的辨識自己與認定自我之後，即能自我接納，有穩定的自我界定（self-definition）情況，並且對職業、宗教或政治意識型態能信守承諾，努力投注心力，他們的內在能維持和諧，並能接納自我的能力、機會與限制，對人生目標的追求能建立較符合現實的標準，同時也較不專斷與焦慮，其自我的發展能達到較高的層次。

　　辨識預定者不曾經歷危機，但對職業與意識型態有所承諾，不過其承諾並非自我追尋的結果，通常是由父母為他們設定或準備的。個人是他人所期盼的結果，從未真正為自己作決定。辨識預定的青少年採取了與父母相同的宗教觀，依循著父母為他們所作的職業抉擇作努力，也較會順從同儕團體。辨識預定者有較高度的專斷與低容忍度的特質，但也有較高度的順從與循規性（conventionality）。一般而言，他們的大學生活非常快樂，焦慮也低，可是在壓力與環境變遷之下，他們的適應力差，他們的安定感是來自於逃避改變與壓力，在教育與職業上的抉擇通常

早年即作了決定,沒有經過長期的試驗與深思熟慮。在當前事事預定的社會中,社會大衆有較多屬於辨識預定的人。

辨識遲滯者一直面對著危機,他們很主動地去尋求各種可能的選擇,但是卻常不能堅持到底,不曾作過長久的承諾,導致自我混亂、不安、無方向。這類型的人,常常是不合作的人,但在個性上卻較少獨斷性,不過由於經常經歷危機,而顯得焦慮較高,此類型的靑少年一般有較寬容的父母。他們在大學的主修常搖擺不定,大學或一般教育的經驗可能並不快樂,容易與權威衝突,他們的危機有時是爲了脫離父母的影響。不過辨識遲滯的靑少年也有些優點,他們有較充分的機會去發現自己,發展統整感,或終於能對職業、宗教或政治有所投入,他最後的承諾常常不會偏激,發展通常不可限量,甚至達到了辨識有成的境界。

辨識混淆者即是無危機也無承諾者,對職業與人生發展並沒有抉擇,也不關心,旣不關切意識型態,也不願去體驗人生的各種可能選擇。他們從外在壓力中「退縮」,對他人的親密度低,也欠缺較好的社會關係。此類型的靑少年心理社會的發展情況最差。

二、辨識認定類型論在靑少年輔導上的應用

馬西亞最大的貢獻在於探討靑少年自我辨識與認定的形成過程,他以「危機」與「承諾」二個向度爲效標,將靑少年的辨識與認定區分爲辨識有成、辨識預定、辨識遲滯與辨識混淆四個類型。馬西亞將「辨識」視爲靑少年的一種自我結構(self-structure),此種自我結構是一種動態組織,包含個人內在的驅力、能力、信念與生活歷史,因此,自我是可改變的,也可以往比較適應的情況發展。馬西亞的理論是經由實徵性問卷調查所形成的,被認爲甚具效度(Raphael & Xelowski,1980)。

馬西亞的類型論可以提供輔導工作者了解靑少年發展與適應類型的一個依據。依照馬西亞的論點來看,靑少年在自我追尋上遭遇困擾,對人生、政治、意識型態、宗教等產生懷疑乃是個人投入生活中,全心全意信守承諾的必要過程,只是靑少年需要容許與支持的環境,而非事

事為青少年作決定，也非讓青少年無所事事，不體驗人生，虛擲光陰。
對於辨識混淆的青少年更需要協助他們全心全意投入學習的環境中，
多引導他們辨識與認定自我的各種狀況，並能不斷嘗試為自己作各種
的選擇，並在選擇之後努力付出與負起自己的責任，其發展與生長雖較
艱辛，但倘能給予關懷與愛心，仍有極大可能幫助他們尋找自我，漸趨
於辨識有成的狀況，畢竟依照馬西亞的論點，青少年的辨識類型並非一
成不變的。青少年教育與輔導工作者切忌只鑑定青少年的辨識類型。而
無進一步的輔導措施。艾力克遜與馬西亞的理論將於第八章中作更深
入的探討。

本章提要

1. 影響青少年成長及發展的因素非複雜，不同學者對青少年期發展現象的解釋各
   有不同的觀點。

2. 青少年發展理論具有下列四種功能：(1)描述性的功能；(2)界定性的功能；(3)關
   聯性的功能；(4)統整性的功能。

3. 青少年發展有六種重要理論模式：(1)進化理論；(2)生物理論；(3)精神分析理
   論；(4)學習理論；(5)認知發展理論；(6)社會文化理論。

4. 進化理論假定個體的發展受自然法則影響，青少年的生長與發展就是其適應環
   境的一種現象。該理論有三種主要理論模式：(1)複演論；(2)生物進化論；(3)發
   展螺旋論。

5. 複演論為青少年研究的鼻祖霍爾所提出，他認為個體發展有四個階段：(1)嬰兒
   期；(2)兒童期；(3)少年期；(4)青少年期，各與人類祖先由原始社會進化到工商
   社會的四階段：(1)原始社會；(2)狩獵時代；(3)農牧社會；(4)現代社會有異曲同
   功之妙。個體成長的歷程就是在「複演」人種進化的歷程。

6. 霍爾認為青少年期具有演化至現代社會的特徵，充滿了不安與衝突，因此他將
   青少年期視為「狂暴與衝突」、「風暴與壓力」期，具有「矛盾的傾向」，此時期
   也是個體由未開化轉變到文明化的個體的重要時期，是人的「再生」，唯有
   「愛」、「虔敬」與「服務」三者可撫慰青少年的軀體與靈魂。

7. 複演論對青少年輔導的貢獻在於：(1)開啓青少年的研究的先河；(2)將青少年期視爲人生風暴與不安，促使政府、社會大眾重視青少年輔導工作；(3)視青少年期爲人類進化至工商社會的翻版，使一般人較能容忍青少年不當的行爲表現。但是其重複人種發展歷程及狂飆期的論點也因缺乏科學證據而受到批評。

8. 反對霍爾理論的科爾曼提出「焦點理論」，認爲人生有不同階段，每個階段都有不同的問題，人通常會以某一個問題爲處理焦點，焦點問題獲得解決，其他問題也可獲得解決。

9. 達爾文的生物進化論認爲青少年期的重點在於人類的再生繁衍歷程，並因適者生存的生物進化原則，青少年的發展與適應也關係著人類的生存。因此成人應協助青少年維護生理健康、具有謀生技能，使青少年有生存能力。

10. 發展螺旋理論是由美國心理學先驅葛賽爾所提出，他認爲個體的發展具有次序性，並具有前進及後退的現象，葛賽爾並有系統地描述個體在每一個年齡層的發展特徵，其理論重點可歸納如下：(1)成長爲遺傳所導引的成熟狀態；(2)生長是一個規則的自然發展歷程；(3)生長像螺旋一樣，具有前進與後退的律動現象；(4)生長歷程中會有不平衡產生，隨之再以新的平衡減少不平衡；(5)10至16歲是個體日趨成熟的一個重要時期。

11. 青少年生物論著重青少年生理改變歷程的探討，以英國學者田納的研究最具代表性，其研究以英國青少年爲對象，研究重點擺在：(1)身體生長；(2)陰毛生長；(3)女性胸部生長；(4)男性生殖器官生長；(5)生長的個別差異現象。

12. 在分析與探討青少年問題上，精神分析理論的觀點占有極大地位，較重要的論點有：(1)性心理理論；(2)慾力再現論；(3)人際關係論；(4)心理社會論；(5)辨識認定類型論等。

13. 性心理發展論是佛洛伊德精神分析理論的重心，他將青少年期描述爲性興奮、焦慮，以及有時會有人格困擾的時期。他認爲人格發展以性心理的發展爲基礎，並受早年經驗的影響。個體人格的發展以性心理的不同區分爲五個階段：(1)口腔期；(2)肛門期；(3)性器期；(4)潛伏期；(5)兩性期。兩性期起於青春期，正是青少年戀父、戀母情結再覺醒時期。

14. 佛氏的理論重點在於：(1)相信人類所有的心理事件都與生物的特質有關，尤其是性能力有關；(2)本我、超我、自我的心理功能；(3)行爲背後的動機。對於青少年的發展而言，他重視「認同作用」對青少年社會化的影響，也重視早年生

活經驗對個體成長與適應的影響。

15.慾力再現論為佛洛伊德之女安娜佛洛伊德所提出，她將青少年視為「慾力再現」的階段，青少年由於生物的成熟而增加了性與攻擊能源，青少年性器官、情感、性目標、性幻想都與「慾力再現」的作用有關，並因動態性衝突的結果而有兩種負向作用的可能：(1)本我支配自我；(2)自我反應固著與僵化，以致於產生特有的防衛機轉如：「禁慾主義」與「理智化」。

16.以安娜佛洛伊德的觀點來看，由於青少年的慾力再現，而個體又無法立即滿足，因此青少年的衝突反抗在所難免，但多數青少年終究會發展順利，所以青少年輔導者及其師長有必要對青少年一時的衝突及反抗予以包容。

17.人際關係論為蘇利萬所創始。他以人際關係與溝通的發展作為了解個體行為的基礎，並假設：(1)在個體生存的空間中存有一個「人際場」，對所有人都會造成影響；(2)人際溝通不良所產生的焦慮會導致個人的心理失常。他並將青少年分為三個心理發展階段：(1)前青少年期；(2)青少年期；(3)後青少年期。

18.蘇利萬認為輔導的過程包括四階段：(1)良好的人際投契；(2)探索階段；(3)細節探究階段；(4)終結階段。

19.艾力克遜認為人生的發展可分為八階段，並有其發展的美德，這是其克服了心理社會危機後所產生的特質。其八階段及發展心理社會危機分述如下：(1)嬰兒期：信任對不信任；(2)兒童初期：自主對羞愧與懷疑；(3)學前期：創新對罪惡；(4)就學期：勤勉對自卑；(5)青春期：辨識（認定）對角色混亂；(6)成年期：親密對孤獨；(7)中年期：活力對頹廢；(8)晚年期：完美對絕望。

20.艾力克遜理論對青少年輔導工作而言，具有重要意義。成人應肯定青少年的價值，使之建立自我的信心，協助青少年順利度過青少年的認同危機是必要的。

21.心理社會理論與精神分析論最大不同點有三：(1)心理社會論重視人的一生發展，而精神分析只探討至青少年期的兩性期；(2)心理社會論認為人生的每個發展階段都會遭遇心理社會危機，而精神分析論卻只重視性心理的作用；(3)心理社會論認為社會文化會影響個人成長，而精神分析論卻漠視社會力量，認為個體的潛意識與性慾力才是個人生長的主要力量。

22.艾力克遜的辨識認定理論相關研究中，以馬西亞的研究最受重視，他以「危機」與「承諾」兩個重要變項衍生出四種自我辨識與認定的類型：(1)辨識有成；(2)辨識預定；(3)辨識遲滯；(4)辨識混淆。

23.馬西亞的貢獻在於探討青少年自我辨識與認定的形成，其類型論可作爲輔導工
作者了解青少年發展與適應類型的一個依據。

第三章
青少年發展的理論模式(II)

　　本章將繼續探討青少年發展的重要理論模式，包括：學習理論、認知發展理論與社會文化理論。由第二章進化理論、生物理論與精神分析理論的分析中，我們可以發現不同理論模式取向，對於青少年發展的看法不盡相同，這也顯示影響青少年發展的因素非常廣泛，青少年發展涉及的層面也錯綜複雜，青少年的發展有其獨特性與變異性，與兒童期或成年期的特徵並不完全相同。有效的青少年輔導工作需要針對青少年身心發展的特徵，運用獨特的策略，才能克竟其功。本章所要繼續探討的理論模式可以擴大我們對青少年發展之了解的廣度與深度。

第一節　學習理論

　　學習理論將青少年的行為與人格視為學習的結果，而青少年所處的環境則塑造與修正了青少年的行為。學習理論並不關心遺傳與生物

力量對個體成長的影響，相反的，學習理論著重於青少年對環境變遷的反應能力。依照學習理論的觀點來看，青少年是一個具有彈性與適應力的行為體系，倘環境有所改變，反應類型亦隨之改變，因此，青少年成長的歷程就是一個學習的過程。學習理論的派別甚多，各領風騷，本節將只選擇操作增強理論(Operant Reinforcement Theory)、社會學習理論(Social Learning Theory)、與發展任務論(Developmental Tasks)三個與青少年發展與輔導關係最為密切的理論加以闡述。

壹、操作增強理論

一、理論重點

史肯納(Burrhus Frederic Skinner，1904-1990)是心理學行為主義(behaviorism)的大師，他的理論嚴格說來亦不專注於青少年發展之探究，他以人類及動物的一般學習歷程為探討重點。史肯納的理論風靡心理學界近半個世紀，對心理學的整體發展貢獻卓著，近代的心理學者儘管對他的理論看法不一，但無不肯定他的特殊成就，美國心理學學會即於1990年年會中頒給他「傑出貢獻獎」。

史肯納出生於律師家庭，自幼即聰穎過人，創造力甚高，大學主修英文，後來因接觸巴夫洛夫及華生(J. B. Watson)的許多著作，乃放棄從事文學工作的計畫，轉攻心理學，1928年他申請進入哈佛大學心理學系攻讀博士學位，於1931年獲博士學位，1938年出版了名著《個體的行為》一書(Skinner, 1938)，1948年更以小說虛構方式將他所建構的行為主義理想世界，寫在《桃源二村》(Walden Two)(Skinner, 1948)一書之中，同年他回哈佛大學任教，以迄退休。

史肯納相信個體的行為是有規則的(lawful)、可預測的(be predicted)、可控制的(be controlled)，重視環境對行為的影響，他曾提出B＝f(E)的公式，亦即行為(B)是環境(E)的函數，環境是在選擇有機體的

行爲，人受制於環境。人的一生都是處在學習的環境之中，在生活中，人並非事事如意，有些帶來滿足，有些帶來痛苦，獲得滿足的行爲會得到增強(或強化，*reinforcement*)，生活中無數的增強作用聯結而成，乃使個人形成習慣或以一定方式對外界作反應。

史肯納認爲某一個反應的「立即增強作用」(*immediate reinforcement*)是操作增強的基本原理所在，個體先「做了」(*does*)某些事情，然後受到環境的「增強」，隨後相似行爲發生的可能性乃增加，此種過程即是「操作制約」(*operant conditioning*)的學習歷程，亦即，個體「操作」(*operates*)環境，因而產生了一些效果，經由增強的系統性作用，使得反應的頻率與可能性增加，增強作用促使個體行爲「重複」表現。與巴夫洛夫古典制約學習論所不同的是，史肯納認爲，在操作制約的歷程中，個體的行爲是「自發的」(*emitted*)，古典制約學習論則將個體的行爲視爲是「被引發的」(*elicited*)。複雜的行爲是「連續接近」所形成的，先前受增強的行爲，容易再發生(*Skinner, 1974*)。

二、操作增強理論在青少年輔導上的應用

史肯納的學習理論在青少年發展與輔導上除了上述可以幫助我們了解個體行爲形成的過程之外，當青少年行爲產生偏差或表現不好的行爲時，更可以利用此一理論加以塑造、矯正或治療。後來的一些行爲矯正(*behavior modification*)或行爲治療(*behavior therapy*)的理論與技術甚多是以操作增強論爲基礎所發展而成的。

就史肯納本人的理論而言，他相信個人的行爲是受制於環境的，因此青少年行爲是可訓練的、可教育的與可控制的。當個體趨近於團體，團體進而對個人產生了控制，但個人也可以轉而控制環境，操弄某些變項，以使外在環境符合個人期望。「社會控制」(*social control*)與「自我控制」(*self-control*)就是改變與塑造個人行爲的二個重要力量，在青少年輔導工作上深具意義。

史肯納認爲社會控制的方法非常多，但其基本運作歷程主要有四

種技術：㈠操作制約(operant　conditioning)；㈡描述行爲後果(describing contingencies)；㈢剝奪與飽足(deprivation　and　satiation)；㈣身體限制 (physical　restraint)。

　　操作制約又可區分爲：(1)積極增強；(2)消極增強；(3)嫌惡刺激 (aversive　stimulus)；(4)去除積極增強物等四種，後二種即是「懲罰」 (punishment)。積極增強是對靑少年表現良好的行爲或符合社會期望的 行爲時給予獎勵、讚賞、表揚、酬賞等的控制方式，如學生成績良好頒 給獎狀，並給予熱烈掌聲，或附帶給予獎品等。消極增強就是停止讓個 體感到不舒適、痛苦或嫌惡的刺激，以強化個體的行爲，犯人被假釋就 是一例，靑少年犯罪被判保護管束，倘行爲表現良好，可以提早停止執 行亦是消極增強的一種，因爲假釋或免除刑罰的執行都可讓個體身心 得到滿足。嫌惡刺激是將會使行爲者感到不安、痛苦、不滿足的刺激直 接置於其身上的增強方式，父母的體罰、教師對學生的記過就是這種增 強方式的使用。去除積極增強物也會讓行爲者有不良的身心感受，如靑 少年不聽管敎沒收其電動玩具、禁止看電視等都是。父母與教師可以交 互運用這四種方法以控制或掌握靑少年的行爲。

　　描述行爲後果的技術是告知行爲者「增強作用的後果」(contin- gencies of reinforcement)，描述行爲後果的方式有語言、文字、圖片等不 同方式。目前一些政府告示、法律規章，甚至廣告都可視爲是描述行爲 後果的方法，它們充斥於我們的生活中。這些描述行爲後果的方法並不 能完全成功，但卻有助於良好行爲的自發性反應，它們也不能完全改變 一個人的「內心」，但卻可改變環境，進而影響個人。

　　靑少年的行爲也可以使用剝奪與飽足的方法加以改變，剝奪與飽 足的技術主要是在改變行爲者的內在環境，如靑少年禁吃零食(剝奪增 強物)，則他吃正餐的慾望就會提高。飽足法則正好相反，行爲者對某 一增強物已得到滿足，將不致表現出不當的行爲，如政府供給人民充分 的福利與參政管道，則此政府比較不會被推翻；供給兒童充分的玩 具，則他將較不會淘氣或耍賴。

　　社會控制的另一種方法就是身體限制，如監獄用來限制壞人，或居家裝鐵窗限制外人侵入即是事例。由於身體限制是限制身體自由的一種方式，因此使用上需要謹慎。

　　至於個人自我控制的方法，史肯納亦提出幾種技術：㈠身體限制；㈡物理協助(physical aids)；㈢改變刺激(changing stimulus)；㈣飽足；㈤嫌惡刺激；㈥替代法(doing something else)。

　　自我控制的身體限制法與社會控制上的身體限制相當，即限制自己的身體，避免接近不當增強物而產生不良行為，例如生氣中的個人可以咬緊牙齒以防出口傷人。肥胖者遠離冰箱以防食慾大增。物理協助則是借助於物理器材，像工具、機器、財務資源等控制自己，如中國古時勾踐臥薪嚐膽即是著名例子。

　　改變刺激是將刺激物加以改變，或調整環境變項的技術，例如，要專心讀書的學生需要關掉電視，想戒煙的人需遠離香煙、火柴、煙味等。另外，自我控制的飽足法也可使用類似社會控制的飽足法讓個體自我飽足，以減少對刺激物的需求，如戒煙者可以吃口香糖，以讓口慾需求得到飽足。嫌惡刺激法在自我控制上的應用則是使刺激物變得令人厭惡，以免除個人不當的行為表現，如肥胖症者每日照鏡子，以迫使自己努力節食。

　　替代法則只適用於自我控制，不適用於社會控制，替代式的自我控制乃是以另一種刺激作為替代，以避免原有刺激引發不良行為反應，如遭遇親人喪故之苦的人，可以忙碌的工作替代悲痛的心思，避免觸景傷情(Skinner, 1953)。

　　史肯納所提出的社會控制與自我控制的方法重點在於改變或調整環境，使個體的不當行為得到抑制或限制，進而引發適當的行為表現，這些行為策略在青少年輔導工作上極具應用價值。

貳、社會學習理論

一、理論重點

　　班都拉(Albert Bandura)所發展的社會學習論，由於兼顧認知因素與環境因素對個體行為的影響，不若史肯納的極端行為主義，因此，在心理學上有極高的評價，且頗有後來居上的趨勢。

　　班都拉於1949年由英屬哥倫比亞大學畢業，隨後進入愛荷華大學攻讀學位，深受米勒與多拉(Miller and Dollard)兩位早期著名心理學家的影響，米勒與多拉的名著「社會學習與模仿」(Miller & Dollard, 1941)的論點，班都拉頗為心儀，1951年班都拉獲得碩士學位，1952年再獲臨床心理學博士學位，1953年起任教於史丹福大學。

　　班都拉與史肯納理論最大的不同在於：㈠班都拉重視認知能力對個體的影響，較看輕環境的作用；㈡班都拉強調增強作用可以是「替身的」(vicarious)，直接觀察到他人所接受的酬賞，對個人本身也會發生增強作用；㈢班都拉認為行為是環境與個人的內在事件(internal events)交互作用的結果；㈣班都拉強調沒有認知的中介作用，增強作用就不會發生，單獨的環境作用不必然會產生增強作用。

　　班都拉基於上述的論點，提出了$B = f(P \cdot E)$的公式，其中B是行為，P代表個人的一切內在事件，尤其是認知狀態（含思考、記憶、判斷等），E代表環境，即行為是個人與環境交互作用的結果。人在環境制約過程中，具有選擇與自我調整的能力，人具有行為的主動性。班都拉不同意史肯納所稱人是被動的受限於環境的論點。對成長中的青少年而言，班都拉的理論似乎更適宜解釋他們行為形成的過程。

　　根據班都拉的理論，青少年透過觀察(observation)歷程就能進行學習，並不需要個人親身體驗並直接受到獎懲(Bandura, 1969)。經由觀察學習(obervational learning)，被觀察者，亦即示範者(model)的行為就成為

觀察者的「楷模」，再經由自我系統(self-system)的作用，觀察者「模仿」(imitation)了被觀察者的行為表現，編碼貯存在於個體內部，進而顯現相似的行為，此種觀察學習歷程可稱之為「模仿的歷程」(modeling process)。

　　觀察學習的歷程主要經過四個步驟：㈠注意過程：觀察者必須注意到楷模的行為；㈡保持過程(retention process)：觀察者必須記住楷模的所作所為，並以象徵性的形式，如語言或文字，輸入到個人的自我系統中；㈢再生過程(reproduction process)：經由演練或生理的成熟，個體重視已獲得的象徵性符號，指導自己的行為，顯現出與被觀察者相似的行為；㈣增強歷程(reinforcement process)：個體顯現出與楷模相似的行為時，外在的增強即可能發生，個體預期的酬賞成為誘發學得之行為的動力。

　　以青少年女生學習化粧的過程為例，某一女性從小就注意到媽媽每天花不少時間在化粧，尤其要外出前必先化粧，媽媽成為楷模，這位女生可能在自己的意識中輸入了：「化粧可以讓女性更漂亮」的訊息，在青少年階段由於開始注重自己的儀表，因此也開始練習如何打扮自己，當她有朝一日被容許化粧，化粧之後又獲得了他人的讚賞，此一模仿化粧的學習歷程就完成，久而久之使成為一種習慣，如果不化粧反而覺得不自在或不禮貌。所以「觀察」與「模仿」就成為青少年行為形成的主要根源，正當的行為如此，不正當的行為亦是如此。

　　班都拉非常重視認知對行為學習的作用，他認為「自我系統」就是個體的「認知結構」(cognitive structure)。個體自我系統所形成的參照機轉(reference mechanisms)，具有知覺、評鑑與規劃行為的功能(Bandura, 1978)。「自我效能」(self-efficacy)就是「自我系統」中的主要成分，所謂「自我效能」就是在特定情境中個體對自己可以表現良好行為程度的自我知覺，也是個體對自己行為成功程度的自我評價。自我效能較強烈者對事情比較能堅持到底或努力工作。

　　自我效能又區分為「效能期望」(efficacy expectation)與「結果期望」

(*outcome expectation*)兩者，效能期望是個人對執行或完成某一事件的信心，結果期望則是個人對行為結果的預測。效能期望是行為適應的重要成分，相信在社會情境中能有良好人際效能表現者，就是效能期望較高者。數學效能期望較高者也比較有高度的信念去處理數學問題，效能期望事實上是個人與環境作用後，所形成的經驗總合。結果期望與效能期望相似，但結果期望著重於對行為後果的預期作用。因此，倘一位學生有高度的效能期望，並有符合現實的結果期望，則這位學生可能會用功讀書，並且堅持到底，直到課業完成或獲得成功。

　　班都拉認為影響自我效能形成的來源共有四方面：㈠成就的達成(*performance accomplishments*)；㈡替身經驗(*vicarious experience*)；㈢口語說服(*verbal persuasion*)；㈣情緒激起(*emotional arousal*)。這四種來源又有各種不同的引發方式(*induction modes*)在運作著，形成如圖3-1的架構圖。

　　成就達成是指個人過去的成功經驗，過去個人對於事情能夠掌握(*mastering*)的經驗愈多，自我效能愈高，太多的失敗經驗會削弱個人的自我效能。如果個人能被當作楷模，能參與示範(*participant modeling*)、對成就不過度敏感，亦即能將成就減敏(*performance desensitization*)，並且能夠展示或暴露成就(*performance exposure*)，以及自我教導而達成成就(*self-instructed performance*)，將使個人有較大可能達到成功與較大成就的境界。

　　替身經驗是個人看到相似他人的成敗所獲得的經驗，相似他人愈多成功的事例，也會增加個人的自我效能，反之亦然。替身經驗有二個主要的方式，一是活生生的楷模(*live modeling*)，另一個是象徵性楷模(*symbolic modeling*)。兩者都會對個人的行為產生作用。

　　口語說服則是經由他人的言語傳達所獲知的個人可能成功程度。口語說服的途徑有建議、訓誡(*exhortation*)、自我教導(*self-instruction*)與解釋性處遇(*interpretive treatments*)等。解釋性處遇是指經由說服、解釋、分析使一個人對某些事情產生信任的歷程。

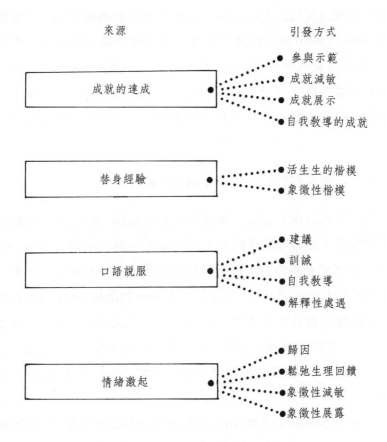

圖3-1　自我效能形成的來源
資料來源：Bandura, 1977, p. 195.

　　情緒激起是指個人的生理狀態(psysiological state)。個人行為表現的同時也伴隨著生理反應，如果有適度的情緒激起狀態，個體對成功的預期會比較高，太低或太高的情緒激起狀態，個人成功的可能性較低。在行為表現時，個體對自己的緊張、心跳、焦慮等可能都具有自我監控(self-monitoring)的能力，久而久之，生理狀態就成為判斷個人能力與成就水準的線索，進而成為自我效能的一部分。情緒激起的體驗是透過歸因作用(attribution)、放鬆與生理回饋(biofeedback)、象徵性減敏(symbolic desensitization)與象徵性暴露(symbolic exposure)而產生的。象徵性減敏與

象徵性暴露主要是因為在日常生活中，甚多的楷模行為是以象徵性形式(*symbolic form*)對個體產生影響，故楷模漸漸形成象徵或符號(*symbol*)，而非真實的情境，如電影與電視就是一種象徵性形式，電影與電視情節都是刻意營造出來的，與真實生活情況有極大出入，但個人在類似象徵或符號中暴露愈久，愈會受到影響，同樣地敏感度也會有所改變。

二、社會學習理論在青少年輔導上的應用

班都拉的社會學習論已獲得甚多實徵性研究的支持，兒童觀察暴力電視節目，會表現較多的暴力行為即是一例(*Bandura, Ross, & Ross, 1963*)。班都拉認為唯有從社會情境的角度去了解行為，才能對行為形成的過程有充分的了解。行為是個人與環境的函數，在學習過程中個人對外在環境是會有所選擇的、主動的、或故意忽視的。行為的根源來自於自我系統的運作，經由觀察、認知過程，行為的反應才會顯現出來。此種論點，與行為主義者把個體看成是環境之產物的決定論，有甚大的差異。

就青少年的輔導而言，由於模仿是行為形成的主要因素，因此為青少年提供良好的楷模頗為必要。這與中國人所稱「近朱者赤，近墨者黑」的道理相同。班都拉(*Bandura, 1977*)認為楷模要發揮心理影響力，需有三個配合條件：㈠楷模的特質：青少年傾向於向地位較高、較有權力的人模仿，父母、師長是可能被模仿的對象，同儕之中社會地位較高，較受同儕評價高的人也容易被當作模仿的對象。㈡觀察者的特質：缺乏地位、技巧與權力的人最容易去模仿他人，青少年由於試著進入成人社會，普通感覺到地位、技巧與權力的不足，因而模仿的傾向甚高，老年人的模仿傾向就甚低下。㈢模仿的結果：個人模仿他人行為的結果倘獲得酬賞，行為就容易形成，但楷模受到懲罰有時也具有催化作用，如看到他人車禍喪生的慘況，能促使個人覺得生命的脆弱與可貴，因而走路或開車更為謹慎。故在青少年的輔導上應兼顧上述三個條

件，提供良好楷模，以激發青少年模仿的動機，使成人所期望的行為能獲得催化，進而表現出適當的行為。

另一方面，班都拉認為行為是個人、行為與環境交互作用的結果，不良行為的形成過程亦相同，他將「神經質」(*neurotic*)、「精神症」(*psychotic*)與「病態」(*pathological*)的行為稱之為「不良功能的行為」(*dysfunctional behaviors*)，他相信不良功能的行為也是社會學習而來的，而非疾病。但是不良功能行為並非單獨個人或環境因素所造成的，而是個人、行為與環境交互作用的結果。所以青少年的偏差行為就是個人因素（包括認知與神經生理功能）、行為因素（尤其是過去受增強的行為經驗），以及環境因素（包括人際關係與社經地位等）三者相互影響所造成的，要預防或輔導青少年的偏差行為也必須顧及此三個層面(*Bandura, 1978*)。然而由此亦可知，要改正青少年的偏差行為並非易事，青少年輔導工作似乎無法速成，需要相關條件的充分配合。

班都拉認為輔導與治療的最終目標是「自我規劃」(*self-regulation*)，要使當事人達成自我規劃需有三個階段：

㈠**誘發改變**(*induction of change*)：治療者需誘導或煽動當事人作某些改變，才能逐漸消除不良行為，例如在治療懼高症當事人時，要先誘導他爬上只有10公尺高的梯子，才能逐步降低懼高的心理。

㈡**類化**(*generalization*)：把達成的行為加以類化到其他情境中，如敢爬梯子的懼高症當事人進而敢上大樓或搭飛機。

㈢**維持**(*maintenance*)：協助當事人維持良好的行為，並持久下去，才算治療達成，甚多戒煙或節食者常不能達到第三個階段，因而前功盡棄(*Bandura, 1978*)。

為了促使當事人能達到自我規劃的目標，班都拉另外再提出下列各種治療技術：

㈠**明顯或替身楷模法**(*overt or vicarious modeling*)：引導當事人觀看實例或替身的例子，包括利用電影、電視或錄音帶的示範，使當事人學習適當的行為，如肌肉放鬆的錄影帶對高焦慮者就具有示範效果。

㈡隱性或認知楷模法(*covert or cognitive modeling*)：由增加當事人的認知結構或自我效能著手，如提高當事人的信心，使他相信自己有改變的可能。

㈢激發自制力(*enactive mastery*)：先要求當事人表現先前覺得自己無能的行為，或經由治療者的示範，使當事人發現事實非他想像的可怕，再逐步增加自我控制力與對事情的掌握或駕馭能力，經由試驗而能面對困難，消除恐懼，進而解除不良行為(*Bandura, 1977*)。

此外，從班都拉的理論中也可以看到，班都拉認為人的行為是具有目標導向的，他對人的行為改變是持樂觀的態度，同時也相信人可以控制自己行為。基本上，協助青少年正常與積極發展是頗樂觀的。這些概念都可以增強青少年輔導工作者的信心，「不信春風喚不回」應該是班都拉給我們最好的啟示。

參、發展任務論

一、理論基礎

哈維葛斯特(*Robert Havighurst*)所提出的青少年發展任務論，儘管年代已甚久遠，但是至今仍極受肯定，幾乎任何探討青少年發展的論著都會引用到他的理論。

所謂「發展任務」就是指個體成長的每一階段都有相對應需要去達成或發展的事項、工作或任務。不同人生階段，個人需要發展一套的技能(*skills*)、知識(*knowledge*)、功能(*functions*)與態度(*attitudes*)，以符合社會的期望或要求。經由個體的生理成熟、社會壓力與個人的努力才能完成或達成發展任務。能完成或達成階段性發展任務者才是一位健康或適應良好的人，無法完成發展任務者將會產生焦慮、無能、或受社會所討厭。在不同的年齡階段，如幼兒期、兒童期、青少年期、成年期、中年期與老年期，人類有不同的發展任務內容，不同的文化所給予個人的

發展任務亦不盡相同，但儘管如此，多數文化有相近的發展任務。由於哈維葛斯特的發展任務論與文化社會理論密切關聯，故也有學者將他的理論視爲社會心理論(*psychosocial view*)(*Rice*, 1993)。

根據哈維葛斯特的理論，青少年時期共有九項的發展任務：

㈠接納自己的身體與容貌，並表現適宜的男性或女性的性別角色特徵。

㈡與同年齡的男生及女生發展適當的人際關係。

㈢情緒獨立，不再依附父母或其他成人。

㈣追求經濟獨立，相信自己可以自謀其力。

㈤選擇與準備職業，並試著進入工作世界中。

㈥發展符合社會期望的認知技能與概念。

㈦了解並能努力表現負責任的行爲。

㈧爲未來的婚姻與家庭作準備。

㈨建立價值體系，以符合現實世界的要求(*Havighurst*, 1972)。

哈維葛斯特相信青少年期是學習與達成發展任務的「敏感時期」(*sensitive periods*)，是個體生理成熟，而且幾乎可以學習各種新能力的時期，此時期的學習如果效果不佳會影響後期的學習，因爲發展任務亦具有次序性(*sequential*)。

二、發展任務論在青少年輔導上的應用

以下將依據哈維葛斯特所提出的青少年發展任務的各個項目再加以引伸，供青少年輔導的參考。

㈠接納自己的身體與容貌，並表現適宜的男性或女性的性別角色特徵

青少年在性成熟達到一定程度以後，會開始極端的注意自己的儀表、長相，並且常常會和他人作比較，也因此，青少年會花甚多的時間去打扮自己，或設法隱藏自己的缺點。少數身體障礙、有嚴重胎記、或有特殊長相的青少年，通常在此階段會產生心理困擾或情緒障礙，他們會顯得退縮、不喜歡參加團體的活動。當然，被他人公認長得英俊或美

麗漂亮的青少年，會顯得比較快樂。另一方面，青少年也擔心自己的身體、性器官與第二性徵的發育是否會與衆不同，青少年有時候受限於外在資訊的不足，而爲自己的身體狀況擔憂不已。如青春痘、暴牙、太胖、太矮的青少年容易感到自卑。事實上，成熟的身體是會與青少年期的身體狀況有顯著的不同，因此，青少年對自己身體的掛慮常是多餘的。

　　然而，就青少年正常的發展而言，學習接納自己的身體與容貌是相當重要的任務，能接納自己的生理狀況才不會浪費無謂的個人能源。對教育與輔導工作者而言，此時需要對青少年多加鼓勵，讓他們體會生理狀況常非個人主觀意願所能改變，但有某些以醫療方法可以改變者，如青春痘與暴牙，則可以配合家長的意見，提供可能矯治的資訊，供青少年參考。另外，青少年本身也要學習維護個人的身體整潔、吸收充足的營養、適當的運動與休閒活動，才能促進身體的正常發展。

　　在另一方面，青少年由於生理上的成熟，適當的性別角色的發展也頗爲重要。由於社會是兩性分工與合作的群體，對於男性與女性有不同的角色期待，能表現適當的性別角色，在學習、工作與生活中較不致遭遇困難。不過由於社會與文化不斷地在變遷中，對男女兩性的角色期待，也因時間不同而有所調整，故協助青少年配合外在社會與文化的需求，對性別角色作彈性的適應，也極爲必要。就青少年本身而言，必須先接納本身所具有的性徵，再發展適宜的性別角色行爲，才能避免性別角色混淆。

　　㈡與同年齡的男生及女生發展適當的人際關係

　　青少年開始對異性感到興趣，交友的對象也日漸由同性轉向異性，因此，學習如何與異性相處，並以適當且成熟的方法關懷對方、相互砥礪，對青少年而言，是此階段的重要發展課題。除了發展異性關係之外，繼續保持與同性青少年的關係也頗爲必要。人際關係是成人社會發展與適應的基礎，具有良好的社會技巧，知道如何與他人交往，並且在社會情境中表現適宜的行爲，都必須經由與他人密切的互動中才能學習而得。因此，青少年必須擴展人際交往層面，廣結善緣，才有助於

未來成人社會的發展與適應。父母與師長也須有此體認，多提供同性與異性的接觸與交往機會。

（三）情緒獨立，不再依附父母或其他成人

情緒上能夠獨立，是成熟個體的重要特徵。在兒童時代，凡事依賴父母，也期望父母的讚賞、愛、與關照，但進入青少年以後，青少年必須開始自我獨立，包括在日常生活中，自己能照料個人的衣、食、住、行、育、樂等事務，同時也需要發展尊重、體諒與同情心等情感特質，使自己日益成爲情緒獨立的個體。父母或其他成人此時應給青少年更多自主的空間，不能再事事爲青少年料理妥當，青少年才能增多學習獨立的機會。

（四）追求經濟獨立，相信自己可以自謀其力

目前社會由於多數青少年仍在求學之中，完全的經濟獨立幾乎不可能，青少年仍需依賴父母的經濟支持，在金錢方面尚難自給自足，但就青少年的發展任務來看，相信自己有朝一日能自謀其力，經濟不再依賴他人卻相當重要，如此才能促使青少年致力於學習活動或職業的準備，進而奮發圖強，以希望能早日在經濟上不再仰仗他人。

（五）選擇與準備職業，並試著進入工作世界中

青少年的重要人生目標之一是要決定從事什麼樣的工作，才能達成上述第四項的發展任務，能夠早日在經濟上不再依賴父母，自力更生。

在青少年發展階段，青少年必須不斷的試探、了解各行各業，慢慢地縮小自己生涯發展的目標，選擇一項職業爲終身的志業，更重要地在職業選擇之後，要投注個人時間、力量以爲未來更成熟的職業發展作準備。

每項職業都有必須具備的知識、技能或責任，愈能自我規劃，訂定努力追求的行動計畫，個人愈能順利的進入工作世界中。事實上，職業與生活是一體的，職業適應不良常會帶給個人生活上的不安與困擾。青少年時期可說是一段重要的職業準備期，對個人進入成人社會後的職

業與家庭生活發展具有關鍵性作用。因此，對青少年提供必要的生涯輔導是極為重要的。

(六)發展符合社會期望的認知技能與概念

在成人社會中需要具備一定水準的認知能力水準，或一般的知識概念，青少年階段正好是充實與學習的時期。由於社會不斷地進步與發展中，各種資訊成長快速，如電腦的發展即是一例。因此，青少年應具有開濶的心胸主動的學習任何新的事務、接觸新的資訊，才能與社會的進步與發展配合，不致於遭到淘汰。父母與教師應多鼓勵青少年積極主動的去探求新知，並學習獲取最新資訊的技巧與方法，如電腦使用、圖書館利用等。

(七)了解並努力表現負責任的行為

青少年的發展目標之一是要吸收社會的價值(societal values)建立自我的社會意識型態(social ideology)，以為未來參與社區、社會、國家、甚至國際事務作準備。表現負責任的行為正是青少年所處環境的重要要求，青少年也必須了解到他們所處的環境是他們安身立命的基礎，個人是社會的一份子，必須努力去為社區、社會、國家服務。

不過有些青少年常被社會的正義與公平所困擾，成為偏激與極端主義者，過激的行動常帶給所處環境的不安，通常破壞性大於建設性，特別值得教育與輔導工作者的注意與關懷。青少年懷抱一定的理想是必要的，但學習如何以負責任的方式去追求理想更為重要。

(八)為未來的婚姻與家庭作準備

健全的婚姻與家庭需要有經濟、教育、社會、宗教與倫理的條件配合，青少年需要發展積極的態度、良好的社會技巧、成熟的情緒，並對婚姻與家庭有充分的體認，才能使未來的婚姻快樂、家庭生活幸福美滿。沒有完成教育、未婚懷孕，或在經濟獨立之前結婚通常會造成婚姻與家庭生活調適上的困難，嚴重者會導致婚姻的破裂與家庭的離散。因此，學校的輔導工作應把婚姻與家庭輔導列為重要的輔導工作項目之一，以協助青少年建立正確的家庭與婚姻觀念，並避免青少年早婚、同

居或未婚懷孕。

　　傳統一夫一妻制的核心家庭結構近來雖遭受不少的衝擊，但它仍然是社會上多數人的選擇，協助青少年為未來的婚姻與家庭作準備，事實上亦即在促進社會的穩定，並使青少年進入成人社會後有美滿的家庭與婚姻生活。

㈨建立價值體系，以符合現實世界的需求

　　青少年需要配合社會的需求，形成自我的價值觀念、道德標準，並形成個人的理想。他們需要去研究與分析社會價值體系，然後學習去建立符合社會現實條件的價值體系，如社會所強調的勤勉工作的價值、重視與人和諧相處的重要性等。青少年如果愈能與主流社會價值體系配合，愈不會在自我價值體系上產生混淆與衝突。不過青少年常常覺得人生無目的，對自己無法確定，不知何去何從，因此成人的楷模就非常重要，經由與成人不斷的接觸，青少年才能澄清自我價值，分辨是非善惡，最後能為所當為，堅持理想(*Havighurst, 1972*)。

　　總之，哈維葛斯特所提出的青少年發展任務項目使教育與輔導工作者有了依據的方向。對青少年本身而言，這些發展任務也有助於青少年去發現自己所處階段的發展目標，及所需的努力事項，方不致在青少年時期虛度光陰，妨害後期人生的發展。

第二節　認知發展理論

　　認知發展論關注個體識知(*knowing*)與訊息處理(*information processing*)的發展歷程，亦即以青少年的認知為關注的重點。目前認知心理學幾乎已成為心理學研究的主流，但認知涉及個體的概念化(*conceptualizing*)、推理、思考、記憶、判斷等高級且複雜的心智歷程(*mental process*)，目前仍有甚多待研究的領域。

　　在青少年的發展上，認知論者關心在人生不同發展階段思考與認

知的特性及改變過程。甚多認知學者認為青少年期是個體新知能、創造力或思考判斷力嶄新開展的階段(Newman & Newman 1986)。

青少年認知發展論以皮亞傑(Jean Piaget 1896～1980)的認知發展論、郭爾保(Lawrence Kohlberg 1927～1987)的道德發展論,以及西爾曼(Robert Selman)的社會認知論為主要代表,以下將分別加以闡述。

壹、認知發展論

一、理論重點

皮亞傑是近代影響兒童與青少年之教育與輔導、課程設計、教材編輯等有傑出貢獻的心理學家。他出生於瑞士,早年頗具有自然科學的天分,1918年他獲得Neuchatel大學的生物學博士學位,專攻軟體生物的發展。他涉入心理學可說是偶然,1918年至1921年他在一個以同理心及美學(empathy and aesthetics)為研究重點的Theodore Lipps實驗室工作,在此同時他於蘇黎士附近學習一些精神診療的會談技術,隨後於巴黎有機會在心理測驗鼻祖比奈(Afred Binet)的實驗室工作,使皮亞傑開始關心兒童對推理測驗的反應,皮亞傑利用臨床會談的技術探討兒童面對推理問題的反應方式,他進而研究兒童的思考特徵,而非他們獲得了多少知識。隨後他獲聘至日內瓦盧梭研究所(Institute Jean-Jacques Rousseau)當研究主持人,1923年至1929年間他有系統調查兒童的道德判斷、日常生活事件、使用的語言等,最後形成了著名的認知發展論。依據皮亞傑的理論,個體的智能是依規則的(lawful)與可預測(predictable)的類型在改變之中。

皮亞傑認知發展理論有二個基本的概念:㈠基模(scheme);㈡適應(adaptation)。所謂基模是個體適應環境的思考與動作的基本模式,它是個體在既有的生物條件下所獲得的能力與經驗。基模是認知發展的基本結構,基模的改變表示學習的結果。皮亞傑與殷黑德(Piaget & In-

helder, 1969) 認為基模是行動的結構或組織，可以因個體重複的接觸相似或類同的環境而加以轉變或類化。一個基模也可說是事件、情感與相關的形象、行動與概念的一個有意義組合。在幼兒期個體有二種基模：一是抓取與吸吮的基模 (*grasping and sucking schemes*)，幼兒經由此基模去了解他的周圍世界；二是行動次序聯結基模，經由此基模個體可將一序列的行動聯結在一起，而完成一項任務，如兒童為了獲得在櫃子上的玩具，他會拿椅子去墊腳，然後拿了玩具，再下了椅子，抱玩具玩，這系列的動作就是聯結基模的作用。

　　皮亞傑認為知識的形成與獲得是適應的結果。當個體接觸新的情境時，會以既有的基模 (*existing scheme*) 去解釋新的經驗，使新經驗能溶入既有的基模中，此種過程稱之為同化 (*assimilation*)。在另一方面，當個體原有的基模無法去充分解釋新的經驗時，個體會參考外界事物的特徵，修正既有的基模，以適合新的事物或目標，避免認知結構失去平衡，此一過程稱之為調適 (*accommodation*)。經由同化與調適二個歷程，個體可能擴展了既有基模，或修正了既有基模，兩者交互作用使個體達到適應，並獲得知識。

　　依照皮亞傑的論點，為了獲得新的知識，個體必須使新舊經驗能產生聯絡，同時也須修正基模以區分新舊經驗的不同，認知結構即是基模的不斷重組 (*restructuring*) 的結果。

　　皮亞傑的最大貢獻在於建立了認知發展階段論，他認為個體的發展共分四個時期：㈠感覺動作期（約出生至2歲）；㈡運思前期 (*preoperational stage*)（約2至7歲）；㈢具體運思期 (*concrete operational stage*)（約7至11歲）；㈣形式運思期 (*formal operational stage*)（約11歲以後）。就青少年的發展而言，其認知的發展約處於形式運思期階段。在此時期，青少年的思考型態不再侷限於具體的事務或問題，開始可以運用抽象的、邏輯的思考方式去推理或判斷，並解決周遭的問題。皮亞傑認為形式運思期中，青少年的思考是依照「邏輯原則」(*logic principles*) 在作思考運作，而非感覺或經驗。青少年也開始能對從未接觸或面臨的問題訂

立假設，並創造法則去解決問題或驗證假設。

　　青少年在問題解決上有三種基本的特徵：㈠可以系統化的設定調查研究(*investigation*)的計畫；㈡能經由試驗而在較少偏見的情況下正確地記錄結果；㈢可以作邏輯結論。除此之外，青少年的思考也較兒童期更具彈性，可以使用象徵符號，並且能抽象地思考未來，能區別現實與可能性之不同。在青少年的思考中，「可能性勝過現實性」(*possibility dominates reality*)。

二、認知發展理論在青少年輔導上的應用

　　皮亞傑的認知發展論甚受心理學與教育研究的肯定，他相信青少年已進入形式運思期，這在青少年輔導上具有下列意義：㈠青少年在心智上已接近成熟，可以在心智上作多層面的思考與判斷；㈡青少年開始能夠思考未來，考慮未來各種變化的可能性；㈢青少年可以依照邏輯原則思考與驗證事物；㈣青少年已經可以預見行為的後果；㈤青少年可以依據更現實(*realistic*)的方式思考自己與其所處的世界(*Newman & Newman, 1986*)。也因此，青少年的教育與輔導充滿了各種可能性，皮亞傑本人即指出，青少年所具備的認知發展潛能唯有在充沛的教育環境與良好的情緒適應情況下，方能達成；形式思考的能力雖可表現於數學、機械技巧、文學或哲學方面，但仍無法擴及人生各層面的問題。因此，青少年智能的啟發與適當的誘導仍非常需要(*Piaget, 1972*)。

　　不過目前有研究顯示，並非所有的青少年其認知發展都能達到形式運思期(*Arlin, 1975*；*Kuhn, 1979*)，故在青少年教育上與輔導上利用皮亞傑的理論仍須慎重，也許具體運思的教育策略仍適用於多數成長中的青少年。

貳、道德發展論

一、理論重點

郭爾保所建立的道德發展論，本質上是以認知歷程作爲個體道德推理(moral reasoning)的基礎。郭爾保的理論也深受皮亞傑認知發展論的影響，他認爲道德推理是與智能成熟相切合(coincides)的歷程。因此，郭爾保的道德發展論也被視爲認知發展論的一種。

郭爾保於1927年在紐約出生，1947年芝加哥大學畢業，1958年獲得同校博士學位，1967年至哈佛大學任教。郭爾保的道德發展論提出之後，聲譽崛起，他本人及他人相關的研究汗牛充棟，使兒童與青少年的道德發展與道德教育受到前所未有的關注，在心理與教育研究上，郭爾保是關注單一課題，長期進行系統性研究，卓然有成，自成一家之言的大師，可惜他於1987年身亡，原因不明，使道德的相關研究漸有褪色的趨勢。

道德(morality)係指行爲的標準或準則，也是個人判斷是非善惡的依據。郭爾保從認知觀點探究道德判斷與道德推理的改變情形。他認爲道德改變的核心在於正義概念(concept of justice)的轉變，爲了實際考驗道德的改變，郭爾保設計了一系列道德兩難(moral dilemma)的複雜故事，在故事中顯現個人利益(personal interest)與社會公益(social good)之間的衝突，然後要兒童與青少年依據道德兩難的故事判定故事主角的善與惡。經由不同國家的調查結果，郭爾保提出了道德發展的三層次六階段論。表3-1即是郭爾保道德發展的三層次六階段論。

郭爾保的道德發展層次從理論提出以後，曾作了稍許修正，因此各階段的特徵在不同書籍中有不同的引申，但基本上仍包括三個層次(levels)、六個階段(stage)。不過郭爾保本人認爲也有第七個階段存在的可能(Kohlberg, 1981)。另外在層次二與層次三之間另有一個轉折層次

表3-1　道德發展層次圖

層次與階段	特徵	行為動機	判斷的依據
層次一	循規前期		
階段一	懲罰與服從導向	逃避懲罰而遵守規範	行為是否受到獎懲
階段二	個別工具性目的與交換導向	為獲得酬賞與互利而表現	行為結果對自己與他人之利益
層次二	循規期		
階段三	保持良好關係與獲得讚賞	避免他人反對或不悅而遵守規範	權威人物的讚賞與否
階段四	權威維持的道德	避免受到法律制裁	行為是否違反社會法律規定
層次三	循規後期		
階段五	民主契約的道德	為贏取社區的尊敬與遵守規範	契約的規定與共識
階段六	普遍的倫理原則	避免良心自責而遵守規範	共通的倫理原則

資料來源：Kohlberg, 1963；1981．

(*Transitional level*)，在此層次中，發展的層次接近循規後期，但尚未原則化(*principled*)，選擇仍是個人的與主觀的，常視情緒而定，對責任與道德的善仍然採武斷與相對的看法。

　　郭爾保的道德發展論雖然也如皮亞傑的認知發展論一樣，認為早期的發展是後期發展的基礎，但各層次及各階段並沒有明確對應的年齡。根據郭爾保的多國兒童與青少年研究結果顯示，成人達到第六個道德發展階段者不到5％，在1955年的調查資料中，16至17歲的工人及中產階級男生的道德發展在第二至第四階段之間，20歲以後才能達到第五個階段，受試男性的道德發展即依據一定階段而發展的，無法跳躍，也不會倒回較低階段。通常個體的年齡增加，道德發展層次也會提高 (*Kohlberg, 1981*)。

　　美國的青少年多數達到道德循規期，他們道德判斷的基礎在於重要權威人物的讚賞與否，他們的道德性具有保守性，因為他們常在乎他人對他們行為的看法，但也由於此，青少年的道德推理會根據他們的次文化規範與價值作考慮。隨著青少年形式運思的發展，道德發展也可以達到第四個階段。青少年會考慮抽象的社會規範與社會體系所界定的責任與義務，而較年長的青少年會依循法律與社會規範行事。

二、道德發展論在青少年輔導上的應用

從郭爾保的道德發展論可以獲知：㈠道德推理能力的發展與智能發展密切關聯，甚至相當；㈡道德發展具層次與階段之分，前後層次與階段具次序性；㈢多數青少年的道德發展到達循規期，並以權威人物的讚賞爲基礎，青少年且有維持法律與秩序的意願。

郭爾保在發展道德理論時，亦同時關注道德教育的問題，傳統所重視訓誡與教條的道德教育，郭爾保認爲效果有限。

郭爾保認爲良好的道德教育應重視共通的正義原則，並使兒童與青少年能親身體驗，才能提昇兒童與青少年的道德發展層次。郭爾保認爲良好的道德教育是要刺激兒童與青少年有更高一層次的道德發展。爲了達到此目的，道德教育可以經由呈現人生重要問題的道德衝突，並用更高一層次的問題解決策略來激發道德推理與判斷的發展。郭爾保相信多數兒童與青少年是願意努力去達成更高層次的道德發展境界的。多數學者也相信，讓兒童與青少年討論道德兩難問題是有效的道德教育方法。同時教師多與兒童和青少年探索道德問題，也有助於兒童與青少年的道德發展（Dacey, 1986）。由此可見，道德教育不能徒托空言，必須要有激勵與催化，才能使兒童與青少年的道德發展層次提高。師生的互動、學校教育的民主化、社會的正義等皆和兒童與青少年道德發展密切關聯。教育與輔導工作者除能以身作則，當兒童與青少年的表率外，並應給他們較多體驗道德情境與兩難問題的機會。郭爾保過去的研究發現台灣青少年道德發展較美國學生遲緩，顯示國內的道德教育尚需作更多的努力。此方面問題將於第九章中作更深入的闡述。

參、社會認知論

一、理論重點

社會認知論關注青少年在社會情境中，如何經由基模與推論(*inferences*)，感知他人的想法、感受與行動的意義。西爾曼的社會認知論基本上是以皮亞傑與郭爾保的理論爲基礎所發展而成的，他尤其關心社會認知過程中的社會角色取替(*social role-taking*)作用。

事實上，社會認知論探討的重點即在於個人的社會訊息處理過程(*social information processing*)。西爾曼分析研究個體對社會訊息的記憶、判斷、分類與檢索的方式及其影響。他研究的重點在於兒童與青少年如何區別人我的不同，以及友誼(*friendship*)形成的過程。西爾曼的研究方法近似郭爾保，他也設計了一系列的社會人際衝突情境，拍成有聲幻燈片，然後要求受試者描述每一位主角人物的動機，以及各主角人物的友誼關係。主要的人際衝突情境包括四方面：㈠個人；㈡友情；㈢同儕團體；㈣親子關係。西爾曼分析的重點在於受試者能否把個人對衝突的反應和主角人物區分開來。最後他根據研究的結果對人際了解(*interpersonal understanding*)與友誼發展(*friendship development*)提出了下列的五個階段論。此五階段又稱之爲人際了解與友誼發展的五階段。

二、人際瞭解五階段

西爾曼經由他的調查與會談結果認爲兒童與青少年人際瞭解的發展過程共經歷了下列五個階段：

㈠階段0：自我中心未分化階段(*egocentric undifferentiated stage*)

這個階段年齡約在3至6歲之間，兒童尚無法區別人我差異，認爲別人與他們具有相同的情感與喜好，兒童仍沒有區別人我不同的策略，這時候的兒童比較相信個人對環境的知覺，不認爲別人對社會情境的看

法會與他有所不同。

㈡階段1：主觀觀點階段（subjective　perspective-taking　stage）

　　這個階段約在5至9歲之間，兒童開始發現自己與他人有所不同，但認為這種不同是由於不同訊息與不同情境所致，兒童會假定人我之間的觀點有一個是正確的，倘一方的觀點是對的，則另一方的觀點一定是錯的。在此階段的兒童，開始了解到自己的內在心理並不能被他人所觀察到，但是兒童卻常以外在的觀察去判斷他人的情感，而不對他人的動機作推論或推理。

㈢階段2：自我深思熟慮階段（self-reflective　thinking　stage）

　　此階段年齡約在7至12歲之間，兒童會考慮到他人的思想與觀點，當兒童考慮到自己行為的時候，也會顧及別人的反應，同時他們也知道了別人有獨特的價值觀、情感與思考方式，這些差異是由於人我觀點不同所造成的。此階段的兒童也開始了解到他們內在世界的衝突，比如說他們會想告訴某人他們喜歡他，但卻害怕被他人所拒絕，所以他們想對他人說的話，常常欲言又止，此種經驗使兒童體認到不能由他人的行為去判斷他人的思考與情感。

㈣階段3：相互觀點取替階段（mutual　perspective-taking　stage）

　　此階段約在10至15歲間，大約是即將或已進入青少年期的階段。在此階段中，青少年能對人際情境中作客觀的、第三者的考量，他們了解到他人的觀點可以從與其交往之中獲知，也可從一些遊戲、活動或行為結果中作解釋。這時期青少年的自我（self-ego）開始扮演執行的角色，可以對人際關係中的所作所為、所說所談，以及外在的資訊作選擇。主觀的自我與客觀的自我在此時期已經更能夠清楚地加以區分。

㈤階段4：深層與社會觀點取替階段（in-depth　and　sociated　perspective　taking　stage）

　　此階段約在青少年至成人期之間可以達成，在此階段個人可以經由先前從第三者的觀點解析人際關係，發展至更抽象的社會分析（abstract　social　analysis）水準。在此時期，個人會將社會共通的規範加入

人際關係之中，他們依照社會規範，對自己的經驗賦予意義，這時對自我的分析也開始會含有潛意識作用，青少年與成人已體會到個人對自己的情感與需求了解並不充分，也不完全了解情感與需求對行為的影響，此種情況導致青少年或成人較願意更深層了解自己，但卻愈來愈無法與他人建立親密與信任的關係(Selman, 1980)。

三、友誼發展五階段

西爾曼另外建立了友誼發展的五階段論。西爾曼的友誼發展階段論與前述的人際了解五階段相似，亦分五個階段：

㈠**階段0：暫時性玩伴(momentary playments)階段：**

此階段的年齡約在3至7歲之間，兒童由於無法區別自己和朋友觀點的不同，玩伴通常是短暫的，友誼常以物質價值為基礎。如：「他是我的朋友，因為他把超人玩具借我玩。」

㈡**階段1：單方協助(one-way assistance)階段：**

此階段年齡約在5至9歲之間，兒童開始接受別人的觀點，但仍不能夠發展互惠的友誼，不能體認「付出與回報」的重要性。如：「她不是我的朋友，因為我需要的時候，她不跟我玩。」

㈢**階段2：公平氣氛下的合作(faire-weather cooperation)階段**

此階段年齡大約在6至12歲之間，亦即約小學階段，此時期的兒童能了解互惠的關係與他人的觀點，也知道共同完成工作或作業的重要性，不過此種合作關係仍然是以自私為出發點。如：「我們是朋友，因為我喜歡他，他喜歡我，我們一起作功課。」

㈣**階段3：親密與相互分享(intimate and mutual sharing)階段**

此階段約在9至15歲之間，亦即約兒童期轉換至青少年期的階段，此時與他人能合作，並達到相互的好處，此時朋友之間可以分享秘密、情感，並相互尋求共同解決個人問題，不過這時期的友誼常具有排他性與占有性。如：「他是我最好的朋友，我們有共同的秘密，有需要的時候我們會相互幫助。」

(五)**階段4：自主相互依賴**(*autonomous interdependence*)**階段**

此階段約發生在12歲以上的青少年與成人交友之中，這時的友誼較為複雜，相互重疊，朋友相互間提供強烈的情緒支持，但同時也了解到獨立的關係對滿足他人需求的重要性，亦即友誼能兼顧自己與相互依賴之需求。如：「良好的友誼需要信守承諾；個人要作冒險，你可以支持、信賴與付出，但同時你也可以放棄它。」(*Selman, 1980; Selman & Selman, 1979*)。

四、社會認知論在青少年輔導上的應用

西爾曼從社會認知觀點探討兒童與青少年對人際了解與友誼形成的發展歷程，擴大了青少年研究的領域，近年來也頗受推崇(*Kimmel & Weiner,* 1995)。過去的青少年研究，對於青少年社會發展狀況較缺乏理論性建構，西爾曼的研究正可補此不足，友誼與社會能力是青少年發展上的重要課題，西爾曼即認為遭遇較多人際問題的青少年會妨害他們社會概念(*social concepts*)的發展，因此，在青少年輔導上如能以青少年的友誼與人際關係為重點，將有助青少年提升友誼與人際了解的層次，同時能增加青少年的社會資源(*social resources*)。不過西爾曼也指出，人際了解與友誼發展與個人認知能力發展密切關聯，而且通常認知能力發展先於人際與友誼發展，在認知發展上遭遇困難的青少年，也常常無法發展高層次的友誼。

根據西爾曼的理論，青少年已能客觀地了解人際行為，更能真實的分析人際互動的關係，青少年也有能力處理自己的行為，以給他人良好的印象並能影響他人，他們對人際的看法也更能顧及全貌，並更有彈性。然而與認知或道德發展相似的，提供青少年更多的社會刺激，將有助於激發青少年的社會認知發展。因此，要多鼓勵青少年參與團體活動、社會服務，以擴展人際層面；學習如何與他人相處及建立友誼、維持友誼的技巧，以促進社會能力的發展。

第三節　社會文化理論

　　社會文化論者大都由社會環境(*social environment*)來思考青少年的問題,因此特別強調社會文化對青少年發展的影響。而社會文化論又可分爲三個主要派別:

　　㈠*場地理論*(*field theory*)：代表人物是勒溫(*Kurt Lewin, 1890—1947*)，此一理論主要在於分析青少年發展與生活空間的關聯，認爲青少年的發展是生活空間的擴展。青少年通常會遭到較多的環境壓力，因爲青少年常漂浮於成人與兒童世界之間。

　　㈡*人類學理論*(*anthropological theory*)：此一理論乃從人類學的觀點探討青少年發展的特徵，尤其著重於比較不同文化間的青少年發展現象，主要代表人物是美國著名人類學者米德(*Margaret Mead, 1901～1978*)。

　　㈢*社會文化論*(*social cultural theory*)：代表人物爲班乃迪克斯(*Ruth Benedict, 1887～1948*)，此理論認爲個人的發展是大社會組織的產物，社會就是由社會角色所組成,唯有在社會與文化中,青少年的發展才能顯示出意義。此理論重視社會文化對青少年的影響。

　　不過此三種理論的分類方式,不同論著有不同的觀點,如米德有學者將她歸爲社會學習論者(*Dusek, 1996*)；班乃迪克特有學者將他歸爲人類學者(*Rice, 1993*)。以下將再深入探討。

壹、場地理論

一、理論重點

　　勒溫的場地論在本世紀前葉,風靡一時,勒溫本人也聲譽卓著,可

惜他的理論後繼無人，熱度不及從前，不過場地論在青少年發展研究上，仍有頗多值得學習的地方。

勒溫，1890年於波蘭出生，父母是猶太人，小學時即聰明過人，大學就讀柏林大學，主修心理學與哲學，1920年代他的論著即廣爲人知，曾至美國耶魯大學作一系列演講。後來爲逃避納粹迫害，移民美國，曾在康乃爾與愛荷華大學任教，他早期所提出的領導方式有民主、專制與放任三種型式的論點，至今猶廣被引用，他對團體動力的研究頗有成就，他的甚多論著在教育、心理與企業管理上仍廣受矚目。

勒溫的場地論主張，所有的行爲都必須由場地(field)的角度去加以了解，所有的心理學概念都必須以數據表示。場地論的主要概念包括：能源、緊張、原子價(valence)、距離、限界(boundaries)、圍繞(enclosure)等。其主要的法則是$B = f(LSP)$，所謂B是指行爲，LSP是代表生活空間(life space)，亦即行爲是生活空間的函數。個人的生活空間包括需求、慾望、意圖、對未來的看法，以及各種情緒等，即心理與生活的全部，每個人的生活空間都可以分成不同的區域。不同發展階段、不同性別、不同職業的人有不同的生活空間。勒溫主要依照拓樸學(topology)方法分析生活空間的特徵。

勒溫認爲在嬰幼兒時期，生活空間單純，目標與原子價也非常少，隨著成熟與經驗的累積，生活空間就分化成不同的區域，但每個人需要去組織各個區域，並使他們顯示出意義。由於個人與環境因素並非靜止的，因此，生活空間也不斷在改變當中。如果個體的改變緩慢，將生活領域各個區域加以組織與統整並不因難，但是當變化迅速時，個體將會感受到顯著的統整壓力。勒溫認爲青少年期就是一個改變快速的時期，青少年期來得太突然，也沒有預警，因此青少年被迫單獨去面對生理上的改變，以及一連串新的期望與要求，這些改變使青少年產生了很大的非連續性(discontinuity)，此外，勒溫也認爲青少年期生活空間是扭曲的(distorted)，青少年正好處於二個世界之間，成爲「邊際人」。如圖3-2所示，成人與兒童期之間並沒有直接的聯結，一方面他們不能再小

孩子氣、幼稚，但另一方面，他們無法享受成人社會的特徵，如：喝酒、開車、性關係、全職工作等，他們被迫放棄兒童期所擁有的東西，但卻仍未被視為成人，因而衝突與產生壓力就無可避免。

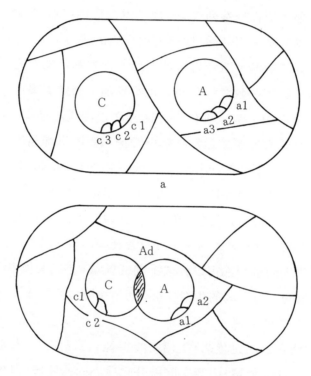

圖3-2　青少年的邊際人場地空間

資料來源：Lewin, 1939, p. 882.

二、場地論在青少年輔導上的應用

勒溫的場地論在心理學上占有一席之地，他把青少年視為「邊際人」的論點普受引用，他的觀點近似霍爾，認為青少年期是壓力與衝突的時期，同時勒溫也認為青少年的行為是個人因素（年齡、智力、才華、性）與環境因素（家庭關係、鄰居朋友、權威人物）交互作用的結果，

個人因素與環境因素組合形成青少年的生活空間。因此，行為除了是生活空間的函數外，亦是個人與環境因素的函數，$B = f(P,E)$，（P表示個人因素，E表示環境因素）。依照勒溫的看法，在生活空間中存有積極與消極的目標，向著目標移動或離目標而去，稱之為「運動」（locomotion）。隨著青少年的日益成熟，生活空間會逐漸分化，使人格失去統整，因此，青少年的父母與師長必須提供充足的環境，使他們的生活空間有擴展與統整的可能，尤其青少年需要「自由」，以便擴展新領域，接觸新經驗。所以父母與師長減少指導與限制是必要的。如果青少年對家庭過於依賴，將會使他們與文化中所要求的獨立產生衝突，此外，如果社會愈把青少年當小孩看待，青少年將會面臨更多的衝突與壓力。

　　另外，青少年的意識型態分化不如成人區域分化的細密，因此青少年常會以激進的觀點看待社會，他們常將政治分成左派與右派兩者而已，對社會的看法也常過度理想化，導致青少年與現實的衝突，因而促使青少年有較強烈的慾求去建構個人的價值與理想場地。在教育與輔導上，成人們容許青少年保有理想，將有助於青少年生活空間的發展與開拓。

貳、人類學理論

一、理論重點

　　米德是美國聲譽卓著的人類學家，她以實徵性田野研究（empirical field study）調查不同文化間兒童與青少年人格發展與社會文化發展的歷程。根據米德在薩摩亞（Samoa）與新幾內亞研究發現，薩摩亞兒童的發展是一種連續性發展歷程，年齡的增長並沒有使兒童突然的改變，薩摩亞社會並沒有期望兒童、青少年與成年人表現不同的行為方式。在思考與行動上，不同年齡的人也沒有急速的改變，不同年齡層之間的轉換並無顯著不同的行為特徵。相反的，米德發現美國的青少年在青少年期

卻遭遇了甚多的壓力，美國社會禁止並抑制青少年的性活動，而薩摩亞的青少年則在兒童期就開始學習性的事情，在薩摩亞並沒有性的禁忌，與美國的青少年比較，薩摩亞青少年的成長歷程是漸進的與較少突然轉變的，因此，薩摩亞的青少年也沒有經歷到壓力與不安。從不同文化的成長現象來看，米德認為青少年現象是由環境與文化所決定的，而非生物決定的，也因此，精神分析理論對青少年的看法也似乎不成立。米德的結論指出，南太平洋的青少年由兒童期轉變至成人期是平靜、漸近，且較順利的。

除此之外，米德也認為性別角色也是文化所造成的，在新幾內亞的男人是在家處理家務，女人則有機會去試驗性生活直到成人為止，長大以後，女人非常容易承擔起性別角色任務，由此顯示不同文化對男女的期待不同。米德認為文化對青少年的發展具有決定性作用。因此，米德常常被視為是一個文化決定主義(cultural determinism)論者。

二、人類學理論在青少年輔導上的應用

米德的人類學觀點重視文化因素在青少年發展上的影響，因此要減少青少年發展上的壓力與衝突也必須由文化著手，她認為家庭應該多給青少年自由，使青少年可以自己作更多的選擇，並過自己想過的生活，不要太要求青少年順從、依賴，相反的，應多配合青少年的個別差異，給他們較多自我嘗試的機會，如此父母與青少年之間的衝突與緊張即可減少。米德也主張成人社會應在他們年紀還小時，就接納他們進入成人社會，如給他們有報償的工作（即使兼職工作亦可），將能幫助青少年早日財力獨立，另外社區也要多給青少年較多社會與政治方面的發言權，使他們承擔責任，以便能較平順的進入成人期。

米德的論點雖曾遭致不重視生物因素的批評，但是她把青少年問題視為是文化的產物，則頗值得教育與輔導上工作者的警惕，尤其在教育與輔導上應減少支配、控制與過度的要求順從，以使青少年不致在調適上產生壓力與困難。

參、社會文化論

一、理論重點

　　班乃迪克特也強調社會文化決定了青少年的人格發展，青少年的發展是文化期望的產物，不同文化間對於角色及角色期望各有不同的類型，生物因素與文化因素相較之後，顯得微不足道。

　　班乃迪克特認為不同文化間差異甚大，因此青少年所感受的壓力高低視文化制約的「連續性」(continuity) 與「非連續性」(或間斷性，discontinuity) 而有所不同，當兒童被提供較多成人行為的資訊與責任時，他們的轉型較為平穩，形成「連續性」的發展，反之，兒童被禁止去接觸成人活動的訊息，禁止學習成人的角色行為，兒童與青少年的發展將呈現「非連續性」現象。班乃迪克持認為社會期望青少年婚前保持「處女」就是不連續性的一個例子。文化制約的不連續性使不同年齡層的兒童與青少年各自面對不同的社會期望，甚至會運用公開的典禮、儀式去彰顯兒童與青少年在不同年齡階段的差異，反而增加了青少年的壓力。

　　班乃迪克特事實上擴展了米德的文化決定主義論點，特別重視文化連續性的兒童期轉型至成人期的重要性。他相信，兒童如果能夠及早訓練與成人一致的行為，青少年轉換至成人的過程將會是順利與有秩序的；相反的，如果青少年「沒有學習」適當的成人行為方式，將會使青少年期成為不一致、矛盾與衝突的時期。他同時指出，西方社會文化中所存在的不一致性太多，如西方社會禁止兒童太早進入工廠，使兒童花太多時間在嬉戲，更有甚者，他們的嬉戲與未來的工作無關。另外在西方社會，父母仍然維持高度的權威，不如薩摩亞父母的寬容。在西方社會中，青少年被視為內心不安，有心理壓力與行為異常的時期，但薩摩亞卻把青少年視為無負擔，喜樂的階段，可見由相對的文化資料可以

顯示青少年現象是由文化在作主導的。西方社會對青少年太多的規約、限制與禁忌，塑造了青少年的行為類型，使兒童期與成人期的鴻溝(gap)加深，增加了青少年在適應上的困難。如此一來，青少年無可避免的會順從同儕團體的標準，而不願聽父母的期望與接受父母的價值觀，因為同儕和他有相似的遭遇及價值觀。

班乃迪克特另外亦述及性的角色、責任與支配性(dominance)的社會文化現象。他認為西方社會忽視青少年的性教育，因此青少年對性愛、生育、哺育子女等所知有限，因此長大結婚時就增加了性調適的困難。此外，社會也在鼓勵青少年不需負責任，至少在家庭中是如此，但倘他們離開家庭時卻被要求必須要對自己的行為負責任。在兒童期時，父母的支配性過高，父母要求孩子聽從管教，可是長大成人結婚後，他們卻被要求要支配自己的生活。在在顯示社會中對青少年文化制約的不一致現象。

二、社會文化論在青少年輔導上的應用

班乃迪克特的社會文化論與米德的人類學理論基本上是一致的，都強調文化的作用，因此常有學者把他們兩人等同視為「環境論者」(environmental theorists) (Dacey, 1986) ，他們期望青少年要能多學習成人的角色行為，多承擔個人責任，頗值得我們重視。

然而，米德一度主張容許青少年試婚，以減少他們性調適上的困難，並學習如何節育的論點，近年來已不受到支持。因為目前各種避孕工具頗為發達，青少年無須試婚，就能得到好的避孕效果。

班乃迪克特對青少年輔導較沒有提及具體的輔導策略，不過他所提出的文化制約連續性的論點，可以提醒父母與教師在管教上不要突顯成人與青少年的差異性，儘可能以成人所需要具備的行為標準與角色行為來引導他們，以免擴大成人與青少年之間的鴻溝。

本章提要

1. 學習理論將青少年的成長視爲學習的過程，行爲與人格視爲學習的結果，而青少年所處的環境塑造與修正了青少年的行爲。學習理論和青少年發展與輔導關係最爲密切的理論有：(1)操作增強理論；(2)社會學習理論；(3)發展任務論。

2. 操作增強理論中史基納提出B＝f(E)的公式，亦即行爲(B)是環境(E)的函數。史基納認爲人的一生都是處在學習的環境之中，獲得滿足的行爲會得到增強，生活中無數的增強作用聯結而成，乃使個人形成習慣或以一定方式對外界作反應。

3. 「社會控制」與「自我控制」是改變與塑造個人行爲的二個重要力量，史肯納認爲社會控制的方法主要有四：(1)操作制約；(2)描述行爲後果；(3)剝奪與飽足；(4)身體限制。自我控制的技術有：(1)身體限制；(2)物理協助；(3)改變刺激；(4)飽足；(5)嫌惡刺激；(6)替代法。

4. 發展社會學習論的班都拉提出了B＝f(P,E)的公式，其中(B)是行爲，(P)代表個人的一切內在事件，尤其是認知狀態，(E)代表環境，亦即行爲是個人與環境交互作用的結果。

5. 「自我效能」是「自我系統」中的主要成分，班都拉認爲影響自我效能形成的來源共有四方面：(1)成就的達成；(2)替身經驗；(3)口語說服；(4)情緒激起。

6. 模仿是行爲形成的主要因素，班都拉認爲楷模要發揮心理影響力，需有三個配合條件：(1)楷模的特質；(2)觀察者的特質；(3)模仿的結果。

7. 班都拉認爲輔導與治療的最終目標是「自我規劃」，要使當事人達成自我規劃需有三個階段：(1)誘發改變；(2)類化；(3)維持。

8. 爲了促使當事人能達到自我規劃的目標，班都拉另外再提出下列治療技術：(1)明顯或替身楷模法；(2)隱性或認知楷模法；(3)激發自制力。

9. 「發展任務」就是指個體成長的每一階段都有相對應需要去達成或發展的事項、工作或任務。根據哈維葛斯特的理論，青少年時期共有九項發展任務。

10. 哈維葛斯特相信青少年期是學習與達成發展任務的「敏感時期」，是個體生理成熟且幾乎可以學習各種新能力的時期。此時期的學習倘效果不佳會影響後期的學習，因爲發展任務亦具有次序性。

11. 認知發展論重視個體識知與訊息處理的發展歷程，認知學者認爲青少年期是個體新知能、創造力或思考判斷力新開展的時期。主要的代表派別有：(1)皮亞傑的認知發展論；(2)郭爾保的道德發展論；(3)西爾曼的社會認知論。

12.皮亞傑的認知發展論有二個基本概念：⑴基模；⑵適應。個體接觸新環境則有
　二個過程：⑴同化；⑵調適。知識的形成與獲得是適應的結果，認知結構即是
　基模不斷重組的結果。

13.皮氏的理論將個體的發展分為四期：⑴感覺動作期；⑵運思前期；⑶具體運
　思期；⑷形式運思期。皮氏認為青少年已進入形式運思期，心智上日趨成熟，
　可思考未來、運用邏輯思考、考慮行為的後果，並以現實的方式思考所處環境。

14.郭爾保的道德發展論基本上以認知歷程作為個體道德推理的基礎，道德推理和
　智能成熟相切和，他將道德發展分為三層次：⑴循規前期；⑵循規期；⑶循規
　後期，以及六階段：⑴懲罰服從導向；⑵個別工具性目的交換導向；⑶獲得讚
　賞導向；⑷權威導向；⑸民主契約導向；⑹倫理導向。

15.郭爾保關注道德教育，好的道德教育應刺激青少年向更高一層的道德層次發
　展，如兩難問題的討論、道德問題的探索、師生之間的互動等。

16.社會認知論重點在於個人的社會訊息處理過程，即個體在社會情境中，如何經
　由基模與推論，感知他人的想法及行動的意義。西爾曼的理論為研究青少年的
　社會認知發展提供了人際了解五階段論及友誼發展五階段論。

17.西爾曼從社會認知觀點探討兒童與青少年對人際了解與友誼形成的發展歷程，
　擴大了青少年研究的範圍。

18.社會文化論以社會環境觀點思考青少年的問題，可分為三個主要的派別：⑴場
　地理論；⑵人類學理論；⑶社會文化論。

19.場地理論以勒溫為代表人物，其理論要點在於行為是生活空間的函數，即B＝
　f（LSP），青少年的發展因生活空間的擴展，受到較多的環境壓力，漂浮在成
　人與兒童的世界之間，成為不安的「邊際人」。

20.人類學理論以米德為代表人物，此理論以人類學的觀點來看待青少年的發展，
　著重於不同文化間的青少年發展觀察及發展特徵。

21.社會文化論以班乃迪克特為代表，該理論重視社會文化對青少年的影響，認為
　個體的發展是社會組織的產物，社會就是由社會角色所組成，在社會與文化中，
　青少年發展才能顯出示意義。父母與師長在輔導上不應過度突顯成人與青少年
　的差異性，以免擴大相互間的鴻溝。

第四章

青少年的生理發展與輔導

　　青少年時期個體的生理發展是全面性、廣泛且快速的，質與量也同時並進，不只外顯的身高、體重、性器官急速的發展，內在的腺體、內臟、骨骼、甚至肺活量、力氣等也在改變之中。青少年期是個體出生後第二個快速成長的高峰期（另一個時期在出生六個月內）。

　　本章將先探討青少年的內分泌發展、身高與體重發展、骨骼發展、以及內臟器官發展，最後將討論青少年生理發展主要的問題及輔導策略。至於青少年性器官與第二性徵發展，以及性愛相關問題，由於涉及的層面廣泛，且是青少年輔導上的重要課題，將於第五章中專章加以討論。

第一節 青少年的內分泌發展

壹、荷爾蒙的功能

在人體之內散布著各種腺體，腺體的分泌方式可分「有管腺分泌」與「無管腺分泌」兩種。汗腺與唾液腺都是一種外分泌腺，其分泌方式是屬於有管腺分泌；所有的內分泌腺體除胰臟所分泌的消化液是屬於有管腺分泌之外，其餘都屬於無管腺分泌。人體中有二個主要的控制系統，一是自主神經系統，一是內分泌系統，內分泌素(亦即荷爾蒙或激素，*hormones*)主要在刺激身體器官發揮功能。

青少年外顯的身高、體重與性器官的發育主要是由於荷爾蒙(或激素) 分泌所造成的。荷爾蒙是對生理發育極為重要的化學物質，會對身體細胞產生促動作用，荷爾蒙靠著血液直接傳送到身體各部，因此是一種無管腺的內分泌。藉著血液的流動使荷爾蒙可以由身體的某一部分流通至另一部分。生理的成熟，尤其性器官的成熟主要是受荷爾蒙的影響。

荷爾蒙依其化學結構可以分成三類：㈠蛋白質衍生物：如胃腸腺、腦下腺、副甲狀腺等；㈡胺類：如甲狀腺及腎上腺髓質部；㈢類固醇：如睪丸、卵巢及腎上腺皮質部。

荷爾蒙關係生理的發育狀況與成熟程度，它具有三大功能：

一、決定生理器官的形狀與結構

荷爾蒙可以促進身體特定部位器官之形狀與結構的形成與成熟，使骨骼、生殖器官等能夠成長。倘荷爾蒙分泌不良，會使生理器官的形狀與構造異於常人。

二、綜合自主性功能與種屬本能行為

人類與其他生物一樣，為了繁衍下一代而有求偶與育兒行為，但這些行為也同時受社會環境與人類本能的影響。荷爾蒙的適當分泌可以使個體內在生理情況與外在社會文化期望相調和。

三、具有規律性

荷爾蒙具有使內在生理環境維持統整，並使生理器官保持均衡、穩定或平衡狀態的功能，因此荷爾蒙對人體具有規律或規範的作用。整體而言，內分泌深深影響著人體的生長、身體機能、情緒與健康。

貳、影響青少年發展的主要內分泌腺體

影響青少年發展的內分泌腺主要有如圖4-1的各種腺體，包括：松果腺(*pineal gland*)、腦下垂體(*pituitary body*)、甲狀腺(*thyroids*)、副甲狀腺(*parathyroids*)、胸腺(*thymus*)、胰臟腺(*pancreas*)、腎上腺(*adrenals*)、女生的卵巢(*ovaries*)與男生的睪丸(*testes*)，其中腎上腺又分為腎上腺髓質(*medulla*)與腎上腺皮質(*cortex*)兩個部分。

以下分別敘述其特徵與功能。

一、松果腺

松果腺又稱松果體，位於腦部胼胝體的下方，松果腺會依年齡的不同而改變大小，兒童期松果腺較大，進入青春期以後就逐漸退化。松果腺具有使神經內分泌反射運轉的功能，並且可以調節生理週期，人類晝夜的調適亦與松果腺的分泌有關。

二、腦下垂體

腦下垂體位於視丘附近，能控制身體其他腺體的分泌，故被稱為主

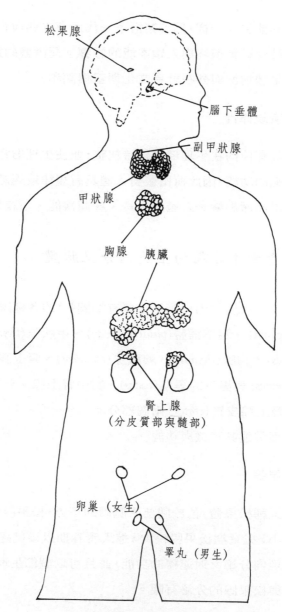

松果腺

腦下垂體

副甲狀腺

甲狀腺

胸腺　胰臟

腎上腺
(分皮質部與髓部)

卵巢 (女生)

睪丸 (男生)

圖4-1 人體的主要內分泌系統
資料來源：Dusek, 1996, p.50.

腺(master gland)，是人體最重要的內分泌腺體，可視爲人體的生命中樞。

　　腦下垂體是非常小的腺體，大約只有0.5吋長，重量不到0.5克，分成前、中、後三葉，前葉是產生荷爾蒙的主要地方。腦下垂體的功能目前仍不盡完全爲人所知，但以人體生長荷爾蒙(human growth hormone，簡稱HGH)、親軀體荷爾蒙(somatotrophic hormone)、性腺體質荷爾蒙(gonadotrophic hormone)、濾胞刺激荷爾蒙(follicle stimulating hormone，簡稱FSH)、黃體荷爾蒙(luteinizing hormone，簡稱LH)、間壁細胞刺激荷爾蒙(interstitial cell-stimulating hormone，簡稱ICSH)，以及親黃體荷爾蒙(luteotropic hormone，簡稱LTH)等最爲重要。

　　生長荷爾蒙(HGH)能促進身體之生長，增進蛋白質之合成，降低身體對胰島素(insulin)的敏感度，增大身體軟骨組織，促進骨骼之發育，以及減少體內脂肪量，所以生長荷爾蒙分泌不良就會導致發育異常，巨人症或肢端肥大症是身體生長荷爾蒙分泌過多的緣故，相反的侏儒症則是身體生長荷爾蒙分泌過少的結果。親軀體荷爾蒙與生長荷爾蒙的作用大致相同。濾泡刺激荷爾蒙(FSH)可以刺激女性卵巢濾泡的生長，或促進男性精子的形成。黃體荷爾蒙(LH)可以促進女性排卵及卵巢濾泡黃體之形成。間壁細胞刺激荷爾蒙(ICSH)則可促進男性睪丸素的形成。親黃體荷爾蒙(LTH)能維持黃體，並促進乳汁分泌，以及母性化。

　　由此可見腦下垂體前葉所分泌的荷爾蒙對人體的重要性與影響的深遠。至於腦下垂體後葉的荷爾蒙會分泌催產素及增血壓素，關係女性生產與一般人的血液循環。另外，腦下垂體也會分泌甲狀腺刺激荷爾蒙，促進碘之吸收與釋出。其它如腎上腺皮質素與性腺荷爾蒙也都受腦下垂體的控制。

　　三、甲狀腺

　　甲狀腺位於氣管上邊，甲狀軟骨的兩側。甲狀腺長約5厘米，寬約

3厘米，甲狀腺可以吸收血液中的碘，形成甲狀腺素及三典酥氨基酸，再與甲狀腺蛋白結合，貯存於甲狀腺中，等身體需要時再由甲狀腺釋出。甲狀腺荷爾蒙具有促進身體新陳代謝，維持皮膚及毛髮之健康、增進神經的穩定性、促進健全的身心發育、支配體內氧的消耗，使細胞維持適當的氧化作用等功能，對人體之貢獻也非常卓著。

四、副甲狀腺

副甲狀腺位於甲狀腺之後表面，左右各一，長約6毫米，寬則小於6毫米，呈卵圓形。副甲狀腺可以分泌副甲狀腺荷爾蒙，它主要可以維持血液中鈣的濃度，加強破骨細胞的活力。副甲狀腺也影響腎臟對鈣之吸收，以及腸胃消化器官對鈣和磷的吸收。如果副甲狀腺荷爾蒙分泌不正常，導致血鈣太低，將會產生腫瘤、佝僂病與軟骨症等，血鈣太多則會使身體產生疲勞、背痛、肌肉無力、食慾不佳、消化性潰瘍、頻尿等症狀。另外血鈣太少也會導致智能發展受阻或情緒障礙，也有可能使肌肉產生痙攣、抽搐等現象。

五、胸腺

胸腺位於胸骨後面、兩肺之間，由淋巴細胞所組成，與身體的免疫系統有關，人體免疫系統中的T細胞必須由胸腺荷爾蒙加以刺激方能成熟。胸腺也是細胞中製造抗體的主要動力。

六、胰臟

胰臟主要分泌胰島素，使身體血液中的葡萄糖維持一定的濃度，它有助於葡萄糖通過細胞膜，促進身體的新陳代謝，也有助於肌肉及肝臟中醣類的貯存，以備身體能源的使用。如果胰島素缺乏會形成糖尿病，使身體的新陳代謝產生失調，患者在尿中會排出葡萄糖，常有口渴、脫水現象產生。糖尿病形成以後，細胞無法利用醣類，因而影響了血液中酸鹼的平衡，使身體功能發生障礙，影響正常的生活。糖尿病是一種難

以治癒的疾病，除靠注射胰島素之外，日常的飲食習慣亦非常重要，患者常不可攝取太多的糖分。

七、腎上腺

腎上腺分皮質與髓質兩個部分，皮質呈黃色，分外層、中層與內層三層細胞，外層是由柱形細胞所構成，中層是由多邊細胞所組成，內層則由網狀帶細胞所組成。髓質則呈紅色，受皮質所包圍。皮質與髓質雖連成一體，但功能殊異。

腎上腺皮質所分泌的荷爾蒙共有三種：㈠醣皮質素：它可以調節醣類的新陳代謝，使肝醣轉變成葡萄糖，並增加白血球，另亦可以使身體能利用蛋白質所轉變成的醣類，以利吸收；㈡無機鹽皮質素：它可以控制鉀的排泄與增加鈉的吸收，並且可以控制腎臟對水的排泄；㈢性激素：使男性激素與女性激素的分泌趨於正常。

腎上腺髓質則是分泌腎上腺素與新腎上腺素，功能近似交感神經，可以擴張冠狀動脈與支氣管，維持正常的血液供應與肺活量。除此之外，腎上腺髓質分泌的荷爾蒙也會影響脾臟、腸胃、肛門、膀胱的控制力。身體在遭致外來壓力時，腎上腺會分泌較多的荷爾蒙，以增加身體器官的應付能力。

八、性腺

性腺在男性是睪丸，在女性是卵巢，前者分泌睪丸甾酮素 (testoster-one)，後者分泌黃體激素 (progesterone) 與動情激素 (雌性激素，estrogen)，兩者除分別有助於精子與卵子的成熟外，並對性器官的發育、第二性徵的形成有所影響。

卵巢位於骨盆腔內，關係女性月經週期、性徵發育、懷孕，以及授乳等功能的發揮。睪丸則與性器官及男性特徵有關聯。卵巢與睪丸都受腦下垂體的控制，同時也與腎上腺皮質素的分泌有關。女性青少年在青春期前一年半，動情激素的分泌就顯著增加，男生事實上亦會有動情激

素的分泌，但並不顯著。在青春期階段，男女生的性腺都同時會分泌少
量的酮類固醇(*ketosteroids*)，酮類固醇即是男性荷爾蒙（雄性激素），但
男性的分泌量會持續上昇，女性則平緩增加。由此可見男女兩性體內都
同時分泌雄性與雌性荷爾蒙，不過兩性在性荷爾蒙的量的分泌上有所
不同，因而使兩性特徵各自突顯出來。圖4-2就是性荷爾蒙分泌上的兩
性差異現象。在圖4-2中可以明顯看到女性動情激素在12至15歲之間的
曲線大幅度改變情形(*Rogers, 1985*)。

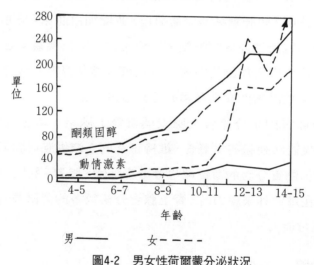

圖4-2　男女性荷爾蒙分泌狀況
資料來源：Rice, 1993, p. 160；Rogers, 1985, p. 64.

第二節　青少年的骨骼發展

　　人體骨骼的發展從出生開始，不論長度、大小、密度、硬度就一直
在改變之中，而且形狀也不斷地在改變，有些小骨骼在出生時仍未發

育，有些大的骨骼事實上是軟骨(cartilage)，嬰兒出生時骨骼較鬆軟，以便能順利通過母親的產道。探討骨骼成長最方便而有效的方法是利用X光照射手與腕，再據以估計骨骼的成熟程度。年齡並非估計骨骼成熟程度的良好方法，年齡亦非推論個體生理成熟度的最好方法，相反的，目前學者認為，「骨骼年齡」(skeletal age)是衡量生理成熟度較為準確的方法，因為骨骼的發育順序較不受絕對年齡(absolute age)與性別差異的影響(Rice, 1993)。骨骼是成人體格的支架，主要可以支撐、保護人體器官，並便於運動。青少年骨骼發育的硬化或骨化(ossification)程度是判斷其成熟狀況的重要指標，因此，由骨骼的硬化程度可以獲知骨骼年齡。未成熟的兒童其骨骼組織較為寬鬆，並且甚多軟骨，隨著個體成熟度的提高，軟骨逐漸硬化形成硬骨，並且填補了骨骼間的空隙。

壹、人體主要骨骼與發育

成人骨骼共有206塊，骨骼接連肌肉，使人體便於行動。骨骼之中並且儲存了無機鹽，且會製造血球，對人體功能的發揮作用甚大。骨骼依形狀共分長骨、短骨、不規則骨(irregular bones)、扁平骨(flat bones)與滑骨(sesamoid bones)五種。骨骼於出生前即開始發育，但大約至25歲方能完全發育完成。圖4-3是人體的長骨發育過程。胎兒的軟骨幹於八週時形成初級造骨中心，再經骨化形成骨幹，出生後再日漸骨化，完成造骨作用。

長骨包括大腿、小腿、手臂、腳趾與手指骨；短骨包括手腕與腳踝；扁平骨包括頭骨、胸骨、肋骨與肩胛骨；脊椎骨則是屬於不規則骨。

人體四肢主要由長骨構成，長骨包含骨幹與骨骺(epiphysis)二個部分，骨幹內部含有密質骨與骨髓，外表有骨膜。骨骺則是一種密質骨，內部為鬆質骨，外表為透明軟骨，位於骨骼接壤處。人體骨骼如果以骨骼系統作區分，可分軀幹骨與四肢骨兩大系統。人體軀幹的骨骼主要有

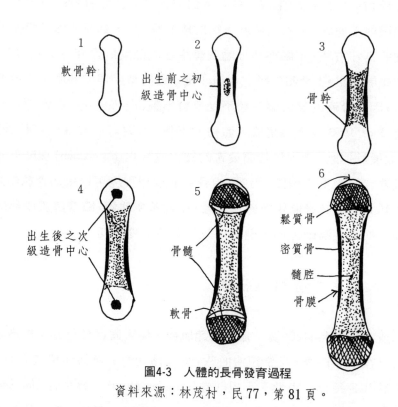

圖4-3　人體的長骨發育過程

資料來源：林茂村，民77，第81頁。

頭骨、脊椎、胸骨及肋骨等部分，是人體直立部分的骨骼，因此，又稱之為軀幹骨，軀幹骨之外的骨骼是屬於附肢骨，包括肩胛骨、上肢、下肢與骨盆四個部分。圖4-4是人體骨骼系統的解剖圖。

貳、手掌骨與髖骨的發育

　　手掌骨與髖骨通常被用來檢測骨骼成熟狀態的代表性樣本。手掌骨共有五塊，底邊與腕骨相接，上端與指骨相連。指骨除姆指骨二塊外，其餘四個手指骨數各有三個。手臂由二個長骨所形成，腕骨則在成熟時有八塊小骨。人體的雙手就是由手指骨頭、手掌骨、腕骨與手臂骨

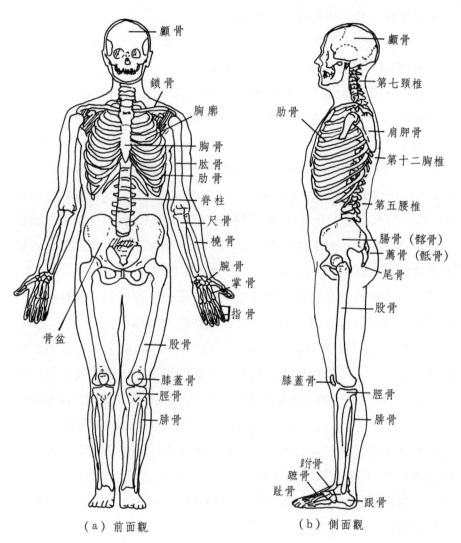

（a）前面觀　　　　　　　　（b）側面觀

圖4-4　人體的骨骼
資料來源：林茂村，民77，第83頁。

頭所構成。俗語說：「雙手萬能」，因此雙手骨骼的發育與個人潛能的發揮及整體人類文明的進步關係密切。

在青春期階段手指的骨骼開始由疏鬆逐漸因骨化而緊密結合，在此以圖4-5的手掌骨發育過程為例作解說。

圖4-5表示，中指第一節指骨(A)，相對於中指的掌骨(B)、頭狀骨(C)與橈骨(D)，由出生至骨化完成的各階段發育情形。出生時嬰兒的中指尚無骨骺，到了第二階段骨骺如黑點般的出現，到了第三、四階段約二歲左右，慢慢形成，骨骼也逐漸成形，到了四歲左右，亦即第五階段，舟骨就成形，至即將進入青春期（約十二歲左右），骨骺就形成杯狀，頭狀骨與舟骨仍繼續生成，至青春期時（第七階段），骨髓就與指骨合而為一，到了青春期末期（第八階段），骨骺發育接近成熟，骨骺與骨骼完全化合(*complete fusion*)，形成成人的掌骨。

再以真實的手掌骨與腕骨X光照射所得的圖片為例，在圖4-6的八個X光片中亦可以發現由幼年至成熟骨骼的骨化過程。

在圖4-6的X光照射圖片中可以發現，A與E圖的男女生手掌骨與腕骨非常相似，係由鬆軟、空間大的骨骼所組成，骨骼間幾乎沒有聯結，出生時腕骨有二個，狀似橢圓形，到了二歲多另二個近似圓形的髖骨亦在形成之中。到了六歲九個月(圖B與圖F)，骨骺明顯地接近指骨寬度；這時候腕骨已有七塊，到了十二歲九個月(圖C與圖G)，骨骺就與指骨化合，腕骨未再有新的骨頭產生，但形狀已有明顯的改變。不過在十二歲九個月時男女生的骨骺已有顯著的不同，男生的骨骺不若女生骨骺的長，形狀也不同，可以表示男生較女生不成熟，男生整體的手掌骨與腕骨較不成形與化合。在十四歲九個月時(圖D與圖H中)，男生仍然較女生不成熟，圖H的男生骨骼近似圖C的女生骨骼，因此可以推論男生的發育較女生約晚二年左右。

值得注意的是，骨骼的發育與青春期的到臨關係密切，也較能反映個體的成熟程度。鍾斯頓(*Johnston, 1964*)甚早以前就以骨骼年齡(SA，亦即骨骼的成熟度)與實際年齡(*chronological age*, CA)的比率為指標，

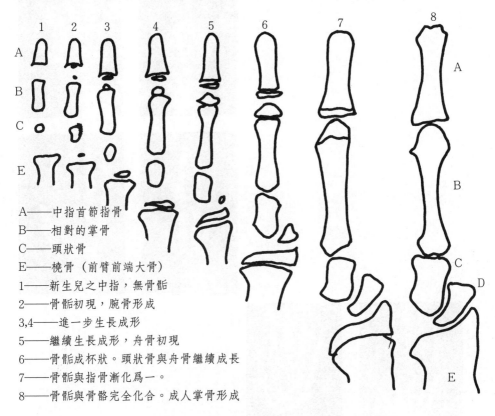

A──中指首節指骨
B──相對的掌骨
C──頭狀骨
E──橈骨（前臂前端大骨）
1──新生兒之中指，無骨骺
2──骨骺初現，腕骨形成
3,4──進一步生長成形
5──繼續生長成形，舟骨初現
6──骨骺成杯狀。頭狀骨與舟骨繼續成長
7──骨骺與指骨漸化為一。
8──骨骺與骨骼完全化合。成人掌骨形成

圖4-5　人體手掌骨骼發育過程
資料來源：Cole & Hall, 1970, p. 40.

推斷個體的成熟度。鍾斯頓以SA除以CA（SA／CA）的比率為計算標準，倘若兩者的比為1.00，或接近1.00，顯示骨骼的發育正常，整體的生理成熟亦不落後，倘兩者的比小於1.00，則顯示骨骼發育較遲晚，骨骼骨化晚於一般人，倘兩者比大於1.00，則表示其骨骼發育超出預期，生理成熟較高。圖4-7是鍾斯頓調查58位男生與62位女生，年齡在5-18歲之間SA與CA比率的分布情形。由圖4-7中可以見到男生骨骼發育具有極大的個別差異，女生顯得較男生早熟。

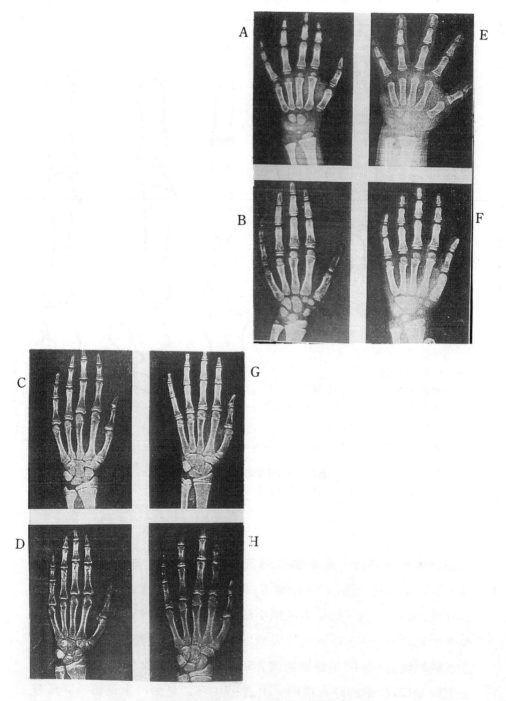

圖4-6 不同年齡男女生手掌骨與腕骨X光照射圖

資料來源：Cole & Hall, 1970, pp. 42～43；Dusek, 1996, p. 57.

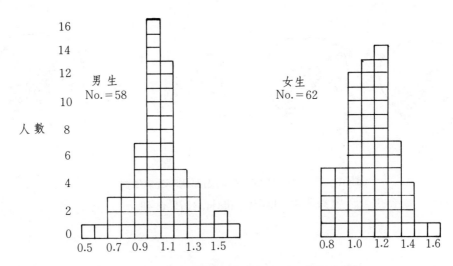

圖4-7 男女生骨骼成熟率（SA與CA之比）
資料來源：Johnston, 1964, p. 77.

參、其它重要骨骼的發育

一、頭骨

頭骨位於脊椎的上端，分顱骨與臉部骨兩部分，顱骨是屬扁平骨，用以保護腦部組織，初生嬰兒頭骨尚未骨化，有明顯的裂縫，俗稱囪門，囪門於出生12至18個月完成骨化，頭骨的所有裂縫至8歲時完全密合，臉部骨骼在兒童期成長緩慢，至青春期快速成長，使臉部相貌有了明顯改變。到了青少年期鼻子與嘴巴加寬，鼻子且變長。臉部外觀通常呈對稱發展，不過甚多青少年臉部發育並不對稱，因而造成困擾。青少年的腦部先變長後長寬。臉部相貌要達到平衡對稱通常要一至二年時間。圖4-8是同一個男生在四個不同年齡階級的臉部相貌改變情形，由圖中可以看到臉部器官比率與大小的改變狀況。

  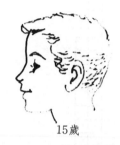 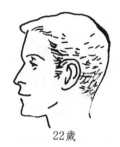

2歲　　　　8歲　　　　15歲　　　　22歲

圖4-8　同一男生四個年齡的面部比率改變情形

資料來源：Cole & Hall, 1970, p. 48.

二、骨盆

骨盆位於脊椎下方，至青少年期男女生骨盆亦有明顯差異，女生骨盆為了適應生產需要，空腔部分淺且圓，下方的恥骨弧度交角較大，骨骼亦較輕且小。男生的空腔則深且成漏斗狀，恥骨弧度較小、骨骼亦較重且大。

其它胸部骨骼與四肢骨骼亦於青春期急速發育，至25歲方能發育完全，但整體而言，男女生在18歲左右骨骼就已接近成熟狀態。

第三節　青少年的身高與體重發展

青少年身高與體重的發展最常被當作外顯的成熟指標，不過由於不同人種、不同經濟環境、不同文化與世代之間的身高與體重常有明顯的改變，因此青少年的身高與體重發展並非永遠一致，常需多方面考慮各種變數的影響。

壹、身高的改變

一、影響青少年身高成長的因素

青少年身高的改變比體重的改變更為顯著，身高的改變是與前述骨骼的發育密切關聯，身高的增高主要是由於大腿的長骨與軀幹骨骼長長所造成的，骨骼發育成熟，身高就停止生長。北美洲的青少年男生約在17歲半身高即停止長高，女生約在15歲半即停止長高。超過此一年齡界限，倘身高繼續生長，通常不超過2%。世界各文化中，一般都期望男生愈高愈好，身高不高的男生通常面臨較多的困擾，也因而會以身體氣力、大步走路、抽煙或喝酒誇大其男性行為。女生身高被社會接納的領域較寬廣，但女生身高倘超過男生標準，也會帶來壓力，各文化中的男生通常都不喜歡與較自己為高的女生交往，不過某些特殊的行業例外，如模特兒行業即期望女生愈高愈好。

影響身高的因素主要有下列各項：㈠遺傳：父母較高者，其子女身高傾向於較高，反之亦然；㈡營養：營養程度較好的青少年，身高容易長高；㈢家庭社經水準：一般家庭社經水準較高者，其子女身高普遍較高，當然這可能與此家庭能提供較好的營養有關；㈣疾病：較多疾病的青少年身高成長會受到阻礙，如小兒麻痺患者身高的發育常受到限制；㈤經濟因素：社會經濟繁榮與否，也會影響青少年的身高，如日本戰後青少年身高顯著的高於戰前青少年；㈥戰爭：社會戰爭或動亂，常會使物資匱乏，並對生存造成威脅，因而也會使青少年的身高發育受到限制，如二次大戰期間的青少年身高普遍降低了許多；㈦早熟與晚熟：性荷爾蒙愈早分泌的青少年，通常身高較矮，因為性荷爾蒙會抑制人體生長激素(HGH)的分泌，但過於晚熟，亦不利身高的發育，通常在青春期前身高就較高者，成人時的身高也會較高。

二、青少年身高的增長

在第二章青少年發展的理論模式中，曾述及田納的青少年生理發育調查報告對青少年「生長驟增」(*growth spurt*)的調查發現，生長驟增是指青少年階段，身高與體重增長最大的一個時期。青少年男女生生長驟增期間約有4½年，男生生長驟增的頂峰約是13歲，女生約是11歲。男生生長驟增約開始於11歲（有時早於9歲），結束於15歲（有時持續至17歲），女生驟增的年齡比男生約提早約二歲。圖4-9是美國男女生身高每年增長的平均高度。

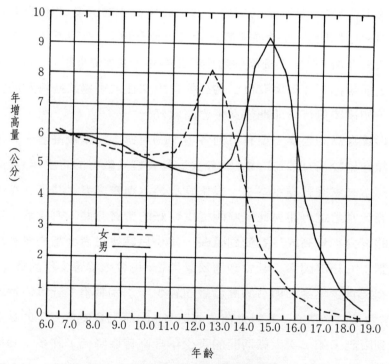

圖4-9　男女生身高年增加量

資料來源：Dusek, 1996, p. 54.

由圖4-9中可見，女生身高年增加量最高的時期約在11歲至13.5歲

之間，男生則在13歲至16歲之間，年增加量的高峰女生至12.5歲，男生在14.5歲附近，此一資料與第二章圖2-5田納所製青少年身高驟增的資料相當。

　　表4-1是對青少年開始進入青春期(pubertal onset)之前三年、青春期開始時、青春期結束，以及青春期結束後三年的平均年齡與身高高度所作的調查資料(M表示平均數，SD表示標準差)。

　　由表4-1資料可以發現，男生進入青春期的年齡平均少於女生2½歲，但男女生在青春期的時間都持續達2.8年左右。在身高改變方面，女生在青春期中增高的高度不如男生，不過男女生進入青春期的時間與身高的發育呈顯著相關，男生相關係數$r=0.81$，女生相關係數$r=0.76$，因此可見身高成長是男女生在青春期中最普遍的現象。不過大約有30％的男女青少年無法準確的由青春期前的身高預測青春期後期的身高(因為男生身高的決定係數為$r^2=0.6561$；女生身高的決定係數$r^2=0.5776$，其有效預測的比率約在六成左右而已)。

　　表4-2是美國12歲至17歲青少年的平均身高與百分位數分配表。

　　由表4-2可見，美國男生約一半（第50百位位數）以上在17歲接近成熟時的身高，計有69.2吋（約為175.768公分），女生則為64.3吋（約為163.332公分）。由此亦可見美國青少年的身高比國人身高要高出甚多。

三、我國青少年的身高

　　根據教育部體育司（民81）的調查統計結果發現，台閩地區男生12歲時身高平均為152.07公分，到了13歲時即急速增高，平均為158.67公分，14歲為164.25公分，此後增加的速度就趨於平緩。女生身高在9歲時平均為133.79公分，10歲時140.34公分，平均增加近7公分，11歲時為146.94公分，12歲為152.26公分，至13歲達到155.42公分，此後的增長就趨於緩慢。表4－3是國內男女兒童及青少年6至22歲的平均身高及標準差。圖4－10則是此年齡群男女身高生長的趨勢圖，另由表4－3資

表4-1　四個年齡階段青少年的平均年齡與對應的身高

| 性別 | 青春期開始前三年 | | 青春期開始 | | 青春期結束 | | 青春期結束後三年 | |
	M	SD	M	SD	M	SD	M	SD
年齡(歲)								
女生	8.88	1.26	10.12	1.22	12.94	1.06	14.20	1.07
男生	11.51	0.92	12.76	0.92	15.57	0.87	16.77	0.87
身高(公分)								
女生	133.1	7.07	140.1	7.15	159.7	6.19	163.3	5.88
男生	146.2	6.08	151.8	6.11	172.9	6.64	177.0	6.47

資料來源：Newman & Newman, 1986, p.121 .

表4-2　美國12至17歲青少年的平均身高與百分位數

| 性別與年齡 | 平均 | 百分位數 | | | | | | |
		5th	10th	25th	50th	75th	90th	95th
男生								
12	60.0	54.6	55.7	57.8	60.0	61.9	64.0	65.2
13	62.9	57.2	58.3	60.4	62.8	65.4	68.0	68.7
14	65.6	59.9	60.9	63.2	66.1	68.1	69.8	70.7
15	67.5	62.4	63.7	65.7	67.8	69.3	71.0	72.1
16	68.6	64.1	65.2	67.0	68.7	70.4	72.1	73.1
17	69.1	64.1	65.7	67.2	69.2	70.9	72.6	73.7
女生								
12	61.1	55.8	57.4	59.5	61.2	63.0	64.6	65.9
13	62.5	57.8	58.9	60.7	62.6	64.4	66.0	66.9
14	63.5	59.6	60.5	61.9	63.5	65.2	66.7	67.4
15	63.9	59.6	60.3	62.0	63.9	65.8	67.2	68.1
16	64.0	59.7	60.7	62.4	64.2	65.6	67.2	68.1
17	64.1	60.0	60.9	62.3	64.3	65.9	67.4	68.1

單位：吋 （1吋＝2.54公分）

資料來源：Craig, 1984, p.98 .

料可再據以依身高每年增長的平均高度（年增度）繪成如圖4－10的曲

線圖。

　　由表4－3及圖4－10的資料可以發現，國內青少年的身高，男生約

於16－17歲即接近成人狀態，女生則在 14 至15歲之間接近成人狀態。

在圖4－10中顯示，大約在12歲以前男女生身高差異並不顯著，但12歲

表 4-3　國內男女生兒童及青少年平均身高（單位：公分）

年齡 \ 性別	男生		女生	
	M	SD	M	SD
6	119.84	4.82	118.75	4.91
7	123.50	5.48	122.52	5.45
8	128.75	5.82	127.98	5.74
9	133.78	5.94	133.79	6.40
10	138.95	6.59	140.34	7.18
11	144.96	7.24	146.94	7.06
12	152.07	8.46	152.26	6.31
13	158.67	8.21	155.42	5.74
14	164.25	7.28	157.37	5.52
15	168.07	6.27	158.21	5.26
16	169.94	5.88	158.96	5.23
17	170.61	5.91	159.15	5.19
18	170.86	5.85	159.06	5.26
19	171.19	5.58	159.40	5.14
20	171.11	5.47	159.32	5.18
21	171.45	5.92	159.14	5.10
22	171.11	5.76	159.27	5.22

資料來源：教育部體育司，民81，第9～10頁。

以後男生身高即超越女生。另由圖4－11可見，男生身高驟增最大的年
齡在11歲至12歲之間。每年達7.11公分。女生於9歲至12歲之間身高增
加量形成高原狀態。不過國內男女生於12歲以後身高年增量就逐漸降
低。但由圖4－11中並沒有發現如國外青少年驟增所形成的男女雙高峰
現象（如圖4－9所示），這可能與教育部體育司調查樣本取樣並不完全
具有代表性有關，或有其它測量誤差因素存在，則有待探討。

貳、體重的改變

　　甚多青少年非常關心個人的體重，女生的體重比男生有較多過重
與過輕的現象，而且較年長的女生也比年幼的女生有較多過重或過輕

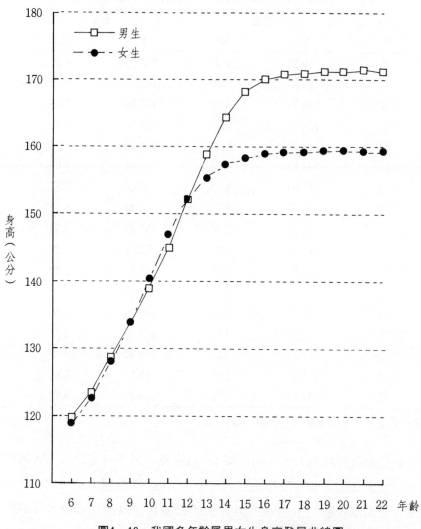

圖4－10　我國各年齡層男女生身高發展曲線圖

資料來源：教育部體育司，民81。

現象。嬰幼兒時期身體的重量主要來自於軀體，直到進入青春期由於四肢驟長，而分擔了體重比率。女生體重驟增的時間約在10至14歲之間，男生晚二年左右，在青春期結束時，男生的脂肪會減少，但女生脂肪則會增加，因此在青春期階段，女生不管飲食習慣如何，常有肥胖情形，這屬於正常生理現象，但甚多女生不了解此一現象，常有擔憂過度肥胖或進而減肥的情形發生。至於影響青少年體重輕重的因素亦如前述影響身高之因素。

一、青少年體重的增長

表4-4是美國12歲至17歲青少年的體重改變情形，其中包含平均數與百分位數資料。

表4-4　美國12至17歲青少年的平均體重與百分位數

| 性別與年齡 | 平均數 | 百分位數 | | | | | | |
		5th	10th	25th	50th	75th	90th	95th
男生								
12	94.8	67.5	72.1	80.6	91.7	105.8	124.0	132.4
13	110.2	76.9	81.2	91.2	106.5	124.5	142.6	156.1
14	124.9	86.4	92.2	107.0	122.0	139.4	158.0	172.1
15	135.8	102.1	107.4	119.2	113.2	147.9	165.3	184.6
16	142.9	107.6	114.2	127.4	139.7	154.7	173.5	187.2
17	150.0	115.9	122.1	133.6	145.9	162.2	180.5	200.4
女生								
12	102.7	72.7	77.0	87.1	100.0	114.7	131.4	141.3
13	111.2	80.0	85.6	95.3	107.6	124.6	139.2	149.8
14	119.4	89.1	95.4	104.6	115.8	130.7	147.1	157.6
15	124.5	92.5	98.2	107.9	120.7	133.9	157.1	174.7
16	128.0	98.6	102.8	112.1	122.9	137.1	157.1	183.7
17	126.9	98.2	103.0	114.5	123.2	136.6	153.6	167.9

單位：磅（1磅＝0.4536公斤）

資料來源：Newman & Newman, 1986, p.122．

由表4-4中可見，12至17歲的美國青少年男生重於女生，男生約由12歲的43公斤（94.8磅），增加到17歲的68公斤（150.0磅），女生則由12

歲的46.6公斤（102.7磅），增加到17歲的57.6公斤（126.9磅），故在進入青春期初期，女生體重高於男生，但在14歲以後，男生的體重就超過了女生，這與男生身高增長有密切相關，通常身高驟增期與體重驟增期相互呼應，同時青少年體重的增加亦與脂肪增加有關。

由表4-4可以發現，在17歲時，男生有一半以上體重達66公斤（145.9磅），女生有一半以上達55.88公斤（123.2磅）。此亦顯示國外青少年的體重比國內青少年要重。

二、我國青少年的體重

根據教育部體育司（民81）的調查結果（如表4－5所示），男生12

表 4-5 國內男女生兒童及青少年平均體重（單位：公斤）

年齡 \ 性別	男生		女生	
	M	SD	M	SD
6	23.52	4.79	22.15	3.88
7	25.28	5.01	24.01	4.43
8	28.24	6.22	26.78	5.31
9	31.57	7.14	30.27	6.45
10	35.39	8.68	34.94	8.06
11	39.42	9.54	39.57	8.62
12	44.71	10.98	44.19	9.06
13	49.97	11.44	47.30	8.78
14	55.00	11.70	49.82	8.59
15	58.62	10.98	50.87	8.16
16	60.91	10.51	51.28	7.76
17	61.80	10.15	51.25	7.23
18	62.51	9.59	51.07	7.01
19	63.00	9.20	51.01	6.53
20	63.11	8.81	50.79	6.29
21	63.36	9.17	50.29	6.10
22	63.60	8.98	50.87	6.30

資料來源：教育部體育司，民81，第9～10頁。

歲時平均體重爲44.71公斤，女生平均體重爲44.19公斤，至18歲時，男生體重爲62.51公斤，女生爲51.07公斤。在進入青春期初期女生的體重重於男生，但自13歲起男生的體重即超過女生，此一情況與美國的青少年體重發育情況相當。

另由圖4－11可見，國內男女生體重大約在12歲以前並無太大不同，男女生在11至12歲之間是體重驟增最大的階段。男女生於17歲以後體重增加就漸趨緩慢。另圖4－12與圖4－13係台灣地區男女生身高與體重曲線圖，此圖附有上下一個標準差（±SD）與上下二個標準差（±2SD）的參考曲線，可供國內青少年及其父母師長的參考。圖A係男生曲線圖，圖B係女生曲線圖。

三、體重過重與過輕的問題與輔導

青少年體重的增長不如身高增長的爲外人所立刻熟知，青少年男生體重的增加與軀幹肌肉的生長有關，女生體重的增加則與脂肪增加密切關聯。目前有研究發現，女生非常在意自己的體重，體重過重的青少年將會使其社會關係、學校成就與情緒適應產生困難，體重過重者一般被稱之爲「肥胖症」（obesity）。瑞斯（Rice, 1995）認爲青少年肥胖症者伴隨著甚多心理與社會問題，這些問題主要有下列四方面：

(一)依賴：肥胖的青少年容易被動、被過度保護與依賴他人，尤其是依賴他們的母親，因而這些青少年常無法順利發展成情緒獨立的成人。

(二)性別認同（sex identification）：肥胖的女性青少年可能會對青春期的改變過於疏忽，肥胖的男生則會失去男性的氣概，並且都不願意參與兩性的活動，因而對性的衝動及其疏解，困擾較多，性別認同亦不易建立。

(三)同儕關係：肥胖的青少年社會關係通常不佳，常會形成孤獨、內向、退縮、疏離的心理，社會焦慮也較高，較會覺得自我無價值。

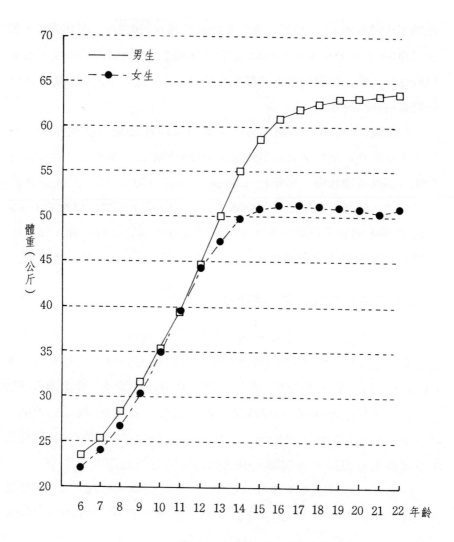

圖4-11　我國各年齡層男女生體重發展曲線圖

資料來源：教育部體育司，民81。

(A)　男生

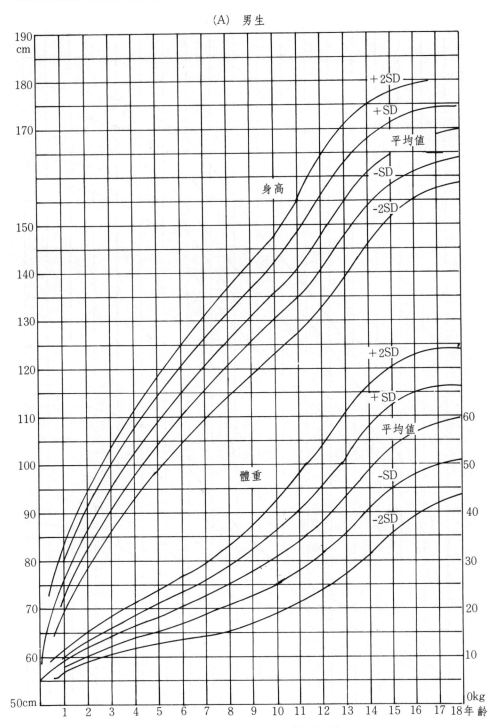

圖4－12　台灣地區1－18歲身高與體重曲線圖

資料來源：江漢聲，民81，第26頁。

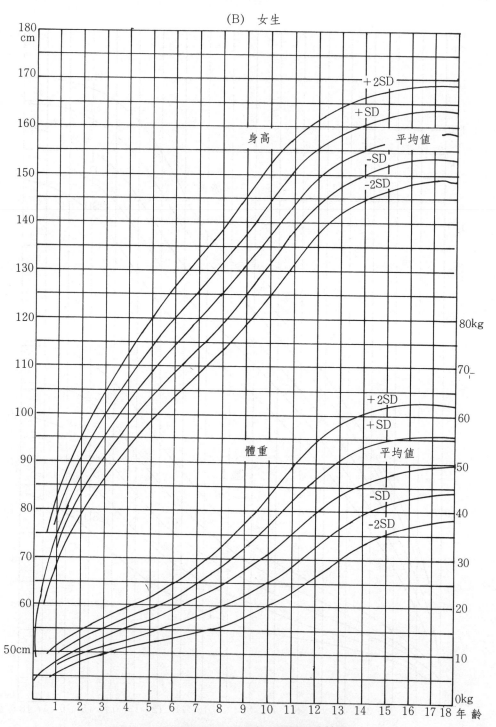

圖4-13 台灣地區1-18歲身高與體重曲線圖

資料來源：江漢聲，民81，第62頁。

㈣**學校適應**：肥胖的青少年學校成就較低，主要是因為個人與社會問題較多，因而防礙了學業興趣的發展。

不過一般人以為肥胖者吃得較多，事實不然，肥胖的青少年女生通常吃得比一般女生少，吸收的卡洛里(*calories*)也少於一般女生。有學者認為「低度活動」(*underactivity*)才是造成青少年肥胖症的主因(*Rice, 1984*)。此外，幼童階段早年不良的飲食習慣也是形成肥胖的原因，亦即肥胖的青少年通常在幼年即已形成，出生至二歲是形成肥胖的關鍵。

輔導肥胖症的青少年可以由下列途徑著手：

㈠**醫療診斷**：由醫生鑑定形成肥胖的原因何在，到底是新陳代謝失衡、遺傳因素、環境因素或情緒問題所造成的，方能針對肥胖形成的根源加以矯正。

㈡**適宜的營養教育**：有計畫的進行營養教育可以提供青少年對營養攝取的正確知識，以及對人體機能有充分的了解，進而促進青少年自我調節體重，不會無意義的吃過多東西。

㈢**適當的運動**：運動是降低肥胖的有效方法，肥胖的青少年常常懶於運動，身體活動量亦低，因此要教導肥胖的青少年養成規律的運動習慣，以促進新陳代謝，減少身體脂肪。

㈣**提供適當楷模**：利用行為示範法，引導肥胖症青少年學習鍛鍊身體或養成良好飲食習慣，通常同儕是最好的楷模。另外亦可利用視聽媒體作示範。

㈤**進行個別與團體諮商**：使肥胖青少年能得到社會支持，以便在遭遇挫折時能得到激勵，不以吃東西作為逃避問題的方法，另亦可提供社會控制與自我控制的方法，增強肥胖青少年的自制力與信心。

至於體重過輕青少年的問題，目前較不受注意，過於瘦小的女性青少年也可能會因無適當衣著而苦惱，男性青少年則會羨慕體能較好的同儕。一般說來，體重過輕的男生適應較女生困難。

體重過輕形成的主要原因有：㈠個人體質因素；㈡遺傳；㈢過度

疲勞；㈣不規則飲食；㈤營養不足；㈥吃太少等。體重過輕亦可能於幼年時期即已形成，嬰幼兒時由於吃得少或拒絕吃常會造成親子間的緊張，此種緊張關係帶入青少年期，不利於青少年情緒的穩定發展。

　　體重過輕的青少年需要多保留身體能源、多睡眠、減少激烈運動，並增加脂肪量較高食物的攝取，如奶油、火腿、甜點、冰淇淋等。但體重過輕的青少年要減少吃零食，以免降低正餐的食慾。另外對肥胖症青少年所進行的各項輔導策略亦適用於體重過輕的青少年，但輔導的目標正好相反。

第四節　青少年重要生理系統的發展

　　循環系統、呼吸系統、消化系統與神經系統是人類維生的四個重要系統，這四個系統自出生開始即不斷地發育，多數在青春期時就接近成熟狀態。

壹、青少年循環系統的發展

一、心臟、血壓與脈搏

　　循環系統中最重要的器官是心臟。心臟本身有獨特的生長速率，在6歲時，心臟已經有初生時的5倍重，12歲時達到7倍重，到18歲時接近完全成熟階段，重量約有出生時的12倍重。新生嬰兒心臟重約350公克，男生的心臟略小於女生，9至13歲時，女生的心臟仍大於男生，但13歲以後，女生的心臟就增加有限，男生反而快速成長。動脈與靜脈是輸送血液的管道，動脈與靜脈的發育速率與心臟不同，在青春期以前，動脈與靜脈血管就已成熟，接近成人狀態，因此，在青春期之前形成小的心臟透過大的動脈與靜脈血管在輸送血液，但到了青春期末期反而

是大的心臟透過較小的動脈與靜脈在輸送血液，因此有些青少年會感到心跳的壓力，尤其快速成長的男生有時會感到心臟難以負荷。此種心臟血管改變所形成的緊張狀態，可以由血壓測得。在6至7歲間的兒童血壓約80至85毫米汞柱，17歲時的血壓，男生約為110-120毫米汞柱，女生約為100-105毫米汞柱。圖4-14是男女生不同年齡階段的收縮血壓改變情形。由圖4-14中可以發現，14歲以前男女血壓相似，但14歲以後男生的收縮血壓就顯著的高於女生，女生的血壓在14歲達到高峯後，反而隨年齡增加而下降，但血壓仍有起伏狀況。

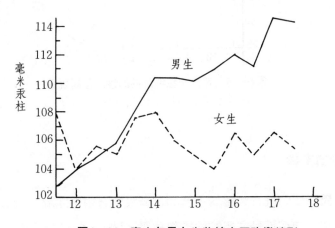

圖4-14　青少年男女生收縮血壓改變情形

資料來源：Cole & Hall, 1970, p. 62.

二、脈搏

　　脈搏跳動（*pulse rate*）與血壓正好相反，女生的脈搏跳動一直都比男生要高，一般而言，女生脈搏跳動每分鐘約高於男生2至3下。圖4-15是青少年脈搏跳動的性別差異現象。

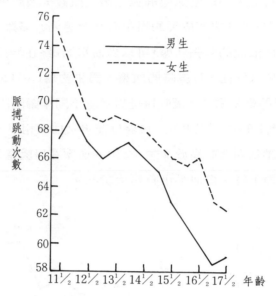

圖4-15　青少年脈搏跳動的性別差異現象

資料來源：Cole & Hall, 1970, p. 63.

三、循環系統

　　人體循環的發育與整個人體的日漸成熟有密切關聯，尤其女生特別明顯。女生的初經是主要的性成熟象徵，圖4-16是對女生月經前後的長期測量其收縮血壓與脈搏跳動次數的資料。

　　由圖中可見，在脈搏跳動方面，初經前一年，脈搏跳動急速升高，初經以後脈搏跳動就下降，但血壓的改變方向正好相反，初經血壓甚低，初經後1至2年血壓達到最高，接近平穩狀態。

　　除此之外，青少年的血量亦有顯著的性別差異，男性血量增加快於女生，青少年晚期男生則約有5000cc的血量。

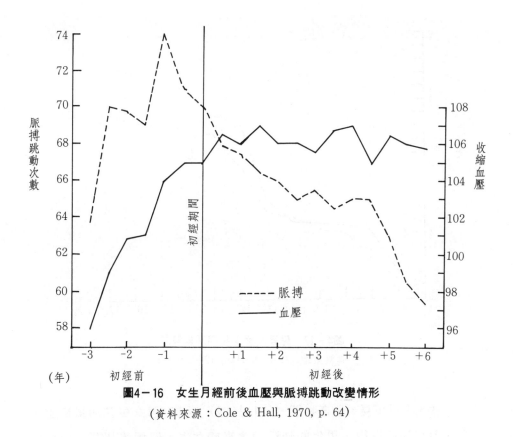

圖4－16　女生月經前後血壓與脈搏跳動改變情形

(資料來源：Cole & Hall, 1970, p. 64)

貳、青少年呼吸系統的發展

在兒童期階段，人體肺臟的生長緩慢，到了青春期初期肺的體積才快速成長，初生嬰兒肺部重量約60公克，6歲兒童重約260公克，青少年則重約410公克，成人肺重量則為1200公克。一般以肺活量 (*vital capacity*) 來衡量肺部成長的情形，肺活量主要是在衡量一次大的吸氣後，肺部的最大呼氣量，肺活量的增加與骨骼發育有關，身高愈高肺活量愈大，而呼吸的速度愈慢。不過男女生肺活量差異並不非常明顯。圖4－17是由兒童至青少年末期的肺活量改變情形。

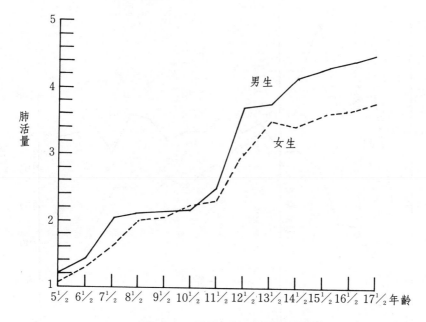

圖4-17　兒童及青少年肺活量發展

資料來源：Cole & Hall, 1970, p. 65.

　　由圖4-17可見，在青春期（約11½歲）以前，男女生肺活量相差不多，至12½歲以後，男生的肺活量才高於女生，但相差都在一公斤以內。

叁、青少年消化系統的發展

　　青少年的消化系統亦隨著生理的發展快速成長，尤其生理機能的改變更需要吸收更多的食物以維持生理所需的熱量，胃的重量在出生時重約8公克，至青少年時可增加至80公克，約為出生時的10倍，成熟的成人，胃的重量可達到135公克。在青少年階段胃的形狀變得又長又寬，胃酸濃度亦提高，以便於消化食物，正常的青少年此時食慾大增，食物的消耗量可能高達成人的二倍。不過青少年通常會遭遇消化不良

的困擾，一方面是由於胃的負擔過重所致，另一方面是由於胃酸與維他命配合消化之所需所造成的。青少年也可能由於生活空間擴大，較容易獲得正餐以外的食物，如可樂或漢堡，因此食物的攝取不能均衡，導致消化功能失調，除此之外，青少年由於外在壓力日漸增加，促使胃酸過度分泌，因而容易引起胃痛或胃潰瘍。

人體的消化系統包括消化道與附屬消化器官二大類，消化道包括：口、咽、食道、胃、小腸、大腸，其中大腸包含直腸和肛門。附屬消化系統有唾液線、胰臟、肝臟、膽囊及口腔，附屬消化系統主要分泌相關消化液注入消化道，幫助消化與吸收。與青少年發育有關的是新陳代謝的加速進行。新陳代謝乃是體內分解食物或合成新物質的綜合化學變化的總稱。爲了促進新陳代謝必須有能量的供應，能量的來源主要是食物的吸收。一般而言，男性青少年每天需要3600卡洛里，女生需要2600卡洛里，方能健康生長，如果青少年規律的進行運動，需要的熱量更高。

基本上人體消化系統的成熟是與日俱增的，亦少性別差異現象。整體的消化系統在兒童期即可達到成熟狀態，至12歲時人體的胃已能容納所有的食物。蛋白質、鈣質、維他命、礦物質是青少年頗爲需要的養分，能充分吸收這些養分方能確保肌肉及骨骼的充分發育。

牙齒通常也被視爲消化系統的一環，嬰兒期的乳牙有20顆，在三歲左右開始脫落，代之而起的是恒牙，5-6歲的兒童恒牙就開始長出，隨後每年約長出一、二顆牙齒，到了13歲左右的青少年約有28顆牙齒。10歲以前男女生牙齒的生長並無不同，但開始進入青春期以後男生牙齒的生長比女生稍快，到了20歲左右，男女生的牙齒生長情形又趨於一致。剛進入青少年期之時，第二臼齒會長出來，第二臼齒長出的時間與初經出現時間相近。在青少年後期智齒才會長出，有些人甚至20歲以後才會長出智齒，智齒的生長通常會帶來牙痛，一般青少年在牙齒發育過程中，也時常會有牙齒的疾病，如蛀牙、牙周病都會使青少年痛苦不堪，因此良好的牙齒保養與口腔衛生習慣，對青少年的消化系統健全發

展頗爲重要。

肆、青少年的神經系統發展

人體的神經系統與消化系統相似，都在青少年期以前即可發育完成，大腦、小腦及腦幹神經在10歲左右即發育完成。也因此，青少年神經系統沒有如其他身體系統的較大突然增長的現象。不過人體的神經網狀系統在青少年階段一直在發育之中。青少年初期腦部組織不論質與量上都已達到成熟狀態，因此有助於青少年高級心智能力的運作。

人體神經系統共有三類：㈠中樞神經系統；㈡週邊神經系統；㈢自主神經系統。大腦是人類生命中樞，青少年的智力、思考、記憶、性格與行爲表現都靠大腦控制，大腦是屬於中樞神經系統的一部分，它也關係青少年的學習效果。至於週邊神經系統則與人體的運動與動作能力的表現有關。自主神經系統則控制身體內在功能，對人體各生理系統正常的運作十分重要。

第五節 青少年體型與體能發展

壹、青少年體型發展

人的體型(body types)主要可以區分爲三個類型：㈠外胚型(ectomorph)；㈡中胚型(mesomorph)；㈢內胚型(endomorph)。外胚型的人高大、身長、瘦狹、近似籃球選手的身材；內胚型的人圓胖、厚寬、大的軀幹與四肢，像是摔角選手的身材；中胚型的人則介於二者之間，有較強壯、方型、堅硬的身體、中等長度的四肢與較寬的肩膀(Rice,

1993）。圖4－18是18歲男女的三種典型的體型。圖 A 是外胚型、圖 B 是中胚型、圖 C 是內胚型。圖4－18有各型的正面與側面圖型。

　　不過多數人的體型是混合型。青少年的體型常是由修長轉變成圓胖。隨著身高與體重的改變，青少年身體的比率也有很大的變化。剛出生的嬰兒頭部占了很大的比率，約占身長的四分之一，六歲時，頭部形態就接近成人型態，並占有身長的六分之一，到成人時，頭部只約占人體的七分之一到九分之一，而四肢的長骨在出生時並不長，直到青少年期四肢才增長，可達到出生時的四倍。身體軀幹在出生時很長，六歲時可以達到出生時的二倍，但身體軀幹由六歲至青少年期末期增長並不多，成熟的個體軀幹長度與寬度是出生時的三倍，厚度則是二倍半。圖4－19是四個年齡階段身體比率的改變情形。

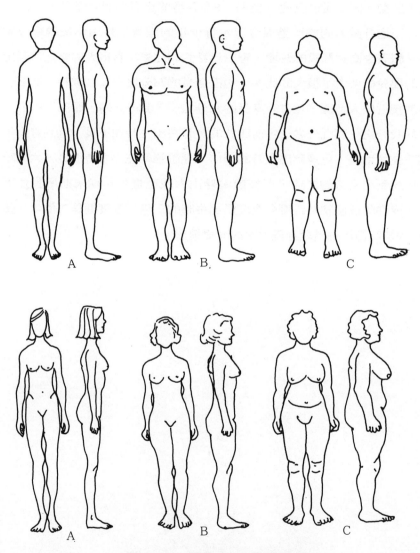

圖4－18　三種青少年的典型體型圖
資料來源：Cole & Hall, 1970, p. 33.

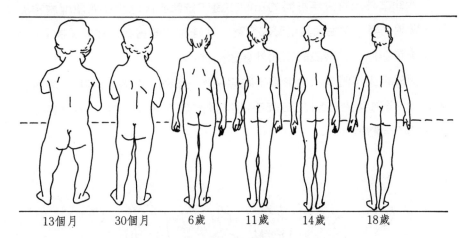

13個月　　30個月　　6歲　　11歲　　14歲　　18歲

圖4－19　不同年齡階段身體比率的改變

資料來源：Cole & Hall, 1970, p. 73.

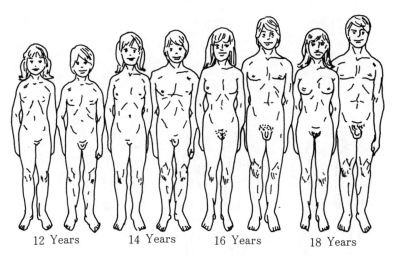

12 Years　　14 Years　　16 Years　　18 Years

圖4－20　青少年四個年齡階段男女生正面體型

資料來源：Conger & Galambos, 1997, p.60.

除此之外，青少年身體的正面亦隨四肢與肌肉的發展而使兩肩膀加寬，腰線下降，女生尤其是臀部變寬，娃娃臉也變得較為成熟。圖4－20是青少年四個年齡階段的正面外觀改變情形。

另外青少年體型由於受到早熟與晚熟的影響，也呈現明顯的差異，圖4－21係男女生分別在三個不同年齡階段早熟（Ａ圖）與晚熟（Ｂ圖）的不同體型。

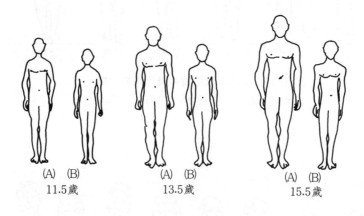

(A) (B)　　　　(A) (B)　　　　(A) (B)
11.5歲　　　　13.5歲　　　　15.5歲

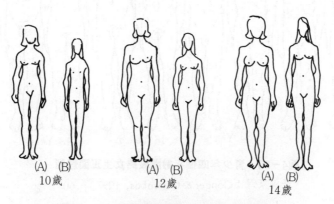

(A) (B)　　　　(A) (B)　　　　(A) (B)
10歲　　　　12歲　　　　14歲

圖4－21　早熟與晚熟青少年體質差異圖

資料來源：Cole & Hall, 1970, p. 73.

貳、青少年體能的發展

一、氣力的發展

依照田納（*Tanner*，1974）的研究發現，男生在身高驟增之後兩年內，氣力（或力量，*strength*）的驟增達於高峰。青少年由於肌肉與骨骼發育日漸強壯，因此身體氣力也隨著提高，手腕的握力常被當作力量大小的指標，通常到了青少年階段，男生的力量都會超過女生，但在青少年期以前男女生的力量相近，青少年男生的身體總氣力約100公斤，女生約70公斤左右。男生除了肌肉發展之外，心臟、肺的發展較快，收縮血壓較高，心跳較低，因此男生氣力與運動表現優於女生，身體的耐力也較女生為佳。

二、運動能力

運動能力有賴於良好的身體狀況，如骨骼、肌肉、神經系統，以及手眼協調、平衡感等能力的發揮。有學者(*Espenschade, 1963*)調查青少年跑、跳、投擲壘球與跳躍的四種運動能力，發現在12歲9個月與16歲9個月的男女生在此四種運動能力表現上有明顯的差異。

第六節　青少年的生理困擾與健康維護

青少年階段除前述會有體重過重與過輕的困擾外，尚有下列的各項主要困擾：㈠青春痘(*acne*)；㈡倦怠與疾病；㈢經前症候群；㈣性器官發育與功能失常的困擾。本章將先討論青少年青春痘、倦怠及疾病的成因與防治，以及增進生理健康的方法，後兩者將留待下一章再行探討。

壹、青春痘的成因與防治

　　青春痘又稱粉刺、痤瘡或面皰,容易發生在9-20歲的青少年身上,大約有80%的人會在此期間長青春痘。青春痘生成的原因主要有下列各項:㈠內分泌影響:青春期階段由於皮脂腺分泌旺盛,油脂無法排出,造成皮脂腺阻塞;㈡毛囊阻塞:由於皮膚表面下的皮脂分泌過量,累積在毛囊之中,因此形成粉刺;㈢細菌破壞:在平時皮膚毛囊深處即有寄生之細菌存在,由於皮脂分泌量大,細菌乃大量繁殖,釋出化學物質,將皮脂分解、破壞游離脂酸,而使毛囊發炎;㈣皮膚發炎:毛囊及毛囊周圍皮膚發炎,因而出現膿皰或囊腫等。基本上,青春痘的形成是因為體內性荷爾蒙改變、胃腸功能紊亂、刺激皮脂腺分泌過量,又因排泄不順暢,經由細菌感染而形成囊炎。

　　青春痘分發炎性與非發炎性兩種,非發炎性青春痘有白頭與黑頭粉刺二種,而發炎性青春痘則會有丘疹、膿皰、囊腫等症狀。後者嚴重性較高,如果防治不慎,容易在皮膚上留下凹洞,將會長期留存,而影響美觀,造成心理困擾。

　　青春痘主要發生於皮脂腺較大的臉部、胸部及背部,但多數人發生於臉部。目前醫學上仍未有徹底防止青春痘發生的方法,只有依賴及早治療,以及飲食與生活上的調節方能減少發生的可能性。甚多青春痘因長了青春痘妨害正常生活的適應與人際交往,值得重視。青少年青春痘防治的方法有下列各項:

　　㈠注重面部保養:經常用清水洗臉,減少皮膚表面油脂及灰塵。

　　㈡慎用化粧品:應以無色肥皂作清潔用品,尤其避免使用油性化粧品。

　　㈢不要擠壓:由於手部並不一定乾淨,用手擠壓容易引起細菌感染,並留下皮膚凹洞。

　　㈣飲食控制:不吃太油膩、太辣、太甜或高蛋白食物。多吃鹼性食物,以及新鮮蔬果,另也可食用維他命A。

㈤少曝曬太陽：減少陽光照射或吹風。

㈥充分睡眠：過規律生活方能使皮膚得到休息。

㈦使用藥膏：依醫師指定塗抹患部，不可過量。

㈧維持排泄順暢：防止便秘，並使消化系統正常。

㈨遠離廚房或油鍋：避免油脂附著，煮菜後應徹底洗臉。

㈩維持心情愉快：情緒穩定、耐心治療也是重要事項，氣浮心躁容易加重病情，生活壓力過大常惡化青春痘症狀。

　　青春痘雖不是嚴重疾病，但常是青少年困擾的主要來源，因此除上述的防治方法之外，尚需父母與師長的多加關懷與體諒，多開導青少年以平常心看待青春痘。

貳、青少年倦怠與病痛的成因與防治

一、倦怠

　　青少年容易感到疲倦、倦怠或勞累是極普遍的現象，其產生原因主要有五方面：㈠生理快速生長，導致熱量消耗過鉅；㈡活動過度：因青少年生活空間擴大，活動量增加，而導致倦怠的發生；㈢睡眠不足：延後睡覺、熬夜或過早起床導致睡眠不足八小時，因而產生倦怠現象；㈣營養失調：偏食或常食快速消化食物，容易形成貧血，或因鐵質吸收不足，而導致疲倦；㈤課業負擔過重：青少年多數在求學階段，由於忙於學業，休息時間有限，因而容易疲勞。

　　因此，要減少青少年的倦怠也要由上述五方面著手。首先要營養充分，攝食均衡，以維持適當的體能。另一方面，活動或運動要適量，知所節制，過猶不及均不利生理健康，另睡眠時間每天至少在八個小時以上，中午小睡也有助於消除疲勞，但每天睡眠超過十個小時有時反會使頭腦昏沉，過度睡眠亦不當。至於課業負擔應當調配，量力而為，父母與師長也需減少青少年課業壓力，使青少年生理能維持在適宜的水準

上。

二、病痛

青少年雖非如幼童時代容易感染疾病，但頭痛、牙痛、感冒、胃腸不適等病痛仍常發生。

頭痛產生的原因有三類：㈠心因性；㈡血管性；㈢症狀性。心因性頭痛通常是由於工作負擔過重，使得頸部及頭部過度緊張所致，減輕外界壓力方能降低心因性疼痛。血管性頭痛主要係由於疲倦、睡眠不足、刺激性食物、酒精等所產生，青少年約有5％會發生血管性疼痛，偏頭痛即是主要的血管性疼痛。至於症狀性疼痛多由於疾病產生，如發燒、鼻炎等所引起。頭痛亦與家族病歷有關，青少年發生頭痛最好的方法即是就醫，經由醫生診斷，並服用適當藥劑，予以治療。

牙痛主要是由於蛀牙或咬合不良等所引起，國內兒童據估計有95％蛀牙，青少年因此絕大部分會有牙痛的經驗，也需要就醫治療。

至於感冒常由著涼或傳染而來，因此衣著應注意，倘罹患感冒除就醫外，應多吸收水分與休息。胃腸疾病則需由注意飲食衛生著手，倘胃腸不適亦以就醫為上策。

叁、青少年生理健康的增進

健康的身體是健全心理與良好社會發展的基礎，生理健康也是個體各種適應的根本，因此青少年生理健康的維護與增進，應被當作教育與輔導工作的首要項目。

馬塔拉佐(*Matarazzo, 1984*)根據過去的各項調查研究結果指出，健康的成人具有下列的特徵：

一、每天睡眠7至8個小時。

二、幾乎每天都有用早餐。

三、不曾或很少吃零食。

四、身高與體重維持適配。

五、不抽煙。

六、不曾或很少喝酒。

七、規律的運動。

另外一般人認為良好的衛生習慣依序有下列各項：

一、不抽煙。

二、規律運動。

三、心情平靜，不動怒。

四、控制體重。

五、減少吃糖。

六、均衡飲食。

七、身體檢查。

八、適時看醫生。

九、保持愉快心情。

馬塔拉佐上述的要項可供青少年生理健康教育之參考。整體而言，青少年增進健康的方法有下列各項：

(一)充足的睡眠

睡眠是人類的基本需求，睡眠可以讓人消除疲勞、重整思緒、回復生理機能，健康的人每天需有8個小時左右的睡眠時間。青少年由於正值生長荷爾蒙分泌的關鍵時期，每天更應有8至10個小時的睡眠時間。

(二)均衡的營養

營養是維持生理機能的燃料，營養失調將會對生理發展產生傷害。國內由於經濟發展，目前已極少有營養不良的現象，但一般青少年卻有飲食習慣不良、攝取食物不均的情形，導致過度肥胖、厭食或脂肪過多、膽固醇過量的狀況，需要父母及師長的導正，嚴重者應參加減重班或接受各種治療。

(三)規律的運動

　　健康的個體每週應有四天以上的運動，每次運動最好在四十分鐘以上，且能使心跳達到每分鐘100次以上。運動不只能促進血液循環、增強體能、也能抒解壓力、發展人際關係，對青少年身心之健康發展極有助益。基本上，每位青少年應保有一種以上的運動知能，能終身定期的進行活動，以維護健康。

(四)壓力的調適

　　人生會面臨各式各樣的挑戰，感受到各種不同的壓力，小至趕搭火車、交通阻塞，大至親人病故。青少年由於內外在世界的擴展，也會面臨不同的壓力，需要開始學習各種壓力的調適，諸如：正向思考、身體放鬆、尋求幫助、社會參與等。

(五)適當的休閒

　　休閒的效益極大（參閱第十章），休閒兼有知性、情意及技能等各方面充分發展的功能，整日用功讀書或工作，而欠缺適當休閒，將會妨害身心的發展。青少年需要開始培養各種休閒技能、善用休閒時間，才能豐富生活內涵，如彈奏樂器、歌唱、種花蒔草、登山郊遊都是有益身心的休閒活動，需要多多培養。

本章提要

1. 青少年時期個體的生理發展是全面性、廣泛而快速的，質與量也同時並進。青少年期是個體出生後第二個快速成長的高峰期（另一個時期在出生六個月內）。

2. 在人體之內散布著各種腺體，腺體的分泌方式可分「有管腺」與「無管腺」分泌兩種。汗腺與唾腺屬於外分泌腺，其分泌方式是屬於有管腺分泌，所有的內分泌除胰臟所分泌的消化液是屬於有管腺之外，其餘都是屬於無管腺。

3. 青少年外顯的發育主要是由於荷爾蒙分泌所造成。它具有三大功能：(1)決定生理器官的形狀與結構；(2)綜合自主性功能與種屬本能行為；(3)具有規律性。

4. 影響青少年發展的內分泌腺體主要有：(1)松果腺；(2)腦下垂體；(3)甲狀腺；(4)

副甲狀線；⑸胸腺；⑹胰臟腺；⑺腎上腺；⑻性腺。

5. 目前學者認為「骨骼年齡」是衡量生理成熟度較為準確的方法，因骨骼的發育順序較不受絕對年齡與性別差異的影響。

6. 青少年身高與體重的發展常被當作外顯的成熟指標，不過由於人種、經濟環境、文化與不同世代之間的不同，身高與體重常有明顯的改變。因此青少年的身體與體重的發展並非永遠一致，常需多方面考慮各種變數的影響。其影響身體的主要因素有下列幾項：⑴遺傳；⑵營養；⑶家庭社經水準；⑷疾病；⑸經濟因素；⑹戰爭；⑺早熟與晚熟。

7. 青少年男生體重的增加與軀幹肌肉的生長有關，女生體重的增加則與脂肪的增加密切關聯，因此在青春期階段女生不管飲食習慣如何常見有肥胖情形，此屬正常生理現象。

8. 肥胖症青少年的輔導途徑有下列幾種：⑴醫療診斷；⑵適宜的營養教育；⑶適當的運動；⑷提供適當楷模；⑸進行個別與團體諮商。

9. 循環系統、呼吸系統、消化系統與神經系統是人類維生的四個重要生理系統，這四個生理系統自出生即不斷的發育，多數在青春期時就接近成熟狀態。

10. 人的體型主要可以區分為三個類型：⑴外胚型；⑵中胚型；⑶內胚型，不過多數人的體型是混合型。

11. 青少年階段的幾項主要生理困擾：⑴體重過重或過輕；⑵青春痘；⑶倦怠與疾病；⑷經前症候群；⑸性器官發育與功能的困擾。

12. 青少年倦怠產生的主要原因有五方面：⑴生理快速生長；⑵活動過度；⑶睡眠不足；⑷營養失調；⑸課業負擔過重。

13. 頭痛產生的原因有三類：⑴心因性；⑵血管性；⑶症狀性。

14. 青少年生理健康的維護與增進應該當作教育與輔導工作的首要項目。協助青少年養成良好生活習慣極為必要。

第五章
青少年的性發展、
性愛問題與輔導

　　青少年階段除了第四章所述重要生理器官與功能的急速發展現象之外，性器官的發育與成熟也是最為顯著與突出的生理現象，但青少年因性器官的成熟所產生的困擾也最多，它也是世界各國健康教育與心理輔導工作所關注的焦點。本章將探討青少年性器官的發展過程、主要的性徵，以及性愛(sexuality)的相關問題，並將敘述青少年的性教育與性心理輔導策略。

第一節　青少年的性器官發展與性成熟

　　人類的性別於受孕的剎那就已經決定，人體細胞中的細胞核共有46個（23對）染色體。性細胞的染色體是其它身體細胞的一半，亦即只有23個。性細胞在男性是精子，在女性是卵子，精子之中的染色體有二種：㈠X精子（含有X染色體的精子）；㈡Y精子（含有Y染色體的精

子)。卵子的染色體則全是帶X染色體的細胞。當受孕時，卵子與精子結合。各自23個染色體隨之結合，X精子與卵子結合，則性染色體成XX，性別即為女性，Y精子與卵子結合，性染色體成為XY，性別就為男性，人體的染色體構造如圖5-1所示。

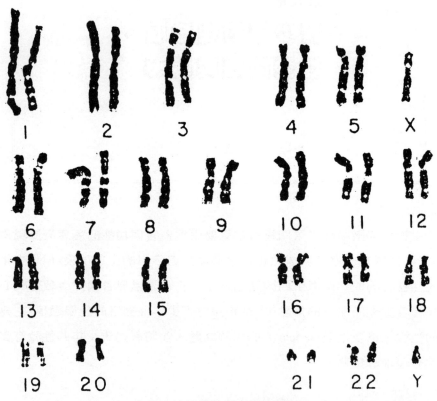

圖5-1　人類男性染色體結構
資料來源：Kimmel & Weiner, 1985, p. 52.

　　精子與卵子結合後，受精卵隨後就發展成胚胎，胚胎至第六週左右出現生殖細胞，胎兒至第九週再出現外生殖器，最後日漸成形，出生時即可由外生殖器判定男女性別。另一方面，人體染色體中含有遺傳基因，因此受精當時也分別接受來自父母的遺傳特質。

壹、男女生殖器的結構與功能

男女生殖器官主要的功能是要生育下一代，青春期性器官的發育與成熟，就是在為生育作準備。

男女生殖器官都分內生殖器官與外生殖器官二部分，男性的內生殖器是睪丸、副睪、輸精管、攝護腺、陰囊；外生殖器是陰莖及陰囊。女性的內生殖器為卵巢、輸卵管、子宮，外生殖器有大陰唇、小陰唇、陰蒂與陰道。

男女生出生時由外生殖器即可發現男女生的不同，嬰兒出生時男孩有睪丸，女孩有卵巢、子宮，此時的性別所具的特徵稱之為「第一性徵」（*first sex characteristics*）。出生至青少年期以前，男女生在性徵上雖然有所差別，但男生的睪丸與女生的卵巢都處於靜止狀態，男女生性格與體格並沒有顯著不同，但到了青春期時，性荷爾蒙分泌增加，使男女生在身體與性器官外觀、性格或性情上顯出極大的差異，此時男女生外顯的身體性別特徵，稱之為「第二性徵」（*secondary sex characteristics*）。

一、男性性器官的結構與功能

男性性器官的結構如圖5-2所示，主要有睪丸、副睪、陰囊、輸精管、攝護線、陰莖、貯精囊等。

睪丸是男性的性腺，狀成橢圓體，成熟的睪丸重量約20-30公克，通常左側睪丸大於右側睪丸，且位置略低，以便於雙腿緊閉。胎兒期睪丸在腹腔內，約七個月時降到恥骨聯合線上，出生前再降到陰囊內，但約2%的男嬰出生時睪丸尚未降下，有些只降下一個，倘五、六歲尚未完全降下至陰囊內，通常需要利用外科手術，使它降下。睪丸內部有無數的錐狀小葉，各小葉有甚多的細精管相聯，細精管再接連直細精管，達到睪丸頂端，細精管再形成輸出管，輸出管再結合形成副睪。每一個

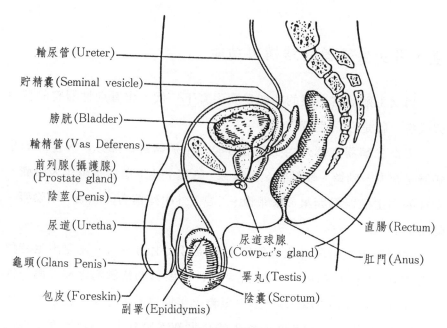

圖5-2 男性性器官結構
資料來源：Rice, 1993, p.162.

睪丸各連接一條精索，把睪丸懸掛於陰囊中。精索包含睪丸動脈、靜脈、淋巴腺、神經與輸精管。離開睪丸的輸精管向上到達腹腔處與精索分離，再往上與貯精囊接連，而成射精管，射精管平時即是尿道。睪丸是精子的製造場所。

　　副睪為曲折的細管狀器管，上端大，下端細，連結形成副睪丸體。輸精管則起於副睪尾端沿睪丸後面上行，輸精管可以產生幫浦作用，汲入副睪分泌物，然後射出體外。貯精囊位於膀胱後面與輸精管相連，貯精囊不能產生精子，但能分泌鹼性黏液，促使精子運動，並能進入陰道。前列腺（或稱攝護腺）位於膀胱下方，能供應果醣，並與尿液排泄有關。

　　睪丸製造的精子先停留於副睪，吸收副睪養分，然後再在輸精過程中成熟，並由精囊液及前列腺供給果醣作為能源，再加上鹼性黏液，方

便於射精。男性自青春期開始,睪丸即能製造精子,分泌精液。

二、女性性器官的結構與功能

女性性器官的結構如圖5-3所示,主要有卵巢、輸卵管、子宮、陰道、大小陰唇、陰蒂等。

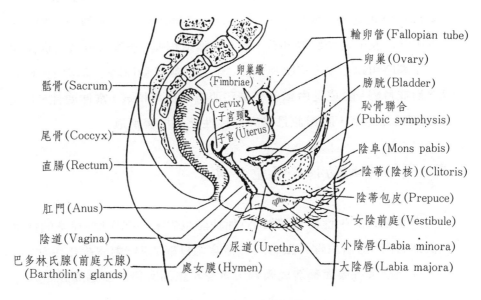

圖5-3 女性性器官結構
資料來源:Rice, 1993, p.164.

卵巢是女性的性腺,會生產卵子,卵巢大約長3公分,寬2公分,厚1.25公分。卵巢由皮質與髓部二部分所構造而成,卵巢之外層為皮質,皮質是屬於結締組織所構成的基質,基質內散布各種原始卵泡及濾泡,至青春期以後,原始濾泡受刺激而成熟,並移至卵巢表面,再經由濾泡破裂,將卵輸送至輸卵管,以待受孕,未被刺激的濾泡變成黃體,在月經後期退化成白體,女性停經後濾泡消失,即不再製造卵子,因而基質全由白體所充塞。卵巢本身除了製造卵子以外,亦分泌各種性激素。

輸卵管長約十公分，左右各一，底部和子宮相連，末端有流蘇狀突起，形成卵管繖，其中一條卵管繖與卵巢接近，稱爲卵巢繖，當卵細胞破裂時，卵巢繖自動接近，並將卵子送至子宮。通常卵細胞約需28天才發育成熟，每一生理週期只產生一顆卵子，當卵子與精子在輸卵管交會受精後，受精卵會被送到子宮內孕育。

子宮是胎兒著床、孕育的地方，子宮長約7.5公分，寬約5公分，厚約2.5公分，重達40至50公克，子宮包含子宮體腔、子宮肌層與內開口、外開口，以及子宮頸腔等部分，下方與陰道相連，子宮肌層負責保護胎兒，生產時可以收縮，將胎兒擠出，子宮內無受精卵時，子宮內膜會剝落，形成月經。陰道是由纖維組織和肌肉組織所構成，富伸展性，胎兒出生經過此通道，陰道並且是與異性性交之接觸管道。

貳、青少年期的性發展重要現象

兒童期男女生性器官都很小，性功能也尚未發揮作用，兒童的性意識仍然有限，隨著生理各器官與性器官的日漸成熟，對青少年生理、心理，以及社會各層面都造成衝擊，青少年也面臨新的調適問題。

一、性器官的成熟與第二性徵的出現

青少年期開始，男女生第一性徵的各個器官日漸成熟。男生的睪丸與陰囊開始變大，其改變約發生在身高驟增高峯的前一年，在13歲左右開始發育，至14-18歲成熟。青少年期開始，睪丸急速分泌性荷爾蒙，並生產精子。在此同時，陰莖也開始長大，但陰莖在青少年期結束前就已達到成熟程度，陰莖本身爲海綿體組織，平時作爲排尿器官，性交時是與異性陰道接觸的器官。另外輸精管變大，前列腺也分泌黏稠液體，整體男性性器官乃達到成熟狀態，通常男生在13.5歲至17歲之間各性器官可以發育完成，但尚有個別差異現象。

女生11歲左右子宮平均重量有5.3公克，至16歲時可達50公克，增加

近十倍。輸卵管與陰道也快速成長,陰道在青春期中期會有帶酸性的分泌物產生,大小陰唇也逐漸變大,並轉變為較暗紅色。卵巢早於9歲左右開始發展,並在16歲左右發育完成。整個男女性器官與第二性徵的成熟順序可以用表5-1與表5-2表示,另亦可參考第二章圖2-5田納的研究發現。青少年性成熟通常同時包括第一與第二性徵的發育與成熟。

表5-1　正常男性性成熟順序

階段	性徵的外觀	平均年齡	年齡範圍
幼年時代 ～ 青少年期之前	睪丸和陰莖沒有增大,沒有陰毛,身高持續增長。	—	—
青少年早期	睪丸和陰囊漸漸增大,陰囊變得粗皺,陰莖長粗變長,沒有真正的陰毛。	12-13歲	10-15歲
青少年中期	陰毛顏色變深,粗直,沿著陰莖基部生長,漸漸捲曲濃密,起初形成倒三角形,然後漸擴散延伸到肚臍附近。腋毛在陰毛生長後才生長。陰莖和睪丸繼續生長。陰囊變得更大些,顏色變深有皺紋。身高隨著時間快速生長。陰毛的發展隨著時間充分發育。前列腺的精囊已成熟,偶爾或定期的會有遺精的現象,但精子數量和運動量不足(青春期的不孕症)。當喉結變大時,聲音變粗。	13-16歲	11-18歲
青少年後期	顏面和身體的汗毛開始出現,而且廣布全身。陰毛、腋毛開始濃密,聲音變低沉、變粗。睪丸和陰莖持續的增長,射出的精液足以受孕。身高的生長漸緩,98%的身材都在17¾歲±10個月時定型。前面髮線開始有後退與凹凸的現象。	16-18歲	14-20歲
青少年期之後 ～ 成　　人	第一、第二性徵已充分成熟,肌肉和體毛繼續的增加。	開始於 18～20歲	開始於 16～21歲

資料來源:Newman & Newman, 1986, p.129.

表5-2　正常女性性成熟順序

階段	性徵的外觀	平均年齡	平均範圍
幼年時代 ～ 青少年期之前	沒有陰毛，胸部平坦，身高不斷的生長。	—	—
青少年早期	臀部變圓、胸部和乳頭高起，屬於萌發期，沒有真正的陰毛。	10～11歲	9～14歲
青少年中期	陰毛顏色轉深變粗，最初是沿著陰唇漸漸捲曲擴散形成倒三角形。腋毛的發育是在陰毛之後，在初經之前18個月身高快速的增長。陰唇變大，陰道分泌物開始帶有酸性，胸部和奶頭隆起，已初具模型（基本乳房期）	11～14歲	10～16歲
青少年後期	適量的腋毛，陰毛充分生長，胸部發達至成人的狀態，月經已經很規律。在16¼歲±13個月的階段間，身高生長速度已經減緩，直到停止生長。	14～16歲	13～18歲
青少年期之後 ～ 成　　人	生長更多的腋毛，胸部已經完全發育。	開始於 16～18歲	開始於 15～19歲

資料來源：Newman & Newman，1986，p.125．

穆斯(Muass ,1982)，曾將男女生整個生理的改變順序歸納如下：

(一)**女性**

1.荷爾蒙的平衡改變。

2.骨骼開始快速成長。

3.乳房開始發展。

4.陰毛產生。

5.生長驟增達於頂峯。

6.陰毛變得捲曲。

7.初經（第一次月經出現）。

8.腋毛出現。

(二)**男性**

1.荷爾蒙的平衡改變。

2.骨骼開始生長。

3. 生殖器擴大。

4. 陰毛出現。

5. 聲音改變。

6. 第一次射精（夢遺）。

7. 陰毛捲曲。

8. 生長驟增達於頂峯。

9. 胸毛與腋毛長出。

10. 聲音低沉。

11. 鬍鬚粗濃。

康傑與彼得森（*Conger & Galambos*, 1997）亦將男女性成熟的順序歸納如下，可以一併供參考。

(一)女性

1. 開始生長驟增。

2. 鬆軟的陰毛開始出現。

3. 乳房開始突出，臀部變圓，開始有體毛。

4. 陰道、陰阜、陰蒂、子宮變大。

5. 陰毛快速生長，變得濃密。

6. 乳房更大，乳頭色澤暗紅，腋毛變濃密，乳暈發展。

7. 生長驟增達於頂峯，隨後下降。

8. 初經發生（大約發生在身體驟增達於頂峯之後）。

9. 陰毛發展完全，乳房成熟，腋毛也發育完全。

10. 青少年期發育結束，女性具有受孕能力（約初經後一年或更長些）。

(二)男性

1. 睪丸與陰囊開始變大。

2. 陰毛開始出現。

3. 生長驟增，陰莖長大。

4. 聲音低沉，喉結長出。

5. 腋毛與鬍鬚出現。

6. 精子產量增加，發生夢遺。

7. 生長驟增達於頂峯。

8. 前列腺變大。

9. 精子成熟可以生育，生長減緩。

10.身體氣力達於頂峯。

由此可見，青少年男女生的性成熟順序並不盡相同，但由於男女性器官的成熟有極大的變異，不同學者所列出的成熟順序亦不盡相同，如穆斯認爲女性腋毛生長於初經之後，但康傑與彼得森卻認爲腋毛在初經之前已經濃密，此種差異值得教育與輔導工作者，以及青少年本身的注意，生長的順序與成熟度本身可能存有極大的個別差異，除非生長的順序嚴重落後，否則有時可能只是晚熟而已。

二、初經與月經

女性的第一次月經稱之爲「初經」（menarche），又稱爲「初潮」，這是女性進入青春期與開始性成熟的最重要象徵。

女性的下視丘受卵巢所分泌的荷爾蒙及身心狀況的影響，引發腦下垂體分泌濾泡成熟素與黃體素，促使卵巢內的濾泡開始發育，濾泡又促進子宮內膜變軟變厚。每個週期卵巢約有二十個濾泡發育變大，但只有一個最大的濾泡由卵巢向外突出破裂，形成排卵。卵子由卵巢排出後形成黃體，黃體再分泌黃體素及助孕素，使子宮內膜分泌營養液，以利受精卵的著床與受精卵的發育，若卵子未著床（也即未受精），子宮內膜便會脫落，並排出血液，即經血，由於排卵與排血形成廿八日左右的週期，因此稱之爲「月經」，月經來潮流血期約二至七日，流血量約在30 c.c. 至40c.c.之間，最多可達50c.c.，第一天的排血量約占40%，第二天約占36%，但流血量也有個別差異。月經過後，子宮內膜開始重生與發育，爲下一次的排卵作準備，倘亦未有受精卵著床，即再排血。經血有四分之一是靜脈血，其餘爲動脈血，因而不凝固。女性的月經週期也

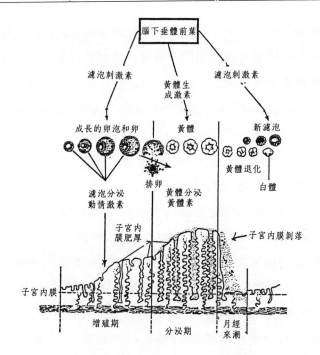

圖5-4 月經週期的內分泌作用歷程
資料來源：林茂村，民77，第652頁。

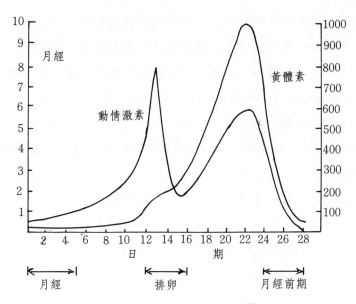

圖5-5 月經週期內分泌水平
資料來源：Conger & Galambos, 1997, p.69 .

因個人體質不同，並非一定28日，有些超過35日或45日，另外在生活壓力過大下也會影響月經的週期。體重若減少了15%以上也會停止月經。女性由初經開始至45歲左右停經，月經約有30餘年伴隨著每位女性，這是女性一生最感繁複，甚至是困擾的事件(*Newman & Newman*, 1986)。

　　月經的形成，月經週期與內分泌關係最大，圖5-4表示女性月經週期的內分泌作用歷程，圖5-5是月經週期動情激素與黃體素的分泌水平。此二圖可以幫助我們理解月經現象。

　　青少年初經通常發生於身高驟增高峯或骨骼發展達於頂峯之後，約在10.5歲至15.8歲之間，平均年齡12.79歲(*Newman & Newman*, 1986)。初經的發生之後，約二年方眞正具有懷孕生育胎兒的能力。初經的出現除上述個別差異現象之外，又有人種間、不同世代間與地域間的差異。主要的原因乃初經受遺傳與環境的交互作用，營養條件好、文化刺激較多的女生愈有提早出現初經的趨勢。根據魏樹克與佛瑞西(*Wyshak & Frisch*, 1982)的研究發現，西方女性約每十年女性初經提早二個月到來。圖5-6是1800至1980左右西歐與美國女性初經的趨勢圖。由此圖中可見約在1800年左右，法國女性初經約在17歲左右，至1980年西方女生初經年齡約降至13.5歲左右，一百餘年間，約降低3.5歲。

　　另有學者研究發現，以體重來估算女性初經年齡較爲準確，在過去125年間，西方女性平均體重達到47公斤時，就會有初經，此一數值並不受平均初經年齡下降之影響。這可能係女性生理到達一定體重時，人體的新陳代謝率(*metabolic rate*)下降，因而引起下視丘提高對性荷爾蒙的敏感度所致。女性體重的增加又與營養、飲食習慣與運動有關，以此推論，近代女性因營養條件較佳，體重較早達到47公斤左右，因而初經年齡乃不斷降低。另有一說，認爲女性身體脂肪與非脂肪組織比率達到1：3時（亦即脂肪占體重的四分之一），即會發生初經(*Frisch & Rerelle*, 1970；*Newman & Newman*, 1986)。

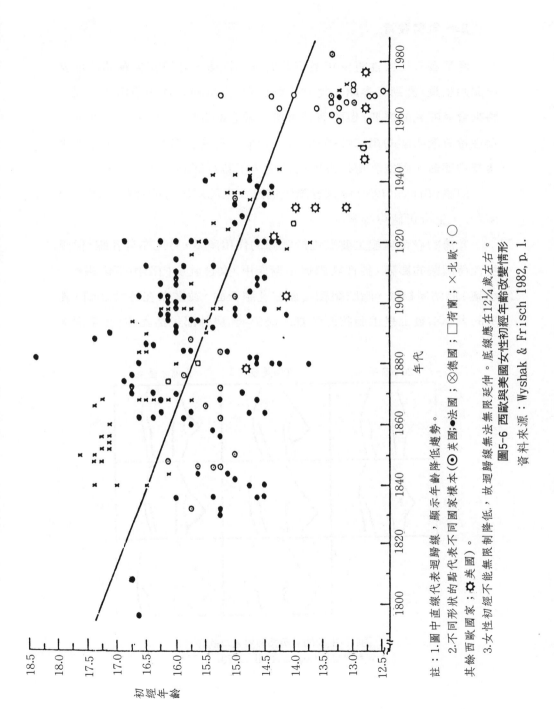

圖5-6 西歐跟美國女性初經年齡改變情形

資料來源：Wyshak & Frisch 1982, p. 1.

註：1.圖中直線代表迴歸線，顯示年齡降低趨勢。

　　2.不同形狀的點代表不同國家樣本（⊙美國；●法國；⊗德國；×北歐；○

　　其餘西歐國家；✿美國）。

　　3.女性初經不能無限制降低，故迴歸線無法無限延伸。底線應在12¼歲左右。

三、乳房發育

乳房發育是女性青少年最重要的第二性徵，乳房在青春期之前就已開始生長，直到青春期才達到成熟程度，乳房的發育初始功能是為了將來育兒哺乳的需要，但隨著社會價值觀念的改變，女性乳房反而成為女性特質最明顯的第二性徵，乳房發育倘不符合社會期望，所帶來的困擾特別顯著，因為乳房是外顯的性徵，不若月經的隱私。

田納(*Tanner, 1974*)曾以五階段描述女生乳房發育的過程（如圖2-3所示），至今仍值得參考。

乳房的發育隆起主要是由於乳腺的作用所致，男生亦有乳腺，但受男性荷爾蒙的影響，男性乳腺退化無作用。女性乳房內部由結締組織、小葉、脂肪所構成，脂肪組織覆蓋在乳腺表面，並散布在各葉之間，乳房的大小事實上是由脂肪的多寡所決定。乳房外部包括乳頭、乳暈兩部

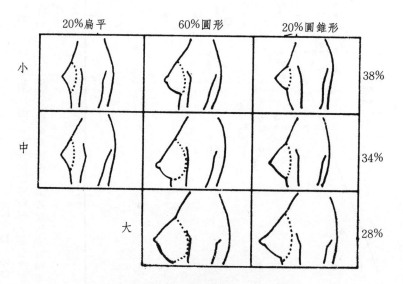

圖5-7 主要的乳房類型與人口的分布
資料來源：Cole & Hall, 1970, p.77．

分，乳頭是乳房中央的小錐狀凸起，此部分最早發育，乳暈則位於乳頭底部，顏色較深沉。

　　乳房大小在不同種族與不同女性間有極大的差異，38%的女生在11至14歲間乳房仍然很小，34%是屬於中等大小，只有28%屬較大型，在形狀方面，20%在11至14歲之間仍然扁平，20%呈圓錐狀，60%呈圓球狀(Rice ，1978)。圖5-7是8個主要的乳房類型與人口分布。

　　由於社會流行的一些色情刊物，如「花花公子」與「閣樓」雜誌，常過度渲染大乳房的價值，使女生乳房較小者常形成自卑心理，甚至會尋求外科手術加大，或多方遮掩，形成生活上的不適應。但另一方面，早熟的女生或乳房過大者，乳房常成為同儕或他人注意的焦點，也會顯得不自在，對生活適應亦不利。事實上，女性乳房大小與生育能力及哺乳嬰兒的能力並無關聯。乳房大小的困擾純粹是社會價值觀的影響所致。

四、陰莖的勃起、射精與夢遺

　　相對於女性的乳房，男性在青春期有陰莖長大與陰莖勃起頻繁的現象，也是甚多男性引為苦惱的事。

　　陰莖勃起(erection)的現象在男嬰時期即已出現，但青春期以前的陰莖勃起通常是陰莖受到外界刺激的自然生理反射動作，沒有性慾成分。

　　男性陰莖包含神經、血管、纖維組織與海綿體，當受到生理或心理刺激時，副交感神經會傳導衝動，使陰莖內的靜脈血管收縮，動脈血管舒張，因而動脈血流進入海綿體內，促使海綿體組織擴張，使陰莖變硬且變長，當神經系統傳送的訊息停止，陰莖才會因血液流通正常而舒緩。成年男性的勃起是為了便於進入女性陰道內射精。不過，青少年期以前的男生雖沒有射精現象，不會導致女性懷孕，但陰莖勃起亦具有插入女性體內的能力。

　　由於男性荷爾蒙的刺激，進入青少年期的男生其睪丸開始製造精子，在生長驟增一年內，男生一般都會發生第一次的射精（*first ejaculation*），年齡大約在14歲左右，但此時的精子量少，通常仍不足以使女性受孕，在第一次射精的一至三年內，才會有足夠受孕的精子。

　　男生的第一次射精通常是因手淫（*masturbation*）而引發，有些是夢遺（*nocturnal emission*）的結果。夢遺最常在進入青春期開始的第一、二年內發生，這是男性青少年因爲作了一些「鹹濕夢」（*wet dreams*），引起了中樞神經的興奮才導致射精。夢遺是青少年疏解性壓力的健康管道。女性在青少年期間也會作一些「鹹濕夢」，但比率不超過10%。根據金賽（*Kinsey ,1948*）的研究，100%的男生都會有夢遺，另外83%的男生在夢中能使性器官達到高潮與射精。

　　由於家庭與學校性教育的不足，一些男生對青春期的勃起頻繁與夢遺現象感到恐慌、焦慮，造成適應上的困擾。事實上，這是正常的生理現象。

第二節　青少年的性活動與性愛

　　青少年時期對青少年而言，是一個性的探索階段，由於性器官發育日漸成熟，性功能不斷增進，以及社會及大眾媒體不斷提供性的誘惑與刺激，因此，青少年自我探索或體驗性生活，以及與同儕討論性的知識與態度的頻率也隨著增多。青少年的主要性活動與性愛有：性衝動、性幻想、手淫、約會與戀愛、愛撫、婚前性行爲等，以下將分別加以申述。

壹、性衝動與性幻想

一、性衝動

　　青少年期是性衝動增高的時期，主要是受到性器官與其他生理器官的成熟，以及荷爾蒙發展的影響。男生在12至14歲時睪丸素的分泌急速增加，性衝動也隨著提高。對女生而言，女性荷爾蒙分泌的增多，也提高了性驅力，但女生的性衝動不若男性的直接與立即，女生更關注情愛(affection)與感受(feeling)。青少年期男生因性衝動所引起的手淫與性交都比女生要多出甚多。男生的性衝動或性慾也比女生更容易受圖片、電影或其它色情媒體所激發。

　　都賽克(Dusek, 1996)指出，男女生的性衝動會受到社會化與所處文化的影響，一般社會對男生都比女生寬容，女生因而所接受到的外在性刺激遠低於男生。不過人體大腦卻是性慾或性衝動的控制中心，大腦本身就是認知中心，大腦皮質能產生性幻想。大腦皮質下的邊緣系統對人體的性活動具有誘發與控制的作用，尤其是下視丘與中隔區域的主宰力量更大。

　　除此之外，視覺、觸覺、聽覺、味覺等感官刺激都能傳導神經興奮。由於社會日趨商品化，廣告媒體也一直以性暗示為主題，因此視覺刺激成為日常生活中性誘惑最頻繁的感官。男性通常比女性更容易因視覺刺激而引起性衝動。在觸覺方面，身體表面的接觸也極易引起性衝動，某些身體部位觸覺感應特別敏銳，稱之為「性感帶」，性感帶又分「主性感帶」與「次性感帶」，人體主性感帶為：外生殖器、臀部、乳房、乳頭、肛門、大腿內側、腋窩、頸部、耳朵、唇、舌等。其它身體部位則是次性感帶。青少年男性性器官的被撫摸，或女性的被親吻都容易激發性慾。一般而言，男性的觸覺感受也較女性快速與激烈。

　　另外，嗅覺、味覺與聽覺，甚至食品或藥物也會引起性的衝動。基

本上青少年的性衝動是在學習之中，個別差異大，受到個人身體、情緒及心智改變歷程的影響，同時也會受到生理、心理與社會文化的交互影響。

二、性幻想

性幻想也是青少年時期普遍存在的現象。女性由於在社會化過程中受到的禁制較多，社會也不期望女性主動地追求異性，因此，女性比較容易幻想羅曼蒂克(romantic)的情境，甚多女性青少年受童話故事的影響，會以白日夢的方式期望浪漫情愛的發生，如白馬王子的翩然來到。男生則較多一方面手淫，一方面作性幻想，以追求性衝動的舒緩或情愛的立即滿足。

青少年的性幻想可能是青少年愉快與性舒緩的主要作用力量，有助於克服性焦慮與不安，具有積極效果，但過度的性幻想可能容易顧影自憐，與現實脫節，增加與異性交往及調適的困難。

貳、手淫

手淫(masturbations)又稱自慰或自瀆，係指自我刺激性器官，以獲得滿足的性活動，紐曼夫婦(Newman & Newman, 1986)認為手淫是美國青少年最普遍的性行為，手淫基本上是無傷害，且有快感的私人舉動，但手淫仍然會造成青少年的不安與焦慮，因為長久以來，尤其在多數宗教教義中，常將手淫視為是一種性罪惡(sexual sin)。

佛蘭寇爾(Francoeur, 1982)即指出，在1934年出版的美國童子軍手冊(The Boy Scout Handbook)中即暗示的指出，任何使身體流出液體的動作，將會使身體衰弱，並滋生疾病，1948年版的手冊中則明確指出，手淫是不良習慣，應該加以革除，1968年版的相同手冊中改稱手淫會引起性憂慮與性罪惡感，因此必須審慎的避免。不過到1978年版的童子軍手冊中，就不再提及手淫這個主題，只稱如果有任何性的問題可以去請

教父母、牧師或醫生。由佛蘭寇爾的描述中，可以發現手淫愈來愈不再被看成是一種罪惡，只被當作是個人的一種動作或習慣而已。

自慰不是在青少年期才會發生，兒童在年紀甚小的時候，就會撫摸自己的性器官，但父母的反應通常是嚴厲的制止，導致兒童只能在暗地裏進行手淫，成年以後即使有性伴侶，但手淫仍會是個人滿足性慾的一種方法，可以說手淫是人一生生活的一部分，只是每個人頻率多寡有差異而已。*Atwater*（1996）根據一份國家調查指出，青少年手淫平均年齡為11歲8個月，男生手淫比率為46％，女生則為24％，而其中又有31％的青少年不會有罪惡感。表5-3係美國青少年手淫比率的兩個調查結果（*Haas*，1979；*Sorenson*，1973）。

表5-3 美國青少年的手淫比率

年齡	Sorenson(1973)		Haas(1979)	
	13歲(%)	19歲(%)	13歲(%)	18歲(%)
男生	36	99	52	80
女生	18	99	37	59

資料來源：Newman & Newman, 1986, p.159.

由表5-3可見，手淫是美國青少年普遍的現象，尤其索瑞森(*Sorenson, 1973*)的研究指出，19歲的男女生接近100％有手淫的經驗，比率相當高，黑斯(*Haas, 1979*)的研究顯示在13歲時男生手淫的比率超過一半，女生超過三分之一，但在19歲階段手淫人數比率較低於索瑞森的研究。

另外根據「花花公子」基金會(*Playboy Foundation*)的調查指出，成人男性有93％曾經手淫，女性也有63％，大約60％的男生於13歲以前有過手淫，女生則有35％於13歲以前有過手淫經驗(*Newman & Newman, 1986*)。男生為何會有比較多的手淫？可能與男女性器官結構差異，以及社會文化的制約有關，男性生殖器是外顯的，容易被激起，另一方面性荷爾蒙分泌旺盛，勃起頻率較高，也是導致男性手淫較多的原因。

手淫是個體以手與其它非性行為方式刺激性器官，以達到性興奮

或射精的自我滿足方式，也因此，手淫可以使青少年熟悉自己的性器官，並知道自己的性感部位與引起性興奮的方法，有利於婚後的性生活，而且附帶的可以自我檢查性器官，以便及早預防性疾病的產生。但凡事過猶不及，太多的手淫行為容易造成身心疲倦，妨害青少年擴展生活層面與積極參與戶外活動的精力。目前青少年研究上，都同意手淫是無害生理健康的性活動，但過度的手淫可能是生活不適應的反映，而非造成不適應的主因。對教育工作者而言，可能應對手淫持中性態度，以不鼓勵，亦不譴責的方式來面對。另一方面，社會大眾對手淫的認識亦較清楚，如目前大約有80％的青少年認為手淫是可接受的行為(Newman & Newman, 1986)。基本上，今日手淫已不再被視為性變態。

參、約會與戀愛

一、約會

約會(dating)是青少年學習與異性交往的一個儀式化結構(vitualized structure)。約會具有下列的功能：㈠發展與異性交往的社會與人際技巧；㈡提供與異性同儕建立友誼的機會；㈢提供社會場合以探索兩性的差異與適配性；㈣增進性別角色的認同；㈤提供性試驗(sexual experiment)的機會；㈥發現兩性間相互往來的界限；㈦增進未來婚姻

表5-4　約會的功能

一、社會化	在與異性接觸中學習了解異性，並學習如何與異性交往
二、娛樂	約會是個人歡樂的一個來源
三、參與的渴望	可以協助個人逃避無聊、孤獨、焦慮或工作
四、獨立的肯定	可以使個人自家庭及其規約下獨立
五、地位尋求	約會能使個人獲得聲望，並在團體中提高地位
六、性滿足	約會是適當與可接受的性接觸方式
七、求愛	約會可以使個人了解求愛方式，並選擇伴侶

資料來源：Dusek, 1996, p.328.

與家庭的準備程度：㈧可以發展與異性的眞誠、愛、相互關懷的情誼
（ *Conger & Galambos*，1997 ）。

　　都賽克亦把青少年約會的功能歸納如表5－4。

　　不過青少年的約會並非只有利無弊，學者指出，約會也有下列的不
良作用：㈠過早的約會會減慢個人的社會化歷程，尤其降低與同性同儕
交往的機會，因此反而會對父母與成人產生依賴；㈡約會受到拒絕時容
易導致孤立，並反向排斥異性；㈢過多的約會對象，容易使異性關係破
裂，無法發展良好的情愛關係；㈣遊戲人間式的約會也會貶低人際交往
的價值，因而容易以貌取人；㈤過多約會的挫折，容易使感情流於膚
淺，無法與他人建立穩定與長期的關係（ *Dusek*，1996；*Conger &
Galambos*，1997 ）。

　　到底青少年於何時開始與異性交往爲宜？這要視社會與文化的期
望而定。傳統中國社會的婚姻，都憑媒妁之言與父母作主，青少年男女
約會是被禁止的，即使在容許自由戀愛的時代，成人亦仍以男女分班、
分校等方式隔開男女交往的機會。中國社會基本上是不鼓勵未成年
人，亦即青少年與異性交往的。美國社會對青少年的異性交往與約會較
持寬容的態度，青少年也以有與異性約會爲榮。不過中外的差距日益拉
近中。

　　美國女性青少年開始約會的年齡平均是14歲左右，男生約晚一年

表 5-5　美國中學生約會頻率

	男性	女性
從沒有過	17.2%	16.7%
一個月 0～1 次	20.0	18.9
一個月 2～3 次	17.7	14.8
一個星期 1 次	16.4	15.3
一個星期 2～3 次	18.9	21.3
一個星期 3 次以上	9.7	13.1

資料來源：Congers & Galambus, 1997, p.195.

左右。根據1980年全國高中生的調查結果顯示，約一半青少年每週至少有一次約會，三分之一被調查者表示，每週有二至三次的約會。表5-5是這次調查的資料，此次資料中並包含了對大學生的調查資料，也顯示大學生與高中生的約會並無太大差異，表5-5也顯示，約會是青少年普

康傑等人（ Conger & Galambos , 1997 ）警告，太晚約會固然不好，但太早約會將會忽略兩性間真誠與深層關係建立的重要性，而流於膚淺的對話、賣弄風騷、受性吸引力支配，或把言談看得太嚴重等。

另外都賽克（ Dusek , 1996 ）還指出，青少年求愛期的約會中，約會暴力（ Courtship Violence ）出現情形已經逐漸明顯化，廣義的約會暴力包括言語上或心理上的虐待，而最嚴重的型式則是約會強暴（ date rape ）。而對於此類性攻擊（ sexual assault ）的偏差行為，在輔導上則建議從發展青少年的認知訓練著手，藉由指導解決兩性衝突問題，進而減少性攻擊事件的發生。

二、戀愛

戀愛（ be in love ）事實上與約會是分不開的，戀愛是對異性有愛的感受，透過約會展現對異性的喜歡，並增加相互的了解。

美國青少年被問到是否戀愛過，有56％回答「有」，39％回答「沒有」，另有5％不確定，美國12歲至15歲的青少年男生有47％認為他們已經在戀愛，16至18歲的女生有52％認為她們現在已經在戀愛。女生比男生更多認為她們在戀愛，年紀愈高的女生愈會覺得她們在戀愛（ Conger & Galambos , 1997 ）。

青少年的戀愛有些會逐漸形為穩定、有承諾的長期關係，不過個人激烈的情緒經驗容易起伏不定。與戀愛一起而來的是「失戀」，所謂失戀是仍然愛戀已不愛他（她）的人，這也是青少年期常有的現象，由於失戀通常會導致失望與傷心，容易打擊青少年，使其生活步調錯亂，甚

多青少年失戀時，會認為如同世界末日一般。

　　通常青少年末期方能與異性發展有意義、信任與相互支持的關係，意即發展出穩定交往（ *going steady* ）的關係，穩定交往雖然也有潛伏性的人際關係發展危機，但是穩定交往所產生的積極效益，例如滿足隸屬與愛的需求等，則更具正面價值（ *Dusek*，1996 ）。只是青少年初期的戀愛由於過度幻想，並且因為思慮不成熟、情緒不穩，難以持久。由於青少年初期是激發青少年教育與職業興趣的好時機，愈少與異性固定約會，愈不會於21歲前計畫要結婚。此外，青少年自尊心愈高者，有愈多的約會，但愈少有固定對象的約會。父母離婚或生病的青少年常會有較多不切實際與浪漫的戀愛態度，頗值得教育與輔導工作者的注意。

　　由於約會與戀愛對青少年兼具正向與負向功能，愈早約會與戀愛不易與異性建立深度關係，愈晚約會與戀愛，則常會過度依賴父母，青少年那個年齡最適宜約會與戀愛猶未定論，不過，一般而言，青少年晚期，身心接近成熟階段是較適宜的時機。

　　至於那些因素影響了青少年的約會與戀愛？除了前述社會文化之影響外，親子關係與父母的容許程度亦有直接關係，通常親子關係良好的青少年較不會過早約會，父母較嚴格管束者，其子女也較少過度密集約會。

　　漢森（*Hansen*, 1977）曾調查高中學生，要求他們在33個同儕、異性與配偶的特質中，圈選十二或十三個最重要的交友、約會與結婚對象的特質，受試高中學生認為最重要的特質依序如表5-6所示：

　　由表5-6中可以發現，高中學生對交友、異性約會，以及結婚對象之重要特質的評價有甚多重疊的地方，但在同儕交友上有四種特質並不包括在約會與結婚的對象當中，分別是受異性歡迎、有車或容易有車、會跳舞，以及能偶而作一些冒險等四項。這也顯示戀愛與交友所需的特質並不盡相同。

　　另有研究顯示，雖然面貌吸引人，長相好看是一項願意和他（她）約會的重要屬性，但是青少年女生卻比男生更重視個人的內涵，如：相

表5-6 高中學生交友、約會與結婚對象所需重要特質評量結果

同儕重要特質	約會重要特質	結婚重要特質
1.愉快的	1.愉快的	1.愉快的
2.外表乾淨	2.可信賴的	2.可信賴的
3.有幽默感	3.體貼的	3.體貼的
4.可信賴的	4.有幽默感的	4.誠實、正直
5.受異性歡迎	5.外表乾淨	5.有感情的
6.自在的	6.誠實、正直	6.自在的
7.有感情的	7.自在的	7.外表乾淨
8.體貼的	8.有感情的	8.有幽默感的
9.有車子或容易有車	9.聰明	9.聰明
10.會跳舞	10.思考周密	10.是一位聆聽者
11.能偶而作一些冒險	11.穿著適當	11.運動好
12.思考周密	12.運動好	12.思考周密
		13.穿著適當

資料來源：Hansen, 1977, p.135．

互了解、溫柔、有信賴與忠誠等特質(*Hansen, 1977；Konepka, 1976*)。

肆、愛撫與婚前性行為

　　愛撫(*petting*)是指用雙手或以身體器官與異性接觸的性活動方式。青少年與異性交往持續一段時間之後，甚多以愛撫表達對對方的愛慕之意。愛撫的動作包括：接吻、擁抱、以手刺激身體及器官，以及口交等。愛撫對已婚夫婦而言，通常是做愛(*making love*)或性交的一部分，但青少年的愛撫並不一定伴隨著性交。

　　人體的主要性感帶，如男性的生殖器，女性的乳房與外陰部，容易經由愛撫而達到性衝動狀態，單純的愛撫也會帶給青少年無限的性滿足。

　　青少年的愛撫一般隨交往的頻繁與情感密切程度之不同，而有先後次序與輕重之分。剛約會不久的青少年首先以牽手，或以手接觸對方

的非主要性感帶爲主，再次有摟腰與接吻的動作。但初淺的接吻又會引發深度的接吻，再進而有撫摸乳房與性器官的動作出現，以口交方式和異性接觸在東方社會極爲少見。愛撫是相互間的肌膚之親，能使男女雙方有愛的感受，但愛撫的深度通常不會倒轉的，除非對方抗拒或雙方感情破裂。愛撫通常以腰部爲界限，動作只限腰部以上者稱「輕度愛撫」(light petty)，以下者稱爲「深度愛撫」(heavy petty)。

馬斯特斯與鍾森(Masters & Johnson, 1979)基本上肯定愛撫的功能，它可以使靑少年學習對性刺激作適當的反應，愛撫也可以使靑少年能在沒有懷孕壓力下，進行相互的分享快樂與放鬆緊張或舒減焦慮。不過東方社會對靑少年愛撫的容許程度較低，因此進行這些動作的靑少年會有較多的焦慮或罪惡感。

根據拉凱與那斯(Luckey & Nass, 1969)的研究發現，愛撫是西方靑少年常有的舉動，其中又以牽手、接吻、緊抱與輕度愛撫爲最多。

表5-7是不同西方國家男女生所反應的性行爲類型，其中以愛撫的動作居多，表5-7中亦有女生所報告的性行爲類型。由表5-7可見，女生愛撫類型比男生較少深度愛撫。不過本項資料至今甚爲久遠，今日西方男女生的愛撫情況可能亦有極大的改變。

羅賓森(Robinson, 1972)曾調查大學生在1965年至1970年的愛撫行爲，他發現，以男生而言，沒有愛撫經驗者增加0.6%，女生減少7.4%，輕度愛撫男生減少2.7%，女生減少12.7%，中度愛撫男生減少5.1%，女生減少4.8%，但深度愛撫則男生增加8%，女生增加25.4%，由此可見男女靑少年的愛撫可能越來越直接與熱烈。

比靑少年愛撫更受關注的課題是靑少年的婚前性行爲(premarital sexual intercourse)，因爲婚前性行爲不只引起男女生心理與生理上的改變，並可能導致懷孕、墮胎或未婚生子，而引發家庭、教育與社會問題，靑少年婚前性行爲所衍生的問題世界各國都頗爲關切。可慮的是，由資料顯示，靑少年婚前性行爲的比率在逐年增高，表5-8是傑尼克與肯特納(Zelnik & Kantner, 1980)所調查的美國1971、1976、1979三個年代女

表5-7 西方各國青少年的性行為類型(%)

國家	美國		加拿大		英國		德國		挪威	
性別	男	女	男	女	男	女	男	女	男	女
1.輕度擁抱或牽手	98.6	97.5	98.9	96.5	93.5	91.9	93.8	94.8	93.7	89.3
2.晚別親吻	96.7	96.8	97.7	91.8	93.5	93.0	78.6	74.0	86.1	75.0
3.深吻	96.0	96.5	97.7	91.8	91.9	93.0	91.1	90.6	92.6	89.3
4.平行擁抱與撫摸但未脫衣服	89.9	83.3	92.0	81.2	85.4	79.1	68.8	77.1	93.6	75.0
5.從衣服外撫摸女生乳房	89.9	78.3	93.2	78.8	87.0	82.6	80.4	76.0	83.5	64.3
6.脫衣服撫摸女性乳房	81.1	67.8	85.2	64.7	84.6	70.9	70.5	66.7	83.5	58.9
7.穿衣情況下撫摸女生腰部以下部位	62.9	61.2	64.8	64.7	68.3	70.9	52.7	63.5	55.1	53.6
8.穿衣情況下男女互相撫摸腰部以下	65.6	57.8	69.5	50.6	70.5	61.6	50.0	56.3	69.6	42.9
9.脫光衣服擁抱	58.2	49.6	56.8	47.6	74.8	64.0	54.5	62.1	66.7	51.8
10.性交	58.2	43.2	56.8	35.3	74.8	62.8	54.5	59.4	66.7	53.6
11.一夜性交,不再來往	8.2	7.2	5.7	5.9	17.1	33.7	0.9	4.2	5.1	12.5
12.在愛撫或其它親密舉動之前鞭打屁股	4.2	4.5	4.5	5.9	13.8	17.4	9.8	1.0	2.5	7.1
(樣本)	(644)	(688)	(88)	(85)	(123)	(86)	(112)	(96)	(79)	(56)

資料來源:Luckey & Nass, 1969, pp.364-379.

性青少年15至19歲間的婚前性行為比率。

　　由表5-8可見美國女性青少年婚前性行為的比率相當高,在1971年時僅有30.4%,至1979年時昇高到49.8%,接近一半的青少年有婚前性行為的經驗,在未婚者當中,也隨著年齡增加而有較多的婚前性行為,如在1979年年齡15歲者只占22.5%,但到了19歲達69.0%,接近百分之七

表5-8　美國青少年三個不同時期的婚前性行為比率

婚姻狀況	年齡	1979(%)	1976(%)	1971(%)
全部青少年	15-19	49.8	43.4	30.4
已婚或曾結婚	15-19	86.7	86.3	55.0
未婚	全部	46.0	39.2	27.6
	15	22.5	18.6	14.4
	16	37.8	28.9	20.9
	17	48.5	42.9	26.1
	18	56.9	51.4	39.7
	19	69.0	59.5	46.4
第一次性交年齡	全部	16.2	16.1	16.4

資料來源：Zelnik & Kantner(1980), pp. 230-237.

十。至於第一次性交的年齡則變化不大，1976年的調查資料還比1979年早些，但三個時期第一次性交的年齡都在16歲左右，約是高二階段學生，年齡之低頗有令人不可思議之嘆。

　　表5-9是紐曼夫婦(Newman & Newman, 1986)根據過去美國青少年愛撫與婚前性行為相關調查資料所彙整的統計表。

表5-9　美國青少年愛撫與婚前性行為統計表

年	深度愛撫				婚前性行為			
	男生		女生		男生		女生	
	%	N	%	N	%	N	%	N
1965	71.3	92	34.3	40	65.1	129	28.7	115
1970	79.3	107	59.7	92	65.0	136	37.3	158
1975	80.2	93	72.7	195	73.9	115	57.1	275
1980	84.9	141	72.9	164	77.4	168	63.5	230

資料來源：Newman & Newman(1986), p. 175.

　　由表5-9的統計中可以發現，美國青少年近來都超過百分之七十有深度愛撫經驗，婚前性行為男生超過70%，女生超過60%，此項統計與表5-8相比較，男生婚前性行為的比率又提高了許多。因此，婚前性行

為已是美國青少年普遍的現象。此一情況近年來已遭致不少批評，最明顯的是，美國青少年過早投入異性追求與性愛滿足的活動中，因而導致課業成績低落，以及因懷孕而衍生的種種問題，如年輕父母、未婚懷孕、性病與愛滋病(AIDS)蔓延等，

齊爾門(*Chilman, 1983*)將美國青少年的婚前性行為普遍現象歸納成下列幾個要項：

1.自從1947年以來，青少年非婚姻的性交(*nonmarital intercourse*)急速的增多，尤其是白人女生。

2.非婚姻的性交年齡愈來愈低。

3.青少年性交容易發生在時常約會、固定約會、以及自認為在戀愛中的男女身上。

4.青少年愛撫比率高於性交，但兩者之間的差距已日漸縮小，這是因為避孕已頗方便之故，尤其女生更為明顯。另外，青少年的愛撫會愈形普遍，因為女生因性器官刺激所帶來的高潮甚於性交。而且沒有性交也能顯示對異性的承諾。

齊爾門的結論頗能反映當前青少年婚前性行為的一般趨勢。青少年婚前性行為的另一個作用是青少年個人及異性的性決定(*sexual decision making*)過程，圖5-8係青少年性決定過程模式，在此模式中的主要決定者是女性，但異性同樣有一定影響力，此一模式共可分為六個階段，每一階段的決定結果都會影響下一階段的發展。雖然整個模式只描述至第六個階段，但第六個階段的決定仍然對另一個人生階段有立即的影響，如隨之而來的是單身生活適應與子女教養問題。

在圖5-8中顯示，青少年性決定的重要關鍵是維護處女身(*virginity*)或性交，尤其當性交發生後，一連串的問題隨之而來，此後五個階段的一連串決定過程，對心智發展尚未成熟的青少年而言，確實是極大的負擔。在第二個階段乃因性交而隨之產生有小孩與沒有小孩的二種可能，在第三階段會面臨要不要生育控制的決定，當決定要生育控制時，又會有避孕與生育的兩種可能，倘避孕失效就與沒有生育控制相同，都

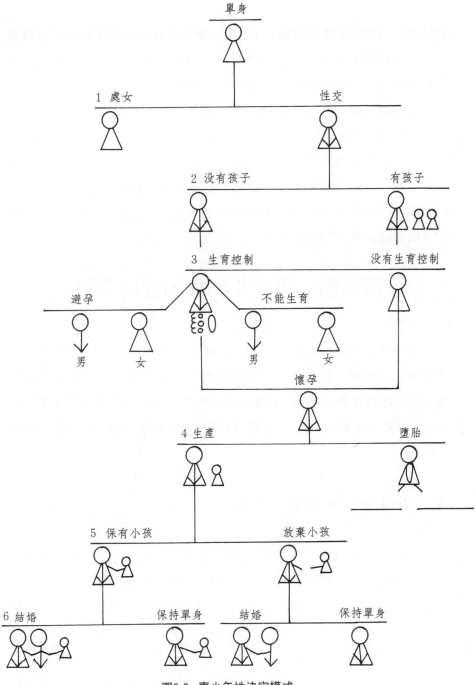

圖5-8 青少年性決定模式

資料來源：Fuhrmamn，1990, p. 262．

有懷孕的可能，當懷孕之後，就會進入第四個階段，到底要生下小孩或
墮胎，在墮胎上又會有合法與不合法選擇的困擾。但倘決定要生下小
孩，又要面臨第五個階段中自己保有小孩與放棄小孩的問題，因爲小孩
出生立即會有結婚與否的兩種可能，結婚且保有小孩可能較符合社會
期望，倘不能結婚，單身女性就成了未婚媽媽，如果放棄小孩而結婚，
同樣亦有心理適應上的問題。多數青少年由於沒有對於自己的性活動
詳細規劃，因此由性交而來的問題乃接踵而至，甚至發生悲劇。圖5-8
的模式可以當作青少年性教育與輔導的一部分，提醒青少年，尤其女生
所必須面臨的各種可能後果。

第三節　青少年的性困擾與問題

　　青少年的性成熟帶給青少年不少成長的喜悅，但也同時帶來了甚
多性方面的困擾，甚多青少年的性活動也造成了個人、家庭與社會問
題，如前述的青少年懷孕、墮胎、未婚媽媽、與性疾病傳染等，都值得
家庭、學校與社會的關切與協助，以使青少年能健全成長，並減少社會
問題。

壹、女性青少年的月經困擾

　　月經是女性自青少年開始至更年期爲止的每月大事，規則的月經
流血會持續2至7天或4至8天，平均5至6天，月經來潮前開始有粉紅色分
泌物，主要的排血期爲鮮紅色或暗紅色血液，月經末期仍有分泌物。由
於月經之產生與女性動情激素及黃體素之分泌有關，因而會對身體與
情緒產生影響。

　　在醫學上，對月經來潮前的生理與心理上的不適稱之爲「月經前症
候群」（premenstrual syndrome）。在月經來潮前幾天，乳房會脹痛、腰酸

背痛、肚子脹大、腹部有痙攣與下墜的感覺，並使嗅覺改變。某些婦女且因血醣過低而引發頭暈、面色蒼白、出汗、無力等現象，在情緒上也顯得煩躁、不安、易怒、情緒變化不定。是否會有「月經前症候群」的產生有極大的個別差異，並非人人如此，或經常如此。

　　青春期的少女較常見的是經痛，這是在月經來潮所感受到的子宮、下腹部與背部的疼痛現象，約有三分之一少女會有經痛的經驗。

　　經痛的原因在於子宮內的平滑肌收縮、血液供應量減少，而引起子宮周圍部位的酸痛，未生產的少女由於子宮頸較小，使子宮難以將血液排出，因而有較多的經痛。嚴重與持續的經痛需要就醫檢查與治療。

　　無月經也是壓力過重少女可能遭遇的困擾。人體內分泌受下視丘的控制，下視丘的運作又受外界環境的影響，當外來壓力過大或處於危險的環境中，下視丘的調節常會失常，使得性荷爾蒙分泌不正常，因而月經週期錯亂或無月經，面臨強大聯考壓力的女生或在監獄服刑的女受刑人即可能發生無月經的現象，舒減壓力與就醫治療是防治無月經的方法。當然已經懷孕也會無月經，兩者不可混淆。

　　台灣地區女生大約在12至13歲左右會有初經，初經後一、二年內由於性荷爾蒙分泌尚未穩定，因此月經亦不正常，此時卵巢尚未完全成熟，故不一定會排卵，也不會懷孕。月經來潮倘經血過多，次數頻繁，可能要就醫診療。但超過15、16歲尚未有初經，亦需就醫。從初經開始，女生就需要學習使用衛生棉，並注意清潔性器官，以保持經期的健康。

貳、男性青少年的性功能困擾

　　進入青少年期的男生最常見的困擾，是對自己的性器官大小與性功能的不安，東方社會常過度強調「壯陽」、「補腎」的重要，相對的也過分強調「腎虧」、「敗腎」、「倒陽」的害處，對成長中的青少年容易產生心理負擔。

　　男性陰莖大小事實上與性生活的滿足無關。陰莖未勃起狀態與勃

起狀態的大小亦非成正比，亦即未勃起狀態大者並不一定在勃起狀態下亦大。中國男性陰莖較西方男性短小，一般而言，中國男性陰莖在勃起狀態平均約10分公左右，短者7公分，長者約16公分。青少年常受誇大廣告與色情刊物的影響，而以為陰莖大或長才具有男性氣概，是沒有醫學根據的。

另一個引起青少年男生困擾的是包皮是否過長？要不要割包皮的問題。

陰莖末端的龜頭有一層薄皮，出生時陰莖完全由包皮覆蓋，只留尿道口，進入青春期以後，包皮則漸往後退，不完全再包著龜頭，龜頭部分自然露出，性行為時，包皮會自然退到冠狀溝下，此類屬正常的包皮。

醫學上所指包皮過長是在包皮上有個窄小的環節，緊包著陰莖，使得包皮難以退下，這類包皮才必須要考慮開刀割除。因為進入青少年時期包皮無法退下，龜頭內容易堆積分泌物，常引起紅疹或發癢。青少年階段包皮應經常褪下清洗，把包皮內分泌物擦洗乾淨。

猶太教於嬰兒出生不久即將嬰兒包皮割掉，稱之為「割禮」，中國社會無此習慣，不過大約有三分之二男性包皮於長大之後會自然退下，無需割除。包皮本身具有保護龜頭的功能，以避免外來傷害，倘無過長緊包現象，包皮並不會有不良作用。

參、早熟與晚熟的困擾

由於青少年發育的差異性相當大，因此有人早熟(*early maturity*)，有人晚熟(*late maturity*)，此種差異也對青少年的社會與人格發展造成影響。

在青少年初期與中期早熟者身高會較高、體重較重、肌肉有力、陰毛與腋毛較多，並且比晚熟者有較成熟的性徵。反之，晚熟者腿較長、肩膀較細、身體較瘦弱。

　　早熟的男性青少年在體型、力量與肌肉發展,以及男性氣概表現都優於晚熟的男性青少年,他們有較大的肺活量、較快的新陳代謝;因此體能狀況較佳,容易在運動上表現優異,並贏得異性與同性的友誼,也能獲得成人較多的信任與喜歡,較有助於自我概念的形成與良好的心理適應。

　　在行為表現方面,晚熟的男性較為不安、多話、霸道、缺乏自信,也較不受同儕歡迎。

　　不過早熟的青少年卻要過早面對生理改變的困擾,他們常因生理過早發育而引發焦慮,過早發育的男生常常也會降低智能學習的興趣,也會顯得較憂鬱,也較少開創性,但整體而言,男生早熟較有利,晚熟較不利。

　　女生早熟者要遭遇比男生早熟者較多的困難,主要因為早熟的女生要比同年齡的女生有較早的乳房發育,以及月經困擾,因而容易抑制早熟女生的社會興趣發展。早熟的女生比較不喜歡與同年齡的女生在一起,因為同年齡女生無法滿足她們的情緒需求,她們常轉而尋求年長的女性或男性的友誼。過多情緒剝奪(*emotional deprivation*)的女生常會以和男性固定約會的方式去獲得隸屬感,也因而容易過早發生婚前性行為,並可能發生未婚懷孕。

　　另外,早熟的女生也必須單獨的面對生理成熟與荷爾蒙分泌失衡的困擾,而增加了緊張與不安,她們不若正常成熟的女生可以相互分享不安與困擾,愈早熟的女生可能面對父母較多的限制,而非支持與關懷。

　　晚熟的女生由於成熟程度與男生一般成熟者相當,比較不會受到異性的排斥,在心理與社會發展上,晚熟的女生不若晚熟的男生會受到嘲諷與輕視。

　　總之,早熟與晚熟確實會對青少年男女造成不同的影響,早熟的男生由於身體發育情況較佳,體能條件良好,容易在運動上有良好表現,也較會贏得成人信賴,因此有較多承擔責任的機會,並當同儕團體的領

袖，他們除了課業成就較會受到干擾外，大致上在生理、心理與一般適應上處於較有利的情況；晚熟的男生則會受到同儕的輕視或排斥，不容易取得領導地位，也無法在運動體能競賽中表現突出，較不會受到同儕與女生的喜歡。相反的，早熟的女生卻要面對較多性成熟的困擾，壓抑個人社會與人際興趣，且常由於要補償心理上的不安與焦慮，轉向與年長異性來往，容易發生性方面的問題，而晚熟的女生較常被視爲聰明、伶俐，而受到照顧，較晚發育的生理狀況亦較少帶來困擾。不過早熟與晚熟的影響，尚需視青少年所處的家庭、學校與同儕關係而定。較多關懷與社會支持的青少年不論早熟與晚熟通常適應較好，特別值得青少年父母與師長的注意。

肆、未婚懷孕、墮胎與未婚媽媽

　　青少年女生未婚懷孕是最嚴重的性問題之一，因爲未婚懷孕會面對道德的譴責、身心調適困難，以及未來子女的養育等問題，對經濟、職業、社會發展都不十分成熟的女生而言是極大的挑戰，也極爲不利。不過前述青少年婚前性行爲已日漸普遍，連帶的也使未婚懷孕問題益形嚴重。儘管目前避孕方法非常簡便，但可惜的是，避孕通常並非青少年性活動中的最優先考慮，因而衍生了甚多的問題。

　　根據一項調查顯示(Zabin & Chark, 1980)，在1200位青少年女生中，年齡在12至19歲之間，只有14%在第一次性交時有了避孕的保護，50%有性行爲但沒有懷孕，另有36%的女生去看醫生，因爲她們擔心是否懷孕，在看醫生的女生中只有50%在最後一次性交中使用避孕方法。表5-10是有性經驗女生延緩看醫生所持的各項理由。

　　由表5-10的調查結果顯示，美國女生儘管性行爲普遍，但是不願意看醫生的理由各式各樣，尤其甚大比率想要掩蓋事實，及害怕父母發現，另也有人認爲自己不會懷孕。在此情況下，可以想像女生有極大懷孕的可能。瑞斯(Rice, 1993)將女生不使用避孕方法與延緩看醫生的原

表5-10 有性經驗之女生延緩就醫之理由

理　由	百分比(%)
1.想要掩蓋性交的事實。	38.1
2.害怕父母親發現。	31.0
3.期盼與男友有更親密的關係。	27.6
4.認為生育控制是危險的。	26.5
5.害怕被檢查。	24.8
6.認為太花錢。	18.5
7.不認為性交就會懷孕。	16.5
8.從未想過。	16.4
9.不知道那裡可以獲得生育控制的幫助。	15.3
10.不期望會有性交。	13.1
11.認為自己很年輕,不會懷孕。	12.8
12.認為生育控制是錯的。	9.2
13.男朋友反對。	8.4
14.認為我已經懷孕了。	8.4
15.認為我所使用的生育控制已經充分。	7.8
16.被迫有性交。	1.4
17.與近親有性關係。	0.7
18.其它。	9.7

資料來源:Zabin & Chark, 1980. p. 205 .

因歸成下列五個主要因素:㈠焦慮與恐懼:她們害怕父母發現,或認為避孕是危險的,也有人害怕被醫生檢查身體;㈡無知:不知道性交會有懷孕的危險,或認為她們年輕不會懷孕;㈢欠缺成熟與責任:對性沒有成熟的見解,也不願承擔責任;㈣情感矛盾:有的期望懷孕,有的是因為男朋友反對;㈤非願意的性交:發生性關係並非她們所願,或與親戚有性關係。也因此,瑞斯認為現階段青少年女生是有極大未婚懷孕的可能。

　　根據調查,由於青少年女生沒有適宜的避孕,因此在1993年約有1/10美國女生曾懷了孕(大約有100萬的女生懷孕),超過3/4的懷孕者未婚,以及一半的懷孕者會產下嬰兒(*Atwater*, 1996)。沒有避孕的原

因有下列各項：㈠安全期算錯（39.7%）；㈡低懷孕冒險（30.9%，如年輕）；㈢避孕器材不方便（30.5%）；㈣會妨害快樂（23.7%）；㈤道德與醫學考量（12.5%）；㈥不在乎（9.3%）；㈦想要小孩（6.5%）（*Conger & Galambos*，1997）。

　　圖5－9是美國15－19歲女生有婚前性行為的女生在1976與1979兩次調查中使用避孕方法的比率，資料顯示，使用生育控制的女生愈來愈多，但比率仍低於一半。

　　由上述可知，美國女生一方面婚前性行為日漸增多，但避孕比率仍然低，造成甚多的未婚懷孕者，產生了極大的社會問題，值得國內借鏡。

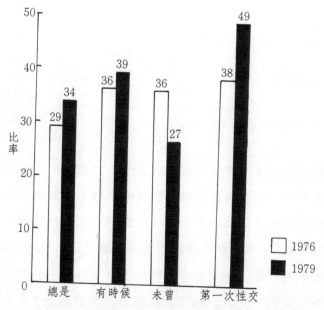

圖5-9　美國女生婚前性行為避孕比率

資料來源：Zelnik ＆ Kanfner 1980, pp. 230－237.

　　美國女生未婚懷孕者當中有四分之一採取墮胎方式終止懷孕，另10%以結婚收場，另約五分之一未婚生子，也有15%流產。青少年女生

懷孕或未婚生子對個人與胎兒的健康都極為危險，過於年輕生子，胎兒常會體重過輕、高死亡率，也有可能造成神經系統的缺陷與較多的疾病。另外太早懷孕也妨害了母體的正常生長，並因而滋生疾病。

此外，如果青少年女生太早當媽媽，也要面臨極為現實的問題：㈠經濟困難：由於嬰兒與母親生活開支倍於往昔，形成沉重經濟負擔；㈡導致中止學業：由於懷孕與育兒使學業無以為繼，而提早離開學校；㈢就業不利：太早生子，妨礙母親具備良好的就業技能，並且由於需照顧小孩，而不利就業上的需求；㈣產生情緒與人際困擾：由於本身心智未成熟，無法應付嬰兒的來臨所產生的壓力，且容易因而與男友（丈夫）及家人產生緊張關係；㈤育兒能力不足：青少年女生對育兒的知識尚不充足，太早生子常對嬰兒的養育束手無策，因而容易虐待嬰兒。除此之外，倘本身又遭遺棄，則所遭受的身心打擊更大。從生理、心理、教育與社會等角度來看，青少年女生當媽媽（不論已婚與否）均極為不利，這也是青少年輔導工作上所面臨最為嚴重的問題。即以表5-11來看，美國女性婚前懷孕的比率隨年齡增加而昇高，在有性經驗的婦女當中，至18歲約有三分之一懷了孕，數字值高得令人擔憂。另外，青少年媽媽容易生產低體重（低於2500公克）的小孩，在美國非白人女生又比白人女生有更高的可能性。

表 5-11　美國各年齡婦女生育結果與產前護理

年齡	15 歲以下	15-19 歲	20-24 歲	所有女性
初生嬰兒體重過輕(5.5 磅以下)的比率(%)	13.8	9.3	7.0	6.8
胎兒初生前，母親注意早期產前護理(%)	36.1	53.4	70.7	75.9
胎兒初生前，母親注意晚期或沒有注意產前護理(%)	20.8	12.5	7.4	6.9

資料來源：Conger & Galambos, 1997, p.163.

　　墮胎在世界各國都曾引起廣泛的爭議，在法律上世界各國對墮胎的規定愈來愈寬容，但在道德與宗教上近來卻有愈來愈嚴格禁止的趨勢。1992年美國大選即以墮胎當作一個重要訴求，保守人士一直將墮胎視為謀殺行為，要求立法制止，但反對人士卻將墮胎視為是母親的一種權利與自由，兩派一直相爭不下，不過保守人士似有占上風之勢。

　　依據雪瑞夫婦(*Sarrel & Sarrel, 1981*)的說法，墮胎對女性而言是一大創傷，需謹慎為之，女性墮胎會有下列的副作用：㈠生理疼痛；㈡憂鬱與沮喪（通常在墮胎後48小時發生，主要係荷爾蒙分泌失衡的結果）；㈢罪惡感；㈣情感衝突。也因此，墮胎的女性青少年極需要適當的諮商與輔導協助。

伍、性病

　　性病通常是因為性接觸所感染的，性病也因此稱之為性傳染病(*sexually－transmitted disease*,簡稱STD)。青少年如果性伴侶愈多，其得到性病的機會就愈高。根據統計，在1980年一年中，美國超過一百萬的人報告得到淋病，沒有報告的病例在三倍以上，每年所增病例達四百萬人，據估計25歲以前每二位青少年就有一位曾得到淋病或梅毒(*Francoeur, 1982*)。由此可見，青少年的性病也是青少年性活動的一項重要威脅。近年來由於愛滋病的蔓延，更引起青少年的恐慌。青少年主要罹患的性病有淋病、梅毒、疱疹、陰道感染、陰蝨、性器疣與愛滋病等。

一、淋病

　　淋病(*gonorrhea*)是極普遍的性病，通常在男性的陰莖、前列腺、膀胱、睪丸、腎臟，以及女性的子宮頸、陰道、外陰部等溫濕黏膜部位繁殖。淋病的主要症狀是排尿困難、有灼熱感、發燒、發冷、食慾不振、皮膚與關節痛，女生則有黃色的陰道分泌物。淋病是透過性接觸（包括性器、口腔與肛門）接觸而感染，淋病症狀會在二週內發生，但80%女

生與20%男生卻沒有症狀。如果淋病嚴重的話，將會導致腎臟或子宮感染而影響了生育。

盤尼西林(*penicillin*)是對抗淋病最有效的藥物，淋病患者目前已能經由藥物的使用而控制疾病。

二、梅毒

梅毒是由梅毒螺旋菌所感染的，是最危險的性病之一，罹患梅毒者有極高的死亡率。梅毒的感染途徑與淋病相似，主要是以性器官接觸為主要感染源，但皮膚傷口也會被感染，另外胎兒也會經由母體而感染梅毒。

梅毒病菌至人體約經歷四個發展階段：㈠初期硬結：最初發生期會有腫塊產生，可能出現在陰莖表面、陰道內、口腔及肛門周圍。初期硬結通常不痛不癢，因而病人容易延誤就醫。㈡病菌繁殖期：受梅毒感染後倘未醫治，於二到十週後會進入病菌繁殖期，皮膚會出現小疹、丘疹，口腔、手心、四肢都可能出現潰爛，身體也容易發燒、頭痛。皮膚潮紅是本期的重要特徵。㈢潛伏期：此時期可能持續數年或終生，潛伏期並沒有外顯症狀，但會經由血液檢查而發現病菌。㈣末期：末期的梅毒病狀主要有血管破裂、心臟衰竭、皮膚潰瘍、半身不遂等。嚴重者會導致死亡。盤尼西林也是對抗梅毒的有效藥物，但梅毒較淋病更難治癒。

三、疱疹

疱疹(*herpes*)主要的感染途徑為性交、愛撫、或口交。疱疹分第一型與第二型兩種，第一型疱疹出現在嘴巴或嘴唇，因此是一種嘴部疱疹。第二型疱疹則出現在性器官周圍，因此稱為性器疱疹。目前估計美國有30萬至60萬的性器疱疹病例，因此疱疹也成為最普遍的性病。

疱疹的症狀是丘疹，它是一種微紅且會痛的腫塊，會轉變成水泡、或發膿。疱疹也會伴隨著淋巴腫大、發燒及頭痛等症狀。疱疹經治療後

病菌仍會停留在神經纖維中，因而復發機會大。

疱疹多半於性交感染後三至六天發生於陰部附近，最初會持續約一個月的病症，以後再不定期出現類似症狀，最初症狀是患部灼熱與刺痛，然後出現小水疱，二至三天小水疱破裂成爲糜爛狀態，並引起淋巴腺腫，女性感染疱疹容易導致子宮頸癌。預防疱疹仍以減少不當性接觸爲首要。

四、陰道感染

陰道感染是指陰道受病菌侵入而引發的疾病總稱，女性陰道感染並非一定由性交方式傳染，個人生理情況改變與不良衛生習慣也容易引起陰道感染。

陰道感染的主要症狀有：㈠陰道滴蟲；㈡念珠菌感染；㈢披衣菌感染；㈣葛氏陰道桿菌等。

陰道滴蟲是由寄生性陰道滴蟲所引發的疾病，容易經由性器官傳染，男性亦會受到感染，但症狀較輕微。受感染的女性陰道會分泌白色或黃色排出物，並導致陰部發燒、奇癢與疼痛，目前已有相關藥劑治療此種疾病。

念珠菌感染會使女性陰道排出白色液體，並引發陰部的癢痛，正常的陰道中即有念珠菌滋長，只有在生理情況改變導致念珠菌過度生長才會產生疾病，過度食用乳酸製品即容易產生念珠菌。

披衣菌感染是由砂眼披衣菌所傳染的疾病，男女都會感染，女性發病會造成腹痛、經期中斷、噁心與頭痛，主要症狀是子宮頸發炎與骨盆腔炎，這是女性普遍受到感染的疾病。

葛氏陰道桿菌(*Gardnerella vaginalis*)的主要症狀是陰道會分泌糊狀物、味道難聞，也經由性交而感染，但男性多數無症狀。

各種陰道感染症目前都有治療的藥劑，因此受到感染時應及時治療，另外保持陰部乾淨與穿著舒適的衣服亦有必要。

陸、性器疣與陰蝨

性器疣(venereal warts)俗稱菜花，也由性交傳染，最常發生於男女性陰部，也是頗爲流行的性病，在男性的包皮與女性陰道口容易發生性器疣，並因而使尿道阻塞與出血，有時候會惡化而致癌，它是唯一能致癌的性病。

陰蝨(pubic lice)則是一種會經由皮膚接觸而傳染疾病的微小昆蟲，陰蝨主要寄生在陰毛附近部位，容易引起局部痛癢。

陰蝨約一毫米長，成蟲壽命約一個月，每次產卵50個左右，陰蝨會咬傷人體皮膚，它也會在腋毛，甚至眉毛處生長，因而引起局部搔癢。陰蝨主要仍是在性交時感染到的爲多。

柒、愛滋病

愛滋病(AIDS)本名是「後天免疫缺乏症候群」(acquired immune deficiency syndrome)，取其開頭四個英文字母，而形成AIDS，中文稱爲愛滋病，它是1980年與1990年代最具破壞與震憾人心的性疾病，有人甚至稱它爲二十世紀的黑死病。

愛滋病病毒因爲破壞人體免疫系統中的T細胞，因而使人體的免疫機能受損或喪失，導致各種疾病纏身。愛滋病於1981年首次發現，至今已有數十萬人死亡，包括一些著名影視歌星與籃球明星都感染了愛滋病，台灣至1993年9月已有400人以上感染了愛滋病。

愛滋病的主要症狀是下痢、產生鵝口瘡、疱疹、發燒、體重減輕等，血液與精液是傳染愛滋病的主要途徑，經由性接觸與血管注射都會感染愛滋病。目前已發現，男同性戀者、血友病人、吸毒者、性伴侶多者是屬於高愛滋病危險群。預防愛滋病的方法有：㈠不與他人共用注射器；㈡不與他人共用會被血液污染的器具，如刮鬍刀；㈢不濫交；㈣

不嫖妓；㈤避免成爲同性戀；㈥避免以口、陰莖、陰道或肛門接觸他人精液；㈦避免肛交；㈧能利用保險套。由於愛滋病的治療目前尚未有特效藥出現，一旦感染無疑地只能靜待死亡到臨，因此預防是上策。

　　佛朗寇爾(*Francoeur, 1982*)認爲預防各類性傳染病需有下列守則：㈠愼選性伴侶；㈡適當利用保險套；㈢常清洗陰部；㈣利用各種避孕器及藥膏；㈤避免接吻與肛門性交，以及口交；㈥性接觸前後利用溫水與肥皂沖洗陰莖或陰道；㈦性交之後立即排尿等。佛朗寇爾特別強調，性病帶原者並非一定有症狀，因此自己必須小心，並能及時就醫。這些原則對青少年而言十分重要。尤其青少年常心存僥倖，以爲自己並不可能得到性病，有此心態的青少年反而適得其反，因此青少年的性教育頗爲重要。

第四節　青少年的性教育與諮商輔導

　　性發展是青少年成長過程當中最重要的發展課題，但是任何社會對於性教育有不少的禁忌與壓抑，青少年常因對性的無知，而有無謂的心理困擾，並因此作了不當的性冒險，而產生了性問題，或罹患性疾病，終於造成遺憾。良好與健康的性教育對急速改變中的青少年尤其重要，不過反對青少年性教育者亦不在少數，他們擔心性教育只會激勵青少年性活動而已，對青少年有害無益，事實上青少年的性教育也是長久以來受爭議的問題，即使是要提供性教育，但內容應包括那些，亦有爭議。

壹、青少年的性知識與性行爲

　　青少年性教育的日益受到重視與青少年的性問題日漸嚴重有密切關聯，尤其1970年以來美國由於青少年性傳染病與未婚懷孕的案例甚

多，因此社會大衆冀望由學校提供性教育，以減少青少年的性問題。國
內近年來青少年的性活動亦有增加之勢，青少年的性教育同樣必要與
急迫。有研究顯示，國內青少年的性知識仍然不足，對性的認知與價值
觀亦非全然正確。黃國彥（民79）調查結果顯示，在1422位的青少年中，
對十個有關男女性方面知識的問題，包括卵巢、精子的功能與器官、女
性排卵、處女膜位置、月經與懷孕等題目，每題答對給一分，全體受試
的平均得分6.31分，教育程度愈低、得分愈低，例如大專程度受試者得
7.75分，而國小程度者4.66分，國中程度者5.20分。全體受試者自認性知
識十分足夠者占4.13%，足夠者占21.03%，不足夠者占62.59%。受試者
主要的性知識來源以書報、雜誌及小說最多（占36%），其次是同學與
朋友（占17.14%），再次是教科書（僅占15.24%）。由此可見，台灣地區
青少年的性知識呈現嚴重的不足，同時學校亦非主要的性知識來源，頗
值得正視。另有其它調查顯示，女性獲得性知識的來源主要是報紙（占
37.5%），其次是母親（22.5%），再次是朋友（15.8%）。婦女第一次性經
驗的年齡18歲者占6.2%，19歲者占11.9%，20歲者占13.2%，21歲以上者
占26.1%。值得注意的是，婦女第一次性經驗時未婚者占70.7%，已婚者
占21.5%，亦即三分之二女性有婚前性行爲的經驗。另外在避孕方面，
使用保險套者占25.5%，計算安全期者占23.5%，避孕藥者占6.7%，體外
射精者占8.5%。婚前曾有墮胎者占23.8%，婚後有墮胎者占10.3%（江漢
聲，民79a；79b）。不過上述調查樣本均不多，代表性恐有問題。但基
本上這些調查亦反映國內青少年婚前性行爲與墮胎的比率不低。

　　美國青少年性知識的來源主要以父母親、同性朋友、異性朋友、醫
護人員（含醫生與護士）、神職人員（神父、牧師與修女），以及老師
爲多，再次是書籍與媒體。但不同年齡層的青少年其性知識來源則有顯
著改變。表5-12係都賽克(Dusek, 1987)的調查資料，由表5-12亦可發現在
愛與婚姻知識方面主要來自於父母，但在生育控制與性病方面知識則
來自醫護人員最多，來自教師的性知識比率都不高，維持在20－30%之
間，可見美國學校的性教育亦仍有不足之處。

表5-12 青少年性知識的來源（百分比）

	來源									
	媒體	同性朋友	母親	醫生護士	兄弟姊妹	老師	異性朋友	父親	神職人員	書籍
愛與婚姻										
男生										
5-8年級	19	34	79	34	36	28	29	79	38	46
9-12年級	17	55	54	55	40	24	52	68	40	41
大學生	18	78	50	34	45	28	81	66	23	68
女生										
5-8年級	13	48	94	34	38	23	20	60	24	33
9-12年級	14	60	82	44	44	24	46	58	35	48
大學生	16	86	83	36	54	30	71	56	17	33
生育控制										
男生										
5-8年級	26	22	75	73	31	26	23	77	33	48
9-12年級	34	43	44	83	17	21	34	47	32	51
大學生	28	79	33	88	31	22	55	45	12	81
女生										
5-8年級	23	41	84	73	18	14	15	52	18	50
9-12年級	35	56	65	79	30	20	21	27	32	63
大學生	23	87	53	94	41	13	33	17	5	76
性病										
男生										
5-8年級	34	32	72	84	26	35	17	68	26	50
9-12年級	38	38	40	91	22	29	25	44	37	49
大學生	40	70	28	91	24	32	42	40	12	86
女生										
5-8年級	35	53	79	84	28	33	20	67	21	46
9-12年級	46	55	48	85	28	27	17	26	33	68
大學生	30	65	47	93	37	22	31	24	9	80
性關係與生育										
男生										
5-8年級	22	40	69	59	36	15	28	74	17	38
9-12年級	33	50	48	73	33	23	36	56	31	34
大學生	29	88	36	79	25	30	77	53	14	88

女生										
5-8年級	15	47	92	66	28	23	18	54	11	38
9-12年級	32	59	70	77	38	17	29	41	23	57
大學生	28	84	64	84	54	24	47	33	7	77

資料來源：Dusek，1987，p.287.

表5-13 青少年的性資訊來源程度差異

	很多	很少	沒有
朋友	43.5	47.4	9.1
學校	36.0	47.7	16.3
父母	26.1	50.2	23.7
書本／雜誌	25.5	51.0	23.4
電影	18.6	51.9	29.5
電視	9.8	55.8	34.4
兄弟姊妹	20.3	32.9	46.9
醫生／護士	15.1	33.8	51.1
教會	2.8	4.6	92.6
其它	15.2	16.6	68.3

資料來源：Atwater，1992，p. 269.

表5-14 同儕與學校對青少年性資訊的貢獻

性概念	同儕%	學校%
墮胎	18.6	28.8
避孕	41.7	20.9
射精	43.3	18.2
同性戀	52.0	13.1
性交	54.5	9.6
手淫	45.9	13.5
月經	21.8	21.2
嬰兒出生	26.2	14.1
撫慰	55.7	7.2
娼妓	50.0	6.4
性交中斷	26.3	27.2
性病	17.5	48.3
合計	37.8	19.5

資料來源：Thomkery，1975.

　　不過美國相關的調查結果並非一致。在另一項調查資料中顯示，美國青少年的主要性知識來源依序為同儕、文獻書籍、學校、母親與父親、神職與醫護人員比率卻較低(Atwater, 1996)。表5-13是另一項調查資料，可一併參照。

　　另外表5-14顯示，美國青少年從同儕與學校所獲得的性資訊相比，同儕顯然影響力大於學校，學校只有在性病、墮胎、射精資訊方面高於同儕，其餘各項性資訊主要均以同儕作用力較大。

貳、青少年的性教育

　　既然青少年一方面性活動頻繁，另一方面性知識不足，因此加強性教育極為重要，尤其近來愛滋病蔓延，更關係青少年一生的健康與幸福，有效的性教育應該是青少年本身，以及家庭與社會所歡迎的。

　　桑柏格(Thornberg, 1982)認為學校的性教育應遵守下列原則：

　　一、提供青少年所有重要的與正確的性知識，包括手淫、性交、同性戀、性病、懷孕與墮胎等。

　　二、探索青少年面對來自自我、同儕、父母與大眾媒體之性訊息的情緒反應。

　　三、檢查生理問題，尤其性吸引力與性功能的個別差異。

　　四、協助青少年發展道德信念以符合個人及社區道德標準。

　　五、激發自我覺察力，以增進性的自我決定力。

　　另外瑞斯(Rice, 1993)也認為公立學校在青少年性教育上應扮演更重要的角色，其理由如下：

　　一、家庭生活與性教育應成為青少年學習課程中的自然部分：像生物課、健康教育、家政、輔導活動、甚至文學課程都可以討論性道德、性行為等。

　　二、教育的目標即在於為青少年的美滿婚姻與負責任的父母作準備，性教育的目標與學校教育的目標不謀而合。

　　三、學校教育就是一個可以容納所有青少年的社會機構：因此學校可以扮演積極的角色推展家庭與性教育，使各階層的青少年都能受益。

　　四、學校是一個專業教育機構，有足夠的能力作好性教育：學校教育工作者都受過專業訓練，有足夠的條件做好性教育，只要適當加以再培訓，都可以成爲良好的性教育工作者。

　　有學者指出，國內因爲性教育課程不足，青少年的性知識來源頗爲偏差，青少年的性資訊來源主要有下列幾種（江萬煊，民79）：

　　㈠書刊：特別是爲了推銷藥品、補品等爲目的的廣告，故意灌輸青　少年錯誤的性觀念來推銷其產品。

　　㈡電影、錄影帶、第四台等。

　　㈢周圍的朋友及本人。

　　㈣密醫利用人的弱點所灌注的錯誤性觀念。

　　青少年由於不正當的性知識來源所引起的心理問題包括：

　　㈠誤信自己的生殖器發育不好，產生不必要的自卑感。

　　㈡誤信自己手淫過度，產生學業成績低落。

　　㈢誤信自己已患不治的性病。

　　㈣誤信自己患下消、精門鬆開、漏精、早洩、陽萎等。

　　青少年因而所產生的不良行爲有：

　　㈠到特殊營業場所去馬殺雞。

　　㈡參加不良幫派，做集體的行爲，如輪姦。

　　鍾思嘉（民79）認爲性教育的目標應以培養青少年正確性態度與性行爲爲主要，各項目標如下：

　　㈠自我察識：觀察認識自己的生理器官、兩性生理的差異、性別角色的發展、性心理的發展等。

　　㈡自我瞭解：瞭解性器官的功能，並注意生理衛生的習慣，愛護身體的每一器官。同時瞭解友情、愛情、和性需求的正確觀念。

　　㈢價值澄清：獲得正確的性知識，培養有愛心、尊重他人的價值

觀，以發展其健全的社會人格。

　　㈣道德發展：建立人際關係的倫理規範，增進思考、判斷能力，以確立個人的道德之提昇。

　　㈤責任行為的發展：理解分擔社會責任的任務，培養責任感、自律、自我充實的觀念和行為。

本章提要

1. 性細胞在男性是精子，在女性是卵子，精子之中的染色體有二種：(1)X精子；(2)Y精子。卵子的染色體則全是帶X染色體的細胞。

2. 男女生殖器官都分內生殖器官與外生殖器官二部分，男性的內生殖器是睾丸、副睾、輸精管、攝護腺、陰囊，外生殖器是陰莖及陰囊。女生的內生殖器為卵巢、輸卵管、子宮，外生殖器有大陰唇、小陰唇、陰蒂與陰道。

3. 男女兩性出生時由外生殖器即可發現男女生的不同，此時的性別所具有的特徵稱之為「第一性徵」。青春期時，性荷爾蒙分泌增加，使男女生在身體與性器官外觀、性格或性情顯出極大的差異，此時男女生外顯的性別特徵，稱之為「第二性徵」。

4. 青少年期的性發展重要現象包括：(1)性器官的成熟與第二性徵的出現；(2)初經與月經；(3)乳房發育。

5. 青少年初經通常發生於身高驟增高峰或骨骼發展達於頂峰之後，通常在10.5歲至15.8歲之間，平均年齡12.79歲。初經的出現除個別差異現象之外，又有人種間、不同世代間與地域間的差異。

6. 青少年時期對青少年而言是，是一個性的探索階段，青少年主要的性活動與性愛有：(1)性衝動；(2)性幻想；(3)手淫；(4)約會與戀愛；(5)愛撫；(6)婚前性行為。

7. 男女生的性衝動會受到社會化與所處文化的影響，一般社會對男生都比女生寬容，女生因而接受外界性刺激遠低於男生。

8. 都賽克把青少年約會的功能歸納為：(1)社會化；(2)娛樂；(3)參與的渴望；(4)獨立的肯定；(5)地位尋求；(6)性滿足；(7)求愛。

9. 青少年的性成熟帶給青少年不少成長的喜悅，但也同時帶來了甚多性方面的困

擾，其中包括：⑴女性青少年的月經困擾；⑵男性青少年的性功能困擾；⑶早熟與晚熟的困擾；⑷未婚懷孕、墮胎與未婚媽媽；⑸性病。

10.瑞斯將女生不使用避孕方法與延緩看醫生的原因歸成下列五個主要因素：⑴焦慮與恐懼；⑵無知；⑶欠缺成熟與責任；⑷情感矛盾；⑸非願意的性交。

11.雪瑞夫婦認為，女性墮胎會有下列的副作用：⑴生理疼痛；⑵憂鬱與沮喪；⑶罪惡感；⑷情感衝突。

12.性病通常是因為性接觸所感染的，性病也因此稱之為性傳染病。青少年主要罹患的性病有：⑴淋病；⑵梅毒；⑶疱疹；⑷陰道感染；⑸陰蝨；⑹性器疣；⑺愛滋病。

13.佛朗寇爾認為預防各類性傳染病需有下列守則：⑴慎選性伴侶；⑵適當利用保險套；⑶常清洗陰部；⑷利用各種避孕器及藥膏；⑸避免接吻與肛門性交，以及口交；⑹性接觸前後利用溫水與肥皂沖洗陰莖或陰道；⑺性交之後立即排尿等。

14.青少年一方面性活動頻繁，另一方面性知識不足，因此加強性教育極為重要，而公立學校在青少年性教育上應扮演較重要的角色。

第六章
青少年的智能發展與輔導

　　青少年階段個體的思考、推理、記憶，以及知識運用的能力也達到
頂峰，個體的智力（*intelligence*）與認知（*cognition*）在質與量都有了鉅大的
發展，不過過去的心理學家對兒童智能發展的關心甚於青少年。事實上
青少年階段智力與認知的改變更關係未來生涯的整體發展，加上近年
來由於義務教育的延長，多數青少年仍在學習當中，因此充分了解青少
年的智能發展狀況，並協助青少年有效的學習，輔導解決學習上的困
難，以促進青少年潛能的充分開展，對青少年本身與國家社會的進步，
都極為重要。

　　本章將探討青少年的智力、認知、創造力的發展特徵及其相關問題
與輔導策略。

第一節　智力的意義與智力結構

壹、智力的意義

　　智力又稱爲智慧，不同心理學家對智力的界定各不相同。魏克斯勒（*Wechsler, 1975*）認爲智力是個體了解他的世界與他的資源（*resourcefulness*），以面對挑戰的能力。智力測驗的鼻祖比奈（*Alfred Binet, 1857-1911*）則將智力看成是個人整體適應環境的能力（*Kimmel & Weiner, 1995*），也有人將智力當作是特殊能力、學習的訊息處理歷程，以及所有認知功能的複雜組織（*Humphries, 1979*）。

　　都賽克（*Dusek, 1987*）指出，智力的界定不易，因此可以由二個層面來界定智力：㈠量的方法（*quantitative approach*）；㈡質的方法（*qualitative approach*）。

　　量的方法主要係利用心理計量（*psychometric*）的方法，發現智力中特殊能力（*particular ability*）的量的多寡（*amounts*）。此一取向通常將智力界定爲學習或問題解決的能力，典型的方法是利用智力測驗評量可能存在的智力因子，智力測驗的得分就被當作智力的代表性分數，再與特定群體智力得分分布狀況作比較，以獲知個別的智力分數所顯示的智力相對高低。量化方法對智力的界定可稱之爲「非發展性的」（*nondevelopmental*）方法，因爲此一取向假定不同年齡層個體所測得的問題解決能力性質相似，如果不同時期個體智力測驗分數有所改變，則歸之爲測量誤差、測驗結構誤差，或測驗實施時個人動機或情境因素所造成的。基本上，量化方法將智力視爲是穩定的個體能力。

　　質的方法則將智力看成是個體認知過程的思考模式（*thinking models*），亦即把智力視爲個人在環境中作訊息處理的一種結構（*con-*

struct)。質的方法不認為單純的智力測驗可以充分評量智力，此一取向由於重視個體的訊息處理過程，因此也關心不同發展階段的智力改變情形，所以質的方法具有發展性的特質，認為個體在不同發展階段，其智力的發展結構亦有所差異，個體在不同階段對環境中訊息的運用與處理方式會有所不同。

　　本節所關注的智力發展與輔導相關課題主要是以量化的方法界定智力，下一節中所探討的認知發展與輔導相關課題則側重質的方法。事實上，智力與認知兩者可能是一體兩面，因不同的界定與不同的評量方法而有所差異。

貳、智力測驗的發展

一、比奈的貢獻

　　智力研究的歷史尚未超過百年，1904年法國巴黎市公共教學(*Public Instruction*)部長指派比奈組織一個委員會分析與鑑定在學校中無法有效學習之學生的方法。比奈以其神經醫學與精神病學的學術訓練背景開始思索個體推理思考方式的差異現象，他相信智力應該與心智活動(*mental activities*)有關，因此他設計一系列的作業要求兒童去完成，再依照兒童完成作業的多寡區分正常與遲鈍的兒童，如果兒童能完成一般兒童能完成的作業，他的智力將是中等，反之就是較愚笨者。比奈依此概念再依年級編訂不同的作業，以區分不同學年兒童的智慧高低。經由比奈與另一位學者西蒙(*Th. Simon*)的共同努力，首創了智力測驗與智力的概念。1905年第一分智力測驗編製完成，後人通稱比西量表(*Binet-Simon Scale*)，本量表的作業題目由淺至深，由簡單至複雜排列，兒童通過作業題目的多寡就表示其智力的高低，1908年再發展了心理年齡(*mental age*)的記分方法，亦即完成了一定的作業題目可以表示其心理成長到達某個階段，心理年齡就是心智成長的指標，再將兒童的

實際年齡(*chronological age*)相互比較，如兩者之比大於1，表示智慧高於平均數，低於1則表示智慧較低下，等於1則顯示智慧居於中間。

1914年史登(*William Stern*)再把比西的心理年齡與實足年齡的對比乘以100，將其得分稱之為智慧商數(*intelligence quotient*，簡稱為IQ)，作為個體智力的指標，從此IQ乃成為學術界與一般社會大眾所熟知的名詞。史登的IQ公式如下：

$$IQ = \frac{MA}{CA} \times 100$$

此公式表示智慧商數即是心理年齡除以實足年齡所獲得的商數再乘以100所獲得的分數。如有一位中學生其心理年齡是13歲9個月，實足年齡是12歲6個月，他的$IQ = 165$月／150月$\times 100$，故得$IQ = 110$，顯示此中學生的智力稍高於平均數。

二、比西與魏氏智力量表的發展

1916年美國史丹福大學的教授推孟(*Lewis Terman*)修訂出版了比西量表，這是早期最完整的英文版智力測驗。推孟的智力測驗除保留了部分比西量表的作業題目之外，並加入了史登的IQ概念，並且建立了美國受試者的標準化測驗資料，此一測驗被稱之為史丹福比奈量表(*Stanford-Binet Scale*,簡稱史比量表，但國內仍習稱比西量表)，此一量表至今仍是普遍被使用的智力評量工具，它被認為在鑑定兒童的智力高低、預測學業成就上，有極高的正確性與穩定性(*Kimmel & Weiner, 1985*)。不過史比量表迭經修訂，早年的作業題目幾乎已不再被使用。史比量表前後經五次修訂，分別是在1916年、1937年、1960年、1972年與1985年。國內亦依照史比量表修訂完成中文版的比西量表，前後亦已有五個修訂版本。

不過在魏克斯勒(*David Wechsler, 1896-1987*)所領導發展的魏氏智力量表出版後，史比量表就失去它的優勢，如在1946年史比量表是最普遍被使用的智力測驗，在1982年卻落到第15名(*Kimmel & Weiner,*

1995）。

　　魏克斯勒是紐約市貝勒福醫院（*Bellevue Hospital*）的首席心理學家，他於1939年編訂了一項新穎的智力測驗，被稱之為魏克斯勒貝勒福測驗（*Wechsler-Bellevue Test*）。魏氏的智力測驗揚棄了心理年齡的計算方法，代之以點量表（*point scale*）方法，受試者在魏氏智力測驗上的得分可以立即轉換成IQ，無需計算年月，此量表以100為智力平均數，受試者測驗作業完成程度就直接以100為基準轉換成IQ。

　　魏克斯勒所發展的智力量表共有三個不同量表，分別適用於不同年齡的受試者：㈠魏氏成人智慧量表修訂版（*Wechsler Adult Intelligence Scale-Revised*，簡稱WAIS-R）適用於成年人；㈡魏氏兒童智慧量表修訂版（*Wechsler Intelligence Scale for Children-Revised*，簡稱WISC-R）適用於6-15歲兒童；以及㈢魏氏學前與小學智力量表（*Wechsler Preschool and Primary Scale of Intelligence*，簡稱WPPSI）。

　　魏氏三分量表主要包括語文（verbal）與作業（performance）兩個分量表，各自再有分測驗，標準差為15，而比西量表標準差為16。國內目前亦有魏氏兒童智慧量表的中文修訂本，普遍受到心理與教育工作者的喜愛。

三、其他智力量表的發展

　　史比量表與魏氏量表兩個主要的個別智力測驗之外，團體智力測驗也有長足的發展。第一次世界大戰期間，美軍為了新兵分派單位的需要，由心理學者奧迪斯（*A. S. Otis*）領導，發展了第一分團體智力測驗量表「陸軍甲種量表」（*Army Alpha Scale*），以及「陸軍乙種量表」（*Army Beta Scale*），前者為語文式智力測驗，後者為非語文式智力測驗，分別適用於識字與文盲士兵的甄別。一次大戰結束後，美軍又編製了一分陸軍普通分類測驗（*Army General Classification Test*，簡稱AGCT），此分量表後來被推廣運用到學校與工廠，以及世界其他國家。由於團體智力測驗施行簡單、計分方便，因此乃成為智力測驗的主流。比西量表與魏氏

量表由於施測耗時、施測人數受限，雖然功能受肯定，但卻遠不如團體智力測驗使用的普遍，因此常限於應用在甄選與鑑定工作上。

另一方面，本世紀初期就有人開始注意一般文字智力測驗可能對少數民族或語言障礙者不利，無法評量其真正的智力，因此非語文的智力測驗乃應運而生，1917年賓特納(*Pinatner*)與巴特生(*Paterson*)首先編製了作業式非語文量表，引起廣泛注意，此後，英國人瑞文(*J. C. Raven*)再於1938年編製了瑞文氏非文字推理測驗(*Raven Progressive Matrices Test*)，帶動了非文字智力測驗的發展。

至目前為止，世界各國的智力測驗不論個別式或團體式，或語文式、非文字式非常之多，對兒童與青少年的鑑定與診斷已甚精進，裨益兒童與青少年的教育與輔導工作甚大。

參、智力的結構

智力事實上是心理學上的一種建構性概念(*constructive conception*)，就像人類的良心(*conscientiousness*)，人人都相信它的存在，但它到底特徵如何，如何表現，則人言各殊，因此在智力的界定上就顯出了差異，至於它的成分與評量方式，分歧更大。在智力的量化取向論者中，傾向將智力看成是個體抽象思考、適應環境、有效學習，以及一切心智能力的總合(*Dusek*, 1996)。

智力的結構為何向為心理學家所關注，智力結構的界定常常成為智力測驗編製的基礎。以下是主要的智力結構理論。

一、雙因論

英國著名的統計學者史比爾曼(*Charles Spearman*)於1920年代末期利用統計學方法推斷人類的智慧包含二個因素：㈠普通因素(*general factor*,簡稱*g-factor*或*g*)，這是心智能力所共同具有的要素；㈡特殊因素(*specific factor*，簡稱*s-factor*或*s*)，這是因人而異的心智能力，通常因個

體不同的潛能或學習而有特殊的能力表現。史比爾曼認為智力測驗必須包含g與s兩個因素。史比爾曼也認為g是心智能力的控制力量。

二、群因論

塞斯通(*L. L. Thurstone*)不滿意史比爾曼的雙因素智力結構論，因而不採用相關法探討智力結構，改採因素分析(*factor analysis*)的方法分析智力的成分，結果發現智力包含著一些獨立的基本心智能力(*primary mental ability*)，計有數字能力(*numerial ability*)、推理(*reasoning*)、語文流暢(*verbal fluency*)、空間視覺(*spatial visualization*)、知覺能力(*perceptual ability*)、記憶(*memory*)、以及語文理解(*verbal comprehension*)等七種組群因素(*group factors*)，塞斯通認為史比爾曼的g因素與此七個基本心智能力關係不大，而由基本心智能力所發展的次級基本心智能力才是心智的控制力量。

三、多元論

多元論者認為智力是許多能力的組合，1920年代桑代克(*E. L. Thorndike*)即認為智力包含：㈠社會智力(*social intelligence*)；㈡抽象智力(*abstract intelligence*)；㈢機械或實作能力等三者。桑代克進而認為智力測驗應包括四類：㈠語句完成；㈡數學推理；㈢字彙；㈣遵從指示等。桑代克被認為是最早的多因論者。

近年來另一位著名的心理學家葛登納(*Gardner, 1985*)認為智力是各種不同能力的結合，各種不同能力彼此獨立，葛登納將智力分成七大類；㈠語文(*verbal*)；㈡數學(*mathematical*)；㈢空間(*spatial*)；㈣音樂(*musical*)；㈤身體運動膚覺(*bodily-kinesthetic*)；㈥人際(*interpersonal*)；㈦個人內在(*intrapersonal*)智能等。葛登納智力結構元素的後四類在傳統智力理論中並不被認為是智力的範疇，但葛登納認為此四者應給予肯定。

四、三因論

史登柏格(*Sternberg, 1985*)所發展的智力結構論近年來異軍突起，頗受重視。史登柏格倡導智力三元論(*Triarchy of Intelligence*)，認為智力應包括：㈠情境能力(*context ability*)；㈡經驗性能力(*experiental ability*)；㈢組合性能力(*componential ability*)等三部分。情境能力亦即是社會或人際情境的適應能力；經驗性能力是因經驗的累積，而能應付新問題的能力；組合性能力則是個人解決問題的策略、步驟與調整分析的能力。

五、結構論

美國另一位聲譽卓著的心理學家基爾福(*Guildford*)從1950年代起就不斷探討人類智能的因子結構，早期他認為智力共分內容(*contents*)、運思(*operations*)與成果(*products*)等三個層面，此三個層面又各自包含了不同因子，在內容層面包括圖形、符號、語意與行為等四個小類型；在運作層面包括了評價、聚斂性思考、擴散性思考、記憶與認知等五個小類型；在成果層面包括了單位、類別、關係、系統、變換與推測等六個小類型。因此，人類的智力結構乃形成以內容、運作與結果三向度所建構而成的立方體，此立方體再由上述各個小類型分成 $4 \times 5 \times 6 = 120$ 的小方塊。基爾福即以此架構設計了各種智力測驗驗證人類可能的智力結構因子。

1977年基爾福另又在內容層面中新增聽覺一個小類型，因此將智力結構因子擴展成 $5 \times 5 \times 6 = 150$ 個。1988年基爾福去世前又將運作層面的記憶因子，再分成短期記憶與長期記憶，結果形成 $5 \times 6 \times 6 = 180$ 個的智力結構模型。圖6-1即是基爾福最後所訂定的智力結構圖。由基爾福的理論可見人類智力因子極其複雜，不過目前尚未有一分智力測驗可以完全評定人類智力的各個層面及其所包含的因子。

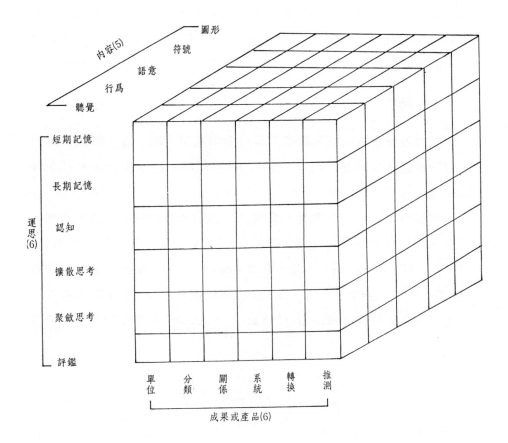

圖6-1　基爾福的最新智力結構圖
資料來源：Guildford, 1988．

六、流體與晶體論

在智力結構論中，卡特爾與霍恩(*Cattell & Horn, 1966*)的理論別樹一格，他們認為智力包含流體智力(*fluid intelligence*)與晶體智力(*crystallized intelligence*)兩種。流體智慧是指個體在思考歷程中所表現的能力，如思考與推理能力，晶體智力係指可以經由時間的累積所形成的智力，晶體智力可以長期保留，人生歷練愈多，晶體智慧會愈增多。

七、階層論

智力階層論者認為人類智力是具階層或層次的，在上層的智慧對下層的智慧具有指導的能力，智力的最高階層是普通智慧(*general intelligence*)。

佛諾(*Vernon, 1950*)認為人類智力以普通智力的層次最高，在普通智力之下共有主群因素、小群因素與特殊因素三組不同的智力結構，主群因素包括「語文─教育」及「空間─機械」兩類；小群因素共有創造力、語文流暢、數字、空間、心理動作與機械等六類，各小群因素中又包含了甚多的特殊智慧能力（以S表示）。圖6-2即是佛諾的智力階層模式。

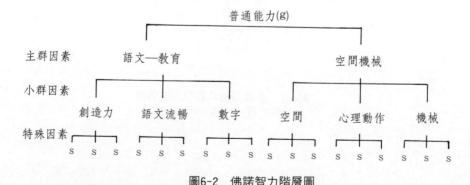

圖6-2　佛諾智力階層圖

資料來源：陳李綱，民80，第22頁。

加斯塔佛生(*Gustafsson, 1984*)另外亦以階層表示智力的結構，他擴展了前述卡特爾與霍恩的流體與晶體智力概念，加入了一般視覺組織能力一項作為智力結構階層的一部分，晶體、流體與一般視覺組織能力是智力階層結構中的第二階層，三者往上形成普通智力，這是一切智力的總合，也是智力的最高階層。此下又有第三階層的智力，計有語文理解、語文成就、數學成就、思考速度、圖形認知、歸納、記憶廣度、視覺、空間取向、思考變通等九項智力因子。第一至三項智力屬於晶體智力，第四至六項智力屬於流體智力，第七至九項智力屬於一般視覺組織能力。圖6-3即是加斯塔佛生的智力階層圖。

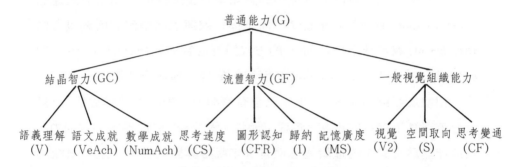

圖6-3　加斯塔佛生的智力結構圖
資料來源：陳李綱，民80，第24頁。

由上述不同的智力結構理論可見，智力的確存在於個體之中，但智力到底結構為何？包含那些因子？則尚無定論，這在青少年輔導工作上具有下列的意義：㈠由於智力結構複雜，因此至今尚沒有一分智力測驗可以測得人類所有的智力；㈡對智力結構與智力測驗結果應持彈性看法，畢竟所有的智力結構理論與智力測驗都可能只具暫時性的建構性意義，而非定論或真理；㈢新的智力結構理論與新的智力測驗尤有甚大的發展空間，如情境智力與社會智力近年來就有日益受到重視的趨勢。

第二節　青少年的智能發展

　　本節將探討青少年在智能發展上的四個重點：一、形式運思發展；二、思考能力發展；三、自我中心主義發展；四、智力發展。

壹、青少年的形式運思能力發展

　　皮亞傑認為11歲以上青少年的認知能力發展特徵是具有形式運思 (formal operation) 或操作的能力。所謂操作或運思係指個體能夠以有條理 (coherent) 與可轉換 (reversible) 的方式進行心智活動 (mental action)。例如知道 $3 \times 4 = 12, 12 \div 6 = 2$ 的心智歷程，就是一種運思作用。

　　根據皮亞傑的論點，青少年已經有邏輯與推理的形式運思能力，具有思考現實不存在的事務、各種可能性、假設、未來世界的心智能力。皮亞傑認為青少年的邏輯運思使青少年脫離具體的世界，進入廣泛的形式思考空間之中。透過複雜的邏輯系統程序可以顯現青少年已具有統一連貫的思考結構。基本上，青少年的思考方式已具有邏輯與規則體系，不需再借助於具體的事物作運思。不過青少年的形式運思能力非一朝一夕的改變，而是經由不同理念與情境的激盪所日漸發展與擴充的。因此不同青少年的形式運思能力發展及質量都有極大的個別差異。然而，皮亞傑對青少年的形式運思能力的描述與實驗研究不若對兒童的多，因此較多人對皮亞傑的形式運思理論有較多的爭論，例如，有研究顯示，大約不及半數的青少年能夠運用形式操作歷程解決問題 (Kuhu, 1979)。另有學者甚至指出，正常智力與中等社會背景的青少年，甚至成人的發展都仍未達形式運思期 (Blasi & Hoeffel, 1974)。艾普斯坦 (Epstein, 1979) 的研究更發現15歲的青少年只有13%能作成熟的形式思考，具有形式運思能力者也只有32%而已，到了18歲，兩個比率也

只提高到19%與34%而已。

　　儘管如此，下列有7個效標 (criteria) 可以作為鑑定青少年是否已進入形式運思階段，而能成為一位具有形式運思與轉換能力的思考者。

　　㈠具體運思的效標

　　1.他們是否需要對事物作正確的解釋？

　　2.他們是否能夠不用明確的教導而從某一項工作轉移至另一項工作？

　　3.他們是否能夠看出二個觀念之間的關聯？

　　4.他們是否只能逐字的解釋內容與材料？

　　㈡形式運思的效標

　　1.他們是否有能力去知覺二個觀念之間的關聯？

　　2.他們是否能夠不要教師的指導就能從事複雜的工作？

　　3.他們是否能夠超越表面的訊息而作深層的解析與應用？ (Brazee & Brazee, 1980)。

　　基本上，具體與形式運思的評斷標準主要在於抽象思考 (abstract thinking)、思考複雜度與彈性之差異。柏宗斯基 (Berzonsky, 1981) 特別將形式推理能力看成是第二級運思方式 (second-order operation)，是屬於命題間 (interpropositional) 的思考方式，具體運思則是第一級運思 (first-order operation)，主要特徵是進行命題內 (intrapropositional) 的思考，更有助於了解具體運思與形式運思的差異。柏宗斯基的論點可以用表6-1表示：

表6-1　具體與形式運思的特徵

層級	運思方式	特徵
第二級	形式運思	命題間
第一級	具體運思	命題內
現實 (reality)	真實事物	經驗性

　　改自：Berzonsky, 1981, p. 227.

　　皮亞傑認為青少年的形式運思能力較兒童期更具系統性與分析

性，較能考慮各種假設的可能性，對時間也較具成熟的概念，同時處理符號的能力相對增加，「隱喻」與「解釋」，以及詩詞與音樂的體會能力都大爲提高。此外，青少年也會利用假設推理、科學歸納、系統性控制變項、機率原理等策略解決問題，同時具有「逆向思考」（*reversibility* ）與「命題式推理」（*propositional reasoning*）的能力（*Piager & Inhelder, 1969*）。

貳、青少年的思考能力發展

由於皮亞傑對青少年運思能力的論點受到不少質疑，因此，有學者僅以青少年的思考能力作探究重點，不作智能水準的類推。基汀(*Keating, 1980*)認爲依思考能力而言，青少年具有下列五大特徵：

一、可能性思考(*thinking possibilities*)

基汀認爲青少年並非永遠在進行著抽象思考，事實上青少年大部分時間是在作具體問題的解決，尤其日常生活問題的解決更是具體實在的。但基本上青少年是「能夠」思考各種問題的可能性，他能思考問題的來龍去脈、前因後果，也能思考自我、朋友、個人的定位，甚至政治與道德的問題。青少年與兒童思考方式最大不同的是，兒童思考的向度較爲窄化，青少年的思考空間較爲廣泛。

二、透過假設作思考(*thinking through hypothesis*)

青少年思考能力的另一個特徵是能夠發展假設，思辨可能與不可能的問題，亦即可以運用科學的方法作思考。在實驗過程中，實驗主導者不只要想像那些現象切合預測，同時也要注意那些現象與預測不符，進而進行實驗，考驗假設是否成立，實驗中的觀察必須敏銳，假設也必須系統化，具有可驗證性。青少年在此時期可能已經發展出近似實驗過程的假設性思考能力。

透過假設進行思考可以幫助青少年有能力作預測、根據預測作事，並且依照經驗證據作調整。青少年的認知能力提昇使得他們可以將此種假設性思考技巧運用到日常生活的各個方面，不過其運作尚不十分純熟。

三、有計畫的思考(thinking ahead)

兒童與青少年思考能力的另一項差異是，兒童作事之前仍不會訂定系統化的策略。青少年則可以利用抽象的方式思考各種步驟，並且透過這些步驟，按部就班的去加以實現。「想在前面」或事前擬定（思考）就是有計畫思考的特徵。具有此種思考特徵的青少年逐漸可以進行科學推理，同時也可以因為預期到行為的後果，而採取事先的防範措施，如避孕。

四、對思想的思考(thinking about thoughts)

青少年對思想的思考能力亦即是開始具有認知技巧，包括：反省、能思考自己的情感與思想等。青少年寫日記、作詩、與其他人作深度談論等可反映青少年已具有自省的認知水準。一般而言，青少年在此階段已日益擁有「後設認知」(metacognition)的能力。後設認知能力係指有能力思考認知、覺察知識、對認知加以了解與認識的能力，也就是一種「對認知加以認知」的能力。青少年對思想的思考能力使他們能使用邏輯方法分析邏輯、訂立規則去解析規則，以及利用更抽象與高層思維的方式作觀念之間的比較與對照。

五、超越固有限制的思考 (thinking beyond old limits)

青少年另一種思考能力是能不再依賴具體、現實的東西作思考，能夠考慮事情的各個層面，思考的廣度與深度均提高。既有的思考方式限制越來越少，導致青少年開始懷疑現實、不滿現實，並且也對個人的社會、生理與情緒問題產生疑惑。他們開始重新評估兒童時代所建立的政治、宗教、道德觀。

　　青少年超越固有限制的思考能力雖會給青少年帶來不安，甚至惶恐，但在思考過程中也帶給青少年極大的快樂與興奮，所以對舊觀念的挑戰使青少年有了新的蛻變，對智能水準的提昇也有重要貢獻。

叁、青少年的自我中心主義發展

　　皮亞傑認為個人如果無法區分人我之間觀點的差異，就會形成「自我中心主義」(*egocentrism*)。目前有證據顯示，自我中心主義會由嬰兒期一直持續到青少年期，雖然前述青少年已具有各種不同的思考能力，能夠免於兒童期自我中心主義的限制，但卻產生了青少年期特有的自我中心主義 (*Kimmel & Weiner* , 1995)。

　　嬰兒期的自我中心主義是因為嬰兒無法區分事實與本身觀點的不同，嬰兒只以自己的觀點看待他人或外在世界，仍無法顧及他人的反應，無法為別人設想。

　　青少年時期的自我中心主義與嬰幼兒時期的自我中心主義有著明顯的不同，青少年主要面對的是自我辨識與認定的問題，他們的思考重點在於自己到底是誰？自己何去何從？變得全神貫注於自己的身上，特別會注意儀表、外觀與行為。另外，青少年也不斷地評斷自己、不停地經由社會比較，以及別人的反應來衡鑑自己，他們認為別人也會應用他們的觀點與行動方式來體察外在世界的一切，並且期待他人也能以他們的好惡為好惡，因此非常在意別人對他們的評價與反應，陷於自我為中心而不自知。

　　依照艾爾楷(*Elkind*, 1978)的論點，青少年的自我中心主義有下列四大特徵：

一、想像的觀眾(*imaginary audience*)

　　青少年一直想像自己是演員，而有一群「觀眾」(*audience*)在注意著他們的儀表與行為，他們是觀眾注意的焦點，由於這是憑空想像的情

況，因此青少年好像是「魚缸」裡的金魚，成為大家欣賞的對象。

「想像的觀眾」此種自我中心主義的產生與青少年對思想的思考能力有關，他們除了能思考自己的想法以外，也會思考他人的想法，不過由於青少年尚無法區分他人思想與自己思想的不同，所以一直以為別人與他們有志一同。艾爾楷並認為「想像的觀眾」部分是由於青少年初期過高的「自我意識」(self-consciousness) 所造成的。

青少年由於一直以為自己是被觀賞的對象，因此也產生了想要逃離「觀眾」品頭論足或批判的意圖，並也因而產生了羞恥感、自我批評、或自以為是的反應。

值得注意的是，艾爾楷認為青少年的惡行也是由於自我中心主義所引發的，青少年的憤怒與惡行可能只在於確認觀眾是否與他們有相同的感受，以為如果表現了蠻橫的行為，可以在想像的觀眾中留下印象。青少年的自我中心主義到了15或16歲左右會日漸消退，想像的觀眾會被「真實的觀眾」(real audience) 所取代，真實的同儕與重要他人(significant others) 的反應反而成為他們最關切的重點，因此，到了青少年期末期，青少年就開始能區分個人知覺與他人知覺的不同，「想像的觀眾」作用力漸小，不過仍會帶入成人社會中。

艾爾楷和他的同事(Elkind & Bowen, 1979) 曾經發展一分「想像的觀眾量表」(Imaginary Audience Scale，簡稱IAS) 去評量不同年齡層的青少年，IAS共分二個分量表：1. 暫時性的自我(The Trasient Self，簡稱TS)，與 2. 恒久性的自我(The Abiding Self，簡稱AS) 兩者。暫時性的自我主要在評量青少年願意暫時性的向想像的觀眾展現個人因時或因地而異的自我特徵，如，難看的衣著、髮型、或失禮的行為等。恒久性的自我則是個人是否願意向別人展現較穩定或不斷的特徵，如人格、智力、成就等。艾爾楷他們利用IAS調查了697位國小四年級、六年級、國中二年級（八年級）與高三（十二年級）的學生，結果發現，女生的TS與AS得分都顯著的高於男生，尤其國中二年級的女生更高於其他年齡層的受試者，顯現13或14歲左右的青少年自我意識最強，也最擔心在他人面前

展示自己。圖6-4就是艾爾楷他們調查的結果。

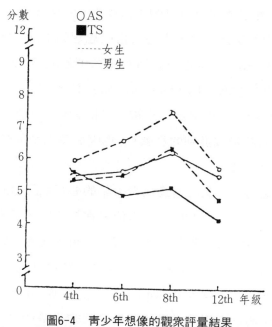

圖6-4　青少年想像的觀眾評量結果
資料來源：Elkind & Bowen, 1979, Figure 1.

二、個人神話(*personal fable*)

　　青少年自我中心主義的另一個特徵是「個人神話」，個人神話係指青少年過度強調自己的情感與獨特性，或是過度區分自己的情感與相信自己的與眾不同。由於「個人神話」的作用，使青少年認為他們是不朽的(*immortal*)、特殊的、獨特的存在個體。個人持續不斷的想像與誇大自己，相信自己有著獨一無二的思想與情感，認為只有他們才能有特殊的喜悅或憤怒的感受。

　　青少年「個人神話」產生的原因主要是由於他們認為自己就站在「想像的觀眾」前面，舞台的中央(*center stage*)，另外部分是由於他們在思考上仍無法辨別個人的思想與情感是他人共有的體驗。

青少年「個人神話」也會有不良的作用，如當他們不慎未婚懷孕、染上抽烟或藥物濫用習慣時，也相信他人同樣會作出類似的事情，青少年最常會說：「別人也這樣，並不是只有我如此！」

艾爾楷認為青少年與朋友發展了親密的關係，並且獲知他人也具有共同的人類特質之後，他們知道自己並不獨特，也不突出，恐懼感也隨著降低，進而會減低「個人的神話」。青少年孤獨減低，「個人的神話」也會隨著降低。與「想像的觀眾」一樣，成人期個人仍或多或少的會保有一些「個人的神話」，它有助於個人在遭受意外事件、疾病、失親等不幸事故時，也相信別人會有類似遭遇，因而會降低個人的哀傷。

三、假裝愚蠢(pseudo stupidity)

青少年由於思考能力提昇，能夠思考各種可能性，會找尋行為的複雜動機所在，在嘗試性的環境中也會表現過度的理智化(over-intellectualize)，但結果青少年卻反而會顯得大智若愚的樣子，「假裝愚蠢」以操弄別人。亦即青少年事實上已非常精明，卻故意表現宛如一無所知的樣子。

四、明顯的僞善(apparent hypocrisy)

青少年自我中心主義的第四個特徵是「明顯的僞善」，青少年認為他們不需要去遵從絕大部分人都遵守的規定，他們希望能夠與眾不同，此種心理歷程與「個人的神話」有相似之處。青少年容易虛情假意，顯現表裏不一的樣子。例如，青少年努力參與環保運動的遊行，但卻邊走邊製造垃圾。「明顯的僞善」常可以在青少年身上看到(Elkind, 1978)。

青少年自我中心主義的前二種特徵最受到注意，也有較多的驗證結果，後二者的特徵猶待更多的資料支持(Kimmel & Weiner, 1995)。

肆、青少年的智力發展

　　拉葉(*Lahey, 1992*)認爲智力是個體由經驗中學習、推理，並且有效
地應付日常生活的認知能力總合(*The sum total of cognition*)。基於此，
前述的形式運思、思考能力、自我中心主義等都可能是青少年智力的一
部分或智力發展上的重要特徵。

　　曾經有無數的學者在驗證人類一生的智力發展狀況，貝里(*Bayley,
1970*)所領導的「柏克萊成長研究」(*Berkeley Growth Study*)曾重複的評
量相同受試者在不同年齡階段的智力改變情形，結果獲得如圖6-5的智
力曲線圖，由圖中可見青少年末期人類智慧即接近成熟狀態。不過值得
注意的是，貝里的研究發現，受試者在魏氏智慧量表中的字彙與資訊
(*vocabulary and information*)，以及語文推理(*verbal comprehension*)能力在
36歲以後仍在持續增加之中，但像知覺速度與反應、數字符號(*digit
symbol*)、方塊設計(*block design*)等智力在成人初期就已經達到頂峯，隨
後就開始下降。由圖6-5的曲線圖也可以看出12到18歲的青少年階段，
個體智慧發展呈現陡昇的情況，可見青少年期對個體整體智力的發展
也關係重大。貝里甚至認爲由青少年期的智力預測成人的智力，比由兒

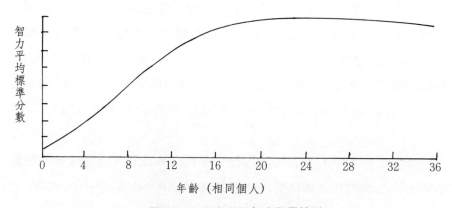

圖6-5　不同年齡的智力發展情形
資料來源：Conger & Galambos, 1997, P.92.

童期的智力作預測更為準確。

表6-2係不同年齡階段施以比西智力量表的智力得分相關結果。

由表6-2可見，隔年實施智力測驗的IQ得分相關程度，高於間隔三、四年的IQ得分相關程度；另外兒童期的IQ得分與青少年期初期（10歲）所得IQ分數的相關程度，高於與青少年期晚期（18歲）所得IQ分數的相關。此外在青少年期之中所作的IQ測驗得分相關程度均比兒童期之中相互間IQ分數的相關降低許多。表6-2研究資料似乎顯示青少年階段的智力測驗可靠性比兒童期為低，由此亦可見，青少年的智力發展似乎較不穩定。

表6-2　不相同受試者不同年齡階段智力相關矩陣

Age	6	7	8	9	10	12	14
7	.82						
8	.77	.83					
9	.80	.82	.91				
10	.71	.77	.88	.90			
12	.74	.71	.85	.90	.87		
14	.67	.73	.85	.87	.85	.92	
18	.61	.71	.70	.76	.70	.76	.73

資料來源：Dusek, 1987, p.82.

麥克寇爾等人(McCall, Applebaum, & Hogarty, 1973)亦對IQ與年齡的關係作了廣泛的驗證。他們研究的對象共有五個組群(clusters)，人數共有80人（男生38人，女生42人），這些受試者從2歲至17歲之間共實施了17次比西智力測驗，結果發現大多數的受試者在智力的得分上都有顯著的改變，圖6-6是此五個組群智力改變的曲線圖。

由圖6-6可見，第一群受試者的智力在青少年期普遍皆有增加，第二群受試者在青少年階段卻明顯下降，第三群受試者的智力由兒童期至青少年期末期似呈U字形曲線，第四群受試者的智力約在10歲達於頂峯，隨後下降，由兒童期至青少年期，智力似呈Ω形曲線，第五群的受試者其智力在青少年階段有極大的曲線改變情形。由圖6-7結果可見

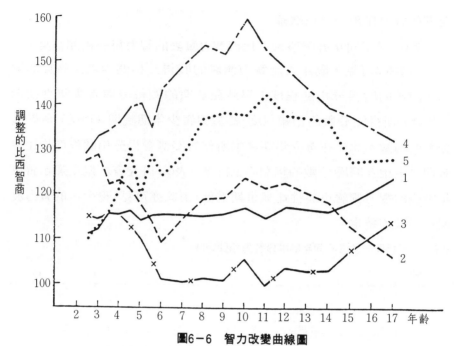

圖6-6　智力改變曲線圖

資料來源：McCall, Applebaum, & Hogarty, 1973.

青少年智力的發展情形變異頗大，麥克寇爾等人曾指出，約有45%的受試者智力發展穩定性高，IQ呈微增趨勢，其餘的受試者則變化極大。尤其值得注意的是，第二、三群的受試者的智力在兒童期及青少年期早期開始有衰退現象，麥克寇爾等人再深入探討發現，這二群的受試者其父母並沒有充分協助他們表現較成熟的行為，有些甚至受到父母嚴厲的懲罰，可見父母對子女的智力發展亦扮演重要角色(McCall, Applebaum, & Hogarty, 1973)。

　　除此之外，依照霍恩與卡特爾(Horn & Cattell, 1967)的論點，人類晶體智力受環境與經驗的作用，而流體智力較受生理結構的影響，與生理的成熟度關係較為密切。也因此，晶體智力與流體智力在一生當中的發展就迥然不同，如圖6-8所示，流體智力在青少年末期就達於頂峯，隨後下降。但晶體智力仍持續發展，兩種智力相加，整體智力於中年期附近達於頂峯，依此類推，倘個人不斷地吸收新知，增加生活歷練，至

終老時，仍有可能增加整體的智慧水平。

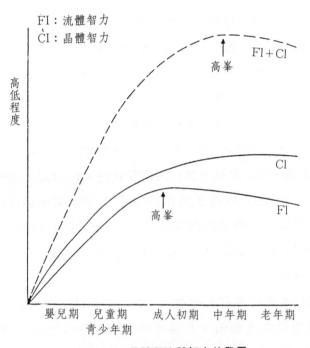

圖6-7　晶體與流體智力的發展
資料來源：Kimmel & Weiner, 1986, p. 168.

第三節　青少年智力的評量與應用

　　智力的理論近年來推陳出新，有些已得到驗證，有些則尚待探討，但對教育與輔導工作者而言，如何利用現有的智力評量工具，對青少年的智力作衡鑑與診斷，以作爲教學與輔導的參考，可能更是他們關注的重點。本節說明如何選擇與使用智力測驗，以及如何解釋與應用智力測驗結果，最後將再說明如何增進青少年的智慧。

壹、良好智力測驗的條件與使用原則

　　實施智力測驗的目的在於瞭解、評估、診斷與預測受試者的智慧程度。智力測驗的編製者希望利用最可靠與最有效的材料作為刺激，在標準化的情境下，引發受試者作反應，再根據受試者的施測結果作解釋、說明與應用。一分良好的智力測驗首先應提供一分良好的測驗指導手冊(manuals)。測驗指導手冊（或稱作說明手冊或使用手冊）就是用來指導使用者進行施測、記分、常模對照，以及瞭解與分析測驗結果的說明書。在另一方面，測驗出版者也利用測驗指導手冊展現該測驗的優點、特色與編製過程，用以取得使用者的信賴，並使該測驗能獲正當使用。有些測驗只以單一手冊當作指導手冊，有些測驗則將施測、計分、解釋等分列一手冊，各不相同。有些測驗指導手冊洋洋灑灑有數百多頁，有些則只有數頁而已。

　　信度與效度更是專業工作者向所關心的課題，一般使用者也應注意測驗的信度與效度高低，不過目前由於求取信度與效度的方法甚多，測驗指導手冊有必要指出用何種方法、在何種情況下，對那些人施測所得的信度與效度資料。

　　常模也是測驗指導手冊的核心部分，測驗編製者常會列出常模表，以供使用者比較參考，目前較常有的常模資料以平均數和百分位數常模較為普遍，常模資料也是測驗解釋之所本，故測驗編製者應敍明常模資料來源與過程，測驗使用者也須謹慎對照，不能有所偏誤。

　　至於測驗結果的解釋與應用，也關係測驗目的的能否達成，倘解釋不當，反而會帶來負面的效果。但有些測驗編製者常會過度誇大測驗解釋的範圍，意圖以測驗的解釋加強測驗的效度，反而會抵消測驗的功能。因此，測驗使用者需注意指導手冊的解釋分析，不要作擴張解釋與應用。

　　此外，測驗的側面圖有助於個案特質的了解，測驗編製者應盡可能

提供，並在指導手冊中舉例說明，使測驗中的分量表(*subscales*)分數能顯出意義，增加測驗的功能。

測驗指導手冊最後會列出參考書目，以供徵信，使用者可以繼續深入閱讀，如此方能擴展使用者的視野。不過由於測驗編製者與測驗使用者通常受制於時空限制，鮮少能直接溝通，因此，測驗指導手冊就可能成爲測驗正確使用的唯一依據。

測驗指導手冊應具備充分的資料，俾有助於測驗結果的解釋，並且要鄭重說明解釋測驗分數時，應有的限制；指導手冊且應清楚的說明測驗的目的（及應用的範圍），並且要指出效度、信度與常模資料。

一個良好的測驗指導手冊至少應涵蓋下列十二個層面：

㈠測驗的理論基礎(*rationals*)或根據。

㈡測驗的概括性敍述。

㈢測驗的目的。

㈣測驗的發展過程（含題目）。

㈤施測指導。

㈥計分指導。

㈦信度資料。

㈧效度資料。

㈨常模表。

㈩測驗的解釋。

(十一)側面圖(*profiles*)。

(十二)參考書目（黃德祥，民80a；*Lyman*,1991)。

上述十二項指標在智力測驗，甚至其它各類測驗使用前均應詳加閱讀與考量的。

一分良好的智力測驗指導手冊應該說明爲何要編製這分測驗？測驗編製者到底所求爲何？通常需要在測驗指導手冊中加以敍明。尤其一些心理測驗係以建構性的理論爲基礎所編製而成，有必要在測驗指導手冊中說明理論基礎，或測驗的根源何在。例如：智力測驗編製者，

應該在指導手冊中說明智力的概念、意義、性質、發展與可能的爭論，以便使用者能有一理論重心，能審慎使用測驗，倘若測驗係屬新編，更需要多些篇幅介紹理論根據。舉例而言，目前國外已有「社會智力測驗」(Social Intelligent Test) 出版。由於人類到底是否有社會智力一項？它與一般智力是相同抑或獨立存在？測驗編製者必須提出有力的論證作支持，才能使他人肯定有社會智力存在，並且需要使用標準化測驗加以評量。可惜由於社會智力爭論頗多，測驗編製者的論證又不足，因此也就限制了社會智力量表的推廣與運用。目前不少人甚至認為一般智力分數就可代表社會智力，如此當然限制了社會智力量表的發展空間 (Marlowe,1984)。

此外，良好的智力測驗指導手冊需指出測驗的變項(test variables)，以及相關變項的特質。倘若前面測驗理論依據敍述詳盡，則測驗的概括性敍述則可簡略些，不過有時也需視測驗的性質而定。

測驗的目的何在？也會在測驗指導手冊中清楚的陳述，目的的陳述有長有短，完全視測驗的性質而定，一般的測驗編製者會將測驗的目的分散在各章中敍述，而並不一定單獨的列出測驗的目的。

測驗又是如何發展而成的？也是良好指導手冊不可或缺的，測驗編製者怎樣去選擇題材、作預試、作項目分析等，均有必要加以說明，如此才能昭信使用者。倘測驗具有合理(reasonable)的過程，測驗本身的價值也就更高。另外一方面，測驗使用者也有權利知悉測驗的發展過程，甚至於研究的細節都有權利去獲知，欠缺或不足的測驗發展過程描述，常失去使用者的信賴。

測驗施測的說明更與測驗是否正確被使用息息相關，因此，施測過程的介紹在測驗手冊中是不可少的部分。可惜某些測驗編製者高估了使用者的水準，以為使用者都一定是熟練的專業人員，事實上，測驗使用者還包括了不少實習學生、初任教師、新進專業人員，因此，測驗施測說明應力求詳盡與標準化。目前一般測驗指導手冊都會指出施測前的準備與施測時應有措施與步驟。由於標準化的施測程序對測驗反

應具有決定性影響，尤其速度測驗的量表更是，倘稍有疏誤，就會謬以千里。此外，像個別智力測驗，連施測者與受試者的投契關係（rapport）與信任感都會干擾測驗反應。因此，有賴編製者於手冊中耳提面命般的細密說明。另外，一般測驗均有測驗指導語，其說明方式也應一併敍述，至於施測用筆、答案紙、空間與時間條件，都應加以考慮。

測驗施測後，必須加以計分，方能顯示測驗的意義，但也唯有計分標準化，測驗分數才有價值。目前計分方法主要有手工、機器、電腦或混合方式計分，如何計分、分數如何轉換與統計，在測驗指導手冊中必須載明。

如僅以一分良好的智力測驗而言，應具有下列五個條件：

㈠標準化：智力測驗的編製、實施與解釋均依一定程序與步驟進行，不會因人而異。智力測驗編製者要提供標準化的測驗資訊。

㈡常模：常模是測驗分數作比較的根據，智力測驗得分的意義必須與相似的常模群體（normative sample）作比較之後，才能顯示出測驗得分的相對地位，也才能估算個人智力的高低。

㈢客觀：智力測驗必須客觀、明確，使受試者能清楚的了解語意，不會感到模糊或矛盾。測驗的結果評分也要客觀，不會因為施測者的偏見或主觀而影響測驗分數。

㈣信度：在不同情境中對相同受試者實施相同一分智力測驗，能夠得到類似結果，則測驗的可靠性高，表示其信度高，一分良好的智力測驗通常要提供信度如何測得，以及信度高低的資料。

㈤效度：效度是有效智力測驗的根本所在，智力測驗必須能夠用以評量到真正的智力，否則智力測驗將白忙一場，智力測驗有效達成的程度稱之為效度。對智力測驗而言，預測效度（predictive validity）特別重要，有了高度的預測效度，通常能客觀的測驗受試者未來的學習成就（Lahey, 1992）。

特別要注意的是，智力測驗由於發展上的限制，並不能充分反映個人「每日的智慧」（everyday intelligence）高低，如解決日常生活問題、購

物、謀生、人際溝通等能力，智力測驗充其量只是一種「學校智慧」(*school intelligence*)的評量工具，因此，不能盡信智力測驗的結果，而應廣泛參酌受試者的各類日常反應或表現 (*Galotti*, 1990)。所幸像葛登納 (*Gardner*, 1985)與史登柏格(*Sternberg*, 1985)等人已注意及此，在傳統智力中加入許多新的智力因子，然而層面廣泛的智力測驗卷猶待發展。

另外，由於青少年尚在成長與發育當中，智力測驗的分數只是暫時性的分數，而非最終結果，測驗的使用者不可以存有命定的成見，青少年智力仍有甚大的發展可能性。教育與輔導工作在智力測驗實施之後，也不可以將測驗結果加以公布，或當作青少年之間的比較資料，也不可以讓智力測驗卷外流，以免失去智力測驗的功能。保密是智力測驗工作上極重要的倫理準則。

貳、國內青少年適用的智力測驗

表6-3是目前國內青少年適用的智力測驗，可供教育與輔導工作者的參考、選用。

為青少年進行智力測驗，除了應注意前述的使用原則之外，尚應有下列的配合事項：

㈠配合智力測驗的目的選擇適當的測驗工具，不可濫行施測；㈡應由受過心理測驗專業訓練者為主試，倘需其他未受過專業訓練者協助施測，需由受過專業訓練的人員事先對他們作講習與演練；㈢應遵守標準化的施測程序，不可擅自更動；㈣主試者事先應熟練實施的程序，熟讀指導手冊；㈤與受試者建立良好關係，取得他們的充分合作；

表6-3　國內青少年適用的智力測驗

測驗名稱	編製者	適用範圍	測驗時間	主要內容	出版者
比西智慧量表	教育部國教司	4-14歲最適用	約75-90分鐘	共有20個年齡組，每個年齡組有六個正式測驗題，一個交替測驗題。	中國行為科學社
修訂魏氏兒童智力量表(WISC)	師大特殊教育中心	6-16歲	約60分鐘	分語文量表(常識、類同、算術、詞彙、理解、記憶廣度)及作業量表(圖畫補充、連環圖系、圖形設計、物形配置、符號替代、迷津)兩大類。	師大特殊教育中心
瑞文氏非文字推理測驗(SPM)	黃堅厚修訂	6-13歲	約40分鐘	共五組，每組12題，凡60題。	師大教育心理系
非語文團體智慧測驗(第一類)	艾偉修訂	國小至成人	約10分鐘	共196個圖樣。	臺灣商務印書館
羅桑二氏非語文智力測驗	黃國彥、鍾思嘉、傅粹馨修訂	國小三至大一	約40分鐘	有三個分測驗：圖形分類、數系、圖形類推。	正昇教育科學社
新非文字智力測驗	侯璠修訂	國小四至高三	約40分鐘	有六個分測驗：測異、分形、類比、倒圖、動向、疊模。	正中書局
葛氏非文字智力測驗(量表二)	紀文祥修訂	8-15歲	約30分鐘	分第一、二種(複份)，各有46題，分為四部分：連續測驗、分類測驗、矩陣測驗、條件測驗。	政大教育系
普通分類測驗	路君約、黃堅厚修訂	國中以上至成人	約55分鐘	共150題，包括語文理解、算術推理與方塊計算三類。	師大教育心理系
中學智慧測驗	路君約、黃堅厚修訂	國中高中	約50分鐘	共100題，包括類推、刪字、算術三類。	師大教育心理系
國民智慧測驗(甲類)	程法泌、顧吉衛	國小五至國中二	約50分鐘	共150題，包括詞義辨別、數學推理、究間關係三類(有複本)。	復興書局
國民智慧測驗(乙類)	程法泌、顧吉衛	國小三至國中一	約一小時	包括辨同、交替和數方三個分測驗(有複本)。	復興書局
修訂歐迪思智力測驗(甲種)	邱維城、黃由義修訂	高一至大一	約一小時	分第一、二類(複份)，每類有三個分測驗：語文推理、數字推理、空間關係	1.中國輔導學會 2.師大附中

測驗名稱	編製者	適用對象	時間	內容	出版者
修訂歐迪思智力測驗(乙種)	邱維城、黃由義修訂	國小四至國中三	約一小時	分第一、二類(複份)，每類有三個分測驗：語文推理、數字推理、空間關係。	師大教育心理系
國中適用普通能力測驗(甲)	師大教育研究所	國中	約90分鐘	共九個分測驗：字彙意義、語文推理、算術能力、數字推理、文字流利度、記憶能力、平面圖形、立體數量、立體圖形。	師大教育研究所
學校能力測驗(水準四)	路君約修訂	高中、高職及五專	約一小時	包括語文、數字及空間三部分。	中國行爲科學社
國民中學智力測驗(第一種、第二種)	程法泌、路君約、盧欽銘	國中	約50分鐘	包括語文推理、語文歸納、數字計算、數學推理四種材料。	中國行爲科學社
非文字普通能力測驗	路君約、陳榮華	國中、高中至成人	約60分鐘	包括知覺速度、方塊及辨認三個分測驗	中國行爲科學社
加州心理成熟測驗(第五種)	臺大心理系修訂	國中三、高中、成人	約60分鐘	共七個分測驗，可鑑別四種因素：邏輯推理、數目推理、語文概念及記憶。	中國行爲科學社
東海大學普通智力測驗	東海大學修訂	高中畢業或大一學生	約60分鐘	共200題，分六部分：算術理解、同異、圖形比例、語句塡補、類別、詞語對比。	東海大學學生輔導中心
班達視覺動作完形測驗	柯永河修訂	5歲以上至成人	約30分鐘	共9個圖形(與原圖稍有不同)。	臺大心理系
普通能力測驗(甲)	師大教育研究所	國中	約60分鐘	包括九個分測驗，共268題，旨在測量語文理解、知覺及記憶能力。	師範大學教育研究所
新非文字智力測驗	侯璠	國小四年級至高中三年級	23分鐘	含六個分測驗，共有120題，分別用以測量分類、歸納、推理、空間、演繹、及知覺速度等能力。	正中書局
國民中學系列學業性向測驗	吳鐵雄、邱維城	國中一至三年級	35分鐘	含「語文推理」及「數量比較」兩個分測驗，各60題。	師大教育心理系
高中系列學業性向測驗	盧欽銘、黃堅厚	高中一至三年級	35分鐘	含「語文推理」及「數量比較」兩個分測驗，各60題。	師大教育心理系
大學系列學業性向測驗	路君約、何榮桂	大學一至四年級	35分鐘	含「語文推理」及「數量比較」兩個分測驗，各60題。	師大教育心理系

資料來源：郭生玉，民84，第533-536頁。

㈥避免無關外來事件的干擾，施測前與施測時作好情境安排；㈦智力測驗的計分與解釋亦應遵守標準化步驟，且能將測驗結果適當的激勵青少年作智能的充分認識與自我發展。

參、智力測驗資料的解釋與應用

一、智力測驗分數的分布

智力測驗的結果顯示方式主要有比例智商(*ratio intelligence quotient*)與離差智商(*deviation intelligence quotient*)兩種。比例智商如前所述，主要係以公式MA／CA×100為基礎所計算出來的IQ得分。離差智商首先被應用在1960年史丹福大學所修訂之史比測驗當中。此次修訂採用離差智商表示受試者和同年齡層相比之後的相對地位，史比量表在編製時，曾進行大樣本智力資料的蒐集，結果訂出每一年齡組IQ的平均數(M)為100，標準差(σ)為16，某一受試者在相對群體的智力高低立即可以經由常態分配概念中獲得相對的IQ地位。此後魏氏智力量表也都採用離差智商判定IQ的高低，不過魏氏各類智慧量表的平均數亦為100，但標準差為15。依常態分配的概念IQ得分在±σ所占的人數為68.26％，±2σ所占的人數約為95.44％，±3σ所占的人數約為99.72％。圖6-9係常態分配人數分配比率、主要的幾類標準分數、以及史比及魏氏智力量表的相對分數圖。由圖中可見，在史比量表中IQ在84至116者共占68.26％，IQ在68至132者共占95.44％，在52至148者占99.72％，IQ低於52及高於148者各只占0.13％，人口數頗為稀少。相對的，魏氏智力量表IQ得分在85至115者人口數68.26％，IQ得分在70至130者占95.44％，得分在55至145者占99.72％，相同的，得分在55以下與145以上者各只占0.13％。

智力測驗學者根據圖6-9的常態分配概念再對智力得分高低作類別區分，表6-4係IQ得分及其分類圖。圖6-10則是美國智能不足學會

（*American Association on Mental Deficiency*,簡稱AAMD） 對IQ得分在常
態分配曲線上所作的類別分析。

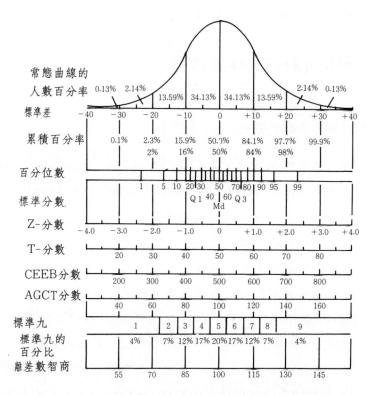

圖6-9　常態分配與各類標準分數圖
資料來源：Gibson & Mitchell, 1995, p.231.

表6-4　智力分類與人口比率

IQ	分類	百分比
130以上	非常優異	2.2
120-129	優異	6.7
110-119	中上	16.1
90-109	正常	50.0
80-89	中下	16.1
70-89	臨界線	6.7
69以下	遲滯	2.2

資料來源：Conger & Galambos, 1997, p.88.

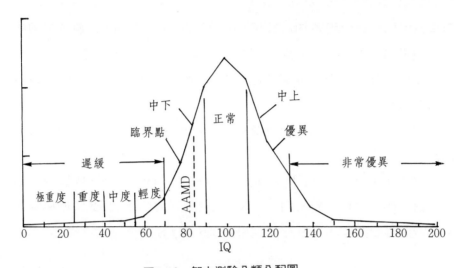

圖6-10　智力測驗分類分配圖
資料來源：Conger & Galambos, 1997, p.89.

二、影響青少年智力發展的因素

影響青少年智力發展的因素非常多，通常可將各種因素歸納為遺傳因素與環境因素兩大類，但此兩者何者比重較大則一直受到學者們的爭論。倘對此兩大因素有較深入看法，有助於協助青少年智力充分發展。

㈠遺傳因素

人類的智慧基因於受孕的剎那即已形成，個體接受了來自父母雙方的遺傳特質，形成與父母智力程度密切關聯但又不完全相同的個人智慧。除了遺傳基因之外，受孕後至產前階段的母體環境，如甲狀腺分泌、遺傳酵素、濾過性病毒、疾病感染等，也常被視為遺傳因素，直接影響胎兒智力的發育，甚至胎兒生產過程中的順利與否也會對個體的智力產生影響。甚多智能不足兒童係由於在生產時於產道停留過久，形成腦部缺氧所造成的。

詹森（Jensen, 1969）是強力主張遺傳對智力作用極大的學者。他認為

智力的遺傳係數(*hereditability coefficient*)高達80，亦即智力的總變異量，有80％可以用遺傳因素加以解釋，環境因素只占20％而已。詹森在他的研究中指出，白人智力較黑人爲高，係白人具有較良好的遺傳因子。詹森的報告引發了智力環境與遺傳孰重、種族間智力高低的激烈論戰，至今猶未戢止。

　　遺傳對智力影響的一項重要證據是親屬間血緣關係愈密切，智力的相關也愈高。

　　爾梅金寧與查維克(*Erlenmeyer-Kiming & Jarvilc, 1963*)曾根據52個智力研究的結果作分析，以探討不同親族間智力的相關，此52個研究共包含99個團體的樣本，其分析結果如圖6-11所示。

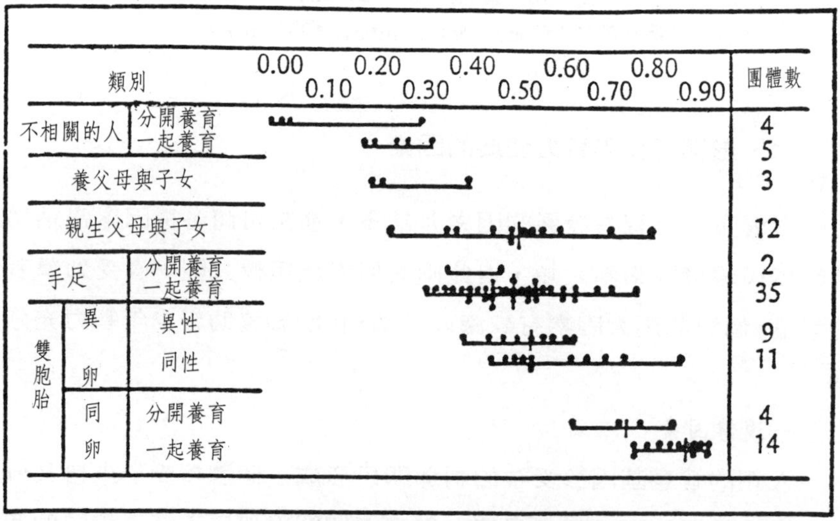

圖6-11　不同親族間的智力相關係數

資料來源：Adams, 1980, p. 181.

　　由圖6-11可以發現不相關的人分開養育(*reared apart*)智力相關係數只有在0.00至0.30之間，呈低度相關，倘不相關的人一起被養育(*reared together*)，則智力相關係數提高到0.20至0.30左右，養父母與養子女的智力相關係數則又提高到0.20至0.40之間，親生父母及其子女的智力相關

係數散布較廣，約在0.20至0.80之間，比養父母與養子女之間的智力相關係數爲高，兄弟姊妹間的智力相關係數倘是分開養育則在0.40至0.50之間，倘是一起被養育則在0.30至0.80之間，異卵雙胞胎如果是不同性別，智力相關在0.40至0.60之間，異卵雙胞且是同性又相對提高至0.45至0.90之間，同卵雙胞胎分開被養育其智力相關在0.60至0.90左右，同卵雙胞胎且一起被養育智力相關係數高達0.80至0.90以上，是各組智力相關程度最高者。由圖6-11可見血緣愈密切，其智力愈高，但一起被養育者智力比分開被養育者智力相關愈高，也顯示環境對智力的作用亦大。

霍恩(Horn,1983)的另一項研究也顯示，從小即未被父母養育，未曾有親子互動關聯的子女，年齡愈高，其智力與親生父母的智力愈接近，可見遺傳因素對智力的作用極大。

(二)環境因素

遺傳與環境其實是很難截然劃分的變項，個體智力除了遺傳基因之外，父母的生活方式與習慣、價值觀念、文化水準等也同時會被子女所吸收，後者甚至是智力成長的重要力量。教育與輔導工作大多寧可相信智力受環境的影響較大，才能顯示教育與輔導工作對個人智力發展有較大可能貢獻。

如前述胎兒受孕後的產前與生產時的環境通常也被視爲是影響智力發展的環境因素之一。至於嬰兒出生後的社會環境因素更是對智力的發展有直接的作用。有學者研究發現，在孤兒院、貧民區、或社經落後地區長大的兒童其智力比一般兒童爲低(Bloom, 1976; Skeeles, 1966)。社會經濟地位較差的家庭可能由於生活條件不足，醫療衛生狀況不佳，對於兒童的身心發展可能會疏於照顧，同時他們的文化刺激也欠缺，使青少年處於文化不利的環境中，因而阻礙了智力的發展。

卡爾森(Carlson, 1973)曾以跨文化研究法，比較不同文化與智能發展的關係，結果發現個人社會經濟對青少年形式運思能力的影響甚至超過成熟的條件。來自於文化背景較豐富的青少年，有較高的抽象思考能力。有些文化會提供充實的口語環境與文化經驗，因此有助於青少年

增強問題解決的能力，進而使青少年有較大可能發展抽象思考的能力。除此之外，學校教育、家庭情境都與青少年的智能發展水準密不可分，顯示環境對青少年智力發展的力量不可輕忽。

瑞斯(*Rice*, 1993)建議學校教師應增多師生的社會互動、團體討論、辯論、發問、問題解決、科學實驗等方式激勵青少年的形式思考及解決問題的能力。此外，更可依照下列原則去提昇青少年的智力水準：㈠發展與青少年有效的溝通模式；㈡幫助青少年學習新的題材；㈢協助青少年調整既存的知識與擴展經驗；㈣教學與課程應具彈性，且不能干擾學生的學習進度與律動。值得教育工作者的重視。

第四節　特殊智能青少年的鑑定與輔導

人類智力的分布如前所述，係呈常態分配，亦即多數人的智力是屬於中等程度，只有極少數的人智力是屬於較優異者，同時智力較低下者亦僅占少數，青少年智力分配在常態分配兩個極端者可稱為特殊智能者，如何充分開展智能秉賦較優者的潛能，使他們能對人類社會作最大的貢獻，另一方面對智力程度較差者亦能有效輔導其學習，以彌補先天的不足，是青少年教育與輔導上的重要課題之一。

此外，青少年創造力的發展與輔導，近年來也是頗受學者們關注的焦點，因此本節將探討資賦優異與智能不足青少年的鑑定與輔導外，亦將敍述青少年創造力的發展與輔導，以期協助青少年將智能作最大的發展。

壹、資賦優異青少年的特徵與輔導

一、資賦優異青少年的特徵與鑑定

傳統上在智力測驗表現極為優秀者被視為是「資賦優異者」(gift-ness)。美國教育政策委員會(The Educational Policies Commission, 1997)認為人口中的頂尖1％的人是資賦優異者。長期作資賦優異研究的美國心理學家推孟(L. M. Terman)認為IQ在130以上者就是屬於資賦優異者。

資賦優異青少年通常在兒童時代即是一位資賦優異的兒童。資賦優異青少年具有下列的特徵：

㈠在智能、創造力、特殊學業、領導才能或視覺藝術(visuals arts)方面有高度成就能力(performance ability)。

㈡具有強烈的動機，學習速度較快，工作成就高。

㈢智慧高，通常IQ測驗得分在130或140以上。

㈣良好的心理健康適應程度。

㈤有良好的生理與健康狀況。

㈥具思考縝密、敏銳、動作技巧靈活、情緒穩定等特質(Slavin, 1997; Terman & Oden, 1959)。

倫滋里(Renzulli, 1982)認為所謂資賦優異者具有三大特徵：㈠高於平均數的一般能力(general ability)；㈡在特殊領域具有高度工作投入(task commitment)與成就動機；㈢具有高水準的創造力。倫滋里並且將資賦優異者區分為「學業資優」與「創造／生產性資優」("creative／productive" giftedness)兩類，前者在學業的學習上非常快速、有效，而且在智力測驗上也會得高分，不過這些指標並不能夠有效的預測未來的人生一定成功。第二類的資賦優異者能夠在情境中應用資訊並以有效方式解決問題，後者可能與未來人生的成功關係更密切。伍爾霍克(Woolfolk,1998)更簡明的認為非常聰明、有創造力與特殊才能(talents)

者就是資賦優異者。

資賦優異者由於秉賦優秀，可能是未來國家社會的菁英，因此應即早加以鑑定，以提供良好的教育與輔導策略。鑑定資賦優異青少年可以有下列的方法：

(一)實施智力測驗

鑑定學業資優的青少年可以直接由智力測驗測得，一般而言，IQ在130以上者，及團體智力測驗分數在頂尖的3％者都可視爲具有良好智能程度者。不過由於智力測驗目前仍未達於完美的境地，因此智力測驗的結果只能當作資賦優異青少年鑑定的一個指標，而非唯一的依據，尤其倫滋里所分類的第二類具「創造／生產性」的資優者通常很難在一般智力測驗中顯現出來。

(二)家長與教師的觀察

與青少年關係最密切的家長及教師可以在日常生活中直接觀察青少年的一般行爲表現與學習狀況而推測青少年是否爲資賦優異者。下列七個問題可以當作教師直接觀察的參考：

1.誰學習比較快、且迅速？

2.誰使用較多的常識與實用知識(*practical knowledge*)？

3.誰記住最多他們所聽到的東西？

4.誰知道較多其他青少年所不知道的事？

5.誰能較容易與準確的使用大量的語句？

6.誰能認識事物的關係與理解意義？

7.誰是具警覺性與敏銳的觀察者，並且反應迅速？

8.誰能堅持且在某種工作上有高度動機？

9.誰具有創造力，有不一樣的想法，且對事物能做有趣的連結？(*Woolfolk, 1998*)。

(三)其它訊息來源

其它如上課專注情形、學業成就、同儕的看法、科學實驗成績、創

造力測驗等都可當作鑑定資優青少年參考的資料。一般而言，才華出眾、學習能力特強、思考敏捷的青少年即可能是資賦優異者。

二、資賦優異青少年的教育與輔導

現行資賦優異教育，依施教情境的不同，可分為：㈠一般教室情境；與㈡特殊班級制等兩種；依照教育方法作區分，可分為：㈠加速制(*acceleration*)；與㈡充實制(*enrichment*)兩種。

一般教室情境所進行的資賦優異教育雖可能因老師要照顧其他學生的學習，而使他們對學習題材感到厭煩，但對資優青少年而言，與一般青少年一起學習通常有助於他們的心理與社會適應。目前特殊教育強調回歸主流(*return to mainstream*)，因此資優青少年在一般教室情境與其他青少年一起學習，並進行社會交流，比較不會受到同儕的孤立與排斥，有其可取之處，不過一般教室情境中的資優教育需要有其他的配合措施，如補充教材的提供、資源教室的設立、較高的師資水準等，否則效果有限。特殊班級制的資賦優異教育可以使資源與設備充分運用，教師也可以有較集中的心力，全心全意的投入資優教學歷程中，師生同時會有較高的成就感，容易達成資優教育的目標，但特殊班級制容易壟斷學校教學資源，並養成資優生的自大與高傲心理，故難以判定兩種制度的優劣。

加速制的資優教育是容許資優青少年提早入學、跳級就讀與提早畢業。加速制以較大彈性方式容許資優青少年提早學習完某種程度的課程，及早貢獻社會，有其可貴之處，但加速制在美國也持續受到抗拒與排斥(*Kulik & Kulik, 1984*)。因為加速制容易使資優生與同儕隔離，同時他們又比一起學習的學生年輕，不易獲得接納，同樣會有情緒與社會適應上的困難。充實制重點在擴充教材、增多資優生的學習機會，充實制包括垂直加深(*vertical enrichment*)與水平加廣(*horizontal enrichment*)兩種方式，加深制是提高學習的難度與深度，增多資優生學習的挑戰，使他們願意學習，加廣制則是不增難度下，擴充資優生的學習題材，以增多他們學習的範圍。

資優生的教學應以下列為準則：

㈠鼓勵抽象性思考、創造性與獨立性。

㈡老師與學生一起工作時，著重想像力、彈性與低威脅。

㈢老師須能回答下列問題：

1. 他們最需要什麼？

2. 他們真正的學習是什麼？

3. 誰能幫助他們去挑戰自己？

㈣安排彈性課程與計劃，以提供豐富學習經驗。

㈤利用較高級的學習資源與電腦，使資優生能獨立精熟學習題材，提供高級的教學材料，並且利用電腦進行學習。

㈥使用延宕、內在的與社會性的增強方式，而非立即與具體的酬賞，能避免強調考試分數、讓他們能自我分析與自我批評，並鼓勵他們當小老師或導生（ *peer tutors* ）。

㈦與學生共同設計課程，幫助學生自訂學習目標及作業。

㈧重視問題解決、擴散思考、長期研究計劃，避免密集考試與小型、細微的作業，相反的要鼓勵他們去完成較長期性的研究（ *Woolfolk* , 1998 ）。

至於資優生的諮商與輔導也有下列的協助途徑：

㈠建立完整的資優生資料

瞭解學生是輔導的起點，建立完整資優生的資料更是有效輔導資優生的基礎。資優生的輔導相關資料應包括：

1.資優學生的基本資料：姓名、性別、出生年月日、出生序、籍貫、地址等。

2.資優學生的成長資料：產前、產後情況，語言或行為的發展，以及定期的身體檢查記錄，器官健康情形，或病歷等。

3.家庭環境的資料：社區環境，家長、親屬的教育程度與職業，家庭的經濟與生活水平等。

4.測驗或鑑定的資料：這項資料對於資優教育，最為重要，如智力、成就、性向、人格、興趣等作過的測驗，其測驗結果或側面圖可存入資料袋中。

5.學習的記錄：學習習慣、態度、學業成績、創造力表現、專長學科等。

6.其他：如軼事記錄，或其他重大事故而對資優學生有重大意義者。

學校建立的資優學生資料，以存放在輔導室為原則，並應指導資優班老師妥善應用。此外，在建立資料時，應注意下列要點：

1.客觀：盡量以中和的態度去看資優學生，不可有不當的期望或貶抑的敍述。

2.正確：所建立的資料應能代表資優學生發展的狀況。

3.保密：除非特定的人員，否則不能查閱資優學生的資料，資料的使用原則，適用一般輔導員的倫理守則。

(二)實施個別諮商與團體諮商

個別諮商是一對一的互動過程，透過諮商可以使被輔導者更覺察自己，瞭解自己與環境的關係，並知道如何克服問題，確立行動的方向。所以諮商也是一種有效的教育方式。

由於資優學生感覺敏銳，好奇心強，並具有完美主義，在其內心可能充滿情結(*complex*)、疑惑與困擾，另外有些資優學生忙於學習而無暇與人交往，而與同儕團體疏離，或缺乏與人溝通的技巧等，都可透過個別諮商，幫助資優學生思考自己，調整步伐。諮商的目的之一在於促使被輔導者洞察自己，只要諮商關係建立良好，對於領悟力高的資優學生的諮商，效果是可預卜的。

如果資優學生需輔導的對象人數較多，則採用團體諮商更能健全資優學生的社會性發展。在團體諮商中，常使用的一些技術，如：腦力激盪(*brainstoming*)、角色扮演(*role-playing*)、心理劇(*psychodrama*)、社會劇(*sociodrama*)等，也有助於資優學生的創造力發展。資優學生的團體諮

商，不只具有診斷性(*diagnostic*)功能，更具有預防性(*preventive*)與發展性(*developmental*)的功能。

㈢進行個案研究，召開個案研討會

輔導教師如發現有行為異常或低成就的學生，則以個案研究探尋問題成因與輔導經過，也是一個可行方式。個案研究是以前述個別資料之建立為基礎的。

個案的建立也必須本著客觀與正確的原則，如：「甲生頭腦很好，但學業成績低落」的敘述流於主觀，應該以具體明確的方式來敘述，上句應改成：「甲生在魏氏兒童智力測驗上的智商是133，但是第二月考的成績平均是69.2分，遠落於全班平均分數86.2分之後」。個案研究主要的目的在對案主提供有效的輔導，但成因探討應避免以事後歸因法作論斷，資料的蒐集應該廣泛，並著重未來輔導的可行策略。

如果個案頗具參考價值，則可以召開個案研討會，邀請與資優教育有關的人員：如資優班老師、班級導師、行政人員一起參加研討，並藉集思廣義，共謀有效的輔導方式。

㈣資優學生家長之輔導

國內資優教育已有了長足進步，但一般家長觀念並未配合，有些家長把資優實驗班看成是「超級升學班」，或對資優兒童施加不當壓力，或有不當期望，是推展資優教育的一股阻力，也有些家長在沾沾自喜有資優孩子之餘，卻不知如何來幫助他們成長。學校輔導教師的職責之一是對學生家長的輔導，因此，平時輔導教師應與資優學生家長保持聯繫，基於心理輔導的知能，提供家長管教的知識，另一方面也可利用「母姊會」、「媽媽教室」等家長聚會時間，與家長共同討論如何輔導資優學生，在國外已有輔導教師集合資優學生家長進行團體諮商，使資優學生家長共同探討養育、管教問題。在團體諮商中，資優學生家長可以分享其他家長的經驗與感受，並修正自己的管教方法。另一方面，輔導教師也可基於所建立的資優學生資料，正確分析資優學生的身心特質，或診斷其學習的困難所在，提供資優學生家長作參考。並且向家長

說明資優教育的目的與學校的課程設計，以使家長配合學校的教育內容，俾資優學生身心得到健全發展。

㈤增加資優生社會學習機會

資優學生一般智能的發展通常快於社會能力的發展，因此要增多資優生社會互動的機會，如舉辦義賣活動、環境保護活動、社區關懷活動、照顧孤苦無依老人與兒童的活動等，以促進資優生的社會發展，並能具有社會貢獻的精神。此外，要鼓勵資優生幫助同儕一起進步與成長，以贏得同儕的接納與喜愛（黃德祥，民70；Slavin, 1997）。

貳、智能不足青少年的特徵與輔導

一、智能不足青少年的特徵與鑑定

智能不足青少年通常表現出與資優生極端相反的特質，普遍智能低下、反應遲鈍、學習遲緩。依照美國智能不足學會(AAMD)的界定，智能不足者有三大特徵：㈠智慧功能低於平均值，通常IQ低於平均數二個標準差。以魏氏智力量表而言，其IQ在70以下。㈡適應行為頗有缺陷，因此不能獨立，社會責任也不足。㈢智能低下與適應行為的缺陷發生於18歲以下，超過18歲的智能不足者可能係腦傷與情緒困擾所產生(Woolfolk, 1987)。智能不足者的人口比率約在1％至2％左右。在智能不足者當中約有 75％屬於輕度智能不足（mildly retarded），20％屬於中度智能不足（moderate retarded），另有 5％是屬於重度或極重度智能不足（severe or profoundly retarded）者。智能不足者有表6－5的分類標準。

美國智能不足學會(AAMD) 將IQ在69以下者界定為智能不足，不過IQ並非智能不足的唯一依據，尚需參考學生的學校與家庭成就、文化背景，以及其它測驗資料，才能確認是否為智能不足者，在表6-5中，事實上即把IQ75左右即歸於輕度智能不足者。輕度與部分中度智能不足的學生倘以教育的觀點來看，是屬於「可教育的智能不足者」(edu-

表6-5 智能不足者的分類標準

系統	IQ			
	100 95 90 85 80 75 70 65 60 50-55 45 35-40 30 20-25 1 10 5			
美國智能 不足學會	輕度	中度	重度	極重度
美國教育者學會	可教育	可訓練	嚴重的殘障	

資料來源:Hallahan & Kauffman, 1982, p.43.

cable mentally retarded,簡稱EMR),多數中度與部分重度智能不足者是屬於「可訓練的智能不足者」(*trainable mentally retarded,* 簡稱TMR)。EMR的教育工作仍然以學業技巧的學習爲重點,TMR則需強調自我幫助(*self-help*)、職業技能、以及獨立生活的技巧等。至於部分重度智能不足與極重度智能不足者,由於極度的心智障礙,因此只能加以養護與依賴他人照料,較難獨立生活,這類智能不足者,通常需要由政府、社會及其家人的養護與協助生活。輕度智能不足者的出現率約爲總人口數的3%,中度智能不足智約有0.3%,重度智能不足者約有0.1%,合計約爲3.4%,倘以台灣二千萬人口而言,估計全台灣約有68萬人,數目頗爲龐大,他們如果沒有獲得良好的教育與訓練,將成爲國家、社會及其家庭的沉重負擔。

　　智能不足者產生的原因極爲複雜,一般而言有染色體突變,如道恩氏症 (*Down's syndrome*,即蒙古症)、母體甲狀腺分泌異常、德國麻疹(*rubella*) 感染、酒精中毒、缺氧、母體嚴重營養不足等。雖然有些智能不足者係出生時即已形成,但也有些是由於後天的疾病感染或意外傷害所造成的,也有些可能是出生後的鉛中毒所引起的。由於智能不足產生的原因極多,因此智能不足教育與福利工作者普遍都把智能不足者的教育與訓練視爲國家與社會的責任。

　　以發展的觀點來看,輕度智能不足者的心理年齡最高約可達到8-10歲,中度智能不足者心理年齡約可達到4-7歲,重度智能不足者只能

停留在4歲以下。不同年齡層的智能不足者其發展的特徵可以歸納爲表
6-6。

二、智能不足青少年的教育與輔導

事實上不論資賦優異或智能不足者的教育，最重要的乃是實施「個
別化的教育」(individualized education)。上述資優生的教育與輔導的精神
仍然適用於智能不足者的教育與輔導工作中，如個案資料建立與其它
輔導策略等。

表6-6　智能不足者的發展特徵

年齡	學前階段(0-5)	學齡階段(6-20)	成人階段(21歲以上)
特徵	成熟與發展	訓練與教育	社會與職業適應
輕度	可以發展社會與溝通技巧，在感覺動作上較少遲緩，通常尚難與正常兒童作區分。	可以學習學業技能，能達到6-10歲以上程度，可以輔導使之成爲社會順從者，是「可教育者」。	經由自我支持，可以有社會與職業技巧，但是在社會與經濟壓力下通常需要輔導與協助。
中度	可以談話，並學習溝通，社會知覺差，有好的動作發展，可以經由自我幫助的訓練中獲益，可以經由督導而生存。	能由社會與職業技巧訓練中獲益，學科學習無法提昇至二年級以上，可以學習自我旅行至陌生的地方。	在庇護的環境下可以從事非技術與半技術的工作，以自我維持生活，當有輕微的社會與經濟壓力時，需要監督與輔導。
重度	動作發展差，語言甚少，無法由自我幫助中獲益，很少或無法溝通。	可以說話與溝通，可以訓練其衛生習慣，可以由系統性習慣訓練中獲益。	在完全監督下可以作部分自我維生的工作，在控制的環境中，可以發展些微的自我保護技巧。
極重度	非常遲緩，感覺動作功能非常低，需要加以養護。	某些動作發展會出現，對一些自我幫助的訓練會有些微或有限的反應。	會有某些動作與語言發展，可以達成有限度的自我照顧，仍需要養護照料。

資料來源：Slavin, 1991, p.408 .

智能不足青少年的教育與輔導尚可加強下列各項：㈠多給予鼓勵、支持與信心的建立；㈡加強聽覺、視覺與注意力的訓練；㈢加強語言與社會能力的訓練，使他們能適當的與他人溝通，並取得社會支持；㈣重視日常生活技巧的培養，如會辨識交通燈號、簡單的計算、打電話、使用小型電算機、購物、照料自己的飲食與生活起居；㈤學習基本的謀生技能，會從事輕便的工作等。

伍爾霍克(*Woolfolk*,1998)另提出下列教育智能不足學生的準則，可供智能不足青少年教育與輔導的參考：

㈠確定準備度(*readiness*)：不管智能不足者如何幼小，他們都有學習下一步事物的準備度。

㈡學習的目標需要簡明的呈現與陳述。

㈢特定的學習目標必須以兒童學習的長處與短處為基礎。

㈣呈現較小的題材，並有邏輯的步驟，在進行下一步之前能有密集的演練。

㈤技巧與概念必須實用，並能以成人生活的需求為基礎。

㈥不能跳過必要步驟。一般智能的學生可以形成一個步驟至另一個步驟的概念橋樑(*conceptual bridge*)，但智能不足的步驟與概念橋樑必須非常明確，教育工作者要為智能不足學生作概念聯結，不能期望他們注意到聯結處。

㈦以不同的方法呈現相同的觀念。

㈧假如學生學習無法跟上，必須回到較簡單的水準上。

㈨必須審慎的激勵學生，並保持記憶。

㈩找尋不會傷害學生的教材。

(十一)以少數的標的行為(*target behaviors*)或技巧為焦點，並使學生有機會獲得成功的經驗，每位智能不足者均需要積極的增強。

(十二)智能不足學生必須過度學習、反複與演練超過一般智能學生所需的次數。另外需要教導學生如何去學習，在不同情境中需要時常去複習與演練新的技巧。

(十三)給予較親密的社會關係，因爲智能不足學生在一般班級中較不被其他同學接納，不易交到朋友（*Woolfolk*，1998，p.125）。

參、青少年創造力的發展與輔導

一、青少年創造力發展的特徵

青少年創造力的發展與輔導受關注的程度不下於特殊智能的發展與輔導，因爲創造力是每位青少年都具有的潛能，倘能有效激發青少年創造力的發展，不只對青少年未來生涯發展，以及生活的充實與豐富化有積極的助益，更可能促使青少年能立即或在未來對國家社會，甚至全人類有重大的貢獻。

創造力研究的大師托浪斯(*E. P. Torrance*)認爲創造力具有四大特性：㈠變通性(*flexibility*)：個人思想不受功能固著的影響與限制，能夠彈性思考、靈活變通、可以擴大事物的可能性。㈡流暢性(*fluency*)：思慮與語言流暢、通達，亦即心思敏捷、反應總量與品質超過常人。㈢獨創性(*originality*)：具有匠心獨具的表現，並有新穎與獨特的觀念或思維。㈣精密性(*elaboration*)：觀察與思考能力縝密、完善、結構週延(*Torrance, 1972*；*Torrance & Hall, 1980*)。

達榭(*Dacey, 1986*)指出，創造者的心智歷程具有下列特徵：㈠聯結主義(*association*)：具創造力的人能夠將各種不同的問題聯結在一起，並且產生新的與具想像力的方式。創造的過程就是將心中已有的觀念以不常有的、原則性的與有用性的方式加以結合。㈡完形主義(*gestalism*)：具創造力的人常會整體性的思考與處理問題，並以整體性的方式重新建構問題。如具有創造性的音樂家能有整體的音樂結構，再將各個細節加以重新安排，而創造出具創意的作品。

創造力者的人格特質向來爲學者所關注，相關的研究也頗多，一般而言，具有高創造力的青少年可能有下列的人格特質：

㈠更能覺察現有的問題。

㈡有更大的彈性處理問題。

㈢某些方面會有較大的情緒困擾，但本身也較能自我控制情緒。

㈣在思考上較具分析性與直覺性。

㈤能夠兼具聚斂性思考——以單一正確答案解決問題，與擴散性思考——以甚多各種可能的答案思考與解決問題之能力。

㈥顯現較大的決定性與堅持性。

㈦有高於常人的智慧，但並不一定是資賦優異者。

㈧似乎有較多不規律的需求，不規律可以帶給他們較多心理上的滿足。

㈨有較開放的經驗，對新資訊的接收較少防衛。

㈩對自己的事有較大責任心。

㈪喜歡嬉戲、較具孩子氣，會玩弄環境。

㈫較常獨自從事活動。

㈬能夠延緩滿足(*delay gratification*)。

㈭容易懷疑現狀。

㈮能獨立於別人判斷之外。

㈯較具兩性特質，如果是女生較具陽性特質，如果是男生則較具陰性特質。

㈰較大的自發性與較少禁制性。

㈱對未知、神祕的、費猜疑的事物較少受驚嚇，相反的，會被它們所吸引。

㈲較少害怕自己的衝動與隱含的情感。

㈳自訂計劃、自我決定、較少需要被訓練，並且有較多自我輔導的經驗。

㈴不太喜歡與他人一起工作，而且較少尋求其他師生的意見。

㈵面對批評時能堅持自己的觀點。

(十三)希望能面對更複雜的工作。

(十四)比較能忍受不確定與曖昧的環境。

(十五)能具想像力的使用不同的語句。

(十六)具有彈性、獨創性與精密性，思想觀念不同於一般學生。

(十七)具有幽默感、性情直率。

(十八)喜歡研究抽象的哲學問題。

(十九)對未來有較高的期望與抱負。

(二十)在不尋常的情境中能善用資源(*Berzonsky, 1981; Dacey, 1986*)。

二、青少年創造力的教育與輔導

創造力的培養與家庭教育關係密切，家庭氣氛、親子溝通、父母的幽默感、家庭規約等都會影響青少年的創造力發展，不過現行一般的家庭或學校教育可能有不利於青少年創造力發展的一些障礙，像是：㈠強迫順從：要求青少年順從標準的規約，父母與教師過於權威化，要求秩序甚於個性發展。㈡嘲笑不尋常的觀念：不能接納青少年超乎尋常的思想觀念，甚至嘲諷與羞辱。㈢過度要求成功：父母與教師常只求目前的成功，或要求過度。㈣不能忍受較彈性的態度與創造性的人格特質：創造力的青少年常因與衆不同，點子新穎，而不見容於父母與師長。

青少年創造力的教育與輔導策略有下列各項：

㈠**提供自發性的學習環境**：青少年創造力的培養需要有試驗性與想像的空間。因此，多提供他們自我誘發、自我投入與自我發現的學習環境，有助於青少年創造力的發展。

㈡**接納與鼓勵擴散性思考**：在教學時應多使用討論法，對於不尋常的思想觀念與問題解決方式應多給予讚美、鼓勵與支持。

㈢**忍受不同意見**：教師與父母本身要能忍受不同的意見，同時也要要求其他學生能接受不同的意見，同時也不強求青少年們一致與順從。

㈣鼓勵青少年相信自己的判斷，作自我評估：創造力的青少年常是少數，新穎的思想觀念剛開始常受到排斥，因此要鼓勵青少年自我作判斷與評估，不要在意他人的意見。

㈤強調每個人均有創造的可能性：創造力人人皆有，其創意通常只靠環境而已，因此青少年的教育與輔導工作者應認知每位青少年均有創造的可能性，並積極鼓勵他們進行具有創意的活動。

㈥有效利用各種教學策略：腦力激盪、問題解決、團體討論、開放式問題等教學方法都有助於提高青少年的創造力。

㈦協助青少年忍受挫折與失敗：偉大的發明家與藝術創造者都曾面臨無數的失敗，成功並不能偶然獲得，努力與學習才是重要的條件，當青少年遭遇失敗與挫折時應多給予支持與協助。

本章提要

1. 魏克斯勒認為智力是個體了解他的世界與他的資源，以面對挑戰的能力。比奈則將智力看成是個人整體適應環境的能力。也有人將智力當作是特殊能力、學習的訊息處理歷程，以及所有認知功能的複雜組織。

2. 都賽克指出可以由二個層面來界定智力：(1)量的方法：利用心理計量的方法發現智力中特殊能力的量的多寡。(2)質的方法：將智力看成是個體認知過程的思考模式。

3. 智力結構的界定常常成為智力測驗編製的基礎。以下是主要的智力結構理論：(1)雙因論；(2)群因論；(3)多因論；(4)三因論；(5)結構論；(6)流體與晶體；(7)階層論。

4. 雙因論者史比爾曼利用統計學方法推斷人類的智慧包含二個因素：(1)普通因素；(2)特殊因素。

5. 群因論者塞斯通採因素分析的方法分析智力的成分，結果發現智力包含著一些獨立的基本心智能力，計有：(1)數字能力；(2)推理；(3)語文流暢；(4)空間視覺；(5)知覺能力；(6)記憶；(7)語文理解等七種組群因素。

6. 多因論者認為智力是許多能力的組合，最早的多因論者桑代克認為智力包含：

(1)社會智力；(2)抽象智力；(3)機械或實作能力等。

7. 史登柏格倡導智力三元論，認爲智力應包括：(1)情境能力；(2)經驗性能力；(3)組合性能力等三部分。

8. 最新的結構論中基爾福認爲智力共分內容、運思與成果等三個層面，此三個層面又各自包含了不同因子，在內容層面包括：(1)圖形；(2)符號；(3)語意；(4)行爲；(5)聽覺等五種小類型；在運思層面包括了：(1)評鑑；(2)聚斂性思考；(3)擴散性思考；(4)長期記憶；(5)短期記憶與(6)認知等六個小類型；在產品層面包括了：(1)單位；(2)分類；(3)關係；(4)系統；(5)轉換與(6)推測等六個小類型，如此基爾福即建構成一個三向度，包含180種類型的智力結構。

9. 卡特爾與霍思認爲智力包含：(1)流體智力與(2)晶體智力兩種。流體智力是指個體在思考歷程中所表現的能力；晶體智力係指可以經由時間的累積所形成的智力。

10. 智力階層論者認爲人類智力是具階層或層次的，上層的智力對下層的智慧具有指導的能力，智力的最高階層是普通智慧。

11. 皮亞傑認爲青少年已經有邏輯與推理的形式運思能力，具有思考現實不存在的事務、各種可能性、假設與未來世界的心智能力。

12. 基汀認爲依思考能力而言，青少年具有下列五大特徵：(1)可能性思考；(2)透過假設作思考；(3)有計劃的思考；(4)對思想的思考；(5)超越舊限制的思考。

13. 依照艾爾楷的論點，青少年的自我中心主義有下列四大持徵：(1)想像的觀衆；(2)個人的神話；(3)假裝愚蠢；(4)明顯的僞善。

14. 一分良好的智力測驗而言，應具有下列五個條件：(1)標準化；(2)常模；(3)客觀；(4)信度；(5)效度。

15. 智力測驗的結果顯示方式主要有：(1)比例智商與(2)離差智商兩種。

16. 影響青少年智力發展的因素非常多，通常可將各種因素歸納爲：(1)遺傳因素與(2)環境因素兩大類。

17. 資賦優異青少年具有下列的特徵：(1)在智能、創造力、特殊學業、領導才能或視學藝術方面有高度成就能力者；(2)具有強烈的動機、學習速度較快、工作成就高；(3)智慧高，通常IQ測驗得分在130或140以上；(4)良好的心理健康適應程度；(5)有良好的生理與健康狀況；(6)思考縝密、敏銳、動作技巧靈活、情緒穩定等。

18.鑑定資賦優異青少年可以有下列的方法：(1)實施智力測驗；(2)家長與教師的
　　觀察；(3)其它訊息來源。

19.現行資賦優異教育，依施教情境的不同，可分爲：(1)一般教室情境與(2)特殊班
　　級制等兩種。依照教育方法作區分，可分爲：(1)加速制與(2)充實制兩種。

20.依照美國智能不足協會的界定，智能不足者有三大特徵：(1)智慧功能低於平均
　　值，通常IQ低於平均數二個標準差；(2)適應行爲頗有缺陷，因此不能獨立，社
　　會責任也不足；(3)智能低下與適應行爲的缺陷發生於18歲以下，超過18歲的智
　　能不足者可能係腦傷與情緒困擾所產生。

21.不論資賦優異或智能不足者的教育，最重要的乃是實施「個別化的教育」。創造
　　力研究的大師托浪斯認爲創造力具有四大特性：(1)變通性；(2)流暢性；(3)獨創
　　性；(4)精密性。

22.達榭指出，創造者的心智歷程具有下列特徵：(1)聯結主義；(2)完形主義。

第七章
青少年社會化與性別角色的發展與輔導

　　青少年階段是個體成長與社會化(*socialization*)的最重要階段，生理成熟的同時，父母、師長與社會的期待也同時改變，青少年必須學習成人社會所需具備的知識、技能與角色行為，才能順利地進入成人社會中。在整體社會化過程中，尤其以性別角色(*sex role*)的社會化最為重要。雖然社會對性別角色的看法與期待日益改變，但基本上青少年仍須了解、認定與學習表現切合自己生理性別的性別角色行為，才能受到社會的認可與接納。本章將探討青少年的社會化、性別角色的發展，相關問題與輔導，以及青少年的政治社會化。

第一節　社會化與青少年發展

壹、社會化與性別角色的意義

「社會化」一詞的涵義界定不易，但它通常被用來說明個體「爲什麼」(what)、「爲何」(why)與「如何」(how)在社會中表現適當行爲的歷程。具體而言，社會化乃是個體學習有效的參與社會所需具備的知識與技能，並能表現適當行爲的歷程。而「性別角色」就是表現男性或女性的適當行爲類型，包括態度、情感、權利、區分與限制等。通常青少年性別角色的發展也被視爲是社會化的一環。

由於社會是人群的組合，每個人必須依照一定的規範與規則行事，社會才能維持安定與秩序，進而使個人權益不受侵犯。然而不同文化對於那些才是「適當的」行爲，看法並非全然一致，因此青少年社會化乃特別強調其學習成人行爲之歷程的重要性。

荀子曾說：「人之生也不能無群」，意謂著人離不開社會，唯有在社會體系中個人的生命才能顯示意義與價值。社會也需要不斷有生力軍投入才能發展。一個人初到人間，首先接觸父母與手足，此後，自家庭開始擴展其生活範圍，隨著年歲的增長，接觸的範圍不斷擴大到鄰居、友伴、同學、老師，甚至於社會上廣大的人群，個體一方面接受社會環境的刺激，一方面依照社會所規定的種種行爲方式作適當反應。個體學到許多社會上的事物，其中具有重要意義與價值者，就形成人格的一部分。此種學習社會各種文化價值而成爲個人行爲準則的歷程，也是社會化的另一個層面。

此外，性別角色發展是一個人認同社會可接受的兩性行爲模式的歷程。基本上，性別角色是一組特性，個人能以這些特性在他所處的社

會中區分男女，並有適切的行爲表現。性別角色期待亦非孤立的現象，一個由文化所定義的性別角色反映了被文化所認可的兩性行爲、態度與價值。綜括來說，性別角色就是每一個社會依據自己的文化需求，爲人生各階段的男女訂出一套對於性別角色的期望和相關的標準。性別角色的內容是文化規定的，並且會因爲教育、經濟或歷史、文化的變遷而改變。

貳、青少年社會化的重要性

　　青少年的社會化是個體與環境複雜交互作用的歷程，青少年在此時期受到父母、師長、同儕、社會環境的壓力與約束，逐漸學到以社會期望的方式來表現行爲。

　　從社會學的角度來看，青少年的社會化乃是由兒童時代次要的角色走入社會主體角色的歷程，青少年不但學習有關自己的角色行爲，而且也學習期盼他們社會化的成人的角色，青少年因而能日漸自我負責且獨立自主的參與社會活動。然而，青少年對環境的參與須與年齡相配合。青少年對周遭環境的考量要比小學生或幼兒來得多。如第三章所述，文化決定論者認爲個體的發展是社會文化期待的產物，青少年期的經歷是風平浪靜抑或狂風暴雨，完全取決於文化的取向。

　　在另一方面，不同世代間對於青少年社會化的要求亦不盡相同，如中國社會過去強調女性應具有「三從四德」的情操，此種觀念近代已被視爲迂腐。過去農業社會特別注重四維八德的規範，工商社會則特別強調權利與義務對等的遵守。

　　在第三章中曾述及哈維葛斯特所主張的青少年的各項發展任務，亦可視爲是青少年社會化的目標 (*Harvighurst, 1972*)。如果從成人社會的角度來看，青少年的社會化應有下列的要項：㈠能遵守社會規範：每個社會都有一定遵守事項，法律條文就是具體的行爲約束規範，就以刑法而言，刑法明確規定了侵犯國家法益、社會法益與個人法益所應受的

法律制裁。另外，少年事件處理法基於保護青少年的立場，另增列對
「虞犯」的處罰。青少年社會化的基本要求，即行爲要合乎法令規定。
在法律規定之外，社會大眾所認定的善良風俗習慣亦應遵守，如孝順、
合作、遵守交通規則等。㈡建立責任心與義務感：成人社會亦期望青少
年應爲所當爲，具有責任心與義務感，不再全然迎合社會權威人物的監
督與控制，而能本乎內在的判斷，爲自己的行爲負責。㈢扮演適當的社
會期望的角色：青少年的社會角色隨著年齡增加，也日益分化，可能同
時兼有子女、學生、男女朋友、團體領導者、社會參與者等多重角色，
不同角色須切合社會所期望的行爲。青少年倘能在角色行爲發展上作
適當表現，除增加社會適應能力外，並能及早順利進入成人社會中。㈣
具有獨立生活所需的知識與技能：青少年社會化歷程中以知識和技能
的學習占首位，學校教育即以此爲重點，青少年倘知識與技術學習情況
良好，將有助於在生涯發展方面奠定基礎，有利未來個人發展與家庭生
活。㈤兼顧個性與群性發展：青少年需要有獨立自主的人格，並有自我
的價值體系，在生活與情緒上不依賴他人，同時開拓人際關係，學習如
何有效的與他人溝通，進而建立圓滿的人際關係（ Dusek , 1996 ；
Rogers , 1985 ）。

　　都賽克（Dusek, 1996）指出，青少年的社會化具有五項特徵：㈠青
少年的社會化就是一種學習的歷程；㈡社會化反映了文化的期望與刻
板印象（expectations and stereotypes）；㈢社會化是個人行爲與社會依個
人年齡、性別、社會狀況等所期望之行爲間的交互作用歷程；㈣不同文
化與不同世代間的文化期望有差異存在；㈤社會化是一個複雜的歷
程。都賽克認爲青少年偏差行爲或犯罪問題的產生亦是社會的結果，只
是由於社會化失當或偏頗，才造成青少年的不良行爲表現。也因此，青
少年的社會化歷程對個體的發展影響頗爲深遠。

　　具體而言，青少年社會化的重要任務有下列四項：

㈠能夠獨立

青少年社會化的首要任務是要學習獨立，尤其要從父母與家庭中

獨立，以便能走出家庭，擴展生活層面，如此才能使青少年有機會在家庭之外，有效與成功地學習表現適當行為。

　　為了獨立，青少年與父母的衝突常常難以避免，為了降低親子間的衝突，青少年的父母也必須學習容忍，才能使青少年有獨立成長的可能。如果青少年及其父母都能有獨立的共識，青少年本身也希望獨立，則親子間較少衝突與爭執，另一方面，倘青少年要求獨立的範圍大於父母甚多，將會導致嚴重的親子衝突。

　　青少年由於追求獨立，因此必須不再學習(unlearn)兒童期社會化中所學得的某些行為，並放棄某些事物，比如玩具、童話書等，同時也不能再依賴父母的輔導，或完全由父母代作決定。但是青少年如果只是放棄童稚行為，而沒有學習新的近似成人的行為，同樣會遭遇困難。兒童時期的依賴、怕生、畏縮等個性也需要改變，轉而形成較獨立、自主、自信與親和的個性。青少年時期獨立與否的社會化結果對其未來人生的發展，關係頗為重大。

　　二、辨識自我

　　青少年社會化的另一項課題是要學習自我界定，找尋「我是誰」(who am I？)的答案，以瞭解自己的能力與限制、家庭環境與家人關係、同儕期望與文化，以及個人的未來發展等。透過人際關係網路的開展，尤其是同儕關係的建立，青少年由他人的評價中了解自我，「自我概念」(self-concept)乃逐漸形成，個人的自我概念又塑造了個人的人格。

　　青少年愈能辨別自己的身分與地位、愈能了解自己的角色與他人期望，愈能發展對自己的認定與肯定，而知所當為，此亦即第二章所述，艾力克遜(Erikson, 1968)與馬西亞(Marcia, 1980)所稱的自我辨識與自我認定的發展課題。

　　三、適應「性」的成熟

　　青少年發展的重點是性的成熟，不過性的成熟同時帶來甚多的困擾與衝突，父母的壓力、社會價值的改變與同儕的取向等都給青少年帶來性成熟的困擾。通常進入青少年期，其父母對女兒的約束反而加強，

父母對一些與傳統性觀念不同的性活動泰半持反對意見,如試婚、同性戀等,但在同儕之間卻常對敢於進行性冒險者給予較多的讚賞,同時社會上性的書刊、電影、不良場所又到處可及,似乎也鼓勵青少年去作性的嘗試,因此青少年因性成熟所造成的不安與焦慮反而與日俱增,部分青少年又對自己的生理成熟感到害怕,如月經、陰莖勃起等,因此性成熟乃成為青少年困擾的來源 (參閱第五章)。

青少年要能成長與發展首先需適應性的成熟,充分認識自己的性生理與性功能,並能在符合社會價值與週遭他人期望的情況下適度舒緩自己的性衝動,比如進行戶外活動消耗體力,或以手淫方式緩和性衝動等。

四、學習做一個大人

成熟的大人能洞察事理、探究真象,不會因一時外力影響而使情緒暴起暴落,同時成人也較能圓滿處理人際關係,且能獨立自主不依賴他人,這些正是青少年所必須學習的特質。青少年本身必須放棄兒童時期的一些幼稚行為,並作適當的社會反應,以便獲得成人的接納,早日融入成人世界中。

青少年階段同儕友誼的建立與發展亦非常重要,此階段的友誼也是未來事業、家庭與婚姻中人際關係的基礎,因此青少年人際關係的拓展亦即在學習如何做一位大人。

對青少年而言,學習如何做大人更重要的是,要有良好的角色楷模。父母親是青少年最重要的成人楷模,老師及其他生活中的大人亦是楷模,青少年會直接由楷模中學習新的社會行為,供給青少年愈多試驗成人生活方式的社會情境,青少年的適應困難將愈少 (*Atwater*,1996; Bandura,1981; *Dusek*,1996)。

第二節　青少年性別角色的發展

壹、青少年性別角色發展的歷程

　　青少年性別角色的發展事實上根源於嬰幼兒期，父母就是性別角色形成的增強者，經由學習的歷程，兒童甚早即知道自己的性別，至青少年期再依生理性別作分化與定向發展。

　　性的識別早在嬰幼兒時開始，醫生與父母根據初生嬰兒的生殖器構造做男女的識別，醫院並以不同顏色的毯子包裹嬰兒。父母通常會以陽剛的名詞爲男孩取名字，以陰柔的名詞爲女孩取名字，並爲嬰兒選取適合他們性別的玩具與衣服，甚至顏色的搭配亦有性別的差異，如男生較鮮明，女生較柔和，因此嬰兒期的性別差異可說是父母有意造成的。

　　二歲時，嬰兒開始能辨別性別差異的字眼，像「爸爸」、「媽媽」，或「哥哥」、「姊姊」等。四歲時，兒童們開始知道大人對男女各有一些不同的行爲期望，社會期待男孩成爲有男性氣概的人，女孩具有溫柔婉約的特質，兒童不同的性別角色表現，會受到大人不同的酬賞，再進而強化了他們的性別意識。

　　五歲後，性別發展的方向確定，如果把兒童當做女孩養育之後，企圖改變其性別爲男性通常是頗爲費力的。

　　對於年幼的兒童而言，依性別角色的發展，不但學習家庭及重要他人對兒童時期期望的行爲，而且也學習著預期成年時較爲合適的性別角色行爲。

　　父母的教養方式是性別發展的重要力量，由於社會對於男性的行爲較爲寬容，因此父母也較容許男生表現攻擊的行爲，相反的，對女性要求較多，約束也較強烈，但另一方面，社會較容許女性發洩情緒，因

此男生的哭鬧常會受到排斥，女生則較被允許個人情緒的表現。兒童乃由父母的管教方式中，學習適當的性別表現。通常男生會觀察其父親和其他男人，同時也注意婦女們如何對待他們，並從中發現男性的意義，女孩也作同樣的觀察和發現，以確定他們女孩的角色。基本上，兒童期至青少年期性別角色的形成是一連串社會增強與自我制約的結果。

貳、影響性別角色發展的因素

在第五章中曾述及，男女性別於受精剎那即已決定，除極少數特殊案例外，男女性別是由染色體中XX或XY染色體的不同結合而決定。除了此一先天性別決定因素外，一般認為荷爾蒙分泌也是性別差異的重要影響力量，但個體出生之後的荷爾蒙分泌只能增進或減低男性或女性的既有特徵，無法改變性別，如男性荷爾蒙對男性特徵有助長作用，對女性特徵有抑制作用。

有學者認為男女性別差異與性別認定的形成直接受到荷爾蒙的影響，尤其出生前的性荷爾蒙作用可能大於青春期性荷爾蒙的作用 (*Money & Ehrhardt, 1972*)。性別認定的形成可以用圖7-1加以表示：

由圖7-1可見性別最早由染色體決定，在出生之前男性接受了比女生為多的雄性荷爾蒙，因此造成男性會有較多的男性化趨向，青少年時期的性荷爾蒙只是在強化男女的差別而已。個體的生理性別加上文化因素的作用，共同對個體的性別行為產生影響。有些青少年雖然生理性別是某一性別，但卻被當作另一性別養育，對其爾後人格與性別的影響有可能大於生理性別的作用，亦即環境的力量可能大於生物力量 (*Forisha-Kovach, 1983; Money & Ehrhardt, 1972*)。不過近年來性別差異的生物作用受到極大的關切，例如在兒童期因生理缺陷施行變性手術者，至青春期時期都會遭遇心理問題，因為生理的力量大於環境力量 (*Forisha-Kovach, 1983*)。不過另有學者認為生理與荷爾蒙的改變對青少年行為的影響重大，而且強烈的影響了青少年對生理改變的想法與感

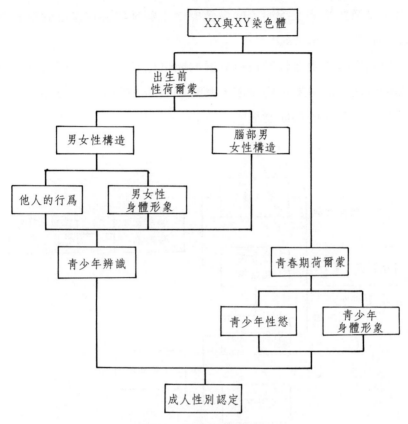

圖7-1　性別認定的發展

資料來源：Forisha-Kovach, 1983, p. 107.

受。青少年對生理改變的看法與感受並受到下列三種中介變項的影響。

（一）**自我變項**（*self-variables*）：青少年對自己身體的看法主要是以父母對身體與性的態度、早期接觸到成人的性行為、對成長的態度、對自己是男生或女生的辨識，以及自尊心為根據。

（二）**社會變項**（*social variables*）：除了自我相關的變項之外，青少年對自己及性別的看法也受到朋友或父母親對儀表與性的看法，以及個人受同儕接納程度的影響。

　　㈢**文化變項**(*cultural variables*)：青少年另一方面會以文化對身體吸引力，以及對初經及手淫等的價值標準來解釋與評定自己的身體發展(*Peterson & Taylor, 1980*)。

　　可見影響青少年性別角色發展的因素相當多。圖7-2係荷爾蒙對青少年性別認定的可能影響途徑，與圖7-1合併參照，可以更深入的了解青少年性別認定的形成歷程。

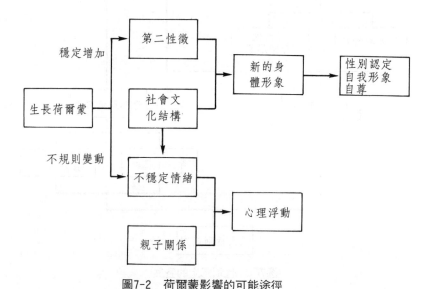

圖7-2　荷爾蒙影響的可能途徑

資料來源：Forisha-Kovach, 1983, p.111.

　　由圖7-2可見青春期的荷爾蒙一方面穩定增加，一方面會有不規則的變動(*erratic fluctuation*)，荷爾蒙穩定增加透過第二性徵、社會文化價值，而影響了青少年新的身體形象，進而再形成性別認定與自我形象及自尊。此外，不規則變動的荷爾蒙，加上社會文化價值，形成了不穩定情緒(*moodiness*)，不穩定情緒再與父母的關係(*parental relations*)共同造成了心理的浮動(*psychological turmoil*)，可見青少年荷爾蒙的作用會因管道的不同及相關因素的作用而可能形成正向與負向的結果。

　　從客觀角度來看，歐尼爾等人(*O'Neil et al., 1980*)曾經將影響性別
社會化的歷程與生涯決定的歷程歸爲家庭因素、社會因素、情境因素、
社會經濟因素、個人因素與心理情緒因素等六大項，歐尼爾等人的分析
可以類推想像影響青少年社會化的因素頗多。各因素中詳細的變項如
圖7-3所示：

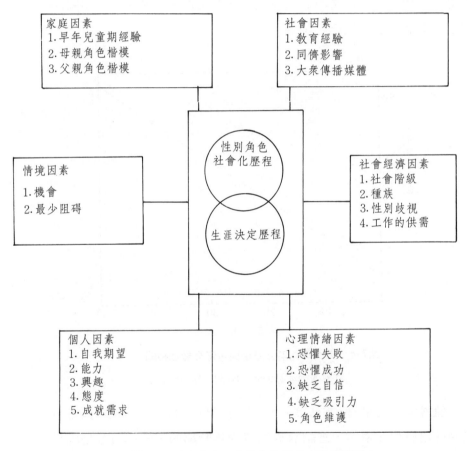

圖7-3　性別角色社會化與生涯決定的影響因素

資料來源：O'Neil et al., 1980, p. 35.

　　由圖7-3可見，在家庭因素中的早年兒童期經驗、父母的角色楷模，
社會因素中的教育經驗、同儕影響、大衆傳播媒體是二個影響性別角色
社會化與生涯決定歷程的二個主要力量，加上情境因素中的機會與發

展較少阻礙；社會經濟因素中的社會階級、種族、性別歧視、工作的供
需；個人因素中的自我期望、能力、興趣、態度、成就需求；以及心理
情緒因素中的恐懼失敗與成力、缺乏自信與吸引力，及角色衝突等都是
重要的影響力量。

　　再者，根據佩斯基等人(Persky, Smith & Basu, 1971)的研究，17-28
歲男性的睪丸素分泌量與其攻擊性及敵意之間成高度相關（如圖7-4）
所示，兩者幾乎成完全正相關。

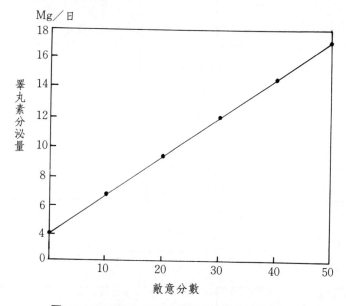

圖7-4　男性睪丸素分泌量與敵意分數之相關

資料來源：Persky, Smith, & Basu, 1971.

　　值得注意的是，佩斯基等人發現，超過卅歲的男人睪丸素與敵意之
關係就沒有如此密切，意謂著男性青少年時期的不安與煩亂是因為睪
丸素急速分泌的結果，但睪丸素的作用至某一年齡界限就不再產生太
大作用。

　　除了生物因素之外，環境因素也在性別角色發展上扮演重要的角
色，前述嬰兒時期的性別發展歷程即是例證。一般人所稱的「男性」或
「女性」不只表示生理上的差異，也顯示社會的期望與應有的表現，同

時也表示了人格類型。不同社會文化中對「男性」與「女性」的期望不同，要求也不一樣，農業社會與工商業社會的期望也不一致，男女的性別角色受到社會文化的制約極大。米德(Mead, 1950)的研究曾發現，在不同原始社會中，對於男女兩性都有不同的要求與表現，在米德研究中的第一個原始部落阿瑞佩西(Arapesh)中，男人與女人都被期望表現「女性」的人格特質，男人與女人都被訓練成合作、不攻擊、考慮別人需要與要求的人。相反的，在另一個研究對象曼都格摩(Mandugumor)部落中，男人與女人都被要求表現「男性」的特質，具有攻擊、殘暴、主動的性表現，以及降低母性程度等人格。另外的一個名叫察姆布立(Tchambuli)的部落中，男女的性態度與角色剛好與美國文化相反，在察姆布立社會中，女人是具支配性的、非個人化的(impersonal)，男人反而較少負責任，也較情緒性依賴。

從米德的研究發現可支持文化決定性別差異的論點。不過生物與社會因素何者較重要，人言各殊，難有定論，通常都會落在遺傳與環境爭論的連續體中。

參、性別角色發展的理論

解釋性別角色發展的理論主要有三個：㈠精神分析論，或雙親認同理論(parental identification)；㈡社會學習論；㈢認知發展理論。此三個理論都在說明個體性別角色形成的內在歷程與環境對性別角色發展的影響。

一、精神分析理論或雙親認同理論

佛洛伊德是最早整體性探討兒童與青少年社會化歷程的心理學者，他的其他理論已於第二章中詳細討論過。

佛洛伊德認為對同性別父母親的認同作用(identification)是兒童性別角色形成的主要力量。兒童在三歲至七歲之間處於戀母情結或戀父

情結階段，後來爲了減輕同性父母的懲罰轉而向同性別父母認同，男生學習如何成爲男人，女生學習如何成爲女人，進而減低不安與焦慮。佛洛伊德也相信，認同作用亦能幫助超我（或良心）的穩固發展，在超我與良心發展中，個人將社會的行爲標準加以內化，同時也將性別角色行爲納入個人的價值體系之中，認同了父母親，兒童也同時學習到了社會的行爲標準與規範。佛洛伊德雖沒有明述青少年階段的性別角色認同過程，但他強調早年生活經驗是後期人生發展的基礎，因此，可以由此引申青少年性別角色的發展仍與其對父母親的認同作用關係密切。瑞斯(Rice, 1993)即將此理論爲雙親認同理論。

在雙親認同過程中，兒童採取與內化了父母親的價值、態度、行爲與人格特質。親子關係愈密切，性別角色的學習愈形深入，兒童與青少年不只學習與觀察父母的日常生活方式，也學習父母與他人的關係，因此，兒童與青少年同時學習當媽媽、太太、父親、丈夫、男人、女人等多重角色。雙親認同是影響兒童與青少年性別角色發展的最主要心理歷程。

二、社會學習理論

社會學習理論的重點亦曾於第三章中討論過。班都拉(Bandura, 1977)認爲，兒童是經由被酬賞、懲罰、被教導，以及對楷模的模仿形成不同的性別角色類型。由於社會楷模，如父母、兄姊或老師本身就有不同的性別角色行爲表現，因此，兒童或青少年就直接經由觀察，而認同與模仿重要人物的性別表現。

以社會學習論的觀點來看，男生的攻擊行爲是社會學習的結果，男生膽小與退縮容易受到責罰，女生的順從與禮貌則甚受鼓勵，因此行爲與口語上的攻擊表現在幼年時期就已有顯著的差異，這是因爲社會酬賞與懲罰對兒童產生制約作用的結果。

圖7-5係不同性別幼童之間的攻擊表現。在9種組合情境中，都是男生表現較多的攻擊行爲。

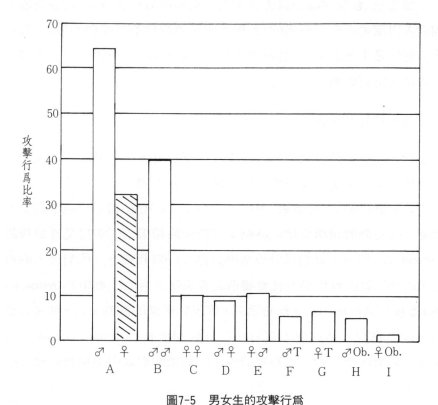

圖7-5　男女生的攻擊行為

資料來源：Brindky et al., 1972.

　　A情況係男生與女生的總攻擊行動表現，男生顯著的高於女生，幾乎超過二倍，在男生對男生配對上（B情況），攻擊行為也比女生對女生配對（C情況）要顯著得多。在D情況與E情況中，男生與女生配對的攻擊行為稍低於女生對男生的配對，F與G情況是男生對老師（以T表示）與女生對老師的攻擊表現，以女生對老師的攻擊稍高於前者。至於H與I情況中，男生對東西（如玩具，以Ob表示）的攻擊行為多於女生對玩具。圖7-5的資料顯示男生確實有較高的攻擊行為表現。以社會學習論來看，是因為男女不同性別角色行為表現受到社會文化影響的緣故，由於文化的作用與周圍相關人物的增強，而使男女行為表現日益分化。

　　總之，社會學習論認爲青少年的性別角色發展與分化，是在環境中因個人與環境互動所形成的，各種性別角色行爲都是學習的結果。而模仿與認同是主要的學習歷程，青少年周圍的相關人物，尤其以父母親及同儕是最重要的楷模。

三、認知發展論

　　青少年性別角色發展的理論中，以認知發展理論最關注個體的內在歷程，此一理論以皮亞傑和郭爾保爲代表人物。

　　認知發展論認爲「發展」具有三項特徵：㈠是個體心理結構的基本改變；㈡是個體結構與環境結構交互作用的結果；㈢發展是有組織的 (organized)。郭爾保就認爲社會發展就是：㈠自我概念；㈡對他人的概念，以及㈢對社會世界與社會標準之看法等三者的「重組」(restructuring) 歷程 (Kohlberg, 1969)。換句話說，依照郭爾保的觀點來看，社會發展就是讓自我的行動與他人對自我之行動間能維持平衡 (equibibrium) 的結果。郭爾保此種觀念是將皮亞傑的一般認知理論引申用到社會發展之中。

　　認知發展論認爲兒童對外在世界的認知表徵決定了性別角色的學習，如皮亞傑就曾主張智能發展包括了對世界的重新界定。也因此，智能的發展與社會發展息息相關。郭爾保進而認爲性別角色的發展是奠基於早年兒童對性別自我分類 (self - categorization) 的結果，兒童對性別活動的偏好是因爲對性別作了判斷與認定所致，如男生對男性化活動評價高，女生對女性化活動評價高。在從事與自己生理性別相關的活動中，男女生各自獲得了酬賞，因而促成了性別角色的分化發展。與社會學習論不同的是，社會學習論認爲個人是爲了獲得酬賞才表現適當的性別角色行爲，認知發展論則把酬賞視爲性別角色行爲的果，而非因。

　　另一方面，認知發展論也認爲青少年依照自己的性別認定組織他（她）自己的角色行爲，認知結構即扮演了重要的角色。依照郭爾保的看法，男生或女生本身就是性別角色之價值與態度的組織者 (orga-

nizer)。性別差異就是認知判斷的結果(*Kohlberg, 1966*)。

　　依照都賽克(*Dusek*, 1996)的歸納,精神分析、社會學習與認知發展三個理論對性別角色發展的歷程與論點,可以用圖7-6表示:

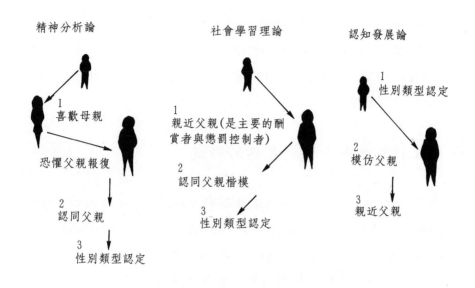

精神分析論

1
喜歡母親

恐懼父親報復

2
認同父親

3
性別類型認定

社會學習理論

1
親近父親(是主要的酬賞者與懲罰控制者)

2
認同父親楷模

3
性別類型認定

認知發展論

1
性別類型認定

2
模仿父親

3
親近父親

圖7-6　不同理論對性別角色發展的論點
資料來源：Dusek, 1996, p.189.

　　由圖7-6可見精神分析論者重視性別類型形成的內在歷程,強調兒童 (男生) 先喜歡母親,再害怕父親報復,轉而認同父親,因而對自己的性別類型作了認定,此種歷程常表現於性器期階段。社會學習論者則較重視父親外在所具有的獎懲與控制的權力,兒童或青少年因受增強而以父親為認同楷模,最後才形成性別類型的認定。另一方面認知發展論者則強調認知的作用,兒童或青少年因為先知道了自己的性別(尤其是生理性別),有了性別類型的認定,再以父親為楷模,最後親近了父親。此三個理論對性別角色發展的歷程看法不一,但顯然地都重視親子關係是影響性別角色發展的作用。

第三節 性別刻板化印象與性別差異現象

如前所述,性別角色社會化是一個複雜的學習與發展的歷程,尤其與文化期望及性別刻板印象密切相關,性別的差異如何造成的一向頗受心理學者的關切,但是生物性力量作用大?抑或社會文化的影響力量大?則仍是爭論不已。

壹、性別類型化與性別差異的形成

性別類型化(*sex typing*)是研究性別形成過程上常被提到的一個名詞,所謂性別類型化是指個體獲取文化中所設定之男性化(*masculine*)與女性化(*feminine*)所需具備的動機、態度、價值與行為的歷程。事實上,性別類型化亦在顯示個體性別角色的發展歷程。

多數的文化把男性角色視為具有控制性、獨立、果斷、競爭、攻擊與支配等角色,相反的,女性角色則較被動、依賴、懦弱、非攻擊性及溫暖。不過前述米德的研究曾述及某些文化男女性別角色正好相反。從歷史的角度來看,性別角色的分化也許與生物為了種族的繁衍而日漸形成的。男生由於氣力較大,身體較健壯,適於擔任守護者、攻擊者與供應者,相反的,女性則適於養育小孩與照顧家庭,此種男女分工在原始社會即已見雛形。農業社會大致維持著性別分化的狀況。但是到了工商社會時代,科技與醫藥文明有了大幅的進展,使女性擔任養兒育女的角色有了明顯的改變。根據霍夫曼(*Horffman, 1977*)的論點,美國女性愈來愈少把時間花在養育子女之上,有二個主要原因:㈠避孕方便:由於避孕器材與墮胎方便,女性可以減少不必要的懷孕,更由於家庭計畫的推動,使女性生育的子女數比上一代減少。㈡女性就業普遍:社會勞動力需求增加,女性教育程度提高,增進了女性就業機會。也因此傳統

女性持家的觀念就開始產生動搖，女性的親職角色(motherhood role)也有了改變，其子女在此環境中成長也會受父母社會化的影響，同樣地改變了親職角色的看法，而增加對女性就業重要性的評價。霍夫曼認為這是性別角色的進化歷程。然而儘管如此，兩性的生理差異依然存在，如體能與荷爾蒙分泌依然不同，因此，現代男女性別類型化與性別差異可視為是生物與社會化交互作用的結果。

貳、性別角色刻板化印象

與青少年性別角色發展關係最大的是社會大眾的性別角色刻板化印象(sex-role stereotypes)。所謂刻板化印象係指對人或事的僵硬、主觀或武斷的看法。刻板化印象通常以部分的資訊類推到整體或全部所造成的，它通常不能反映真正的事實，也常是以訛傳訛所形成的。性別角色刻板化印象則指對男性或女性之角色的僵硬、主觀或武斷的看法。

布洛曼等人(Broverman et al., 1972)曾將性別角色刻板化印象依能力(competence)與溫暖表達(warmth-expressiveness)兩個聚類(cluster)作歸納，在能力聚類中，男性角色較受歡迎，相反的，在溫暖表達聚類中，女性角色行為較受喜愛，表7-1（見次頁）即是布洛曼等人所列出的一般人的性別角色刻板化印象。

國內李美枝與洪健隸（民75）也曾作了類似研究，他們列舉60個人格特質形容詞，請200位大學生評定男女性適合的特質，結果如表7-2所示。

由表7-2資料可見，國內男生被期望的性格以剛強、穩健、獨立、進取、有領導才能等較屬成就取向的特質為主。女生的性格則多是溫柔、體貼、依賴、婉約等情感取向之類的特質。此一資料基本上與表7-1美國的性別刻板化印象資料並無太大差別。這反映了國人對性別的看法仍是相當傳統與固著的，這對具有與生理性別不同性別性格的青少年與成人可能會造成較多的困擾與衝突。像同性戀者、較多陽性特質的

表7-I 常見的性別刻板化印象

能力聚類	
女生	男生
1.不具攻擊性	1.非常有攻擊性
2.不獨立	2.非常獨立
3.非常情緒化(emotional)	3.不會情緒化
4.不會隱藏情緒	4.幾乎永遠隱藏情緒
5.非常主觀	5.非常客觀
6.非常容易受影響	6.不容易受影響
7.非常順從	7.非常具支配性
8.非常不喜歡數學與科學	8.非常喜歡數學與科學
9.碰上小危機會非常激動	9.碰上小危機不會激動
10.非常被動	10.非常主動
11.不具競爭性	11.非常具競爭性
12.非常不邏輯	12.非常邏輯
13.非常家庭取向	13.非常四海(worldly)
14.不具事業技巧	14.非常有事業技巧
15.非常祕密(sneaky)	15.非常直接
16.不知天高地厚	16.知道天高地厚
17.感情容易受傷害	17.感情不容易受傷害
18.沒有冒險精神	18.非常具冒險性
19.難以作決定	19.容易作決定
20.愛哭	20.不曾哭泣
21.幾乎不當領導者	21.幾乎永遠要當領導者
22.沒有自信	22.非常有自信
23.對攻擊性非常不安	23.對攻擊性不會感到不安
24.沒有野心	24.非常有野心
25.理智與情感無法區分	25.理智與情感容易區分
26.非常依賴	26.不會依賴
27.非常會對外表白(conceited)	27.不會自誇外表
28.認為女生優於男生	28.認為男性優於女性
29.不能和男人自在地談論性	29.與女人能自主地談性

溫暖表達聚類	
女生	男生
1.不會使用粗鄙的語言	1.常使用粗鄙的語言
2.非常健談	2.不健談

3.非常機靈(tactful)	3.非常遲鈍
4.非常溫柔	4.非常粗獷(rough)
5.非常能覺察他人的情感	5.難以覺察他人的情感
6.非常具宗教色彩(religious)	6.不具宗教色彩
7.對自己的儀表非常感興趣	7.對自己的儀表不感興趣
8.有清潔習慣	8.習慣草率
9.非常安靜	9.非常嘈雜
10.有強烈的安全感需求	10.對安全感的需求低
11.喜歡文學與藝術	11.不喜歡文學與藝術
12.容易表達溫柔的情感	12.不容易表達溫柔的情感

資料來源：Broverman et al., 1972, pp.59-78。

表7-2　臺灣地區大學生共同認為適合於男性和女性的人格特質

男性項目	女性項目
粗獷的	溫暖的
剛強的	整潔的
個人主義的	敏感的
偏激的	順從的
靠自己的	純潔的
隨便的	心細的
冒險的	伶俐的
冒失的	動人的
獨立的	富同情心的
武斷的	保守的
浮躁的	膽小的
有主見的	討人喜歡的
深沈的	文靜的
自誇的	親切的
競爭的	愛美的
膽大的	慈善的
好鬥的	甜蜜的
豪放的	溫柔的
穩健的	被動的
自立更生的	端莊的
善謀的	文雅的
有雄心的	依賴的
幹練的	純情的
頑固的	輕聲細語的
嚴肅的	拘謹的
主動的	天真的
行動像領袖的	矜持的
粗鹵的	愛小孩的
有領導才能的	害羞的
好支配的	善感的

資料來源：李美枝，民75，第566-567頁。

女性或較多陰性特質的男性，在現實環境中，可能會有較多適應上的困難。

參、青少年主要的性別角色差異現象

在兒童期階段，男女生除了第一性徵的差異外，在興趣、能力、成就與行爲上基本上非常相近，但到了青少年階段性別差異現象就日趨明顯，霍普金斯(*Hopkins, 1983*)認爲青少年期是青少年性別差異的鞏固期(*age for consolidation of sex differences*)。其形成原因主要有下列各項：

㈠荷爾蒙改變：青少年由於荷爾蒙分泌，使第二性徵上的差異日益顯著。

㈡性別認定：青少年是屬於自我辨識與認定的重要時間，性別角色的自我認定是辨識與認定歷程中的主要課題，進而使青少年的行爲表現逐漸切合社會的性別角色期望。

㈢社會文化影響：社會對男女的期待不同，一般希望男生長大之後能成爲家庭的主要經濟提供者，女生則是照顧小孩與理家，此論點與本章圖7-1與7-2所呈現的觀點相近。

社會所持的性別角色刻板化印象固然不是完全客觀，但卻會對青少年男女形成壓力，青少年通常會附合此種性別區分，自我強化了性別差異。

以下將討論目前較受注意的空間與數學能力的性別角色差異現象。

一、空間能力差異

男女智能上的差異在心理學上的爭論至今未停，女權運動者常把女性智能較男生爲差的論點視爲是男性文化制約與性別歧視的結果。但以空間能力的相關研究來看，男女生的空間能力差異確實存在，只是

它的成因為何尚無定論。霍普金斯(*Hopkins, 1983*)指出，過去多項研究都顯示，青少年階段男生的空間能力都優於女生，圖7-7係兒童期至成人期的空間能力的性別差異改變情形，在兒童期男女只有些微差異，到了青少年階段差異就形成中度至甚大的差異，至成人期性別差異就極為顯著。

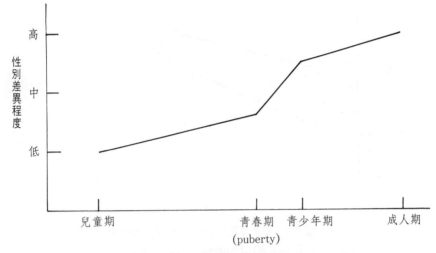

圖7-7　不同年齡階段不同性別的空間能力差異

資料來源：Hopkins, 1983, p. 125.

再以魏氏智慧量表中的方塊設計作業(*Wechsler block-design task*)評量青少年階段的空間能力差異，也顯現在青少年階段男生的空間能力從13歲起就優於女生，其結果如圖7-8所示。

二、數學成就差異

數學是青少年學習階段最為重要的學科，數學成就與個人未來生涯發展息息相關，數學科甚至是一個「過濾器」(*filter*)，容易成為區分專業發展與否的指標。在教育情境中常見男生數學成就高於女生，因此，男女生的數學能力差異也極受關切。

根據魏麗敏（民77）的分析，事實上在國小階段男女生的數學成就

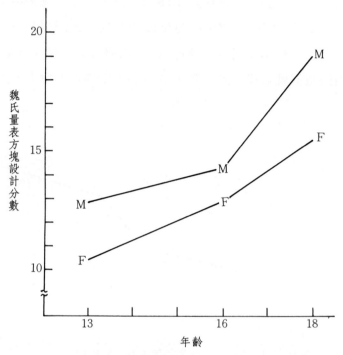

圖7-8　青少年階段男女生空間能力差異
資料來源：Hopkins, 1983, p. 129.

並無顯著不同，但到了國中以上，男女生的數學差異就日漸明顯，在小
學階段女生甚至比男生更喜歡數學，可是在大學階段，女生數學成就就
遠落在男生之後，也因此限制了女生往科學領域發展的路徑。目前較多
資料顯示，男女生數學能力基本上並無不同，但後來成就會分出高下，
主要是個人社會化及文化因素所造成的（魏麗敏，民77；Aiken, 1994）。
因為數學在傳統上被認為是一種男生的興趣或志業（man's interest or
occupation），社會文化期望男生的數學能力和成就要高於女生，數學興
趣與數學能力甚至就是一種男性化認定（masculine identity）的結果，而
女生之所以不喜歡數學或逃避數學，乃是由於缺乏陽性活動（masculine
activity）所造成的。

　　影響男女生數學成就的高低有二個主要的中介變項：㈠數學焦慮

(*mathematics anxiety*)；(二)數學態度(*mathematics attitudes*)。數學焦慮是在日常生活與學習情境中，運算數學、解決數學問題所存有的緊張與焦慮的情感，也是個人在運作數學時所產生的焦慮、害怕、緊張，以及其它身體症狀的情感反應。數學態度則是對數學的一般看法或喜好程度（魏麗敏，民77）。

在數學焦慮、數學態度與數學成就之研究上，性別差異無疑地是最受重視的一個變項。不少研究發現，在中學程度上，男生的數學態度與數學成就都優於女生。在數學焦慮方面，女生亦顯著高於男生。在不同的國家研究結果中發現，男生對數學與科學的態度都顯著的高於女生(*Okech, 1987; Tobias, 1976*)。

男女生在焦慮與態度方面的差異現象引起了學者極大的興趣。有人認為由於女生對人際關係有深層的興趣，社會興趣太高干擾了對數學學習的關注。

哈克夫(*Hackeff, 1985*)以數學自我效能(*mathematics self-efficacy*)的觀點探討男女生在數學學習上的差異現象。他們認為女生對數學的認知中介因素是關鍵所在，以班都拉(*Bandura, 1981*)的論點來看，即女生對數學的自我效能期望是對數學反應的最根本問題。男女生對於職業的選擇即有相當多的傳統力量存在，在專業工作、科學與職業決策技巧上，男女生的自我效能即有明顯不同。

另外一個性別差異與數學學習的相關因素是性別類型化的作用，個體成長過程中被要求學習符合自己性別的角色行為，而對於自己所屬性別有了社會所期望的一些態度與行為。因為社會上較鼓勵男生學習數學，文化增強的結果，使男女生之數學焦慮與態度及成就分途發展。女生數學焦慮比較高也是因條件化(*conditional*)焦慮與文化規範影響的結果，男生並非數學能力優於女生，而是在文化與環境制約下，女生顯著害怕數學，沒有信心學習數學，甚至對數學有恐懼感，最後成就低於男生。

哈克夫認為對數學的效能期望，使個人對數學產生一定的看法，由

於認知作用乃導致數學焦慮的產生。他也認爲性別社會化可以預測對數學學習的準備程度。哈克夫的研究以大學生爲對象，探討性別、班氏性別角色量表(Bem Sex Role Inventory, BSRI)、高中學習數學的年限、美國大學考試(ACT)的數學成績、數學的自我效能、數學焦慮、以及數學相關主修的徑路相關。結果顯示，除了 BSRI 男性化分數與數學相關主修沒有顯著關聯外，其餘各變項對大學生數學相關主修均有顯著相關，男性化分數與數學自我效能分數亦有顯著關聯。性別因素亦與學習數學期間、男性化分數、ACT 數學成就分數、數學焦慮與數學相關主修有顯著因果關係，均顯見性別在數學學習上的重要性（魏麗敏，民77）。

除此之外，魏麗敏（民77）也曾根據學者的研究，以圖7－9顯示社會化因子及其他個人條件與社會文化因素對數學態度與數學成就行爲的交互影響歷程，由圖7－9可以更清楚的發現數學態度與成就是受多重因素的作用，因此要促進青少年增強數學態度與提高數學成就，必須多管齊下，才能發揮效果。圖7－9也可做爲深入了解社會化對性別差異的作用。

三、生涯發展的差異

中國傳統社會對男女的區分與相對的職業期望差異相當明顯，禮運大同篇中稱「男有分、女有歸」，一般人也有「男主外、女主內」的觀念。男女兩性不只生理上有差異，在生涯發展與工作就業上，男性長久以來就較女性占優勢。社會上提供給男性的生涯機會普遍多於女性，男性的工作領域也較女性寬廣，在學校教育中男性較被鼓勵去追求具有高度聲望、且有挑戰性與領導性的職業，而女性則被期望從事平穩、固定與服務性的職業。基本上，男女在職業發展上是處於不平等狀

態。如美國勞工部所訂的427項工作類別中，女性只集中在其中的20項工作而已，其餘工作都是男性的天下(*Atwater*, 1996)。女性的工作普遍是祕書、護士、女侍、小學教師與家庭主婦，男性爲取向的工作如機械操作、警察、軍人、礦工、建築工人通常不歡迎女性工作者。一般而言，在工商企業中女性從業人員的地位也遠不如男性，男女且同工不同酬，女性待遇常只達相同條件男性的三分之二而已，表7-3是美國最新男女兩性在職業選擇上的男女兩性所占比率。由表7-3中可見，男女職業區分仍然相當極端，只有在中學教師、精算人員、心理學家、公共關係、編輯記者等工作領域，男女性人數才大致相當。

爲何男女兩性工作區分與生涯發展會有相當大的差異？早期的心理學家認爲男女成就動機不同也是另一項主要因素。男性因爲從小被期望成功，心理的滿足與社會讚賞在於目標的達成，而女性反而有害怕成功(*fear of success*)的心理，因爲女性的成功會帶給男性壓力，減少了對男性的吸引力，因此女性從小就自我設限，防止過多表現，而受到男性的排斥。另一方面，由於社會性別角色刻板化印象相當濃烈，女性也被制約希望自己能表現親和、婉約、依賴、溫馨等陰性特質，久而久之乃難以勝任像工商業所需的果斷、冒險、獨立、雄心與能幹的特質，因而形成較男性爲低的成就動機與抱負水準。

不過隨著男女兩性教育機會的平等，以及女權運動者的呼籲，近年來女性在男性主導的工作領域中，有越來越多的表現。學校教育中也不斷鼓勵女性提高自己的生涯抱負水準。像醫生、律師、議員、大學教授等都有日益增多的女性人口，以美國爲例，在美國過去10年間，女性就

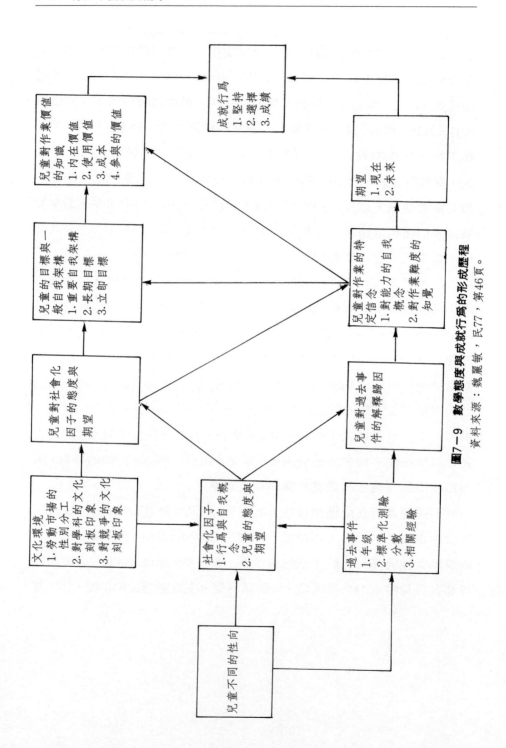

圖7-9 數學態度與成就行為的形成歷程

資料來源：魏麗敏，民77，第46頁。

表7-3　美國男女兩性職業選擇比率分佈情形

男性爲主職業		男性平均數
工程師		92.7
牙醫		90.7
警察		86.6
法官、律師		80.5
醫生		80
女性爲主職業		女性平均數
祕書		99.1
護士		94.6
銀行員		91
語言治療師		90.2
小學教師		84.8
兩性平均的職業	男性平均數	女性平均數
中學教師	48.8	51.2
精算師	51.5	48.5
心理學家	44.2	55.8
公共關係	40.9	59.1
編輯、記者	48.9	51.1

資料來源：Atwater, 1996, p.290.

讀大學與參加專業工作的人口增加的比率高達75％，女性留在家中當家庭主婦者也愈來愈少，目前估計約有90％的女性在家庭之外就業。絕大部分未婚女性更會在婚前找尋工作，自1960年至今，美國女性大學教授增加了二倍，女性科學家增加了2.5倍，女性工程師增加了4倍，女性律師與法官增加了近5倍之多（Atwater, 1996）。由此可見男女兩性在就業市場上逐漸分庭抗禮、一較長短。當然女性仍在某些方面受到不公平待遇，如工作上的性別歧視、育兒不便、升遷不易等，仍有待克服。對青少年教育與輔導工作者而言，應多激發女性青少年的成就動機，協助克服害怕成功的焦慮感，並鼓勵多用心研習數學與自然學科，以便進入男性主導的工作行業中，同時政府也需要更多的立法，以保障男女工作的平等。

肆、青少年中性特質與性別角色發展之輔導

一、青少年中性特質的發展

男性化、陽性特質或男性氣概(masculine)與女性化、陰性特質或女性氣質(feminine)是性別角色上的兩個頂點,對男女青少年而言,到底具備較多男性特質或具備較多女性特質較有利於發展與適應?目前仍未有定論。近年性別角色論者主張激發青少年「中性特質」(androgyny)的發展可能更有利於他們適應變遷中的社會。

所謂「中性特質」係指個體能同樣兼有男性特質與女性特質,因而能以彈性與自在的方式適宜的表現男性化或女性化的行為。鼓吹中性特質的心理學家認為固著於極端的男性化與女性化行為都可能無法顧及情境的需求與限制。具有中性化特質的個體可以使行為更具彈性,能夠依照情境需要而表現男性化特質,或女性化特質(Bem, 1981; Spence & Helmreich, 1981)。

具中性化特質的人能夠將男女兩性特質加以平衡,有研究顯示具有中性化特質的人心理適應較佳、自尊較高,並有較高的自我觀念。具中性化的男性父親同時也較願意親近小孩,與小孩一起遊戲(Bem, 1981; Spence, 1982)。在青少年時期也較能成功的解決認定的危機,如果以性別分類的男性化、女性化、中性化與未分化(undifferentiated)四個類型相比較,以中性化特質者適應最佳,未分化者適應最差(Dusek, 1996)。

至於中性化特質的發展,班氏(Bem, 1981)研究發現,中性化的男性(androgynous males)會隨年齡的增加而增多,而中性化的女性(androgynous females)則隨年齡增加而減少。海德與菲利斯(Hyde & Phillis, 1979)曾研究性別類型與中性化的發展,他們發現在三個年齡層中,以21－40至41－60二個年齡改變最大,其結果與班氏的研究相近,如圖7－10

所示，在41-60年齡層時中性化男性增多，中性化女性減少了。

二、青少年性別角色之教育與輔導

在教育與輔導工作上，目前較鼓勵青少年發展與自己生理性別相稱的性別角色，但重視給予男女生公平的教育與工作機會，並期望青少年男生能部分兼有陰性特質，女性能兼有部分陽性特質，使男女青少年能在性別特質上較具彈性，以適應日趨複雜的社會。在日常的教育情境中，教育與輔導人員並可以作下列的努力，以協助青少年適當的性別角色發展。

1.在教科書與其它教材的選擇上，儘量要消除性別歧視與性別偏見的題材，並協助學生認識刻板化性別角色的優缺點。

2.對具有與生理性別相異特質的學生要多予寬容，甚至在某些方面要多鼓勵，如鼓勵男生多表現善體人意、溫馨與纖細的特質，同樣鼓勵女生多發揮領導、果斷、獨立的特質。

3.協助女生克服數學焦慮、建立積極的數學態度，對於女生數學學習上的困擾，要有更多的耐心，學校輔導室也可以設計減低數學焦慮與增強數學態度的團體諮商輔導方案。

4.協助女生提高職業抱負水準，多研讀自然科學，並能建立良好的自我形象。對男生想進入女性主導的工作領域如護士、教師與服務等工作也能給予支持。

5.在班級實務上，應避免因性別而區分教材，並能鼓勵男女生合作學習，增多男女生溝通機會。

6.學校輔導室可以多舉辦探討與體驗不同性別角色的活動。

7.教育與輔導工作者更應能時常反省自己，避免因為自己的性別偏見而誤導學生。

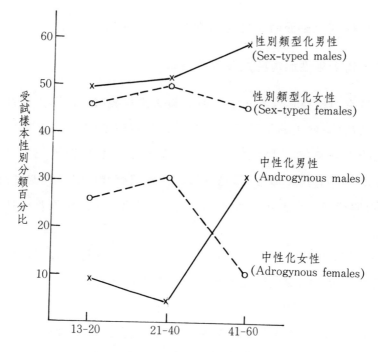

圖7－10 年齡與性別角色類型之發展
資料來源：Hopkins, 1983, p. 116.

第四節 青少年的政治社會化

壹、政治社會化的意義與發展

政治社會化(*political socialization*)係指個人受父母、老師、同儕、大眾傳播等社會化因子所影響而形成個人政治態度、價值與行為的歷程。通常政治學者關心青少年政治社會化的歷程甚於教育與輔導工作者。事實上，政治就是眾人事務的管理，在青少年階段如果有良好的政治社會化發展，有助於青少年未來在政治事務上的積極參與，並可能領導社會改革，促進社會發展。

　　成人通常存有特定政治意識型態（political ideology），對政黨也會有個人好惡。個人的政治價值、態度與行為都是經由學習而來，因此，青少年的政治社會化就是青少年學習政治價值、態度與行為的歷程。

　　個人政治社會化發生的時間甚早，在兒童期階段，政治社會化就已經開始進行，三、四歲初懂事的兒童就已經開始由父母的政治活動，如投票，或在大眾傳播媒體中，認識重要的政治人物，如總統、市長等。在學齡階段，兒童也會對自己的身世背景，有基本的認識，如自己居住的地方、父母是本省人、外省人，在種族複雜的地方，兒童並開始以膚色辨認人我差異。在學前階段兒童基本上尚不能分辨政黨的差異。

　　在學齡階段，兒童開始接觸到含有意識型態的教科書與政治儀式（如升降旗），對政治人物的認識更多且深入，如能指出總統與市長的名字。常在電視上出現的政治人物也會加深兒童的印象。至青少年階段，由於生活範圍擴大，智能水準提昇，青少年的政治社會化乃日漸成熟，更由於青少年心理趨向獨立自主，對政治人物與現行體制開始有叛逆的想法，如果社會或政府發生腐化的事件，容易激起青少年的不滿與反感。不過青少年階段由於尚不具投票權，因此不易成為政治人物與選舉活動訴求的對象，青少年直接參與政治活動仍不普遍。直到成年階段，政治的偏好才日益明顯，對政黨的認同愈形堅固，不過成年階段的政治態度、價值與行為直接受到青少年階段政治社會化結果的影響。

　　依照年齡來看，青少年的政治社會化發展有下列的特徵：㈠青少年之前，兒童仍無法對政治事務有高度的個人化思考能力，政治活動的社會作用仍不被關切。㈡進入青少年期以後，青少年開始具有政府的具體概念，並有較高的個人政治思考。㈢15歲以後的青少年才能思考政治活動的長期目標與效果。㈣青少年階段對權威人物的依賴仍重，期望英雄或權威人物出來解決社會問題，尚無法充分考慮社會的複雜性（Hopkins, 1983; Horrocks, 1976）。

　　另有學者研究日本高中及大學生的政治態度，結果發現：㈠儘管年齡愈大，政治知識愈豐富，但愈年輕的青少年對政治愈會採取保守的

立場。㈡大學二年級以上政治知識與政治激進主義者會顯著增多，此後政治立場即維持穩定。㈢政治取向的因素結構，不會受到個人發展階段的影響(*Hirose, 1972*)。

此外，葛拉丁(*Gallatin, 1980*)曾將個人政治思考的複雜性區分為三個層次：㈠層次一：簡單期(*simplistic*)，政治思考混淆、簡單、懲罰與具體實用思考傾向。㈡層次二：轉換期(*transitional*)，是基本政治概念的轉換階段，但仍保有個人化與實用性的觀點。㈢層次三：概念期(*conceptual*)，政治思考複雜階段，對政治問題更具抽象化與概念化，並有政治理想。葛拉丁進而調查六至十二年級（等於國小至高三）學生在第一政治思考層次（簡單的）與第三政治思考層次的改變情形，結果有如圖7-12所示。

由圖7-12的研究結果可見，六年級學生的政治思考中有60％是屬於單純的，隨後到十年級（高一）才降至30％左右，在此同時第三層次的概念性政治思考由六年級的10％昇高到30％左右，到了高三，青少年的政治思考約有40％以上是屬於複雜與概念層次。

貳、影響青少年政治社會化的因子

一、父母

父母對青少年一般行為社會化的影響既深且廣，父母對青少年政治社會化影響的程度如何目前仍未定論。一些研究顯示父母對青少年政治社會化的影響乃是間接的，而非直接的，父母通常很少直接要求青少年認同其政治立場，不過父母的政黨偏好容易影響青少年的政黨選擇。圖7-13係青少年各類重要社會化人物對高中學生政黨認同的影響程度大小。

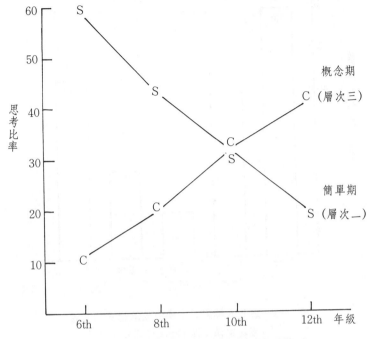

圖7-12　青少年的政治思考改變情形

資料來源：Gallatin, 1980.

　　由圖7-13可見，在高中學生各重要政治社會化人物中，以父母的影響程度最高，甚次是同性同儕，再次是其他人物（如，兄弟姊妹、與成年朋友）。異性同儕及教師的影響力並不高。

　　曾有研究調查顯示，父母親較鼓勵其青少年子女參加女聯會(*sororities*) 或兄弟會(*fraternities*)，但不支持青少年子女參與社會服務或政治抗議行動(*Block, Hann & Smith, 1972*)。詹寧斯與耐爾米(*Jennings & Niemi, 1974*) 曾經調查1669位來自97所中學的青少年，受試當中的三分之二母親，三分之一的父親，以及三分之一雙親也都接受調查他們的政黨認同(*party identification*)，結果發現，父母親與青少年的政黨認同有強烈的相關存在，認同民主黨的父母，其子女有三分之二與其相同政黨喜好，認同共和黨與獨立黨派的父母，其子女有超過一半持相同政黨認同傾向。不過即使如此，尚不能稱父母對青少年政黨取向直接影響，父

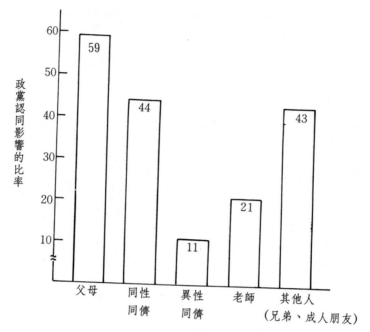

圖7-I3 重要人物對高中學生政黨認同的影響
資料來源：Hopkins, 1983. p. 301.

母與其子女同時暴露在相同的大眾媒體中，如看相同政治背景的電視
與報紙，可能才是造成親子間政黨選擇相似性的主要原因。

　　青少年政黨偏好與政治意識型態的形成有關，政治意識型態的形
成又與其是否與父母共同參與政治活動有關，較自由傾向的父母，可能
較會參加政治活動，在子女管教上可能也較為寬容，因此子女較會被容
許涉入政治活動，或與他人進行政治性討論或辯論，因此會加速其政治
意識型態的鞏固。

　　不過父母與青少年子女的政黨取向相近，但親子間對於政治問題
的看法也並非全然一致，通常父母會反對其子女參加學生抗議活動，主
要是擔心子女課業受到影響。如果親子政治觀點不同，也會引發親子間
的衝突，尤其在選舉活動期間更會如此。青少年由於生活領域增廣，容
易在家庭之外獲得不同於父母的政治訊息，隨著年齡增多，青少年的政

治取向就日益與父母不同，青少年由於對社會的複雜度了解不多，會對政治人物與政治意識型態採取比父母更理想化的看法，父母因見多識廣反而會傾向於以務實的態度面對政治問題。

二、同儕

同儕對青少年生活層面與價值觀念的影響也非常重大，但對青少年政治社會化的影響也並非全然的，可能只在某些特定的政治議題上會受到影響，不過同儕間政治問題的看法歧異，比親子間的歧異較穩定。圖7-14係親子與同儕對九項政治議題的觀點相同程度的差異情形。

三、學校與教師

學校與老師也是青少年政治社會化的重要力量，在教育情境中平常也有相關的政治性活動與儀式，如模擬投票、升降旗、三民主義與公民道德課程等，老師在上課時也會將個人的政治意識型態傳達給學生，不過有研究顯示，高中老師對學生的政治知識影響並不非常大，師生間對政治議題的同意程度低於親子間的同意程度(Jennings, Ehman, & Niemi, 1974)。

在共產主義、社會主義國家或開發中國家常常將執政黨的意識與教條加入課程之中，並透過對學校教育主管的遴選與監控，形成學校教育受政治支配的情況，對學生民主政治態度與價值的形成頗為不利，因為民主政治的可貴之處在於容忍不同的意見，單一化的政治意識型態傳播不利於青少年良好的政治社會化的發展。

四、大眾傳播媒體

大眾傳播媒體，尤其是電視，是今日青少年政治社會化的重要作用因子，大眾媒體除了傳播新聞之外，更常會出現公共政策的議題，電視

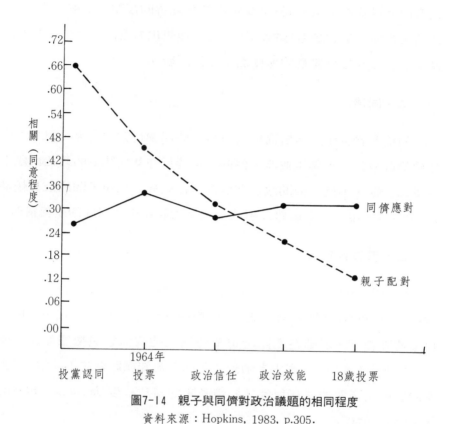

圖7-14　親子與同儕對政治議題的相同程度

資料來源：Hopkins, 1983, p.305.

的傳播更可以使閱聽者有深入其境的感覺，是最具強勢的媒體。不過對
發展中的青少年而言，他們喜歡休閒娛樂性的電視節目甚於政治與公
共政策相關的節目。兒童所受到電視影響的程度又高於青少年。曾經有
研究發現，電視對小學生的政策意見形成的影響力高於高中學生，貧窮
家庭學生所受的影響又高於富有家庭的學生(Hopkins, 1983)。

本章提要

1.「社會化」一詞可從兩個層面來界定：⑴社會化乃是個體學習有效的參與社會
　所需具備的知識與技能，並能表現適當行為的歷程；⑵指個人學習社會各種文

化價值而成為個人準則的歷程。

2. 「性別角色」就是每一個社會依據自己的文化需求，為人生各階段的男女定出一套對於性別角色的期望和相關的標準。性別角色的內容是文化規定的，並且會因為教育、經濟或歷史、文化的變遷而改變。

3. 青少年社會化的重要任務有下列四項：(1)能夠獨立；(2)辨識自我；(3)適應「性」的成熟；(4)學習做一個大人。

4. 青少年性別角色的發展根源於嬰幼兒期，父母就是性別角色形成的增強者，經由學習的歷程，兒童甚早即知道自己的性別，至青少年期再依生理性別做分化與定向發展。

5. 解釋性別角色發展的理論主要有三個：(1)精神分析論，或雙親認同理論；(2)社會學習理論；(3)認知發展論。此三個理論都在說明個體內在歷程與環境對性別角色發展的影響。

6. 「性別類型化」是指個體獲取文化中所設定之男性化與女性化所需具備的動機、態度、價值與行為的歷程。事實上，性別類型化亦在顯示個體性別角色的發展歷程。

7. 社會大眾的性別角色刻板化印象與青少年性別角色發展關係最大。所謂刻板印象係指對人或事的僵硬、主觀或武斷的看法，通常以部分的資訊類推到整體或全部所造成的。它通常不能反映真正的事實，也常是以訛傳訛所形成的。

8. 「中性特質」係指個體能同樣兼有男性特質與女性特質，因而能以彈性與自在的方式表現適宜的表現男性化或女性化的行為。近年來性別角色論者主張激發青少年「中性特質」的發展可能更有利於他們適應變遷中的社會。

9. 「政治社會化」係指個人受父母、老師、同儕、大眾傳播等社會化因子所影響而形成個人政治態度、價值與行為的歷程。

10. 影響青少年政治社會化的因子有：(1)父母；(2)同儕；(3)學校與教師；(4)大眾傳播媒體。

第八章

青少年的自我與情緒的發展與輔導

青少年對自我的看法與兒童期日益不同，自我概念(*self-concept*)與自我辨識(*self-identity*)逐漸鞏固。同時，青少年在此階段，個人的情緒也會有較多的變化，但以自我概念為基礎所發展的人格漸趨於穩定，本章將探討青少年自我與情緒相關領域的發展特徵，並說明輔導的方法。

第一節　青少年自我概念的發展及輔導

壹、青少年自我概念與自尊的意義與發展

自我概念是整個青少年自我體系(*self-system*)的核心，一直受到學者的關注。自我概念係指個人對自己的理念(*ideas*)、情感與態度的總

合，亦即自我概念係個人試圖解釋自己、建立基模(scheme)，以便將對自己的印象、情感與態度組織起來。簡單地說，自我概念就是個人對自己的整體看法。自我概念有時也被認為等同於自我印象(self-image)。

常與自我概念一起被討論的另一個自我相關的課題是自尊(self-esteem)。自尊是個人對自己的一種情緒性評估(emotional evaluation)，自尊有高低之分，高自尊者自我評估較正向，低自尊則是自我負向評估的結果。基本上，自尊就是一種自我價值感(self-worth)，高自尊者即覺得自己有較高的價值，能夠充分的接納自己，同時他們的自我概念與自我理想(self-ideals)也較能配合，也因此可見自尊與自我概念密切相關。

基本上，自我概念與自尊都是一種建構性的心理學名詞，雖不能具體的被察覺，但卻可由個人的知覺、信念、態度、價值、看法等方面認知它的存在。因此，自我概念或自尊也可視為是一個實體(entity)，且有組織性、和諧性、穩定性，可能與智力的特性相當，可以因為發育、輔導與生活經驗的改變，而改變、維持或增進(enhancement)。自我概念也可說是自我理念、情感、欲求、信念等所形成的複雜自我體系，不一定會被全然的了解，也不一定會成為堅固的實體(Forisha-Kovach,1983; Rice, 1993；Woolfolk, 1998)。

此外，再深入分析，自我概念具有下列的特性：㈠具有他人取向(other-oriented)：自我概念強烈受到他人的影響，經由個人與他人的互動、別人的回饋與評價中，日積月累的形成自己對自己的看法；㈡自我概念是自我建構的體系(self-constructed systems)：因為個人主觀的意識、認知水準，以及人生體驗，自己會形成一個基模或架構(framwork)當作基本的參照體，成為與外界互動時的依據；㈢自我概念也是個人對自己的描述(self-description)：自我概念亦即在說明自己是「誰」(who)？是「什麼樣」(what)的人，尤其在敘述自己的生理特質、人格、技能、心理特質、角色與社會地位等，有了這些說明，才能使自己能夠了解自己，也才能有自知之明；㈣自我概念是自我界定(self-definition)與自我形象的總和：自我概念除了說明自己的情況之外，也幫助個人

作自我辨識與自我認定，是有關自我的各種資訊的總加結果。

　　至於自尊也具有下列的特性：㈠自尊與自我評鑑(self-evaluation)或自我評估(self-appraisal)密切關聯：自尊可說是對自我的主觀判斷，透過評估或判斷而認定自我價值程度；㈡自尊是伴隨著自我意識(self-conscious)的行為：個人評估自己之後，會伴隨著行為反應。高自尊者可能會自誇、驕傲、目中無人，低自尊者可能會有沮喪、悲傷的反應；㈢自尊與自我概念可能是一體兩面：自尊所涵蓋的層面都與自我概念有關，自尊的形成需要有自我概念作基礎；㈣自尊與自我概念都有主觀成分：自尊與自我觀念的形成常以個人所能接觸的資訊為依據，由於外在資訊並非充足且客觀，因此，自尊與自我概念難免摻雜了主觀的成分，有時甚至成為一種偏見。

　　很多的學者認為個體到了形式運思的認知發展階段才能發展出自己對自己的看法(Okum & Sasfy, 1977; Woolfolk, 1998)，依此而言，到了青少年階段，個體才會思考自我，具有自我意識，並且能具有反省的能力。在兒童期階段，個體雖然也有思考自己的可能，但自我概念並不能接近現實，常由自我出發，識見有限，而青少年階段，個體更重視社會的反應，會由別人的觀點看自己，轉而影響對自己的觀點。此外，兒童期對自己的看法侷限於自己的姓名、父母與家庭狀況。

　　兒童期的自我概念發展在家庭主要受到父母、其他成員的影響，在學校主要受到朋友、同學及老師的影響，學齡階段的兒童自我概念包含學業的(academic)與非學業的(nonacademic)兩大內涵。學業的自我概念係以本身在學校各個學科上的成就為基礎，非學業的自我概念則以與同儕及其他人的互動為基礎，非學業的自我概念又可分成社會、情緒、以及身體的自我概念等三大類。青少年階段的自我概念的層面逐漸複雜，青少年通常透過社會比較與自我評估去建立自我概念。青少年自我概念發展與兒童自我概念發展最大的不同，有下列各項：㈠兒童期的自我概念基本上是以生理自我的建立為主，青少年期係以心理自我的建立為主。㈡兒童期的自我知識尚未充分開展(unfold)，而青少年期則

較能明確區分生理與心理的不同，以及主體我(*I*)與客體我(*me*)的不同。㈢兒童期末期自我概念的發展有三個主要層面：1.人性(*humanity*)的了解較深入，開始對人性的特質有深入了解；2.性(*sexuality*)的知覺提高，知道自己的性別與行為；3.延續性(*continuity*)增加，能將自己的過去與未來的自我加以聯結。青少年期再深化此三個層面的發展，並且更能自我反思(*self-reflection*)，自我覺察的能力更高，並且開始能自我控制，逐漸形成較統整的自我體系(*Guardo & Bohan, 1971; Selman, 1980*)。

在青少年自我概念的研究上，有些學者不用*self*一詞，而用*ego*一詞，事實上此二字在中文上的差異程度不如英文，*ego*在心理學上使用的歷史可能長於*self*。如要嚴格區分兩者的不同，*ego*是較主觀的行為主體（相當於*I*的地位），*self*較強調被知覺的客體（相當於*me*的地位），佛洛伊德較常使用*ego*，而羅吉斯較常用*self*一詞。但不管如何，自我的發展是有甚大變異的，如洛文傑(*Roevinger, 1976*)就以三個圖形表示自我發展的不同模式。如圖8-1所示：

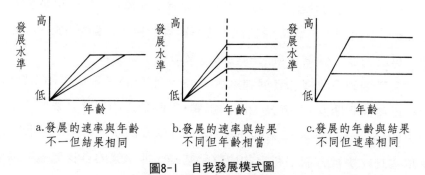

a.發展的速率與年齡　　b.發展的速率與結果　　c.發展的年齡與結果
不一但結果相同　　　　不同但年齡相當　　　　不同但速率相同

圖8-1　自我發展模式圖

資料來源：Forisha-Kovach, 1983, p. 25.

在圖8-1a的自我發展模式中，自我發展的速率與年齡不一，但發展的結果相同，圖8-1b發展的速率與結果不同，但年齡相當，圖8-1c顯示發展的年齡與結果不同，但速率相同，故可見青少年自我的發展亦與生理發展相似，均有極大的變異與不同發展類型。

　　青少年的自尊是積極自我觀念的表現，不過初進入青春期的青少年自尊的發展卻會有起伏變化。早在1960年代，研究自尊發展頗為著名的庫波史密斯(*Coopersmith, 1967*)曾經調查200位年齡在10－22歲年輕人的自尊程度，結果發現14歲的青少年自尊心最低，顯示青少年初期是個體自尊最低的階段，這可能與自己面臨急劇的身心改變，而有較多困擾有關，圖8-2係庫波史密斯的調查結果曲線圖。

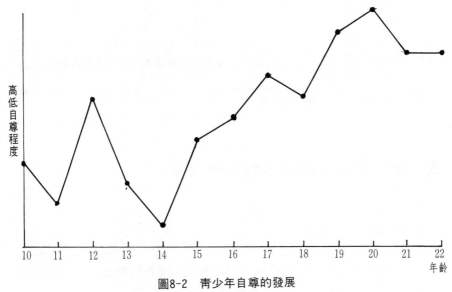

圖8-2　青少年自尊的發展
資料來源：Forisha-Kovach, 1983, p. 16.

　　青少年自尊的高低主要是受到個人的自我形象與實際行為表現的影響，自尊高低事實上就是在反映個人的經驗。結果，通常成就較多、課外活動較積極、能積極助人者會有較高的自尊。艾德沃特(*Atwater, 1992*)曾經將青少年自尊高低的徵候歸納成表8-1，頗值得青少年教育與輔導工作者的參考，表8-1也可以當作青少年適應的指標。

表8-1　青少年自尊的徵候

高自尊青少年	低自尊青少年
1.有準備的發表意見。	1.即使被請求，也不表示意見。
2.能聆聽他人說話。	2.批評他人所說的話。
3.能友善的建立關係。	3.避免與他人接觸。
4.在團體中能與人合作。	4.在團體中想支配他人。
5.親切的接受讚美。	5.拒絕讚美或淡然處之。
6.適當地把榮耀歸於他人。	6.嫉妒他人或有諷刺性的論斷。
7.實在的請求他人。	7.嚴以律人，寬以待己。
8.謙虛。	8.過度誇大自己的成就。
9.付出與接受情感。	9.因恐懼被傷害而吝於付出情感。
10.喜歡鏡中自我的儀表。	10.避免照鏡子。

資料來源：Atwater, 1996, p.306.

貳、青少年自我概念的特性與內涵

一、特徵

　　自我概念通常被視為個體人格的核心，隨著個體新的人生體驗，自我概念也跟著會有所改變。但改變仍有其限度，亦即自我概念與其他人格結構一樣，兼有變化性與穩定性。青少年自我概念的發展，一般而言，具有下列的特性。

(一)與認知發展平行

　　青少年自我概念的發展與認知能力的發展呈平行狀態，在兒童期階段，由於個體僅能作具體運思，因此在自我概念發展上，亦以具體的詞彙描述自己，相反的，青少年由於認知發展進入形式運思期，因此可以運用更抽象與主觀的字眼描述自己，自我概念的發展與認知能力的發展水平相當。同時，青少年的自我描述也較會以個人的信念、動機與人際特徵為根據，所作的自我各項陳述也更細密與深入。

□改變速度最大

青少年時期對自我的看法是人生各階段自我概念改變幅度最大者之一，青少年初期階段，他們較關心自己在家中的地位及獨立的程度，自我描述的重點在於自己與其他家人的不同，但未來的職業與角色期望仍以家庭為參照點。到了青少年期末段，他們較能獨立思考，自我概念更加抽象化，開始會以自身所處的社會環境作為思考自我的參考架構或以社會為自我描述的背景。

□具有明顯的性別差異

在兒童期階段男女生的自我概念一般都非常相近，但在青少年階段，由於性別意識的提高與生理成熟度的增加，男女生的自我概念開始有明顯的分化，並且各自會以社會對兩性的規範看待自己與異性，如男生較重視自我的成就與能力，女生較附和溫柔、體貼的特質。因此，男女生在描述自我時就有明顯的不同，青少年男生的自我概念較具有自我滿足(self-sufficient)與成就取向，女生則較具社會性與尋求幫助(help-seeking)的取向。基本上，在青少年階段男生自我概念的變動少於女生。

□行為與自我概念並非全然一致

青少年的自我概念並非與其行為表現全然一致，如部分男生知道追求成就的重要性，但卻懶於用功讀書，因而出現言行不一的現象。也因此青少年的自我可以再區分為「理想我」(ideal self)、「真實我」(real self)、「知覺我」(perceived self)、以及「描述我」(described self)等的不同。理想我是自己所想要成為的人，也是理想中的自我，真實我是真實情況下的自我，知覺我是自己現在所感覺到的自我狀況，描述我是個人對他人所作的自我描述。

通常較年輕的青少年自我的描述與行為表現有較大的不一致性，較無法基於自己的判斷及意願與他人相處，信心也較年長的青少年低，同時，約在11－13歲的青少年更容易受到同儕壓力的影響，所以此階段的青少年的自我描述常不能真正反映他們的意願，他們通常會以團體的標準為依據。

二、內涵

自我概念是經驗的組合體，也是生活中各種活動的統整力量，對人生的未來也具有指導作用，但青少年自我概念的內涵爲何，則人言各殊，下列是較常被論及的層面：

(一)生理我(*bodily self or physical self*)

生理是心理發展的基礎，青少年由於生理的成長，對於自我的生理特徵頗爲在意，青少年對自己身體的胖瘦、高矮、美醜、健康與否、強壯與否的自我觀點，即是生理我或身體我。

(二)心理我(*psychological self*)

心理我係青少年對於自己內在的思考、感受、價值、態度的整體心理自我評價。

(三)社會我(*social self*)

社會我係指青少年對於自己的社會角色、人際關係、社會層面的人際往來的看法或評價。

(四)道德我(*moral self*)

道德我係指青少年對於自己價值觀、道德判斷與道德實踐或品行、情操的看法。

(五)家庭我(*family self*)

家庭我係指青少年對做爲家庭成員的價值感與勝任感。

(六)理想我(*ideal self*)

青少年理想上的自我情況，也是對自己將來的期望。

(七)自我尊重(自尊，*self-esteem*)

如前述，係指青少年接納自己、尊重自己及自我信心的程度。

(八)自我能力(*self competencies*)

青少年對自己所擁有的資質、潛能與成就程度的看法(*Atwater,* 1996；*Dusek,* 1996)。

在國內被普遍使用的「田納西自我概念量表」即包括了生理我、道德倫理我、心理我、家庭我、社會我、自我認定、自我滿意、自我行動，以及自我總分等因素。除此之外，自我接納、自我實現、自我增強、自我應驗的預言 (self-fulfillment prophecy) 等自我相關的名詞也與自我概念一樣廣受討論，都是自我體系中的重要成分。

達門與哈特 (Damon & Hart, 1982) 兩人曾深入分析自我的組成要素，認為自我是由客體我 (me) 與主體我 (I) 所結合而成。客體我包括身體、主動 (active)、社會以及心理等四個要素，主體我包括延續性 (continuity)、獨特性 (distinct)、意志性 (volition)、自我思考性 (self-reflection) 等要素，在兒童期至青少年後期的四個主要發展階段中，個人的自我了解程度因主體我與客體我成分的不同，而有所差異。達門與哈特即依主客體我的要素及不同發展歷程的區分形如圖8-3的自我瞭解模式圖，此一結構性模式圖極受學者的肯定，除了有助於了解自我的要素外，亦有助了解兒童至青少年階段自我的發展特徵。

由圖8-3的立方圖中可以看到由兒童期至成人期自我了解在改變之中，此種改變是主體我與客體我交互作用的結果，透過圖8-3可以發現自我了解的層面廣泛，而且頗為複雜。

叁、影響青少年自我概念發展的因素

影響青少年自我概念發展的因素主要有：1.父母；2.社會階層；3.認知；4.成熟因素等，以下將再申論之。

一、父母的影響

父母是影響青少年各方面發展的主要作用力量，青少年自我概念的發展也不例外。父母對青少年自我概念的影響主要有二大方面：(1)青少年對父母的認同作用 (identification)：精神分析學派認為青少年在向父母認同當中，獲得與父母相近的價值體系與行為表現方式。有研究

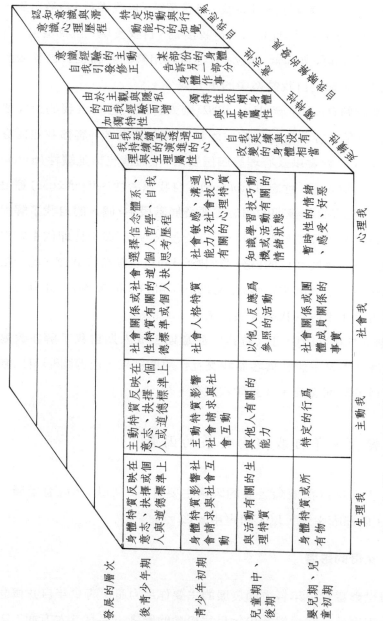

圖8-3　兒童與青少年自我瞭解的概念性結構

資料來源：Damon & Hart, 1982, pp.841-864.

顯示父親與兒童互動密切者，青少年的自尊心較高，如果親子關係較積極，青少年也較容易發展適宜的自我概念。此外，如果父母過度寬容與嚴格者，青少年的自尊會降低，單親家庭青少年的自我概念也常比正常家庭的青少年爲低(*Dusek,* 1996)。(2)父母教養技術(*child-rearing tech-niques*)：父母如何養育與管教子女，也會影響青少年的自我概念發展，母親的支持性態度有助於青少年自我概念的發展，母親較高壓的控制會降低青少年的自我概念，相同的，父親較嚴厲與控制傾向，容易導致青少年理想我與現實我的不一致，具有愛與關懷的父母較有助於青少年建立積極的自我概念。

二、社會階層的影響

青少年的自我概念與自尊與其家庭社會地位的高低有密切的關聯，通常中等以上家庭有較積極的家庭氣氛與親子關係。家庭社經水準較高的青少年有比較高的自信心，使他們能與同儕發展良好的關係，進而激發積極的自我概念，提高個人的自尊。不過家庭社會階層也許只是中介因子，因階層不同而反映出的家庭成員的經濟、情緒表現、教養方式、家庭氣氛等可能更是影響青少年自我概念的直接因素。

三、認知因素的影響

前述達門與哈特(*Damon & Hart,* 1982)認爲自我概念就是自我了解，因此，青少年自我概念的發展程度與其認知水準有所關聯。愈能作抽象思考的青少年，愈能作自我描述。青少年由於開始具有形式運思的能力，對自我的了解會更加的深入與精細。除此之外，自我概念的發展與學業成就亦有密切關係，學業成就較高者較能發展自信心，容易肯定自己，表現較高的自尊，而學業成就本身就需要以青少年個人的認知能力爲基礎。

四、成熟的影響

　　生理發展成熟度較高的青少年有較正向的自我概念，早熟的男生又比晚熟的男生有較高的自我概念，因為早熟者容易被視為大人，有較多表現的機會，他們也容易成為同儕的領袖，對建立自我信心極有幫助。相反的，晚熟的男性青少年，則有較低的自我概念，因為個人較少被賦予責任與領袖地位。不過早熟程度超乎尋常太多也不利於自我概念的發展，因為過於早熟會帶來較多的身心壓力。對女生而言，早熟與晚熟者的自我概念正好與男生相反，早熟的女生適應情況較晚熟的女生不利，因此自我概念也較差。不過深入分析，青少年成熟程度可能也不是影響自我概念發展的立即因素，個人生活適應與社會環境狀況才是主要且立即的作用因素。

　　此外，派特森與泰勒(Peterson & Taylor, 1980)認為影響個人自我概念相關的因子，如身體形象、自我形象、自尊與性別角色認定等的主要作用因素可以歸為生物因素與社會文化因素兩大類，各因素間也會相互作用。生物因素主要有內分泌改變及遺傳作用，以及第二性徵的發展及青春發動期的初始時間(onset)。社會文化因素則有吸引力的社會標準、同儕與父母的反應，以及早熟與晚熟的刻板印象，再加上個人對上述二大因素的作用，而影響各個自我概念因子的發展。派特生與泰勒的分析，可以利用圖8-4加以表示。

　　除此之外，柏恩斯(Burns, 1991)認為正向與負向自我概念的形成是經由回饋圈(feedback circle)作用的結果，如圖8-5所示。

　　在圖8-5A圖中，因為有負向自我概念，自己感到無能，因此導致認為他人持負向觀點看他、他人不會期望他們做得好、有所改善，或能作決定，進而績效差、依賴他人、順從別人、仿同別人，並且焦慮高，因此再形成依照他人期望完成自己的工作與行為，整個回饋圈持續著負向觀點，再對自己的自我概念造成負向影響，一直持續著此一回饋圈，終於自我觀念的發展日趨嚴重。

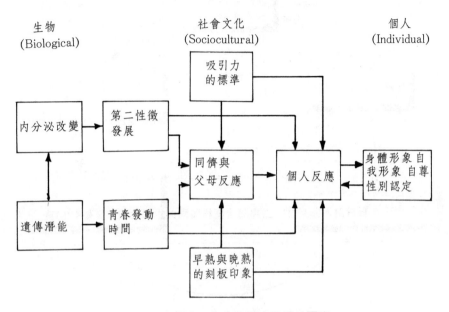

圖8-4　影響青少年自我概念發展的因素
資料來源：Peterson & Taylor, 1980.

　　在圖8-5B中，正向自我概念的發展剛好與負向自我概念的發展相反，由於個人有正向自我概念，進而相信他人能正向看他，期望他會做得好，能獨立的作決定，也因此，工作績效好，不需要屈從別人、具有生產性，也不會有焦慮，再進而能完成自己的成就期望與別人的期望，因此從他人處獲得積極回饋，再對正向自我概念產生作用，且一直循環著。圖8-5二種自我概念的發展模式也值得作爲輔導青少年建立積極的自我概念的參考。

肆、青少年自我概念的輔導

　　柏恩斯(Burns, 1991)認爲專業工作者必須和他們的當事人發展支持性的關係(supportive relationships)，才能激發當事人積極的自我態度，

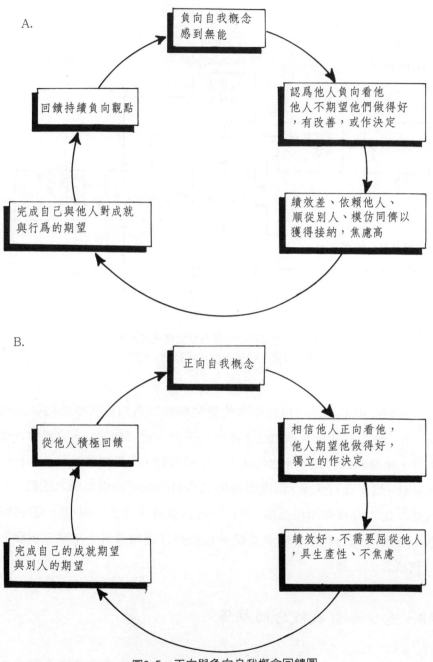

圖8-5　正向與負向自我概念回饋圖

資料來源：Burns, 1991, p.171.

建立正向的自我概念，並且提高自尊。羅吉斯(*Rogers, 1959*)也認為自我概念是治療的重心，治療的效果可以由當事人自我概念的改變加以評估，但治療者本身也要有良好的自我概念，才能經由治療催化的歷程，激發當事人發展積極的自我概念。柏恩斯再進而提出協助當事人發展自我概念的七種方法：

一、提供成功的機會，並且確立對當事人的輔導與要求能切合個人的潛能。

二、能顯現對當事人的興趣與對當事人無條件的接納，如微笑、問候、談話等都是有效的輔導策略。

三、注重個人積極的層面，而不要強調失敗與缺點。

四、多鼓勵，少批評與嘲諷。

五、對特定的行為加以指正，但不要批評他的整個人，亦即排斥他的不當行為，而非拒絕他整個人。

六、預防他們因為恐懼失敗而害怕作新的嘗試。

七、喜歡當事人作有價值的嘗試，並給予信心。

伍爾霍克（*Woolfolk*，1998）也提出下列激發積極自尊（*self-esteem*）的建議，頗值得教育與輔導人員的參考：

一、看重所有學生的價值，並接納他們，包括他們的意圖與成就。

二、為學生創造身心都能感到安全的氣氛。

三、由於每個人都會有偏見，因此教育與輔導人員要注意自己的偏見。

四、應先確定教學措施與分組教學是否確實為學生所必需，而非僅僅為了方便處理學生問題與逃避某些學生而已。

五、應該明確的建立評鑑的標準。

六、建立適當的自我批評與自我酬賞的規約。

七、避免破壞性的競爭，並鼓勵學生和自己的過去作競爭。

八、學生即使有某些行為讓你心生排斥，但仍然要接納這個學生。

九、切記，積極的自我觀念來自於在環境中成功的運作

（ *operating* ）並且來自於環境中被重要他人的看重，此二種經驗最有助於建立積極的自我觀念。

十、鼓勵學生對行爲結果負責，告訴他們有那些方式可以因應問題。

十一、設立學校支持團體或讀書伙伴（ *study buddies* ），教他們如何互相勉勵。

十二、協助學生建立清楚的目標，以腦力激盪法找出他們達到目標所需的資源。

十三、重視個別種族團體的價值差異，如：他們的文化、成就。

第二節　青少年的自我辨識發展及輔導

青少年的自我辨識 *(self-identity)* 是青少年自我發展的另一個重點，本書第二章中曾說明了艾力克遜及馬西亞的青少年自我辨識理論模式。本章將繼續探討青少年自我辨識發展的影響因素、發展趨勢及輔導方法。

壹、青少年自我辨識的形成的及歷程

依照艾力克遜的論點，青少年的辨識與認定的形成是青少年發展的中心課題。青少年自我辨識的完成歷程涉及下列六個層面。

一、要能完成自我辨識與認定需要個人對自己的投資，並且有穩定的承諾 *(commitment)* ，欠缺全心全意地投注心力，將會缺乏辨識感。

二、要有穩定的自我承諾，以達成自我的認定，需要：㈠建立一套的價值觀與信念，以形成個人的意識型態基石 *(ideological stance)* ；㈡建立一套的教育與生涯目標，以組成個人的職業基石 *(occupational stance)* ；㈢建立性的取向以決定個人與異性及同性的熟識感與親密感，以確立個人的人際基石 *(interpersonal stance)* 。

三、辨識與認定的形成同時受到個人內在因素(intrapersonal　factor)、人際因素與文化因素的影響。個人內在因素包括個人的本能特質，人際因素包括對所尊敬的人的認同與對未來期望的表達，文化因素則含蓋個人所生長的國家、社區、次級文化團體的價值觀。

四、辨識與認定形成約有七年的嘗試角色抉擇與意識型態改變的歷程，青少年會考慮各種工作與生涯的可能性，並從約會、交友與從社會、政治、經濟及宗教中吸收各種價值，青少年要能建立成功的辨識感，需要主動的、努力的去檢核各種類型的工作、朋友、友伴與人生哲學，並審慎的加以選擇吸收。青少年通常會對他們所做所為與所接觸的人產生懷疑。

五、愈能發展辨識與認定感的青少年，愈能評價自己與他人之異同，並且能認識到個人的資產與限制。另一方面，未能發展自我辨識感的青少年，較不能理解個人的獨特性，而且更會依賴外在的意見。

六、辨識與認定的形成具有延續與穩定的特質，但其發展從未終止(Kimmel & Weiner, 1985; Newman & Newman, 1977)。

追求自我認定與自我辨識是青少年階段的主要發展任務，當青少年進入青春期，隨著生理與認知能力的增加，他們開始知道，並能區辨自己與他人的不同，開始學習如何脫離父母，轉而依賴自己，此外，青少年也會與同性及異性的同儕建立新的關係，並且會更加滿意社會文化環境，以及享受羅曼史(romance)與性活動。青少年進而會自我回答生活層面的各種新的發展，增加對自我的了解。除此之外，也會開始對各種的價值與態度加以統合，倘青少年本身具有良好的形式與抽象運思能力，將更能掌握各項自我辨識的課題。較多的研究發現，青少年後期自我辨識就能達成，大約高中階段的學生就能以較慎重的態度思考一生的承諾(lifelong commitments)的問題，高中以前的學生對此方面尚沒有太大的興趣。一般而言，15至18歲（約高中階段）的青少年會更加注意去選擇個人的承諾，並尋求自我的認定，不過有些人至大學階段（18-21歲左右）可能仍在追求自我認定。即使在高中階段已經建立了

自我認定感，也可能因大學新的學習與生活體驗，而對自己重新思考，並形成新的自我認定(Adams & Jones, 1983; Waterman, 1982)。

　　艾德沃特(Atwater, 1992)也指出，青少年初期個人尚無法自我探索，無法發展固定的自我辨識感，尤其家庭與學校倘無良好的氣氛並充分提供各種選擇的機會，將不利於青少年的自我探索與自我試驗。

貳、自我辨識的特徵與評量

　　根據馬西亞的研究，青少年的自我辨識共可區分為四種狀態：辨識有成、辨識預定、辨識遲滯與辨識混淆四個類型（如第二章所述）。此四個類型各有不同的特徵，並可以利用相關量表加以評量：

一、辨識有成者的特質

　㈠有較強烈的自我。

　㈡行為成熟穩定。

　㈢較能接納自己。

　㈣與父母有相似的價值觀，但有時會與父母的價值觀相左，對自己的價值觀較堅持。

　㈤對自己的界定明確、穩定。

　㈥常以自己的價值觀為基礎，採取某些行動或作為。

　㈦能與別人有較親密的接觸。

　㈧能接納自己的缺點，不會有太多的幻想。

　㈨在壓力下的工作，仍能得到好成績。

　㈩為自己，訂切合實際的目標。

　㈠有較好的能力評量自己。

　㈡與人交往有較大彈性。

　㈢判斷的一致性高。

　㈣對自己的知覺、看法與別人對他的看法一致性高。

(圭)人際互動上有很好的成效。

(共)通常其父親較不嚴厲，以鼓勵代替控制。

二、辨識預定者的特質

(一)表面看似認定有成的人。

(二)不能真正考慮其他的價值目標，只接受別人或父母給他的價值與目標。

(三)常為了取悅父母而作選擇。

(四)取悅別人以獲得別人讚賞、得到滿足，尤其是對尊長。

(五)有較頑固的人格特質，自我成見較高。

(六)對維護傳統，相當有興趣。

(七)隨興所至，敷衍了事，常逃避一些會受到束縛的事。

(八)避免衝突情境。

(九)尊敬權威，別人告訴他怎麼做，會很高興。

(十)有較高的抱負水準，即使面對失敗，依然不氣餒。

(圭)律己甚嚴，批評自己較嚴厲。

(圭)判斷上較無彈性。

(圭)焦慮程度低。

(圭)自尊高，女生尤其如此。

(圭)對教育有較積極的態度，評價較正向。

(共)父親不仁慈也不嚴格，但控制小孩很有一套。

(圭)常會訂一些不切實的目標。

(大)過度認同同儕團體或英雄。

三、辨識遲滯者的特質

(一)有很多沒法解決的事情。

(二)對異性持遊戲人間態度，用情不專。

(三)係實驗主義者。

㈣常改變其價值觀與信念。

㈤是極端主義者,較爲偏激。

㈥常關心自己的心理健康。

㈦常投入改變體制的洪流中。

㈧常認爲自己很虛僞。

㈨不願意受別人影響或控制。

㈩合作性低,對於別人給予幫助不領情。

㈩㈠預期性不高,活動性難料。

㈩㈡焦慮程度較高。

㈩㈢對大學的選擇,信心不太夠,對敎育沒太大信心。

㈩㈣其父母較悲觀。

㈩㈤對現行體制批評較多。

四、辨識混淆者的特質

㈠玩世不恭,不會照顧別人,爲所欲爲,不考慮他人,花花公子型。

㈡對自己了解不清楚,逃避自己。

㈢透過藥物的滿足逃避危機,逃避責任與義務。

㈣人格不統整,有精神病或自殺傾向。

㈤投機取巧,機會主義者。

㈥極端在意別人的思想、態度,常有罪惡感,希望被掌聲鼓勵。

㈦不願改變自己的看法。

㈧在人際關係上發生問題。

㈨避重就輕,即使與別人一樣聰明,仍趨向選分數好拿的科目。

㈩在不同情境下有不同的表現。

㈩㈠父親控制嚴格。

㈩㈡信任較低。

馬西亞(Marcia, 1966)根據他發展而成的「自我辨識狀態晤談量表」(Identity Status Interview)作爲評量青少年的不同類型,在評量中,主試

者和受試者晤談之後，依受試者的回答，參照量表上的答案把受試者分
為上述之有成、預定、遲滯、混淆四種狀態。

下列是「自我辨識狀態晤談量表」的實例（表8-2）。雖然馬西亞的
方法已經有相當多的後續研究，但是測量辨識狀態尚有許多的限制必
須再加以澄清。

表8-2　自我辨識量表實例

問題	典型答案
如果有其他更好的職業，你想你會放棄目前的工作而追求其他嗎？	嗯，我想我會，但我懷疑。對我而言，我不能找到比現在更好的事。（有成型） 我想如果我知道的更確定，我能回答的更好，它必須是和目前工作有關的職業。（遲滯型） 我不是很願意更換，目前工作是我要做的，因為不只我喜歡，家族親戚也喜歡。（預定型） 喔！當然，如果真有好的工作，我一定換。（混淆型）
你對你的宗教信仰，曾有任何懷疑嗎？	是的，我甚至於開始懷疑是否有一個神，雖然我已經解決了神的問題。我的意思是…。（有成型） 是的，我想我現在正要懷疑怎麼世界上有那麼多邪惡，而還能有神的存在。（遲滯型） 不曾，我們的家庭對這信仰的事已達成相當的協議。（預定型） 我不知道，我猜想是吧，每個人都會經歷這些困擾，但是神不會十分困擾我，我想所有宗教都是一樣的好。（混淆型）

（註：馬西亞的設計量表原只把問題集中在三個主題：職業、信仰及政治觀，最近修正
已加入性、性別角色等問題）。
資料來源：Kimmel & Weiner, 1985, p.423．

㈠此量表只能測出職業及自我意識兩領域的信念。不過後來馬西
亞在設計問題時也顧及到人際關係，以為補救。因為自我辨識的形成和
人際關係有重要關聯。

㈡問題的設計，會造成受試者在不同的領域裡被安置在不同的狀

態。例如,一個人可能在職業信念上處於有成型的狀態,而在自我意識上處於預定型的狀態,又在人際關係上是處於混淆的狀態,所以對青少年的區分不能以一蓋全。

㈢量表詞句與類型的界定使用,容易導致解釋或運用上的混亂,例如馬西亞提到的「辨識危機」(identity crisis),以艾力克遜的概念來解釋,只是青年期一個正常且必須渡過的不穩定階段,更是青年欲達到成功辨識狀態的必經過程。但是若以臨床心理學者的概念來解釋,則可能被看成青少年已有嚴重的適應困難,甚至於被看成這個人正面臨情緒崩潰的邊緣。

㈣馬西亞的測量方法是由大學生發展出來的,可能無法充分地被應用到更年輕的青少年身上。如後來的研究發現,大部分的高中生在面對抉擇時,個人的反應受到極大的限制,而且看法膚淺。所以在這青少年階段中,表面上屬成功型辨識狀態者,可能並未通過「遲滯型」的過程,而仍停留在「預定型」的辨識狀態中(Kimmel & Weiner, 1995)。

參、辨識狀態的發展與改變

一、自我辨識的連續性發展情形

青少年自我辨識形成的過程,是屬連續性的變化歷程。此連續性的變化中又衍生了許多不同的類型,這些類型,可以歸納如下:

㈠前進的變換(Progressive)類型:此類型的進展情形又分三類:

1.混淆(D)→遲滯(M)→有成(A)。

亦即由混淆狀態發展至遲滯狀態,再達到有成 (成功) 的狀態。

2.混淆(D)→遲滯(M)→有成(A)───。

此類型對當前的成功不滿意,再懷疑自己的能力,重新考慮自我及抉擇。亦即由成功再回到遲滯狀態。

3.混淆(D)→預定(F)→遲滯(M)→有成(A)。

即由混淆到預定，再經由遲滯，而終於辨識有成。

(二)後退的變換(Regressive)類型，此類型亦分三類：

1.混淆(D)→預定(F)→混淆(D)。

亦即在預定的狀態下，無法適應權威安排而生混淆。

2.混淆(D)→遲滯(M)→混淆(D)。

亦即在遲滯的狀態下，也許因為無法做抉擇或抉擇失敗而混淆。

3.混淆(D)→遲滯(M)→有成(A)→混淆(D)。

此類型較少發生，可能是人生遭逢變故或社會價值觀改變，個人無法調適而產生混淆。

(三)停滯的(Stagrant)類型，此類型共有二類：

1.混淆(D)→混淆(D)。

亦即不長進，完全不做決定，而生混淆。

2.混淆(D)→預定(F)→預定(F)。

亦即安於現狀，而事事依賴別人。

由上述之行徑路線可發現，欲達成功辨識狀態，都必須先經過遲滯狀態。

二、從年齡層面分析

1.橫面的變化

麥爾曼(Meiman, 1979)根據馬西亞的研究方法，就125個男性受試者分成5個年齡層，依其自我辨識狀態類型獲得如圖8-6的結果，由圖8-6可看出四種辨識狀態隨著年齡的增長而有所消長。其中由18歲到21歲間有成型的變化最大。12歲階段，無人達到辨識有成及遲滯型。15歲辨識成功者也很低，大部分都尚留在混淆型。

2.縱面的變化

瓦特曼等人(Waterman, Geary, & Waterman, 1974)曾以追蹤調查的方式，調查了47個大學工程系的學生，從大一到大四的辨識狀態變化，

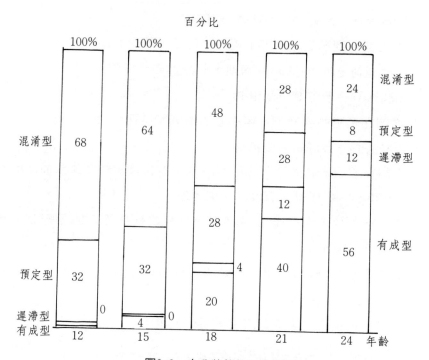

百分比

圖8-6　自我狀態的人數比例

資料來源：Kimmel & Weiner, 1985, p. 427.

表8-3　六至十二歲的青少年之辨識狀態百分比(N＝160)

內容領域	辨識狀態				
	混淆	預定	遲滯	有成	合計
職業計畫	35.6	38.1	12.5	13.8	100.0
宗教信仰	37.5	45.0	4.4	13.1	100.0
政治哲學	88.8	9.4	0.6	1.2	100.0
性別角色喜好	7.5	82.5	3.8	6.2	100.0

資料來源：Kimmel & Weiner, 1985, p. 428.

　　發現從大一到大四，有成型學生人數增加了很多。但仍有很多大四學生仍然停留在混淆的狀態（如圖8-7所示）。

　　另外表8-3係亞契爾(Archa, 1982)青少年自我辨識狀態的研究發

現，由表中可見國小六年級至高三的學生160人在職業計畫、宗教信仰、政治哲學、性別角色喜好等各類型的辨識狀態能達到有成者並不多，尤其政治哲學僅1.2％而已，性別角色喜好也只6.2％而已。在職業計畫、宗教信仰與性別角色方面均以預定型者爲多，遲滯者也不多。由此或可認爲青少年的自我辨識發展仍需要較多的自我努力與外在刺激。

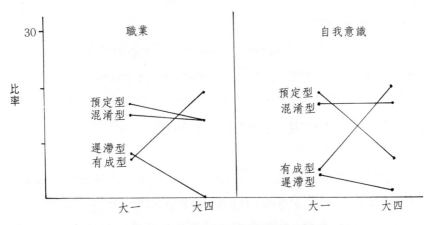

圖8-7　大學生自我辨識狀態改變情形

資料來源：Kimmel ＆ Weiner, 1985, p. 429.

三、辨識形成時的穩定性和適應性

在形成辨識的過程中，雖然正常的情況下有一些不一致，青少年如前所述，有前進、後退、停滯等變化，但就整體而言，辨識的形成大部分是緩慢、穩定的過程。少部分的人在14～22歲間是有人格上的失常，這些人可說是混亂成長型(tumultuous growth)，但僅約占五分之一而已。這些人的行爲上會明顯遭遇困難。其他五分之四的人，大部分在平穩及前進適應的過程中成長，是屬於持續性的成長型（continuous growth），其次部分則成長在較不規則但適應良好的過程中，屬於劇烈

性的成長型（ *surgent growth* ）。

此外，青少年自我辨識的發展尚有下列的特徵：

㈠大部分的青少年在達到辨識有成時，較少有適應上的困難，也不會在考慮將來要成為什麼人或成就什麼事時呈現不安。

㈡辨識的工作，不會引起青少年社會偏離，相反的，社會疏離感將隨辨識的過程逐漸減退。

㈢青少年觀察自己從小到大的改變是漸進的，日趨穩定，且有一貫性。他們對自我的認識越多，越能適應困難，當其自我的影像發生不穩定時，正是他們需要整合自己之時。

㈣青少年的自我辨識發展是一個前進、連續的過程，倘青少年期有好的社會適應，將有助於成年與中年時亦有良好的社會適應。

肆、青少年自我危機的解決與輔導

根據艾力克遜(*Erikson, 1968*)的論點，人生在不同階段皆存有心理社會的危機，危機包含危險與機會，發展良好則可以渡過危機，成功的進入下一個發展階段，否則會限制了心理社會發展，各個時期都有相對的機會與危險特質，青少年階段更有著八大危機。圖8-8係人生各階段及青少年時期的心理危機特質，以及對應的性心理及認知發展階段。

艾力克遜強調：一、自我辨識非自青春期開始，也非在青春期結束，是整個人生過程都會有的自我狀態，只是在青春期達於高峰，並影響以後一切的發展，青春期的自我辨識甚為重要。二、艾力克遜強調青少年期是一個危機與衝突增加的正常階段，其特性是自我強度不斷的在變動，因此，自我個體乃成為青少年要求自我辨識的試驗品。在此期間，個體必須要建立對自我的認知，以避免角色混淆和自我辨識的混亂。要達到上述目標，個體必須要不斷評估自己的優缺點，並學習運用這些優缺點，以正確認知自己是誰？自己要做什麼？要成為什麼？三、在青少年階段，其發展的危機除自我辨識認定與角色混淆外，發展

嬰兒期	兒童前期	學前期	兒童期	青少年期	成人前期	成人期	老年期
信任 VS. 不信任				暫時觀點 VS. 時間混淆			
	主動 VS. 害羞懷疑			自我確定 VS. 自我意識			
		自動自發 VS. 罪疚		角色試驗 VS. 負向認定			
			勤勉 VS. 自卑	工作見習 VS. 工作僵化			
				辨認認定 VS. 角色混淆			
				性別分化 VS. 兩性混淆	親密 VS. 疏離		
				領導與順從 VS. 權威混淆		活力 VS. 頹廢	
				意識型態承諾 VS. 價值混淆			統整 VS. 沮喪

```
0        1        3        6        12       20       35       60（年齡）

嬰兒期    兒童前期   學前期    兒童期    青少年期   成人前期   成人期    老年期
口腔期    肛門期    性器期    潛伏期    兩性期
感覺動作期  運思前期      具體運思期   形式運思期
```

圖8-8　人生各階段及青少年時期的心理危機

資料來源：Forisha-Kovach, 1983, p. 165.

上的危機，尚有下列七大衝突存在，倘發展良好個人心理社會可以獲得成功，失敗則不利個人發展。

1.暫時的觀點對時間的混淆(*temporal perspective VS. time diffusion*)

成功：具有時間觀念，瞭解生命的連續性，能夠連接過去與未來，以決定完成生活計畫的時間。

失敗：希望時間停滯不前，以避免眼前的壓力或藉機擱置未來的計畫，活在過去的回憶和未來的幻想中。

某些研究顯示，直到十五、六歲，個體才能發展出對時間的正確認知。

2.自我確定對自我意識(*self certainty VS. self-consciousness*)

成功：以過去的經驗建立對自我的信心，相信自己能完成未來的目標。

失敗：疏離封閉，不願與人來往，性情孤僻，對於前途無關緊要，對於事情吊兒郎噹，不積極。

3.角色試驗對負向認定(*role experimentations VS. negative identity*)

成功：樂於嘗試不同的角色，不同的人格特質、不同的行為方式、不同的理想、目標和不同的人際關係模式，以獲得自我辨識感。

失敗：採取偏激反抗的自我意識，發展過多的內在限制及罪惡感，因循舊制不願多方嘗試。

4.工作見習對工作僵化(*apprenticeship VS. work paralysis*)

成功：嘗試不同的行業和工作，以決定自己的職業，工作勤奮努力，以求有所成就，完成自我理想的實踐。

失敗：缺乏工作及生活的計畫，終日遊手好閒無所事事。

5.性別分化對兩性混淆(*sexual polarization VS. bisexual diffusion*)

成功：能確認自己的性別及應扮演的性別角色行為，能坦然的與異性相處，尊重異性。

失敗：喜歡模仿異性的穿著與舉止，性別角色混淆。

6.領導與順從對權威混淆(*leadership and followership VS. authority* *diffusion*）

成功：對領袖及服從有明確的認識，具領導能力，對權威有正確的認識，不盲從跟隨。

失敗：盲目的服從與權威的崇拜或任意的抗拒權威。

　　7.意識型態的承諾對價值的混淆（*ideological commitment VS. diffusion of values*）

成功：建立與接受社會所認可的價值體系和意識型態。

失敗：對社會價值產生不滿（*Erikson 1950; 1968; Forisha-Kovach, 1983*）。

　　如果青少年有能力解決這些衝突，將具有堅定而明辨的自我。當個體不再時時詢問自己是誰，並將兒童時期的自我拋棄，形成新的自我影像時，心理社會危機便算解決了。艾力克遜認為處於變動社會中，青少年很難充分達到自我認定的狀態，因為老一輩的人再也沒有能力提供給新生代合適的角色模式，價值多元化使青年人無所適從，他們認為父母親跟不上時代，使得青少年在同輩團體中尋找認同。青少年結黨成群及對於不同語言、服飾、風格和行為的反抗與攻擊，皆是為了避免自我混淆的必要手段，如果自我辨識無法達成，此種現象將永遠存在。

　　馬西亞（*Marcia, 1976*）對艾氏的理論詳加研究，認為達到成熟的自我辨識狀態有兩個要件：即危機感的產生和付諸行動的有無。特別是職業的選擇、宗教信仰和政治意識的建立。危機感指的是陷入重大事件的抉擇思考中；行動指的是對於上述決定，所從事的行為表現及全心全意投入的程度。成熟的自我辨識指的是個人經歷過危機，且在職業和意識理念上付諸行動，全心全意地投入。

　　面對青少年複雜而微妙的自我辨識問題時，可提供的輔導策略有下列各項：

　　㈠了解並接納青少年自我辨識的過程

　　青少年期主要問題是親子兩代間的衝突時常發生，青少年在發展過程中自然會提出自己的觀點，為人父母者要能積極的去面對。許多父母可能本身的自我辨識未能獲得成功，無法了解自己把未能實現的

夢，寄託在子女身上，導致對青少年過度的期望，使青少年產生焦慮情緒。青少年常因識破父母偽裝的成熟狀態，發現父母在保護與信賴的背後有其自私的要求時，常會感到困惑與不安。成人必須自我了解並且能寬容與接納青少年的心理社會危機的蛻變過程，才能幫助他們渡過混亂與動搖的時期。

(二)容忍青少年有猶豫摸索的緩衝時間

青少年的自我意識太強，對於自己的前途也缺乏有效的規劃，他們渴望解脫社會的束縛與尋求自我的角色，以嘗試自己的生活方式，成人對此狀態要能容忍，能夠給予青少年猶豫摸索的緩衝時間，有助其發展獨立性並完成各項發展任務，進而接受人生旅途上的種種挑戰。

(三)幫助青少年從「辨識遲滯型」邁向「辨識有成型」

目前青少年由於社會上欠缺可供其認同的價值觀或團體，對家庭、社會的隸屬感淡薄，因此，辨識的完成較為困難。學校青少年之自我辨識發展只停留在遲滯狀態而無法確立者比比皆是，加上父母在管教態度與方法上的偏差，更助長此狀態的長期存在，導致青少年的隸屬感低、主觀自我意識太強、以自我為本位、無法尋找真正的「自己」。成人必須洞察現代青少年共同的社會性格，並從旁予以協助，使其能渡過此階段，從自我成熟、全心全意投入與自我實現的追求中，建立真正的自我認定，達到心理的健康。

第三節　青少年的情緒發展及輔導

情緒(emotion)是個體對刺激作反應所獲致的主觀情感(subjective feeling)與個別的經驗。情緒也是一種意識狀態，對個體具有促動或干擾作用。青少年發展階段的情緒反應與變化十分明顯，對青少年的內外在環境所產生的影響非常廣泛，如青少年的情感、喜悅與快樂，常會使青少年有歡愉的感受，而願意積極努力地去追求，相反的，焦慮、悲傷與

憂鬱會帶給青少年不安與痛苦,使青少年極力去加以逃避,甚至形成自殺意圖。因此,充分了解青少年的情緒發展特徵與主要的情緒狀態,再進而協助他們因應各種情緒作用,促進積極發展,也是青少年相關問題探究上的重點。

壹、情緒狀態對青少年的影響及主要類別

一、情緒對青少年的影響

任何文化的青少年,甚至每一個人都會經驗到情緒,喜悅、悲傷、焦慮、憤怒與憂鬱是人類共通的體驗。情緒狀態之所以值得重視,乃因為情緒對青少年有下列的影響:

㈠情緒狀態會影響身心健康

個體感受到情緒作用,並對情緒加以反應時,整個身體都會受到牽動。當然在刺激事件發生時,訊息會傳送至大腦及中央神經系統中,並使個體產生激起狀態(arousal),因而使身體狀態受到改變,尤其自主神經系統會將情緒訊息傳導至內臟器官,如心臟、肺、胃、胰臟、腎臟、肝臟及其它腺體中,如淚腺、腎上腺等。經由身體各器官的作用,情緒會抑制或激發身體器官及腺體的活動,以使個體能對外在刺激呈準備反應的狀態。如果情緒愈持久、情緒愈激烈,對個人身體機能的影響也就愈強大。過度的焦慮會使胃酸分泌失常,而產生胃病,就是情緒影響身體健康的例子。當身體健康受到影響時,也同樣會對心理的適應造成影響,如過度憂鬱者常會失去自我的信心與生存的勇氣,易造成自我傷害的結果。

㈡情緒會影響人際關係

人際相處常會受到情緒的左右,過度焦慮與憂鬱者不利良好人際關係的建立,因為個人的負向情緒狀態會使人際關係產生不安狀態,讓對方不願意維持較長久的關係。容易生氣的人也容易在人際中傷害他

人，不利人際關係的建立。具有恐懼情緒的青少年更會自己從人際中退縮或逃避社會性聚會，因而阻礙社會能力的發展。

(三)情緒會影響行為表現

青少年的行為表現大都事出有因，情緒狀態就是一個主要的促動力量，情緒反應常是青少年行為動機的根源。恐懼失敗的青少年會用功讀書，以獲得較高成就，但過度的恐懼，反而使青少年自暴自棄，放棄學習。可見情緒狀態兼有正向與負向功能，對青少年行為的影響也是雙方面的，關鍵在於青少年情緒的類型、強度，及自我因應的策略。

(四)情緒是青少年喜悅、快樂與滿足的來源

青少年可能因經驗到較愉悅或歡欣的情緒，而覺得人生充滿了希望，也可能因為克服了焦慮與恐懼的情緒，感到成就，並建立了信心。欠缺積極的情緒感受不利於青少年的充分發展。情緒經驗同時也是青少年追求自我實現的動力。

二、青少年的情緒類別

瑞斯(Rice, 1978)曾依照情緒的影響與結果，將情緒區分為三類：

(一)喜悅狀態(joyous states)：是屬於積極的情緒，如情感、愛、快樂與怡愉等。

(二)抑制狀態(inhibitory states)：是屬於負向的情緒如擔憂、恐懼、焦慮、悲傷、害羞、遺憾、罪惡與厭惡等。

(三)敵意狀態 (hostile states)：也是屬於負向的情緒，如憤怒、憎恨與嫉妒等。

上述三大類的情緒狀態並非分立的，青少年可能同時經驗這三種情緒狀態，不過各類情緒狀態會有某一類的作用力量較大。如有情愛感受的青少年，同時會對情人的表現有焦慮感，也會對情人的朋友產生嫉妒心。

科斯德尼克等人(Kostelnik et al., 1988)指出，情緒的歸類頗為不易，學者對情緒的歸類方法也不盡相同，但他們將喜悅(joy)、悲傷(sadness)、憤怒(anger)與恐懼(fear)稱之爲核心情緒(core emotions)，此四大核心情緒並各自形成一個情緒聚類(emotional clusters)，表8-4係四個核心情緒及其對應的情緒聚類。

表8-4　核心情緒及對應的情緒聚類

喜悅	悲傷	憤怒	恐懼
快樂(happiness)	灰心(dejection)	挫折(frustration)	擔憂(worriness)
歡欣(delight)	不快樂(unhappiness)	嫉妒(jealousy)	焦慮(anxiety)
滿意(contentment)	苦惱(distress)	厭惡(disgust)	懷疑(suspicion)
滿足(statisfaction)	悲傷(grief)	生氣(annoyance)	害怕(dread)
怡悅(pleasure)	失望(discouragement)	激怒(fury)	恐慌(dismay)
得意(elation)	害羞(shame)	無聊(boredom)	苦悶(anguish)
榮耀(pride)	罪惡(guilt)	蔑視(defiance)	驚慌(panic)

資料來源：Kostelnik et al., 1988, p.104。

貳、青少年重要情緒狀態的發展

以下將再詳細探討前述三大類青少年的情緒狀態，並選擇代表性的青少年情緒經驗，敍述它們的形成與發展特徵，及對青少年的影響。

一、喜悅狀態

青少年相關研究常過度重視青少年的負向情緒的作用，如恐懼與焦慮，事實上，青少年在成長過程當中也有無數的喜悅情緒經驗，當青少年所接觸的事物讓他們稱心如意時，或當他們受到溫馨的接納、獲得成功與勝利、希望獲得實現、發現自己的潛能與發現自己的才華，或者與異性接觸及開始戀愛時，都會帶給青少年喜悅的感受。喜悅的情緒經驗是青少年健全發展的重要助長力量，值得協助青少年充分的加以體驗。在青少年的喜悅狀態中以愛(love)與情感(affection)兩類是最爲獨特的情緒經驗。青少年一方面需要接受來自大人、同儕的愛與情，同時也開始學習如何表達與付出情與愛。心理學家通常將愛與情感視爲人類

的基本需求，在兒童期階段，個體在親子互動中開始感受父母的情與愛，倘來自父母的情與愛欠缺或冷淡，兒童將會顯得退縮與待人冷淡。

青少年的情與愛發展是以兒童期的情緒經驗爲基礎，再轉而擴大情與愛的對象，如對社區、學校，及異性的情與愛。青少年對異性的愛戀除受性成熟的生物力量左右外，更受到社會力量的助長，目前青少年男女相聚的機會增多（如同班與同校），異性間的往來也較被容許與自由，因而青少年對異性的愛慕之情比上一代發展要早。不過國內的家長通常不鼓勵青少年子女過早與異性交往，以免影響學業。

二、抑制狀態

抑制狀態的情緒經驗如果過於強烈，將會傷害青少年身心的發展，輕度的抑制狀態情緒經驗，有助於青少年適度體驗人生，增強心理上的免疫功能，並有利於應付成年後的人生考驗。以下將就青少年的恐懼、擔憂與焦慮，以及憂鬱等各項較受學者關切的情緒狀態加以探討。

㈠青少年的恐懼情緒

恐懼感是人類最負向的情緒經驗，在兒童期階段，個體就開始有恐懼的體驗，如對黑暗、陌生人、動物、颱風等事物產生恐懼，但隨著個體的成熟與認知能力的提昇，青少年恐懼的對象與兒童時期並不盡相同，但兒童期的恐懼經驗仍會帶入青少年之中。

瑞斯（*Rice, 1977*）認爲恐懼可以分爲四大類：

1.對東西與自然現象的恐懼：包括對昆蟲、蛇、狗、暴風雨、奇怪的噪音、火、水、幽閉的空間、高空、火車、飛機等的恐懼。

2.對自我有關的恐懼：包括學業失敗、職業情境、疾病、受傷、死亡、個人的不適應、不道德的驅力、做錯事與脾氣等的恐懼。

3.對社會關係的恐懼：包括對父母、與人交談、孤獨、個人儀表、擁擠、異性、成人團體與情境、與異性約會、參加聚會、特定的人物、公開演講或其它與社會性團體有關的恐懼。

4.不知名的恐懼：包括對超自然現象、世界發生的重要事件、難預

期的未來、以及悲劇的恐懼等。

　　通常兒童有較多的第一、二類的恐懼，青少年則有較多第三、四類恐懼。

　　表8-5係青少年最常見的恐懼類別。

表8-5　青少年常見的恐懼事件

類別	性別		社經水準		
	男性	女性	高	低	合計
政治	13.02	12.35	13.24	12.32	12.68
家庭	11.71	10.21	10.40	9.67	10.95
個人關係	10.56	10.56	11.06	10.30	10.56
學校	10.37	10.05	10.86	10.64	10.21
動物	9.04	10.55	10.22	9.73	9.79
未來	10.07	8.62	9.88	9.79	9.79
自然現象	8.39	9.68	9.45	8.93	9.03
個人儀表	8.47	9.17	9.23	8.68	8.82
自然現象	6.62	10.87	7.11	11.40	8.74
安全(如家庭失火)	8.77	8.46	8.52	9.02	8.61

資料來源：Croake & Fox，1971，pp.279－284.

　　由表8-5可見青少年以對政治事件的恐懼程度最高，這可能與大眾傳播過度暴露政治問題有關，因為70年代正是美國政治醜聞最多、越戰方興的時期，其次是對家庭、個人關係、學校、動物、未來、超自然現象、個人儀表、自然現象以及安全（如家庭失火）的恐懼。由表中尚可發現青少年的恐懼因性別不同而有些許差異，如男生對政治事件最感恐懼，而對自然現象恐懼程度較低，女生雖亦對政治有最高恐懼，但卻對安全的恐懼程度最低，另男生對未來的恐懼程度高於女生。再從社經水準來看，較高社經水準的青少年與低社經水準的青少年對不同事件的恐懼程度亦有不同，如低社經水準青少年對家庭的恐懼較低，但對自然現象的恐懼程度卻較高，對安全的恐懼程度亦較高。

表8-6 大學女生最擔憂的事件

反應次數	擔憂的事件
47	學校
18	分數、考試成績很好
16	約會時間、作業、工作時間
9	學校一般學習
2	完成學業
1	獎學金
1	試教
23	家庭、父母
6	家庭、父母的一般狀況
3	父母婚姻的穩定、離婚或分居
3	父母的情緒狀況
3	親子關係、獨立或意見
3	母親
3	父母健康
2	兄弟姐妹的未來
22	職業、就業
17	畢業後如何找好工作、就業
5	能作好想作的工作、開發潛能
15	社會關係
8	被接納、喜歡、別人的想法，感到害羞、自卑。
3	男朋友
2	一般的社會關係
1	恐懼傷害別人
1	失去朋友
9	金錢
3	畢業開支
3	學費
3	當前的花費
9	未來
6	一般性未來
3	未來的穩定、快樂與安全
6	婚姻
3	結婚，遇到愛我與我愛的人
1	未來家庭的幸福
1	當一位好太太

		1	婚禮
3			性
		1	婚前性行爲的避免
		1	媽媽發現避孕藥
		1	未來的性責任

資料來源：Rice,（1993），p.275.

　　艾德沃特(*Atwater*, 1996)指出，青少年階段最常有的恐懼症是學校恐懼症(*school phobia*)，這是一種對學習感到恐懼的情緒反應。青少年會有學校恐懼症一方面反映對學校老師或敎練以及同儕競爭的害怕，另一方面也可能是一種內在衝突的表現，如因父母過度保護而產生分離焦慮，或父母期望與壓力過大、親子關係不佳，而產生心理困擾等。青少年學校恐懼症通常只是不良適應中的一項而已，在輔導上須針對青少年身心狀況、學習環境、家庭環境作整體考量與調整，才能減少學校恐懼症的產生。

(二)青少年的擔憂與焦慮情緒

　　擔憂（掛慮）與焦慮也是普遍的情緒反應，通常是由對情境不如意或有壓力所引發的，擔憂與焦慮也是一種主觀的心理想像(*mind image*)，青少年常擔憂自己的儀表、容貌、穿著、考試成績不佳、意外事故的發生等，青少年所擔憂的事有些在成人看來是微不足道的事。瑞斯(*Rice*, 1993)曾調查大學女生最感擔憂的事件，結果如表8-6所示。

　　由表8-6中可見大學女生最擔憂的事情依序是學校、家庭與父母、職業與就業、社會關係、金錢、未來、婚姻與性等8大項事件。一般青少年可能也有類似擔憂情況。

　　焦慮是與擔憂情緒相似且相隨的情緒，焦慮是人格心理學上頗受重視的一個概念。通常是一種由緊張、不安、焦急、憂慮、恐懼等感受交織而成的複雜情緒狀態。焦慮也是個人煩惱、苦悶的主觀經驗，是一種不愉快的情緒感覺。焦慮並且是一種複雜的神經生理反應，與自律神經系統、生物化學系統及腦波反應等有密切的關係。在焦慮時，個體的

心跳會加快、血壓會增高、或產生腸胃不適等現象。青少年常因擔心考試、擔心失敗、害怕責罰或被別人瞧不起而感到焦慮。焦慮可以說是個人應付環境無把握又對不可知的未來感到威脅時的一種恐懼、憂慮交織而成的迷惘感受。

瑞斯(*Rice, 1993*)指出，焦慮情緒的產生有三大根源：

1.生理剝奪：當缺乏食物、舒適、休息、身體保護時會有焦慮產生。

2.情緒剝奪：缺乏愛、接納與讚賞。情緒性的被拒絕與責罵對青少年的傷害尤其大。

3.與環境的緊張與衝突：重複的緊張、不斷地衝突、神經的過度刺激等都會讓人產生焦慮。青少年階段的親子衝突最容易導致焦慮情緒的產生。

三、敵意狀態

「敵意」(*hostility*)對青少年的影響甚早受到心理學家的重視。不過後來由於心理學家多數關注「攻擊」(*aggression*)問題，因此，敵意時常被納入攻擊之研究的一部分。

依照巴斯與德奇(*Buss & Durkee, 1957*)建構的概念，敵意包含七個層面：㈠打擊(*Assault*)：對他人的身體攻擊，包括與人打架，但沒有毀滅對方。㈡間接敵意(*Indirect Hostility*)：包括「環繞式的攻擊」與「非直接攻擊」兩種，環繞式攻擊係使用訕笑或取笑方式等較迂迴的方法對付憎恨的人；非直接攻擊包括大發雷霆式猛力關門等方式表達不滿。㈢暴躁(*Irritability*)：在微弱的刺激下，即會有負向的表現，包括脾氣不好、抱怨、激怒、粗魯無禮等。㈣負向主義(*Negativism*)：故意唱反調，直接反抗權威，常常拒絕合作，公開背叛規則或傳統。㈤怨恨(*Resentment*)：嫉妒或憎恨別人，是對現時環境的憤怒表現，或幻想被虐待。㈥懷疑(*Suspicion*)：把敵意投射在別人身上，不信任別人，懷疑別人的動機與計畫。㈦口語敵意(*Verbal Hostility*)：使用負向語言表達不滿，

包括「型態」與「內容」兩類，如爭辯、喊叫，尖叫屬於前者，威脅、詛咒、過度批評則屬後者。由此可見敵意所涵蓋的層面非常廣泛。

　　裴佛列(*Pefley*，1986)指出，敵意包括兩種直接的因素：內向懲罰(*intropunitiveness*)與外向懲罰(*extrapunitiveness*)兩類。敵意也可視為人格特質的一種，如外控型(*external locus of control*)的人在敵意評量上得分較多，外控型的人也有較多的憤怒、暴躁、懷疑、口語與間接攻擊表現。此外，較高敵意的人較不合作、較敵對、粗暴、不妥協、不具同情心與冷漠等特質，敵意高的人與A 型行為類型(*Type A behavior pattern*)密切相關，他們較具競爭性與衝動性，也較會得到冠狀動脈心臟疾病（黃德祥，民79a）。

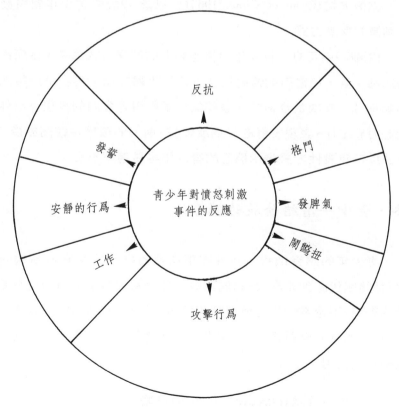

圖8-9　青少年對引發憤怒之刺激的反應方式

資料來源：Crow & Crow 1965, p.146.

　　青少年敵意太高，常容易與人產生衝突，也較不受人歡迎；此外青少年也會以憤怒、憎恨或嫉妒的情緒表達敵意。除此之外，青少年也常會有憤怒的情緒狀態。

　　憤怒（或生氣）是一種不愉快的情緒狀態，通常個體在感受到威脅或遭遇到挫折時，就會有憤怒產生，愈是不愉快的事件愈有可能產生憤怒，不過當不愉快情境過於激烈，則恐懼情緒會壓過憤怒情緒，各種不同情緒並非是明顯分立的，較高焦慮、過度緊張、憂鬱或高度敵意的青少年會有較高的憤怒表現，青少年尤其常常在希望破滅、生理需求被剝奪、不受到關注時表現憤怒的情緒，並容易造成負面的結果。不過也有些青少年會因自己的無能、挫折與錯誤而對自己感到憤怒。

　　克勞夫婦（Crow & Crow, 1965）曾以圖8-9說明青少年對引發憤怒之刺激的反應方式。

　　由圖8-9中可見，青少年對憤怒刺激的反應方式頗多，依所占面積的比例來看，最常有的憤怒反應方式是攻擊行為，再次是反叛或反抗（rebellion），其次是會格鬥、發脾氣或鬧彆扭等多向的表現，另外也可能努力於工作、表現安靜的行為或發誓，前者的破壞性較高於後三者，無法以較建設性方式表示憤怒的青少年容易適應不良。

參、青少年情緒發展的輔導

　　青少年的感受敏銳，對外在事物及對自己的反應容易趨向激烈化，情緒起伏波動非常大，對同儕與異性容易因微小的事情而有愛惡分明的表現。不過青少年的情緒類多是個人內在的真實感受，對青少年而言，情緒本身並無對錯之分。在青少年情緒發展的輔導上有下列的各種策略可以使用。

一、情感反映（affective reflection）策略

　　情感反映是以敏銳及關懷的態度，使用與青少年相似的語言或行

爲，反射青少年內在眞正感受，並引導做建設性表達情緒的一種情感教育方法。透過情感反映有助於青少年了解自己的情緒與他人不同之處，也可以幫助他們了解情緒的對與錯。在情感反映中也要引導青少年描述自己的情緒，並逐漸以建設性的方式表達負向的情緒。情感反映的具體步驟有：㈠在對青少年說話以前要先充分觀察青少年的言行，才能充分掌握青少年的情緒狀態。㈡對青少年的情緒表現要敏銳的去探察其強度與正負向作用。㈢簡單的描述青少年的情緒表現。㈣使用更豐富與多樣的字眼描述青少年的情緒。㈤協助青少年修正不當的情緒表現(Kostelnik, 1988)。

二、行爲輔導策略

目前以行爲輔導策略協助青少年減低負向情緒的方法主要有：㈠系統減敏法；㈡認知方法；㈢洪水法或爆炸法；㈣操作法(operational procedures)；以及㈤示範法。

系統減敏法係以身體鬆弛及建立焦慮階層交互使用，循序漸進，最後克服焦慮或恐懼的方法。在系統減敏法中焦慮階層的建立必須具體、細密，並且身體鬆弛要能確實達成，才能發揮效果。認知方法主要是由認知著手，分析認知與情緒的關聯，再以理性與建設性的認知取代非理性與破壞性的認知。洪水法或爆炸法則是將引發恐懼、焦慮、憤怒的刺激在短時間內大量呈現，使青少年對負向刺激原失去其敏感度的方法，相關的負向刺激原並非一定是活生生的事物，利用想像的方式亦可達到治療的效果。操作法則是應用增強、消弱、行爲塑造或交互使用各種操作制約的方法，以使青少年的不當情緒反應消除或減弱。示範法係利用眞實的他人（包括師長或同儕）或錄音、錄影，爲青少年示範正確的情緒表達方式，進而去除不良情緒的方法。示範法仍強調利用循序漸近與積極增強的步驟，使青少年察覺到如何以建設性的方式表達各種情緒。

三、社會技巧訓練

青少年的情緒反應通常會在人群中表現，不當或負向的情緒會妨害社會關係的發展，因此近年來應用頗為普遍的社會技巧訓練，常直接把情緒的處理當作訓練的一部分，如高斯坦等人(*Goldstein et al., 1980*)就進行七項訓練處理情緒的技巧，包括：

　　㈠認識自己的情感：試著了解、認識自己的情緒。

　　㈡表達情感：讓別人知道自己的感受。

　　㈢了解他人情感：試著發現別人的感受。

　　㈣處理他人的憤怒：了解別人為何生氣。

表8-7　犯罪青少年社會技巧訓練內容

週次	訓練主題	訓練內容與過程
1.	表達怨言	1.界定問題性質及誰應負責任。 2.決定問題應如何解決。 3.告訴對方問題是什麼，以及如何解決。 4.請求作反應。 5.顯示你瞭解對方的情感。 6.採取對應的步驟獲得共識。
2.	對他人情感的反映(同理心)	1.觀察別人的話語與行動。 2.決定他人的可能感受，以及感受的強度。 3.決定讓他人知道你瞭解他們的情感是否有益。
3.	為有壓力的會談作準備	1.想像自己處於一個成功的情境中。 2.思考你將如何感受，以及為何會有此感受。 3.想像他人處在有壓力的情境中，想像對方感受如何，以及為何有此感受。 4.自我想像如何告訴對方你所想要說的話。 5.想像對方將會如何說話。 6.重複上述各種步驟，並盡可能想像其他各種可能的方法。 7.選擇最佳的方法。
4.	對憤怒的反應	1.開放式的傾聽別人想說的話。 2.顯示你瞭解對方的感受。 3.請求對方瞭解你所不瞭解的地方。

　　　　　　　　　　　　4.顯示你瞭解對方爲何生氣。

　　　　　　　　　　　　5.假如方便的話，表達你對此情境的想法與感受。

5.　避免吵架　　　　　　1.停止吵架，並想想爲何您想打架。

　　　　　　　　　　　　2.決定你所想要的後果。

　　　　　　　　　　　　3.思考除了吵架之外處理此種情境的方法。

　　　　　　　　　　　　4.決定處理此種情境的最佳方法，並努力去做到。

6.　幫助他人　　　　　　1.決定他人是否需要並想要你去加以幫助。

　　　　　　　　　　　　2.想想你可能幫助他們的方法。

　　　　　　　　　　　　3.假如他人需要，並想要你去幫助他，就主動開口。

　　　　　　　　　　　　4.幫助他人。

7.　處理被責罵　　　　　1.思考別人責罵你些什麼。

　　　　　　　　　　　　2.想想別人爲何會責罵你。

　　　　　　　　　　　　3.思想回應他人責罵的方式。

　　　　　　　　　　　　4.選擇最好的方式，並去做它。

8.　處理團體壓力　　　　1.思考他人想要你做的事，及其理由。

　　　　　　　　　　　　2.決定你想要做的事。

　　　　　　　　　　　　3.決定如何告訴對方你想要作的事。

　　　　　　　　　　　　4.告訴這個團體有關您想要作的事。

9.　表達情意　　　　　　1.決定你是否對對方有好感。

　　　　　　　　　　　　2.決定他人是否想知道你的情感。

　　　　　　　　　　　　3.決定如何以最好的方式表達你的情感。

　　　　　　　　　　　　4.選擇適當時間與地點表達你的情感。

　　　　　　　　　　　　5.以溫馨與關懷的態度表達情感。

10.　對失敗的反應　　　　1.決定你是否失敗。

　　　　　　　　　　　　2.思考個人及環境造成你失敗的可能原因。

　　　　　　　　　　　　3.決定假如你再嘗試去做，有那些不同的做事方法。

　　　　　　　　　　　　4.決定你是否再嘗試。

　　　　　　　　　　　　5.假如適當的話，試著再做並使用你修正過的方法去做。

資料來源：Goldstein et al., 1989, pp.82-84.

　　㈤表達情意：讓別人知道你關心他們。

　　㈥處理恐懼：害怕時試著找出原因，並加以處理。

　　㈦酬賞自我：自己表現良好時，酬賞自己。

　　除此之外，高斯坦等人（*Goldstein et al., 1989*）再以結構化的學習

(*structured leavning*) 方式進行犯罪青少年的社會技巧訓練，同時配合道德推理與憤怒控制兩項活動進行「攻擊替代」(*aggression replacement*) 為焦點的處遇方案，結果發現對犯罪青少年的行為改善有極大的效果，表8-7即是他們十週的社會技巧訓練內容，極具參考價值（黃德祥，民82a）。

表8-7中的攻擊替代的社會技巧訓練方案尤其適合用來處理青少年憤怒、憎恨、不滿、嫉妒等的情緒。

本章提要

1. 自我概念係指個人對自己的理念、情感與態度的總合，亦即自我概念係個人試圖解釋自己、建立基模，以便將對自己的印象、情感與態度組織起來。自我概念具有下列的特性：(1)具有他人取向；(2)自我概念是自我建構的體系；(3)自我概念也是個人對自己的描述；(4)自我概念是自我界定與自我形象的總和。

2. 自尊是另一個常與自我概念一起被討論的相關課題，自尊乃個人對自己的一種情緒性評估，而有高低之分。它具有下列的特性：(1)自尊與自我評鑑或自我評估密切關聯；(2)自尊伴隨著自我意識的行為；(3)自尊與自我概念可能是一體兩面；(4)自尊與自我概念都有主觀成分。

3. 青少年自我概念發展與兒童自我概念發展最大的不同，有下列各項：(1)後者以生理自我的建立為主，前者以心理自我的建立為主；(2)後者自我知識尚未充分開展，前者則較能明確區分生理與心理的不同，以及主體我與客體我的不同；(3)後者末期在人性的了解、性、知覺與延續性都有較深入的了解與提升，前者則再深化三層面的發展。

4. 自我概念通常被視為個體人格的核心，隨著個體新的人生體驗，自我概念也跟著會有所改變，而青少年自我概念的發展具有下列的特性：(1)與認知發展平行；(2)改變速度最大；(3)具有明顯的性別差異；(4)行為與自我概念並非全然一致。

5. 青少年自我概念的內涵較常被論及的包含下列各層面：(1)生理我；(2)心理我；(3)社會我；(4)道德我；(5)家庭我；(6)理想我；(7)自我尊重；(8)自我能力。

6. 影響青少年自我概念發展的因素主要有：(1)父母的影響：主要有二大方面 a，

青少年對父母的認同作用；b・父母教養技術。(2)社會階層的影響；(3)認知因素的影響；(4)成熟因素的影響。此外，派特森與泰勒認為影響個人自我概念相關的因子可以歸為生物因素與社會文化因素兩大類，各因素間會相互作用。

7. 在青少年自我概念的輔導上，學者認為專業工作者必須和他們的當事人發展支持的關係才能激發當事人積極的自我態度，進而建立正向的自我概念，並且提高自尊，柏恩斯再進而提出七種協助當事人發展自我概念的方法，另外羅吉斯也認為自我概念是治療的重心，治療的效果可以由當事人自我概念的改變加以評估。

8. 青少年的自我辨識是青少年自我發展的另一個重點，依照艾力克遜的論點，青少年的辨識與認定的形成是青少年發展的中心課題，而自我辨識的完成歷程涉及六個層面。

9. 根據馬西亞的研究，青少年的自我辨識共可區分為四種狀態：(1)辨識有成；(2)辨識預定；(3)辨識遲滯；(4)辨識混淆。此四個類型各有不同的特徵，並可以利用相關量表加以評量。

10. 青少年自我辨識形成的過程，是屬連續性的變化歷程。此連續性的變化中又衍生了許多不同的類型，可以歸納如下：1.前進的變換類型：此類型的進展情形又分三類：

　　(1)混淆→遲滯→有成。

　　(2)混淆→遲滯→有成┐。
　　　　　　└───┘

　　(3)混淆→預定→遲滯→有成。

　　2.後退的變換類型：此類型亦分三類：

　　(1)混淆→預定→混淆。

　　(2)混淆→遲滯→混淆。

　　(3)混淆→遲滯→有成→混淆。

　　3.停滯的類型：此類型共有二類：

　　(1)混淆→混淆。

　　(2)混淆→預定→預定。

11. 青少年自我辨識的發展有下列的特徵：(1)在達到辨識有成時，較少有適應上的困難；(2)辨識的過程中，不會引起青年社會偏離，相反的，社會疏離感將隨辨

識的過程逐漸減退；⑶青少年的改變是漸進的，日趨穩定，且有一貫性；⑷青少年的自我辨識發展是一個前進、連續的過程。

12.艾力克遜認為青少年階段發展的危機除自我辨識認定與角色混淆外，克服發展的危機，尚有下列七大衝突：⑴暫時的觀點對時間的混淆；⑵自我確定對自我意識；⑶角色試驗對負向認定；⑷工作見習對工作僵化；⑸性別分化對兩性混淆；⑹領導、服從對權威混淆；⑺意識型態的承諾對價值的混淆。上列七大衝突倘發展良好，個人心理社會可以獲得成功，失敗則不利個體發展。

13.面對青少年複雜而微妙的自我辨識問題時，可提供的輔導策略有下列各項：⑴了解並接納青少年自我辨識的過程；⑵容忍青少年有猶豫摸索的緩衝時間；⑶幫助青少年從「辨識遲滯型」邁向「辨識有成型」。

14.情緒是個體對刺激作反應所獲致的主觀情感與個別的經驗。情緒也是一種意識狀態，對個體具有促動或干擾作用。

15.情緒對青少年有下列的影響：⑴情緒狀態會影響身心健康；⑵情緒會影響人際關係；⑶情緒會影響行為表現；⑷情緒是青少年喜悅、快樂與滿足的來源。

16.瑞斯曾依情緒的影響與結果，將情緒區分為三類：⑴喜悅狀態；⑵抑制狀態；⑶敵意狀態。上述三大類的情緒狀態並非分立的，青少年可能同時經驗過三種情緒狀態。另外，情緒也可以歸類為：⑴喜悅；⑵悲傷；⑶憤怒；⑷恐懼等四種情緒聚類，而每個情緒聚類有其不同的核心情緒。

17.恐懼可以分為四大類：⑴對東西與自然現象的恐懼；⑵對自我有關的恐懼；⑶對社會關係的恐懼；⑷不知名的恐懼。

18.焦慮情緒的產生有三大根源：⑴生理剝奪；⑵情緒剝奪；⑶與環境的緊張與衝突。

19.青少年情緒發展的輔導上有下列各種策略可以使用：⑴情感反映策略；⑵行為輔導策略：主要有1.系統減敏法；2.認知方法；3.洪水法或爆炸法；4.操作法；以及5.示範法；⑶社會技巧訓練。

第九章
青少年的道德、價值觀 與宗教發展及輔導

　　人類和宇宙的關係一直是人類長久以來思考與探索的課題，道德、價值與宗教思想觀念則是人與宇宙或周遭環境關係中的重點，此三者且密切相關。青少年隨著生理成熟與智能水準的提昇，也開始思索這些相關的問題。道德是善與惡的標準，青少年的道德判斷與行為表現關係其目前被他人接納的程度與進入成人社會後的貢獻程度。道德同時也反映了個人的價值觀(values)與理想。價值是對事物與行為的相對性、重要性或相對價值(relative worth)的認定，是個人人生哲學的基本所在，價值涉及生活中的各個層面，是青少年輔導上不可忽視的一環。宗教則是一種對人物、自然，或超自然現象及宇宙的信仰，宗教信仰也涉及價值態度、實務、儀式、活動、規約等層面，與道德及價值一樣都是青少年發展上的重要項目，特別值得寄以關切。本章將探討青少年的道德發展、道德教育與輔導，以及價值觀及宗教的發展與輔導。

第一節　青少年的道德發展

壹、青少年道德發展的特徵

　　道德(moral)與倫理的意義相近，是指人的習性與品性，及所應遵守的規範或準則。青少年的道德發展之所以受到重視，乃因為青少年階段，青少年開始關心個人與社會的道德規範，同時也注意何謂是非善惡，個人並對社會秩序與社會現實開始有了新的建構，道德成為青少年思考與生活的中心。

　　以心理學的觀點而言，青少年的道德發展可分為知、情、意三層面：

(一)知的層面

　　知就是道德的知識，青少年必需具備充分的道德知識，才有道德判斷的基礎。道德判斷本身就是對於是非善惡的認知作用，一個人如果不能明辨是非善惡，自然容易表現不符社會規範的行為。

(二)情的層面

　　情是指道德情緒(moral emotion)，就是青少年在成長過程中發展出的控制行為之情緒感受力量。當青少年面臨誘惑，或在發生過錯行為的前後，內心感到罪疚或羞恥，即是道德情緒發生作用。罪疚感是由於個人本身的行動，導致他人的不幸，因而耿耿於懷，羞恥心則是由於過錯行為的發生，致使他人對自己之評價降低，前者出自當事人之內心，後者則出自外在的力量，但二者均為不愉快的情緒狀態。個人由於有避免遭遇不愉快情緒之傾向，因而促使青少年表現道德的行為乃成為可能。

(三)意的層面

意就是意志力量，亦即個人面臨誘惑而能不迷失的自我控制(self control)力量。自我控制是個人在判斷目前的情境與分析行爲後果之後，所做之自控的反應，是決定個人道德行爲之重要因素。一個人縱然能知道是非善惡，在過錯行爲發生的前後亦會感到焦慮不安，但若缺乏抗拒誘惑之自制力量，亦將爲德不卒。

羅傑士(Rogers, 1985)指出，青少年的道德發展，事實上包含三個要素：㈠道德的行爲(moral behavior)：與行爲如何表現，有何道德的行動有關；㈡道德的情緒(moral emotion)：與個人的感受及情操有關；㈢道德的判斷(moral judgement)：即道德的推理或對道德的思考方式。青少年的某一種道德行爲或反應都可能包含此三個要素。

第二、三章所述及的青少年發展的重要理論模式中，除了郭爾保對青少年的道德判斷有較系統性的研究外，精神分析學者與認知發展學者事實上對青少年的道德發展也有所探討。以佛洛伊德而言，他認爲青少年的超我發展就等於是良心的發展，個人透過對父母的認同與價值內化，而形成了超我，使個人具有善惡判斷的依據。皮亞傑也強調道德推理與認知結構的改變有關。隨著年齡的增加，青少年道德思考的空間自然擴增。

一般而言，青少年的道德發展具有下列的特徵：

(一)道德相對主義(moral relativism)

青少年的道德能力逐漸脫離是非二分法，不再依賴社會所接受的刻板印象或權威人物的看法作爲判斷的依據。相反的由於抽象思考能力的提昇，青少年會開始作假設性的思考；更重要的，能比較、對照事物的各個層面差異情形，並且能考慮問題的不同解決方法，不再受制於成人所提供的「正確答案」(right answer)。

(二)道德的衝突(moral confilct)

青少年無疑的會遭遇比兒童期更多的道德問題，如喝酒、開車、性、抽煙、賭博等誘惑比兒童期顯得直接，且日益增多。同時，父母、師長、同儕、課本等對這些涉及道德的問題所持的看法卻常有衝突，引

發青少年極大的困惑，例如父母與師長視抽煙爲有害健康的行爲，但同儕卻把抽煙當作炫燿的舉動，更矛盾的是父母與師長可能本身也在抽煙。

青少年更常因爲想追求獨立自主，或爲抗拒父母及師長的關心，而故意採取與父母或師長不同的道德價值觀念，導致青少年的道德衝突比兒童期顯著的增多。

㈢道德上的知行不一

青少年道德發展上的另一個特徵是道德的認知與道德的實踐之間存在著鴻溝，甚多青少年已能理解何者是善、何者是惡，但卻不一定會有所行動，或遵守規範。尤其青少年容易在同儕壓力下放棄自己所認知的道德原則。當外在引誘力夠大的時候，青少年不容易克制自我，因而會做出違反道德規範的事。多數違規犯過的青少年都知道自己行爲的不當，但又常常自我把持不住，一而再的重複做不當的事，因爲成人所認爲不當的事，卻是青少年心理滿足的泉源，道德的知與行乃形成分歧狀態。

㈣與成人道德觀念的疏離

青少年雖然身心日益成熟，但卻仍不爲成人充分接納，無法享受成人的特權，因此心理上與成人世界有著疏離感(alienation)，青少年在道德思考上也不會認同成人的標準，以免自我受到限制。不過青少年道德觀念的疏離感隨著個人責任的增多與身分地位的受認可，將會逐漸降低。親子間的代間差距（或稱代溝，generation gap）通常以道德觀念的差異最爲顯著。

貳、影響青少年道德發展的因素

影響青少年道德發展的因素極爲複雜，青少年所經歷過的事物、所接觸過的人物，以及所看到的社會現象都會影響青少年的道德發展。目前最受重視的因素有下列各項：

一、父母的影響

青少年的父母是影響其道德發展最重要的人物。精神分析學派即將青少年的道德視為是「內化」（*internalized*）父母道德觀念的結果。在青少年期以前，父母基於管教上的方便，常以獎勵與懲罰為手段，引發或約束表現某種行為。在性器期階段，兒童並經由認同作用，採納了與同性父母相同的道德意識，這與性別角色發展的認同過程相似。

父母的教養方式對青少年的道德發展會產生直接的影響，有甚多研究發現，母親過度使用權力獨斷式的訓練方式（*power-assertion discipline*）會削弱青少年的道德發展，相反的，母親使用誘導與情愛啟發教養方式有助於青少年的道德成長。此外，像缺乏父愛也會減弱青少年的道德發展，較自由傾向的父母也有較自由的青少年子女（*Hoffman, 1970; Rogers, 1985*）。

除此之外，家庭的社經水準亦與青少年的道德發展密切相關，通常家庭社經水準較高的青少年，道德的發展情形較佳，因為父母親較多投入（*involvement*）於青少年的道德發展過程中，父母親的投入雖然會帶來衝突與緊張，但卻有助於青少年道德的提昇。道德發展層次較高的青少年一般都有較溫暖的親子關係，而低階層家庭通常親子關係較冷淡，且缺乏愛與關懷。

二、同儕的影響

青少年階段同儕與父母親共同形成了青少年「對照的社會世界」（*contrasting social world*）。父母與同儕共同提供青少年社會化的經驗，兩者的功能互補，青少年與父母在一起時主要在從事工具性的活動、完成任務與獲得責任感的活動。相對地，與同儕在一起主要是從事一些發展角色取替技巧的活動，尤其與同儕的權力是平等的，且能共享興趣與活動，因此在與同儕相處中比從與父母相處中獲得更多的酬賞。也由於此，青少年對道德行為的判斷會從父母與同儕不同的觀點作判斷，倘父

母以拒絕與否定態度管教青少年，則同儕的影響力反而增加，也由於
此，青少年容易順從同儕的壓力，表現出與父母道德標準不同的行爲。
同儕的道德標準在某些時候影響力大於父母。

三、性別角色的影響

男女生在道德發展上的差異也頗爲明顯，女生通常較會內化成人
所認可的道德標準。較年輕的女生會不加懷疑的接受父母的指導，也很
少質疑它的正確性，較年長的女生則幻想母親的角色，以較公正的角色
辨認父母的觀點。但是男生的道德發展常以嘗試錯誤爲基礎，男生較會
批評道德兩難的問題，並且質疑其限度，多數的男生也會達到女生稍早
的道德成熟狀況。

近年來，由於女權運動的興起，女生對自我的道德標準也有了較多
的質疑，認爲不需要未加思考的接受某些道德觀念。

四、大衆傳播媒體的影響

大衆傳播媒體對青少年的道德發展具有強而有力的影響力。由於
大衆傳播的作用極大，世界各國政府對大衆傳播採取了或多或少的檢
查制度。目前的電視、電影節目基於商業與娛樂需要，無可避免的會呈
現過度的暴力及煽情的鏡頭，甚至報紙也會誇大社會事件，給人造成社
會是邪惡的印象。另一方面，大衆傳播媒體中的廣告通常會渲染立即享
受的快樂，忽視消費需經由個人的努力與付出的過程，因此對兒童與青
少年的負向作用不少。不過大衆傳播對青少年的影響程度如何，目前猶
未定論，一般認爲大衆傳播對青少年不良道德發展具助長作用，但需視
青少年的個人特質與家庭環境而定。

五、時代背景

道德的發展與時代背景密不可分，不同時代對於道德的價值看法
不同，在1950至1970年代各式各樣的示威抗議事件層出不窮，1980年代

也有墮胎、同性戀的遊行示威活動，使社會大眾重視正義與道德觀念，不同世代間對道德的看法難免會有所差異。另外在不同地區與文化間對於道德的見解也有所不同。現代的都市化生活中，每個人的角色是被分隔的，同時具有科層體制非人化(bureauratic impersonality)傾向，生活中缺乏親密性、溫柔與愛，也因此導致青少年會尋求更多的同儕團體接觸，以及更多的性活動。更重要的是，社會日趨複雜，無法有放之四海皆準的道德標準，詳細規定每個人的道德標準也不可能。整個社會的進步與發展自然而然的對青少年的道德發展造成衝擊。

參、青少年道德發展的重要理論

對青少年的道德發展論述最多的以佛洛伊德的精神分析論、班都拉的社會學習論、皮亞傑的認知發展理論、郭爾保的道德判斷論，以及基里艮(Gilligan, 1982)的女性道德發展論為主要，這些理論部分已於第二、三章中討論過，以下將特別針對它們對青少年道德發展的看法再加闡述。

一、精神分析論

精神分析理論認為個體的道德觀念與道德行為是受本能衝動所支配，經由內化與認同作用，兒童認同重要他人的道德與價值，至青少年階段逐漸形成超我，具有辨別是非善惡的能力，超我即等於個人的良心，超我良好發展的人可以免於本我的衝動，並超過自我的支配，而能表現符合社會規範及具有良好情操的行為。

精神分析理論由於特別重視早年生活經驗與親子關係，因此也可類推，青少年道德良好與否和早年的生活歷史及親子間的關係有密切相關，亦即青少年的道德表現乃奠基於兒童階段。倘父母有良好的道德水準，子女也較可能發展出較高層次的道德水準。良好的親子互動有助於青少年超我的發展。

依照佛洛伊德的論點，超我包括自我理想(ego ideal)與良心(conscience)兩個部分，自我理想是個人對所應該做的事所持的信念，良心則是個人應該如何去行動的規約。事實上超我早於4-6歲的性器期階段就開始發展，至青少年期趨於成形。

此外，新精神分析學派大師艾力克遜（Erikson，1975）對青少年的道德發展也有獨特的見解，只是因爲艾力克遜對青少年的自我辨識與認定發展的研究，此方面的觀點較少被論及。因此貢獻卓著。艾力克遜認爲人生之不同階段中會面臨不同的心理社會危機，道德的發展也貫穿一生，倘道德發展不利時會形成「固著」（fixation）現象。在嬰兒時期，個體會有信任與不信任的危機，此時期也是道德發展的基礎階段。此時期的道德發展不利時，會形成「前道德」（premoral）狀態，這是因爲此時期對他人的信任感不足，不能區分人我的不同所致，因此道德產生滯留現象。在自主對害羞與懷疑的第二個發展階段中，兒童的道德發展不利時會形成「無道德」（amoral）的狀態，他們會虛假地接受一切的規範，導致無恥、反抗、以及不尊重他人。第三個發展階段中，自動自發對罪疚爲主要的心理社會危機。道德發展不利的特徵是「反權威者」（antiauthoritarian）與「過度道德性」（hypermoralistic），此種傾向的兒童會壓制罪惡感，並抗議既有的道德與希望。在第四個發展階段，主要的心理社會危機是勤勉對自卑，道德發展不利時會形成「道德現實主義」（moral pragmatism），容易使自我辨識與認定過早預定，個人欠缺對思想與人生的探索。道德現實主義者的形成是因爲過於固著，而且太過於強調適應主流的道德規範所導致的結果。艾力克遜認爲最高的道德發展應該是能達到「倫理」（ethical）狀態，具有倫理狀態的個體能夠獨立作決定、能調和情感與正義，並使道德水準提昇，他們也較能克服各階段的心理社會危機。亦即能不斷克服各階段心理與社會危機者，較能發展出倫理狀態的道德水準。青少年的道德發展水準與其個人對克服危機所付出的努力成正比。

二、社會學習理論

班都拉的社會學習論強調道德的發展是透過模仿、認同的過程,在增強作用和示範作用之下,將文化規範內化的結果。青少年的道德發展經由向父母、師長或其他重要他人等楷模學習,以及受到外在獎懲的增強制約,而表現符合社會文化規範所預期的行爲,並逐漸內化成爲自我控制的道德水準。

社會學習理論認爲道德的發展有三個重點:

㈠抗拒誘惑

在具有誘惑力的情境之下,個人能依據社會規範所設的禁制,對自己的慾望、衝動等行爲傾向有所抑制,因此在行動上不致做出違反社會規範的行爲,此種情況是道德的表現。

㈡賞罰控制

與聯結理論中制約學習的增強作用相似,強調以獎懲使合於社會規範的行爲得以強化,而不合於社會規範的行爲因而減少。

㈢楷模學習與替身效應

未直接受到賞罰者,在看到他人因某些行爲表現而受到讚賞或懲罰時,自我也受到制約,同樣學到自我強化或抑制某些行爲。楷模學習,事實上就是模仿,模仿時未必一定要觀察別人受賞罰的情境,只要是青少年喜歡的人,行爲上所表現的特徵能引起注意或羨慕者,對青少年就具有示範作用,青少年常模仿電視與電影明星的言行與衣著,就是例證。成人的以身作則對青少年的道德最具示範作用。此外,青少年道德也受到替身效應(vicarious effects)的影響。替身效應係指青少年周遭的人物因爲行爲的表現所受的懲罰,對青少年產生知覺反應,形成制約作用,對青少年的道德發展所造成的影響。班上同學所受到的獎懲就具有替身效應,由報紙中獲知作奸犯科者受到法律制裁,也具有替身效應。

社會學習論對青少年道德發展的影響已有不少實徵性的資料作佐

證。如班都拉與麥唐納(Bandura & MacDonald, 1963)曾進行一個實驗，
他們將5歲到11歲的兒童受測試者分成二組，一組具有客觀的道德態
度，而另一組則具有主觀的道德態度，這二組的每一位受試者再被分成
三小組去做實驗，第一小組觀察一位表現出道德判斷與這些小孩之態
度相反的成人道德典型，並且以言辭作增強，鼓勵小組成員去模仿此典
型的反應。第二小組觀察此成人典型，但沒有被增強去配合此典型的反
應。第三小組不觀察典型，但只要受試者表現出良好的道德判斷時，即
給予增強。最後考驗受試者與自己原先道德取向相反的道德判斷發展
情形，其結果如圖9-1所示。

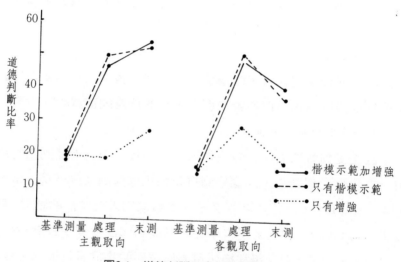

圖9-1　道德判斷社會學習結果
資料來源：Dusek, 1987, p.339.

由圖9-1可見，在未實驗前，6組受試者所測得的道德判斷水準幾乎
相同，沒有什麼差別。三組的實驗處理係第一組有模仿楷模及增強作
用，第二組有模仿楷模而無增強作用，第三組沒有模仿楷模只有增強作
用。經過實驗處理後，顯然的第一、二組的道德判斷水準比第三組高出

甚多。由圖9-1也可見道德判斷上的楷模示範的效果大於只有增強作用。由圖9-1另可見，實驗處理後再測量其道德判斷水準，各組分數有很高的穩定性。沒有觀察楷模的受試者，在道德判斷上因為沒有模仿的對象，所以改變的傾向很小。由此亦可見，社會學習在青少年道德發展上的重要性。

三、認知發展論

以皮亞傑為主的認知發展論者認為，青少年的道德發展和認知能力發展相似，須以積極的運思能力為基礎，才能對於道德的問題和情境，進行思考、認知、推理、判斷，以及做決定。雖然認知發展不是道德發展的充分條件，但卻是必要條件。個體的道德發展是個體與環境交互作用，使認知與心理結構產生重組的結果。

本世紀初期的教育學權威杜威(*Deway, 1933*)就曾指出，道德的形成是由於天賦的本能或衝動，經過個體思慮、推理、判斷以及選擇等智慧作用後，所形成的有組織、穩定、良好的品格和習慣。

杜威認為道德發展具有三個層次：

(一)**本能的活動**：行為的動機大多來自於生理的衝動，其行為在於滿足個體本能的基本需求，行為的目的可能是道德的，而表現的方式卻可能是不道德的。

(二)**習俗的道德**：依照社會既有的規範準則，不加思量而遵循的行為，這屬於群體的道德，個體行為受群體規範的約束，如有違犯則會受到排斥和懲罰。

(三)**反省的道德**：針對社會既有的規範準則，加以批判後，再加遵循的行為，是屬於個體智慧、理性、善意和良心所控制的道德行為。

杜威又認為，道德本身包含有三個要素：(一)知識，(二)感情，(三)能力，完整的道德發展缺一不可。

皮亞傑(*Piaget, 1964*)認為嬰兒剛出生，在道德發展上是屬於無律階段(*individualism*)。個體道德發展的第一個階段是「他律道德」(*heter-*

onomous morality）。他律道德的特徵是順從他人所加諸在他們身上的規範。他律道德的發展具「道德實在主義」（*moral realism*）與「道德強制」（*morality of constraint*）的性質。在此階段兒童遵照父母與成人所指定的方式有所爲或有所不爲，違犯了規範將會自動地受到懲罰，因此兒童會認爲道德是不能改變的（*unchangeable*），且固定的（*fixation*）。

　　道德發展的第二個階段是「自律道德」（*autonomous morality*）。自律的道德也是一種「合作的道德」（*morality of cooperation*），因爲兒童或青少年在他們的社會世界中容納了更多的同儕，開始與他人密切互動與合作，因而充分了解到他人所設的規範，也知道道德是可以改變的，是否違犯規範需考慮行爲者的意圖與環境，違犯規範不必然要受到懲罰。

　　表9-1係皮亞傑他律與自律道德發展之特徵的摘要表，此表有助於深入了解皮亞傑對道德發展的主張。

表9-1　皮亞傑的道德發展階段論

他律道德	自律道德
一、以強制的關係爲基礎，如兒童完全地接受成人的命令。	一、自主的個體間以合作及均等的認知爲基礎。
二、主觀道德實在主義的態度：規範被視爲是沒有彈性的要求、受制於外在權威、不能公開協商、善就是對成人與規範的服從。	二、呈現服從理性的道德態度：規範被視爲是相互同意的結果、能公開協商、以個人的接納和共識爲合法的基礎，亦就是能以合作和相互尊重的的方式符合要求。
三、惡的判斷是以客體及行動的結果爲依據，同意成人的決定就是公平，嚴厲的懲罰被認爲合理。	三、惡的判斷是以行動者的意圖爲依據，均等的被對待或考慮個人的需要就是公平，適當的對違規者懲罰才是合理。
四、懲罰被認爲是違規者自討的結果，正義不是天賦的。	四、懲罰被認爲會受人的意向所影響。

資料來源：Slavin, 1997, p.57.

　　皮亞傑認爲隨著認知能力的提昇，兒童與青少年對道德問題的了解也趨於複雜。幼童時期的道德觀較僵化與固著，常以個人的是非觀念爲判斷依據，到了青少年期認知能力發展之後，道德的思考、推理、判

斷在廣度與深度方面都更加提高，行為的自主與自律日漸成熟。依照皮亞傑的觀點來看，認知能力就是道德發展的基礎。

四、道德判斷論

郭爾保的道德判斷理論模式已於第二章詳細討論過。他對道德判斷所建構的三層次六階段論點，備受推崇，成為青少年道德發展理論的中堅。事實上，郭爾保著重於個人對道德的推理（reasoning）與判斷（judgement）的探討，尤其對他們是善或對的事（what is rihgt），以及個人對道德事件的理由判別更是他關注的重點，表9-2，就是與道德發展層次及階段有關的「什麼是對的事」、「做對的事的理由」，以及「發展階段的社會觀點」的引申描述。

再以實例而言，有一位14歲的青少年亞倫，看到10歲的弟弟吉明偷錢，他是否會向媽媽稟報？如果以表9-2的道德發展階段來看，不同道德發展層次的亞倫，他可能有下列表9-3不同的反應。

深入而言，郭爾保認為個體的道德發展具有上述的三個層次六個階段，道德判斷循規前期亦即是道德前層次（premoral level），在此層次中，幼童並不具有成人般的道德理解能力，道德的判斷都以所獲得的獎懲為依據。在循規的層次中，兒童能根據他們所以為的他人想法作判斷的依據，尤其是以父母與師長等權威人物為依據。在此層次的道德發展基礎在於既有的規約。第三層次的後循規期亦即屬於「原則化層次」（principled level），在此層次的青少年或成人會以倫理原則為依據，自己能建立道德原則當作行為的方針，此時自己所建立的道德原則並非一定與外在社會的一般規約相同。

五、女性觀點的道德發展論

基里艮（Gilligan, 1993）基於本身是女性的立場，並不認同郭爾保的道德發展理論。她認為郭爾保的道德研究對象都是男生，所建構的理論並不能類推到女性身上，她相信男女生的道德判斷與推理的取向並不

表9-2　郭爾保道德發展階段的主要內容

道德發展階段	什麼是對的	做對的理由	發展階段的社會觀點
一、道德循規前期			
1.避罰服從導向	不破壞規則、不使身體受傷害。	避免處罰、服從權威。	自我中心。不能考慮到別人的認知等。
2.相對功利導向	遵守規則或付出自己的權益和需要。那是要其他的人也這麼做。	從維護自己的權益中，認知到別人也有他們的權益。	具體的個人主義。知道個人有其權益和衝突，所以最能互通有無。
二、道德循規期			
3.尋求認可導向	希望人們親近，彼此就好像父子、兄弟、朋友一般。	保留並支持規則，願意去照顧別人以成為一位「好人」。	建立人際關係。與別人分享情感，他人同意與期望比個人權益還重要。
4.順從權威導向社會體系和良心	履行自己的責任，尤其對社會團體有貢獻。	支持制度的完整，避免破壞傳統。	不同社會觀來自個人的認同或動機。維持制度時亦考慮個體間的關係。
三、道德循規後期			
5.法治觀念導向	了解人有多樣性的價值和看法，但最大的價值則是和團體的關係。	社會契約的訂定和維持要靠法律。所以對法律應有義務感。	自我價值觀先於社會契約。道德和法律偶而會有衝突，應尋求調和之道。
6.價值觀念建立	遵循自我選擇的觀念。法律建立在普遍性的道德觀上。	相信普遍道德規則的有效性。	道德觀念來自社會的安排。理性的人在於認知事實和道德。尋求道德的本質

資料來源：Dusek, 1987, pp.344－345.

表9-3　道德判斷反應示例

道德判斷第一階段：如果我告訴媽媽，等一下弟弟會打我，我最好不要捲入這件事。

道德判斷第二階段：我不要告訴媽媽，有時候我做錯事時，也希望吉明不要告訴媽媽。

道德判斷第三階段：要告訴媽媽，否則媽媽也會以為我和弟弟一起偷錢。

道德判斷第四階段：我沒有選擇餘地，應該告訴媽媽，偷東西就是不對。

道德判斷第五階段：我應該說服吉明把錢放回去，如果不肯我就告訴媽媽，我不希望這樣子做，因為錢是媽媽的，吉明不應該拿。

道德判斷第六階段：最主要的是，吉明這樣做是不對的，我會幫助他，告訴他那裏不對，並且幫助他把錢賺回來，在媽媽不知道之前，將錢放回去。

一致，男性的道德判斷是以私利爲主，而女性則會在自我與他人的利益間尋求平衡點，換句話說，女性的道德推理集中於關切他人的需求，而非抽象的道德原則。基里艮也建構了女性道德發展的三個階段，第一階段是「個人生存的道德」(morality as individual survive)，第二個階段是「自我犧牲的道德」(morality as self-sacrifice)，第三個階段是「均等的道德」(morality as equality)，不同發展階段具有如表9-4的不同特徵。

表9-4　基里艮的道德發展階段論

個人生存的道德	自我犧牲的道德	均等的道德
年幼的兒童認爲「對」(right)的事情是有利於自己，兒童順從規約以獲得酬賞，並避免受到懲罰。	道德推理的達成在了解他人需求之處。在此階段，個人知道關心他人需求是好事，並且也能獲得他人讚賞，但自我卻需要犧牲個人的需求，以滿足他人的需求。	這是道德發展的最高層次，個人的需求與他人的需求同樣需要，個人相信取悅他人，個人要付出代價，要儘可能的滿足每個人的需求，但是要滿足所有的需求乃是不可能的，它需要大家共同犧牲，在此階段沒有人會受到傷害，包括自己與他人。

資料來源：Lahey, 1992, p. 252.

　　基里艮的道德發展理論認爲第一階段的道德發展就是由自私轉變爲責任，第二個階段的道德是由善轉變到眞理的過程。第三階段的道德同時也是「無暴力」(nonviolence)的道德。基里艮曾批評郭爾保的道德理論過度誇張社會的目標，並且低估了人際的關係。基本上，基里艮的道德理論注重關懷(care)與責任(responsibility)，而郭爾保的道德理論則強調正義(justice)的發展。如果將基里艮與郭爾保的道德發展理論加以比較對照的話，可以歸納成表9-5。

　　由表9-5可見基里艮的道德理論與郭爾保的理論有顯著的不同。基里艮以非暴力或關懷爲基本道德，郭爾保則以正義爲道德的基礎。在道德因素方面，基里艮重視關係，以及對自己及他人的責任、關懷、和諧、憐憫(compassion)與自我犧牲，郭爾保則重視個人、權利、公正、互惠、尊重與規約或法律。在道德兩難方面，基里艮認爲對和諧關係之威脅爲

表9-5　基里艮與郭爾保道德發展理論的比較

不同點	基里艮	郭爾保
一、基本道德	非暴力／關懷	正義
二、道德因素	關係、對自己及他人的責任、關懷、和諧、憐憫、自私、自我犧牲。	個人的神聖性、自我與他人權利、公正、互惠、尊重、規約、法律。
三、道德兩難的性質	威脅和諧與關係	權利衝突
四、道德義務的決定因子	關係	原則
五、解決兩難問題的認知過程	歸納式思考	形式／邏輯演繹式思考
六、自我道德的看法	聯結性、親和性	分離性、個別性
七、情感的角色	動機性關懷、憐憫	沒有情感要素
八、哲學取向	現象學(情境相對論)	理性(正義的普遍原則)

資料來源：Dacey,1986, p.179.

主,郭爾保卻重視權利衝突。前者並且以關係爲道德義務的決定因子,後者以原則爲決定因子。在道德兩難問題的認知過程中,基里艮採歸納式思考方式,郭爾保則注重形式與邏輯演繹方式。對自我道德的看法上,基里艮注重自我的聯結性(connected)與親和性(attached),郭爾保較強調分離性與個別性。整體而言,基里艮又特別注重情感因素,這是郭爾保所不足者。在哲學取向上,基里艮的理論較傾向於現象學,屬於情境相對主義(contextual relativism),而郭爾保的理論較傾向於理性主義(idealism),著重正義的普遍性與共通原則的追求。

　　基里艮的理論近年受到的評價日益提昇,她的理論雖與郭爾保的論點有表9-5中所述極大的差異,但兩者的理論並陳,有助於我們更深入了解青少年階段不同性別的道德發展狀況,孰優孰劣,殊難論斷,但顯然的兩種道德理論具有互補的功能。

第二節　青少年道德發展的問題與道德教育

　　青少年道德發展的問題目前較受重視的是道德發展是否具有普遍性與連續性，以及青少年如何表現道德的行為，包括抗拒作壞事、表現同理心、以及助人與利他行為。本節將探討此相關問題，並說明如何有效的實施道德教育與道德輔導工作。

壹、青少年道德發展的普遍性與連續性

　　根據郭爾保的論點，道德的發展具有普遍性(universal)與連續性(sequential)，青少年的道德發展也不例外。其最顯著的論據，乃是郭爾保(Kohlberg, 1969)以美國、台灣、墨西哥、土耳其與烏干達(Yucatan)的10、13、16歲三個年齡層的青少年所作的道德發展研究結果。圖9-2係郭爾保此次調查的結果。

　　由圖9-2可見，在10歲年齡層中，處於道德發展階段第一層次者以土耳其及烏干達的受試者所占比率最高，道德陳述判斷層次上屬於第一階段者，接近70％，其次是台灣與墨西哥青少年，在五個地區的受試者也都幾乎沒有人在10歲時就能發展至第五、六個道德階段。其餘2至4階段的發展比率大致相當。但到了13歲時，五個地區的青少年道德發展階段其道德判斷的改變情形開始有明顯的起落差異，如台灣青少年第一階段者至13歲時明顯下降，墨西哥青少年亦同，但土耳其與烏干達青少年仍有較大比率處於第一階段，至16歲年齡中，不同地區的差異性就明顯的不同，如美國學生在16歲組中第五個道德發展水平的提昇，比率明顯增加，台灣與墨西哥青少年，亦有提昇，但比率不高，而土耳其與烏干達青少年更幾乎沒有人在第五、六個階段有所提昇。值得注意的乃是10至16歲中，台灣青少年的第四階段道德發展呈直線上昇趨勢，顯

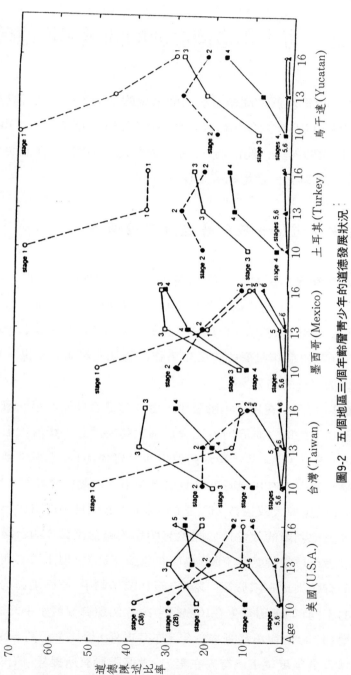

圖9-2　五個地區三個年齡層青少年的道德發展狀況

資料來源：Dusek,1987, p. 346～347.

示台灣學生以順從權威導向，以及以社會體系和良心為基準的道德判斷水準有明顯上昇，但台灣學生在價值的建立方面仍比美國及墨西哥青少年為低。圖9-2結果亦顯示：㈠相同文化的青少年在道德判斷的發展上速率並非一致；㈡不同文化間的道德發展亦有顯著不同，年齡愈高差異愈明顯，此種差異可能與社會文化及道德水準有關；㈢不同年齡的道德判斷水準，會隨著年齡增加而愈往較高層次發展。

在青少年道德的連續性研究上，以圖瑞爾(Turiel, 1969)的研究較為著名。圖瑞爾選取44位中等家庭、年齡在12－13½歲的青少年為樣本進行實驗研究，在實驗的第一步驟是問每位受試者有關郭爾保的六個道德兩難問題，再依他們作答結果判定他們所在的道德發展等級（共有二、三、四階段的受試者），然後將不同階段的受試者分派到不同實驗組別中，共有三個實驗組與一個控制組，這四個組別的受試者均有11個人，合計44位。實驗組受試者被暴露在道德推理的情境中，並可尋求實驗者的建議，控制組則無。經過一星期後，三個實驗組當中的每一成員再被問及郭爾保所設計的三個新的道德兩難問題，再由其回答的答案作判定，計有⅓的小孩較其原先的道德階段低（稱之為「－1組」），有⅓的小孩較原始高一階（稱之為「＋1組」），另外⅓則較原先的多二階（稱之為「＋2組」），控制組的青少年則未接受任何測試。

上述測試一星期後，再將第一、二次所問的六個問題再向成員測試一次。研究者假設「＋1組」會較「＋2組」的道德判斷變化較多，「－1組」則不會有變化，因為他們不能再降低他們的道德水準。實驗結果發現，其結果和假設十分相似。也就是「＋1組」較「＋2組」的道德水準往上移得多，「－1組」幾乎不變。這證明道德發展有連續性的特質，同時道德發展亦由低而高循序提昇，不能跳級。「＋2組」不能再如其第二次測試結果跳昇二級，也說明此道理。此研究證明了郭爾保道德判斷的理論具有道德階段性。

貳、青少年的道德行爲相關問題

一、抗拒作壞事

青少年道德教育與輔導最大的困難在於青少年成熟的理解事情的善惡是一回事，而他們的行爲表現如何又是另一回事。倘若青少年具有較高的判斷水準，本身又能抗拒作壞事，則道德教育與輔導的成效即可預期。

在日常生活中，成人與青少年不時的面對要作好事或便宜行事，甚至做壞事的抉擇情境。部分的人可能會說謊、偷竊或以不道德與非法的方法去獲得立即的酬賞。倘以報紙社會新聞所登載的消息來看，從事不道德與非法事情的人不在少數。

即以美國一項全國性調查爲例，在24,000位接受調查的受試者（四分之一年齡在13至25歲之間，四分之一年齡在25至30歲之間，其餘超過30歲）當中，多數的受試者在接受調查的前一年曾經違犯法律規定或作了一些不道德的事。圖9-3就是此項調查的結果。由圖9-3的結果顯示多數的人都有不道德或違規的行爲。此項調查結果也發現有89％的人表示擦撞他人的車子，而沒有告訴車主是不道德的事，但卻有44％的人可能如此做，他們還認爲假如不被抓到，有52％的人更會如此做。此外有85％的人表示超級市場多找了美金10元而沒有退還是不道德的事，但卻有26％的人表示可能如此做，另有33％的人表示假如不被發現，也會如此做。

另一項青少年常有的不當行爲是考試作弊，青少年常見的作弊行爲有交換考卷作答、偷窺他人試卷、帶小抄、在書桌上預抄考試資料、偷看教科書或參考書、偷竊考卷、利用機會更改答案或考試分數，以及少數的冒名頂替或利用電子儀器傳達答案等。

心理學家長期以來極甚爲關注作弊行爲，作弊的學生其道德發展

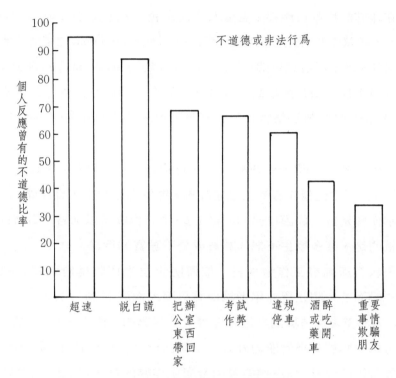

圖9-3　不道德的行為調查結果

資料來源：Hassett, 1981, p. 41.

層次高低與作弊行為之關聯即是一個受重視的研究重點。有學者
(*Schwartz et al., 1969*) 曾以實驗法考驗此兩者的關係，他們對大學生施
以12題非常困難的字彙測驗，控制組最高的得分不超過6分，因此，倘
受試者考試分數在6分以上，即被視為有作弊。實驗組學生其試卷背面
已印上了答案，在考試前並被告知，倘作答正確，每個試題將會得到美
金0.2分的金錢報酬。最後再探查作弊與否與道德發展階段的關係。實
驗結果發現，道德發展層次在中數(*median*)以上的學生只有17％作弊，
道德發展層次在中數以下者有一半以上作弊，此種現象反映較高道德
發展層次的學生比較會表現誠實的行為，反之，道德判斷較低下者，愈
容易在考試中作弊。不過此項實驗曾引起郭爾保(*Kohlberg, 1969*)的批
評，他認為影響作弊的因素很多，道德判斷的發展只是其中之一而已，

學生在作弊的片刻可能都不會顧及道德意義。艾德沃特(*Atwater, 1992*)即指出，考試作弊可能與低度延緩享受(*delay gratification*)之能力、低度人際信任、以及低自尊有關。有較高社會性疾病(*sociopathic*)的青少年，有較高尋求他人讚賞與較高自我破壞的傾向，因此在情緒上與道德上就顯得較不成熟，無法犧牲短暫的享受去追求長遠的酬賞，作弊行為於焉發生。

新近的調查(*O'Reilly, 1990*)顯示，有40％－50％的大學生表示曾作弊，高年級學生比低年級學生更會作弊，男生也比女生較會作弊，很多人表示作弊是為了保護自己，以免被當，同時作弊可以節省學習時間。更嚴重的是，甚多學生不把作弊看成是不誠實的行為。

對教育與輔導工作者而言，如何防止學生作弊是他們關心的焦點。一般而言，防止青少年考試作弊有兩大途徑：

㈠**嚴格監考**：情境因素是影響青少年作弊的主因之一，一般估計，學生考試作弊被查獲者僅約五分之一而已，情境愈有利於作弊、懲罰低於作弊所得的酬賞冒險，將容易引發學生作弊的意圖，因此，考試監考嚴格、監考人員警覺性高、不使學生接近考試相關的題材，以及適當座位空間安排，都可以有效防止學生作弊。

㈡**提昇學生的榮譽感**：道德意識較高的學生愈不會作弊，同時對作弊有較高罪惡感的學生也較不會作弊，因此，增加學生的榮譽感，讓學生知道考試誠實的重要性，以及增加對作弊被抓的恐懼感，有助於抑制學生的作弊行為。鄧斯比爾等人(*Dienstbier et al., 1980*)曾在學生的字彙測驗之前，要他們先閱讀一些道德的題材，並將實驗組分為外在取向情境與內在取向情境組兩組，外在取向情境組所閱讀的道德題材強調考試作弊的罪惡，以及作弊被查獲的恐懼感，內在取向情境組所閱讀的題材則強調違犯個人道德良知的情緒緊張狀態，控制組則不提供道德閱讀題材。在實驗操弄之後，監考者假想要接聽電話外出，使學生有機會作弊，受試學生的試卷是設有壓力感應的試卷，倘學生更改答案，可以查出，實驗結果發現，在內在取向情境的實驗組中有六分之一的人作

弊，外在取向情境的實驗組有三分之一作弊，控制組作弊者更多。其結果如圖9-4所示。

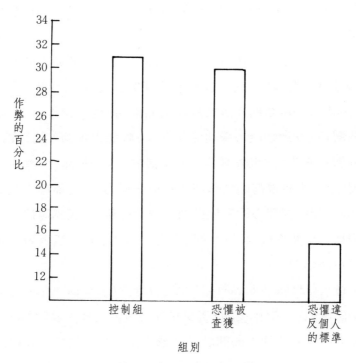

圖9-4　降低作弊行為的實驗

資料來源：Atwater,1992, p. 285.

　　由此項實驗結果顯示，內在取向的道德教育效果最佳，因為這些學生如已有適當的道德規範，倘能再稍加提醒，即可抑制作弊行為的發生。不過如果能再配合外在壓力與較高的自我形象，將可以有效的防止或降低考試作弊，亦即內外兼顧的方式是防止學生作弊的上策。

二、青少年同理心與助人行為的發展

同理心是了解他人，並分享他人情緒感受的一種能力，同理心也是一種共鳴性的了解，能為他人設身處地著想，並進入他人內在參考架構（*internal frame of references*）的一種能力。同理心與道德發展的關係目前頗受注意。

同理心是助人行為的核心部分，有良好同理心的助人者較能使當事人覺得被尊重與關懷，進而思考自己的問題，達到自我改變的效果。也因此，同理心一直是助人專業訓練上的重點。對青少年而言，如果具有較高的同理心，比較能考慮與體諒別人，較能表現助人的行為，通常其道德判斷水準較高，也較有良好的生活適應。一般而言，女生的同理心高於男生。女生有較高的情感與角色取替能力，這可能與女生的社會化程度較高有關。同理心的發展與遺傳也部分相關，因為經研究發現雙胞胎的同理心相關程度較高於同胞手足。另外早年生活經驗也與同理心有關（*Atwater, 1992*）。

助人行為（*helping behavior*）、正向社會行為（*prosocial behavior*）與同理心也密切關聯。在青少年後期，青少年即會發展對他人真誠的同理心，並且更能客觀的了解他人的問題。不過青少年的一些積極社會性表現常是順從同儕壓力的結果。同理心較高的青少年有較大可能幫助他人，作出有利於社會的事。當青少年認知能力提高以後，更會關心別人，進而幫助別人，常見青少年以捐血、捐款、義賣、協助、救難或自我犧牲方式幫助別人。如果青少年的正向社會行為能獲得他人的酬賞與內在的自我滿足感，久而久之，容易成為個人道德價值觀的一部分，對整體道德層次的提昇頗有助益。

參、青少年的道德教育與輔導

道德教育係教導青少年辨別善惡、能棄惡從善、表現道德行為的歷

程。道德輔導的要點則在協助靑少年了解道德的眞義，解決道德的衝突。道德教育與輔導亦是一體兩面，目的都在幫助靑少年表現善行。靑少年道德教育與輔導的重點在於班級與學校，以及家庭之中，以下將分述之。

一、班級與學校道德教育

班級教室是靑少年最主要的道德學習情境，班級中激發靑少年道德成長的策略有：

㈠將教室建立成社區一般，使教室充滿尊重與安全的氣氛，以利於學生能相互一起生活、學習與成長。

㈡在班級規約的訂定上，要使班級學生有參與的機會，他們的聲音要受到重視。

㈢對可能影響團體的違規者，施以適當的處罰。

㈣將對學業的批評與對行爲的批評分開，並將學校秩序的規約與人際關係的規約加以區分。

㈤提供同儕一起工作的機會。

㈥在講故事或每天生活經驗的討論中，幫助學生考慮他人的情感。

㈦將會導致失望、緊張、打架、喜悅等的日常生活事件，作角色扮演，以便提供機會使學生能從他人的觀點看待自己。

㈧讓學生討論他們所看到的班上公平與不公平的事情。

㈨更多時間去聽學生對一些道德判斷問題的反應，並且激勵學生討論較高階段的道德推理，同時也可應用文學、電影與生活經驗等資料當討論題材。

㈩避免以行爲作爲道德判斷的基礎，不同道德發展階段的學生可能會有相同的行爲，但卻有不同的推理方式(*Duska & Whelan, 1975*)。

除此之外，也可以將郭爾保的道德兩難情境問題應用在班級教學之中，教師並且可以自編與學生日常生活有關，並對他們道德發展具有

意義的道德情境，引發學生討論、思考與判斷。

　　郭爾保(*Kohlberg, 1975*)認為道德的討論最有助於青少年的道德發展。道德討論的原則有：㈠使學生暴露在下一個較高層次道德推理的情境中；㈡讓學生暴露在與現在道德結構相矛盾或不一致的情境中，使學生不滿意目前的道德水準；㈢道德討論需要有相互交換與對話的環境氣氛，尤其教師開放的態度更為重要。郭爾保曾依據自己的理論於1974年在美國麻州創設了正義社區學校(*The Just Community School*)，學校共有65位學生，家庭背景差異甚大，有資優生、學習障礙者、有專業家庭與工人家庭的學生，人種也黑白都有。在正義社區學校中教師與學生有相同的權利與投票權，所有學校重要的規定都由每週舉行的社區大會決定，學校的課程、評分、行為問題，以及其他決策過程都由大會討論、決定。此外，每週還安排小組討論，小組討論中，成員有高度的投入，使學生能暴露在較高層次的道德推理中。學校的英文、歷史等科目都以道德討論為主要教學方法，其它的科目涉及道德問題時也儘量利用討論法。此項實驗結果發現，道德兩難問題的討論仍然是提昇學生道德水準的最有效方效，在良好學習氣氛與高度師生互動與參與的情境中，有助於學生道德的發展。

　　不過郭爾保的道德教育有下列困難：㈠教師很難真正掌握學生的道德水準，並以適當方式和學生對話；㈡學生可能同時會以不同道德階段思考、運作，而非固定於某一道德階段；㈢教師很難直接將道德發展階段與年齡加以聯結；㈣學校容易流於單一的道德課程，而忽視其他體育、知識或技能的學習。

二、家庭的道德教育

　　家庭教育事實上是青少年道德發展的根基。父母倘若能當作青少年道德的正向楷模，青少年的道德發展層次將能不斷提昇。家庭因素對青少年道德推理發展的作用可歸為下列各項：

　　㈠父母親的溫暖、接納、相互尊重與信任，有助於青少年的道德發

展。

　　㈡親子互動與溝通與青少年道德發展密切關聯。

　　㈢父母對子女行爲的訓練方式也與青少年的道德發展密切相關。

　　㈣父母是青少年道德發展的直接角色楷模。

　　㈤父母能提供青少年獨立的機會，有利於青少年的道德發展
(Rogers, 1985)。

　　家庭對青少年道德的發展旣然極爲重要，因此，爲人父母者應盡可
能營造良好的家庭氣氛，並且在日常生活中多接納、鼓勵、支持其子
女，並多給他們自我獨立學習的機會。

　　如有硏究發現(Parikh, 1980)，母親有高道德標準而且常參加子女
對道德問題之討論，其子女有較高之道德標準，其測驗之分數高於那些
父母沒有重視參與子女討論的小孩。此外，小孩參與設計和自然的討論
道德問題，能提高其道德發展，特別是和有較高道德水準的長者討論道
德問題，常會帶動較低道德水準之人的道德發展。

　　青少年處在不同觀點與言之有理的辯論情境下，對於道德之看法
會有所改變，故父母可以參與子女有關道德之問題的討論，藉以影響他
們道德的發展。尤其我國8、10歲兩組的兒童，其道德判斷大多達到第
二階段，12、14、16歲等三組的青少年大多集中在第三階段。與美、墨
兩國比較，當我國青少年到達13歲時，美、墨青少年已分別有37％和
28％進入道德判斷的四、五階段，而我國青少年卻仍停留於第三階段，
到17歲時，我國才有5％左右進入第四、五階段，遠比美、墨的48％和
44％爲低。可見，我國青少年的道德發展雖比較早熟，但卻停滯於第三
階段「乖男巧女」的狀態，至16歲時，便比美國、墨西哥青少年的道德
發展層次爲低，較少進入第四、五階段（陳英豪，民77）。這可能與國
內家庭教育中過度強調子女的順從與聽話，欠缺給予青少年獨立探索
道德問題之機會有關，值得爲人父母及學校教育工作的深思。

　　事實上，道德判斷水準的提昇需要不斷地有外來的刺激，當個人道
德觀點與他人不符時，個體會產生認知失衡，因此，會刺激個人思考結

構與道德觀點的改變，有利於道德的思考與判斷。家庭與學校的道德教育切忌一味要求青少年服從與多方面的禁制，而是要在日常生活中對青少年多給予關懷與接納，引導他們討論日常生活中有關的道德問題，鼓勵他們作各種推理、判斷與思考，才能促進青少年的道德發展。

第三節　青少年價值觀的發展與輔導

價值觀(*values*)是個人對於事物重要性的評斷與所持的看法。價值觀事實上與道德發展是密切關聯的。道德問題有價值判斷的成分隱含其中，個人的價值觀又常涉及道德判斷的問題。對於成長中的青少年而言，價值的形成、發展與建立頗為重要，有了良好的價值觀念有助其進入成人社會的整體適應。

壹、青少年價值觀發展的特徵

目前一般人常說青少年的價值觀與成年人有甚大的不同，不同世代間對事物的價值取向也有極大的不同。例如上一代中較看重傳統的價值、勤奮工作、刻苦節儉、能為未來著想，新一代的年輕人則重視現在享受、對道德的看法亦較寬鬆，代間價值的差異有時會帶來人際間的緊張與衝突，不同價值常涉及主觀的認定，價值也常是相對的，而非絕對的，在不同時間與空間下，價值的適當性常會有所改變。

就青少年而言，其價值觀常受下列因素的影響：

一、性別因素

青少年因性別的不同，而對事物的價值取向有所不同。女生通常比男生有較高的道德價值、群性也較佳。但女性對成功的價值不若男生注重，女性也比男性重視順從，也較注重現實。男生價值觀的不同與其社

會化的歷程有關，社會對女生的約束與限制較多，使女生較爲依循傳統的價值。

二、宗教信仰

個人的價值觀與宗教信仰也密切相關，基本上宗教信仰是對人與自然的價值取向。一般而言，有宗教信仰者比無宗教信仰的青少年有較高的道德價值，同時有宗教信仰者會相信宗教所要求的道德與社會價值。

三、學業成就

學業成就較高的青少年比較願意維護傳統的價值，也較會爲未來而努力，也較強調成功與獨立的價值。反之，低成就者會忽視成功的價值，也較不會重視未來的重要性，此外，受教年限較高的青少年較重專業工作的價值，比較願意爲未來的專業發展作準備。

羅吉齊(Rokeach, 1973)將價值分爲終極性(terminal)與工具性(instrumental)兩類。終極性價值反映人類存在的終極價值性，工具性價值則與現時的行爲方式有關，每個人的價值體系中都兼有終極性與工具性價值，價值一改變，信念系統也隨著改變。

費瑟(Feather, 1980)曾以羅吉齊的價值分類方式於1960至1970年代調查美國、加拿大、澳大利亞、以色列、巴布亞新幾內亞(Papua New Guinea)五個地區男性大學生所重視的終極性及工具性價值項目，其結果如表9-6所示。

由表9-6可見美國、加拿大與澳大利亞三個國家的學生在終極性價值與工具性價值上面的評價大致相當，尤其美國與加拿大學生的價值觀頗爲相近。另外以色列與巴布亞新幾內亞的學生則與前三個國家有顯著不同，尤其後兩個國家的學生以世界和平爲首要終極價值，這與此二個國家戰亂不斷有關，在工具性價值方面，五個國家的學生都以誠實爲首要價值，美國、加拿大與澳大利亞三個國家學生都把服從評爲最

表9-6　五個國家男性學生最重視的價值

價值等第	美國	加拿大	澳大利亞	以色列	巴布亞新幾內亞
終極價值					
1.	自由	自由	智慧	世界和平	世界和平
2.	幸福	幸福	眞正友誼	國家安全	公平
3.	智慧	成熟的愛	自由	幸福	自由
4.	自尊	自尊	成就感	自由	眞正友誼
5.	快樂	美的世界	美的世界	舒適的生活	成就感
6.	救贖	社會認同	社會認同	社會認同	快樂
7.	國家安全	國家安全	國家安全	美的世界	成熟的愛
8.	美的世界	救贖	救贖	救贖	美的世界
工具價值					
1.	誠實	誠實	誠實	誠實	誠實
2.	責任	責任	心胸開闊	責任	助人
3.	抱負	愛	責任	邏輯	責任
4.	心胸開闊	心胸開闊	愛	能力	抱負
5.	活潑	想像力	想像力	乾淨	獨立
6.	禮貌	禮貌	禮貌	想像力	乾淨
7.	乾淨	乾淨	乾淨	服從	邏輯
8.	服從	服從	服從	寬恕	想像力

資料來源：Feather, 1980．

低，這與此三個國家較自由、民主與重視個人價值有關。

　　青少年價值的改變受到社會傳統的改變影響極大。從1960年代開始，由於工業文明的進步帶來物質生活的富裕，青少年的價值即日益多樣化，1970年代甚至被認爲是青少年抗議的年代，反戰、爭女權、爭人權等運動風起雲湧，連帶的使青少年的價值觀更加分歧，尤其與傳統的價值觀相距日遠。1980年代以後政治活動日漸消聲，相對的，青少年更關心物質享受與財富的追求。

　　價值是社會化的結果，青少年的家庭、社會、文化、老師、宗教、朋友，以及大眾傳播都對其價值體系的形成有所貢獻。因此青少年環境中的人、事、物對青少年都有直接或間接的影響。青少年的價值體系通常形成階層（ hierarchical ），會從最高排至最低。但在不同生活中常會

因情境的改變而使價值次序產生改變，甚至衝突。青少年的價值衝突具有引導青少年重新思考本身價值體系的功能，但太多的價值衝突容易導致青少年思想與行動上的混亂，倘青少年欠缺良好的價值楷模與情感支持，容易形成負向價值觀念。如一位重視努力與成就價值的青少年，看到社會有些人不勞而獲，甚至以非法手段獲得利益且不受懲罰時，容易使青少年對自我的價值觀產生懷疑，此時如有人適當引導，表示他所看到的現象只是特例，其所重視的努力與成就仍是人類普通的價值，則青少年本身的價值會因受到支持而鞏固。

貳、青少年價值觀的輔導策略

青少年階段是個人價值體系建立的階段，成人的適當輔導極為重要，其主要策略有：

一、多給予與價值體驗的機會

青少年很想建立自己的自我意識，也想要擺脫同儕或成年人的影響，以建立自己的價值觀，但是個人信心普遍不夠。他們必須透過成功和失敗的經驗，去調整自己的興趣、態度，再比較週遭他人所肯定的理想價值而有所作為。個人與他人價值差距太大時，會引起青少年的反抗或產生情緒上的困擾。

成人對青少年價值意識形成的動態過程應該有所了解，避免操之過急，不能一味以外在壓力強制青少年接受某些價值觀念，必須讓青少年從其自我價值的體驗中去發現新的價值，因此，充分的接納、了解、支持與忍耐頗為需要。

此外，教師與父母也可以利用前述道德討論的方法，協助青少年思考價值問題。教師應提供討論的機會，使學生經由人際接觸，在暗示、模仿、思考中及早脫離「自我中心」的價值觀，而能認知與學習社會普遍公認的價值。教師的接納與傾聽，比單向說教有效。

二、價值澄清法

價值澄清法(*values clarification*)是發展甚早,且普遍被用來協助青少年正向價值觀發展的方法。價值澄清法並非說教與告訴學生正確的方法,而是在活動中,協助青少年了解自己的價值,並經由評價的過程,建立正向的價值觀念(*Rath, Harmin, & Simon*)。價值澄清法強調價值形成的過程有七個效標(*criteria*):㈠自由地選擇;㈡從各種可能選擇中抉擇;㈢在對每一個可能的選擇的效果作充分考慮之後作抉擇;㈣珍視(*prizing*)與喜愛所作的抉擇;㈤肯定所作的抉擇,並願意公開;㈥為抉擇採取行動;㈦重複行動,以成為生活的一部分。價值澄清法推展的活動十分廣泛,幾乎涵蓋生活上的各個層面,它不要求參與活動者接受某些價值觀念,但重視經由上述七個效標的學習的過程,形成自我價值觀,並願意奉行自己的價值體系。價值澄清法的效果已有甚多的驗證資料,但卻也被批評只是一種「相對的」(*relative*)、「膚淺的」(*superficial*)、欠缺理論基礎,以及流於遊戲的活動方法而已(*Kohlberg, 1975; Stewart, 1975*)。實務工作者似可採行價值澄清法的精華,兼顧青少年思考與澄清自己的價值觀,並且適當引導其作正向發展,切忌為活動而活動,淪為膚淺的遊戲。

第四節　青少年的宗教發展與輔導

宗教的發展歷史可能與人類歷史相當,原始社會由於生存不易,對自然現象了解不多或迷信,因此宗教乃成為解釋宇宙的依據,宗教興起後,逐漸成為人類生活的一部分。當今世界盛行的主要宗教,如基督教、天主教、回教、佛教都是經由宗教創始人及其追隨者與擁護者的長期努力推展,日漸深植人心,且信徒廣布。對青少年而言,由於認知能力的提昇,開始多方思索心靈問題,並想去獲得答案,宗教意識乃告覺

醒（ *awakening* ），更由於青少年在成長中面臨不少內、外在壓力，也想去獲得精神與心靈上的支持。因此，青少年宗教信仰具有個別化、抽象、獨自擁有與因應現實等特質。進一步而言，青少年宗教信仰不但充滿高度個人想像與抽象，且相當不易被他人瞭解（ *Atwater* , 1996 ）。

壹、宗教的特質

宗教是極為複雜的人類心靈現象，對宗教作界定頻為不易，史前人類的宗教與近代宗教對人類的意義並非相同，不同宗教間的歧異性高，像回教活動幾乎完全與日常生活結合，某些宗教可能只存在於寺廟或教堂而已。所有宗教都包含對超自然力量(*supernatural forces*)的信仰成分。宗教界定之困難在於人類生活中的自然與超自然現象難以區分，各人的驗證過程亦不同。

一般而言，宗教具有下列三大要素：

一、哲學與智能探索

宗教常因人類對生活問題之思索而起，人與動物有何不同？人生何去何從？人為何有生、老、病、死？眾多自然與地理現象如何解釋？等等問題就一直困擾著人類，也一直無法獲得正確答案，因此宗教教義對人類現象的解釋，提供人類思考的空間與安定的力量。

二、否定經驗的有效性

由於人類存在太多未獲解答的問題，因此宗教乃否定經驗的價值，對人類現象的解釋與觀點常訴之於權威，尤其透過宗教儀式(*ritual*)解釋人類周遭現象，宗教儀式大多是反智的(*antiintelletual*)，常抑制個人的創意。

三、權威的合法化

宗教的儀式為真實世界的陰影(*shadow*)。宗教創造了人類想像的

空間，透過宗教儀式，使宗教的教義與宗教人物取得合法地位。本質上，宗教就是對人類眞實生活所作的一種重新解釋(*reinterpretation*)與重新建構(*reconstruction*)。

瑞斯(*Rice*, 1993)認爲宗教包括五個層面：㈠儀式層面(*ritualisic dimension*)：如禱告、受洗、燒香拜拜等；㈡經驗性層面(*experiential dimension*)：包含主觀的宗教體驗與情緒經驗；㈢智能層面(*intellectual dimension*)：提供教義與經典的知識與訊息；㈣意識層面(*ideological dimension*)：如宗教信仰影響與作用；㈤後果層面(*consequential dimension*)：宗教對個人的效用與影響。這五個宗教層面對參與宗教活動者都會有所影響。

貳、青少年宗教的發展

佛勒(*Flower*,1974；1975)根據皮亞傑、艾力克遜與郭爾保的理論，對個人的宗教信仰(*faith*)發展建立了六階段理論。佛勒認爲認知與情緒是不可分的，個人精神(*spiritual*)的發展快於智能發展，個人的信仰發展歷程中，潛意識、需求、個人努力，以及認知成長等扮演著重要的角色。佛勒將信仰視爲與道德發展平行，但他認爲宗教更可以無限制的發展，基礎階段的發展乃是下一階段發展的基礎。表9-7即佛勒宗教發展的六階段論。

由表9-7可以發現，佛勒將精神信仰的發展與道德判斷的發展視爲相似發展的歷程，在早期階段，精神信仰是自私的，兒童所謂的「善」只是在取悅有權勢之人而已，在第二個階段中，對社區的關懷增多，「別人有何想法」常成爲宗教與道德決定的依據，當達到最高層次時道德與宗教信仰可能合併，道德與宗教信仰不再區分，但極少人能達到宗教信仰發展的最高層次，像林肯等偉人才可能達成。

梅鐸與卡霍伊(*Meadow & Kahoe*，1984)認爲個人宗教信仰的發展幾乎是由外在取向(*extrinsic*)，再經由宗教儀式參與(*observance*)，逐

表9-7 宗教發展六階段

階段	名稱	年齡	特徵
一、	直覺投射信仰 (intuition projective faith)	4歲	以表面特質爲焦點，跟隨成人楷模。因想像力大小而有程度不同，相信神有魔力(magic)。
二、	神話文字信仰 (mythical-literal faith)	5-6歲	停止幻想，作事實驗證，但此種驗證並非來自眞實經驗，而是來自教師、家長、習俗與傳統等權威。信仰是具體的，取決於對說故事者的信賴。
三、	詩意的傳統信仰 (poetic-conventional faith)	12-13歲	信仰非常傳統，並依賴他人或更權威人物的意見共識。家庭的影響減低，人際關係影響增加。象徵主義的了解甚於眞實的了解。此階段同時降低精神的具體層面，開始相信自己的判斷，對權威人物也有所選擇，但對自己的信心仍然不夠。
四、	個別反省信仰 (individuating-reflective faith)	18-19歲	開始爲自己的信仰、態度、承諾、生活方式負責。過去前三階段所學得的信仰現在不受關注，而更加注意個人的體驗，開始參與，並充分投入宗教活動中。
五、	似非而是的鞏固信仰 (paradoxical-consolidation faith)	30歲以上	對信仰的要素，如符號、儀式、信仰開始能了解並加以鞏固，個人開始注重信仰能否充分地被察覺，個人的價值感提昇。此外，能接受不同的文化傳統，可以回答自然與超自然的問題，認爲所有人都是宇宙社區的一份子，眞心關心所有人類。
六、	共通的信仰 (universaling faith)	40歲以上	與郭爾保道德發展的最後階段相當，但很少人能達此層次，此時個人生活在眞實世界，但不屬於眞實世界，不只了解相互存在的重要性，並且能身體力行，能顯示眞誠。

資料來源：Fowler (1974；1975)；Dacey (1986), p. 457.

漸形成內在的宗教取向（ *intrinsic religious orientation* ），最後才能對宗教有獨立自主（ *autonomy* ）的看法與信仰。圖9－5係個人宗教發展的順序（ *sequence* ）。

圖9-5顯示個人的宗教信仰發展在兩軸之間呈逆時針方式順序發展。在宗教信仰發展初期，個人基於心理需求，利用宗教來滿足個人，

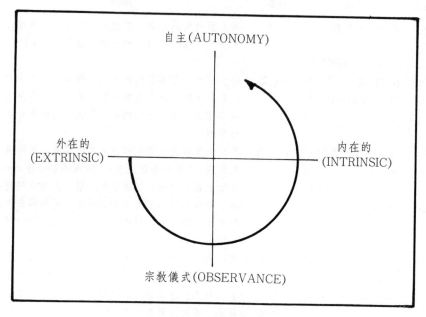

圖9-5　個人宗教發展順序

資料來源：Meadow & Kahoe，1984, p. 321.

像個人的不安全感、恐懼與罪惡感常是個人接近宗教的動機，青少年可能在禱告或冥想之後而感到快樂與平靜，推銷員也期望經由禱告而使生意興隆，因此宗教形成外在的宗教取向(*extrinsic religious orientation*)，誘人親近宗教。個人親近宗教之後，接觸或參與了宗教事物，像教友、權威人物、信仰、慶典、儀式等，而使了個人有社會歸屬感，隨後再內化成信仰。參與宗教活動頻繁之後，宗教就轉換成自我奉獻(*self-serving*)的功能，形成內在的宗教取向，宗教活動使個人永久內化並追隨宗教信仰，使宗教成爲個人的一部分，進而成爲「眞正的信仰者」。宗教內化之後，對個人的生活產生控制，個人也有較高的責任感、較少偏見、並有較多助人行爲。其內在宗教取向比外在宗教取向者有較強烈的宗教信仰與主動參與的精神。自主宗教(*autonomous religiousness*)階段更

超乎內在宗教取向階段，顯示個人已有成熟的宗教發展，在此階段個人有較多的獨立思想，並更能關心別人。不過能達到完全自主宗教信仰階段頗爲少見，因爲個人的自主常會牴觸宗教團體的利益，各宗教基本上不鼓勵教友的獨立自主。

叄、青少年的宗教發展問題與輔導

一、宗教狂熱

青少年的宗教狂熱(*cults*)現象是近年來頻受關注的課題。在美國估計有二、三百萬宗教狂熱信徒，像統一教、上帝子女(*Children of God*)、以及大衛教派等都有不少擁護者。

宗教狂熱教派的結構與方向差異甚大，有些組織鬆散，有些則嚴密控制教友。新近在警方攻擊中自焚的大衛教派即爲後者。多數宗教狂熱團體要求教友放棄自主，完全的服從領導者，對教友的心靈強力控制。

青少年常因個人因素參與宗教狂熱活動，這些因素在青少年宗教教育與輔導上具有重要的意義，能掌握這些因素可以防止青少年宗教發展趨於極端：

㈠沒有安全感(*insecurity*)：青少年來自於富裕但悲觀的家庭，本身又受未確定事物(*uncertain*)的困擾者，容易成爲狂熱宗教的主要標的。

㈡好追根究底(*inquisitiveness*)：智慧高、有好奇心的年輕人容易質疑舊有的信仰，並尋求個人人生意義，他們遇到具吸引力、有熱情的召喚者後，容易受到新觀念與新團體的誘惑。

㈢理想主義(*idealism*)：狂熱的宗教容易說服具有理想主義的青少年，使他們相信唯有透過團體特殊的方法才能解決社會的疾病。

㈣孤獨(*loneliness*)：青少年離家者，由於缺乏親密的朋友與支持性的團體，特別會接受朋友的邀請與免費用餐，進而參與狂熱宗教團體。

㈤感到幻滅(*disillusionment*)：很多年輕人改信狂熱的宗教是因爲對

他們的生活幻滅，他們也會對酒精、藥物、性試驗上癮，並對成功有壓迫感。

　　㈥辨識認定危機(identity crises)：嚴重焦慮或混淆的年輕人之所以會受到狂熱宗教吸引，是因爲想去發現自己在此快速變遷、過度競爭與非人化(impersonal)之社會中的個人身分地位。

　　㈦天眞(naivete)：過度受到保護的青少年他們從小相信他人，尤其是宗教領袖，因此常常成爲爲他人提供友誼與輔導的人物，故也容易受到狂熱宗教的吸引(Atwater, 1996)。

　　特別值得注意的是，在美國參與狂熱宗教的年輕人大部分來自於白人、單親與中產階級家庭。宗教狂熱團體使這些青少年覺得較少混淆，可以遠離酒精、藥物或性活動。這些年輕人可能歡迎別人爲他們提供信仰與友誼，同時也喜歡別人所提供的安全與規律的環境，使他們減少作決定的責任，在這些團體中的青少年對於個人與宗教信仰的發展頗爲不利。

　　甚多宗教狂熱團體吸引成員的方法與對待戰犯(POW)相似，他們常使用綁架、孤立、密集教學與諮商的過程，使教徒覺得狂熱宗教的好處，經由此種近似洗腦過程，青少年提高了參與的意願，自己也不會覺得被強迫參加。

　　一般而言，參與狂熱的宗教有礙青少年道德、情緒與宗教信仰的發展，要協助青少年建立良好的宗教價値觀，不受偏激與狂熱宗教的引誘，必須由青少年的心理建設著手。

二、宗教與道德行爲

　　通常具有宗教信仰的年輕人會有比較高的道德標準，考試較少作弊，也比較不會濫用藥物，但卻須視特定的行爲與環境而定。有研究顯示，具宗教信仰的年輕人比沒有宗教信仰者較不會考試與報稅作弊、將辦公室用品帶回家、利用公務電話談個人的事，他們只偶而說說謊、欺騙好朋友、或插隊，同時具有宗教信仰者也自稱有較高的道德標準，較

少害怕被抓(Hassett, 1981)。不過另有研究顯示，較常參加教會活動的高中學生常常會說：「多數的人不可信賴」、「多數的人不關心別人」(Bahr & Martin, 1983)。除此之外，巴特森與梵廸斯(Baston & Ventis, 1982)的研究發現，具有宗教信仰的年輕人自稱會幫助別人，不過巴特森與梵廸斯認為此種研究結果，也有可能是因為具宗教信仰者相信自己有較高的道德態度與標準，所以會自以為較能助人、關心別人。他們對他人較有憐憫之心，卻並不一定有真正的行為表現。

三、青少年的宗教活動狀況

　　近年來，西方工業國家青少年參加教會活動或上教堂的人數普遍下降。有一項調查顯示，每週上教堂的年輕人不到三分之一，在所有人口中，從1955年開始上教堂者已下降8%(Rice, 1993)。青少年參與宗教活動的最大作用力量是父母的參與情形。假如父母都參加宗教活動，青少年也會跟著參加，倘父母參加宗教活動的情形不同，女生會與母親有相同的宗教興趣，男生則會追隨父親的情況。此外，家庭婚姻較美滿、在家庭中較會強調宗教儀式活動，其父母也較少給子女參加宗教活動的壓力。父母不信宗教者，不會鼓勵其青少年子女定期的參加宗教活動。

　　此外，青少年參與宗教的意願會因個人的特質或對宗教的態度而有不同。表9-8係波爾(Boylbe, 1978)所設計的一項調查宗教態度的量表，可以評量個人對宗教的看法，此量表共有13題，採五點量表方式計分、選答。「非常同意」給5分，「同意」給4分，「不知道」給3分，「不同意」給2分，「非常不同意」給1分，得分30分以上者有較積極的宗教態度，對宗教較有好感，也比較會受宗教的影響及參與宗教活動。

　　宗教信仰是一種心靈價值體系，青少年的宗教信仰發展狀況與其成年人後的宗教參與情形、婚姻調適、道德取向、一般生活適應等有所關聯，但影響程度有多大？目前的研究發現仍未確定，基本上，宗教多元化國家之青少年會面臨較多宗教選擇的困擾，不過其調適情形與家庭的宗教取向及父母的宗教參與情形密切相關。在宗教與國家(church

表9-8 宗教態度量表

題　目	選　答				
	非常 同意	同意	不知道	不同意	非常 不同意
1.有時我覺得有一種外在力量在引導我。	——	——	——	——	——
2.科學不能解決所有自然界錯綜複雜的問題。	——	——	——	——	——
3.因爲上帝有旨意，所以不管你要不要，有某些事必須去做。	——	——	——	——	——
4.我相信死亡並不是事情的終結。	——	——	——	——	——
5.人類有力量，也有權利去控制人種進化的命運。	——	——	——	——	——
6.當事情長久非我所願，我會感到沒有希望。	——	——	——	——	——
7.傳統不再是我們生活中的一種重要力量。	——	——	——	——	——
8.沒有絕對的眞理，事情都是相對的。	——	——	——	——	——
9.在世界上每個人與每一件事都有其理由，不管知與未知。	——	——	——	——	——
10.繁星點點的宇宙是深不可測的。	——	——	——	——	——
11.每個人都有他的善的一面。	——	——	——	——	——
12.生活是一種無法解釋的恩典。	——	——	——	——	——
13.我的生活並非在長跑。	——	——	——	——	——

註：第5、6、7、8、13題是反向問題，計分方法正好相反。
資料來源：Boyle, 1978.

and state)區分的國家，大多不在公立學校教育中提供宗教教育與輔導，政教合一國家則相反。青少年的宗教教育與輔導應如何實施？目前較無一致的看法。下列五項是青少年宗教教育與輔導的要點：㈠父母與教師不宜強迫青少年接受某一種宗教的教義，或要青少年參加宗教活動與儀式；㈡青少年宗教信仰可以視爲青少年整體道德教育的一部分，利用近似道德兩難的問題，與青少年討論宗教與人生哲學問題；㈢注意青少年的心理發展狀況，防止青少年受狂熱宗教的吸引(*Atwater,* 1996)；㈣學校教育中應強調宗教信仰的自由與尊重他人的宗教信

仰；㈤引導靑少年分辨宗敎與迷信的差別，不受迷信所惑。

本章提要

1. 1.依照心理學的觀點，靑少年的道德發展可分爲：⑴知的層面：即道德的知
識、認知作用；⑵情的層面：指道德的情緒，其又分來自內心及外在的情緒作
用；⑶意的層面：是意志的力量、自我控制的力量。

2. 一般而論，靑少年的道德發展具有下列的特徵：⑴道德相對主義：漸脫離二分
法，抽象思考能力形成；⑵道德的衝突：對若干行爲有所衝突，並利用衝突成
爲反抗的手段；⑶道德的知行不一：無法自我控制行爲，認知和實踐有鴻溝；
⑷與成人道德觀念的疏離：個人不完全被成人所接納，其次是不認同成人的標
準，以免被束縛。

3. 影響靑少年道德發展的因素：⑴父母的影響；⑵同儕的影響；⑶性別的影響；
⑷大衆傳播媒體；⑸時代背景。

4. 靑少年道德發展的重要理論有：⑴精神分析論；⑵社會學習論；⑶認知發展
論。

5. 社會學習論認爲道德發展有三個重點：⑴抗拒誘惑；⑵賞罰控制；⑶楷模學習
與替身效應。

6. 認知發展論對道德發展提出見解的學者中，本章提到的有：⑴皮亞傑；⑵杜
威；⑶郭爾保；⑷基里艮。

7. 對郭爾保及基里艮的理論做一比較，雖有極大差異，但兩者並陳時，有助於充
分瞭解靑少年兩性的道德發展，兩者具互補之功能。

8. 郭爾保認爲道德的發展具連續性及普遍性，其研究發現，文化的差異及年齡變
化對道德發展的影響在所難免。

9. 多數人在日常生活中或多或少會做違犯道德的行爲，以靑少年的考試作弊而
言，其決定因素亦呈現多樣性。

10. 內在取向的道德敎育效果較佳，若再加上外在壓力與較高的自我形象，將可達
到有效的道德敎育。

11. 同理心是助人行爲的核心部分，且因性別及遺傳，甚至生活經驗不同而所差異。

12. 道德敎育與輔導的要點在協助個體了解道德之眞義，並解決道德衝突。其方向

　　要從班級與學校，以及家庭之中著手。

13.郭爾保的道德教育以討論方式爲手段，並以生活、學習教材及師生互動等多方面的內容爲題材。

14.價值觀具可變性。青少年的價值觀常受：(1)性別因素；(2)宗教因素；(3)學業成就的影響。

15.羅吉齊將價值分爲終極性與工具性兩類。

16.價值是社會化的結果。青少年的家庭、社會、文化、老師、宗教、朋友，以及大衆傳播都對其價值形成有所影響。

17.青少年價值觀的輔導策略有：(1)多給予與價值體驗的機會，並利用道德討論、思考的方法；(2)價值澄清法。

18.佛勒根據皮亞傑、艾力克遜、郭爾保的理論，對個人的宗教信仰發展建立了六階段理論，而梅鐸與卡霍伊則將宗教劃分爲外在取向→儀式參與→獨立自主三個發展歷程。

19.青少年的宗教發展問題是：(1)宗教狂熱；(2)宗教與道德行爲；(3)宗教活動的狀況。青少年宗教狂熱有六個主要影響因素。

20.青少年宗教教育與輔導重點爲：(1)父母與教師不宜強迫青少年接受某一宗教；(2)可視爲道德教育一部分；(3)注意其適宜度勿流於狂熱；(4)強調宗教自由、尊重他人信仰；(5)注意迷信與信仰的差別。

第十章

青少年的生涯與休閒發展與輔導

　　工作(*work*)與休閒(*leisure*)是一個人生活的全部。工作是個人所從事的系統化活動，倘工作能獲得報酬或待遇，即是職業(*vocation*)，職業的維持包含所擔任的職位(*position*)、角色(*role*)與任務(*tasks*)。生涯(*career*)則是個人一生之中所擁有的各種職位、角色、任務，以及其他與工作有關之經驗與活動的總合。

　　休閒乃是對應於「工作」的名詞，簡單而言，休閒就是不從事工作的時間，也是個人工作之餘或下班後的時間。工作與休閒兩者具有互補、相互影響與等同重要的性質，同是讓人生顯得充實與有意義之所不可或缺。

　　青少年階段是個人生涯與休閒興趣發展的關鍵時期，對個人一生的發展與適應影響深遠。本章將探討青少年生涯發展的特徵與理論基礎、諮商輔導策略，以及休閒興趣的發展及輔導。

第一節　青少年生涯發展的特徵

壹、青少年生涯發展的重要性

　　如前述工作、職業與生涯有著不同的意義，但基本上這幾個名詞除了有特殊界定外，常被交互使用(*interchangeability*) (*Garbarino, 1980*)。在本章之中除有特殊說明之外，亦交互使用這些名詞。

　　在較原始的社會中，人類基本上過著自給自足的生活，自謀其力，自我維生。農牧社會中，人類又將自己利用剩餘的產品與他人交換或出售。社會日益進化之後，人類的需求增加，分工精細，尤其在工商業社會中，人們需要靠著工作，獲得金錢收入，再以金錢購買日常生活中所必需的貨品、勞務或服務。工作成為謀生的主要方法，工作乃是獲取報酬的工具。

　　工作一方面可以使人滿足生理需求、維持生命，更重要的，工作能讓人因才智、興趣及理想的發揮，而獲得心理上的滿足。個人工作的表現且能促進社會進步，貢獻人群。工作具有增進個人滿足、經濟進步與社會發展的多方面功能。

　　對青少年而言，由於即將進入成人社會，個人必須努力充實工作知能、選擇未來的職業，並且建立職業認同(*vocational identity*)，以便使個人的生涯得以充分發展，豐富人生。整體而言，在青少年發展階段，個人面臨下列的工作、職業、生涯發展上的課題：

　　(一)需要培養工作知能：由於目前社會分工十分精細，各種工作均有不同的知識與技能的要求，具有良好的工作知能的青少年，比較能夠順利的獲得職業，早日進入工作世界中，避免個人時間的浪費。

　　(二)需要作生涯探索(*career exploration*)：個人在確立生涯目標之前，

需要對生涯世界作廣泛的探索，一方面探索個人的能力、性向、興趣與人格概況，另方面探討各種工作領域所需具備的條件，再思考與判斷個人適宜的生涯發展方向。

㈢嘗試作生涯規劃(career planning)：生涯規劃需要考量個人的內外在條件與環境，將自己置於工作世界中的最有利位置。青少年當有了適當的生涯探索之後，可以試著擬定生涯藍圖，努力培養生涯能力，以盡力開發個人潛能，營造成功與充實的未來。

㈣建立生涯價值觀(career values)：價值是行為的根基，生涯的選擇常涉及價值體系，因此，青少年發展階段，需要了解工作、職業與生涯的真諦，建立正確的生涯價值觀，如勞動神聖、職業無貴賤等，才不致因價值的混淆，而影響工作的選擇與潛能的發揮。

貳、青少年生涯發展的理論基礎

青少年生涯發展的特徵一直是生涯理論學者關注的焦點。目前青少年生涯發展的理論頗多，主要可以歸納為社會理論(Social Theories)、發展理論(Developmental Theories)、特質因素理論(Trait－Factor Theories)與動機理論(Motivational Theories)等四個理論體系，以下將分述之。

一、社會理論

青少年生涯發展社會理論以社會學理論為基礎，認為青少年的生涯發展受到環境中的社會體制(social systems)所影響。主要的理論學者有舒波與巴西瑞奇(Super & Bachrach, 1957)、羅伊(Roe, 1957)與克萊蒂斯(Crites, 1958)。

舒波與巴西瑞奇認為個人的生涯發展受到下列各種社會體制的影響，而且愈前面的體制，作用愈大：㈠家庭、學校與教會；㈡同儕關係、鄰居、種族團體；㈢地理區域、社會階層、種族背景；㈣文化中的自由企業、價值觀念與道德規範。

　　羅伊則認為個人的父母、家庭與家庭環境對個人的職業選擇有重大影響。假如個人認為父母親具有愛、接納、保護與要求(*demanding*)等特質，青少年較會選擇「人群取向」(*persons-orientation*)的職業。反之，假如個人認為父母是命定、排斥與忽視者，則他們會選擇「非人群取向」(*nonpersons-orientation*)的職業。羅伊曾將職業分為服務、商業交易(*business contacts*)、商業組織(*business organizations*)、科技、戶外活動、科學、文化與藝術娛樂等八大類。這八大類職業類別依難易度與水準之高低，可以再分成高級專業及高度管理、一般專業及中層管理、半專業及低度管理、技術、半技術、非技術等六個層次。服務、藝術與娛樂、文化、商業交易與商業組織屬於人群取向的職業，科技、戶外活動與科學三者屬於非人群取向的職業。

　　羅伊特別強調幼年的生活經驗，尤其是父母的教養方式對個人職業選擇具有決定性的影響。

　　克萊帝斯特別強調家庭與學校對青少年生涯發展的影響。學校更是個人「職業化」(*vocationalization*)的場所，因此學校必須提供機會使青少年建立職業價值觀，俾進一步作生涯選擇。社會理論學者的要點可以歸納如表10-1。

表10-1　生涯發展社會理論的重點

學者	理論重點
舒波與巴西瑞奇	一、家庭、學校、教會
	二、同儕團體、鄰居、種族團體
	三、地理區域
	四、文化價值
羅伊	家庭因素、父母的教養方式
克萊帝斯	學校(價值體系)

二、發展理論

　　生涯發展理論雖然也承認社會因素的作用，但更強調發展特徵與生涯轉折的探討。發展理論主要的學者有金滋伯等人(*Ginzberg et al.,*

1951)、哈維葛斯特(*Havighurst, 1972*)與舒波(*Super, 1967*)等。

金滋伯等人認為生涯的發展有階段之分，在11歲以前的生涯發展特徵是幻想，個人會想像各種工作與職業的可能。青少年階段 (11歲至18歲) 是生涯的試驗期(*tentative stage*)，此階段有四個特徵：㈠個人開始對特定領域的工作感到興趣；㈡能覺察個人的能力狀況；㈢能覺察個人的價值觀，並與個人的能力統合；㈣能逐漸由生涯的試驗轉換至實際的選擇。在19歲以後，生涯的發展就進入現實階段(*realistic stage*)。在現實階段個人的生涯發展具有二種特徵：㈠具體化(*crystallize*)：個人能對某一種職業作承諾，全心全意地投入；㈡特定化(*specify*)：個人選擇特定的職業。

哈維葛斯特仍延續發展任務的論點，認為個人生涯的發展包含四個階段：㈠向重要他人認同階段：此階段個人向父母及其重要他人認同，形成工作概念與自我理想，年齡約在5至10歲之間。㈡工作習慣獲得階段：形成個人的工作與遊戲有關的習慣，並且學習組織時間與能源，年齡約在10至15歲之間。㈢真實工作認同階段：此階段對真實的工作加以認同，並且為某一職業作準備，年齡約在15-20歲之間。㈣成為生產工作者階段：在此階段個人成為一位具生產力的工作者，可以掌握技巧與獲得升遷，年齡約在25-40歲之間。

舒波(*Super, 1967*)認為個人的生涯發展會經歷五個階段：㈠具體化階段(*crystallization*)：此時期個人對工作自我概念具體成形，建立了對工作世界的基本態度，年齡約在14-18歲左右。㈡明確階段：(*specification*)：個人開始選擇一項職業，年齡在18-20歲之間。㈢執行階段(*implementation*)：個人實際進入某一職業之中，年齡在21-24歲之間。㈣穩定階段(*stabilization*)：個人接受所作的職業選擇，在工作中求穩定發展，年齡約在25-35歲之間。㈤鞏固階段(*consolidation*)：工作已穩定，並且獲得地位與進步，年齡在35歲以上。此外，舒波(*Super, 1980*)也曾將個人的生涯發展分為成長(*growth*) (年齡在0-14歲之間)、探索(*exploration*) (年齡在15-24歲左右)、建立(*establishment*) (年齡在25-44歲之間)、維

持（maintenance）（年齡在45-64歲之間），以及衰退（decline）（65歲以後）
等五個階段。表10-2係發展理論的重點摘要表。

表10-2　發展理論的重點

學者	理論重點	年齡
金滋伯等人	一、幻想階段	10-11
	二、試驗階段	11-18
	三、現實階段	19歲以上
哈維葛斯特	一、向重要他人認同	5-10
	二、工作習慣的獲得	10-15
	三、特定工作的認同	15-25
	四、成為具生產性的工作者	25-40
舒波	一、具體化階段	14-18
	二、明確階段	18-20
	三、執行階段	21-24
	四、穩定階段	25-35
	五、鞏固階段	35歲以上
舒波	一、成長階段	0-14
	二、探索階段	15-24
	三、建立階段	25-44
	四、維持階段	45-64
	五、衰退階段	65以上

三、特質因素理論

　　特質因素理論認為職業與人格密切關聯，人格類型是職業選擇的
基礎，個人的職業選擇與人格類型必須切合。特質因素論以荷倫德
（Holland, 1972）的理論最著名。

　　荷倫德的職業抉擇理論強調個人的行為是人格與環境交互作用的
一個函數，選擇職業亦即是人格的表現，人格型態與行為型態影響人的
擇業與生活適應，人面對生活環境中雜亂紛陳的職業，會習慣的以刻板
化的觀點加以歸類。荷倫德的理論可以說是植基於一句古老的諺語
——「物以類聚」（Birds of feather flock together）之上。

　　荷倫德主張，個人與環境愈能適配的人，將會：㈠較穩定的選擇職

業；㈡有較高的職業成就；㈢更能保持人格的穩定性；㈣有較高的學業成就；㈤能得到較高度的滿足。

荷倫德基本的假設與理論有：

㈠選擇職業正是人格的一種表現。

㈡個人的興趣組型即是人格組型。

㈢職業的「刻板化印象」有其心理與社會性的意義。

㈣相同職業的人，有相似的人格與人格發展的歷史。

㈤由於同一職業團體內的人有相似的人格，因此他們對甚多的情境與問題會有相類似的反應方式，並因而產生類似的人際環境。

㈥個人的人格與工作環境之間的適配性，是職業滿意度、職業穩定性與職業成就的基礎。

荷倫德認為芸芸眾生可以歸納成六種類型，不同類型的人，具有不同的人格特質，同一類型的人，則具有相似的特性：

㈠實際性

此類型的人常以客觀、具體、以身體操弄的態度來處理環境中的事物，他們避免需要客觀、智能、藝術表現、或社交能力的目標和工作。他們通常是一位男性化、不善交際、情緒穩定與唯物論者。此類型的人比較喜歡農業、機械、技術性、商業、和工程等職業。

㈡智慧型

智慧型的人常以智慧、理念、話語與象徵符號等來處理日常事物。他們喜好科學性的職業和理論性的工作，也喜歡閱讀與蒐集，也喜好代數、外文，以及其他有創造性的活動，如：藝術、音樂、雕刻等。

㈢社會型

社會型的人常使用技巧來處理環境中的事物，他們頗具社交手腕，不斷想與他人交往。他們比較喜歡教育、治療與宗教等職業，以及喜歡傳教、管理、社區服務、音樂、閱讀、戲劇等活動。

㈣傳統型

傳統型的人常選擇社會讚許的目標或活動來處理環境中的事物，

他們往往以刻板化、正確性與無創意的方法去解決問題。他們以端正的、社會性與保守性的行爲來獲取他人的好感。他們喜歡店員、計算性的工作，也喜歡其他的經濟事物。

(五)企業型

企業型的人常以冒險、狂熱、強迫性的態度處理日常事務，頗具說服、語文、外向、自我悅納、自信、進取、好表現等特性，他們喜歡銷售、監督、領導性的職業，也喜好支配性、口語表現、認知與權力性的活動。

(六)藝術型

藝術型的人常以創造藝術作品的方法來處理環境中的事物，他們以主觀的印象與幻想解決問題。他們喜歡音樂、藝術、文學、戲劇性的職業，也喜歡自然創造的活動。

荷倫德也將環境模式歸納成下列六個類型：

(一)實際型

實際型的環境包括需要機械技術、堅持性與體力活動的具體、物理性的工作。典型的實際型機構有：加油站、機械工廠、農場、建築工地與理髮店。

(二)智慧型

智慧型的環境需要使用抽象與創造性的能力。工作依靠知識與事理甚於人事。典型的智慧型環境有：研究實驗室、個案矯治的研討會、圖書館，及科學家、數學家和工程師的組織。

(三)社會型

社會型的環境需要具備解析、修正人類行爲的能力，也須具備對他人關懷、與他人交往的興趣。典型的社交型環境有：學校、大學教室、輔導機構、心理醫院、教堂、教育機構以及休閒中心。

(四)傳統型

傳統型的環境包含了系統、具體、與經常性的語文或數理訊息。典型的傳統環境有：銀行、會計師事務所、郵局、檔卷室與事務性辦公

室。

(五)企業型

企業型的環境需要口語能力，以引導或說服他人。工作需要用指導、控制與計畫性的活動，並且要有表面化的工夫，典型的企業型環境有：政治性集會與廣告機構。

(六)藝術型

藝術型的環境需要使用藝術化的形式創造與解析。典型的藝術型環境有：劇場、演奏廳、舞池、藝術或音樂的研究與圖書場所（黃德祥，民72）。

荷倫德依六種類型之間的關係程度，繪成下列的六角形模式，各關聯上的數字表示關係程度的高低（數值越大表示相關越高）：

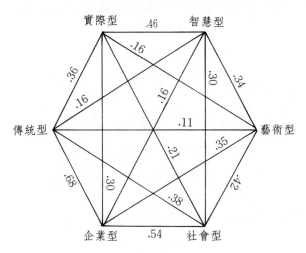

圖10-1　荷倫德的職業類型圖

資料來源：Halland, 1972.

四、動機理論

動機理論學者相信,內在與外在的動機與需求,直接影響個人的職業抉擇。動機理論主要的代表人物是馬斯洛(Maslow,1970)。

馬斯洛是人本主義心理學的大師,他所建立的心理需求階層圖(hierarchy of needs)備受推崇,廣受引用。他認為人類有五大需求,各種需求並呈階層上昇之勢,低階層的需求是上階層需求滿足的基礎。這五大需求是:㈠生理需求:這是人類的基本需求,包括對食物、水、性的需求。第一層次的需求又是求生存的需求。㈡安全的需求:這也是人類的基本需求之一,人類需要有安全感、規則與穩定。㈢隸屬與愛的需求:人類需要有歸屬感,能愛人與被愛。㈣自尊的需求:人類需要被他人所尊重。㈤自我實現的需求:人有滿足慾望,追求理想與發展潛能的需求。此後,馬斯洛又於自尊與自我實現之間加入了智能成就(intellec-

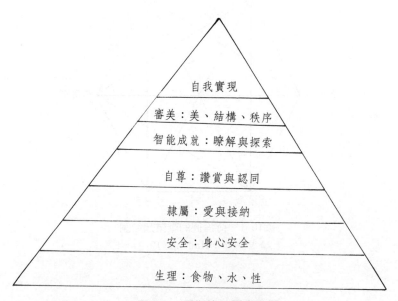

圖10-2　馬斯洛的需求階層

資料來源:Maslow, 1970.

tual achievement) 與審美 (*aesthetic appreciation*) 二種需求，智能成就即瞭解與探索宇宙萬物道理的需求，審美需求則是對美、結構與秩序的需求。合計共七種的心理需求，如圖10-2。

馬斯洛認為成功的商人不會再注意生理需求，而是特別關心高層次心理需求的滿足，但倘經濟衰退或事業失敗，基本的生理與安全需求又會被置於首位。依照馬斯洛的需求階層理論來看，工作與職業不只可以滿足個人的基本需求，並且可以在工作與職業中獲得愛與隸屬、自尊尊人、智能成就、審美等高層次的心理需求，更可以因為在工作與職業有創新與發展而達到自我實現的境界。

另有學者 (*Sergiovanni & Carver, 1980*) 將馬斯洛的動機需求層次加以擴展修正，形成如圖10-3的新的動機需求圖，此圖更可以用來說明生涯世界中的各種人類需求。

由圖10-3可見，人類的主要需求有安全、親和 (*affiliation*)、自尊、自主與自我實現五個需求，此需求基本上仍與圖10-2相近。在安全需求之中，金錢、利益、職位、保障 (*tenure*)、與角色鞏固 (*role consolidation*) 是主要項目，這些項目與工作、職業與生涯關係最為密切，這是人類最基本的需求層次。在親和需求中，以接納、隸屬、友誼、學校成員 (*school membership*)、正式工作團體、非正式工作團體為主要滿足項目，個人工作之中因為與人有正式與非正式的接觸，而能發展適當的人際情緒，使個人的親和需求得以能夠滿足，沒有工作或失業者，即無法有適當的人際往來，因此親和動機需求將不易得到滿足。在自尊需求層次中，自尊、個人及事業均受到尊重，自信與認可 (*recognition*) 等都是重要的心理滿足對象，尤其當個人與事業都能被尊重，即代表個人的工作與職業受到肯定。在自主需求中則以影響力、參與、股東 (*shareholder*)、權威等為主要滿足項目，這些需求通常也只能在生涯世界中去獲得滿足。最後的自我實現層次滿足項目有工作職業攀上高峰、全部付出、高峰滿足 (*peak satisfaction*)、成就、個人與事業都獲得成功為主要。可見倘個人生涯能獲得到充分發展，將能使個人得到最大地自我充分發揮，進而達

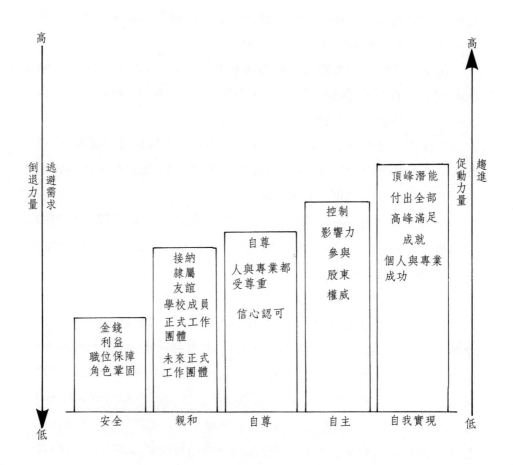

圖10-3　動機需求階層修正圖

資料來源：Sergiovanni & Carver, 1980.

到自我實現的境界。

　　圖10-3中亦顯示由自主、自尊、親和與安全需求而下降的層次是較屬於基本的生物需求，由安全、親和、自尊、自主層次上昇的需求是較屬於人類的需求，前者行為與佛洛伊德心理學較相似，後者則是心理學第三大勢力所關心的重點。此外，在動機需求左邊有倒退力量（*reactive strength*）與逃避需求（*avoidance needs*）的情況，愈往下層力量愈大，愈不利個人高層次的滿足，相反的，在動機需求的右側有促動力量（*proactive strength*）與趨進需求（*approach needs*），愈高層次力量愈大，愈往上愈能滿足人類高層次心理需求的發展，因此高層次需求最有利於個人事業的成長與發展，如教師的事業發展層次即可用圖10-3加以解釋。

參、影響青少年生涯發展的因素

　　影響青少年生涯發展的因素也極為複雜，在第七章圖7-3中，曾論及影響青少年社會化與生涯抉擇的因素同樣複雜。以下將針對影響青少年生涯發展的主要因素，包括父母、同儕、學校、社會、文化、工作機會與個人特質因素等加以討論。

一、父母

　　青少年任何層面的發展幾乎都與父母及家庭有關。父母影響青少年生涯發展的途徑主要有下列五項：

　　㈠**繼承**（*inherits*）：克紹箕裘、子承父志仍然是普遍的社會現象，子女繼承父母的事業，無疑的整個人生的生涯發展將與父母的價值觀、經營理念與生活方式等息息相關。曾有研究顯示，選擇務農的男生有95％是來自於農家（*Rice*, 1993）。

　　㈡**幼年生活的影響**：青少年在幼年時期對於父母的工作與職業耳濡目染，成為兒童最早認識的工作與職業。父母對兒童的某些興趣與嗜好有些會給予支持與鼓勵，有些則反對與禁止，在獎懲中使兒童的興趣

與嗜好受到制約，影響子女對一些工作與職業的好惡。音樂家的子女較他人有機會接觸音樂與樂器，個人的音樂興趣與嗜好容易獲得增強，因此多數音樂家來自於重視音樂的家庭。另外父母的陽性與陰性性別角色表現與手足同胞的激盪都會影響青少年的生涯發展。

㈢**學徒訓練**(*apprenticeship training*)機會：父母所具有的工作專長，常會直接傳授給青少年子女。在低階層家庭中，由於青少年缺乏較多職業選擇的機會，因此，普遍由父母對子女進行學徒式訓練，直接授予生活技藝。

㈣**父母的角色楷模**：青少年子女對父母的認同與密切程度會影響其未來的職業選擇。有研究發現，青少年的父母擁有較高職業聲望，且親子關係較密切者，較能發展出積極的職業價值觀，並及早作職業的決定，另母親的職業角色尤其對女性青少年的職業選擇有重大的影響(*Angrist, 1972; Mortimer, 1976*)。

㈤**父母的要求與限制**：父母對於子女的求學、主修科目等的要求與限制會影響子女的生涯選擇。但倘父母不顧及青少年子女的才能、興趣，將有害子女生涯的發展。通常父母本身的工作與職業滿意度較高者，也會要求其子女從事相同的工作與職業。

㈥**間接影響**：醫生的兒女由於看到父母擁有較高的聲望與酬賞，自然而然的會想進入父母相同的職業領域。另一方面，子女可能看到父母在工作上的低聲望與低報酬，而想進入與父母不同的職業領域中，此種職業抉擇並非父母直接的要求與限制的結果，而是間接的作用。

二、同儕與學校

同儕對青少年職業選擇的影響幾乎與父母相當。多數青少年的職業抉擇或生涯計畫同時獲得父母及同儕的同意。同儕會強化父母的抱負與期望，因為青少年常會和與其父母抱負及期望相同的友伴為伍。青少年在與同儕互動中獲得相互的支持，並建立相似的生涯價值觀。

工人階級青少年向上流動(*upward mobility*)的職業抱負尤其需要同

儕的鼓勵與支持，倘不能獲得父母與同儕的鼓勵與支持，工人階級青少年較難發展較高的的職業抱負。

此外，學校教育也是影響青少年職業抉擇與生涯發展的重要力量。尤其學校教師在青少年生涯決定的時刻更具有強而有力的作用。像升學與就業的決定、選擇科系、選擇升學學校類型等，學生常會順從老師的建議。在師生互動愈密切的學校中，教師對學生生涯發展的影響愈大，學生常會採取與教師相同的生涯價值觀，甚至選擇與教師相同的志業。一般而言，學業成就較高的青少年，教師對他們有較高的職業期望，因此，高成就青少年通常會受到教師鼓勵進入高聲望的職業領域中。另外，學校所舉辦的生涯輔導相關活動，也會影響青少年的生涯觀念與生涯抉擇。校友的生涯發展狀況也往往成為青少年認同與模仿的對象。

三、社會文化與工作機會

社會文化期望亦深深地影響青少年的生涯抉擇。傳統上，女性的生涯發展機會與職業條件不如男性的寬廣，女性的工作領域常被限制在某些範圍之內。根據調查顯示，94.2%的護士是女性、83.3%的圖書館員亦為女性，在娛樂事業中女性亦占46%，在社會服務中女性占68.9%。相反的，在律師與法官之中，女性僅占22.3%，醫生之中女性也只有17.9%（ *U.S. Bureau of Census* , 1991 ）。社會的現況使女性青少年會自我設限，不敢進入男性為主的工作領域中。

表10－3係美國男性在各行業的比率，由表中可見，男性在社會工作者、教師、文化工作與護士等行業中比率甚低；相反的，此亦反映女性在工程師、律師（法官）、醫師、大學教師的就業上仍佔少數。國內由於欠缺此方面資料，尚難比較，不過國內女性的專業行業就業率一直偏低，尚待多方面努力。

基本上，社會文化對女性的生涯發展有較多的限制，連帶的，女性的工作機會亦相對減少，女性也較少被鼓勵去充分的發展長期性、專業

表 10-3　　男性在不同年代、不同行業的比率

職業別	1980	1983	1985	1989
工程師	96.0	94.2	93.3	92.4
律師、法官	87.2	84.2	81.8	77.7
醫師	87.1	84.2	82.8	82.1
大學教師	66.1	63.7	64.8	61.3
作家、藝術家、藝人、運動員	60.7	57.3	55.5	54.0
社會工作者	36.7	35.7	33.3	31.9
教師（學院和大學除外）	29.2	29.1	27.0	26.7
圖書館長、檔案管理員、博物(藝術)館長	18.6	15.6	15.3	16.7
護士	3.5	4.2	4.9	5.8

資料來源：Rice, 1993,　p.359．

性與全職性的職業。尤其女性在結婚之後，爲了養育子女更無法全心全
意地投入工作之中，因而阻礙了升遷機會與生涯充分地發展。鑑於此種
工作機會狀況，女性青少年周圍的重要他人常會鼓勵女性青少年選擇較
安定、穩當、能兼顧家庭與事業，以及有利教養子女的職業。因此，中
小學教師、公務員常成爲女性的首要選擇。

四、個人因素

青少年個人因素是影響其生涯發展的另一項因素，其中又以智力、
成就、興趣、人格的作用較大。

(一)智力與成就

智慧能力較高的青少年常會做較佳的生涯選擇，所作的生涯抉擇也
較切合實際，同時也會選擇高聲望的職業。此外，高智力的學生常有較
高的抱負水準，會激發他們提高職業期望。另外智力與職業的成就及失
敗有密切關連，但智力並非職業成功與否的唯一因素，個人的動機、興
趣、毅力與外在社會情境都是可能的影響因素。

依照社會學習理論的觀點，學業成就高的學生，比較能夠發展良好的自我效能(*self-efficacy*)，有利於職業的抉擇與生涯成功。

(二)興趣與人格

職業興趣係個人對特定職業的喜好程度，對特定職業喜好程度愈高者，愈容易獲得成功。職業興趣與人格特質密切關連，如較高藝術職業興趣的青少年，可能具有內省、直覺、想像、敏銳、非傳統、叛逆、熱忱與非實用的人格特質。相反的，具有科學興趣的青少年，比較具有分析、好奇與學術的特質。企業興趣較高者則比較具有攻擊性、外向、勤奮、務實與具說服力等特質。焦慮較高、不怕失敗與成就動機較高的青少年，會選擇較高職業聲望的職業。

第二節 青少年的生涯發展問題

壹、青少年的打工問題

依照哈維葛斯的職業發展論點，青少年需要學習規劃求學時間與承擔責任，並且需要增加工作經驗，並選擇某一項職業以為經濟獨立作準備 (*Havighurst*，1964)。對多數在學的青少年而言，半時的工作 (*part-time employment*) 是獲得工作經驗的主要來源。在開發國家中，青少年的半時性打工現象已非常普遍，具有工作經驗的青少年在生涯價值與理想，以及對金錢與經濟的看法與沒有工作經驗的青少年有顯著的不同 (*Steinberg*，1984)。美國青少年打工不只愈形普遍，工作時間也不斷延長。男性青少年約56%有打工經驗，女性青少年也有46%的打工經驗。高中學生平均每週有15小時以上的打工時間，打工的類別以**餐飲服務業**最多，其次則是以書記事務為主的文書工作類，然後是以基本勞力需求的勞動業，詳細資料可參見表10－4 (*Dusek*，1996)。國內青少年

表 10-4　　美國青少年打工類別

工作	百分比
餐飲服務業	35
勞動業	15
銷售類	13
清潔類	10
文書類	19
技術生產類	6
休閒旅遊類	3
廣告業	3
褓姆	2
送報	2
看護	1
家教	1

資料來源：Dusek, 1996, p. 248．

至速食店、加油站、餐廳打工的情形也同樣的非常普遍。青少年打工固然具有積極的功能，但同時也帶來一些負面的作用。表10－5係青少年打工的理由。

　　由表10－5可以發現，青少年打工的理由，男女生有稍許差異。但特別值得注意的是，男女生皆以賺錢便利目前開支為首要的打工理由，其次是增加存款與為未來的教育而賺錢。男生更以便利買車、開車為第四項理由。基本上，男女生的打工主要是想多賺錢以便於花用，而不是想從工作中獲取工作經驗、學習與成人一起工作或為將來的職業作準備。男生通常開銷大於女生，男生在汽油、娛樂與約會上的開支較大，女生則用較多的錢打扮自己，包括衣服與化粧品。打工固然可以使青少年目前的生活較為富裕，但立即的影響有：㈠減少課業學習時間；㈡對學校功課的興趣減少；㈢花較少時間完成家庭作業；㈣減少課外活動參與時間；㈤可能學到社會不良習性，如抽煙、喝酒或賭博等；㈥減少親子、朋友間相處機會；㈦物質化。

表10-5　青少年打工的理由

理由	男生		女生	
	百分比	等第	百分比	等第
某項職業訓練與經驗	19.2	9	38.1	6
幫助家計	16.2	10	19.3	10
爲未來教育賺錢	68.7	3	66.3	3
便利目前開支	94.2	1	89.0	1
喜好活動	37.5	6	44.2	5
從事家庭事業	7.1	11	7.7	11
增加存款	74.2	2	75.7	2
學習與成人一起工作	37.9	5	63.5	4
打發時間	27.5	8	21.5	9
接受與未來職業無關的教育	28.7	7	29.3	8
便利買車、開車	60.0	4	33.7	7

資料來源：Hammond, 1971, p.67.

　　青少年打工在不同文化中評價不一，在東方國家社會中，基本上較不鼓勵青少年打工，美國社會則給予較多正面評價。表10-6係青少年有工作經驗的益處。另一方面，青少年打工的害處，也可以歸納如表10-7，頗值得注意。

　　由表10-6與10-7可以發現，青少年的打工是利弊互見的，亦即青少年爲了獲得打工的利益，是必須付出代價。學者建議應從下列方向減少打工給青少年所帶來的害處：㈠由學校與工商企業合作，對青少年的工作加以詳細規劃，以便青少年學得有用的技能，此近似我國目前的建教合作方式。㈡協助青少年降低工作壓力與調適壓力，尤其要留意青少年的行爲反應，切忌染上不良習性，此方面，家長與學校師長應與青少年的僱主聯繫，共同監督與配合。㈢減少青少年的打工時間，一般而言，青少年打工時間愈長，害處愈多，故父母與師長應多加強注意，必要時給予限制（*Steinberg*, 1984）。

表10－6　青少年工作經驗的益處

一、增加自我信賴(self-reliance)

二、增進代間和諧(intergenerational harmony)

三、增加社會責任感

四、教導個人自主

五、增加受僱可能

六、增多進入成年期的統整感

七、學習成熟的工作態度

八、學習角色彈性化

九、增進與擴展自我概念

十、學習處理無聊的日常事物

十一、獲得職業訓練機會

十二、增進教育經驗

十三、順利的進入成人期

資料來源：Dusek, 1966, p.247 .

表10－7　青少年打工的害處

一、覺得工作並不需要充分努力

二、限制與成人的接觸

三、無法充分利用學校所教授的技巧

四、不能學到新的認知技巧

五、對長期的職業與教育計畫沒有助益

六、低度的學校參與

七、更多的曠課

八、假如工時太多，會降低學業成就

九、因工作壓力而增加抽煙、喝酒與吸食藥物機會

十、增加對偏差事業經營的接納程度

十一、增加物質主義(materialism)

十二、增加對工作的輕視態度

十三、減少家庭時間

十四、減少同儕相處時間

資料來源：Dusek, 1987, p.309．

年為了獲得打工的利益，是必須付出代價。學者建議應從下列方向減少打工給青少年所帶來的害處：㈠由學校與工商企業合作，對青少年的工作加以詳細規劃，以便青少年學得有用的技能，此近似我國目前的建

教合作方式。(二)協助青少年降低工作壓力與調適壓力,尤其要留意青少年的行為反應,切忌染上不良習性,此方面,家長與學校師長應與青少年的僱主聯繫,共同監督與配合。(三)減少青少年的打工時間,一般而言,青少年打工時間愈長,害處愈多,故父母與師長應多加強注意,必要時給予限制(*Steinberg, 1984*)。

貳、青少年的勞動參與及失業問題

青少年除了就學期間的打工經驗之外,甚多未升學者,可能立即面臨就業的問題。以美國為例,在1980年代,初中畢業升學高中者占86%,但高中畢業就讀大學者只有37%,眾多未升學的青少年理應投入就業市場,不過一般而言,青少年的就業狀況並不理想,國內青少年就業情形亦乎如此。

根據調查顯示,國內青少年由於受到社會重視文憑與升學主義的影響,青少年繼續升學慾望強烈。如表10－8所示,民國七十九年在學青少年畢業後希望繼續升學之意願高達69.79%,其中男性之升學意願為73.09%,明顯高於女性之66.56%。另以各級教育作區分,國中、高中、高職、專科及大學在學學生之升學意願分別為91.28%、92.78%、65.06%、51.39%及62.11%,其中國中、高中生因無一技之長,故繼續求學意願高達百分之九十以上;而高職、專科及大學學生雖均已具備就業條件,惟社會強調文憑風氣仍盛,職業證照制度仍未臻完備,以致繼

表10－8　國內各級學校在學學生升學意願概況　　　　　　　單位:%

類別	合計	國中	高中	高職	專科	大學
男	73.09	93.75	93.08	66.85	56.56	68.32
女	66.56	88.36	92.45	63.42	46.69	55.78
合計	69.79	91.28	92.78	65.06	51.39	62.11

資料來源:行政院主計處,民80,第11頁。

續求學意願漸趨強烈，亦使青少年對各種高等教育之需求頗為殷切。

由表10－8可見國內的青少年由於一直想繼續升學，故整體的勞動參與可能受到極大的影響。以表10－9民國七十九年與八十年度青少年的勞動狀況來看，在15-24歲之間的人口約三百二十多萬人，但青少年勞動力只有一百四十多萬人。民國七十九年與八十年分別有七萬三千人及六萬四千人失業。可見青少年的勞動參與情況不佳，尤其每年約有六、七萬的青少年失業，頗值得正視。

表10－9　青少年勞動力狀況　　　　　　　　　　　　　　　　　單位：千人

年	15-24歲 民間人口	勞動力			非勞動力
		合 計	就業者	失業者	
七十九	3,298	1448	1,375	73	1,850
八　十	3,307	1410	1,346	64	1,897

資料來源：行政院主計處，民80，第6－9頁。見青少年白皮書，p.146.

另以青少年近十年就業之行業結構分析(如表10－10)，近年來青少年從事第三級產業（服務業）的比率日漸增強，從第一級產業（農業）

表10－10　就業青少年從事之行業結構

年	就業人數 （千人）	第一級產業(農業)		第二級產業(工業)		第三級產業(服務業)	
		人 數 （千人）	結構比 （%）	人 數 （千人）	結構比 （%）	人 數 （千人）	結構比 （%）
七　十	1,701	140	8.2	1033	60.7	528	31.1
七十一	1,656	146	8.8	963	58.2	547	33.0
七十二	1,644	138	8.4	936	56.9	570	34.7
七十三	1,630	120	7.4	957	58.7	553	33.9
七十四	1,567	115	7.3	894	57.1	558	35.6
七十五	1,588	113	7.1	897	56.5	578	36.4
七十六	1,590	90	5.7	902	56.7	598	37.6
七十七	1,506	71	4.7	822	54.6	613	40.7
七十八	1,467	61	4.2	751	51.2	655	44.6
七十九	1,376	56	4.1	641	46.6	679	49.3
八　十	1,346	54	4.0	602	44.7	690	51.3

資料來源：行政院主計處，民80，第38－39頁。見青少年白皮書，p.149.

與第二級產業（工業）的人數亦在銳減之中。

　　由表10－10統計資料可以看見目前青少年可能較不喜歡從事勞動、粗重與消耗體力的工作，相反的，喜歡從事白領、輕鬆、坐冷氣房、辦公性質的工作。此一情況在先進國家如日本、德國均有此現象，當國家產業發展至一定程度之後，粗重、消耗體力的工作國人較不喜歡，故常需依靠外籍勞工承擔。

　　不過以我國整體產業就業人口區分，在合計就業人口八百七十多萬人口，約有54.34%從事第三級產業，有8.38%從事第一級產業，另有37.28%從事第二級產業（如圖10－5所示）。

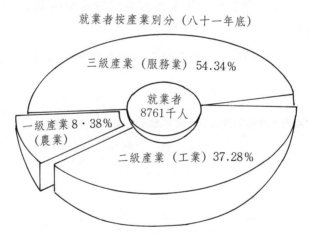

就業者按產業別分（八十一年底）

三級產業（服務業）54.34%

就業者
8761千人

一級產業8‧38%
（農業）

二級產業（工業）37.28%

圖10-5　台灣地區就業者產業類別統計

資料來源：行政院主計處，民88.

　　由表10－10與圖10－5比較可見，青少年從事第三級產業比率高於整體的就業者比率。青少年從事農業者更遠低於一般就業者（前者占4.0%左右，後者占11.81%），不過從事第二級產業者卻較一般人口為高，這可能與女性青少年較多擔任工廠作業員有關。美國的青少年就業

情形亦同，他們在正式工作場所的就業機會亦非常有限，半數以上的青少年是在餐廳與零售業工作（*Atwater,* 1996）。另外值得注意的是，民國八十五年15－24歲民間人口為381萬4千人（如表10－9所示），較七十九年增加9千人，但勞動力反而減少3萬8千人，為141萬人，致勞動力參與率由上年之43.9%降為42.6%。由於青少年大多為甫出校門，新進入就業市場之初次尋職者，處於工作調整之適應階段，故失業情況較為嚴重，八十六年15－19歲與20－24歲之青少年失業率分別為7.69%與6.87%，雖較八十五年之7.47%與6.72%稍差，但仍為各年齡組之冠，且相較於全國平均失業率2.84%而言，更屬偏高。

　　青少年失業常會帶來社會問題，如吸食藥物與犯罪率會隨著增加，更嚴重的是，青少年的失業者容易成為成年失業者，造成社會負擔與人力浪費。

　　表10－11係國內不同性別與四個主要年齡層失業原因的統計分析表。

表10－11　國內不同性別與四個主要年齡層失業原因統計表 (%)

失業原因	初次尋職	工作場所歇業	對原有工作不滿意	健康不良	季節性或臨時性工作	女性結婚或生育	退休	家務太忙	其他
性別									
男性	32.96	19.05	36.60	2.45	6.79	－	0.41	0.21	7.55
女性	32.77	11.28	43.66	1.99	4.54	0.70	0.05	0.55	4.46
年齡層									
15-19	54.45	5.13	33.86	1.46	3.46	0.08	－	0.06	1.51
20-24	51.23	6.60	32.27	1.30	1.86	0.48	－	0.20	6.06
25-29	26.64	14.47	46.67	1.58	4.11	0.19	0.06	0.09	6.20
30-34	7.38	27.95	44.53	3.69	7.85	－	0.21	0.88	7.51

資料來源：行政院主計處，民82，第108、109頁。

　　由表10－11可見，就男女性兩性而言，非初次尋職者均以對原有工

作不滿意為主要的失業原因，以年齡層區分，同樣以對原有工作不滿意者為失業的主因，其次是工作場所歇業。由表10－11可見，青少年在初次找工作者有過半數未能進入工作世界中而形成失業，可見青少年初次謀職頗有困難。也顯示青少年並不受就業市場的歡迎與接納。其可能原因有：㈠職業觀念影響：一般青少年仍嚮往白領工作，希望能在辦公室上班。㈡待遇偏低：青少年求職者由於定性不夠並不受就業市場歡迎，另一方面僱主所提供的薪資報酬亦不高。㈢缺乏技術：工商業社會普遍需要較專業與技術的人才，過早進入就業市場的青少年常無法具備良好的職業技術，因而難以就業。㈣兵役問題：對台灣地區的男性青少年而言，由於尚有兵役義務，因此，僱主普遍不喜歡未服兵役的青少年，以免工作被迫中途停頓。㈤地區失衡：台灣地區的工作機會通常集中於城市地區、不利青少年的充分就業。

第三節　青少年的生涯諮商與輔導策略

壹、青少年生涯諮商與輔導的意義與功能

　　青少年生涯諮商與輔導是青少年整體教育與一般生涯教育(career education)的一環。生涯教育的目的係提供有計畫的教育經驗，以增進青少年的生涯發展與為未來的生涯作準備，本質上，青少年所接受的所有教育活動都可能等於接受生涯教育，即使是升學，也在為未來的生涯作準備。

　　生涯諮商與輔導則是指由諮商輔導人員有計畫地提供各種刺激與增進青少年整體生涯發展的活動，包括：協助青少年作生涯規劃(career planning)、生涯決定與生涯適應。生涯諮商與輔導事實上與生涯教育的目的是一致的，只是前者較強調係由學校諮商輔導人員所提供

的服務。

倘以學生的生涯教育來看，由幼稚園至高中畢業，生涯教育的重點與要素(*elements*)包含了八大項目：

㈠**自我覺察**(*self-awareness*)：使學生了解自己的需求、優點、個人的性格，並使學生能發展自我知識(*self-knowledge*)，且有積極的自我認定。

㈡**教育覺察**(*educational awareness*)：使學生認識到基本知能發展的重要性，並且能掌握知識內容，以便達成生涯目標。

㈢**生涯覺察**(*careerawareness*)：透過教育與職業經驗，使學生了解自己與生涯、工作世界的關係，並充分認識生涯發展的歷程。

㈣**經濟覺察**(*economic awarenenss*)：使學生了解人、經濟、生活型態與就業的關係。

㈤**作決定**(*decision making*)：使學生負責任的作選擇，並協助學生能將個人的抉擇與個人的目標相配合，而且能採取必要的行動。更要使青少年在生涯決定中利用有用的資源，並獲得最大利益。

㈥**起始的能力**(*beginning competency*)：協助學生發展基本的認知能力，以便界定工作目標、對生涯步驟作摘要、完成目標，並對結果作評鑑。

㈦**就業能力技巧**(*employability skills*)：使學生發展適當的就業技巧，以便能勝任工作。

㈧**態度與鑑賞**(*attitudes and appreciations*)：協助學生發展內在的價值體系，以便能承擔適當的生涯角色，使工作的參與能得到滿足。圖10-6即是此綜合性的生涯教育模式。

由圖10-6中又可發現，生涯教育的要素與結果，相對的也有八項，分別是：㈠自我辨識與認定(*self-identify*)；㈡教育的認定；㈢生涯認定；㈣經驗的了解；㈤生涯決定；㈥就業技巧；㈦生涯安置；㈧自我與社會滿足(*self-social fulfillment*)。但以學生年級作區分，圖中白色地帶「＞」顯示，在國小四年級至高二階段，各有不同重點，如在國小以自我覺察、教育覺察及態度與鑑賞的培養最重要，到了國中高中階段，則

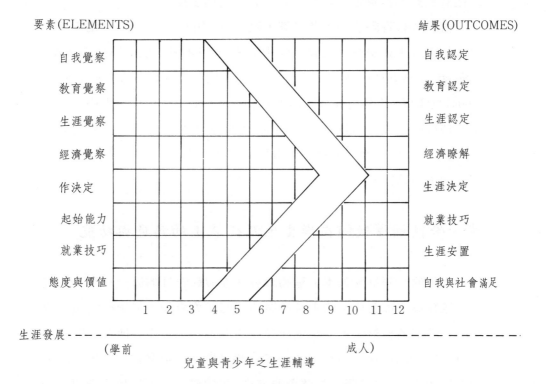

圖10-6　綜合性生涯教育模式
資料來源：Gibson & Mitechall, 1986 p. 282.

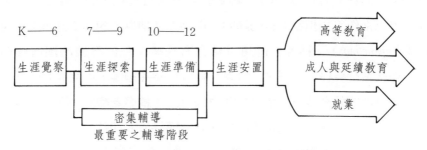

圖10-7　不同教育階段的生涯輔導重點
資料來源：Gibson & Mitchell,1986, p. 283·

以經濟覺察、作決定，與起始能力的培養爲重點。

再以各教育階段的生涯輔導重點來看，如圖10-7所示，幼稚園至小學六年級以生涯覺察爲重點，國中階段（7-9年級）以生涯探索(*career exploration*)爲重點，高中階段（10-12年級）則是以生涯準備(*career preparation*)爲重點，此外再進行生涯安置(*career placement*)。中學階段是密集生涯輔導的階段，也是最重要的生涯輔導過程，關係未來生涯整體的發展。高中之後的生涯發展途徑則分別有大專教育、成人延續教育與就業等三個主要途徑。

貳、學校輔導教師在學生生涯發展上的角色與功能

學生的生涯發展基本上是屬於發展性與教育性的歷程，因此，學校所有教職員工都對學生的生涯發展須共同承擔責任，但學校諮商員或輔導教師則屬於推動青少年生涯發展的主力角色，需發揮下列四個功能(4c)：㈠協調(*coordination*)：學校輔導教師需協調教務、訓導、就業輔導相關單位，規畫學生生涯發展方案，並妥善分配各種教學資源；㈡溝通(*communication*)：學校輔導教師應與行政人員、教師、家長及學生溝通觀念、取得合作，以有效推展各項生涯輔導方案，並進行各項生涯活動；㈢諮詢（*consultation*）：輔導教師通常具有較多的生涯知識與技能，可以當作學校相關人員的顧問，提供生涯輔導上的必要資訊；㈣連接（*conjunction*）：輔導教師可以結合有利學生生涯發展的團體與個人，如就業輔導機關、僱主、家長、社會公益團體等，使他們共同爲學生提供有效的就業機會與學生生涯發展資源。輔導老師即如同橋樑般的連接各界人士與團體，使學生的生涯發展獲得最大利益。

在具體方面，學校輔導教師可以直接爲學生提供下列的服務：

㈠生涯諮商

由於青少年需要有生涯專業的協助，才能對自己的生涯作適當的抉擇，因此，生涯諮商可以採行個別諮商、團體諮商與父母諮商等方

式，協助學生探索自我與工作世界，並增強生涯抉擇能力，以作最佳的生涯規畫與選擇。生涯諮商的重點有訊息提供、自我了解與工作世界的探索、社會相關環境因素的掌握等。

　　圖10-8係一所綜合性諮商中心的生涯諮商模式，充分顯現了學校生涯諮商的層次與內容，可供學校生涯諮商工作的參考。

　　在圖10-8中，將生涯諮商區分成五個層次，分別是訊息(*information*)、自我引導的活動(*self-directed activities*)、諮商員合作(*counselor collaboration*)與選擇性處遇模式(*alternative treatment models*)，以及團體與個別諮商等。在第一層次的訊息提供與資訊服務層次中，可以提供學生各種生涯資料，包括宣傳品、圖書、手冊、視聽器材等。在第二層次中則協助學生進行自我引導式的學習，作自我探索、自我研究與自我規畫，並利用U形圖、電腦輔導等方式自我求進步。在第三層次中則協助學生參與各種生涯處遇的方案，至此階段才是正式的生涯接案(*intakes*)階段。處遇方式有研討會、工作坊、俱樂部及各種課程學習。團體諮商是第四個層次，此時可以利用團體測驗解釋、結構性與開放性的團體諮商協助學生作深入的生涯探索。最後層次是個別諮商，此時可以實施效標為基礎(*criterion-based*)的測驗，並加以解釋，另外作短期與長期的個別諮商。圖10-8中又顯示，由上而下，當事人本身的投入與投資(*investment*)愈高，由左而右各層次中，諮商員的投入也愈高。

　　㈡生涯評估

　　生涯教育的另一項重點是要提供學生評估自己與各種生涯發展的可能性，以便充分了解自己。生涯評估主要有利用標準化測驗與非標準化測驗兩種方式。

　　標準化的生涯測驗是指經由客觀與標準化程序編製而成，並有信度、效度及常模資料的測驗，目前國內已發展甚多的職業測驗量表，學校輔導教師可充分利用，其實施的原則亦如同智力測驗施測的要項（參閱本書第六章）。

　　表10－12係國內主要的職業興趣量表摘要表（見次頁）。

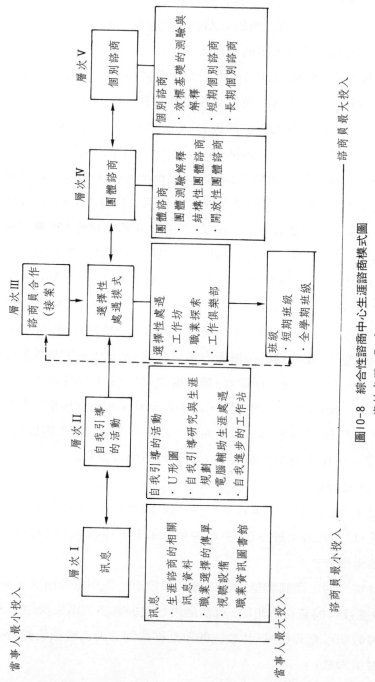

圖10-8　綜合性諮商中心生涯諮商模式圖

資料來源：Spokane, 1991, p. 19.

表10-12 國內主要職業測驗量表摘要表

測驗名稱	編製者	適用範圍	測驗時間	內 容	出 版
東海大學職業興趣量表	唐守謙	國中以上至成人	40～50分鐘	分男、女職業興趣項目	中國行為科學社
修訂白氏職業興趣量表	程法泌修訂	國中、高中、大專	約30分鐘	共140項目,有七種職業興趣範圍:行政及商業、機械、自由職業、藝術、科學、農業、個人服務。	中國行為科學社
蓋氏圖畫式興趣測驗	路君約、盧欽銘修訂	國一至高一	10～20分鐘	分男女兩種	中國行為科學社
司闕職業興趣測驗	朱秉欣修訂	15-45歲	不限時間	共325題,分屬七大類	徐匯中學
修訂庫德職業興趣量表	黃堅厚、路君約修訂	國中、高中	約一小時	共164組題目:有十種興趣範圍:戶外、機械、計算、科學、宣傳、藝術、文學、音樂、社會、服務、文書	師大教育心理系
職業興趣測驗	師大教育研究所	國中	約30分鐘	共150題,有七種興趣範圍:自由業、商業、個人服務、科學、機械、藝術、農業	師大教育研究所
大專科系興趣量表	劉兆明、余德慧	高中	每組約50分鐘	分甲、乙、丙、丁四組	臺北市「張老師」
青年職業興趣測驗	盧欽銘、陳淑美、王淑賢	大專	約40分鐘	100題測驗題,可測驗二十二種職業組型。	行政院青輔會
史氏職業興趣調查表	張肖松、路君約	大學生及成人	約40分鐘	共有399題,分為八部分。	台大心理系
正昇職業興趣量表	黃國彥	國中及職校	約40分鐘	分三個層面:興趣領域(社會、自然、機械、實業、藝術、研究)、興趣類型(言語、技能、計算)、興趣水準(國中、職校)。	正昇教育科學社
職業興趣問卷	吳武典、洪若烈	國小四以上	約30分鐘	共118題,分六種興趣:實用性、研究性、藝術性、社會性、企業性、日常性。	師大特殊教育中心

資料來源:郭生玉,民74,第549-550頁。

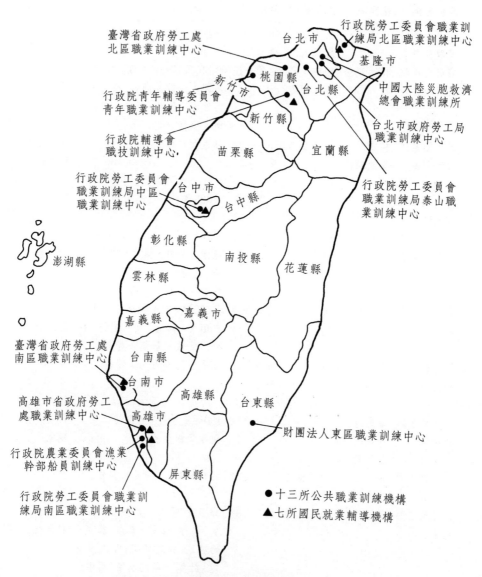

圖10-9　台灣地區公共職訓機構分佈圖

資料來源：羅文基、朱湘吉、陳如山，民80，第209頁。

　　至於非標準化的職業評量方式，可以利用觀察法、軼式法、父母約談法、同儕評估法、或利用問卷等方式多方評量學生生涯發展的各種可能性，並進而協助學生了解自己。

　　值得注意的是，學生的生涯發展並非孤立的事件，是學生智力、性向、人格、成就、家庭環境與社會需求的綜合性課題，在評量學生生涯發展時仍應兼顧學生各相關層面的評估，方不致於見樹不見林。

(三)諮詢、資源提供與聯絡

　　學校輔導教師傳統上在提供學生生涯資訊上，頗有成效，如視聽媒體的介紹、電腦輔助生涯輔導、就業資料的蒐集與提供等。但在生涯輔導工作上，輔導教師可再扮演更積極的角色，能成為學校教職員工、學生家長及學生的資源人（*resource person*），並且能成為被諮詢者與顧問，使學生能充分掌握各種教育與訓練的機會。

　　此外，目前在生涯輔導工作上亦更期望輔導教師能成為校內外機構與人員的聯絡者，尤其要與各就業輔導與訓練機構，以及僱主聯絡，協助學生充分利用各種資源。圖10-9係我國公共職訓機構分布圖，各相關單位即是輔導教師應密切接觸與聯繫者，除此之外，輔導教師也應協助學生認識與利用這些機構的資源。

　　此外，輔導教師亦應多與寺廟、教會、獅子會、扶輪社、YMCA、救國團等相關社區機構聯絡，必要時可以請求他們協助參與生涯教育方案。

參、青少年的就業安置

　　近年來國中階段畢業學生多數以升學為主，從民國七十六年之後，國中畢業學生就業人數就逐年減少。以民國85年為例，台灣省國中生畢業後繼續升學者，升學率高達90.70％。

　　七十九學年國中生畢業後，既未升學又未就業（含正受職訓）者共計13,057人，占國中畢業生總數4.44％，男生7,895人，占國中畢業男

表 10-13　青少年勞工尋找現職的方式　　　　　　　　　單位：%

項目別	透過就業市場訊息網獲得工作之比例	獲得工作方法比例										
		總計	正式途徑							非正式途徑		
			小計	公立就業輔導機構介紹	學校就業輔導室機構介紹	私人就業輔導機構介紹	工會介紹	經由政府考試任用或派用	刊登求職廣告或應徵	小計	親友介紹	其他
80年	64.2	100.0	42.9	1.4	0.9	0.4	0.4	9.7	30.1	57.0	55.7	1.3
81年	64.6	100.0	43.3	1.9	1.0	0.6	0.4	9.8	29.6	56.7	55.6	1.1
82年	65.3	100.0	44.0	1.6	0.9	0.4	0.4	10.4	30.3	56.0	54.4	1.6
83年	65.2	100.0	43.3	1.1	1.0	0.2	0.4	9.2	31.4	56.7	55.7	1.0
84年	65.8	100.0	45.5	1.0	0.9	0.2	0.6	9.0	33.8	54.5	53.6	0.9
85年	65.0	100.0	45.8	0.9	0.9	0.4	0.2	9.5	33.8	54.2	53.1	1.1

資料來源：青少年白皮書，86 版，第 152 頁。

生總數5.30%，女生5,162人，占國中畢業女生總數3.56%，可見國中畢業生未升學與未就業者人數不少，值得正視。國中畢業生未升學亦未就業者根據調查，其原因為參加補習或在家自修者最多計10,372人，占未升學未就業者之比率為79.44%，男生6,116人，占未升學未就業畢業男生之比率為77.47%，女生4,256人，占未升學未就業畢業女生之比率為82.45%；其次為需要工作而未找到工作者918人，占未升學未就業者之比率為7.03%，男生595人，占未升學未就業男生之比率為7.54%，女生323人，占未升學未就業女生之比率為6.26%；正在接受職業訓練

者居第三爲629人，占未升學未就業者之比率爲4.82%，男生554人，占未升學未就業畢業男生之比率爲7.02%，女生75人，占未升學未就業畢業女生之比率爲1.45%；而以準備出國者最少爲47人，占未升學未就業者之比率爲0.36%，男生22人，占未升學未就業畢業男生之比率爲0.28%，女生25人，占未升學未就業畢業女生之比率爲0.48%。

由於青少年未升學且未就業者容易使青少年游手好閒，滋生社會問題，故學校應加強追蹤，並與就業訓練單位密切合作，儘量鼓勵這些青少年參加職業訓練，並參加延教班等在職進修教育。

根據八十六年版之「青少年白皮書」（行政院青輔會，民87）資料顯示，青少年勞工尋找工作以託親友介紹者居多，占53.1%，其次是應徵求職廣告，占33.8%。可見青少年勞工求職仍以師長引介者居多，而透過廣告進行求職有逐年增增多的趨勢（如表10－13）。

特別值得注意的是年輕或教育程度較低者應用介紹方式而就業之比率較高，反之年紀較大或教育程度較高者應徵廣告招貼而就業比率較高。此外，參加政府考試分發者占9.5%，學校就業輔導室介紹0.9%，政府就業輔導機構占0.9%，向民間職業介紹所求職0.4%，工會介紹0.2%及其他1.1%等。尤其國中及國中以下的青少年近七成是託親友及師長介紹工作，其次近三成是應徵廣告與招貼而謀職。其餘各類就業途徑極少被應用。由於青少年有33.8%係由應徵廣告及招貼而謀職，故在就業輔導上協助青少年辨識廣告眞僞，以避免爲不實廣告所欺騙，甚至掉入陷阱。國內常見賭博性電動玩具店與色情場所刊登高薪求人廣告，特別值得青少年謀職時的小心。

青少年的就業安置與追蹤輔導關係整個生涯教育方案成功與否，需要青少年的父母與師長多費心與關心。吉布生與米契爾（*Gibson & Mitchell*, 1995）曾指出，這一代的青少年是屬於「電視世代」（*TV generation*），往往對於生涯機會有不切實際的期望，同時也過於以本位立場看待生涯工作，故青少年就業前的諮商與輔導是極爲必要的。

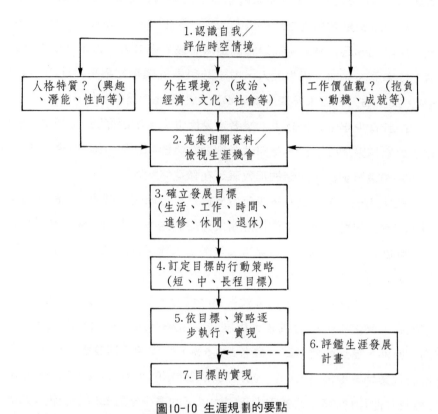

圖10-10　生涯規劃的要點

資料來源：張濤洲，民81，第47頁。

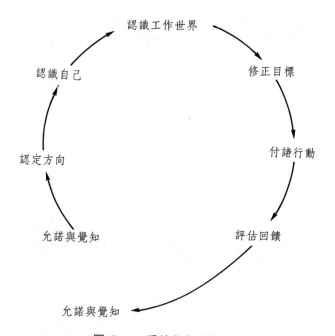

圖10-11 系統化生涯規劃法

資料來源：羅文基、朱湘吉、陳如山，民80，第30頁。

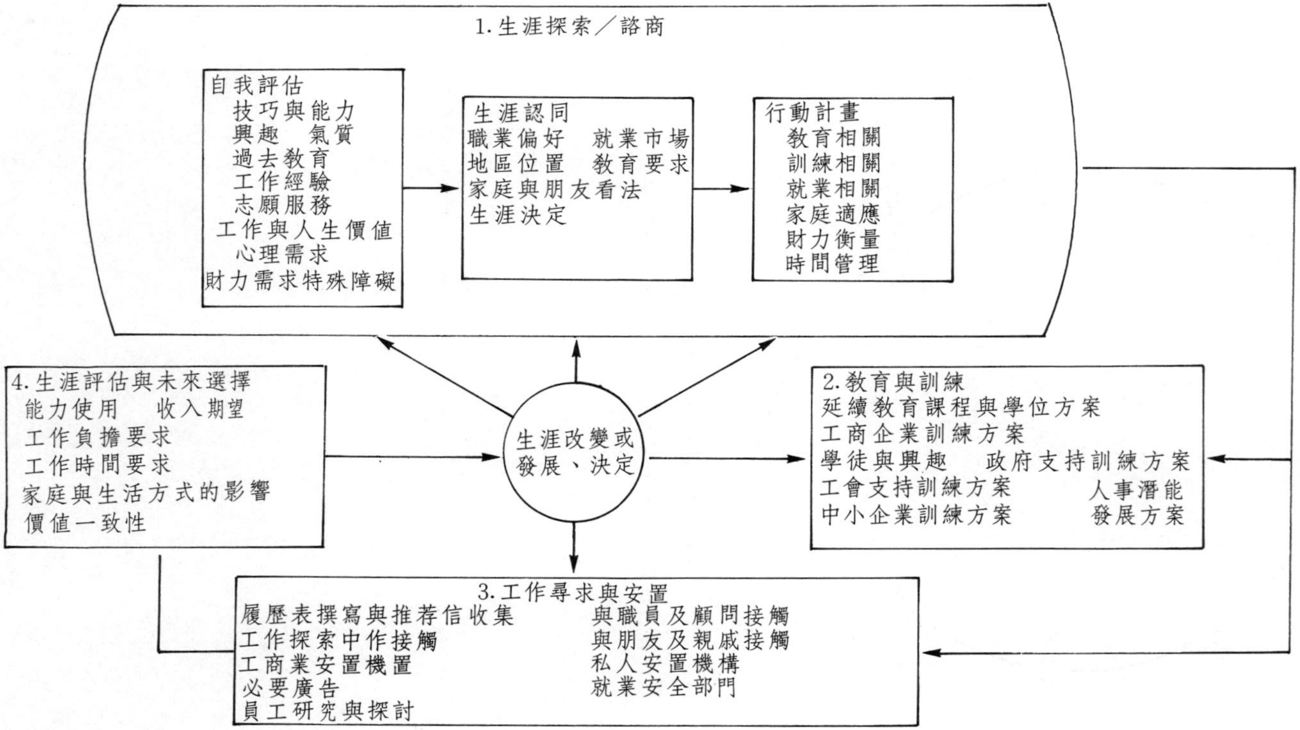

圖10-12　生涯改變模式

資料來源：Ferrini & Parker, 1987, p. 10.

肆、青少年的生涯規劃

　　儘管目前青少年多數想升學，但並不表示青少年的生涯規劃即不需要。由於生涯發展是終生與連續發展的歷程，故於青少年時期作適當的生涯探索與生涯規畫乃極為必要。青少年生涯規畫的重點有：

　　㈠**自我認識**：了解個人的潛能、智力、興趣、性向與人格特質，並經由適當測驗與生涯諮商而加深自我了解程度。

　　㈡**認識工作世界**：對工作發展前景、就業與職業訓練資源，以及工作機會都能有深刻的體認。

　　㈢**確認自我的工作價值觀**：能認識工作與職業對個人發展的重要，並且了解自我的價值體系，且在專業人員輔導下，形成較正確且符合社會主流價值體系的生涯觀念。

　　㈣**評估環境因素**：對現階段政治、經濟、勞動條件、社會與文化因素能有較深入的了解。圖10-10係青少年生涯規劃可資參考的要點。

　　除此之外，也可利用圖10-11的系統化生涯規劃方法，經由覺知與允諾、認定方向、認識自己、認識工作世界、修正目標、付諸行動、評估回饋，再回到覺知與允諾的階段，使自己能作好前程發展的準備。

　　青少年的生涯規劃並非終極的設定，而是試驗性、有彈性、主動性與持續性的自我生涯發展的歷程，對學校教育與輔導人員而言，在協助青少年的生涯發展過程中，仍以生涯探索與諮商、教育與訓練、工作尋求與安置、生涯評估與未來選擇四大項輔導任務為主要。以圖10-12而言，青少年的中心是生涯轉變或發展與決定，生涯輔導人員即在於協助青少年評估自我的各種條件，再進而對生涯認同與作生涯決定，其次訂立行動計畫，包括教育、訓練、就業、家庭適應、財力衡量、時間管理等計畫。在教育訓練方面則認識或參與工商企業、政府與私人的各項訓練方案。在工作尋求與安置方面，除增強各種就業能力之外，並能與相關人員接觸，甚至獲得廣告資訊亦為重要項目。生涯評估與未來的選擇

則是對能力、工作負擔、家庭及價值等的評估。此種生涯模式以師生共同參與之方式進行最能獲得效果。

第四節　青少年休閒的發展與輔導

壹、休閒的意義與功能

前面曾述及休閒與工作同是人生之所必需，有工作無休閒將使人生貧乏而枯燥，有休閒無工作，將使人生內容空洞、無內涵。青少年的休閒活動就宛如兒童期的遊戲一般，也是青少年身心健全之所需。青少年多數仍在求學當中，讀書之餘的時間即可視同爲休閒時間。

隨著工商業的繁榮與進步，以及個人權利意識的高漲，一般人工作時間日益縮短；相對地，個人閒暇時間日漸增多，如何利用「非工作的時間」（*non-work time*）乃日益受到關注，「休閒」（*leisure*）的概念也隨之而起。

所謂「休閒」係指個人工餘或下班之後的個人自由時間（*free time*），個人可以利用此一時間來達到放鬆、消遣（*diversion*）、社會成就、或個人發展的目的。在早期，工餘時間的利用被認爲只有娛樂（*recreation*）或放鬆（*relaxation*）的作用而已。由於甚多人不了解休閒的眞正意義，也不知如何有效利用休閒時間，因此，工時縮短之後反而帶給甚多人困惑、不安或迷惘，甚至有些人在工餘參加了不當的休閒活動，反而產生負面作用，降低了工作效率，並對身心造成傷害。輔導專業工作者有鑑於此，乃積極介入，冀望經由諮商與輔導，協助個人探索自己與有效利用休閒時間，進而促進個人身心與工作的發展，並發揮潛能。

在1950年代，職業諮商（*vocational counseling*）與娛樂諮商（*recreational counseling*）的助人專業工作即開始關心此一課題。在1960年代以後，由

於北美洲的經濟高度發展，因而帶動了娛樂事業的勃興，體育、教育、娛樂事業，甚至公園管理等人員與單位開始引導大眾如何有效進行休閒活動，過去以體育或運動爲主的休閒方式也有了極大的改變，休閒活動與設施乃呈現多樣化與複雜性。一些大學也開始開設休閒輔導相關課程，對休閒方式及內涵的擴充有甚大的貢獻。在1970年代開始有休閒輔導的專書與論文出版。休閒輔導隨之在學校、公司、工廠、福利機構、復健中心、醫院中推展開來。電視、報紙、雜誌等大眾媒體也日益重視休閒活動方式與休閒輔導，不斷有專欄或專題引介。1970年代以後由於婦女運動興趣，加上老人問題日漸受注意，休閒輔導的對象又隨之擴展，近年來，由於青少年偏差行爲與犯罪問題日趨嚴重，青少年的休閒輔導乃成爲極受關注的課題（Bloand 1987; Edwards & Blolarna, 1980; Loesch, 1981）。

　　布洛南（Bloland，1987）指出，休閒活動具有六大功能：㈠帶給個人快樂，可以無冒險地進行社會實驗（social experimentation）與認知（recognition）；㈡增進身體健康與增加生活的多樣性；㈢增加個人的自由感（sense of freedom）、體驗各種生活目標，並對角色楷模進行認同；㈣發展人際關係與建立友誼；㈤娛樂與鬆弛；㈥經由需求的滿足而平衡人生。其他的相關研究學者亦有類似的觀點（Bammel & Bammel，1996），基本上認爲休閒活動具有鬆弛、娛樂及人格發展等主要功能。至於休閒諮商（leisure counseling）或輔導即經由會談、評估、分析與轉介的方式，利用個別或團體的方法，協助個人了解自己、探索休閒活動方式、蒐集休閒資訊，以選擇最適宜個人的休閒活動，並有效的利用休閒時間，以增強個人能力、增進自主性、澄清目的、發展人際關係、建立統整感（establishing identity），並促進生涯發展（Bloland，1984；Edward & Bloland，1980）。休閒輔導的目的亦即在於減少不當的休閒活動（default leisure activities），而增加有效休閒活動（effective leisure activities）的次數（黃德祥，民80b）。

　　對青少年而言，由於仍處於學習階段，如果學生踴躍的參與正當的
休閒活動，對於學生亦具有下列的功能：

　　㈠使學生有機會體驗成就與能力；

　　㈡促進創造力與自我表達；

　　㈢使學生自我成長與自我界定；

　　㈣使學生自我實現與發現個人的人生意義；

　　㈤發展個人特質與人格；

　　㈥發展人際與社會技巧；

　　㈦達到或維持心理健康；

　　㈧促進學業進步（ *Bloland*, 1987 ； *Dowd*, 1982 ）。

　　如果以工作的觀點來看，學生的課業學習與讀書即是他們的工作，
工作之餘的休閒活動可能更能使學生的生活獲得平衡與調適，並且能豐
富學校生活的內涵，促進個人生理、心理或社會等方面的健康。

　　Bammel & Bammel（ 1996 ）認為休閒有三個主要功能：㈠鬆弛；㈡娛
樂；㈢人格發展。

　　魏特與比修普（ *Witt & Bishop*, 1970 ）甚早就將休閒的功能歸為四大
類：

　　㈠傾洩作用（ *catharsis* ）：在活動中可以充分宣洩個人的情緒障
礙，如挫折、恐懼等；

　　㈡鬆弛作用（ *relaxation* ）：在活動中可以恢復個人能源，並且放鬆
自己，使內心達到平靜狀態；

　　㈢補償作用（ *compensation* ）：可以讓個人在休閒活動中補償生活中
的缺陷或不足；

　　㈣工作類化（ *task generalization* ）：使個人在休閒活動中所獲得的特
定或人際技能應用到類似的人生情境中，使個人獲到喜悅與滿足。

　　由此可見，休閒活動的功能更與近代重要諮商與心理治療的目標相
似，對學生輔導工作而言，學生休閒活動的參與，除可消極的減少問題
的產生之外，並且積極的促進成長與發展，兼具治療、預防與發展的功

能，而與學生輔導工作的目標不謀而合了（黃德祥，民81*a*）。

貳、青少年的休閒問題

如前所述，青少年是由兒童期過渡到成人期的橋樑階段，有愈來愈多的學者將青少年期視爲人生的關鍵期。在此時期，青少年的生理、性器官、智能、情緒、道德與社會發展都有著極大的質與量的改變，此一時期的發展良窳關係一生的幸福與適應。不過，現行的學校教育無法完全使青少年的各項發展任務均衡發展，學校教育充其量只對青少年的智能發展貢獻較大，唯有在休閒活動中，青少年才能多方面體驗人生與探索自己的樂趣，進而完成各項發展任務。

青少年休閒活動具有下列的積極功能：㈠允許青少年從事安全地試驗（*safe experimentation*）：青少年在休閒活動中自由地探索與試驗各種新的行爲，不必擔心受批判與懲罰，進而獲得情緒上的獨立；㈡提供角色演練（*role－playing*）的機會：在休閒活動中的人際關係較爲自在與安全，使青少年能體會自己的角色任務，並適當的表現應有的角色行爲；㈢學習負責任的社會行爲：青少年時常不被授權與信任，較少機會學習如何負起個人的社會責任。在休閒生活中，青少年常需對自己負責，有助於良好社會行爲發展，並且把休閒活動中所學到的良好社會行爲類化到其他情境中；㈣促進認知發展：學校雖重視青少年的智能學習，但常常過於褊狹，反而限制青少年的認知發展，多數休閒活動具有益智功能，可以擴展青少年的智能水準；㈤取代遊戲在兒童期的地位，促進身心各方面發展：青少年時期往往不再喜歡兒童期的遊戲，休閒活動正可取代遊戲，促進身心各方面發展。較少休閒活動的青少年常會顯得無聊、孤獨與呆滯，容易造成身體障礙或產生偏差行爲（*Bloland*，1987；*Bammel & Bammel*，1996）。

近年來，世界各國均普受青少年問題的困擾，像青少年犯罪、酗酒、藥物濫用、吸毒、不當性行爲、不當社會行爲、自殺等事件層出不

窮。以國內而言，近十年來，各地方法院審理青少年觸犯刑罰法令的青少年人數每年均在一萬人以上，自71年起，且呈現逐年增加的趨勢（81～83年曾下降），情況令人憂心。近年來吸食安非他命的青少年也日漸增多，普遍引起各方的注意。為何正值青春年華的青少年會走上歧途，對個人及國家社會造成傷害？其可能原因固然與家庭、社會與學校教育不當有關，但青少年無適當的休閒生活、休閒場地缺乏與進入不當場所等可能亦關係密切。

　　根據行政院青輔會（民87）所辦理之青少年休閒活動狀況調查結果顯示，國內青少年從事的休閒活動以球類、看電影、聽錄音帶（或CD）為主；若按性別區分，男孩最喜歡之休閒活動為球類、電視遊樂器、撞球，女孩則是聽錄音帶（或CD）、看電視、逛街（或夜市）等。我國目前青少年休閒型態多偏向於靜態活動，應與缺乏休閒場所有關。依據青少年狀況調查結果，青少年希望政府優先提供之福利措施中，以增設休閒活動場所占30.24%居首，其次希望多舉辦夏令營或冬令營等活動。因此，為避免青少年由於假日無處可去，而走向一些不正當之休閒場所進行活動，增設休閒活動場所，多舉辦假日與寒暑假之育樂活動，以引導青少年從事正當休閒，實有其必要。

　　不過不只青少年休閒活動的範圍狹窄，一般國民的休閒活動亦乎如此。另一項調查即發現，國人的自家內休閒活動為「看電視或錄影帶」，所占比率高達77.02%，亦即有四分之三以上之國民以看電視為最大消遣；自家外休閒活動方面，則以「拜會親友鄰居、應酬」居首，以此為最主要休閒活動之國人超過三分之一，可見傳統之酬酢與交際應酬活動，仍為大部分國人精神生活之重心，此現象以南部及東部地區居民尤為明顯（行政院主計處，民80；民81）。

　　國人從事自家休閒活動之場所，以在「自家周圍」之情形最多，比率占二成以上；其次為在「別人家」，比率超過二成，此與國人最主要之活動為「拜會親友鄰居與應酬」有關。休閒頻率方面，由於休閒活動之安排多為隨心所欲，故僅有三成左右國民進行有規律或連續性自家外休閒活

動，其每週從事之時間，平均為5.22小時。同時，有86.87％之國人係與同伴共同進行自家外休閒活動，其中尤以家人與親屬為主要同伴。

國人最期望建設之休閒設施為「社區公園」，共有44.66％國人持此看法；其次為興建「運動場所」與「活動中心」，顯示國人最迫切之休閒需求為住家附近之活動場所與綠地；此外，由於資訊之日新月異，致國人亦最期望興建「圖書館」，排名高居第四（宋欽增，民81）。

國內青少年休閒活動目前最為嚴重的問題是極多青少年沉迷於電動玩具店或迷戀電視遊樂器。電動玩具與電視遊樂器由於具有強烈的聲光之娛，並有刺激與冒險的情境設計，頗能滿足青少年的刺激尋求心理，部分電玩且有動作、角色扮演（ RPG ）等設計，因此青少年極為風靡。在日本的青少年更經常為即將推出的電視遊戲軟體而漏夜排隊，發行電玩的任天堂與 SEGA 公司目前皆成為國際知名的企業。

青少年過分沉迷於電動玩具或電視遊樂器上，有下列不良影響：㈠減少讀書時間；㈡減少人際溝通機會；㈢過度耗用金錢；㈣容易於電動玩具店受到不良誘惑；㈤對個人視力有所損害。不過一味禁絕青少年玩電玩與電視遊樂器並非正途，以其它較富刺激、冒險性、有意義的活動引導青少年的興趣嗜好才能協助青少年正常發展。

除了電動玩具與電視遊樂器之外，目前青少年亦花太多時間於一般電視的收看上，根據黃德祥（民78）的調查，國內中小學生平均每天看電視的時間達2.7079小時（約2小時42分鐘），因此對青少年之發展並非有利。

兒童與青少年花在看電視的時間上的多寡，與其社會能力發展關係密切。由於電視頗具聲光之娛，對兒童與青少年之吸引力相當高。儘管電視節目有益智與娛樂效果，但卻會妨害人際間的互動，因為在看電視時，人只是在電視機前被動接受訊息而已，而且由於精神只專注於電視上，不利於社會發展所需的人際間交互往來。

目前有一些研究發現，孤獨或社會能力較差的兒童與青少年花在看電視上的時間大於受他人歡迎與社會能力較好的兒童與青少年（黃

德祥，民78）。

參、青少年的休閒輔導與諮商

休閒輔導（leisure guidance）或休閒諮商（leisure counseling）乃是因應大眾休閒生活之需要，利用諮商與輔導的原理原則，協助個人認知休閒資源與訊息，增加休閒知識與技巧，解決休閒生活相關問題，進而協助個人豐富生活內涵，促進自我實現的新興助人專業工作。「休閒輔導」與「休閒諮商」兩個名詞近年來也被交互使用，甚至「休閒諮商」的普遍性高於「休閒輔導」，其情況亦如同在助人專業上「諮商」與「輔導」之關係。但是休閒諮商與輔導在助人專業中的發展，遠慢於職業諮商與輔導或其它特殊諮商與輔導領域。不過基本上，休閒諮商與輔導是在1970年代才興起，配合大眾在此方面的需求日益殷切，而逐漸受到重視。在學生輔導工作上，休閒諮商與輔導受關切的程度亦遠低於情感與學業的諮商與輔導，其主要原因有四方面：

㈠學校行政單位並未充分體認此項輔導工作的重要性，在校園中，學生的學習問題常被置於首位；

㈡學生在課餘常以休息或電視機、收音機為主要娛樂工具，無太多心力關注個人的休閒生活規劃；

㈢家長亦不鼓勵子女在校園中花太多時間在休閒活動上；

㈣諮商與輔導專業人員亦尚不充分體會休閒諮商與輔導的理論與技術，在此方面的專業知能尚待加強。

不過可喜的是，隨著社會日益進步，教育設施日漸充實，上述的情況在明顯的改進當中。

羅艾斯齊（Loesch, 1981）曾提出青少年休閒輔導的三層面模式與四個步驟，值得參考使用。

㈠情感層面（Affective Dimensions）：在青少年諮商與輔導時，應注意青少年個人參與休閒活動之動機的解析與瞭解，在整個諮商過程中，也須不斷地觸及情感領域，因為青少年無法充分地了解個人的情

感。在此情感層面的探索上應注意青少年的六個情感因素：1.感情：青少年對休閒活動的概念與參與休閒活動的情緒反應；2.態度：青少年對於休閒活動的角色與功能，以及各種休閒活動的意見；3.價值：青少年對休閒活動的重要性與參與休閒活動的信念；4.期望：對參與各種休閒活動之益處的知覺；5.興趣：辨識有助益個人滿足的休閒活動；6.個人特質：參與適宜休閒活動的個人屬性。

(二)行為層面(Behavioral Dimensions)：在青少年休閒諮商的第二個層面則注重探索青少年的休閒行為取向，如此方能設定諮商輔導的目標，協助青少年參與有效的休閒活動。在此層面中涉及四種行為因素：1.生理：探討青少年目前與預期行為的相關體能狀況；2.個人：青少年獨自一人時的目前與預期行為特性；3.社會：青少年與他人在一起的目前與預期行為表現；4.環境：青少年參與休閒活動的行為環境因素。

(三)認知層面(Cognitive Dimensions)：青少年休閒諮商上尤其要注重認知層面相關因素，青少年的心理能力探索有助於青少年在休閒活動中獲得心智成長。在認知層面上涵蓋了五個相關因素：1.智力：青少年參與各種休閒活動的一般心理功能水準；2.性向：青少年參與休閒活動的特殊心理能力；3.成就：參與休閒活動的過去、現在的相關成就，或未來潛能；4.思考過程：參與休閒活動的資訊獲取過程與作決定的特質類型；5.知識：青少年參與休閒活動的個人所擁有的資訊。

由上述模式中亦可發現，青少年休閒諮商所涉及的層面因素相當廣泛，幾乎與職業或教育諮商相當。羅艾斯齊又提出青少年休閒諮商的四個步驟，可視為青少年休閒諮商的過程：(一)聚會(joining)：輔導員與青少年建立投契的關係；(二)探索(exploration)：將前述休閒輔導的三層面模式用在個別當事人身上，在此階段中的諮商相關活動有評估、進行試驗、教導性活動與自我評鑑等；(三)行動(action)：當事人開始嘗試性地參與各種休閒活動、獲取資訊、或演練作決定的技巧。在此階段中尤其要注重參與休閒活動的自我察覺與自我評估；(四)結束(termina-

tion)：將前面的相關資訊與領悟加以統合，並引導當事人去選擇有效的休閒活動、表現適宜的休閒行為，隨之結束諮商。但前述三個諮商步驟仍可依個案需要加以重複。

另休閒諮商可以採用職業諮商相關的方法與技術，例如，生涯諮商、價值澄清法、肯定訓練、時間管理、決策系統等技術都可以加以使用。此外，休閒諮商也可以經由個別諮商、團體諮商、多元諮商、工作坊、研討會等方式進行。各級學校、休閒與社會福利機構、復健機構、工商企業、甚至監獄與醫院都可以推廣使用。學校是青少年長期學習的場所，對青少年的休閒生活最具決定性作用（黃德祥，民80b；民81a）。

汀斯理夫婦(*Tinsley & Tinsley, 1981*)也曾依休閒活動的關係類型和目標，提出如圖10-13的模式。

由圖10-13可見，休閒諮商的目標主要在於個人成長與休閒活動的選擇，依諮商關係而言，可以對當事人提供資訊或進行諮商。為達成有效的休閒諮商效果，可以使用休閒教育、休閒輔導、休閒諮商與休閒決策四個模式進行。休閒教育與一般教育結合，休閒輔導著重資訊提供與蒐集，休閒諮商則與羅艾斯齊(*Loesch, 1981*)的方法相似，以個人內在的探索與學習為主，休閒決策模式則側重休閒選擇能力的增強與作決定。汀斯理夫婦更指出，休閒諮商應注意下列的問題，這在青少年諮商上亦頗具重要性：㈠休閒的性質何在？㈡有那些適合個人的諮商目標？㈢達成諮商目標的心理過程有那些？㈣應使用那些諮商技術以影響心理歷程，達到預期的目標？

總之，青少年由於身心急速發展，需要家庭、社會與輔導專業人員寄以最大的關切。青少年休閒輔導的目的即在於使青少年深層了解自己、獲得休閒資訊、增加參與休閒活動的能力與技巧、並選擇有效的休閒方式、妥善利用休閒時間，進而達到生理、心理與社會各方面的均衡發展，完成各項發展任務。前述的青少年休閒諮商方法與模式即可做為國內推展青少年休閒輔導的指引。

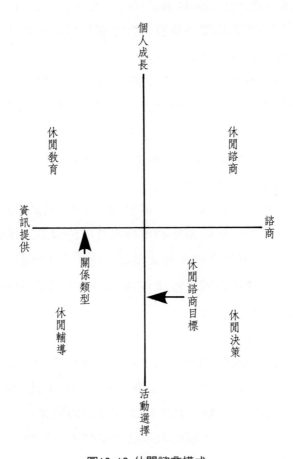

圖10-13 休閒諮商模式
資料來源：Tinsley & Tinsley,1981, p. 46.

可惜國內青少年由於受到升學主義的影響日夜讀書（或工作），並沒有充分的休閒調適，也未接受適當的休閒諮商，因此在個人身心適應上都受到影響，人生潛能的充分開發也受到限制。事實上，休閒輔導的目的也在於促進個人「豐富人生」(enriched lives)與「自我實現」(self actualization)的達成。依國內現況而言，推展青少年休閒輔導工作尚需有下列各方面的配合措施。

㈠觀念的溝通與調整

　　國外在推展青少年休閒輔導工作時，也曾有來自家長與學校教師的阻力。不少家長與教師認為進行休閒活動只是在浪費時間而已，有些家長更認為休閒活動也會浪費金錢。這些都是青少年休閒輔導的阻力。國內青少年升學壓力太大，家長與教師誤解休閒活動的功能者恐不在少數，因此觀念的溝通與調整頗為重要。學校可利用家長會或家長團體，溝通正確的青少年休閒輔導觀念，學校亦可多方面推展課外活動，使教師與學生共同參與，進而了解課餘休閒的重要性。

㈡取締或規範不當休閒場所

　　青少年由於身心尚未成熟，仍需要加以保護，這是世界各國的共同作法。但國內不當場所如賭博性的電動玩具與色情場所到處林立，容易使青少年迷失。先進國家採疏導與限區圍堵的方法規範不適宜青少年的休閒場所，其作法值得國內效法，否則青少年休閒輔導的效果易被抵銷。

㈢加強休閒教育

　　對休閒活動的正確認知、增加休閒的技能，可以在一般教育活動中進行培養，如音樂、體育、美術、工藝等課程都與休閒能力的提昇有關。唯有正常的休閒教育，才能使休閒輔導有發展的空間。國內中小學休閒教育相關課程常被挪用，相關任課教師的素質不一等現象，都有待教育行政主管的努力改善。

㈣增強輔導專業人員的休閒輔導能力

　　國內學生輔導工作近年來蓬勃發展，輔導專業人員的素質亦不斷提昇。但休閒輔導與技術仍未受到專業教育機構與實務工作者的充分重視，相關研究、研討會、專論仍為數甚少，有待輔導工作同仁共同努力。

㈤增設青少年休閒場所，並增加青少年適宜的休閒活動

　　國內兒童適宜的遊戲場所日漸增多，但青少年適合的場所仍為數不多。青少年是人生刺激尋求最高的階段，青少年需要有一些可以滿足新奇、冒險、富挑戰性而刺激性需求的活動，可惜青少年專屬的場地與

活動仍然不足，有待努力。黃德祥（民79b）曾研究發現，參與不當的
活動類型是青少年犯罪的主要原因，因此，增設青少年休閒場所，並推
展有益青少年滿足心理需求，又不對社會產生危害的各項休閒活動，政
府教育與社會單位對此應扮演更積極的角色。

㈥青少年矯治機構也應重視休閒輔導

由於不當的休閒活動方式容易產生偏差行為，並導致犯罪，因此在
青少年矯治機構如少年法庭、輔育院、少年監獄，以及社會輔導機構，
應特別注意青少年的休閒諮商與輔導，培養青少年正當休閒的能力與
技巧，方能有效協助重新適應新的生活，不致再犯（黃德祥，民79b；
民80b）。

本章提要

1. 青少年發展階段，個人面臨下列的工作與職業生涯發展上的課題：⑴需要培養
   工作知能；⑵需要作生涯探索；⑶嘗試作生涯規畫；⑷建立生涯價值觀。

2. 青少年生涯發展的理論頗多，主要可以歸納為：⑴社會理論；⑵發展理論；⑶
   特質因素理論；與⑷動機理論。

3. 青少年生涯發展社會理論以社會學理論為基礎，認為青少年的生涯發展受到環
   境中的社會體制所影響。舒波與巴西瑞奇認為個人的生涯發展受到下列各社會
   體制的影響：⑴家庭、學校與教會；⑵同儕關係、鄰居、種族團體；⑶地理區
   域、社會階層、種族背景；⑷文化中的自由企業、價值觀念與道德規範。

4. 生涯發展理論雖然也承認社會因素的作用，但更強調發展特徵與生涯轉折的探
   討。發展理論主要的學者有金滋伯等人、哈維葛斯特與舒波等，皆有其發展的
   階段理論。

5. 特質因素理論認為職業與人格密切關聯，人格類型是職業選擇的基礎，個人的
   職業選擇與人格類型必須切合。荷倫德認為芸芸眾生以歸納成六種類型：⑴實
   際型；⑵智慧型；⑶社會型；⑷傳統型；⑸企業型；⑹藝術型。另外荷倫德也
   將環境模式歸納成同樣的六個類型。

6. 動機理論學者相信，內在與外在動機與需求，直接影響個人的職業抉擇。動機

理論主要的代表人物是馬斯洛，其建立的心理需求階層備受推崇。

7. 影響青少年生涯發展的主要因素，包括：(1)父母；(2)同儕；(3)學校；(4)社會；(5)文化；(6)工作機會；與(7)個人特質因素等。其中父母影響青少年生涯發展的途徑主要有下列五項：(1)繼承；(2)幼年生活的影響；(3)學徒訓練；(4)父母的角色楷模；(5)父母的要求與限制；(6)間接影響。個人特質因素則以(1)智力；(2)成就；(3)興趣；(4)人格等的作用較大。

8. 對多數在學青少年而言，半時的工作是獲得工作經驗的主要來源，但打工是利弊互見的，故應從下列方向減少打工給青少年所帶來的害處：(1)學校與工商企業合作；(2)協助青少年降低工作壓力與調適壓力，尤其要留意青少年的行為反應；(3)減少青少年的打工時間。

9. 青少年甚多未升學者，可能立即面臨就業的問題，但青少年初次找工作者有過半數未能進入工作世界中而形成失業，可見青少年初次謀職頗有困難，也顯示青少年並不受就業市場的歡迎與接納。其可能原因有：(1)職業觀念影響；(2)待遇偏低；(3)缺乏技術；(4)兵役問題；(5)地區失衡。

10. 生涯教育的目的是提供有計畫的教育經驗，以增進青少年的生涯發展與為未來的生涯作準備。以學生的生涯教育來看，由幼稚園至高中畢業，生涯教育的重點與要素包含了八大項目：(1)自我覺察；(2)教育覺察；(3)生涯覺察；(4)經濟覺察；(5)作決定；(6)起始的能力；(7)就業能力技巧；(8)態度與鑑賞。

11. 生涯教育的功能與結果，相對於生涯教育的重點與要素也有八項，分別是：(1)自我辨識與認定；(2)教育的認定；(3)生涯認定；(4)經驗的了解；(5)生涯決定；(6)就業技巧；(7)生涯安置；(8)自我與社會滿足。

12. 學校諮商員或輔導教師是屬於推動青少年發展的主力角色，需發揮下列四個功能：(1)協調；(2)溝通；(3)諮詢；(4)連接。在具體方面，學校輔導教師可以直接為學生提供下列的服務：(1)生涯諮商：可區分成五個層次，分別是訊息、自我引導的活動、諮商員合作與選擇性處遇模式，以及團體與個別諮商等；(2)生涯評估：生涯評估主要有利用標準化測驗與非標準化測驗兩種方式；(3)諮詢、資源提供與聯絡。

13. 生涯發展是終生與連續發展的歷程，故於青少年時期作適當的生涯探索與生涯規劃乃極為必要。青少年生涯規劃的重點有：(1)自我認識；(2)認識工作世界；(3)確認自我的工作價值觀；(4)評估環境因素。

14. 對青少年而言，由於仍處於學習階段，如果學生踴躍的參與休閒活動，對於學生亦具有下列的功能：(1)使學生有機會體驗成就與能力；(2)促進創造力與自我表達；(3)使學生自我成長與自我界定；(4)使學生自我實現與發現個人的人生意義；(5)發展個人特質與人格；(6)發展人際與社會技巧；(7)達到或維持心理健康；(8)促進學業進步。

15. 青少年休閒活動具有下列的積極功能：(1)允許青少年從事安全地試驗；(2)提供角色演練；(3)學習負責任的社會行為；(4)促進認知發展；(5)取代遊戲在兒童期的地位，促進身心各方面發展。

16. 青少年休閒輔導的三層面模式為：(1)情感層面；(2)行為層面；(3)認知層面。青少年休閒諮商的四個步驟可視為與青少年建立投契關係的過程：(1)聚會；(2)探索；(3)行動；(4)結束。

17. 依國內現況而言，推展青少年休閒輔導工作尚需有下列各方面的配合措施：(1)觀念的溝通與調整；(2)取締或規範不當休閒場所；(3)加強休閒教育；(4)增強輔導專業人員的休閒輔導能力；(5)增設青少年休閒場所；(6)青少年矯治機構也應重視休閒輔導。

第十一章
家庭對青少年發展的影響

　　家庭與學校是青少年社會化的二個最重要場所，青少年各層面的發展幾乎都受到家庭的影響。家庭中的父母是青少年最重要的影響人物，父母的影響可能終其一生。學校對青少年的影響力隨著青少年就學年限的延長，也與日俱增。然而由於社會變遷與價值觀念的改變，家庭與學校對青少年的教化功能都面臨極大的挑戰。目前一般家庭的結構、親子關係都與農業社會有極大的不同。

　　本章將探討現代家庭的變遷及其對青少年的影響、親子關係、單親家庭青少年的問題與輔導，以及青少年的婚姻問題。學校教育問題則於下一章中探討。

第一節　現代家庭的變遷

壹、家庭的意義與功能

　　家庭是親子所結合而成的社會性群體。家庭基本上是二個人以上因血統、婚姻或收養關係而生活在一起的團體，主要目的在養育兒女與滿足人類的需求。對兒童與青少年而言，家庭是人格形成與發展的中心，家庭常負有教育兒童與青少年及傳遞文化的責任。家庭之所以成為個人社會化最重要的單位，是因為個人長時期生活在家庭之內，家庭成員間的親密互動關係是其他團體所無法取代的。這種親密的互動關係，就是個人社會化過程中最重要的作用力量。故家庭不僅是人類社會的基本初級團體，更是個人社會化的第一個單位。青少年在智能、性別角色、道德、人格、自我概念與生涯發展上都受家庭因素的影響。

　　家庭具有下列重要的功能：㈠生育的功能：家庭是生育子女、繁衍種族的地方，家庭最初形成的主要目的即在於生養子女。㈡情愛的功能：家庭成員間因為滿足情與愛的需求，而生活在一起。㈢經濟的功能：家庭可以成為生產的單元，家庭成員也可以外出賺錢，維持家計。㈣保護的功能：家庭可以保護成員，避免身心受到侵害，幼弱的兒童更需要家庭的保護才能正常成長。㈤教育的功能：家庭是最基本的教育組織，個人生活習慣、人格與價值的形成都受家庭的影響。㈥休閒娛樂的功能：家庭是工作之餘休閒娛樂處所，家庭成員間也可以相互取悅、減輕外來壓力。對青少年而言，家庭可以滿足其成長上的各種身心需求。

貳、現代家庭變遷的特徵

　　儘管家庭具有多重的功能，但是隨著工商業與都市化的發展，世界先進國家與台灣地區的家庭都起了結構性的改變，家庭所能發揮的功能越形有限。下列是現代家庭變遷的重要特徵：

一、家庭往都市集中

　　工商業發展之後，都市有較多的就業與賺錢機會，吸引大多數的人口往都市集中。以美國為例，在1900年時，三分之二的人口居住在鄉村，目前卻有四分之三的人口集中在都市地區，所占的居住面積卻只有全國的1.5%。台灣地區人口往都市集中的情形也十分顯著，在大台北都會區即集中了近三分之一的人口，高雄與台中都會區又吸引了近三分之一的人口。另外隨著人口的自然增長，都會地區的擁擠程度日趨嚴重。就人口密度而言，台灣地區人口密度在民國四十年平均每平方公里僅有219人，其後因人口逐年持續增加，至八十年底人口密度每平方公里已達571人，僅次於孟加拉，居世界第二位。就行政區域觀察，以西部七大都市人口密度較高，八十六年底，台北市人口密度每平方公里9,560人為最高，次為高雄市9,350人，而台中市5,519人居第三。在各縣之中，以高度工商都市型態之台北縣每平方公里1,666人為最高，次為利於農、工發展之桃園縣計1,322人，工商業發達之彰化縣1,208人居第三，而交通不便且人口外流嚴重的台東縣人口密度為最低，每平方公里僅有72人。

　　都市化與人口集中雖然促進工商業的進步，並帶給人們生活上的便利與舒適，但過度擁擠的城市卻也呈現不少問題，使青少年的身心發展受到極大的影響。都市地區主要的問題有：㈠公共設施不足；㈡生活空間狹隘；㈢交通混亂與空氣污染；㈣人際疏離；㈤都市犯罪增加；㈥教育與工作機會競爭激烈；㈦社區意識無法建立，社會連帶

(*social solidarity*) 薄弱。目前都市地區青少年犯罪率增多，乃直接或間接由這些問題所造成的。

二、家庭結構改變

社會經濟發展之後，傳統的大家庭日趨式微。

台灣地區民國八十年底計有522萬戶，每戶平均3.94人，較七十年減少0.72人，顯示小家庭制已漸成時尚。八十年六十五歲以上老人與子女同住者比率為62.93％，較七十五年降低7.31個百分點，顯示傳統三代，甚至四代同堂的家庭觀念日漸式微。代之而起的是以夫妻（或單親）為主體和其子女所形成的核心家庭。根據調查，民國八十年台灣地區十二歲以下的兒童人數計421萬6,456人，與雙親共同生活者占94.49％（核心家庭55.88％、折衷家庭24.75％、混合家庭13.86％），其餘1.49％生長在單親家庭，1.29％在單親三代家庭（單親加祖父母或外祖父母）中，0.17％在祖孫二代家庭（即僅與祖父母或外祖父母為生）中，另有2.56％的兒童僅與非直系親屬居住（行政院主計處，民81）。

家庭結構改變之後，老人在家中的地位立即降低，過去「家有一老，如有一寶」的情況不再，老人逐漸成為家庭的負擔，但另一方面，家庭也較缺乏可以調和爭議、維持正義與權威的人物，同時青少年與兒童也較乏人照顧，衍生了不少問題。

三、生育率下降、離婚率增高

由於醫療衛生水準提高與家庭計劃推展的成功，人口出生率有逐年下降的趨勢。表11-1係近幾年台灣地區人口總增加率、粗出生率、粗死亡率、毛繁殖率、淨繁殖率與嬰兒出生時母親平均年齡的統計資料。

由表11-1中可以發現，近十年來台灣地區的人口增加率由民國七十七年的12.09減少到民國八十六年的9.48，自然增加率、粗出生率、淨繁殖率等都在下降。由於家庭生育率下降，自然使得兒童與青少年在家庭中的重要性增高，過度溺愛的情況常會發生。

表 11-1　台灣地區人口增加相關統計表

年別 （民國）	人口總 增加率	自　然 增加率	粗出生率	粗死亡率	毛繁殖率	淨繁殖率	嬰兒出生 時母親平 均年齡
七十七年	11.63	12.09	17.24	51.5	0.8910	0.8653	26.67
七十八年	10.13	10.57	15.72	5.15	0.8053	0.7812	26.82
七十九年	12.14	11.34	16.55	5.21	0.8608	0.8352	27.00
八十年	10.02	10.52	15.70	5.18	0.8173	0.7998	27.16
八十一年	9.55	10.20	15.53	5.34	0.8241	0.8057	27.28
八十二年	9.27	10.27	15.58	5.31	0.8456	0.8278	27.40
八十三年	8.69	9.91	15.31	5.40	0.8402	0.8237	27.56
八十四年	8.48	9.90	15.50	5.60	0.8538	0.8374	27.69
八十五年	7.87	9.47	15.18	5.71	0.8431	0.8269	27.81
八十六年	10.10	9.48	15.07	5.59	0.8472	0.8317	27.94

資料來源：內政部，民 86，第 906 頁。

表 11-2　台灣地區結婚與離婚統計表

年別	結婚對數	粗結婚率	離婚對數	粗離婚率
民國七十七年	156,364	7.88	25012	1.26
民國七十八年	159,101	7.93	25102	1.25
民國七十九年	143,886	7.10	27451	1.35
民國八十年	165,053	8.05	28324	1.38
民國八十一年	171,784	8.30	29277	1.41
民國八十二年	155,234	7.43	30263	1.45
民國八十三年	171,074	8.11	31899	1.51
民國八十四年	161,258	7.58	33260	1.56
民國八十五年	167,314	7.80	35937	1.68
民國八十六年	168,700	7.80	38899	1.80

資料來源：內政部，民 86，第 922-923 頁。

　　另一方面，由於家庭結構改變，社會約束力又下降，加上其他內外在因素的影響，現代家庭也容易解組(*disorganization*)，離婚率上昇就是

最明顯的指標。表11-2係台灣地區近幾年的結婚與離婚統計資料。

　　由表11-2中可以明顯地發現近十年內的離婚對數不斷提高，由民國七十七年的年離婚對數 25,012 對增加到民國八十六年的 38,899 對，10 年中增加近一倍，粗離婚率也不斷在提高當中。離婚家庭增加也對青少年的發展有所影響，其相關的問題將於第三節中加以討論。

四、生活水準提高、家庭日益富裕

　　由於工商業持續繁榮、經濟不斷發展，一般家庭生活水準提高、生活日益富裕，青少年的生活條件比以前任何世代更為舒適。表11-3係近幾年來台灣地區的幾項家庭設備的普及率改變情形。

表 11-3　　台灣地區家庭設備普及率　　　　　　　　　　　　　　　單位：%

年	彩色電視機	電冰箱	洗衣機	電話機	冷暖氣機	錄放影機	家用汽車	機車	家用電腦
七　十	77.90	93.99	68.88	60.93	16.37	3.75	6.40	67.18	—
七十五	94.42	97.11	79.49	85.25	25.45	27.11	13.63	72.83	2.92
七十九	98.26	98.37	88.79	93.08	47.26	63.56	29.07	77.51	6.77
八　十	99.16	98.96	89.53	94.75	52.37	68.94	33.67	79.20	9.57

資料來源：行政院主計處，民國81，第27頁。

　　由表11-3可見，近十年來國內家庭各種電器用品及汽車的普及率頗為快速，彩色電視機與電冰箱的普及率接近100％，可見家家戶戶必備，冷暖氣普及率超過一半以上，錄放影機的普及率更成長了近二十倍，十分驚人，家用汽車近十年來也成長了五倍，機車亦接近八成的普及率。由表11-3資料可以想見現階段一般國民與青少年的生活條件十分富足。

　　國民生活改善後，對成長中的青少年而言，亦屬各有利弊，在利的方面，青少年生活富裕，故營養與健康條件良好，對促進生理發展有立即的助益，青少年也可以不被落後國家常見的貧窮與疾病所困。另外，由於家庭富足，青少年也容易接觸電視、錄影帶、電視遊樂器，甚至衛星

電視節目，可以擴展青少年的見聞。不過相對的亦造成青少年近視、懶散、不負責任、追求立即享受等不良後果。

五、職業婦女增加

　　婦女就業人口增加亦是工業化國家的普遍現象，以美國而言，青少年的母親有四分之三投入就業市場，使得家庭成員的角色與責任起了重大改變：㈠家事責任由傳統的婦女一手承擔，轉變爲家庭成員共同分擔，家庭責任普遍需重新分配；㈡青少年鑰匙兒 (latchkey teens) 增加；㈢青少年受關注的情況普遍降低；㈣父親的權威性隨之降低。

　　國內婦女的就業情形也日益普遍，表11-4係15歲以上婦女的勞動參與情形。

表 11-4　國內婦女勞動參與情形（民國 75～88 年）

年別	十五歲以上民間人口數	女性勞動力		
		總人數	就業者	勞動力參與率（％）
民國七十五年	6,565,000	2,988,000	2,912,000	45.51
民國七十六年	6,700,000	3,118,000	3,057,000	46.54
民國七十七年	6,840,000	3,116,000	3,064,000	45.56
民國七十八年	6,966,000	3,159,000	3,110,000	45.35
民國七十九年	7,102,000	3,160,000	3,108,000	44.50
民國八十年	7,240,000	3,214,000	3,165,000	44.39
民國八十一年	7,370,000	3,304,000	3,252,000	44.83
民國八十二年	7,522,000	3,377,000	3,323,000	44.89
民國八十三年	7,677,000	3,485,000	3,428,000	45.50
民國八十四年	7,832,000	3,551,000	3,487,000	45.34
民國八十五年	7,972,000	3,648,000	3,560,000	45.76
民國八十六年	8,109,000	3,701,000	3,613,000	45.64
民國八十七年	8,260,000	3,767,000	3,679,000	45.60
民國八十八年	8,338,000	3,824,000	3,740,000	45.86

資料來源：行政院勞工委員會，民88，第14-15頁。

　　由表 11-4 可以發現至民國八十八年婦女的就業率達 45.86%，如以 35 歲至 49 歲最有可能有青少年子女的婦女來看，顯見青少年幾乎一半的母親在就業當中，因此青少年由於父母外出工作而受到較少的關照也可能非常顯著。

六、家庭遷徙頻繁

　　工業化與都市化的另一個普遍現象是遷移頻繁，多數人逐工作而居。

　　台灣地區人口移動每年平均在二百萬人以上，縣市間的遷移比率高於同縣市與同一鄉鎮市之遷移。同鄉鎮市內之遷移比率又高於同縣市內之遷移。這也反映青少年的家庭也可能有所遷移。

　　根據調查，美國的家庭在五年以內有半數以上有搬家的紀錄，家庭社經水準較高者遷移的地區愈遙遠。青少年由於家庭搬遷常面臨新的家居環境、學校同儕與學習環境的適應問題。家庭遷移愈頻繁，愈會使人感到孤獨、無根(rootlessness)與不安，不利人際關係的發展。青少年也常由於家庭搬遷而失去舊有同伴，以致於情緒受到影響(Atwater, 1992)。

七、家庭整體性與結構性的改變

　　工業化與都市化的發展對家庭的影響可能是全面性、整體性與結構性的改變，不論已開發或開發中國家在本世紀內家庭的改變均十分鉅大。以美國為例，美國社會學家烏格朋(W.F. Ogburm)、寧可福(M.F. Nimkoff)曾請十八位對家庭研究有成就的社會學家，提出十項晚近美國家庭所發生的重大變遷，規定在問卷上僅列舉十項。經整理後，總共有六十項重大變遷，如表11-5所示（朱岑樓，民70）。

　　在表11-5中，由十八位專家全體一致提出的，僅「離婚增加」一項。由半數以上提出的有八項（1—8項）；由三人及以上提出的有二十一項（1—21項）；由二人提出的有十一項（22—32項）；由一人提出的有二

表11-5　晚近美國家庭的重大變遷

變　遷　項　目	提出專家數
1離婚增加(包括改變對離婚的態度)	18
2父和夫的權威下降	12
3妻就業者增加	11
4婚前及婚外性交增加	11
5家庭成員的個人主義和自由增加	10
6家庭人口減少	10
7家庭保護功能轉移	10
8家庭教育轉移	8
9節育傳播推廣	7
10家庭娛樂轉移	7
11家庭生產功能轉移	7
12子女扶養年老父母態度變壞	5
13流動性(花在家庭外的時間)增加	5
14家庭宗教轉移	5
15婚姻宗教行爲減少，非宗教行爲加多	4
16家宅機械化	4
17更加重視羅曼史(愛和快樂)	3
18老年人家庭加多	3
19向專家請教問題興趣增加	3
20性方面興趣增加	3
21婚姻教育加多	3
22結婚年齡提早	2
23托兒所幼稚園增加	2
24家庭類型分化增加	2
25生活水準提高	2
26性角色差別減少	2
27更傾向於多樣性婚姻	2
28家人角色更爲混淆	2
29兒童性教育加多	2
30無子女的婚姻加多	2
31兒童受到重視	2
32結婚百分比增大	2
33冰凍食物	1
34異族通婚增加	1
35住宅由大變小	1

37家人間臨時關係增加	1
38代與代間及各代角色的區分增大	1
39男女求愛的自發行爲加多	1
40浪漫愛趨向消失	1
41家庭及宗族間居住的平均距離增大	1
42差別出生率開始拉平	1
43家庭模式的都市化增加	1
44給予新婚者的經濟幫助增加	1
45多次婚姻增加	1
46花錢超過儲蓄	1
47較年長婦女出生的孩子增加	1
48對家庭問題的自覺性降低	1
49緊張增加	1
50父母閑暇增加	1
51傾向於家庭主義	1
52太太更爲神經質	1
53親子衝突增加	1
54家庭更爲分散	1
55出生率停止降低	1
56婚姻諮商增加	1
57大專學生更爲重視婚姻和親子關係	1
58更重視夫妻間的融洽	1
59家庭人數減少	1
60人格發展更受重視	1

資料來源：朱岑樓，民70年，第256～257頁。

十八項 (33—60項)。可見家庭變遷項目極爲龐雜，這是因爲家庭與社會制度密切關連，社會劇烈變遷之中，家庭也連帶產生質與量的改變。下列八項係美國社會顯著改變的家庭現象（專家數超過半數以上），這些現象台灣社會可能與其日益相似。

　　1.離婚率增加。

　　2.丈夫和父親的權威下降。

　　3.從事於有薪工作的太太增加。

　　4.婚姻以外的性行爲增加。

5.家庭成員的個人主義和自由增加。

6.家庭人口減少。

7.家庭保護功能轉往政府日趨增加。

8.家庭教育轉移。

家庭制度在我國社會最受到重視。所謂「家為邦本，本固邦寧」。但是，台灣的家庭也隨著社會變遷而有重大改變。朱岑樓曾採用烏、寧二氏的研究方法，函請國內十五所大專院校的老師及台北市七家日晚報與家庭有關的副刊編輯及專欄作家，共152位，請他們列舉我國六十餘年來所發生的重大變遷，並以十項為原則，結果收回問卷98份，整理

表11-6 近六十餘年我國家庭的重大變遷

變遷項目	提出人數
1以夫妻及未婚子女組成之家庭增多，傳統式大家庭相對減少。	94
2父權夫權家庭趨向於平權家庭，長輩權威趨於低落。	79
3職業婦女增多，妻之經濟依賴減輕，家計趨向於共同負擔。	77
4傳統家庭倫理式微，祖先崇拜不若過去之受重視。	71
5家庭功能由普化趨向於殊化，以滿足家人情感需要為主要，其餘則轉由社會負擔，尤其是子女的教育。	70
6傳統孝道日趨淡薄，家庭非若以往以父母為中心，而趨向於以子女為中心。	71
7夫妻不再受傳統倫理的束縛；趨向於以感情為基礎，穩定性減低，家庭糾紛增多，離婚率升高。	60
8傳宗接代觀念減輕，家庭人數減少。	54
9親職受到重視，教養子女方式由以往之嚴格控制，轉向尊重子女人格獨特發展，且養兒的目的不再全是為了防老。子女均受教育，輕重之別趨於淡薄。	51
10家人相聚時間減少，關係趨向於疏離，衝突增多。	49
11婚前自由戀愛逐漸取代父母之命，媒妁之言，傳統擇偶標準大部分消失。	44
12貞操觀念趨淡，兩性關係愈見開放。	39
13單身家庭及有子女而不在身邊之家庭增多，年老父母乏人奉養，孤單寂寞。	35
14男女趨向於平等。	35
15老人問題趨於嚴重。	35
16青少年犯罪者增加。	35

17婚後與岳母共居之家庭增加。	34
18親子間教育程度差異造成「代間差距」。	20
19安土重遷觀念逐漸消失，公寓家庭日增。	19
20家庭成員由互負無限責任轉爲有限責任。	5
21兄弟成長後，由於各自謀生，分居他處，感情反而較爲和諧。	5
22年輕一代從事宗教活動愈見減少，有則接受西方宗教。	3
23家庭較重視子弟之事業成就、金錢收入等，而不太重視其傳統倫理。	3
24電視對家庭影響甚多，壞處多於好處。	3
25家庭分歧化，出現聯邦式家族(即是若干核心家庭圍繞著以父母爲中心的大家族)。	3
26農村子女離鄉入城趨勢日增。	3
27不結婚的人增加。	3
28與外族通婚者增加。	3
29家庭孤立，與鄰居少往來。	3
30婚前性爲增加。	3
31家庭主婦家事操作多由電器代勞。	2
32出現陰性文化。	1

資料來源：朱岑樓，民70年，第261頁。

時將辭異義同的項目予以綜合，共得32項變遷項目，結果如表11－6所示。

　　由表11-6的調查結果顯示，台灣地區家庭亦急劇在改變之中，傳統大家庭、父權家庭與舊有的家庭倫理均有了轉變，此種轉變有利有弊，如男女趨於平等、重視成就即是較積極的發展，但老人乏人奉養、青少年犯罪增加等則是負向的層面。由表11-5與11-6相對照，台灣地區家庭的變遷與美國地區家庭的變遷軌跡大致相近。由兩個表的資料也可看到家庭的變化程度幾乎是全面性與根本性的改變，青少年，甚至各階段的人都會受到影響。不過值得注意的是，朱岑樓（民70）的研究距今已十年，目前台灣地區家庭改變的廣度與深度可能更甚於以往。

第二節 青少年的親子關係

壹、父母教養方式與青少年發展

儘管青少年階段同儕的影響力日增，但父母的角色與功能對青少年仍頗為重要。父母對青少年的影響力仍大，不過親子關係與互動方式則可能需要重新調整，對父母親而言，青少年子女的成長是其中年階段的一大挑戰。

在兒童期階段，父母的管教方式有較多的控制與要求，但當子女進入青少年期以後，父母應配合青少年的心理需求，逐漸放棄控制與約束，方能鼓勵與支持其子女獨立。

艾爾德(Elder, 1962)最早將父母教養類型分為七個類型：

㈠獨斷(Autocratic)：此類型的父母會告訴子女如何作為，但很少容許子女自發性表現或肯定自己。

㈡權威(Authoritarian)：此類型的父母會告訴子女如何做，但也會聆聽子女的看法。

㈢民主(Democratic)：此類型的父母會提供子女充分的機會，使他們自我作決定，但仍然保有最後的權威。

㈣公平(Equalitarian)：父母與子女對子女應有的行為，平等的作出出決定。

㈤寬容(Permissive)：父母允許子女為自己作決定，而且父母喜歡聆聽子女的看法，並提供建議。

㈥放任(Laissez-faire)：此類型的父母讓子女自作決定，子女也不需要聽父母的意見。

㈦忽視(Ignoring)：子女可以作決定，而且父母也不關心子女的決定。

艾爾德的研究也發現不同類型的父母教養方式對子女的獨立、自我信心有所影響。在民主與寬容的管教方式下，子女有較高的自主性與

獨立性。貝克(*Becker, 1964*)也是另一位甚早就探討父母教養行爲對子女之影響的人，他與艾爾德一樣，所建構的父母教養行爲的概念至今仍被廣泛引用。貝克最大的貢獻是對父母的教養行爲提出如圖11-1的假設性模式。

由圖11-1可見，教養行爲可以區分爲三個層面：

㈠限制對寬容(*Restrictive vs. Permissive*)；㈡焦慮情緒投入對冷靜疏離(*Anxious Emotional Involvement vs. Calm Detachment*)；㈢溫暖對敵意（*Warmth vs. Hostility*）。

每一個層面都包含一組的教養行爲，例如在溫暖對敵意的層面中，溫暖的教養行爲包括接納、正向反應、較少使用體罰、較多使用讚賞，而敵意的教養行爲則包括體罰、責備等與溫暖相反的行爲。在限制

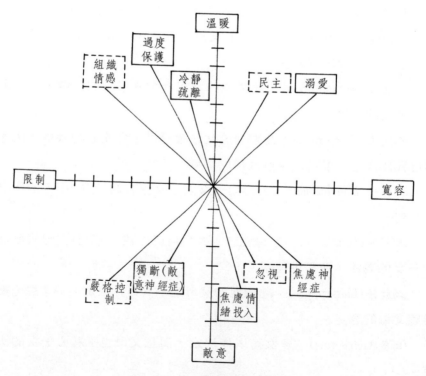

圖11-1　貝克教養行爲類型圖
資料來源：Dusek, 1987, p. 149.

對寬容的層面中，寬容的教養行為包含了容許與自由，而限制的行為則有較多的服從與餐桌規則。在焦慮情緒投入對冷靜疏離層面中，焦慮情緒投入行為則有較多的過度保護行為與焦慮反應。不過一般的父母教養行為常有結合(combination)的情況，如民主與溺愛位於溫暖與寬容之間，溺愛與民主之區別在於溺愛的父母有較多的情緒投入。隨後有學者研究發現，學業成就困難、低度社會關係、身心失常與青少年犯罪，都和父母管教上的敵意與拒絕有所關聯；相反的，溫暖但有限制的家庭氣氛有較禮貌、少攻擊性與順從的子女(魏麗敏，民81)。

除此之外，雪佛(Schaefer, 1959)也以二個層面四個向度的方式提出圖11-2的父母管教類型。

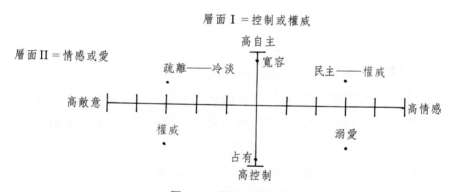

圖11-2　雪佛父母管教類型圖
資料來源：Garbarno,1985, p. 259.

圖11-2中父母教養行為的第一個層面是「控制或權威」(Control or Authority)，可以再分為高度自主與高度控制的二個極端；第二個層面是「情感或愛」(Affection or Love)，同樣再區分為高度敵意與高度情感二個極端，在此四個極端之中，又可涵蓋六類教養行為（如圖11-2黑點）；㈠寬容；㈡民主——權威(Democratic-Authoritative)；㈢溺愛(Indulgent)；㈣占有(Possessive)；㈤權威；㈥疏離與冷淡(Detached／Indiffer-

ent)。

馬寇比與馬丁(*Maccoby & Martin, 1983*)再以綜合式方法將父母的
教養方式分爲四個基本題型：

㈠權威教養型（ *authoritative parenting* ）

此種教養方式包含較高程度的父母接納(*parental acceptance*)，以及
合理程度的父母控制(*parental control*)，是屬於較佳的父母管教方法。權
威教養的父母對於青少年會以溫暖與負責任的方式鼓勵青少年子女依
年齡作適度的獨立，但同時也會適時使用合法的親職權威管教子女，尤
其對子女的健康與安全方面會有所約束。此類父母常會向子女解釋父
母管教的規則，並常常願意與子女協商。在此家庭成長的青少年比較能
夠發展出高度的自我接納與個人控制，同時也能感受到父母的愛與尊
重，由於父母管教適宜，青少年也較不需要從其他權威人物與同儕之中
獲得認可與讚賞，他們也有較多參與家庭決策的機會，因此學會了以合
理與負責任的態度表現個人的行爲。

㈡獨斷教養型（ *authoritarian parenting* ）

獨斷型父母強調以控制的方式約束其子女，較常訴諸於物質力量
(*physical power*)，也因此常使用威脅、體罰、控制青少年物質資源的方
式管束子女。這類父母忽略子女自我決定的心理需求，尤其當父母的權
威受到挑戰之後，極少與子女協商、作合理解釋，反而怒目相向。在此
類家庭中成長的青少年容易養成依賴、順從、過度盲目、叛逆、敵對等
態度，不過他們的順從常是虛與委蛇，陽奉陰違，另有些青少年則十分
依賴外在權威。

㈢寬容溺愛教養型(*permissive indulgent parenting*)

寬容溺愛型的教養方式能對青少年子女予以接納與反應，但卻付
予過度的自由，結果導致青少年無法制止本身負向、不合理的行爲，同
時寬容型的父母常會以收回愛的方式，包括表現憤怒與不讚賞的方式
去影響青少年，使得青少年常常感受到會被遺棄。在寬容溺愛型家庭成
長的青少年較不會遵守規則與規約，他們常會表現被拒絕的憤怒，一生

之中且會有強烈的求取他人讚賞的需求，他們自我接納與自我控制的能力也較低。

㈣寬容冷漠敎養型 (*permissive indifferent parenting*)

此類型的敎養方式對青少年的需求漠視，並不作反應，此類家庭功能不健全。在此家庭成長的青少年會形成自卑與自我拒絕，同時也欠缺生活的方向。由於父母冷漠，因此管敎常不一致，且對青少年的不良行為「視而不見」 (*blind eye*)，此外，父母也常排斥青少年的需求，容易虐待與斥責青少年，使青少年對父母存有怨懟。此類家庭的青少年時常比其它類型家庭青少年更容易逃家或離家。

馬寇比與馬丁的父母敎養類型又可以歸納成如圖 11-3 的幾個類型。其中權威與獨斷型歸成「要求與控制型」 (*demanding, controlling*)，寬容溺愛與寬容冷漠歸為「不要求與不控制型」 (*undemanding, uncontrolling*)，權威與寬容溺愛型又可歸納成「接納反應型」 (*accepting, responsive*)，此外，獨斷與寬容冷漠型也可歸為「拒絕不反應型」 (*rejecting, unresponsive*) 等四個類型。

父母要求與控制 (Parental demand and control)	父母接納與反應 (Parental acceptance and responsiveness)	
	接納、反應 (Accepting, Responsive)	拒絕、不反應 (Rejecting, Unresponsive)
要求、控制 (Demanding, Controlling)	權威 (Authoritative)	獨斷 (Authoritarian)
不要求、不控制 (Undemanding, Uncontrolling)	寬容溺愛 (Permissive Indulgent)	寬容冷漠 (Permissive Indifferent)

圖11—3　父母敎養類型圖

資料來源：Maccoby & Martin, 1983.

最後這些父母敎養類型又可歸納成「父母要求與控制」 (*parental*

demand and control) 與「父母接納與反應」(parental acceptance and respon-
siveness) 兩大類。合計馬寇比與馬丁的父母教養類型共可分成二大類、
八小類（其中包含四類基本類型）。由馬寇比與馬丁的分析，可見父母
適當的要求、控制，同時付出愛與接納，並能對青少年有所反應，是較
佳的教養方式，值得青少年的父母參考。

貳、青少年的自主與衛星理論

青少年追求自主(autonomy)是一種普遍心理，在家庭之中他們渴求
行為自主與情緒自主(emotional autonomy)，甚至價值自主與道德自主。
他們極期望獨立與自治。不過青少年是否能成為一位獨立、自主、自信
與開放的人卻與其親子關係及父母教養方式密切關聯。奧斯柏等人
(Ausubel, 1954; Ausubel & Sullivan, 1970; Berzonsky, 1978) 曾以衛星理論
(satellization theory) 解釋與分析青少年階段親子關係的轉變與青少年追
求自主的過程，極受青少年心理學者的重視。

一、衛星理論的意義

依據奧斯柏的論點，在正常發展行程上，青少年就像是一顆衛星
(satellite)，在自己能獨立自主之前，環繞著父母親而繞行，個體依賴父
母，並接受密集的社會化。在青少年發展階段，親子間的衛星關係逐漸
地由「脫離衛星化」(desatellization) 所取代，青少年日漸自主，與父母保
持距離，慢慢脫離依賴父母的軌道，直到自己充分自主、建立自己的家
庭，完全能夠「脫離衛星化」為止。不過青少年的「脫離衛星化」常常
不容易立即達成，可能只是「重新衛星化」(resatellization) 而已，因為青
少年將對父母的依賴轉向對他人的依賴，如對老師、教練，尤其是同儕
等身上。有些青少年甚至立即轉向對異性的依賴。

奧斯柏認為「脫離衛星化」的歷程是漸進的，並非與父母一刀兩
斷，父母的鼓勵與支持，使青少年能配合年齡表現適度的自主，對青少

年未來的生涯與婚姻有積極的影響。父母如果能夠溫暖與接納其子女，將會使青少年有內在的自我價值感，能夠形成自信與自尊，有助於青少年的「脫離衛星化」歷程的發展。

二、脫離衛星化

奧斯柏基於衛星理論的觀點，認爲親子關係本來並非人人可以建立衛星化的關係(*satellizing relationship*)。奧斯柏認爲「非衛星化」(*non-satallization*)有兩種普遍的類型：㈠低度價值化(*undervaluation*)（拒絕型）；㈡過度價值化(*overvaluation*)（溺愛型）。

低度價值化的青少年不被父母無條件的接納，父母覺得他們是一種負擔，並厭倦照顧他們。父母常控制孩子，但能滿足孩子的需求，可是卻存有拒絕與冷漠的態度，而非溫暖與接納。孩子也知道他們自己的情況，因此他們會順從父母的需求，但卻不喜歡如此。被拒絕或低度價值化的青少年會順從父母，但只是在避免受懲罰而已。

過度價值化的青少年是在夠資格與有條件的情況下被父母所接納，父母不看重孩子的價值，反而只將孩子當作滿足他們需求的工具而已，孩子主要在達成父母的心願，他們的生活與認定皆由父母所計畫與決定。過度價值化的孩子常會被父母所溺愛，孩子因而擁有控制父母的權力。

依照前述的分析，親子關係可以形成如表11-7的不同關係類型。

表 11-7　親子關係類型

父母的態度	接納的基礎	父母的行爲	兒童的分類
接納	內在的	1.溫暖接納	衛星化
	外在的	2.限制保護	近似衛星化
		3.寬容溺愛	過度價值化
拒絕	外在的	4.限制支配	低度價值化
		5.寬容忽視	低度價值化

資料來源：Berzonsky, 1982, p.290。

在表11-7中，接納型的父母依其接納的基礎，分爲內在型與外在型兩類，內在型的父母親行爲會表現出溫暖接納(*warm-accepting*)與「限制保護」(*restrictive-protective*) 兩種類別，外在型的父母親行爲會表現出「寬容溺愛」(*permissive-indulgent*) 類型。就孩子的角色分類，「溫暖接納型」的父母，對孩子而言即是「衛星化類型」。「限制保護型」的父母，對孩子而言是「近似衛星化類型」。而「保護溺愛型」則是屬於「過度價值化類型」。

另一方面，父母拒絕態度主要是屬外在型基礎，它可以分成「限制支配」(*restrictive-dominating*) 的父母行爲與「寬容忽視」(*permissive-neglecting*) 的父母行爲兩大類。就孩子的角度分類，兩者均屬於「低度價值化類型」。表11-7與圖11-3的父母教養方式的分類有頗多相似之處，兩者均重視父母接納、寬容、控制與限制、拒絕與忽視等因素的作用及分類依據。不過表11-7係以衛星理論作爲主要的立論依據，圖11-3則無顯著的理論基礎。

三、青少年衛星化與脫離衛星化的發展

兒童在成長過程當中，父母宛如社會的代表，一方面保護兒童、供給生活，另方面也教育兒童，使兒童理解與適應社會生活。兒童期階段親子關係良好者主要是形成奧斯柏所稱的衛星化關係，此時父母能無條件接納其子女，並對子女作合理的要求，父母與子女各在自己的軌道上運行，並不侵犯各自的自由。衛星化的親子關係中，兒童較能發展出積極的自我，學會忍受挫折、能延緩享受、更趨於負責與考慮現實，他們也較能符合父母的期望，能信賴自己與父母。依照奧斯柏的論點，衛星化就是兒童內化父母價值觀念與形成良心意識的歷程。

不過並非所有的親子關係都成爲衛星化的關係，有些則屬於「非衛星化」的關係，如前所述，父母對於子女低度價值化或過度價值化，因而妨害其子女的自主與健全發展。在家庭有衛星化親子關係的兒童或青少年，在學校與教師也較容易形成衛星化的師生關係，有較高學業成

就與良好行爲表現。

對青少年而言，由於要進入成人世界，不能再對父母依賴，極需追求自信、獨立與自主，因此，脫離衛星化的過程乃極爲必要。奧斯柏認爲脫離衛星化就在爲往後自己獨立的家庭作準備。

青少年的脫離衛星化有三種主要的機轉：㈠重新衛星化；㈡試著贏得地位；㈢進行探索（being exploratory）。事實上脫離衛星化也非完全與父母完全分開或離開家庭，而是親子關係的一種調整。

在重新衛星化過程中，青少年的同儕、其他的成人等取代了父母的角色，家庭之外的他人的影響有時超過父母。另一方面，青少年爲了獲得認同，他們會努力去追求個人地位，以便證明他們具有不錯的特質，並嘗試新的角色。脫離衛星化的第三個歷程則是作工作與任務的探索，以便尋求情緒穩定，贏得友誼。能解決問題與克服困難的青少年即能證明自己具有能力，可以不再依附父母。

也由於脫離衛星化對青少年健全的發展頗爲重要，因此，如果父母能鼓勵其青少年子女獨立與「放手去做」（let go），則青少年有較大成功的脫離衛星化的可能。奧斯柏也建議父母應該增加對青少年負責任行爲的期待，尤其當他們能有成熟與負責任行爲表現，以及有與其發展層次相當的行爲表現時，能夠給予酬賞或特權。不過期望青少年獨立與自主應以循序漸近的方式作鼓勵，而非突然的轉變。此外，也應容許青少年有「做錯事的權利」（right to make mistakes），青少年有錯誤與失敗的經驗，更有助於他們成人後的成功，對青少年過度的保護反而有害無益。另一方面，爲了促進青少年脫離衛星化，也要有彈性的面對青少年，並能以他們爲中心（Ausubel, Montemayor, & Svajian, 1977）。

參、親子溝通

家庭是一個社會體系，健康的家庭需要有良好的親子溝通，尤其親子間需要有密切的情緒性接近（emotional closeness）、相互支持與鼓勵，

才能促進青少年正常發展。

　　家庭溝通除了需要充分語言交換之外,也需要有良好的情感、同理心、傾聽等態度。問題青少年通常來自於親子溝通不良的家庭,相對的,能有效的、清楚的溝通的家庭,比較能激發家庭的凝聚力,並促進青少年的獨立。圖11-4係兩種主要的親子溝通類型。

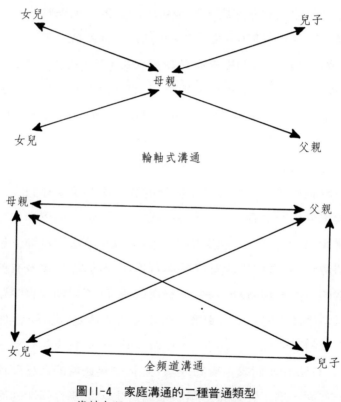

圖11-4　家庭溝通的二種普通類型
資料來源:Atwater, 1996, p.180.

　　圖11-4中的第一類溝通方式係屬於輪軸網路式(wheel network),第二類是全頻道網路式(all-channel network),前者以母親為主軸,向不同成員作聯繫溝通,此類型以母親與其子女的溝通管道較為暢通,但父親與其它子女的溝通則不良,所以並非理想的溝通模式。全頻道的溝通方

式容許家庭成員充分的交換意見，並應用大量的回饋。全頻道的溝通方式雖然較費時間，但卻能使家庭成員得到較大的滿足。

　　親子間無效的溝通常隱含著防衛與負向情緒，並有優越感、過度控制、過度批評、頤指氣使、責備等態度。不良溝通的父母親對青少年子女常表現苛責，以致於引起青少年子女的罪惡感，尤其當父母過度威脅、恐嚇與懲罰子女時，對親子間的溝通極易造成不良影響，也無法解決親子間的衝突，導致青少年覺得家庭沒有愛與關懷，因而有較高比率的青少年會離家出走、犯罪、逃學、懷孕與早婚、吸毒、宗教狂熱等行為（ *Chen et al.*, 1998；*Garber et al.*, 1998 ）。

　　艾德沃特（ *Atwater*, 1996 ）認為親子溝通常見的問題類型有三類：

　　(一)**低度反應的溝通**(*underresponsible communication*)：此類的溝通者不能掌握訊息，不能激發家庭成員負起責任。如常說：「沒有人幫忙作家事」之類的話。較適當的溝通方式應是「讓我們一起把家事做好」，應多使用「我」、「我們」的字眼，少用「沒有人」(*nobody*)等字眼。

　　(二)**不良品質的溝通**(*disqualification communication*)：此類溝通未能充分反映真正的情緒，使自己產生矛盾、扭曲主題、言行突然改變，或使用未完成語句等。

　　(三)**不一致或矛盾的溝通**(*incongruent or paradoxical communication*)：此類溝通家庭成員常傳送複雜的訊息，同時含有輕視或諷刺的面部表情或手勢。典型的溝通方式是「雙向束縛」(*double-bind*)的溝通，雙方都傳送不一致的訊息。

　　有效的親子溝通有下列原則：(一)應以真誠的態度建立家庭溝通的基本規約或準則，避免相互誤解；(二)家庭成員間應以同理心傾聽對方的感受，並且不加以批判；(三)多使用「我」(*I*)的訊息作溝通，並誠實的表達自己的觀念與情感；(四)少批評與給予告誡，批評與告誡容易造成言者諄諄，聽者藐藐的結果，相反的要多表示關心與愛。

　　早期的心理學家吉諾特(*Ginotl*, 1969)曾在他的暢銷書「父母親與青少年之間」(*Between Parent and Teenager*)一書中，提出十五項輔導青

少年子女的建議，極具參考價值，這些建議也十分適用於教師及其他青少年輔導工作者。

㈠接納青少年的不安(*restlessness*)與不滿(*discontent*)。

㈡不要過度了解(*too understanding*)。更不要說：「我知道你眞正的感受」，簡單的說，沒有人想被他人完全透視，尤其青少年常會以爲自己很複雜、非常神秘、莫測高深。

㈢能區分接納與讚賞的不同。

㈣不要過度模仿(*emulate*)青少年的語言與行爲。

㈤不要「累積傷痛」(*collect thorns*)。它常會威脅青少年，使他們無法面對自己的個人錯誤，「當面指出他的缺點」一點好處都沒有。

㈥不要「視青少年如小孩」，所有的青少年都懷疑他們是否眞的已不是小孩，因此他們對別人待他們如小孩十分敏感。

㈦不要讓青少年依賴。聰明的父母親能同情他們孩子的成長，能讓他們自己與孩子分離，並且能堅持不給孩子太多的干擾。

㈧不要急著去糾正事實。「沒有情感的眞理會把愛破壞」。

㈨不要侵犯青少年的隱私。

㈩避免嘮叨或使用口頭禪。

(十一)不要長篇大論。

(十二)不要給青少年加標籤。

(十三)不要使用反面心理(*reverse psychology*)。避免說：「你可能不能做這件事。」

(十四)不要傳送矛盾的訊息，例如，不要說：「我希望你有美好時光——當然，在你回家之前我無法入睡。」

(十五)不要未來化(*futurize*)，沒有誰能確信未來將會如何，假如你預測青少年的未來，將會造成自我應驗預言(*self-fulfilling prophecy*)的後果。

肆、親子衝突與代溝

　　青少年在成長過程中會遭遇性、角色、權威、情緒適應與價值等相關的認定與辨識危機。青少年的父母由於也處於中年階段，因此，在其人生當中也同樣面臨著各種危機，兩者的關係又面臨新的調整與改變，如上述衛星化與脫離衛星化的歷程即是顯著的親子現象，當兩者適應不佳時，親子間的衝突就可能會發生。除此之外，由於父母親與青少年之間存在年齡差距，各自的生活體驗不同，尤其當社會變遷愈快速時，兩代間在思想觀念與價值態度上愈會存有明顯的差距，親子兩代間的不同稱之為「代溝」(generation gap)或「代間差距」。如以表11-8為例，中年階段的成人世代與青少年世代在人格方面即有不同的特徵。

表 11-8　中年世代與青少年世代的人格特徵差異

中年世代	青少年世代
1.謹慎，依經驗行事。	1.勇敢，喜嘗試新事物，欠缺以經驗為判斷的基礎。
2.過去導向，常將現在與過去做比較。	2.活在當下，未來不明確，過去不顯著。
3.顧及現實，有時會懷疑人生。	3.理想樂觀。
4.保守傾向，包含態度、價值和道德上的保守。	4.自由傾向，對傳統道德規範、倫理的挑戰，試驗新的觀念與生活方式。
5.滿足於現狀。	5.對已擁有的事物批判，渴望改革。
6.想保有青春，害怕老化。	6.想要長大，但不喜歡老化。
7.行為上被限制在合於年齡的表現。	7.行為上傾向比成人更被接受違反社會期望的適當行為。

資料來源：Rice, 1993, p.104.

　　由表11-8可以發現親子之間基本上存有極大的差異，這是造成代溝與親子衝突的主因。

　　青少年與其父母的衝突事件主要涉及下列五種領域：

(一)社交生活與習慣

　　父母親對青少年子女的社交生活與生活習慣常常觀點不一，青少年的創意通常高於父母。此方面的衝突點包括下列各項：

1. 朋友的選擇與約會的對象。

2. 外出的次數、晚上到校、約會次數等。

3. 社團、活動與俱樂部的選擇。

4. 去的地方與活動的方式。

5. 晚上回家的時間。

6. 允許約會的年齡、騎車、開車的年齡、參加特定活動事件的年齡。

7. 固定約會對象(going steady)。

8. 衣服與髮型的選擇。

㈡責任

父母親最常批評青少年不負責任，父母親所期望負責任的項目有：

1. 作家事。

2. 賺錢與花錢。

3. 照料自己的東西、衣物與房間。

4. 家庭車輛的使用。

5. 電話的使用。

6. 家庭之外爲他人所作的事。

7. 家中財物的使用：傢俱、工具、設備等。

㈢學校事務

學校成就、在校行爲、對學校的態度等一直是青少年之父母所關切的項目，兩方面如果期望與觀點不一，容易引發衝突。主要事務包括：

1. 考試分數、成就水準。

2. 學習習慣與家庭作業。

3. 上學的情況。

4. 對在學校學習與教師的態度。

5. 在學校中的行爲。

㈣家庭關係

家庭關係除了前述的衛星化與脫離衛星化的關係容易引發緊張外，下列事項也會導致親子衝突。

1. 不成熟的行為。

2. 一般態度與對父母的尊敬程度。

3. 與兄弟姊妹的爭吵。

4. 與親戚的關係，尤其是與祖父母的關係。

㈤價值與道德

如表11-8所示親子兩代間對事物的看法有基本上的歧異，尤其在價值觀與道德方面容易觀點不同，主要包括下列各項：

1. 對藥物使用、喝酒、抽煙看法的不同。

2. 語言與說話。

3. 誠實、告訴真相、不欺騙或偷竊。

4. 性行為。

5. 服從法律、避免危險。

6. 宗教活動、上教堂及主日學校。

除此之外，根據調查，青少年與其父母最常見的衝突來源有如表11-9所述各項。

表11-9　青少年親子間常見的衝突來源

衝突來源	描述的次數
作家事	134
時間使用	104
對學習的態度	76
金錢的花用	72
道德與態度	48
朋友的選擇	43
衣服的選擇	42
電話的使用	36
約會	33
汽車使用	27
合計	615

資料來源：Schvaneveldt, 1973, p.171．

　　青少年與其父母間的衝突常不可免，親子間的衝突只有靠良好的親子溝通才能化解或防止。下列的方法可以拉近親子間的距離：

　　㈠傾聽、了解與增多談話機會

　　甚多青少年常抱怨其父母不能聆聽他們的看法、也不接受他們合理的要求與意見，有時也不能了解他們的情感與感受，這是親子間衝突的主要原因。父母倘能多傾聽青少年的心聲，分享他們的喜怒哀樂，比較能建立良好的親子關係。有些家長由於事業繁忙，親子交流的時間過少，容易造成代溝與衝突。父母應試著去了解青少年，並增加與他們談話的機會，才能使青少年感受到父母的愛與關懷。

　　㈡付出愛與關懷

　　青少年由於身心遭遇到的挫折比兒童期階段要多，加上課業壓力，常有高度的不安與焦慮，需要父母較多的接納、關心與愛。關心青少年子女並非干涉他們的生活，而是能表示真誠的關切他們生活的一切，適當的參與他們的活動，並在青少年遭遇失敗與挫折時給予安慰、鼓勵與支持，而非斥責與嘲笑。

　　㈢信任

　　父母應充分信任其青少年子女，不能像偵探般的刺探子女的生活、交友與隱私，愈不信任子女，子女反抗的程度愈強。除非有充分證據顯示青少年某項行為不當，否則不能將青少年子女當成罪犯般的審問與質疑。有愛、有歡笑、有滿足、有信賴感的家庭才能吸引青少年對家的向心力，也才不致造成無謂的親子衝突。

伍、兄弟姊妹的關係

　　新精神分析學者阿德勒(Adler, 1930；1958)十分關心家族中的親人關係，他認為家庭團體的社會心理結構就像是一個「家庭星座」(family constellation)，在家族星座中，父母有如日月，子女有如星星，形成複雜的互動關係。每當孩子出生，家族環境會立即有所變動，由於子女在

父母經驗、經濟狀況、社會關係不同之階段出生，因此父母對子女的教養與期望自然有所不同。依照阿德勒的論點，不同出生序(*birth order*)或排行的青少年會有不同的人格特徵，如長子最先得寵，擁有較多的愛，容易成為領導者，但長子也較易形成權威與保守的心態。次子較會力爭上游、較不保守、對未來較具希望、具有競爭性。排行中間的人較不受父母關心，容易形成自卑心理，常會成為問題青少年。老么則受到的保護過多，易形成驕縱心理。獨子則易成為自我為中心的人，較會感到孤獨與焦慮。

依照托曼(*Toman, 1970*)的看法，排行老大者（長子或長女）和其他較晚出生的弟妹之間有下列幾點差異：

一、較為焦慮，他們有較多的煩惱、但較少成為精神異常者。

二、較會要求社會認可，較少發生心理症或反社會行為。

三、對他人的情感較為敏感，他們有較高的同理心但較沒同情心。

四、有較成功的經濟。

五、較少穩定的情緒，婚姻滿意度較低。

六、較有創造力。

七、較為睿智的，因為接受較多的關照。

八、成為較卓越或階級崇高的人。例如：在二十三位太空人中有二十一位是老大。

九、在學校中成就較高。

十、較能深思熟慮、不任性。

十一、較有良心道義和行為規矩。

十二、對自我的感覺是「與眾不同」，但經常在自我中心與自我拒絕之間感到猶豫，這使他們失去自信。

托曼同時對各類型排行的人格特質作如下的敘述：

一、兄弟中最年長者：較具攻擊性、武斷的，與較具領導能力。

二、兄弟中最年幼者：任性、倔強，且易怒。

三、姊妹們最年長的哥哥：是善於與女子交際的男子，對工作有責

任心，也是位好父親。

四、姊妹們最年幼的弟弟：女孩崇拜他，樂於照顧他。略為不負責任，並對其他人有依賴性。

五、姊妹們最年長的姊姊：具支配慾、武斷的、霸道的、有自信與有創造力。

六、姊妹中最年幼的妹妹：迷人的、大膽的、熱心的、倔強的。

七、兄弟們最年長的姊姊：能幹的、實際的、是優秀的運動家、善於週旋在其他人群之中。

八、兄弟們最年幼的妹妹：溫柔的、伶俐的、柔順的、不卑屈的，是位優秀的夥伴。

其他類型是以上特徵的混合。

對成長中的青少年而言，如有兄弟姊妹其適應較獨生子女青少年要來得有利，因為有兄弟姊妹容易有傾訴的對象，也比較能分享個人所遭遇的問題，兄姊本身的青春期成長經驗又能給弟妹們一些引導作用。不過兄弟姊妹倘年齡差距過大，容易形成隔閡。基本上，兄弟姊妹也是青少年家庭社會化中的重要一環。不過倘家庭社經水準較低、家庭環境不良，兄姊反而會成為青少年不良的示範，不少青少年產生偏差行為，如抽煙、喝酒是由兄姊所引發的，尤其當父母管教不當與親子溝通不良時更會助長此種情況發生。

第三節　單親家庭青少年的問題與輔導

如前所述，父母對青少年正常的成長與發展扮演著極重要的角色，青少年各個層面的發展都受到父母及家庭的鉅大影響，但隨著社會變遷與家庭結構的改變，有愈來愈多的青少年是在「單親家庭」(single-parent families) 中長大，單親家庭青少年與正常家庭 (intact families) 或雙親家庭 (two-parents families) 青少年在身心發展與適應上的差異，日益受

到關切，相關的研究十分豐富，然而其研究結論並不一致，單親家庭對青少年的真正影響，猶未定論。

壹、單親家庭的形成

　　單親家庭青少年形成的主因有：一、父母一方死亡；二、父母離婚；三、父母分居(separation)；四、父母一方遭遺棄(desertion)；五、青少年由單一養父或養母收養；六、未婚媽媽所生養之青少年。目前單親家庭之大宗是父母離婚，其次是父母死亡、分居與遺棄。不過由於我國法律並無分居之制度，實際人口數無法估計，其餘遺棄、收養與未婚媽媽之人數亦無確實的官方統計資料。故目前單親家庭青少年問題之研究上是以父母離婚家庭為研究的主體。在1960年代以前教育上常將上述六類家庭稱之為「破碎家庭」(broken families)，但由於「破碎家庭」一詞具有道德判斷的意味，且對青少年會形成負向看法，自1970年代以後極少再被引用。

　　父母死亡是青少年階段所面臨的最嚴重壓力事件，不過父母死亡不若父母離婚會因為父母長期爭戰而對青少年心理與情緒發展產生持續性的干擾。父母死亡雖也會給青少年帶來適應上的困難，但其影響的期限通常較父母離婚為短。

　　根據行政院主計處（民88）的統計，台灣地區每年約有12萬餘人死亡，以民國八十六年為例，死亡人數為119,385人，民國八十七年有121,946人死亡。表11－10係民國八十六與八十七年的十大死因與人數。

　　特別值得注意的是，根據統計，八十七年意外事故死亡人數10,973人之中，交通事故死亡者2,507人，溺水1,437人，意外墜落1,156人，意外中毒996人，火災344人。估計八十年我國每十萬人意外災害死亡人數為67人，相較於英國之24人（1990年）、日本之26人（1990年）及新加坡之15人（1989年）均屬偏高。八十年因意外死亡者平均年齡僅40.4歲，較國人平均壽命低甚多。由於意外死亡者平均年齡在40歲左右，可

表 11-10 我國國民十大死因及人數 單位：人

年	惡性腫瘤	腦血管疾病	意外災害	心臟疾病	糖尿病	慢性肝病及肝硬化	肺炎	高血壓性疾病	支氣管炎肺氣腫及氣喘	腎炎、腎徵候群及腎變性病
七十九	18,536	14,174	13,928	11,505	3,960	3,606	3,358	2,993	2,478	2,304
八 十	19,630	14,137	13,636	12,026	4,210	3,601	2,644	2,492	2,176	2,527
增減率（%）	5.90	-0.26	-2.10	4.53	6.31	-0.14	-21.26	-16.74	-12.19	9.68

資料來源：行政院主計處，民88，第22頁。

能有極大部分死亡者之中育有青少年子女。以壯年階段估段，約有三分之二至四分之三育有子女，且子女數爲三個計，每年估計有27,000至31,000人的青少年或兒童之父母因意外事件死亡，數目十分龐大。

另一方面由本章表11－2中可以發現，近10年來國內離婚人口與離婚率都逐年持續上昇之中，民國八十七年更高達38,899對夫婦離婚，如以他們之中有三分之二至四分之三生有孩子，且子女數爲2人，則每年約有37,000人至42,000人兒童及青少年會受父母離婚的波及。加上逐年累積結果，父母離婚的兒童與青少年爲數可觀，成爲社會與教育的重要問題，因爲父母離婚係形成單親家庭的主因，而且父母離婚對青少年的影響較爲深遠。以國外的研究來看，社會學家較偏重單親家庭的研究，著重單親家庭的形成、結構、經濟狀況等方面的研究，而心理與輔導學家則偏重父母離婚家庭的研究，著重離婚當事人的適應與兒童青少年的情緒反應、身心成長與生活、學業適應，以及諮商與心理治療之探討。隨著父母離婚兒童與青少年的增多，後一研究取向有愈來愈受重視的趨勢（黃德祥，民76b）。也由於此，以下將以父母離婚青少年的適應與輔導策略爲探討的重點，其相關論點亦可供其餘各類單親家庭青少年之輔導的參考。

貳、父母離婚的家庭結構與歷程改變

　　父母離婚導致家庭結構極大的改變，波奔與懷特(*Poppen & White,* *1984*)特以圖11-5說明離婚家庭結構體系上的改變情形。典型的核心家庭，是由夫婦二人與其子女所組成，故在核心家庭中有三個主要的次級系統(*subsystems*)：一、夫妻次級系統(*couple subsystem*)：此一系統代表夫婦兩人的關係；二、親子次級系統(*parent-child subsystem*)：這是父母與子女所形成的關係；三、手足次級系統：這是兄弟姊妹之間的系統關係。對離婚家庭而言，這三個次級系統是離婚之前存有的次級系統，這三個次級系統會相互影響（以虛線表示）。

　　父母離婚前的三個次級系統因為離婚事件而產生了新的次級系統（以實線表示）。離婚後舊有的三個次級系統中，親子間的關係形成二個主要的次級系統：一、單一父母與子女間的次級系統(*single parent-child subsystem*)關係；以及二、有探視權之父母與子女間的次級系統(*visting parent-child subsystem*)。這兩個次級系統對青少年的影響極大，因為父母離婚後，只有單一的父親或母親與他們生活，另外一個父親或母親只能有探視權，而無監護權，對青少年而言，此時的親子關係即被割裂為二，對多數青少年來說可能會面臨對父親或母親一方的愛與忠誠之分裂的困擾。

　　離婚後家庭倘父親或母親再婚，會形成混合式的家庭(*blended family*)，此時家庭形成更為複雜的結構系統。如圖11-5所示，再婚的父母形成另一個夫妻次級系統，此一系統又與前夫妻系統會相互影響，同時也與其他新的親子關係與手足關係也產生相互的作用。新的親子系統則包含了有血緣關係的親子系統及非血緣的繼父母(*stepparent*)與子女的次級系統。同時手足次級系統也包含了血緣關係的親子次級系統與繼手足(*stepsiblings*)的非血緣次級系統。對於青少年而言，任何一個新形成的次級系統都會增加他們適應上的問題，當然部分青少年可能適應

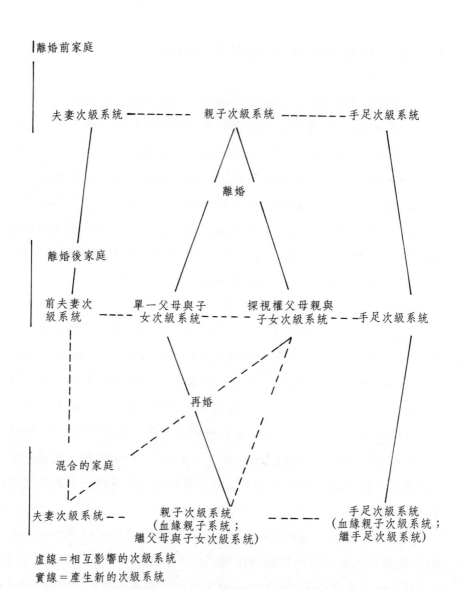

圖11-5　離婚家庭的家庭結構改變

資料來源：Poppen & White, 1984, p. 50.

良好，但也有可能部分青少年適應困難。除此之外，原先具探視權的父親或母親一方，也可能再婚而形成另一個新的家庭系統。

除了系統的改變之外，如果以時間作分析，青少年所面對的父母離婚過程，可以區分為：一、父母離婚前階段(*predivorce stage*)；二、父母離婚時階段(*divorce stage*)；三、離婚後階段(*postdivorce stage*)。這三個階段各有不同親子關係特質，也影響了青少年的適應。

一、父母離婚前階段

父母離婚前通常都有一段冷戰或熱戰的時期，父親或母親通常有外遇，因而時起爭執，這時候其子女往往疏於照顧，比如：三餐不繼，沒有零用錢等，這個時期的兒童與青少年與其父母一樣處於不安與焦慮的環境中，甚至惶惶不可終日，通常這時期的兒童與青少年學科成就會明顯的低落，尤其數理學科更甚。另外由於生活不正常，身體健康也受到影響。

二、父母離婚時階段

父母處於離婚時，對兒童與青少年最大的影響在於當事人雙方常常會以其子女作為武器來對抗對方。當父母雙方已無法復合，確定要離婚時，一般都會對子女的歸屬有所爭執。國內較多數的父母離婚兒童是與父親住在一起，這與美國離婚子女多數歸母親的情況大不相同。由於子女監護權、贍養費與探視權的安排並非一時可決定，使父母離婚兒童與青少年常常兩面不討好，對未來有高度的焦慮，導致其生活與學業適應產生困難。

三、父母離婚後階段

父母離婚後，又是另一個新生活環境的開始，兒童與青少年所遭遇的問題大致有：(1)家庭經濟情況的改變：如父親或母親收入減少；(2)搬家：在美國離婚之後搬家的情況非常普遍，在台灣尚無具體資料。倘

父母搬家，則將要面對新的鄰居、同學與學校，造成適應的困難；(3)父母再婚：一般父母離婚兒童與青少年是反對父親或母親再婚的，倘父親或母親再婚，他們又要面臨與繼父或繼母，甚至繼兄弟姊妹的相處的問題。尤其如圖11-5所示家庭因父母離婚產生了甚多新的家庭關係，容易使青少年需要花更多的心思去面對與因應。此外，古今中外，對於後母或繼父都有不良的刻板印象，增加新家庭調適的困難；(4)監護權與探視權的爭執：雖然父母離婚時子女監護權與探視權已有妥協，但離婚當事人常因離婚後的孤單或後悔，而想再奪回監護權或探視權，因此不免有新的爭執產生（黃德祥，民76b）。

參、父母離婚所造成的問題

父母離婚是一個漫長的歷程，所衍生的問題亦不少，以下將就四個層面加以分析。

一、家庭危機與離婚父母的適應

父母離婚是家庭的一項重大危機(crisis)。危機通常是超過個人正常能力所能處理(manipulate)的事件。以此觀點來看，父母離婚將是青少年所面臨的一段危機時期。

人遭遇了危機，個體可能會受到影響。正常的個體會不斷地努力以維持個體與外在環境之間的均衡狀態(homeostatic balance)，危機則擾亂了此種穩定與均衡的狀態。危機情境可以被看成是恐懼或失落的威脅，或是一種挑戰。

但是危機經歷也並非全是害處，危機可能使個體正向(positive)或負向(negative)成長，也會使之對環境事件變得敏感。危機事件是個人人格成長的一種機會，也是情緒與心理健康惡化的關鍵。其後果如何端賴個體的適應能力與外在環境的支持與否。青少年的父母離婚也有可能帶給青少年新的成長與發展，青少年的親人與師長事實上可以扮演積

極的角色使青少年能化危險(*danger*)爲機會(*chance*)（黃德祥，民71）。

較值得注意的是，離婚父母處於婚姻危機(*marital crisis*)中，本身生活適應不良，容易產生身心症狀，因而對他們的孩子有不利影響。納得生(*Nadelson, 1981*)即指出，在離婚之後的人都有一段緊張的時期，常會感到孤單、孤立與空虛，寡居、離異與離婚的人，比未婚或已婚的人，有較高比率的生活不適應，尤其女性身體健康更受到影響。離婚父母內心的痛苦與家庭內的不平衡狀態(*disequilibrium*)通常持續二年以上。另一方面，離婚父母對於他們婚姻難題導致孩子的痛苦，也會感到罪惡感，對別人的批評變得敏感或感到失望，但離婚當事人對於配偶的憤怒與自責，卻增加了孩子適應的困難（黃德祥，民71；*Nadelson, 1981*）。

二、父母離婚兒童的監護權歸屬

父母離婚青少年監護權歸屬也是影響青少年生活適應的重要因素。在美國，父母離婚兒童監護權歸屬的規定有多次更迭，早期都把兒童的監護權歸於父親，但自1920年代以後，基於「幼弱年齡」(*tender years*)需要母親照顧的觀點，兒童的監護權轉由母親承當，近年來，又基於「兒童最大福祉」(*best interests of the child*)的觀點，對於兒童監護權誰屬，開始有歧異的看法，因爲無法決定父親或母親誰是兒童最重要的人。不過至目前爲止，近90%的父母離婚的兒童與青少年是由母親撫養(*Atwater, 1996*)。

父母離婚之青少年監護權誰屬，在國內尚無正確統計數字，但以國內法律規定父母離婚其子女監護權以父親任之爲原則來看，估計有近60%的青少年與兒童是與父親一起生活。

父母離婚兒童監護權誰屬對兒童會造成何種影響的一些研究報告，也並不一致。希澤琳頓等人(*Hetherington, Cox, and Cox, 1976*)即採「沒有無受害者的離婚」(*We did not encounter victimless divorce*)的觀點，認爲不管兒童是在父親或母親的監護下成長，父母離婚常會造成兒童的退化、壓抑、焦慮與無助感、低自尊、妨礙兒童社會與認知的正常

發展。不過有些研究卻發現，父親擔任監護權的男生比正常家庭男生有較好的社會能力態度，父親擔任監護權的女生則比正常家庭女生為差，父親擔任監護權的男生之社會能力發展也優於父親擔任監護權之女生。可見父母監護權的歸屬對青少年的影響可能與親子間的性別差異有密切關聯。

三、離婚父母再婚

父母離婚以後，單親家庭與重組家庭是兩種可能的情況，因此使青少年再面臨單親家庭與重組家庭之適應問題。

在美國有五分之四的離婚者再婚，其中男性多於女性，年輕者比年長者多，但僅約有一半的再婚者婚姻成功。

然而繼父母家庭常受到誤解(myth)，以致離婚後再婚的人，以及先前婚姻所生的孩子會面臨新的問題。繼父母常受到下列誤解：㈠繼父母家庭與核心家庭相似，事實上兩者有著顯著差異：1.繼父母家庭之所有家庭成員曾經歷過失落(experienced losses)；2.有一位親生父母在異處；3.兒童可能有兩個家庭；4.兒童與成人背負先前家庭(former family)的負擔；5.親子關係優先於新夫妻的關係；6.繼父母與過繼兒童之間沒有法律關係，只有婚姻存在才持續著。㈡後母都被認為是邪惡的(wicked)：在世界各文化中都存有這種誤解，像灰姑娘(Cinderella)、白雪公主(Snow White)等通俗故事的描寫即是，使得成人與兒童對後母存有刻板化印象(stereotype)。㈢社會期待繼父母與過繼兒童之間要有急速的愛(instant love)。因此，後母為避免被視為邪惡，繼父母與過繼青少年之間並不是以愛為開始，而是為了擺脫罪惡。內在與外在的壓力，要求繼父母家庭變成核心家庭的模式，造成繼父母家庭持續的挫折、失敗與不統整。

四、父母離婚兒童與青少年的年齡因素與反應方式

父母離婚對兒童與青少年之影響的一個重要關鍵是年齡因素，處

於不同年齡階段的兒童有不同的發展任務，對於父母離婚的反應也有所不同。泰德等人(*Tedder, Libbee, & Scherman, 1981*)依年齡把父母離婚兒童歸成四組，以二個向度(*dimension*)探討不同年齡階段兒童所受父母離婚之影響，並在離婚父親的團體諮商中加以討論。如表11-11所示，第一個向度包括四組年齡的兒童，另一個向度是父母離婚對兒童與青少年之影響，包括情感、如何表現(*express*)、處理問題的機轉(*coping mechanism*)、學校成就、兒童對父母離婚的歸因，兒童對父母離婚的認知、與訪問兒童的次數，以及一年以後的追蹤。從表中可知，父母離婚兒童因年齡之差異而有不同反應。

表 11-11　父母離婚對不同年齡組兒童的影響

	學前期(2½-6歲)	潛伏期前期(7-8歲)	潛伏期後期(9-12歲)	青少年期(13-18歲)
一、情感	易怒、敏銳、分離焦慮、攻擊。	悲傷、憂愁、恐懼、喪失感、失落與憤怒。	失落與拒絕、無助與孤獨、羞恥、擔憂、傷害。	失望。
二、表現	幼兒退化行為、攻擊與破壞行為、幻想。	哭泣、幻想、獨霸不與他人分享。	對母親、父親或雙親兩者的直接拒斥、易怒、需求多、教訓的態度、偷竊、身體症狀、與雙親關係緊張。	對自己當前情況開放。參與社會活動。
三、處理問題的機轉	沒有處理問題的機轉，常使用攻擊。	沒有避免痛苦的健康處理問題機轉。	把父母離婚當作嚴肅、明朗的，使情感自由、沈迷於遊戲。	更自信。
四、學校成就	仍未就學。	與其他兒童沒有差異。	明顯的低劣。	與其他兒童沒有顯著的差異。
五、父母離婚歸因	自責。	自己與父母離婚有主要關聯。	自己與父母離婚僅有少許關聯。	自己認為與父母離婚無關。
六、認知	對將要發生的事感到迷惑。	對將要發生的事感到迷惑。	清楚的知道將要發生的事。	清楚的知道將要發生的事。
七、訪問	次數多，每週一次。	次數最多，每週三次。	次數不多，且非定期訪問。	少接觸，超過9—12天。
八、追蹤	一年。	一年。	一年。	一年。
九、父母離婚的影響	多數的情況惡劣。	有65%變好，或接受父母離婚的事實，23%轉劣。	25%擔憂被父母遺忘、遺棄，75%回復以往教育與社會成就，孤獨感惡化。	多數的兒童面臨以前某些認知的問題。

資料來源：黃德祥，民71，第24頁。

　　由表11-11可見青少年期所受到父母離婚的影響並非一定不好。不過另有學者(*Wallerstein & Kelly, 1977*)卻認為在青少年階段，對父母離婚常會表現憤怒、悲傷、被背叛、有羞恥感，似乎瞭解父母的處境，但極端的關切自己的未來婚姻關係，能把自己與父母親的情緒分開，努力自尋長期的適應。不過由此亦可見，父母離婚對兒童與青少年的影響尚無定論。

　　另一方面，父母離婚兒童與青少年對父母離婚的反應，有下列五種心理轉變的歷程，頗值得輔導這些青少年與兒童的參考。

　　㈠否認階段(*denial stage*)

　　剛聽到父母要離婚的時候，兒童與青少年通常會加以否認，會試圖排斥父母離婚的事實，常把否認擴展成孤立的反應模式，把自己與同輩朋友、老師、環境孤立，他們因此學得退縮的行為。由於甚多將要離婚的父母常把離婚的事實加以隱瞞，直到情急才告訴其子女，使他們的子女受到鉅大打擊。

　　㈡憤怒階段(*anger stage*)

　　當父母離婚不可改變的時候，兒童與青少年開始有激烈的反應。這個階段的兒童與青少年試圖攻擊與父母離婚有關的人、替代者或肇事者，這種攻擊傾向與兒童、青少年對父母離婚所產生的罪惡感有關，他們也會表現憤怒的情緒，以引人注目，另有退縮或敵對的反應。

　　㈢協議階段(*bargaining stage*)

　　在此階段的父母離婚兒童與青少年試圖挽回父母，保證自己會表現更良好以圖父母和好如初，處於此階段之兒童青少年常提出條件與父母談判，或評斷父母的是非好壞，並決定父母那位是離婚的罪魁禍首，處於此階段的兒童與青少年常無心上課。

　　㈣沮喪階段(*depression stage*)

　　當兒童與青少年無法以協議方式使父母破鏡重圓後，開始會有沮喪反應，對自己過去行為的不當感到遺憾，相信自己命運多舛，或對家庭發生之事無動於衷，開始感到悲傷，因而課業退步。

(五)接受階段(*acceptance stage*)

處於此階段的父母離婚兒童與青少年意識到父母所給予之安全與保障已經消逝,開始專心思考與父母的關係,或接納繼父母與他人的新關係,此階段是他們適應的一個契機(黃德祥,民71;民76b)。

肆、如何輔導父母離婚的青少年

最近幾年來,對於如何輔導父母離婚的兒童與青少年之文獻愈來愈多。輔導父母離婚青少年健全發展的重要人物是班級教師與輔導教師。其輔導方式可以是個別的,也可以是團體的。以下將分別探討班級教師與輔導教師如何輔導父母離婚的兒童與青少年。

一、班級教師

(一)瞭解學生家庭結構與狀況

班級教師,尤其是導師於平常即應建立完整的學生家庭背景資料,對學生的家庭社經水準、家庭結構有一般性的瞭解,對於來自單親家庭的學生要寄於較大的關切與較多的體諒,但學生的家庭資料應予絕對保密,更切忌當作話題公開宣揚。

(二)注意學生情緒變化

如果學生的父母正處於離婚前與離婚時的爭吵階段,通常他們的情緒會起伏不安,或有反抗行為發生,班級教師可以進行約談,由個別談話中試探其家庭狀況。但老師應出乎真誠,給予保證,使學生能樂於吐露心聲,發洩情緒。

(三)注意日常用語

父母離婚的兒童與青少年一般對於「愛」、「家庭」、「父母」、「離婚」、「後母」、「母親節」、「父親節」、「破碎家庭」等字眼是相當敏感的,班級教師如果用語不慎,極可能就刺傷了他們的心。譬如班上如果有學生其父母離了婚,母親節快到的時候,倘若老師過於強調母親的重

要性，反而會引起學生的傷感，因為有些學生並沒有母親或只有後母。
如果教師改口說：「送一份禮物給對你重要的人」，會比說：「送一份
禮物給你的媽媽」要適切些。

㈣制止學生的不當排擠或諷刺

父母離婚兒童與青少年常常把父母離婚當作一件難以啓齒的事，
他們認為非常丟人現眼。但在國中、國小階段，一般小朋友由於涉世未
深，反而喜歡以「某某人的父母離婚」作話題，或奚落別人。遇有此種
情況教師應隨時加以制止，並有效開導，尤其應解釋人各有不同境遇，
各有不同生活方式。

㈤隨時提供建議與協助

如前面所述，面對父母離婚的情境，會有不同的階段反應，教師可
以在不同階段中提供各種建議，當這些學生的支持者、鼓勵者與疏導
者，以協助他們渡過難關。如果他們因為父母離婚而導致家庭經濟發生
困難，也應協助他們獲得各方面的接濟。如獎學金、工讀等對他們而
言，都宛如急時雨，可解決一時的困境。

此外，如作家庭訪問，協助他們的父母因應新的家庭情況（但非干
涉）亦值得努力。

二、輔導教師

㈠當班級教師的顧問

依現況而言，中小學班級任課教師是輔導工作的第一線，輔導教師
則站在輔助或協調的地位。對學生的瞭解，輔導教師不若班級教師，但
所具備的心理輔導知能，則輔導教師優於班級教師，因此，在輔導父母
離婚的學生方面，輔導教師應擔任諮詢與顧問的角色，協助班級教師進
行上述的各項輔導工作。

㈡進行個別諮商

如有需要，或者學生的情況較為嚴重，輔導教師就需要直接對父母
離婚的兒童與青少年進行個別諮商。其原則有：1.建立安全的關係；

2.傾聽學生的訴說；3.讓學生感受到世界上仍然有人關愛著他；4.著重危機調適與生活適應的探討；5.協助學生減輕痛苦與消除情緒困擾。

(三)認知與閱讀輔導

青少年對父母離婚持何種信念，是影響兒童與青少年生活適應的重要關鍵。近年來的認知與行為治療法亦強調此種觀點。因此由學生的認知著手是一個有效的輔導途徑。而讀書治療則是輔助達成認知改變與成長的另一種輔導方法。認知與閱讀輔導的目標即在於：(1)使父母離婚兒童與青少年知道父母離婚有他們的理由；(2)其他的兒童與青少年也有類似的經驗與感受；(3)父母離婚並不可恥；(4)父母仍然愛他們，只是不能和他們一起生活而已；(5)情感與婚姻仍然是可貴與值得珍惜的。

(四)進行團體諮商

父母離婚兒童與青少年的團體諮商被認為是一種最有效的輔導方式，黃德祥（民75）曾介紹了哈曼德的父母離婚中學生的團體諮商模式，內容含括家庭、情感、婚姻、繼父母等各種情況，有興趣的讀者可以參閱。歸納過去此方面的研究，多數強調父母離婚兒童與青少年的團體諮商，其目標主要有：(1)瞭解父母離婚的情況，使兒童接受父母離婚的事實；(2)使兒童澄清情感並學習克服問題之技巧；(3)發展積極的思想、態度、行為與人際關係。

對於國小學生則可借助實物，如圖畫、沙箱、布偶、漫畫等來表達情感。

(五)追蹤輔導

父母離婚對兒童與青少年的影響有可能是終生的，國外有學者認為這些兒童與青少年害怕與人親密，害怕感情受挫折，因此，妨害了異性交往與婚姻適應，最後不幸又重蹈父母的覆轍。輔導教師通常亦曾修習「婚姻與家庭諮商」，如果有熱誠，又得到學生信任的話，雖然學生已畢業，仍然可以與他們保持聯繫，給予追蹤輔導，對他們成長以後的

異性交往與婚姻提供協助,則善莫大焉。

　　總之,班級教師與輔導教師是協助父母離婚兒童與青少年健全成長與發展的重要人物,隨著離婚人口的增多,父母離婚之學生亦必然增多,班級教師與輔導教師應給予最大的關切,有效的輔導(黃德祥,民76b)。

第四節　青少年的婚姻問題與輔導

　　儘管多數的青少年是處於未婚狀態,但近年來青少年早婚(*early marriage*)與同居(*cohabitation*)現象卻有愈來愈多的趨勢,其影響也頗爲廣泛,不可忽視,由於早婚與同居所衍生的年少父母適應與未婚生子問題,更對下一代的兒童會有不利的影響,本節將探討相關問題,並說明其輔導方法。

壹、青少年的早婚問題與輔導

一、青少年早婚現象

　　所謂「早婚」係指年齡過小而結婚的現象。不過世界各國對於早婚的看法並不一致。在美國新娘的年齡如果小於18歲則被認爲是早婚,另外由於男生在生理、情緒與社會的成熟度約晚女性二年,故倘新郎的年齡小於20歲也被認爲是早婚(*Rice*,1993)。

　　圖11-6係1890至1990年美國人民第一次婚姻的平均年齡趨勢圖。

　　由圖11-6可見在1950年代女性大約在20歲左右結婚,男性在22歲左右結婚,但到了1975年以後,結婚的年齡,男女性都有顯著的提高。根據統計1979年男性平均23.4歲第一次結婚,女性則爲21.6歲。但儘管如此,1979年仍有17％的女性與5％的男性在18-19歲時結婚,同時有

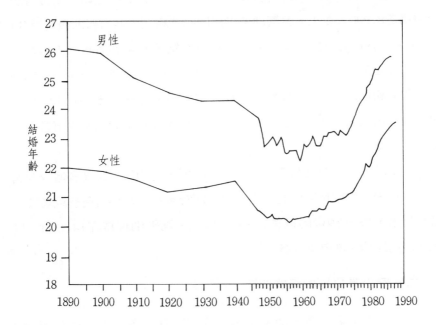

圖 11-6　美國 1890-1990 第一次婚姻的平均年齡
資料來源：Rice, 1993, p.448．

51％的女性與35％的男性在20-24歲時結婚，這些結婚者，都可視為早婚。美國人口調查局(*U.S. Bureau Census, 1990*)最新的統計顯示，目前美國五對結婚者當中，新娘至少有一個是青少年。青少年女性結婚的最大理由是已經懷孕，同時如果新郎也是青少年，其女伴愈容易懷孕。在美國青少年女性懷孕者當中，有一半嫁給了孩子的父親。但最嚴重的是這些早婚新娘的家庭社經水準都偏低，她們結婚時甚至已經有了其他小孩，同時也由於她們教育水準與經濟情況都不佳，也有較高比率輟學，導致惡性循環，使她們的婚姻難以成功，甚多以悲劇收場。青少年早婚的唯一好處是使出生的小孩獲得合法的身分地位，可是由於青少年媽媽本身面臨諸多困難，因此在教育子女上也面臨諸多困境，因此，美國社會中的青少年父母及其子女所造成的社會問題極為嚴重。

　　台灣地區青少年早婚現象，事實上也頗值得關切。依照內政部（民

80）的統計，近年來，每年約有2,000位的男性青少年結婚，女性青少
年更高達8,000人以上。台灣地區以民國80年爲例，共有新郎與新娘各1
6萬餘人，初婚者各約15萬人。未滿15歲而結婚的新郎與新娘人數並不
多，約在近百人左右，但在15至19歲的新郎與新娘就爲數不少。民國80
年全年有新郎2,236人，新娘8,929人，合計約有近一萬多的青少年係早
婚者。約占全國初婚者的三十分之一，亦即每年每30對初婚夫妻當中，
即有一對屬未成年者。

也由於每年均有爲數不少的青少年結婚，他們當中又甚多懷孕，因
此青少年夫妻也維持著頗高的生育力，同時多數人甚早當爸爸或媽媽。
近10年來，15－19歲的爸爸在3千人以上，媽媽則維持在14,000人以
上，但已比10年前降低甚多。

二、青少年早婚的相關問題

由於青少年身心各方面及學業、經濟、就業各方面條件都不夠成
熟，因此青少年早婚會遭遇較多的困難。青少年早婚的原因有下列各
項：

㈠學業與家庭社經水準較低下：一般而言，早婚的青少年其父母的
教育水準較低，職業地位也較差，青少年本身所受的教育水準也較低。
在美國絕大部分的早婚者沒有讀到高中，或由高中輟學。即使他們仍停
留在學校中，學業成就通常不高。

㈡情緒與社會發展不成熟：通常情緒與社會發展不成熟的青少年
愈容易迷戀在性愛當中，因此更容易造成早婚現象。

㈢性刺激與懷孕：這是青少年早婚的主因，由於目前青少年性誘
惑與刺激太多，加上青少年較會避孕失敗，因此青少年女性懷孕的比率
一直很高，如果不作墮胎選擇的話，常以結婚收場。此外，社會上的電
影、電視、雜誌與報紙也一直傳播性愛的訊息，助長青少年性嘗試的勇
氣，使青少年未婚懷孕，終至早婚的現象十分普遍。

㈣過早約會與社會壓力：社經地位較低的青少年由於家庭的愛與

關懷較少，因此會較早尋求與異性約會，同時同儕間更以約會為榮，故有較多發生婚前性行為的可能。當女性青少年懷孕時，其父母、親人或朋友更會對她們施壓，要求儘早結婚。另外，有些來自家庭不快樂的青少年也會以結婚當作逃避家庭冷漠的手段。

(五)**對婚姻的憧憬**：青少年對婚姻常有過多的羅曼蒂克的憧憬 (*romantic views*)，以為男女相愛即可結婚。男女青少年對婚姻愈樂觀者，往往愈會早婚。

(六)**家庭與社會條件**：有些家庭較為富裕，可能會鼓勵其青少年子女儘早結婚，在中國人社會中，獨生子女或長子常會被要求早婚，以便早日承擔家庭責任。此外，由於社會繁榮，部分已就業的青少年，基於經濟許可，也會想早日結婚。

至於早婚青少年可能遭遇的困難也有下列各項：

(一)**生活適應困難**

由於青少年早婚者身心仍不夠成熟，在生活適應上會遭遇較多的困難，其問題有下列各方面：1.無法對配偶作明智的選擇，常因一時衝動而結婚，彼此瞭解不夠，因此容易導致夫妻衝突；2.無法在職業生涯作良好發展，有些早婚青少年被迫輟學，有些被迫太早就業，更有些早婚者太早作父母，因此沒有太多心力投注於學習與工作中，因而阻礙了職業生涯的發展；3.由於不夠成熟，無充分的心智成熟程度和人生經驗應付婚姻問題。婚姻事實上是需要面對極為現實的生活考驗，如柴米油鹽之類的瑣事，甚至是嬰兒生病、送醫的緊急事情。不夠成熟的青少年夫妻常難以掌握婚姻生活中的壓力事件。

(二)**過早當父母親**(*early parenthood*)

青少年早婚的婚姻穩定性較低的另一個主因是過早當父母親。多數早婚家庭會在結婚一年後生育小孩，另有些婚前懷孕者，甚至於結婚不久即生小孩。每年約有1萬8千個嬰兒出生時，他們的父親或母親是青少年（年齡在15－19歲之間）。甚多青少年夫妻，於結婚幾年內即生育

一個以上的小孩。過早生育其嬰兒又容易早產、有神經生理缺陷、體重過輕，甚至早夭等現象，又造成青少年父母撫養與適應上的困難。另外早婚的父母也較少具有教養子女的常識，常難以適當教養與訓練其子女。

(三)財力壓力

早婚家庭的另一項困難是經濟與財力上的壓力不小。由於早婚家庭收入不穩定，職業發展又受限制，夫妻容易在金錢使用上產生爭執，又會帶來婚姻適應的困難。表11-12係青少年早婚者不論是在結婚3個月時或30個月後，都以家庭的收入開銷為最主要的問題。

表 11-12　青少年早婚的生活適應問題

適應問題	先　　生		太　　太	
	3個月	30個月	3個月	30個月
1.家庭收入開支	2.50	2.01	2.12	1.91
2.性關係	2.90	2.10	3.51	3.05
3.姻親關係	3.30	3.61	3.15	3.92
4.朋友	4.05	3.80	3.10	2.91
5.孩子養育	4.10	3.11	4.20	3.02
6.宗教活動	4.10	3.51	4.10	4.02
7.社會活動	4.15	4.10	2.30	2.21

註：以5點量表為評量方法，分數愈低表適應愈差。
資料來源：de Lissovoy, 1973, pp.246–249.

青少年早婚家庭的另一項財力問題，是在財務管理上欠缺經驗，青少年常追求立即的享受，無法量入為出，因此容易坐吃山空，雖然他們有可能獲得長輩、親人或朋友的資助，但一般而言，外人的經濟支援較為有限。

(四)人際關係適應困難

青少年早婚者較難處理姻親關係，包括婆媳或女婿與岳父母的關係，以及其他姻親關係。社會成熟度較低者，比較欠缺成熟與適當的人際溝通技巧，不易與他人發展適宜的關係，一旦過早結婚，婚姻所形成

的倫理關係又要求較多，因此青少年早婚者不易應付，其家庭也容易被孤立。夫妻相互的朋友也不會持久，使他們的人際關係遭遇較多困難。

㈤性關係滿意度低

由於青少年早婚會立即面臨生活上的各種壓力，因此，對性的需要減少，夫妻性關係受到影響，也不容易有滿意的性關係。同時由於嬰兒過早出生，又會對夫妻關係造成干擾，也有害性的滿足。

貳、青少年早婚者的輔導

由上述可知，青少年早婚其害處不少，故值得青少年父母、師長與政府的注意及妥善輔導。下列是兩個主要的輔導對策：

一、進行有效的婚前輔導與性教育

父母與教師應有必要讓國中與高中階段的青少年了解家庭、婚姻、愛與性的本質，並指出早婚的害處，使青少年不會對婚姻有太多不切實際的憧憬。有效的性教育（參考第五章）乃極為必要，一方面使青少年知道如何正確的避孕，另一方面也要使青少年對未來的婚姻與家庭有充分準備。成功的婚姻與家庭需要有下列的條件：㈠夫妻有穩定的工作與正常的收入；㈡雙方有充分的生理與心理成熟度；㈢夫妻有成熟的社會與人際關係；㈣對婚姻與家庭有共同的看法與目標；㈤夫妻有相似的個性及興趣；㈥有應付生活問題與危機的能力；㈦對子女養育與教育具有基本的知能。倘青少年不符合這些條件，應勸阻其早婚。當然，防止青少年未婚懷孕更是父母及師長特別要關注之點。

二、社會福利政策的配合

青少年早婚與生子基本上是一種社會問題，需要政府的社會福利政策的配合，例如對青少年早婚且貧困者給予醫療補助與救助，以免殃及嬰兒。另外亦需安排嬰兒托養服務，以使青少年父母能早日上學、就

業或參加職業訓練。先進國家社會福利工作早已注意及此，國內則尚待加強。

叁、青少年的同居問題

一、青少年同居類型

青少年的同居現象同樣地也是值得注意的現象。美國的大學生約有25％同居過，但國內青少年實際同居的數字如何，由於欠缺統計資料，無法估算，但以工業化國家的情況來看，青少年同居也會愈來愈多。

青少年同居共有六種類型：

㈠**短暫同居型**（temporary arrangements）：此類同居青少年只有在週末或假期間一起過夜。有時青少年派對之後也會一起過夜，另有些青少年因一起外出旅遊而短暫住一起。此種短暫同居者不一定有性行為發生，臨時邂逅的青少年常有此現象，此類型青少年通常沒有個人承諾（personal commitment）。

㈡**喜歡與方便型**：此類同居是臨時起意或為了方便而短暫住一起，此類型青少年男女常是好朋友，但欠缺長久與親密的承諾。有時候是為了分租房間而住一起，宛如電視影集「三人行」的情景，共享傢俱與其他生活必需品，生活方式近似結婚的夫妻。

㈢**親密關係型**：大學生的同居通常屬於此一類型，男女之間有親密的關係，也有情感的投入，但他們通常不會有長遠的家庭與婚姻計畫。此類型的同居時間有些只有一個月，有些持續半年以上。

㈣**預備結婚型**：此類型的青少年男女已準備要結婚，相互的情感投入較深，同居的理由較為理直氣壯，除了法律要件以外，他們的生活方式與正式夫妻相近。

(五)試婚型：(*trial marriage*)：此類型的同居目的在試驗男女相互間是否合適的生活在一起，甚至正式婚姻，試婚型的同居男女雙方有較大自主權。

(六)婚姻替代型：此類型是以同居替代正式的婚姻，雙方也無計劃取得法律認可，只希望以雙方生活在一起的方式同居(*Rice,* 1993)。

二、青少年同居的問題

基本上，青少年同居與青少年早婚會面臨相似的問題。多數青少年女性因爲同居而懷孕，最後被迫結婚，所以同居與早婚只是法律要件的差異而已，兩者常是連續的關係。不同類型的同居關係會遭遇共通的問題。

(一)住居所問題

青少年同居時多數會自己選擇住居所，但他們仍會保有原先的宿舍、公寓或其它租屋場所，以免同居中斷無處可去，另亦可防止父母起疑。同居青少年有時不易找到合適的地方，一般房屋出租者不喜歡將房子租給未婚的青少年伴侶，因此，有些青少年同居男女會以假裝的夫妻出面承租房子，但倘他們的眞正關係被發現，房東多半不再出租，故一般而言，同居男女住居所經常變動。

(二)父母的態度問題

多數青少年的父母不會同意青少年同居，中國社會的父母親尤其反對女兒與人同居，故青少年的同居常不會告訴雙親。因此，同居青少年男女較易產生罪惡感與焦慮，也常因此使親子關係形成緊張狀態。

(三)社會的標籤問題

即使是工業化國家，對於同居的青少年仍然有異樣眼光，接納程度仍屬有限。同儕間也會因爲他們的同居而與他們疏遠，同居青少年也會被烙印，不利整體婚姻與社會發展。

(四)情感問題

同居青少年最可能遭遇的問題是雙方沉湎於性愛之中，而較少情

感投入，因此，有可能因為感情的淡薄而結束同居，故同居後而男女分開的情況極為普遍。

(五)家事問題

青少年因同居而生活在一起，有與已婚夫婦相似的家事要處理，但由於欠缺法律關係，家事的責任只有靠協議，同居青少年常會因家事分擔而起爭執。

(六)性問題

同居青少年也會面臨與一般夫妻相似的性問題，如性愛次數、恐懼懷孕、性不滿足、無能等，不過由於青少年同居者在情緒、社會、財力方面都不夠成熟，故也會發生較多的性困擾。

三、青少年同居的預防

青少年同居者的親子關係通常較差，父母的影響力不足。父母充足的愛與關懷才能防止青少年男女過早希望擁有異性的愛，而與人同居。目前社會對成人男女的同居已較能接受，但對青少年而言，由於身心仍不成熟，同居會帶來極大的後果，如被迫早婚、未婚媽媽、被遺棄與被同儕加不良標籤等。

另一方面，大學生的同居常因在校外租屋居住而發生，供應充足的學生宿舍可以有效防止青少年同居的發生，因為校內宿舍有人管理，且同儕極多，同居情形較少發生。

對青少年本身而言，也應體認到同居會帶來一些負面的影響，必須自我克制。

本章提要

1. 家庭與學校是青少年社會化的兩個主要場所，青少年各層面的發展幾乎都受到家庭的影響。

2. 家庭是親子所結合而成的社會性群體。家庭基本上是二個人以上因血統、婚姻或收養關係而生活在一起的團體，主要目的在養育兒女與滿足人類的需求。

3. 家庭的重要功能：(1)生育的功能；(2)情愛的功能；(3)經濟的功能；(4)保護的功能；(5)教育的功能；(6)休閒娛樂的功能。

4. 現代家庭變遷的重要特徵：(1)家庭往都市集中；(2)家庭結構改變；(3)生育率下降，離婚率提高；(4)生活水準提高、家庭日益富裕；(5)職業婦女增加；(6)家庭遷徙頻繁；(7)家庭整體性與結構性的改變。

5. 儘管青少年階段同儕的影響力日增，但父母的角色與功能對青少年仍頗為重要。

6. 馬寇比與馬丁將父母的教養方式分為四個基本類型：(1)權威教養型；(2)獨斷教養型；(3)寬容溺愛教養型；(4)寬容冷漠教養型。

7. 依據奧斯柏的論點，在正常發展行程上，青少年就像一顆衛星，在自己能獨立自主以前，環繞父母親而繞行，個體依賴父母，並接受密集的社會化。奧斯柏認為非衛星化有兩種普遍的類型：(1)低度價值化；(2)過度價值化。

8. 親子溝通常見的問題類型有三類：(1)低度反應的溝通；(2)不良品質的溝通；(3)不一致或矛盾的溝通。

9. 阿德勒認為家庭團體的社會心理結構就像是一個「家庭星座」。在家庭星座中，父母與子女形成複雜的互動關係。每當孩子出生，家庭環境會立即有所變動，而不同出生序或排行的孩子會有不同的人格特質。

10. 兒童與青少年對父母離婚有五種心理轉變的歷程：(1)否認階段；(2)憤怒階段；(3)協議階段；(4)沮喪階段；(5)接受階段。

11. 班級教師與輔導教師是輔導父母離婚青少年的二個主力。班級教師的輔導策略有：(1)瞭解學生家庭結構與狀況；(2)注意學生情緒變化；(3)注意日常用語；(4)制止學生的不當排擠或諷刺；(5)隨時提供建議與協助。輔導教師的輔導策略有：(1)當班級教師的顧問；(2)進行個別諮商；(3)認知與閱讀輔導；(4)進行團體諮商；(5)追蹤輔導。

12. 青少年早婚的輔導對策：(1)進行有效的婚前輔導與性教育；(2)社會福利政策的配合。

13. 青少年同居的六種類型：(1)短暫同居型；(2)喜歡與方便型；(3)親密關係型；(4)預備結婚型；(5)試婚型；(6)婚姻替代型。

第十二章
同儕、學校與社會對
青少年發展的影響

　　除了家庭之外，同儕、學校與社會是三股影響青少年的主要勢力。事實上此三者是密切關聯的，因為青少年的同儕可能來自於學校與社會，尤其求學中的青少年大部分以學校同學為主要交往的對象。

　　本章將敘述同儕互動、青少年同儕團體的發展與次級文化、青少年的學校教育現況、學校教育問題，以及社會對青少年的影響等。

第一節　青少年與同儕的互動及社會發展

壹、同儕的影響作用

　　同儕(peer)係指同年齡的友群而言。青少年階段最明顯的轉變之一即係同儕的影響力大增，父母的影響力相對的減低。即以圖12-1來看，

在國小至高中四個年級階段中，國小六年級時，接近60％的學生仍有顯著的父母親取向(parent orientation)，此外同儕取向(peer orientation)的比率甚低（在10％以下），但到了國中二年級（八年級）時，父母親取向明顯下降（至約35％左右），而同儕取向顯著提高，到了高一（十年級）時，同儕取向就超過了父母親取向，到了高三（12年級）時，同儕取向比率接近40％，父母親取向下滑至15％左右，此可以顯示父母的影響力日益消退，此種情況也符合奧斯柏(Ausubel, 1954)所提出的「衛星化」與「脫離衛星化」的論點，青少年在追求獨立與自主過程當中，逐漸離開受父母保護、甚至限制的軌道。

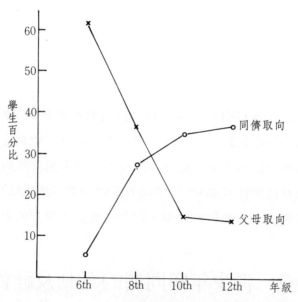

圖12—1　不同年級階段父母與同儕取向之差異
資料來源：Hopkins, 1983, p. 216.

　　同儕對青少年非正式活動方面，如休閒、玩樂、性知識、異性關係方面的影響更是遠大於父母。青少年的偏差行為或犯罪甚多亦受同儕的影響，如圖12-2係吸食過一次以上的大麻煙(marijuana)之青少年所反

應的社會取向結果。

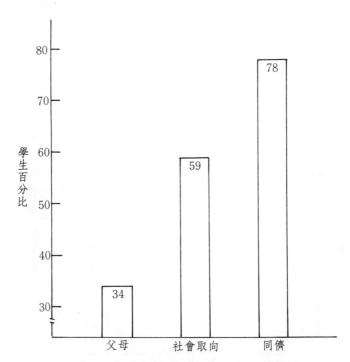

圖12—2　曾使用大麻煙青少年之社會取向
資料來源：Hopkins, 1983, p. 219.

　　在12-2圖中顯示，吸食大麻煙者反應他們所受的社會影響，就同儕
而言占了78％，父母僅占34％，另不受雙方影響者有59％（可能是來自
於其他大人的影響）。可見偏差行為也以同儕的作用力較大。

　　根據謝巴德(Sebald, 1989)的研究發現，青少年雖然仍與父母維繫某
種程度的密切關係，但青少年想請求父母提供意見的事物僅限於金
錢、教育、生涯計畫等方面，而較不願在個人問題上與父母交談，相反
的，青少年樂於尋求同儕就參加聚會、約會與其他社會活動等方面提供
意見。表12-1係青少年尋求同儕建議的課題。

　　由表12-1可以發現，在社會活動參與、衣著、購買雜誌、約會、個

表12-1 青少年尋求同儕建議的比率

問題	女生 (N = 10)	男生 (N = 10)
1. 如何花錢	2	19
2. 和誰約會	47	41
3. 參加那些俱樂部	60	54
4. 對個人問題提供意見	53	27
5. 如何穿著	54	43
6. 如何選課	16	8
7. 從事何種嗜好	36	46
8. 選擇未來就業	2	0
9. 社會事件的參與	60	66
10. 是否上大學	0	0
11. 讀那些書	40	38
12. 買那些雜誌	51	46
13. 約會次數	24	35
14. 參與飲酒聚會	40	46
15. 選擇未來伴侶	9	8
16. 是否與固定異性交往	29	30
17. 約會時的親密度	24	35
18. 性的訊息	44	30

資料來源：Sebald, 1989, pp.940－941.

人問題等方面，青少年最願意請同儕提供建議。

　　謝巴德再把1963、1976、1982及1989等幾次類似的調查作了比較，結果發現，在1963至1976之間同儕取向的程度增加，但在1980年代同儕的影響力有些微下降，同時男女有明顯的差異，女生的父母親取向比男生要高，不過到了1980年代女生某些方面受同儕的影響甚於男生，如表12-1中的金錢使用、嗜好、約會次數等同儕的作用都高於男生。

貳、青少年的社會比較現象

　　人世間的事物大多數是相對的，而非絕對的，日常生活中的許多概

念通常是經由比較而得的，如：美與醜、胖與瘦、高與矮、多與寡、成功與失敗、快樂與痛苦等，都是需要經由比較方能獲得概念。人是社會性的動物，在生活中必須不斷地與他人往來，而在與人交往中需要了解自己與群體中的他人，進而評估與判斷自己的特質與行爲是否與他人相同，以便依個人的判斷或社會情境的需求作因應與調適，以降低言行舉止的風險，或獲得心理上的滿足。每個人可以說時時刻刻地拿自己和他人作比較，此種以社會標準而非以物理標準和他人作比較的現象被稱之爲社會比較歷程(social comparison process)(Festinger, 1954; Masters & Smith, 1987)。

著名心理學家范士庭傑於1954年即提出頗受推崇的「社會比較理論」，他認爲社會比較是人類的基本驅力(drive)，人類有評估自己的能力或意見的需求，人們會透過客觀或物理性的基礎去評估自己能力的高低或意見的適當與否，但是假如欠缺客觀的標準可資依循時，人通常會以他人所提供的社會比較訊息，作爲評估自己的標準，而條件與個人相似的他人最容易被當作社會比較的對象。

根據舒斯與木倫(Suls and Mullen, 1982)的論點，人的一生有三種主要的社會比較現象：㈠與相似的他人作比較；此種比較由出生開始而於青春期達到頂峰，隨後隨年齡增加而降低。㈡與不相似他人作比較，此類比較於兒童期與中年階段形成兩個高峰，在青春期階段反而最不喜歡與不相似的他人作比較。㈢時間性比較(temporal comparisons)，此類比較是個人對不同時段內的自我表現所進行的比較。此三類比較可以在人生之中形成三個曲線，但時間性比較形成較平穩的線段形式。圖12－3即是人生之中所使用的三種社會比較模式(models)圖形。

在四歲之前兒童開始會作社會比較，因爲兒童認知能力仍以自我爲中心，而且生活環境仍屬有限。但四歲之後，社會比較的比重就開始增高，但由於四至七歲的兒童認知的複雜度仍然不高，因此雖開始作相似與不相似的社會比較，但其對社會比較訊息的價值判斷仍然有限。生活中的重要他人，如父母、老師就是兒童不相似社會比較的對象，而相

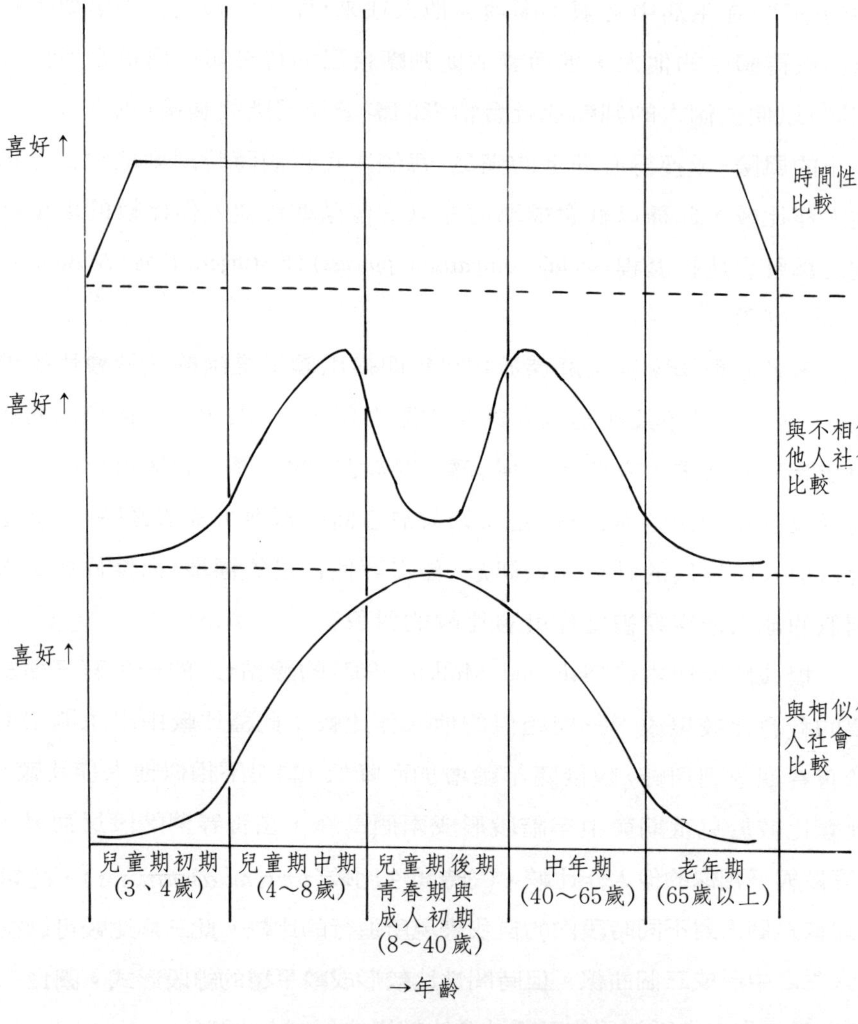

喜好↑

喜好↑

喜好↑

時間性
比較

與不相似
他人社會
比較

與相似他
人社會
比較

| 兒童期初期
(3、4歲) | 兒童期中期
(4～8歲) | 兒童期後期
青春期與
成人初期
(8～40歲) | 中年期
(40～65歲) | 老年期
(65歲以上) |

→年齡

圖12—3　人生的社會比較模式

資料來源：Suls & Mullen, 1982, p. 102 .

似背景的兄弟姐妹與同儕則是他們相似社會比較的對象。父母也會以相同或不相同的對象作楷模或例子教育小孩。因此在兒童四至七歲，亦即在兒童中期，兒童就開始進行各種社會比較。

最值得注意的是在兒童期後期與青春期，及成年期初期階段，青少年由於認知複雜度提高，開始會進行形式運思，青少年乃會作多元的因果推斷，另一方面由於生理與心理上的發展，使青少年受同儕的影響增加，此時期乃成為相似社會比較的高峰，同儕的一言一行與相關事物都是社會比較的對象。這時候不相似的他人，如父母、師長反而不會成為青少年社會比較的對象。

但到了中年期，人的社會比較模式又起變化，以相似他人作社會比較趨緩，甚至下降，但不相似他人反而增加。這可能與個人人生體驗增多、心智增長有關，對某些人生事物的比較，可能同時兼有相似與不相似社會比較現象。

社會比較訊息的內容與類別一直是相關研究關注的焦點。列拜恩與莫蘭(*Levine and Moreland, 1987*)曾以三層面分類方法對社會比較作歸類，他們將比較的類別分為：㈠比較類型（自我—自我，自我—他人，以及團體—團體）；㈡社會情境（內在團體或團體之間）；㈢時間性情境（內在時間性對不同時間，*intratemporal vs. intertemporal*）。另外比較的標準也可以區分為三種基本類型：㈠事實(*factuals*)：以實際的成就作為個人比較的依據；㈡引導(*guides*)：以自我或他人為引導所進行的比較作區分；㈢可能性(*possibilities*)：以目標人物的假設性或可能性推估作為比較的區分依據。

青少年階段是對個人身體與智慧能力重新界定的一個時期，因此學校中的青少年就有較強烈動機去接受或追求社會比較訊息，以對自己作評估，並且建立自我印象。學校的同儕對青少年的社會比較與自我評估助益甚大。雪爾澤(*Seltzer, 1980*)曾提出一個理論性架構，認為青少年的參照團體是青少年強而有力的影響機體，雪爾澤共有六項預測：㈠青少年會利用甚多的參照團體，參照團體並非只有一、二個。

㈡家長仍是青少年主要的影響來源。

㈢同儕將是青少年重要的影響來源。

㈣新的參照團體也會是強而有力的影響根源。

㈤參照團體的影響力大小視不同的課題而定。

㈥相同的參照團體會因不同的問題而有不同的影響力。

青少年的參照團體約有十四種：㈠兄姊；㈡弟妹；㈢小於自己二至五歲的朋友；㈣大自己二至五歲的朋友；㈤大自己五歲以上的朋友；㈥大眾媒體；㈦神職人員；㈧鄰居；㈨父母；㈩年長的親戚；⑪學校同學；⑫學校教職員；⑬特別的朋友；⑭其他。這些參照團體都有可能成為青少年社會比較的對象，也是社會比較訊息的主要來源。雪爾澤進而將青少年的社會比較分為五個主要類別：

㈠向上比較

1. 概念性界定：與具有較佳條件、屬性與成就之個人或個人組合相比較。

2. 假設性功能：使青少年有了評估與成就的方向感，使一個人可以達於頂峰。

㈡積極事例的比較

1. 概念性界定：與個人或團體中具有極端條件、成就、屬性，而且具有難以匹敵之品質（如運動明星等）的人相比較。

2. 假設性功能：提供努力追求極致的方向，反映了寬廣的評估空間，使個人有機會與完美地作比較（此類型比較提供了一種幻想，但無法向上比較）。

㈢向下比較

1. 概念性界定：與具有較差條件、屬性與成就的人相比較。

2. 假設性功能：使青少年自我增長，滿足自我防衛。

㈣相似比較

1. 概念性界定：與有相當或相似的條件、屬性、成就或觀點的人相比較。

2.假設性功能：可以增強自我認同與滿足自我效果(self　valida-tion)的功能，可以用來辨別相似他人思考、情感與儀表。使未肯定自己屬性的青少年得以肯定自我。

(五)範圍建立(range　establishment)

1.概念性界定：是一種語言尋求範圍，透過不同的事例而尋求或發現各種比較的界限。

2.假設性功能：建立一個內在的參考架構。

除此之外，青少年亦可能有三種特殊的社會比較：

(一)目標比較

1.概念性界定：擁有前進的品質而不受日常事物或時間的限制。

2.假設性功能：使個人能形成立即或長期的與自我有關的目標。青少年目標比較可以使青少年了解自我轉變至成人的責任。

(二)飽足(satiation)

1.概念性界定：解決內在作比較之各種問題。

2.假設性功能：提供機會感受自我與過去的相關體驗。

(三)與不相似他人作比較

1.概念性界定：與自我擁有不相似的條件、屬性、成就或觀點的人相比較。

2.假設性功能：透過對自我不同之他人的特性辨識，而加強對自己的認同。

由此可見青少年社會比較訊息與內涵所涉及的層面相當廣泛，值得作各方面的探討　(黃德祥，民81b；民81c)。

社會比較的作用有下列各項：(一)成功與失敗的依據：判斷成功與失敗常會以社會標準作依據，成敗經驗成為社會比較的基礎；(二)酬賞性質：對於酬賞的多寡也會影響社會比較的行為，酬賞本身就是行為的誘因。自我酬賞與利他行為都會受到社會比較的影響，因此，社會比較成為兒童與青少年社會化強而有力的決定因子。

另外，由於一般社會十分強調成就的價值，就青少年而言，教室、

運動場、甚至家庭都在追求成功，因此到處充滿著同儕社會比較的訊息，對其適應與成就的影響頗爲鉅大。

　　社會比較訊息可以區分爲三大類㈠行爲比較(*behavior compari-son*)：包含1.人對人的比較（如甲跑得比乙快），2.一般常模(*general norm*)（如珍是全班最優秀的人）。㈡心理建構(*psychological constructs*)：包括1.人格特質（如他眞的很笨），2.行爲傾向或規則(*behavioral disposi-tions or regularities*)（如他總是在指揮周圍的人）。㈢地位(*status*)（如我比你大）。㈣態度（如棕色是我喜歡的顏色）。㈤活動(*activity*)（如我希望能在你前面）。學校班級即充滿了類似的社會比較訊息，影響了學生的成就知覺與學習動機，甚至個人的適應。社會比較訊息的作用又與個人特質有關，男生比女生較會與同儕作比較，因此，社會比較的影響力，男生甚於女生（黃德祥，民81b；81c）。

參、青少年的友誼與社會技巧發展

一、友誼的功能與發展

　　根據瑞斯(*Rice,* 1993)的論點，青少年在社會發展上有著下列六項任務：㈠與人建立關懷、有意義與滿意的關係；㈡與不同背景、經驗及思想觀念的人交朋友，以擴展兒童期的友誼層面；㈢在社會團體中尋找接納、隸屬、認同與地位；㈣將兒童期的同性興趣與玩伴轉向異性的關懷與情誼；㈤學習與異性交往的方法及技巧，以促進個人與社會發展，並有益於未來擇偶與婚姻的成功；㈥尋求表現被接受的男性或女性性別角色，並學習適性(*sex appropriate*)行爲。

　　青少年倘能與同儕建立密切的友誼對促進其社會能力的充分發展極爲重要，有了友誼爲基礎，青少年在個人興趣與活動上就能獲得共同分享的對象，當個人遭遇問題也能獲得協助解決，或在情緒上得到支持。尤其進入青春期以後，青少年性急速成熟，引發對自己及異性新的

情感，一方面需要追求情緒上的滿足，另一方面也要追求情緒上的獨立，並能從父母的掌控中獲得解放(emancipation)，青少年的同儕友誼此時正可以彌補親子間情感上的不足。整體而言，同儕友誼具有下列的功能：㈠分享共同的興趣；㈡分享新的人生感受；㈢共同解決生活問題；㈣共享隱私與祕密；㈤相互幫助與扶持；㈥協助解決人際衝突；㈦減低個人身心改變所帶來的不安全感與焦慮；㈧重新界定自己與獲得力量；㈨能夠更順利的進入成人社會；㈩避免心理上的孤單與寂寞。故同儕情誼對青少年的發展極其必要。

　　愈能成為青少年最好的朋友(best friends)的同儕，愈能滿足青少年發展上的各種需求，但是在青少年初期，青少年也許不能立即找到合適的朋友，友誼經常是處於不穩定狀態，要形成最佳拍檔(partner)更不容易，故尋尋覓覓或不斷更換交往的對象時常可見。在青少年初期青少年的最好朋友幾乎都是同性同儕，而且有相同家庭社經水準、相同學校與班級、鄰居、相似成就水準。共同的興趣與嗜好的同儕較容易吸引青少年的注意，並經由密切的來往，包括：長時間的交談、電話聯繫、參與相同社團、進行相同的活動等，進而互相了解，並從對方滿足了前述的發展需求，最後成為密切往來的對象，建立了親密的友誼。青少年一般在14歲之間就會找到親近的朋友，女生的友誼較男生穩固，且較具互惠性質，但女生友誼的持久性不如男生。到了青少年末期，青少年建立友誼的對象更加擴大，不相同背景的同儕，也許因為具有異質性的吸引力，也可能成為青少年交往的對象，並因相互交換不同的人生體驗與興趣，進而形成友誼。

二、影響青少年友誼形成與發展的因素

一般而言，影響青少年友誼形成與發展的因素有下列四大項：

㈠性別與年齡

男女性別的差異與社會發展關係密切。在青少年階段，女生能建立自己的認同感，她們重視愛、個人與社會親密，以及信守承諾；相反

地，男生則重視地位、權力、領袖與自主。青春期女生所追求的是「親密」(*affiliation*)，男生所追求的則是「地位」(*status*)。

造成男女生社會發展與社會興趣差異的原因，通常是由於成人所造成的。在家中，父母給男女兒童不同的玩具，鼓勵他們多與同性兒童相處甚於異性。在學校中，教師也會因學生性別之不同而作不同反應。一般的研究認為男女生在友誼關係上有下列四種差異：(1)兩性團體之間的隔離狀態；(2)男性的朋友團體大於女性；(3)女性的團體比男性團體凝聚力大；(4)女性團體重視承諾、忠誠、親密；而男性團體則重視成就、領袖、與地位的獲取。此外在青少年前期，同性朋友的交往趨向最為明顯。十二歲左右是同性組合最堅強的時候。到了高中階段末期異性朋友之間的選擇增加，但是他們最佳的朋友仍然是同性（黃德祥，民78）。

(二)身體吸引力

身體的儀表、長相等，長久以來被認為是影響人際交往的一個重要因素。個人從出生至大專階段，身體的吸引力一直是重要的關鍵。有研究發現，「身體吸引力」女生有10%評為最重要，而男生則只有4%，比例雖不高，但也反映女生較重視外表因素（*Sebald*，1981）。另外瑞斯（*Rice*, 1993）還就男性與女性在生理上主要的吸引特質提出比較（如表12-2所示），其中以整體外貌最具吸引力。一般而言，兒童會選擇身體較具吸引力的同學為友，外表、長相越好者越受他人喜歡。

不過身體長相與受人喜愛的原因仍尚不清楚，可能是與長相較好會得到他人積極的反應有關，由此而發展出良好的印象。在狄恩(Dion, 1972)的一項研究中發現，大多數學生對於長相較好的兒童給予誠實、友善等較積極的評語，而長相較差的兒童則否。此外，身體有殘障者，也顯示較不被喜歡(*desirability*)。殘障者常受到排斥，這與整個社會過度強調「美的價值」的觀念有關。

一般研究認為面部吸引力(*facial attractiveness*)與身體儀表(*body build*)是影響身體吸引力與社會地位的兩個主要變項。哈特普(*Hartup*,

1983)即指出，兒童與成人對於身體吸引力的評斷相差不遠。兒童所認

表 12-2　男性與女性在生理上主要的吸引特質

身體特質	女性(N=114)	男性(N=70)
整體外貌	1.3	1.5
臉	1.4	1.5
臉上氣色	1.6	1.8
勻稱度	1.7	2.0
身體儀表	1.7	1.9
牙齒	1.9	2.0
眼睛	1.9	2.4
腿型	2.2	2.8
臀部	2.2	2.8
髮質	2.3	2.3
腰部	2.3	2.4
胸部	2.4	2.6
鼻子	2.4	2.4
唇部	2.4	2.4
側面輪廓	2.5	2.3
大腿	2.5	2.9
身高	2.9	2.7
下顎	3.1	2.8
手臂	3.1	3.0
髮色	3.2	3.2
肩寬	3.4	2.9
耳朵	4.9	3.5
膝蓋	4.1	4.2

上表數據中，得分數代表重要度，1代表最重要，5代表最不重要。

資料來源：Rice, 1993, p.183.

爲較有吸引力的人是漂亮或可愛(*smart*)、樂於助人(*prosocial*)、比較沒有攻擊性。較具身體吸引力的兒童較被他人所歡迎。

㈢社會活動

有些西方學者把運動技巧與活動視爲是社會技巧的一部分，運動技巧高者容易在校內受歡迎，因此運動成績較好者，有較高的社會地位，越多朋友的人，通常他參與的運動越多。

不過亞瑟等人(*Asher, Oden, & Gottman, 1977*)認爲不一定是運動技巧好就有良好的社會地位。他們認爲只有「專精」(*expertness*)於某些被同儕所推崇的活動，才會受到他人的歡迎，而運動的參與擴大了社會層面，才是受到他人歡迎的關鍵。

社會活動也提供兒童與青少年一個交友的機會。參與戶外活動愈多者，愈有機會與鄰居之外的其他朋友接觸的機會。參加球隊、團體學習、教會活動、夏令營等，容易交到朋友。

相同的興趣、相似的價值觀與共通的活動是交友的重要因素。學生在教室中的學習活動常非多數學生興趣所在與能力所能及，只有課外活動才有助於青少年的擇友。

㈣個人特質

一般而言，受歡迎的男生其人格較有自信、自尊，而且也傾向於內控(*internal control*)。反之，受歡迎的女生則與上述這些特質都沒有關聯。她們反而依循社會需求，而顯得較柔弱、文雅。

根據調查(*Sebald, 1981*)，高中學生對於受人歡迎的因素涉及社經地位、種族團體與性別差異等變項。其中以順從團體規範的重要性居於第一位，達47％，尤其值得注意的是女生的填答反應竟高達55％，由此一結果可見，女生順從團體規約的傾向大於男生。此項調查的結果如表12－3所示。

值得注意的是，謝巴德(*Sebald, 1981*)也以反面的問法來調查高中生何者是不受歡迎的原因，結果與受人歡迎之原因並非截然相反，而是稍有出入的。其結果如下表12－4所示。

表12－3　高中學生對受同儕歡迎之原因的看法（％）

反　　應	男	女	合計
1.順從(活動、態度、穿著)	37	55	47
2.友善與有禮	40	40	40
3.有個人表現	18	20	19
4.有良好的品性	10	20	19
5.幽默、有活力、讓人喜歡	11	12	11
6.冷靜	11	8	9
7.熱心助人、關心別人、對人感興趣	0	17	8
8.可靠、誠實	11	5	8
9.長得好看	4	10	7
10.有錢	4	0	2
11.有好的聲譽	2	2	2
12.不是同性戀者	0	4	2
13.保持時髦	0	2	1
14.參與反對體制的行為	2	0	1

資料來源：Sebald, 1981, p.188.

　　由表12－3與12－4的研究結果看來，是否被同儕所歡迎，其產生作用的因素非常多。由於受同儕歡迎的程度與個人社會能力發展有密切關聯，因此，上述二表所顯示的結果，值得重視。

　　瑞斯（ *Rice*, 1993 ）也將過去學者的研究將受同儕喜歡與不喜歡的因素對照，並列成表12－5，此表同樣也極具參考價值，當青少年不受同儕歡迎，無法與人建立友誼時，可以利用此表作檢核，並引導青少年作改善或調整。

　　由表12－5可見個人的儀表、社會行為表現與個人的品質會影響受他人歡迎的程度。青少年本身應自勉與自修以便能與他人建立情誼，俾社會層面能充分開展。

三、青少年應有的社會技巧

　　社會技巧(*social skills*)是個人在社會情境中能利用被社會接受與肯定的方式與他人互動，同時使個人、他人或相互之間獲益(*benifical*)

表12-4 高中學生對不受同儕歡迎之原因的看法（％）

反　　應	男	女	合計
1.不順從(興趣、信仰、穿著、興趣、價值)	31	34	33
2.太古板(跟從老一代)	27	20	24
3.不夠社會化，對別人不感興趣	30	17	24
4.穿不時髦的衣服	2	25	13
5.過於用功	12	13	13
6.不會吃喝玩樂	8	13	13
7.長得不好看	8	13	11
8.不夠友善、不容易和人相處	6	10	10
9.傲慢	6	5	8
10.同性戀	8	2	6
11.個性不好	3	7	6
12.太害羞、安靜	2	10	6
13.沒有約會	3	5	4
14.沒有運動能力或興趣	3	2	3
15.太像「牛仔」(cowboy)	2	2	2
16.吸食藥物	2	2	2
17.不用功讀書	0	2	1
18.太笨	2	0	1

資料來源：Sebald, 1981, p.189.

的能力。「社會技巧」的意義包括三個層面：㈠是指具有導引強化結果
(reinforcing consequences) 的能力；㈡在人際情境中能展現社會技巧；㈢
可以用可衡鑑與客觀方式加以描述的技巧性行為。社會技巧亦是在環
境中能引發增強效果的行為。它亦能促進人際關係的發展。「社會能
力」良好的人，即是具有社會性功能(social functioning) 並表現適當社會
行為的人。社會技巧就是社會能力的另一層面，具有良好社會技巧的人
能對他人激勵、增強與顯示興趣，並且在與他人互動中，以有彈性且敏
銳的方式加以掌控(controlling) （黃德祥，民82a）。

　　由此亦可見社會技巧事實上亦即是人際交往的技巧。沃克等人
(Walker et al., 1988) 則將青少年的社會技巧區分為同儕相關技巧(peer-
related skills)、成人相關技巧(adult-related skills)與自我相關技巧(self-

表12-5　青少年受他人喜愛與不受他人喜愛的人格特質

受他人喜愛	不受他人喜愛
1.個人儀表	1.個人儀表
(1)長得好看	(1)俗氣、不具吸引力
(2)女性化、面貌姣好(女性)	(2)小孩子氣、太胖或太瘦(女生)
(3)男性化、體格良好(男生)	(3)膽小、瘦小、太胖(男生)
(4)整潔、乾淨、修飾整齊	(4)邋遢、骯髒、懶散
(5)適當衣著	(5)衣著過時、不合身、不適當、髒亂
	(6)化外之人(男生)
	(7)身體殘障
2.社會行為	2.社會行為
(1)外向、友善、能與他人相處	(1)害羞、膽怯、退縮、安靜
(2)主動、有活力	(2)無活力、無精打采、被動
(3)參與活動	(3)不參與、隱遁
(4)社會技巧：良好態度、能說善道、有禮	(4)喧嘩、吵鬧、態度不佳、不尊重、自誇、
貌、穩重、自然、機智、會跳舞、玩很	愛現、不冷靜、傻笑、無禮、粗魯、聒
多遊戲、運動	噪、不知如何做事與遊玩
(5)有趣、運動佳	(5)無聊、運動差
(6)行動與年齡相稱、成熟	(6)孩子氣、不成熟
(7)冷靜	(7)聲譽不佳
(8)順從	
3.個人的品質	3.個人的品質
(1)仁慈、富同情心、了解	(1)殘暴、敵意、不感興趣
(2)合作、與人能相處脾氣好、穩定	(2)好辯、蠻橫、脾氣不佳、支配、發牢騷
(3)不自私、慷慨、助人、考慮別人	(3)不考慮別人、不可靠
(4)活潑、樂觀、快樂、歡欣	(4)說謊、欺騙、不公平
(5)負責、可靠	(5)不能開玩笑、沒幽默感
(6)誠實、有信用、公平、正直	(6)心地不好
(7)有幽默感	(7)欺詐、虛榮
(8)有理想	
(9)自信、自我接納	
(10)聰明、有智慧	

資料來源：Rice, 1993, p.307.

related skills) 三大要素，亦即社會技巧涵蓋與同儕及成人相處與互動的技巧，以及自我掌握與表現的技巧。其中同儕相關技巧又可分為社會互動技巧(social interaction skills)與社會因應技巧(social coping skills)兩部

分。對青少年而言,需要發展與訓練的社會技巧即有表12-6所述各項。表12-6各項社會技巧表現也是評量個人社會技巧高低的主要依據。最值得注意的是,社會技巧非但含有與同儕及成人有所關聯的技巧,更重要的還包含了自我相關技巧,這似乎與我國群育教育中「修己善群」的觀點相近,顯示社會技巧兼及個人內外群性的培養。

社會技巧相關理論都強調社會技巧是經由學習而得的。根據社會學習理論的觀點,行為是學習而來,個人經由社會獎懲的歷程,在與周遭他人互動之後,形成了個人的行為,社會學習經驗決定了行為的差異,因此,社會技巧訓練就是在提供正向的社會學習機會,使接受教導或訓練者能透過觀察、模仿、演練等有系統的歷程,以便獲得積極的社會經驗,進而表現適當的社會技巧或行為。社會技巧訓練的內容就是在增進被教導者新的社會體驗。不過不同學者因理論取向、訓練目標、時間,以及對象的不同,而有不同的內容題材。

表12-7係高斯坦等人(*Goldstein et al., 1980; 1989*)社會技巧訓練的內容與重點,可供青少年父母與師長教導青少年發展良好社會技巧的參考,青少年本身同樣也可以以此作為自勵的參考。

第二節　青少年同儕團體的發展與次級文化

壹、青少年同儕團體的形成與發展

一、青少年同儕團體的形成

青少年同儕團體(*peer group*)係三個以上相同年齡層青少年所組合而成,具有互動特質的群體。

青少年同儕團體的形成,以心理因素為主要原因。兒童進入青春期

表12－6　社會技巧的三類相關技巧

Ⅰ、同儕相關技巧

　A.社會互動技巧

　　1.有禮貌且慎重的注意聽別人說話。

　　2.適當的問候別人(大人、同儕)。

　　3.有技巧與他人聚會。

　　4.能擴展和同儕的對話。

　　5.借別人東西時能遵守規約。

　　6.當情境需要時能提供協助。

　　7.以適當方式讚美別人。

　　8.適當的幽默感。

　　9.知道如何建立與保持友誼。

　　10.適當的與異性交往。

　B.社會因應技巧

　　1.有技巧的與同儕協商。

　　2.有效的處理被排擠。

　　3.有效的處理團體壓力。

　　4.適當的表達憤怒。

　　5.有技巧的處理來自他人的攻擊。

Ⅱ、成人相關技巧

　　1.適當的獲得成人的注意。

　　2.以適當的方式表示對成人的不同意見。

　　3.以適當的方式符合成人要求。

　　4.工作表現良好。

　　5.獨立工作。

　　6.有良好習慣。

　　7.遵守班級規約。

　　8.有良好讀書習慣。

Ⅲ、自我相關技巧

　　1.以自己的儀表為榮。

　　2.有組織的。

　　3.表現自制。

　　4.為所當為。

　　5.接受行為的後果。

　　6.有效的處理不安與沮喪。

　　7.自我感覺良好。

資料來源：Walker et al., 1988, pp.14－16.

表12-7　社會技巧訓練的內容與重點

Ⅰ、起始社會技巧

1. 傾　　聽：注意別人說話，並努力去加以了解。
2. 開啓會談：開始與人談話，至維持一段時間。
3. 保持會談：以雙方都感興趣的東西作話題。
4. 發　　問：從別人處獲得更多的訊息。
5. 道　　謝：讓別人知道你的謝意。
6. 介紹自己：努力去認識新朋友。
7. 介紹他人：介紹新朋友給他人。
8. 給予讚美：讓別人知道你喜歡他們所作所爲。

Ⅱ、高級社會技巧

9. 尋求協助：當需要時請求他人協助。
10. 參與團體：找出參與他人團體的方法。
11. 提供教導：教導他人以使他人順從。
12. 順從教導：注重他人的教導並順從他們。
13. 道　　歉：做錯事時讓他人知道歉意。
14. 說服別人：說服他人知道你的觀念較佳。

Ⅲ、處理情感的技巧

15. 認識自己的情感：試著了解、認識自己的情緒。
16. 表達情感：讓別人知道自己的感受。
17. 了解他人情感：試著發現別人的感受。
18. 處理他人的憤怒：了解別人爲何生氣。
19. 表達情意：讓別人知道你關心他們。
20. 處理恐懼：害怕時試著找出原因，並加以處理。
21. 酬賞自我：自己表現良好時，酬賞自己。

Ⅳ、替代攻擊的技巧

22. 請求應允：作事前請求適當之人的允許。
23. 東西分享：將自己的東西與他人分享。
24. 幫助他人：別人需要時提供協助。
25. 協　　商：當你與他人意見不同時，試著找出滿意的共同點。
26. 使用自我控制：控制情緒以使事情能被控制。
27. 維護自己權益：對個人的權益能夠堅持，避免受到不當侵犯。
28. 對嘲笑的反應：別人嘲笑時仍能控制自己。
29. 避免與他人有麻煩：離開會帶來麻煩的情境。
30. 避免打架：找出比打架更好的方法應付困難情境。

Ⅴ、處理壓力的技巧

31. 表示怨言：不滿意別人所作的事情時，以不生氣的方式清楚告訴別人。
32. 答覆怨言：當別人有怨言時，試著聆聽並公正的回答。
33. 保持運動精神：他人球隊表現良好時給予讚美。

34.處理害羞：感到害羞時，作某些努力以降低害羞。

35.處理被排擠：決定是否被排擠，並作些努力以使感受好些。

36.維護朋友：當朋友沒有公平的受對待時，能讓別人知道。

37.對說服的反應：別人說服你時，想想別人及自己再作決定。

38.對失敗的反應：找出失敗的原因以使未來能成功。

39.處理矛盾的訊息：別人言行不一時找出混淆之處。

40.處理被責罵：找出被責罵原因，並決定面對責備者的最好方法。

41.對困難的會談作準備：面臨有壓力的會談之前，找出可能的談話內容。

42.處理團體壓力：別人要你作某些事之前，先決定自己該作的事。

Ⅵ、訂定計畫的技巧

43.決定事情的作法：如感到無聊，找出較感興趣的事去做。

44.決定導致問題的原因：問題到臨時，找出因果關係。

45.設定目標：開始做自己想去完成的事之前，先訂立目標。

46.決定你的能力：作事之前先客觀的決定你的程度。

47.蒐集資訊：決定應知道的資訊，並且如何去獲得的資訊。

48.安排事情的輕重緩急：客觀的決定最重要及優先要處理的問題。

49.作決定：考慮事情的不同可能性，並選擇較好的一個。

50.集中於一項任務：不分心且專注的作想作的事情。

資料來源：Goldstein et al. ,1980 , pp. 266-267;
　　　　　Goldstein et al. ,1989 , pp. 88-89.

以後，由於身心發生劇烈變化，他們不屑於再與兒童為伍，另一方面又羨慕成人的地位與特權，但卻不被成人所完全接納，因而產生無助與茫然的感覺，而且青少年逐漸尋求獨立，把家庭中無微不至的呵護，當作是一種樊籬與束縛，他們也接觸到成人世界的多樣性，對於自己的未來產生焦慮不安。當他們與同輩年齡的青少年接觸後，發現大家似乎「同病相憐」，於是同儕團體成了一個可以慰藉與滿足的地方。綜合各方面的研究，青少年同儕團體形成的因素有：

㈠獲取力量，增強自己

青少年由於心理上感到無依、無助，對自己缺乏信心，自我觀念常採負向的評價。當他們進入同儕團體以後，感到自己有所歸屬，團體就是他們的靠山，自我觀念獲得支持，增強了自己的信心。如果同儕團體的成員又具備了某種特性的話，他也會感到自己也具有某種能力，例如：一個同儕團體的成員有甚多是足球隊員，團體的成員不管是否為

足球球員，都會自認是運動健將，威風無比。某些女生常常參與自認較
有魅力的團體，自己會覺得也頗具吸引力。

(二)逃避孤獨與寂寞

孤獨與寂寞是青少年進入青春期以後，常經歷到的痛苦經驗。孤獨
與寂寞感使青少年產生焦慮，為了逃避這種焦慮，迫切需要獲得團體的
支持。在團體中青少年感覺到安全與舒適，並且可以避開成人的批評與
指責。有時在團體中青少年可以享受到成人常有的特權，例如：喝酒、
抽煙、舞會等。在美食與音樂等感官享受之下，青少年可以忘卻自己，
不再感受到孤獨與寂寞。

(三)評估與澄清自己

同儕團體對青少年的自我辨識與認定有很大的影響。青少年由於
對性、道德、未來職業、價值標準產生迷惑與茫然，自身是誰？人生的
意義何在？我要何去何從？都是青少年所常有的疑問，青少年參與同
儕團體，則可以獲得一個參照團體(*reference group*)，以資比較，可以評
估並澄清自己的角色。

(四)逃避責任與工作

青少年生理逐漸發展，身高與體重均不遜於成人，成人們開始對青
少年產生期望，要青少年自我關照，承擔起成人的責任並且要遵守成人
社會的道德規範，使青少年感到壓力重重，為了逃避成人的指責與嘮
叨，並減少自己的責任與工作或學業的負擔，同儕團體自然成了一個避
難的地方。

二、青少年同儕團體的功能

人際交往的適應良否，影響了青少年未來人格的發展。同儕團體如
果發展方向偏差，當然會對青少年造成不利的影響。但是同儕團體對青
少年的社會化也有無比重要的影響。

青少年同儕團體具有下列的功能：

(一)**替代家庭的功能**：青少年在家庭中常常是處於被支配的地位，自

己思想觀念與行動表示，往往不會獲得家庭其他成員正確的回饋，使青少年移向尋求同儕團體的支持，自己與團體成員較常屬於平等地位，不會有壓迫感。

㈡穩定性影響(*stabilizing influence*)：在同儕團體中，青少年有安全、穩定的感受，青少年心理會覺得平和、怡悅，這種穩定性影響對於青少年人格發展有所幫助。

㈢獲得自尊(*source of self-esteem*)：青少年一旦獲得同儕團體所接納，會覺得自己有價值，能增強自己的信心。

㈣得到行為的標準(*source of behavior standards*)：在同儕團體中有一定的價值判斷與行為規範，青少年在同儕團體與他人互動過程中，可以學到行為的準則。

㈤有安全感(*security in members*)：同儕團體成員常常會說：「其他團員都是如此，我又有何不可？」青少年在團體中知道了自己不異於他人，因而有了安全感，行為表現也較無顧忌。

㈥有演練的機會(*opportunities of practice by doing*)：在同輩團體中，經常有摹仿成人活動的行為，例如：社交活動、約會、行酒令等，青少年可由這些模擬的活動中，學習到成人的行為方式，並由同儕們的回饋，可以修正自己的行為。

㈦示範的機會(*opportunities of modeling*)：來自低社經水準的青少年，由於家庭沒有正確的道德規範，不利青少年的人格道德發展，同儕團體正好提供低層社經水準青少年的一個行為典範。

此外，艾德爾遜(*Adelson, 1986*)認為，同儕團體有下列功能：㈠補償的功用：青少年遭遇的困難與挫折比兒童期為多，同儕團體正好是一個青少年獲得補償的團體組織；㈡排解情緒的功能：青少年的情緒趨向強烈與變動不定，青少年經由同儕團體的接納與支持可以排解情緒的緊張狀態；㈢影響人格的形成：交友是人格的一部分，同儕團體可以提供交友的機會，有助於青少年的人格及情緒發展（黃德祥，民75）。

羅傑斯(*Rogers, 1977*)更把青少年同儕團體的功能歸納為下列九大功能：

㈠雷達功能：(*radar function*)

青少年同儕團體協助青少年了解他們所作所為。他們的行為方式容易顯現在同儕所形成的雷達螢幕上，並且能由同儕獲得反射，知道自己的行為表現，進而作某些調整。

㈡取代父親的功能

雖然甚多青少年一直想排斥父親的權威，但他們對父親的權威角色事實上仍相當依賴，同儕團體中的領袖，剛好可以當作父親角色的替代人物，協助青少年日趨獨立。

㈢支持獨立的功能

青少年由於尋求獨立與自主，常與父母發生衝突，青少年的同儕團體可以當作與父母抗爭的支持力量，當被父母責備與排斥而產生罪惡感時，同儕相互的支持，可以使青少年心理壓力得以減輕。

㈣建立自我的功能

青少年對自己的體認仍然不深，是自我容易混淆的一個階段，同儕團體可以讓青少年覺得自己是一位不錯的人，進而促進自信心的發展。

㈤心理依附(*psychic attachment*)的功能

親密與隸屬的需求是人類的基本需求之一，與同儕相處正可以滿足此種心理需求。在兒童期階段，家庭是心理依附的對象，到了青少年期同儕就逐漸在心理依附的需求滿足上扮演重要的角色。

㈥價值取向的功能

青少年的同儕團體成員來自於不同的家庭環境，有各自不同的價值觀念，參與同儕團體正提供青少年認識、了解，甚至學習各種不同價值體系的機會，同儕團體常會討論各種價值觀念，使青少年增多了各種選擇的可能性，並有益於作有效的決定。

㈦地位設定(*status setting*)

所有的社會都有各自的地位階層，每個人都期望知道在社會中的地位，同儕團體容許青少年試驗如何成爲支配性或順從性的社會地位，並從他人的回饋中，知道自己地位的高低。

(八)負向認定(negative identity)

青少年同儕團體形成的原因之一在於他們對成人或其他的人有著不滿與敵意，亦即青少年常因心中的不滿而故意參加同儕團體，在團體中他們可以獲得保護傘，免於再受支配與控制，因此青少年同儕團體常存有反抗、叛逆的特質。

(九)逃避成人的要求

進入青少年期後，父母與師長的要求更多，如父母要求承擔更多的家事、老師會要求花更多的時間學習功課，參加同儕團體有時正可逃避成人的要求，如果同儕團體又獲得成人的認可，如球隊、樂隊，正給團體獲得逃避要求的一個好藉口。

三、青少年同儕團體的發展過程

青少年同儕團體的結構隨著年齡而改變，在兒童期的團體僅僅是遊戲的團體，進入青春期以後同儕團體的聚合過程有著明顯的變化。唐費(Dunphy, 1972; 1990)曾以圖12-4來解釋青少年同儕團體的組織發展過程。

第一階段：這時期的青少年大多是孤立的同性小黨(unisexual cliques)，又稱爲聚眾前期(precrowd)。這個階段的青少年男女團體間相互隔離，沒有交往。

第二階段：開始形成聚眾性(crowd)的團體，同性的小團體間並開始有所往來，而且開始與異性交往。

第三階段：稱爲聚眾性團體的過渡時期，這時期兩性團體間的領導階層份子開始與異性個別交往，另外形成混合性的團體。

第四階段：稱爲完全發展的聚眾性團體(fully developed crowd)，各個混合男女兩性的團體間，有著密切的交往。也是男女交往較頻繁的階

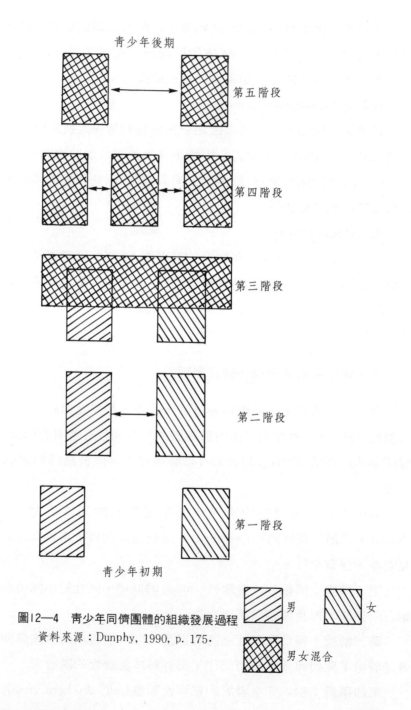

圖12—4　青少年同儕團體的組織發展過程
資料來源：Dunphy, 1990, p. 175.

段。

　　第五階段：聚眾瓦解期(*disintegration*)，這時期聚眾性團體開始有分崩離析的傾向，混合性團體中，逐漸有成雙成對的男女小團體出現，小團體間的組織因而渙散。

　　由唐費的理論來看，青少年由小黨組織至聚眾性團體，進而與異性交往，最後至同輩團體的解散，乃是青春期青少年發展的必經階段。

　　同儕團體的成員在團體中有他們各別的角色與地位，由於青少年的自我認定仍屬於嘗試階段，所以在團體中獲得社會地位與名譽是很重要的。通常在團體中有較高智商者，容易獲得較高的地位。除了智商以外，要獲得高地位，並必須具有下列條件：㈠有變通角色的能力；㈡有迎合團體需要的能力；㈢增進團體目標之達成的能力；㈣行為被團體所接受；㈤來自較高社經水準者，才有較高的地位。在家庭裡不被接受的青少年，在同儕團體中的地位也較低。此外，青少年身體是否具有吸引力與受歡迎的程度成正比，外表好看、乾淨、友善、優越與種族的刻板化印象是決定同儕團體中之地位的因素。

　　一個青少年在某一同儕團體被拒絕，或是地位偏低，在另一個團體中，並不一定會受到同等待遇，因為，同儕團體的價值與規範常是變動不居，差異極大的，是否被選為領袖也因不同團體而異。同儕團體領袖的特質可以歸納如下：

　　㈠身體具有吸引力。

　　㈡有判斷的能力。

　　㈢能作決定。

　　㈣對他人能提供意見或建議。

　　㈤自信。

　　㈥富有想像力。

　　㈦成熟。

　　㈧具有廣泛興趣。

　　㈨公平不自私，而且獨立性高（黃德祥，民75）。

貳、青少年的次級文化

一、次級文化的意義與形成

文化是人類生活經驗的總和,是個體行為的社會藍本(social blue-print)(Dacey, 1986)。文化可以分為主流文化(dominant or main culture)與次級文化(subculture)兩種,主流文化是社會多數人,尤其是社會中堅分子的文化,次級文化則是對應於主流文化的名稱。一個文化之中通常包含了各種不同的次級文化。次級文化就是次文化社會成員所共享的一組規範、信念、價值、態度與生活方式。

青少年次級文化的形成,主要有三個模式加以解釋:

(一)心理源生模式(psychologenic model)

次級文化常因多數人有相似的適應問題所引發的,有共同問題的人容易聚集在一起,並相互協助一起克服問題。現代青少年由於較少實際演練進入成人文化中的機會,他們常把社會看成是複雜、矛盾與難以理解的世界,他們不知道如何去適應,也不知道應該如何去做才正確。青少年為了逃避矛盾不明的世界,轉而進入由其它同儕所建構而成的世界中,在此世界中青少年因為有相同的感受與生活體驗,使他們的心理困難得以紓解。基本上,青少年的次級文化是逃避現實困難的一種心理反應。

(二)文化轉換模式(culture transmission model)

青少年次級文化常在於模仿上一代的次級文化,經由學習的歷程,青少年在次文化中模仿長大之後的生活方式,使上一代的文化可以轉換至下一代之中。青少年的次級文化即具有轉換的功能,使文化一代代的傳遞下去。

(三)行為模式(behavioristic model)

青少年的次級文化可以視為是一系列嘗試錯誤行為的結果,假如

行為獲得增強，行為就容易持續下去，並且相互影響。由於青少年在現實生活中時常遭遇困難與挫折，宛如接受了太多的「嫌惡刺激」(aversive stimuli)，在與成人文化互動時有著太多痛苦的經驗，因此他們試著要逃脫這些嫌惡刺激，轉而尋求同儕的支持，在同儕團體中他們的感受會較自在，因而對青少年具有正向增強作用(positive reinforcement)，使青少年的次級文化容易形成(Dacey, 1986)。

青少年的次級文化包括了下列的要素：

(一)親近(propinquity)

青少年次級文化形成的主要原因是親近因素，居住、學習或活動範圍接近的青少年，容易形成一個次文化體系。身體上的親近同時也是青少年互助的重要作用力量，無法面對面的接觸，不易形成次級文化。

(二)獨特的價值與規範

相同種族、年齡、政治與倫理背景的人，常有相似的價值觀念，青少年由於仍受成人所支配，因此促使他們想要創造一個屬於自己的世界。在同儕團體中他們有獨特的價值與規範，如忠誠、可靠、慷慨。具有與生理性別相稱的性別角色者會受到接納與肯定。

(三)同儕團體認同

青少年的次級文化會要求青少年的投入與參與，當青少年與同儕團體接近後，可以透過團體解決部分個人適應上的問題，青少年因而會對同儕團體產生認同，有了團體認同再進而可以使個人對團體產生信心，增加依附力量。

(四)聖雄式的領導(charismatic leadership)

次級文化團體通常會有一些領袖，這些領袖會決定團體的走向，較具聖雄式、高聲望的同儕容易被推為領袖，次級文化團體領袖一般需要具有四大特質：1.顯著性(visibility)：與其他團員的行為方式有顯著不同；2.優越性(superiority)：長相較好、學業、運動、體能等較佳者容易當同儕領袖；3.自信(self-confidence)：青少年參與同儕團體常起因於對自我信心的不足，需要依附信心較強者，青少年同儕團體中較高自信

的人容易起而領導他人；4.社會敏感度(social sensitivity)：有效的領袖需要了解成員的需求，並且能滿足他們。社會敏感度較高的人，較能獲得別人的信賴與支持。

(五)渴求自主

青少年由於覺得自己的文化不如主流文化，因此，青少年次級文化的成員通常希望本身自行其是。渴求本身次級文化的自主性，有助於青少年次級文化的自由發展。不過青少年次級文化經驗的自主需求有些是階級性的，有些是力求永久性的自主，如嬉皮(hippic)團體希望永久與主流團體分離。青少年次級文化團體的領導者一般也鼓勵成員能與主流文化不同，以便呈現次級文化的差異性。

(六)溝通的特殊管道

雖然今日大眾傳播媒體十分發達，但大眾傳播媒體所傳達的多數是主流文化，同時也無法扮演所有人類的溝通管道。青少年希望有自己的溝通管道，能反映青少年的心聲，青少年的次級文化就具有擴散青少年資訊的溝通功用。

(七)特殊的語言

青少年次級文化容易自行創造與主流文化不同的語言，這些特殊語言通常具有下列的特性：1.與兒童的語言不同；2.不同次級文化團體的語言也會有差異；3.與成人的語言不同；4.與上一代的青少年所使用的語言不同。國內青少年常使用在正規語言中少用的字眼，如「酷」、「衰」、「馬子」、「條子」等即是例子。青少年次級文化中也慣用暗語(lingo)，非屬次級文化中的人，往往無法理解。

二、青少年偏差次級文化與幫派

青少年偏差次級文化(delinquent subculture)是在次文化之外所形成的反抗傳統、反抗權威、反社會行為或犯罪的文化組體。然而，青少年的偏差行為、犯罪或參加幫派都有長遠的形成作用因子。一般而言，在兒童期遭遇較多困難、家境不良、父母管教不當，以及在學業低落、人際挫敗的青少年容易發生偏差或犯罪行為，甚至參加幫派。圖12－5係

青少年反社會行爲漸進形成過程。

　　由圖12－5中可見家庭經濟困難與生態社會因素，以及缺乏成人約束、欠缺家長適當管敎而形成偏差行爲，再導致在學校中被成人與同儕所拒絕，最後形成偏差行爲或加入幫派（ Whirter , 1998 ）。

　　幫派（ gang ）是有組織與凝聚力的偏差次級文化。青少年的幫派具有下列的特徵：

　　㈠幫派是統整的：青少年幫派有團體意識，團體成員們向團體認

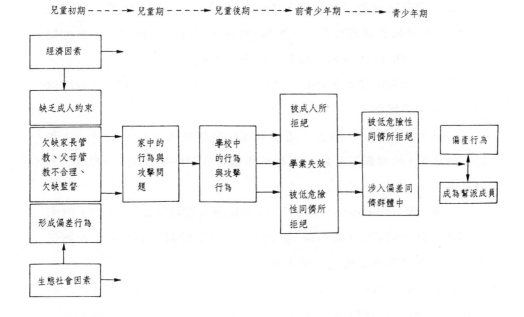

圖12－5　青少年反社會行爲漸進形成過程
資料來源：Whirter, 1998, p.168 .

同，大家認定團體是一個整體(group as a whole)。

㈡**幫派經驗到衝突**：由於青少年幫派常有反社會及非社會行爲傾向，因而幫派常與警察、師長或別的幫派產生衝突。

㈢**幫派有結構性**：幫派的領袖有一定的角色，而且常與其他成員的地位不同，每個成員在團體中有一定的角色與位置，團體並訂有一定的規約。

㈣**幫派有一定的大小**：幫派的大小有一定的程度，一般而言，幫派的大小是以不超過領袖權力控制範圍以外。

㈤**幫派不試圖去改變社會標準**：儘管幫派有反社會行爲表現，但是幫派不自認是一個改革者的組織，他們不想去改造社會的結構。

幫派常有特殊的目的存在，團體成員間比一般同儕團體更具忠誠與團結，並且較有組織與規約。然而，社會上並沒有二個完全一致的幫派組織，上述的特徵只是一般幫派的普遍特性而已。

青少年幫派由於目的不一、成員不同，形成不同的類型，常見的幫派有下列不同類型：

㈠**社交幫派**(social gang)：這種幫派經常模擬成人活動，舉辦一些社交性活動，此類幫派常是較高社經水準青少年所組成的，一般而言，這種幫派是無害的。

㈡**非行幫派**(delinquent gang)：這類幫派接受成人的價值觀，但卻常有非社會行爲發生，如偷竊、搶劫等。參與這類幫派的青少年情緒仍很穩定，他們除非不得已不使用暴力。

㈢**暴力幫派**(violent gang)：此類幫派具有強烈的攻擊行爲，成員的情緒多不穩定，常迷信暴力的效果，以致經常以暴力攻擊來化解敵意。這種幫派對社會治安危害最大。

㈣**男性家長次文化型**(parent-male subculture)：這類的幫派在美國最普遍，成員大多是工人階級，如果社會要把中等階層的文化加在他們身上時，他們會以這是有惡意的、沒有實用價值的或以消極的態度來作反映。

㈤衝突趨向次文化型（*conflict-oriented subculture*）：這種幫派最為普遍，幫派有自己的稱號，有強烈的合作認同感和公眾性的人格，常有攻擊傾向。

㈥吸毒次文化型（*drug-addict subculture*）：這個類型的幫派是以功利、享受而結合成的，基本上是由一些小黨聚集而成的組織鬆懈的幫派，幫派的活動一般均在於滿足他們的壞習慣。

㈦半職業性竊盜次文化型（*semiprofessional theft subcculture*）：與吸毒次文化型幫派一樣，團體是功利性質的組織，某些青少年把幫派的活動當作是生活的一部分，他們使用各種策略去獲得金錢、偷東西，以獲取利益。

㈧中等階層非行次文化型（*middle-class delinquent subculture*）：這類型幫派有中等階層的價值觀，但懷有惡意、好鬥、逞強、有暴力傾向，常有計畫的進行冒險。

由於青少年幫派較一般同儕團體有組織、有結構，而且有一定的規約，因此，幫派內成員的互動常因幫派的差異與變動而有所不同。存在較久的幫派，團體對成員的期望較明確，但是互動仍然是非正式的，不像軍隊有嚴謹的階層。幫派組織其互動有下列特性：㈠有自己的標準與價值，不同於其他團體；㈡有相似的語言行為，如：黑話、俚語等；㈢有相同的生活型態，如紋身、共同的衣著、音樂或標識；㈣有歸屬感；㈤具有某些傳統；㈥努力去達成團體目標。

在幫派內的領袖常持有某些特權，以引導團體的方向，或執行團體的規約，領袖地位的獲得如前述同儕團體領袖之形成過程，而且特別重視勇敢、有挑戰性。為了團體的存在，團體成員必須遵守共同規範。團體成員如有變動，則常會影響團體的特質，也常會形成團體內成員間的競爭或排斥，但如果團體有明確目標或其他幫派對抗之中，則團結性較高。一般而言，團體成員對新進成員常採漠視或消極的態度。

新進的成員，為了要獲取幫派其他成員的接納，必須要有所作為，如果幫派有了新行動或較危險的任務，往往會派新進的成員去進行，例

如：在一個竊盜性幫派裡，新進成員常要偷取一定數額的金錢或物品時，才會被幫派所接納，其地位才能漸趨明確。

幫派新進的成員，如果本身符合團體的需要，且具備當領袖的特質，常會與幫派舊領袖形成對抗，這種對抗會引起幫派的緊張，其結果如非新領袖奪權成功，則易分崩成新的幫派，這種分離的過程以幫派內成員的擁護人數多寡有正相關，亦即受較多幫派成員擁護的人，有較高的領袖地位。

幫派規約是維持幫派運行與達成團體目標的重要條件，規約的訂定常是由幫派領袖或是少數較聰明的成員研擬而成，有的幫派規約在招募幫派成員時即已擬妥，某些是有一定成員後再共同訂定。幫派規約一般包含下列內容：㈠幫派名稱：如，「七星幫」、「十三太保」等；㈡幫派目標：如「本幫派在於行俠仗義，吃軟不吃硬」；㈢幫派活動範圍：即幫派所自稱的「地盤」；㈣幫派成員的任務與地位：像某一竊盜團體規定成員每天必須偷一樣東西回幫派；㈤幫派成員的制裁規定：這是必有的規定，幫派最嚴厲的制裁之一是把違反幫派規約者逐出團體；㈥保密規定：使幫派免於警察與師長的取締與約束。

幫派與幫派間如果目標一致，互動會增加，這種幫派間的互動會進而影響了幫派內成員間的互動。如果幫派與幫派的利害衝突，目標不一致，則容易造成對抗，甚至以暴力解決衝突。衝突失敗的幫派，由於既有的領袖失去統制的地位，幫派活動的範圍受到排擠，幫助往往趨於瓦解，或是其團體成員被勝利幫派所吸收，或遷移地方另行活動。此外，幫派的目標如已達成、失去領袖、幫派內再形成小幫派，都易使幫派趨於渙散，如果遭遇警察取締或制裁，也會使幫派趨於解散（黃德祥，民75）。

第三節　學校教育對青少年發展的影響

　　學校教育的目的在於培養德、智、體、群、美五育健全發展的兒童與青少年。學校與家庭同是青少年社會化的最重要場所，青少年至高中畢業共有12年以上的時間在學校中生活，約占人生的六分之一，學校教育對個體生長與發展的重大影響，不可言喻。

壹、青少年教育現況

　　教育的發展是台灣近40年來的重大成就之一，尤其民國五十七年初中改成國民中學之後，一般國民的就學率與在學時間即大幅提高。

　　民國五十七年以後，我國青少年在國中與高中階段的就學人數增加十分快速，如民國五十七年時就讀國中者14萬7千餘人，就讀高中者4萬1千餘人，就讀高職者有2萬8千餘人，到了民國七十九年國中學生人數高達37萬餘人，高中有6萬3千餘人，高職更高達12萬8千餘人，由此可見在20餘年中，國中學生數增加了2倍多，高中增加了1.5倍多，高職則增加近6倍，成長速度頗為快速，高職就學人數更頗為可觀。由量的增加可以發現青少年受教機會大幅成長。再以國小畢業生的升學率（亦即進入國中就讀的比率）、國中畢業生的升學率（亦即升讀高中、高職或其他上一級學校的比率），以及高中、高職畢業生的升學率（亦即升讀上一級大專院校的比率）來看，青少年的就學率亦逐年增高。

　　民國57年國中改制當時，平均只有74.17%的青少年進入國中就讀，但至民國65年以後國中的就學率就增加到90.41%，至民國75年更提高到99.04%，至民國80年接近100%（為99.28%）。其餘未升學者以殘障學生居多。如行政院主計處（民81）統計發現，6至15歲的失學者人口為4,522人，其中殘障者為1,946人（占43.0%），另有23.22%身分不明，正常兒童占33.75%。

　　此外，國中畢業青少年升學率亦由民國57年的83.95％，增加到80
年的86.09％，可見增幅並非很大，在民國60年代間，國中畢業生的升
學率尚且徘徊在60％左右，值得注意的是，國中女生的升學率歷年來有
高於男生的趨勢。

　　至於高中高職畢業生的升學率，高中階段近20年來維持在40％以
上，民國80年更高達51.94％，這可能與國內近年大專院校增校、增系
與增班有關。另外高職畢業生近五年升學者也日漸增多，但比率仍低。

　　表12－8係我國目前教育概況，表12－9則係國小、國中與高中職學
生的升學率。由此兩表可見，我國國民教育與中等教育極為普及，國內
青少年極大部分均在求學當中，國中階段青少年幾乎每個人都在求學當
中，高中職階段青少年亦多數在求學當中；此外，國內青少年的求學人
數與比率都有逐年增高的趨勢；另由於國內各級學校、科系所都在增多
當中，故青少年的就學與升學管道將更形寬廣。

貳、影響青少年學校成就的主要因素

　　由上述分析中可見，青少年接受教育在量的方面增長迅速，但量的
增加並不一定表示青少年的學校教育在質的方面亦同樣提昇，事實
上，學校教育即可能因量的提高而降低了質的水準。如學校無可避免的
會遭遇擁擠、嘈雜、秩序難以控制等的問題。影響青少年學校教育成就
的因素非常多，下列是主要的因素：

一、學校教師

　　學校教育成功的關鍵在於教師是否稱職。學校如果個個都是「好老
師」(good teacher)青少年學生將立即受益，其影響可能終其一生，中國
儒家將天、地、君、親、師並列，可見對教師之推崇程度。

　　不過要當一位「好老師」並非容易，一位好的老師應具備三個基本

表12－8　我國目前教育概況

單位：校：人：%

學年度別	初等教育				中等教育				高等教育①			
	學校數	老師數	學生數	學生／老師比率	學校數	老師數	學生數	學生／老師比率	學校數	老師數	學生數	學生／老師比率
73年	2474	71512	2273390	31.79	1046	75775	1677924	22.14	105	20061	412381	20.56
74年	2486	72287	2321700	32.12	1052	76563	1678767	21.93	105	20848	428576	20.56
75年	2486	74838	2364438	31.59	1055	77849	1691516	21.73	105	21769	442648	20.33
76年	2472	76226	2400614	31.49	1059	78747	1707270	21.68	107	22849	464664	20.34
77年	2478	77892	2407166	30.90	1063	80062	1742116	21.76	109	23809	496530	20.85
78年	2484	80849	2384801	29.50	1073	81986	1767835	21.56	116	25581	535064	20.92
79年	2487	82583	2354113	28.51	1086	84260	1818301	21.58	121	27579	576623	20.91
80年	2495	84304	2293444	27.20	1095	87206	1870315	21.45	123	29444	612376	20.80
81年	2492	84052	2200968	26.19	1101	89071	1909625	21.44	124	31430	653162	20.78
82年	2505	83480	2111037	25.29	1104	91711	1940239	21.16	125	33392	689185	20.64
83年	2517	84150	2032361	24.15	1113	93617	1947022	20.80	130	35163	720180	20.48
84年	2523	87934	1971439	22.42	1123	96222	1935613	20.12	134	36348	751347	20.67
85年	2519	90127	1934756	21.46	1138	98438	1908935	19.39	137	37779	795547	21.06
86年	2540	92105	1905690	20.69	1151	99411	1874747	18.86	139	38806	856186	22.06
87年	2557	95029	1910681	20.11	1158	98857	1814202	18.35	137	40149	915921	22.81

資料來源：教育部，民88，第2頁。

表12-9 我國各級學校升學率

年	國小畢業生升學率			國中畢業生升學率			高中畢業生升學率			高職畢業生升學率		
	平均	男	女	平均	男	女	平均	男	女	平均	男	女
三九	31.78	35.93	24.91	61.15	56.07	39.38	39.76	…	…	…	…	…
四五	47.75	53.67	38.91	71.39	77.24	58.73	41.94	…	…	…	…	…
五十	53.79	63.02	42.39	78.60	85.87	66.87	44.65	…	…	…	…	…
五五	59.04	69.38	47.42	75.80	77.58	73.20	38.62	…	…	…	…	…
六十	80.85	88.70	72.28	69.62	68.78	70.84	43.47	35.29	56.64	…	…	…
六五	90.41	95.12	85.42	61.57	59.50	64.17	42.39	36.99	49.84	…	…	…
七十	96.77	98.29	95.16	68.11	66.29	70.12	45.39	39.56	52.72	…	…	…
七一	97.96	98.77	97.10	71.52	70.87	72.23	46.03	40.80	52.72	…	…	…
七二	97.95	98.77	97.09	69.55	68.47	70.72	46.40	40.01	53.79	…	…	…
七三	98.70	99.48	97.87	70.54	68.98	72.21	44.36	38.31	51.18	…	…	…
七四	98.73	99.07	98.38	71.31	70.08	72.62	40.19	35.53	45.68	…	…	…
七五	99.04	99.47	98.59	77.13	73.96	80.50	40.98	36.31	46.45	…	…	…
七六	99.51	99.37	99.65	79.32	75.34	83.19	46.26	38.87	54.63	2.83	4.43	1.36
七七	99.09	99.16	99.02	79.51	75.70	83.52	45.53	37.29	54.86	4.57	7.72	2.50
七八	99.62	99.79	99.44	79.60	76.80	82.47	44.40	39.86	49.29	7.00	8.84	5.41
七九	99.77	99.98	99.56	84.70	81.40	88.09	48.58	46.38	50.94	12.92	12.01	13.68
八十	99.28	99.34	99.22	86.09	83.08	89.19	51.94	55.24	48.43	13.68	14.47	13.04
八一	99.54	99.37	99.71	88.32	85.17	91.58	59.15	63.61	54.29	13.71	14.87	12.78
八二	99.53	99.27	99.80	87.78	84.94	90.75	61.32	64.47	58.29	18.03	18.44	17.71
八三	99.83	99.77	99.89	88.49	85.79	91.31	57.38	55.64	59.32	16.22	16.11	16.31
八四	99.75	99.77	99.72	89.17	86.73	91.71	56.58	53.01	60.51	17.84	17.13	18.43
八五	98.89	98.70	99.09	90.70	88.59	92.91	58.88	55.31	62.71	17.71	16.67	18.58
八六	99.18	99.19	99.18	92.02	90.15	93.98	61.95	60.30	63.73	23.32	22.53	23.99

註：七五年起國中升學率含實用技能班資料。

資料來源：教育部，民88，第2頁。

條件：㈠具有良好且專業化的本科知識與學養：如英文老師本身英文程度應符合本科的專業標準，其他各科亦然；㈡有熟練且技巧性的教學知能：亦即有良好的教學知識與能力，能有效的將學科知識傳授給學生，達成教學目標；㈢具有良好人格特質與專業精神：可以循循善誘，誨人不倦，對教育工作充滿熱忱，能當學生楷模。㈣有出色的外表或儀態。再以工作取向分析，好的老師亦應具有三方面的能力：㈠有效的行政溝通能力，善用校內外資源，協助學生有效學習；㈡教學成功，使學生沒有失敗者；㈢具有輔導學生的能力，能協助學生解決學習、生活與生涯發展上的問題，進而作最佳適應，發揮潛能。整體而言，影響教師教育效果的因素有下列幾方面：㈠教師人格特質；㈡教師的專業素養；㈢教師的教學技巧；㈣教師的教學精神；㈤學生的人格特質、背景與學習情況。

「好老師」應具有良好的人格特質，方能產生良好的教學效果，其主要的特質有：㈠具有情緒上的安全感；㈡性情溫厚而親切；㈢思想開朗；㈣具有誠意與說理能力；㈤具有民主態度；㈥關切學生的反應；㈦身教重於言教；㈧言出必行；㈨不自以為是；㈩能協助學生解決困難；㈪富幽默感；㈫公平；㈬具有同理心；㈭熱忱負責。教師的人格特質與學生的人格特質的交互作用，是決定學生學習效果的重要關鍵。教師與學生人格特質的適配性或相似性(match, congruence, or similarity)更會直接影響到學生對教學效果的評鑑。教師對本科知識的專業素養亦是影響教學效果的重要因素，具有專業知能的教授方能勝任教學工作。此外，有效教師(effective teacher)共有五個效標：㈠教學具明確性，教學有系統，循序漸進，內容與目標明確清晰；㈡教學活動富有變化(variety)，且生動活潑；㈢教學具有工作取向(task-orientation)，教學努力、關心學生、努力達成學習的目標。㈣全心全意投入教學過程之中，充分準備教學，努力付出，使學生能參與並投入教學活動中；㈤多數學生能獲得成功、瞭解學習內容與感到滿足（黃德祥，民80d）。

　　成功的教學需有下列重要條件：㈠對所教導之學科有周詳的計畫和充分的準備；㈡對於課程內容與教學活動有良好的組織；㈢對所教授學科的知識或技能相當精熟，並且不斷地進修自我充實；㈣授課注重技巧，講授內容易為學生瞭解與接受；㈤熱愛教學工作，具有「誨人不倦、教人不厭」的精神；㈥充分瞭解學生並且主動給予輔導；㈦善於接納他人的意見；㈧經常鼓勵獨自思考；㈨善於激發學生的學習動機與興趣；㈩與學生相處和諧融洽；㈪激勵學生努力用功求學；㈫對學生學習能作公正的評量；㈬以身作則，身教與言教並重（葉重新，民76；黃德祥，民80d）。

　　理論上而言，有受過教師專業訓練者，應具有好教師的基本條件，不過衡之實際，目前國內各級學校仍有甚多教師可能專業水準尚待提高。

　　國中教師登記合格者（含本科與非相關科）共有48,602人（占92.58%），另有7.42%的國中教師為不合格教師，人數近4,000人，倘一位國中教師每年平均教導45位學生，則每年均有18萬的青少年是受不合格教師所教導，可見問題之嚴重性，實在值得教育行政主管機關研處。另外，學校中亦可能有教師雖具合格教師資格，但卻有可能人格偏差、精神異常而不適任教師者，此部分資料由於無正式統計結果，其影響難以評估但不良影響的範圍可能更廣泛，同樣值得重視。

　　在高中與高職的教師之中，屬不合格教師同樣為數不少，但以私立高中與高職情況最為嚴重，在高中階段，約有90％的不合格教師存在私立高中之中，在高職階段，約有82％的不合格教師是在私立高職之中。由於以國內現況而言，私立高中高職學生素質平均低於公立高中、高職，私立高中職的青少年可能更需要有專業素養佳、教師資格合法的教師進行教導，以便提高學業成就，促進個人發展，但由表12-10結果顯示情況正好相反，故可以想見私立學校學生的受教條件不如公立學校學生，此一問題亦值得正視。

　　另一個與學校教師有關的現象是，絕大部分教師是來自於中產階

表 12-10　中等學校教師專業教育背景與資格統計　　　單位：%

學年度	國中教師具大專以上資格比率	高中教育具學士以上資格比率	職業學校教師具學士以上資格比率
六五	90.94	76.77	62.55
六六	91.76	76.86	63.18
六七	92.39	76.94	64.54
六八	92.60	76.13	65.16
六九	93.15	79.82	65.75
七十	93.68	79.45	66.31
七一	94.88	79.73	67.03
七二	95.15	79.98	68.49
七三	95.48	79.31	69.47
七四	95.77	81.45	71.06
七五	95.95	82.64	71.90
七六	96.32	82.85	72.96
七七	96.62	84.11	73.39
七八	97.09	85.46	75.24
七九	97.75	86.98	77.15
八十	98.06	87.13	78.04
八一	98.22	88.55	79.81
八二	98.49	90.31	82.10
八三	98.63	90.95	83.34
八四	98.85	91.68	84.24
八五	99.04	91.96	84.56
八六	99.08	92.88	85.35

資料來源：教育部，民 88，第 38-39 頁。

級家庭,他們無法理解低階社經水準青少年的興趣、喜好、價值觀念與生活方式,使師生隔閡加大,不利低階青少年進入主流社會中。太多老師只喜歡背景與他們相同的學生,或只喜愛聰明、有魅力、適應與社會關係良好的學生,而排斥或拒絕愚笨、叛逆、適應不良的學生,因而學校難以充分發揮社會化的功能,引導學習與適應較差的學生正常發展,也因此部分青少年在學校中不受接納與尊重,所以對學校充滿了敵意與怨恨,轉而以偏差的行為方式去滿足個人的需求,青少年的問題於焉產生。

二、學校大小與班級結構

學校大小對青少年的影響在過去頗受重視,但學校大小的區別何在,則莫衷一是,一般認為學生人數超過500人即是大型學校。大型與小型學校各有其優缺點。大型學校的優點如下:㈠學校資源較豐富,經費較多;㈡擁有較多不同專長的教師;㈢家長資源廣泛;㈣學生有較多可資學習的楷模;㈤學生容易有各方面的表現;㈥學生有較多參與各式各樣學習活動的機會。不過大型學校亦有下列的缺點:㈠師生互動比率低,雙方較無深層的情感投入;㈡學生參與活動的頻率較低;㈢學生無參與活動與否的壓力;㈣學生在校的滿足感與成就感較低;㈤校園擁擠,學習環境惡化;㈥學校硬體設備如果沒有相對增多,學生所能利用的資源相對減少;㈦學生較無法充分參與課外活動;㈧學生的自信心與自我價值感較低;㈨學生相互競爭程度高、友誼不易建立;㈩有較高比率的學生輟學。

小型學校的優缺點幾乎是與大型學校相反。小型學校最大的優點是師生互動頻繁,有深層情感投入,學生參與活動機會高,同時同儕間也較容易發展密切的情誼。但小型學校會有資源與設備較少的困擾。

衡之國內實際,中等學校,尤其是國中階段極少有小型學校,都會地區的國中經常學生在二、三千人以上,基本上是不利於青少年的心理與社會發展。

　　班級是青少年學習的另一個重要環境，對青少年的影響甚至大於學校環境，尤其國內中學教育是以班級教學爲主體，學生在校期間絕大部分時間都停留在班級之中，故班級的結構、班級氣氛與班級師生及同儕的互動對青少年有立即的影響力。有學者指出，班級教室是環境、教學變項與個人性向及人格的強而有力的互動(*powerful interactions*)場所(*Anderson & Walberg, 1974*)。

　　甘普(*Gump, 1980*)基於生態心理學的研究，強調對於學校相關問題之研究，必須考慮三個層面：㈠物理環境(*physical milieu*)；㈡人的因素(*human components*)；㈢行爲類型(*standing patterns of behavior*)或行動結構(*action structure*)。

　　物理環境係指與學校或班級生活有關的「無生命因素」(*inanimate factors*)，如：建築、遊戲場所、設備、座位安排、隱私的機會(*opportunities for privacy*)，以及其他的物理因素。

　　在人的因素方面，則包括：學習者的特質、教學方式等，這些因素大致可歸納爲學生的因素與教師的因素兩類。這些與人有關的因素直接或間接地影響學生在教室中的行爲表現。

　　第三大因素是行爲類型或班級的運作(*classroom operation*)。甘普又將此一因素稱之爲「教室運作模式」(*classroom programs*)，此種教室運作模式又可視爲是「行動結構」，它影響了教師行爲、學生個人及互動行爲。

　　如果以圖來解釋甘普的理論，學生班級情境中的社會行爲與社會關係，係受物理環境(以PM表示)、人的因素(以HC表示)，以及教室運作模式(以CP表示)三大力量所影響。這三個因素且是高度相互依賴的(*highly interdependent*)，故可以用如圖12-5的模式解釋之（黃德祥，民78）。

　　班級對學生的影響除了在智能發展上有主要的作用力量外，尤其對青少年的學習成就與社會能力發展具有關鍵性作用，其影響要素有下列四方面：

　(一)班級結構

　　在「競爭性的酬賞結構」(*competitive reward structure*)的班級中,某
一學生接受酬賞的機會增加,就會削減其他同學獲得酬賞的機率。像是
在棋賽中一樣,某一人的勝利即代表某些人的失敗。在競爭的班級中,
某一學生的成績如果是優等,而且是固定的,則會減少其他同學獲得優
等成績的機會。反之,如果在班級中,某一個人獲得了成就,也同時增

圖12-5　Gump(1980)的學生班級社會行為與社會關係理論分析圖
資料來源:黃德祥,民78,第6頁。

加了別人獲得成就的機會,而且個人的成功與他人的成功同時並進,這
個班級則可稱之為「合作性的酬賞結構」(*cooperative reward structure*)。
一般而言,多數的球隊是合作取向的,球員於比賽之中倘能合作,就會
增加他人一起獲勝的機會(*Ames, 1981; Slavin,* 1997)。

　　在競爭與合作這兩類之外,史拉文(*Slavin,* 1997)也把個人在班級獲
得酬賞之機會不與他人發生關係,或不影響他人獲得酬賞之機會者稱
之為「獨立性的酬賞結構」(*independent reward structure*)。個別化的班級
結構即是「獨立的酬賞結構」。競爭性班級雖可以增進學生的學業成
就,但對學生的社會發展卻極為不利。一旦團體變得具有競爭性,則會
產生自責(*self-punishment*)、不當的社會比較、負向的情感,尤其失敗者
更甚(*Ames, Ames & Felker, 1977; Slavin,* 1997)。

　　一般研究發現,合作的團體其團員相互間的社會關係有下列的特

性：(1)凝聚力強；(2)較少社會孤獨者；(3)有較高的社會接納；(4)有較高的行為趨進；(5)較少衝突發生（黃德祥，民78）。這些優點是競爭班級團體最欠缺的。可惜的是，國內由於升學主義情況極為嚴重，不論國中與高中都受到極大的升學壓力，班級團體中競爭不斷，對青少年社會發展造成不良影響，導致學生養成自私自利、排他與攻擊、高傲與孤獨

表 12-11　歷年中學班級平均人數

單位：人

學年度	國中（初職）	高中	高職
三九	44.62	44.08	36.33
四五	48.48	48.32	44.58
五十	50.85	44.49	40.09
五五	52.81	47.52	44.63
六十	51.86	46.29	43.28
六五	51.77	46.14	44.35
七十	46.67	48.49	46.40
七一	46.14	48.17	46.09
七二	45.67	48.65	46.81
七三	45.34	48.53	45.44
七四	45.20	48.92	45.73
七五	45.09	49.57	46.31
七六	44.58	50.20	46.08
七七	44.31	50.19	46.21
七八	44.10	48.56	44.79
七九	44.12	48.33	45.38
八十	43.83	48.76	46.36
八一	43.60	48.80	47.25
八二	43.23	47.59	47.67
八三	42.59	46.31	47.68
八四	41.53	45.30	47.09
八五	40.10	44.51	46.58
八六	38.68	44.45	46.04

資料來源：教育部，民 87，第 41 頁。

等負向特質。因此，有效疏緩升學壓力，建立與催化合作式的班級結構，頗刻不容緩。

(二)班級密度

班級密度係指學生在班級教室中的活動空間高低而言。哈特普(Hartup, 1983)指出在高密度的情境中，會減少社會活動，而增加攻擊行為。如果每位兒童能擁有25平方呎（約等於2.32平方公尺）以上的空間，則擁擠程度就不會對社會互動與攻擊造成影響。如果每位兒童平均擁有空間少於20平方呎（約等於1.86平方公尺），就會減少社會互動的頻率。過於擁擠的空間會使學生產生不安與不舒適的感覺。

由表12-11可見，近40年來我國中學班級學生人數一直維持在44人以上，班級擁擠的情況一直未獲改善。此班級學生人數與西方國家平均在30人以下相距甚遠，可見我國青少年的教育品質猶待提高。

(三)座位安排

座位安排對班級學生社會互動與人際交往的影響，近年來也頗受重視，尤其傳統班級是以「排排座」的方式來安排學生座位，被認為對學生社會發展有不利的影響(Koneya, 1976)。國內的中小學教室座位安排幾乎都類似於此種安排方式。這種安排方式有下列的特徵：㈠學生均面向黑板與老師；㈡學生座位固定，在一定時間才會調換位子，或是不調換；㈢學生座位朝向同一方向，難以進行面對面的溝通；㈣在教室擁擠的情況下，學生受桌椅限制，難以自由行動。

柯內亞(Koneya, 1976)以隨機方式使受試分派至「排排座」的教室座位上，然後統計每一座位的語言溝通次數。所得結果如圖12-6所示。

由圖12-6的資料顯示，在中央前排三角形的受試者，有較高比率的口語表達次數(number of verbalization)，亦即他們有較高比率的人際互動。可見班級座位安排影響人際互動機會，故有效的教師應考慮座位安排方式，儘可能常加調整，以促進班級互動，提高教學效果，並能以座位安排作為教室管理的策略之一。

(四)趨近

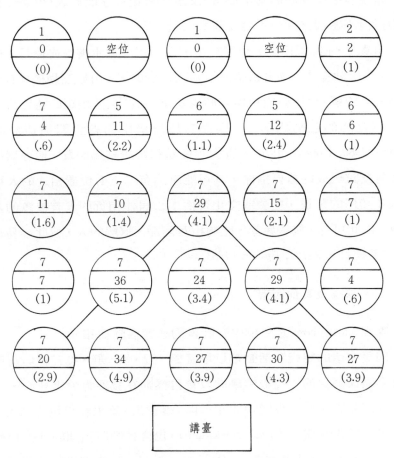

說明：1.圓圈中的上欄數字：評量次數。

2.圓圈中的中欄數字：口語總次數。

3.圓圈中的下欄數字：每一座位的平均口語次數。

圖12-6 班級座位的參與狀態

資料來源：Koneya, 1976, p.272.

　　「鄰近原則」(*principle of proximity*)是另一個受重視的情境因素。趨近是所有吸引理論的基本要素，友誼唯有親近才能形成，但是如果只有親近但不密切接觸也不容易建立友誼。

　　事實上，「鄰近原則」也等於中國人所說「近水樓台先得月」的道理。在班級教室中，學生和座位相鄰或相近的人，由於互動機會較多，容易相互瞭解，也比較能夠相互形成友誼，由於座位相距的遠近決定了學生相互間的互動比率，也因而對於班級中的社會關係造成影響(*Gump, 1980; Koneya, 1976*)。青少年最易和鄰居結爲朋友，地理環境的相近是友誼形成的重要指標，其可能原因有二：1.位置相近的人可能有較多類似的背景、經驗或文化習俗；2.居住相近的人有較多的互動機會。由此可見，接觸頻繁，能夠相互認識、瞭解的人，彼此容易形成朋友(黃德祥，民78；*Epstein, 1983*)。

三、課程及其他因素

　　課程(*curriculum*)是學校中有計畫的學習活動總和。

　　國民中學的課程和活動都以培養德、智、體、群、美五育均衡發展的健全國民爲目的；高級中學的教育目標則在發展青少年身心，並爲研究高深學術及學習專門知能作準備。事實上，學生課程包含二大類，一種是「形式課程」(*formal curriculum*)，包含教師所預期的計畫和教導的科目；另一種是「潛在課程」(*hidden curriculum*)，此乃非有意計畫的、無形的、心理的、氣氛的與師生互動的潛在影響力量，它對學生的影響並不亞於「形式課程」。「潛在課程」對青少年社會化的影響，遠比「形式課程」爲大，但一般學校教師往往只注意「形式課程」而忽略了「潛在課程」。

　　其他如學生的課業負擔、學校考試與評鑑方式、同儕互動、家長參與、社區文化等都會影響學生的學習成就。

參、學校教育品質的增進

由上述分析可見，國內青少年的品質猶得提昇之處不少。提高師資水平，使每位教師其有良好本科知識、良好教學技巧、具有專業精神與教學熱忱，並降低班級人數、營造良好班級學習環境、改善課程，以及提昇整體學習情境的品質等都有待教育行政單位、學校行政人員與教師，以及家長等的共同配合。除此之外，增進學校教育品質應有兩大重點：一、學生常規管理(discipline　management)；二、學校效能的提昇(Dacey,　1986)。

一、學生常規管理

學生常規管理亦即是學校訓導與輔導工作的總合。目前最困擾學校教師的問題是學生不聽從管教，偏差行為問題層出不窮，甚至犯罪（本書第十三、十四章將另探討相關課題）。故如何進行有效的常規管理，乃是一般教師關切的焦點。以下四種常規管理方法值得教師們多多應用。

(一)金氏方法(Kindsvatter's　Method)

金氏方法假定學生的行為問題都事出有因，面對學生偏差行為不只能強迫學生順從師長而已，學生在行為表現（不管正向或負向）的片刻都能獲得心理上最大的舒適(psychological　comfort)，因此，教師應該診斷學生問題的起源，協助學生了解自己行為的本質，並輔導他們以替代的方式表現不同的行為(Kindsvatter,　1978)。

教師診斷學生行為常規問題應著重三個要點：1.慢性情緒與適應問題；2.學生對教師及班級的負向態度；3.學生行為的因果關係與反覆無常的原因。

在診斷學生的行為之後，教師應明確的期待學生應表現何種班級行為，當學生不良行為發生時，教師要利用明確的行為控制技術(control techniqne) 加以改變，其策略有：㈠對於慢性的情緒與行爲問題要引導學生認識問題的緣由，並以替代性的行爲作反應，對這些問題應有良好的師生關係及諮商輔導作基礎；㈡面對學生負向的態度時，教師應界定自己的角色，並且要改善自己的教學方法，並改善班級氣氛；㈢在學生行爲偏差與反覆無常行爲方面，應透過叮嚀、提醒、限制與讚賞的方法協助學生自我訓練。

㈡葛拉澤方法(Glasser's Method)

葛拉澤(Glasser, 1969)以「沒有失敗的學校」(Schools without Failure)一書聞名於世，他認爲學生行爲規範成功的祕訣在於學生相信他們不會失敗，學生失敗的開始在於他們最初沒有獲得成功，所學的東西對他們又毫無意義，在班上又不給學生參與學習活動的機會。因此要使學校沒有失敗者，教師應選擇適當的題材，並且利用團體討論的方式鼓勵學生之間分享思想觀念與技巧，如此才能增進學生的信心，獲得學習上的成功。

葛拉澤反對體罰，但倘若學生常規不佳，可以採取：1.剝奪權利(loss of privilege)與2.失去自由(loss of freedom)二種方式加以處理。他認爲學校可以設置留置室(inschool suspension room)，此室由一位輔導專業人員主持，他完全不用懲罰的方法，學生在留置室接受輔導，直到他完全接受學校的規約爲止，留置輔導絕不會對學生造成負向影響，其目的在幫助學生重新評估自己的行爲，以便回到正常的班級之中，此種輔導方法在於避免學生失敗，並有效地減少行爲問題。

㈢瓊森方法(Jonson's Method)

瓊森(Johnson, 1978)認爲教室常規訓練教師負了太多責任，而學生相對的減少，他認爲青少年不斷地在與成熟奮鬥，學生需要學習爲自己的行爲負責，但學校事實上並不鼓勵學生自己負責。對學生負責任行爲的期望應該成爲訓導工作的重點。

目前有甚多學校只鼓勵學生個性化與有創意，這使得學生產生不負責任的行爲。另外，學生破壞公物，會被要求賠償，缺課就要扣分，

但是由於學校對於學生行為的要求延宕過久，對學生的作用事實上是無效的，反而是學生在行為的當時就看到他們行為的效果，不良行為因而受到了增強。

學校教育最重要的，而且無可替代的是師生之間密切與溫暖的關係，師生人數比率不能太高，以便老師有機會了解學生。當學生有嚴重的行為問題時，可以將學生安置在「自我收容教室」(*self-contained class-rooms*) 中，此教室由全校最優秀的老師主持，他們有長期的訓練背景，可以處理學生的任何問題。當學生的行為常規問題減少之後，學生就會專注於本分的工作——學習。

(四)亞泰二氏方法(*Adelman and Taylor Methods*)

亞德爾曼與泰勒(*Adelman & Taylor, 1983*)認為假如學生有強烈學習的動機，學生當會表現出人預料之外的好，但假如學生對學習不感興趣，則學生的學習將不能與其能力相稱。學生的行為問題常是由學習問題所產生，因此激發學生的動機，提昇學生的學習技巧方能促進學生的學習成功，當學生有較佳技巧時，學生才會參與較高層次的學習活動。亞泰二氏認為激發學生動機有四個基本原則：1.澄清與擴展學生的內在動機；2.明確與公開的宣布實際且有價值的目標；3.師生間增加對學習活動目標的共識；4.對學習的進度情形與問題提供規律與系統化的回饋。總之，唯有提高學生的學習動機才能防止或減少學生行為問題的產生。

二、學校效能的提昇

學校效能的提昇係指學校整體性、結構性與有效性的改善學習環境，使學校成為增進學生智能、社會與其他層面充分發展的場所，以下是一些學者的建議：

(一)賽澤方法(*Sizer's Approach*)

賽澤(*Sizer, 1984*)係哈佛大學前任教育學院院長，他認為良好的學校教育需有五個基本的條件：

1.必須供給教師與學生自我工作與學習的房間或教室。

2.必須堅持學生能充分精熟他們的學校課業。

3.對教師與學生提供良好誘因。

4.引導學生專注於他們自己的學業。

5.學習結構須單純化與彈性化。

事實上賽澤的方法是強調學校教育需要「減少中央化的權威」(*decentralized authority*)，以便教師、校長能依照學生的需要、學習水準，採取適切的教學方式，學校過度的標準化不利學校成就的達成。另一方面對學生而言，更需要「個人化」(*personalization*)的教育，使學生能因本身的資質作最佳的學習，並且能提高自尊，覺得自己是一位重要的人，學生自由選擇的機會增多，學生自我充分投入學習活動之中的意願與能源就提高。

㈡有選擇性的學校

「有選擇性的學校」(*alternative schools*)是近年來極受注意的教育方式。有選擇性的學校係對應於傳統學校的名詞，故有選擇性的學校又可稱之為「非傳統性的學校」，有選擇性的學校在1970年代興起，主要是由一些不滿意傳統公立學校的官僚、競爭與非人性化教育的社會人士所倡導，有選擇性的學校在美國已有三所成功的案例，如密蘇里州的克萊頓有選擇性學校(*Clayton Alternative School*)與樂高斯學校(*Legos School*)，以及麻州的葛洛西斯特實驗學校(*Gloucesten Experiment*) (*Dacey, 1986*)。這些學校近似國內所提倡的森林小學，有選擇性的學校主要是中學階段的另一種非傳統、重人性教育的實驗性學校。

表12－12係傳統中學與有選擇性的中學的比較，由表12－12不同層面的對照當中，一方面可以發現二種類型學校的差異，另一方面更可反映舊有傳統中學的缺失，倘要進行中學的教育改革，可能不得不正視傳統中學的不足。

有選擇性的學校似乎是現在傳統中學的反動，依現況而言，要全面推廣此類學校有實際上的困難，不過，有選擇性的學校的部分教學精神

倒可以供一般中學的參考：㈠重人性化；㈡賦予學生選擇的權利；㈢尊重學生；㈣師生互動頻繁且密切；㈤以大地爲學習場所；㈥教材與教法多樣化；㈦注重學生學習學趣的培養；㈧無時無刻不可以學習；㈨師生角色具彈性。

第四節　社會對靑少年發展的影響

社會就是一所無邊際的學校，靑少年雖多數時間在家庭與學校之中停留，但一方面家庭與學校會受到社會的影響，另一方面靑少年仍有甚多時間與社會接觸，或在社會中活動，因此，社會對靑少年發展的影響也是極爲廣泛，尤其當家庭與學校功能未充分發揮時，社會成爲影響靑少年發展最重要的勢力。

壹、社會變遷與靑少年發展

近年來台灣社會的變遷是快速與全面性的，第十一章中所述的各項重要社會變遷，如人口往都市集中、社會流動、家庭解組、社會價值觀念的改變等，對靑少年的發展也都有立即的影響。社會有新的發明、設施與生活方式，靑少年會迅速模仿學習，立即受益，但倘社會墮落，風氣不佳，靑少年也可能馬上受到污染。再如單親家庭問題雖是一種家庭問題，對靑少年身心發展可能會有不利影響，但倘社會對單親家庭靑少年的接納程度高，政府與學校又對靑少年有充分的照顧與教育，則單親家庭的負面作用會降低。

另一方面，靑少年亦在社會之中活動，如果有完善的社區規劃，充分且多樣的社會福利與休閒設施，靑少年的身心壓力容易獲得紓解，也比較不易受社會不良風氣所污染。因此在靑少年的發展上不能不考量社會的作用，尤其是社會負向的影響層面，方能防範於未然。

表12-12 傳統中學與有選擇性中學的比較

學習層面	傳統中學	有選擇性中學
1.參與學習過程的人是誰(who)?(角色)	被認可的教師、諮商員、行政人員、學生,他們都有一定的角色期望。	教師、行政人員、家長、社區人士、學生每一個人都可以在某些方面爲人師,資格認定較有彈性,角色區分不明顯。
2.學習些什麼(what)?(課程)	國家與學區指定的課程,知識被分成不同學科,爲不讀大學與特殊學生提供特殊課課,強調認知學習。	教育内容多樣化,大部分視學生興趣而定,通常在學校施教,但也可能擴及其他領域,強調有效的學習。
3.爲何(why)學習(權威)	重外在動機,學習是爲符合規定,與通過考試,教師擁有權威。	重内在動機,學習是爲了興趣與求知,權威在學生身上,學生有選擇權。
4.如何(how)學習(方法)	強調閱讀、書寫與聽講,團體表演、老師講述、使用一些視聽器材、以及討論。	學校課程與教學方法多樣化,不排除讀、寫、聽,但更強調經驗與所有感官的投入。
5.何時何地(where)學習(地方)	學習在校園、在教室中進行,有些有野外旅行,但不多。	學習的地方廣泛,私人家庭、海邊、森林、圖書館、工廠都可以,在教室中的正式教學是例外,且非固定方式。
6.何時(when)開始學習	教學通常在早上8點至下午4點之間,每天時間被分成不同時段。	任何時間都在學習,視學習任務而定。沒有固定休息,沒有時間切割。
7.學校選擇的基礎	常依學區而定。	由家長與學生共同決定是否入學。
8.學校大小	典型中學人數在1000至4000人之間。	學生數維持在150—200人之間。
9.師生關係	教師分派課業、考試與成績,關係正式且角色明確。	師生共同完成學習目標,學習是依契約而進行,師生共同評鑑學習結果,關係是非正式的(師生相互間叫名字)、較少角色固定。

資料來源:Dacey, 1986, pp.325-326.

　　台灣近四十年在經濟與社會建設上的進步與發展,舉世公認。但社會進步同時也帶來了下列的不良影響:

(一)社會不正當與非法場所增多

台灣地區不正當與非法營利的場所，如賭博與色情場所一直在擴增當中，多數的電動玩具店都有賭博性的器具，雖然警方不斷在取締，不過由於不正當與非法的場所獲利豐富，容易快速累積財富，因此，全台灣各地到處可見，加上警力有限，以及不良場所不如先進國家的有效區隔，青少年受污染的情形極為嚴重。

(二)社會風氣不佳

台灣日益形成一個典型的資本主義社會，資本主義最容易引發掠奪行為，人人想獲得最大利益，當社會制度不健全時，貪污、腐化、犯罪等行為就容易發生(*Larson, 1984*)。台灣被國際譏為「貪婪之島」(*The Island of Greedy*)，即是在經濟發展同時，沒有良好社會規範所造成的。生活其中的青少年無可避免的也會受到不利影響。

(三)社會福利不健全

台灣地區社會福利不論在制度、設施、經費投資上都不理想，整體的社會福利支出，以民國81年為例，屬於榮民的支出占34.89％，公教人員占17.93％，對其它社會弱勢團體（含青少年）的支出只占5.25％。更何況整體社會福利支出都比世界先進國家為低。

表12－13係我國各級政府社會福利支出資料。由表12－13可見，台灣社會福利支出不論在社會福利占 GNP（國民生產毛額）與五年平均賦稅比率上，都較已開發國家為低，而且差距甚遠。青少年社會福亦屬整體社會福利的一環，可以想見，適合青少年的各種設施與活動，因經費不足，而嚴重缺乏。

(四)文化貧乏與色情泛濫

根據行政院主計處（民81）統計，國人參與文化活動的比率偏低，平均每人每年至公立圖書館閱讀書籍者只有0.75次，國人平均花在購買書報期刊之金額只有27美元，較日本的47美元、南韓40美元、瑞典95美元、美國的94美元均差距甚遠。另一方面台灣地區充滿色情文化，色情錄影帶與書刊則廣泛流傳，以民國80年為例，行政院新聞局查扣了妨

害風化的書籍920,906冊,數目鉅大,同時也有83,846片的色情錄影帶遭查扣,此一比率高居世界首位(行政院主計處,民81)。

㈤大眾傳播品質不佳

大眾傳播媒體是青少年社會化的重要影響力量,但台灣地區的大眾傳播媒體品質一直未見提昇,仍以暴力、色情或煽情的綜藝與戲劇節

表 12-13　中華民國各級政府社會福利支出資料

會計年度	各級政府社會福利支出資料						占政府總支出比率	占國民生產毛額比率	平均每人社會福利受益淨額
	總計	社會保險	社會救助	福利服務	國民就業	醫療保險			
	新台幣億元						百分比%		新台幣元
五五	11	—	—	—	—	—	4.7	1.0	89
六十	57	—	—	—	—	—	10.4	2.3	385
六五	169	—	—	—	—	—	11.3	2.6	1044
七十	165	—	—	—	—	—	3.8	1.0	926
七一	269	—	—	—	—	—	5.4	1.5	1478
七二	325	—	—	—	—	—	6.5	1.6	1756
七三	339	—	—	—	—	—	6.5	1.5	1805
七四	343	—	—	—	—	—	6.1	1.4	1798
七五	406	—	—	—	—	—	6.4	1.5	2102
七六	371	—	—	—	—	—	5.6	1.2	1901
七七	552	—	—	—	—	—	7.3	1.6	2797
七八	655	—	—	—	—	—	5.3	1.7	3282
七九	962	—	—	—	—	—	8.2	2.3	4773
八十	1178	—	—	—	—	—	8.3	2.5	5773
八一	1350	—	—	—	—	—	8.0	2.6	6553
八二	1458	477	96	578	33	274	7.8	2.6	7007
八三	1585	505	97	660	35	288	8.3	2.6	7550
八四	2318	948	210	834	33	293	11.2	3.5	10944
八五	2900	1256	302	1008	44	290	14.5	4.0	13579
八六	2950	1145	360	1111	50	284	14.3	3.8	13704

資料來源:行政院主計處,民88,第140-141頁。

目居多。社會大眾品味日趨庸俗化、表面化與感官化。大眾化的休閒活動固有其功能，但公平、有深度、高雅、層次高與有品味的大眾傳播方能提昇社會文化內涵，亦才有利於青少年高雅氣質的形成，此方面國內大眾傳播媒體猶待努力之處尚多。

貳、社區與青少年發展

社區(community)是集體生活的社會群體，社區中成員具有相近的社會意識。基本上，社區具有二種特質：一、一個群體共同生活在一個地域或空間中，如鄰居、村莊、城市都是；二、團體成員間有隸屬感、社會聯繫或明顯的社會互動，社區也可以為互動的實體，如宗教、種族、學術與工商業社區等。

社區事實上沒有一定的疆界，也沒有一定的大小，一個國家或一所學校可以成為一個社區，十戶人家也可以成為一個社區。但倘沒有特別界定，社區通常係指家庭所在來往頻繁的社會群體。

社區對青少年發展的影響最受關注的有下列幾項：

一、地理環境因素

社區的地理位置會影響青少年的生活經驗與活動方式，在山地生活的原住民青少年與在都市生活的青少年在價值思想體系上會有明顯的不同。以美國為例，南方向來較為保守，傳統價值較受支持與保留，南方社會較會抗拒改變，北方社會則較自由與前進，容易接受新的思潮，故北方的青少年較多參與激進的社會活動，南方的青少年較傾向於對傳統的維護。

此外，城市與鄉村對青少年的影響亦有不同，都市由於生活空間擁擠、競爭性高，故都市的青少年也較有時間的急迫性，生活節奏較快速，也較易接受新的事物，鄉村由於空間廣闊，生活悠閒，因此鄉村的青少年較能與大地為伍，感受大自然的喜悅，不過由於鄉村在生活上常

較為貧乏，故鄉村青少年的文化刺激較少，不利新事物的吸收。

美國芝加哥學派(*Chicago School*)的學者十分關注都市區位與青少年犯罪的關係，他們將都市分為市中心(*inner zone*)、過渡區、工人家庭區、住宅區與通勤區等不同區域，過渡區內由於社區變遷速度快，不斷有外來移民或基層勞工擁入，因此個人適應問題較多，容易發生犯罪事件。社經水準較高者通常居住在住宅區，在此有較完善的社區管理與社會體系，社區青少年生活水準較高，犯罪率低。相反的，貧民區大都集中在過渡區與工人家庭區，家庭容易解組、社會控制力較低，青少年犯罪向來較高(*Larson, 1984*)。

二、社會文化因素

青少年的家庭與社區如位於低收入的區域或經濟貧困區內，教育與文化資源會相對貧瘠，青少年有較高比率受忽視與被虐待，尤其以工人家庭的青少年在適應上會有較大的困難，他們常會因為學校中充滿著中產階層的意識與價值觀念，而感到格格不入。柯恩(*Cohen, 1955*)就認為青少年犯罪就是工人家庭次文化的一種反應，工人家庭青少年追求立即的享樂(*short-run hedonism*)，但中產階級為主流的學校卻強調延緩滿足(*defferred gratification*)，價值衝突因此而起，偏差行為也跟著發生。

三、貧窮與文化不利因素

雖然台灣地區經濟發展迅速，國民所得提高，但在世界任何先進國家中，貧窮問題依然存在，台灣也不例外。貧窮家庭的青少年首先無法接受充足的教育，由於低教育程度因此導致低收入，低收入再形成低生活水準，低教育水準同時也造成低度發展的才華(*talent*)與能力，並且使得個人掌握與控制環境的能力有限，進而影響了青少年的社會化及人生取向、抱負水準與生活方式，低教育水準也同時造成家庭內低文化經驗及對外在世界的知覺狹隘。如以圖12-7來看，各種貧窮與文化因素

是交互影響，甚至是惡性循環的。

　　就教育與社會的觀點來看，為了防止青少年貧窮與文化不利因素所造成的惡劣影響，政府需要介入以防止情況惡化，其途徑有：㈠鼓勵貧窮與文化不利青少年努力向學，並給予足夠的獎學金與生活費；㈡利用公費進行職業訓練，以提高工作能力，避免低收入與低生活水準；㈢提供適當的社會救助與文化刺激，增加青少年的生活安定程度與人生體驗；㈣需要學校與社區的支持，使貧窮與文化不利學生有足夠的勇氣突破各種限制，並在遭遇挫折時能夠不氣餒；㈤增加輔導、扶助與救援機構，使青少年在遭遇挫折、困難與家庭變故時能得到協助、支持與庇護。

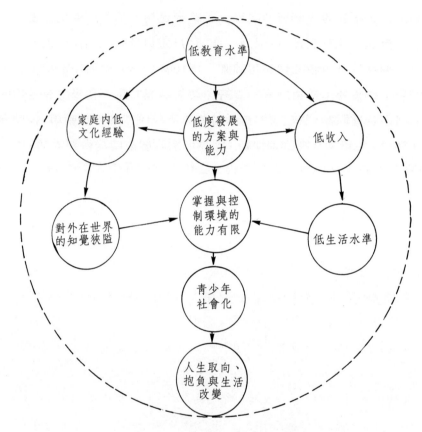

圖12-7　貧窮與文化不利的循環圖

資料來源：Rice, 1984, p. 574.

本章提要

1. 同儕係指同年齡的友群而言。青少年階段最明顯的轉變之一，即係同儕的影響力大增，父母的影響力相對的減低。此種情況也符合奧斯柏所提出的「衛星化」與「脫離衛星化」的論點，青少年逐漸在追求獨立與自主當中，逐漸離開受父母保護，甚至限制的軌道。

2. 社會比較歷程乃個人以社會標準而非以物理標準和他人作比較的現象。人的一生有三種主要的社會比較現象：(1)與相似的他人作比較；(2)與不相似他人作比較；(3)時間性比較。

3. 青少年的社會比較分為五個主要類別：(1)向上比較；(2)積極事例的比較；(3)向下比較；(4)相似比較；(5)範圍建立。此外，青少年亦可能有三種特殊的社會比較：(1)目標比較；(2)飽足；(3)與不相似他人作比較。

4. 社會化比較的作用有下列各項：(1)成功與失敗認定；(2)酬賞性質。而社會比較訊息可以區分為三類：(1)行為比較：a.包含人對人的比較；b.一般常模。(2)心理建構：包括a.人格特質；b.行為傾向或規則；(3)地位；(4)態度；(5)活動。

5. 同儕友誼具有下列的功能：(1)分享相同的興趣；(2)分享新的人生感受；(3)共同解決生活問題；(4)共享隱私與祕密；(5)相互幫助與扶持；(6)協助解決人際衝突；(7)減低個人身心改變所帶來的不安全感與焦慮；(8)重新界定自己與獲得力量；(9)能夠更順利的進入成人社會；(10)避免心理上的孤單與寂寞。

6. 影響青少年友誼形成與發展的因素有下列四大項：(1)性別與年齡；(2)身體吸引力；(3)社會活動；(4)個人特質。

7. 社會技巧是個人在社會情境中能利用被社會接受與肯定的方式與他人互動，同時使個人、他人或相互之間獲益的能力。青少年的社會技巧可區分為：(1)同儕相關技巧；(2)成人相關技巧與(3)自我相關技巧三大要素，其中同儕相關技巧又可分為社會互動技巧與社會因應技巧兩部分。

8. 同儕團體係三個以上相同年齡青少年所組合而成具互動特質的群體。綜合各方面的研究，青少年同儕團體形成的因素有：(1)獲取力量，增強自己；(2)逃避孤獨與寂寞；(3)評估與澄清自己；(4)逃避責任與工作。

9. 青少年同儕團體具有下列的功能：(1)替代家庭的功能；(2)穩定性影響；(3)獲得自尊；(4)得到行為的標準；(5)有安全感；(6)有演練的機會；(7)示範的機會。羅

傑斯更把青少年同儕團體的功能歸納為下列九大功能：(1)雷達功能；(2)取代父親的功能；(3)支持獨立的功能；(4)建立自我的功能；(5)心理依附；(6)價值取向的功能；(7)地位設定；(8)負向認定；(9)逃避成人的要求。

10. 青少年同儕團體的結構隨著年齡而改，唐費將青少年同儕團體的組織發展過程區分為五個階段：(1)第一階段：為孤立的同性小黨；(2)第二階段：開始形成聚眾性的團體；(3)第三階段：為聚眾性團體的過渡時期；(4)第四階段：為完全發展的聚眾性團體；(5)第五階段：聚眾瓦解期。

11. 次級文化就是次文化社會成員所共享的一組規範、信念、價值、態度與生活方式。青少年次級文化的形成主要可以有三個模式加以解釋：(1)心理源生模式；(2)文化轉換模式；(3)行為模式。

12. 青少年的次級文化包括了下列的要素：(1)親近；(2)獨特的價值與規範；(3)同儕團體認同；(4)聖雄式的領導；(5)渴求自主；(6)溝通的特殊管道；(7)特殊的語言。

13. 青少年偏差次級文化是在次文化之外所形成的反抗傳統、反抗權威、反社會行為或犯罪的文化組體。幫派是有組織與凝聚力的偏差次級文化。青少年的幫派具有下列的特徵：(1)幫派是統整的；(2)幫派經驗到衝突；(3)幫派有結構性；(4)幫派有一定的大小；(5)幫派不試圖去改變社會標準。

14. 青少年幫派由於目的不一，成員不同形成不同的類型，常見的幫派有下列不同類型：(1)社交幫派；(2)非行幫派；(3)暴力幫派；(4)男性家長次文化型；(5)衝突趨向次文化型；(6)吸毒次文化型；(7)半職業性竊盜次文化型；(8)中等階層非行次文化型。

15. 由統計資料可以發現：(1)國內青少年極大部分均在求學當中；(2)國內青少年的求學人數與比率都有逐年增高的趨勢；(3)由於國內各級學校、科系所都在增多當中，故青少年的就學與升學管道將更形寬廣。

16. 影響青少年學校教育成就的因素非常多，下列是主要的因素：(1)學校教師；(2)學校大小與班級結構；(3)課程及其他因素。

17. 甘普基於生態心理學的研究，強調對於學校相關問題之研究，必須考慮三個層面：(1)物理環境；(2)人的因素；(3)行為類型或行動結構。

18. 如何進行有效的常規管理，是一般教師關切的焦點，以下四種常規管理方法值得教師多多應用：(1)金氏方法；(2)葛拉澤方法；(3)瓊森方法；(4)亞泰二氏方

法。

19.學校效能的提昇係指學校整體性、結構性與有效性的改善學習環境，使學校成
　為增進學生智能、社會與其他層面充分發展的場所，以下是一些學者的建議：
　(1)賽澤方法；(2)有選擇性的學校。

20.台灣近年來在經濟與社會建設上的進步與發展舉世公認。但社會進步同時也帶
　來了下列的不良影響：(1)社會不正當與非法場所增多；(2)社會風氣不佳；(3)社
　會福利不健全；(4)文化貧乏與色情泛濫；(5)大眾傳播品質不佳。

21.社區對青少年發展的影響受關注的有下列幾項：(1)地理環境因素；(2)社會文
　化因素；(3)貧窮與文化不利因素。

第十三章
青少年的偏差行爲與防治

　　青少年的偏差行爲（*deviant behaviors*）一向是青少年心理學探討的重點。青少年偏差行爲係指青少年從事偏離常態的行爲表現，偏差行爲通常具有下列特質：一、行爲表現與多數人的行爲表現方式不同；二、行爲妨害公共秩序與安全；三、行爲對個人或他人造成損害；四、與大人規定及期望的行爲方式不符。廣義而言，青少年的犯罪行爲也是偏差行爲的一部分，兩者的成因相似，不過青少年的犯罪行爲是指侵害個人、社會與國家法益的行爲而言，在法律的規定上較爲明確，有一定的法律要件。

　　本章特別以青少年的偏差不良行爲爲探討重點，相關的問題包括青少年的抽煙、喝酒、藥物濫用、憂鬱與自殺、性違常與娼妓、行爲失常等。青少年的主要犯罪問題將於下一章更深入討論，但青少年偏差行爲與犯罪的成因則一併討論，第十三章與第十四章兩章可視爲一體，請作延續性閱讀。

第一節　青少年偏差行爲與犯罪的成因

　　青少年的偏差行爲與犯罪問題的成因基本上是相似的，都包含個人、家庭、學校與社會等四方面因素，本書前述各章青少年發展的各個層面倘失去功能，都會直接或間接地催化青少年偏差行爲與犯罪問題的產生。不過在青少年偏差行爲與犯罪問題的探究上以青少年的個人問題最受關切，另外家庭、學校與社會相關因素的促長作用亦頗受重視。

壹、青少年的人格因素

一、一般人格狀況

　　青少年偏差行爲及犯罪與其人格發展密切相關，通常人格不成熟、不安全、欠缺紀律 (undisciplined) 與有嚴重困擾者容易產生偏差行爲，甚至犯罪。肯尼斯頓 (Keniston,　1970) 即以「疏離症狀」(alienation syndrome) 探討青少年的行爲問題，他認爲有疏離症狀的青少年具有下列的人格特徵：㈠不信任他人 (distrust)；㈡悲觀；㈢怨恨 (resentment)；㈣自我中心；㈤焦慮；㈥人際疏離；㈦社會疏離；㈧自我侮辱 (self-contempt)；㈨文化疏離；㈩不安定 (vacillation)；㈠多疑 (subspection)；㈠化外之人 (outsiders)；㈢無結構的宇宙觀 (unstructured universal)。

　　人格是指個體對外在事物的反應組型，人格本身是一個複雜的組型，青少年階段由於身心急速的改變，因此個人的壓力增加，敵意與焦慮亦高，有些青少年由於經驗增多，而能減少敵意與焦慮，但有些適應不良的學生則敵意與焦慮均高，容易對外在事物作不當反應，因而產生

偏差行為，尤其低社經水準家庭的青少年，個人的發展受到較多限制，挫折也較多，更容易產生敵意與攻擊行為(Horrocks, 1976; Rice, 1993)。

二、T型性格

T型性格(Type T Personality)是近年來，被認為與青少年偏差行為及犯罪行為有密切關聯的人格因素。T型性格原係查克曼(Zuckerman, 1979; 1984)系列研究的主題，查克曼認為個體生來有「刺激尋求」(sensation-seeking)的基本需求，青少年階段尤其是刺激尋求傾向最高的時期，男生又高於女生。

「刺激尋求」是個體對變化、新奇與複雜的刺激和經驗的需求，也是個體在生理與社會上作冒險以獲取這些經驗的一種意願(Zuckerman, 1979)。刺激尋求可視為個體的一種內在動機或是一種特質。具有較高刺激尋求動機的人，喜歡追求富有冒險性與高度刺激的活動，對於新鮮、奇妙與富有變化的事物較感興趣，也比較喜歡體驗變動不定的生活方式，不喜歡受拘束與控制，對於平靜與穩定的生活較感不耐與厭煩，對於熟悉的事物不具好感，在生活中常常想去作不同的體驗與嘗試，甚至於冒險，在追求變化與新奇之中，獲得感官或心理上的滿足（黃德祥，民79b；民80b；Zuckerman, 1979）。反之，刺激尋求動機較低的人，則喜歡安定、穩定、平靜或熟悉的事物，會儘量避免冒險與刺激，對於新奇與具挑戰性的事物或活動較不敢去體驗與嘗試，也不喜歡去過不確定的生活。個體因刺激尋求強度的不同，可以區分為「高刺激尋求者」(high sensation seekers,簡稱HSS)與「低刺激尋求者」(low sensation seekers,簡稱LSS)兩類。

美國學者法利(Farley, 1986)為了便於解說刺激尋求的特質傾向，於1986年在美國「今日心理學」(Psychology Today)雜誌上，首度以兩個英文字母來描述個體對刺激的需求強度，他以大寫「T」(Big T)代表具有追求新奇、未知(unknown)、不確定(uncertain)、冒險與複雜刺激之特質的人，具有此種傾向或特質者稱之為具有「T型性格」的人。T型

性格的人亦即是查克曼所稱具有HSS傾向的人；另一方面，法利他以小寫「ｔ」(little t)代表喜歡可預測的生活、會逃避冒險或不熟悉環境與複雜刺激的人，具有ｔ型性格(Type t Personality)的人也就是查克曼所稱的LSS傾向的人。不過極端或典型Ｔ型或ｔ型性格的人並不多，多數的人是落於兩個極端之中(Farley, 1986)。

　　根據法利的研究(Farley, 1986)顯示，Ｔ型性格的人對於刺激(stimuli)有較強烈的生理與心理反應，他們的創造力較高、活動強，但相對地卻容易違犯社會規範，有可能導致偏差行為或犯罪。Ｔ型性格的人多數具有創意、外向(extroverted)、較會冒險、有較高藝術品味(artistic preference)、也有較多的性活動，很多藝術家、科學家、冒險家都具有Ｔ型性格，他們是這個世界進步的動力，但是倘若他們沒有適當發展，獲得環境支持，將會危害社會，如多數的罪犯亦具有Ｔ型性格。因此Ｔ型性格的人是兼具建設性(constructive)與破壞性(destructive)可能的人，值得教育與研究上的注意，例如，目前已有甚多研究發現，青少年吸食迷幻藥物、抽煙、性活動、參加高度冒險運動、犯罪行為等被認為與較高的刺激尋求或Ｔ型性格有關（黃德祥，民80c；黃德祥、楊忠和，民81）。

　　根據黃德祥（民80c）的研究發現，以犯罪青少年的活動經驗中來看，高刺激尋求與低刺激尋求者在結交異性朋友、到陌生地方探險、打撞球、看限制級影片、衝浪、騎摩托車、蹺課、看黃色書刊、跳水、打架（互毆）、開快車或飆車、到不當場所、參加不良組織、隨身攜帶刀械、深夜在外遊蕩、騎越野車、吸食強力膠或迷幻藥、藉故滋擾住戶或店鋪、破壞公物、參加向學校抗議的活動、講粗話或髒話、亂摸別人（毛手毛腳）、打電動玩具、看脫衣舞（透明秀）、到地下舞廳跳舞、吃刺激性藥物、看Ａ片錄影帶、唬爛（鬼扯）、不穿規定的制服上學，在公共場所高聲喧嘩、與結交有犯罪習性的人等31個活動項目有顯著差異存在，而且各題反應的次數，在偶爾、經常與總是三個選項上，高刺激尋求者有較多選答的趨勢。可見Ｔ型性格與青少年偏差行為及犯罪行

為之密切關係。

貳、社會技巧與生活適應

黃德祥（民78；民79b）曾指出，在現代社會中，要能適應良好，必須具備一定的社會技巧，以便與生活中的他人溝通與維繫關係。個人必須與他人交談、協商、妥協、表現果敢地行為，並且有效的聆聽他人的意見、表現輕鬆、幽默、適時幫助別人或請求他人幫助，以達到社會目標。因此，社會技巧被認為與學校適應、心理健康程度、服兵役時表現，以及是否精神疾病等密切關聯。

目前在社會技巧之相關研究上，探討社會技巧與精神疾病和心理健康的關係多於社會技巧與犯罪行為的探討。不過有的研究發現，犯罪者通常有人格與心理上的疾病，其社會化狀況較差，故可能是社會技巧較差者。由於有可能因為社會能力欠缺導致精神疾病，再產生犯罪行為，故社會技巧與犯罪之因果關係似難以論斷(*Haapasalo, 1990*)。

有些學者研究發現，社會技巧或社會關係欠佳者，有較多偏差行為。如在團體中被拒絕的兒童有較多的攻擊行為。社會技巧與受他人歡迎程度也有密切關聯存在，社會技巧較佳者，有較高處理社會問題的能力。此外，不具社會技巧的人具有下列特徵：1.較少引發性的會談；2.較少和團體中的人講話；3.花較長時間去對別人作反應；4.提供較少的回答；5.在與別人會話中，無法顯示同意、讚賞或興趣（黃德祥，民78；*Spence, 1987*）。另外有良好社會技巧的人，即是在社會規範與在不傷害他人的原則下，表現出可被社會所接受的行為，亦即良好的社會技巧即不會有利用他人、欺騙或攻擊等表現。社會技巧缺乏者，容易犯罪，社會技巧高低亦是青少年犯罪的一個重要指標（黃德祥，民80b）。

黃德祥（民78；民80c）的研究亦發現，攻擊、不當行為、敵意等不當社會技巧可以顯著的預測青少年的偏差行為。

依據利柏曼(*Liberman, DeRisi, & Mueser, 1989*)的觀點，社會技巧與

社會功能(*social functioning*)關係密切,他們曾以三個圖形說明適應良好
與否的相關因素。以天平爲例,壓力源(*stressor*)與生理弱點(*biological
vulnerability*)是位於天平的左方,醫療(*medication*)、社會支持(*social sup-
port*)與社會技巧(*social skills*)是位於天平的右方,如圖13-1所示,倘右方
醫療、社會支持與社會技巧力量較大,則無症狀,有友誼、能獨立生活,
並能就業,因此適應良好(如圖A),倘兩方面力量擔當則是中等適應
(如圖B);如果壓力源與生理弱點力量較大,則適應不良,此時有疾病
發生,就會孤立,常需住院,或失業(如圖C)。此一觀念與法利等人
(*Farley & Farley, 1972*)的觀點相似,他們也認爲刺激尋求者倘有較多的
社會支持,比較會朝正途發展,表現創造力等才能,反之則會有較多偏
差行爲產生。史密斯等人(*Smith et al., 1989*)也將刺激尋求視同生理作
用,他們似乎也將刺激尋求看成是一種生理弱點。故刺激尋求較高者與
社會技巧較差者同樣需要經由治療與社會支持的力量方能適應良好。
利柏曼等人的論點有助於解釋刺激尋求與社會技巧,以及此兩者與偏
差行爲或不良適應,甚至各種疾病之間的關聯。有效輔導犯罪青少年適
應良好亦可由此架構著手。

參、學業成就

第十二章中曾述及學業成就對青少年正常發展的作用極大,學業
成就高的青少年對學校有深厚的情感,喜歡停留在學校之中,個人比較
有成功與心理滿足的感受,願意表現符合師長期望的行爲。反之學業成
就差的學生,容易輟學、逃學,有太多閒餘時間從事刺激與興奮的事
情,在學校有太多挫折與失敗,以及心理滿足感較低,故容易產生偏差
與犯罪行爲。

根據仙納等人(*Senna, Rathus, & Siegel,1974*)的研究發現,青少年不
良與偏差行爲與學校成就因素之間形成如表13-1的關係。

由表13-1中可見,學校成就的三個主要因素:曠課、班級不良行爲

A 良好適應(good adjustment)

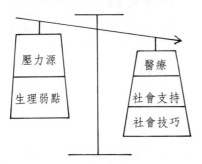

・症狀減除
・獨立生活
・友誼
・就業

B 中等適應(moderate adjustment)

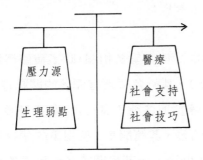

・症狀穩定
・門診或參與社會生活
・中途之家
・就業或庇護場所

C 不良適應(poor adjustment)

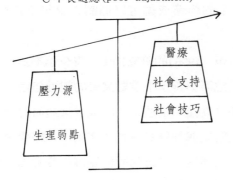

・病發或症狀
・社會孤立
・時常住院
・失業

圖13-1 影響社會適應的相關因素

資料來源：Liberman, DeRisi, & Mueser, 1989, pp. 13-14.

表13—1 青少年不良行爲與學業成就的關係

不良行爲因素	學校成就因素		
	曠課	班級不良行爲	學業成就
身體攻擊	.19÷	.29÷	-.15 *
享樂主義	.54÷	.22÷	-.22÷
財產犯罪	.39÷	.69÷	-.21÷
偷錢	.17 *	.29÷	-.16 *
莽撞開車	.39÷	.09	-.15 *
使用重的藥物	.32÷	.08	-.07

* ＝p .05

÷ ＝p .001

資料來源：Senna, Rathus & Siegel, 1974, p.484 .

與學業成就中，學業成就與各項不良行爲均呈負相關，除了與使用過重藥物一項沒有達顯著水準外(P＞.05)，其餘各項均有顯著的關聯性。在曠課與班級不良行爲二個因素上，曠課與各種不良行爲，如身體攻擊、享樂主義(hedonisom)、財產犯罪、偷錢、莽撞開車、使用重的藥物等項均有正向顯著關係，班級不良行爲也除了與莽撞開車及使用重的藥物之外，都有正向相關存在。由此可見，學校成就與青少年不良行爲的密切關聯程度，由此亦可知，提高學生的學業成就可以抑制青少年不良行爲的產生。

另外根據鍾生(Kratcoski & Kratcoski , 1996)的研究指出，青少年不良行爲的起源在於父母的愛與關懷，它進而影響了小孩對父母的親近與密切程度，以及青少年的學業成就與職業期望，上述這些因素，又進而對學校密切程度有所作用。但學業成就對犯罪聯結具有負向作用，亦即學業成就愈高，會愈低度的犯罪聯結，同樣地，父母的愛與關懷程度愈高，較不會受同儕影響，與學校愈有密切關聯也愈不會有犯罪的聯結，由圖13-2另可發現，犯罪聯結、易受同儕影響與具有犯罪價值觀，則愈有犯罪行爲。由圖 13-2 也可見，要防範青少年的犯罪違法行爲可能要由下列途徑著手；1.增加父母的愛與關懷；2.提高青少年的學業成就；3.增加

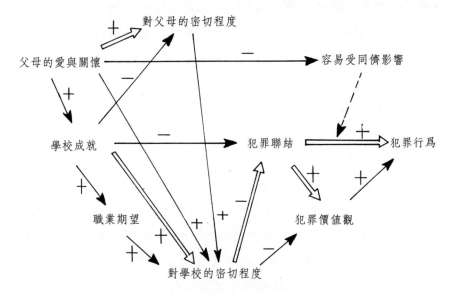

圖13-2　青少年犯罪行為的因果模式

資料來源：Johnson, 1979, p. 140.

青少年對學校的密切程度；4.防止青少年犯罪的結合；5.建立青少年良好的價值觀，預防產生偏差的觀念；6.注意青少年的交友情形，避免受到損友的不良影響等。圖 13-2 的因果模式頗值得教育工作者深思。

　　除此之外，最值得注意的是，國內近年教育品質與社會風氣水準未見提昇，因此，在防範學生違規與暴力行為的產生上可能也需要結構性的變革。

　　倘依班級結構的相關研究論點來看，國內各階段的教育，尤其是國中的班級與學校都屬於單一層面的組織(*unidimensional organization*)，亦即學校教育以高學業成就為單一的酬賞依據，使得所有學生無法作多元化的發展，此種單一結構尤其不利於低成就學生的發展，因而使學習狀況較差的學生喪失自尊與自信，因而容易自暴自棄，而以違規與暴力行為表現去獲得滿足或發洩不滿(*Marshall & Weinstein, 1984*)。另一方面，國內學校教育也沒有給學習情況較差的同學充分的工作與其他獲

得滿足的機會，因而也導致他們從不正當的途徑去獲得每一個人都希求的成就與快樂，青少年犯罪理論中的機會理論即對青少年犯罪的原因作此解釋(*Cloward & Ohlin,1960; Larson,1984*)，值得重視。

肆、同儕影響

在圖13-2的青少年犯罪因果模式中亦可以發現，青少年容易受同儕影響，同儕的犯罪聯結、犯罪價值觀是產生犯罪行為的主因。事實上，同儕關係對青少年偏差行為及犯罪的催化作用，向來即有不少的研究發現作支持。如同儕壓力與參與(*involvement*)強烈的影響了青少年不良犯罪的表現與藥物濫用(*Adams & Gallotta, 1989*)。

青少年由於有脫離衛星化與尋求獨立自主的心理需求 （如第十一章所述），青少年同儕團體或幫派正可以替代青少年對家庭與父母的依附作用，尤其男性青少年更容易受到同儕的影響。柯恩(*Cohen, 1955*)就直陳嚴重的青少年犯罪行為就是一種男性幫派現象(*male gang phenomenon*)，青少年同儕團體與幫派可以舒解男性青少年在成長過程中所面臨的壓力以及與中產階級價值觀相衝突所產生的不良適應困境。米勒(*Miller,1982*)的研究也發現，青少年的不良行為表現事實上是在滿足青少年的個人需求，他認為青少年偏差與犯罪行為本質上不在傷害無辜的人，而是渴求安全、地位、男性化與英雄的心理反應。他將青少年犯罪幫派區分為不良行為幫派(*delinquent gang*)與暴力幫派(*violent gang*)兩類，不良幫派的青少年會作出一些違法的事，目的在於獲得財物與金錢上的滿足，暴力幫派的活動目標則在於尋求聲望(*prestige*)與個人滿足，在幫派之中青少年獲得相互的支持與鼓勵，成員間並且有隸屬感，正好都是此階段青少年的最大心理渴求。因此，在家庭與學校之中沒有充分獲得愛與關懷、成功與滿足，以及地位與聲望的青少年，最容易受同儕影響，在同儕團體或幫派中尋求獲得在家庭與學校中所沒有獲得滿足的需求，但不幸的，由於這些同儕團體與幫派與社會傳統規

範及期望不符，因而產生了偏差與犯罪行為，不良的行為表現反而成為他們滿足自我的手段。

伍、社會的影響

上一章中曾論及社會變遷帶來了頗多的負面影響，青少年首當其衝，他們因為調適上的困難而產生偏差與犯罪行為。克勞德與沃林 (*Cloward & Ohlin*, 1960) 曾經系統化的研究社會機會與青少年犯罪的關係，他們認為假如社會沒有提供良好的機會使青少年達成心理滿足的目標，則青少年的偏差行為就會不斷產生。成功的社會與社區應讓青少年有合法的機會去追求成功的目標，使他們在追求中獲得酬賞滿足，當青少年缺乏合法的機會去滿足自己時，他們會以非法的活動，去追求地位、聲望與財富。依照克勞德與沃林的論點，低階層青少年受限於家庭與個人能力，個人的合法機會一直較有限，倘依青少年追求中產階級成員的欲求與追求經濟地位的改善二個向度來看，低階青少年可以區分成13-2表的四大類。

表13-2　低階層青少年取向類型

類別	希望成為中產階級的成員	希望改善經濟地位
I	+	+
II	+	−
III	−	+
IV	−	−

資料來源：Cloward & Ohlin, 1960, p.95.

根據克勞德與沃林的看法，第一類的青少年想要成為中產階級的一員，也希望改善經濟地位，故會內化中產階級的價值觀念，努力尋求成功。第二類的青少年希望成為中產階級的成員，但不想改善自己的經濟地位，故仍會肯定中產階級的價值觀念，第四類型的青少年則否定二者希求，會形成社會的退縮者，極難往上作垂直社會流動(*vertical mobil-*

ity)。較嚴重的情況是第三類型的青少年，他們否定成為中產階級的成員，因此也否定中產階級的價值觀念，所以也不會以合法的手段去達成目標，更由於他們希望改善經濟地位，故只羨慕華屋、美車、他人財富，但不考慮個人的努力與奮鬥，因而最容易產生偏差行為與犯罪問題。

克勞德與沃林認為除非讓第三類的青少年對自己的行為感到羞恥，並協助他們解決適應上的困難，否則不容易改變他們，使行為歸於正常。更重要的，倘社會有甚多合法的管道（包括教育與工作機會）去改善經濟生活，提昇自己的社會階層，青少年犯罪將會減少。

此外，像貧窮、文化不利、低度生活水準、父母忽視與虐待、以及低度家庭社經水準等，都容易促長青少年的偏差行為與犯罪行為。

陸、生理、心理與社會聯合性因素

青少年偏差行為與犯罪行為通常是生理、心理與社會各種因素交互作用的結果。青少年是生理急速改變的階段，內分泌系統及各部分生理器官都急速的在成長之中（參閱第四、五章），生理的成熟影響了心理與社會層面的改變，導致青少年會從事較多的冒險行為(risktaking behavior)。在冒險行為活動中青少年努力去嘗試體驗與兒童時期所不同的各種生活方式，尤其是試圖去探究成人的世界。

艾爾文與米爾斯坦(Irwin & Millstein, 1990)認為冒險的行為是指具個人意志性質(volitional quality)的行為方式，青少年的冒險行為是所有偏差行為的中心所在，青少年之所以會從事冒險性的行為與動作主要是因為此時有自主、掌握(mastery)與個別化(individuation)的發展需求，他們不太會顧及行為後果的正向或負向。

依照艾爾文與米爾斯坦的論點，青少年冒險的行為就是生理、心理與社會綜合性作用的典型指標。他們以圖13-3為例，說明冒險行為是生理成熟、認知範圍(cognitive scope)、自我知覺(self-perception)、對社會環境的知覺、個人價值、冒險知覺(risk perception)，以及同儕團體特質等

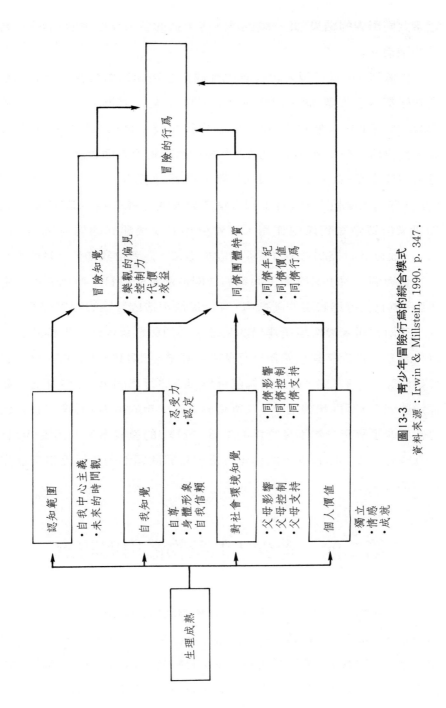

圖13-3　青少年冒險行為的綜合模式

資料來源：Irwin & Millstein, 1990, p. 347.

因素共同影響的結果，此一論點納入了上述的各項重要因素，形成綜合性的架構。

　　由圖13-3可以發現，青少年生理成熟之後認知對自我與社會環境的知覺都有了改變，個人價值亦有所不同。在認知範圍上自我中心主義興起，並有了對未來的時間觀念。在自我知覺方面，自尊高低、身體形象、自我信賴(self-reliance)、忍受力與自我認定等方面也隨著發展。在社會環境方面，青少年對父母與同儕的影響、控制與支持程度有了不同看法，在個人價值上，也有了獨立情感與成就的需求。認知範圍與自我知覺又對冒險知覺產生作用，使青少年形成樂觀式的偏見(optimistic bias)，改變其對控制力、代價與效益的看法。再者自我知覺、對社會環境知覺與個人價值又影響了共參與之同儕團體的特質。他們會與一定年齡、價值與行為表現的同儕處一起，最後再造成冒險的行為與舉動。

　　艾爾文與米爾斯坦所建構的生理、心理與社會綜合因果模式圖可以作為分析青少年其它偏差行為的基本模式，如吸毒、性活動與汽車意外事件等。更有甚者，青少年偏差行為與犯罪行為的矯治上，都必須兼顧這些因素，否則事倍功半，只單獨考慮青少年的生理、心理或社會因素都不能了解青少年不良行為的本質。圖13-3的模式事實上與圖13-2有相互輝映之效，即青少年的偏差行為與犯罪問題都是各種因素交互作用的結果。

第二節　青少年的藥物濫用與防治

　　青少年階段對身心危害最大的是藥物濫用(drug abuse)問題，所謂藥物即指一般藥品、違禁藥品、麻醉及迷幻藥物，以及其他國內俗稱的毒品等一切物質。故藥物濫用也可稱之為物質濫用(substance abuse)，物質濫用的涵義較廣。青少年的抽煙與喝酒是物質濫用的一種，它們常是藥物濫用的前奏，三者具密切關係，本節將先探討青少年的抽煙行為與

喝酒問題，再具體探討藥物濫用的問題。

壹、青少年的抽煙行為與防治

一、青少年抽煙的成因與影響

青少年抽煙(或吸煙，smoking)行為是近年來教育與輔導工作上甚受關注的課題，因為抽煙已被認為對身體健康的危害甚大，抽煙容易導致癌症與心臟血管疾病的產生，同時也會有支氣管炎、氣腫、消化與循環系統失衡、早產，以及引起意外與火災等危險(Centers for Disease Control, 1989)。然而，儘管香煙的危害已漸為人知，可是言者諄諄，聽者藐藐，世界各國抽煙人口仍高居不下。其主要原因乃在於抽煙行為本身有複雜的個人特質與文化環境的因素隱含其中。

事實上，長久以來，抽煙只被認為是一種習慣，以煙敬人，甚至在眾多文化中被認為是禮貌的行為。在18、19世紀左右，西方社會男性飯後抽煙與飲酒即是相當自然的事。早期的香煙廣告商也極力把抽煙行為視為男性表徵而加以美化或誇大。根據統計，在1955年美國成人男性中即有53％抽煙，而女性抽煙則自1940年代開始流行，隨著女性抽煙行為日漸受到接受，香煙廣告商又開始強調女人抽煙富有女性魅力，本世紀抽煙人口的增加與香煙商人的大力促銷不無關聯(Tayler, 1991)。

從1960年代開始，衛生醫療人員才開始呼籲民眾重視香煙的危害，社會、衛生公益團體也日漸積極的推動戒煙運動，使得抽煙人口稍微下降，以美國為例，在1975年男性抽煙人口降至39％，可是女性抽煙人口數在1955年由25％昇高到29％。更值得注意的是，在1986年，青少年女生的抽煙人口增加了20.5％，而此同時男性青少年卻只有16.0％抽煙。因此可見，戒煙運動似乎減少了男性抽煙人口，但對女性卻效果不大。在1970年代，男性青少年抽煙人口有所下降，但女性青少年抽煙人口卻明顯增加，據估計，美國男性青少年抽煙人數約一百七十萬人，女

生也高達一百六十萬人。在1981年，女性中學生當中有13.8％抽煙，男性中學生卻只有12.8％抽煙。不過在1980年代末期，青少年男女生的抽煙人口都有些許下降（ *Atwater* ，1996；*Conger & Galambos* ，1997 ）。

　　國內青少年的抽煙問題近來也受到極大的重視，尤其自從洋煙開放進口以後，青少年抽煙人口似有增多，且有年齡下降的趨勢。根據國內反煙公益團體「董氏基金會」最近的調查顯示，台北市國小接受調查的1092位五、六年級學生當中，已有19.2％的吸煙率，在民國74年時僅有10.98％。目前整體青少年的吸煙率已高達18.1％。此項調查亦發現，吸煙學生當中其父親有52.8％，母親有6.7％亦為吸煙人口。黃德祥（民82b）的研究也發現，青少年抽煙行為頗為普遍，表13-3係一所私立高職的抽煙學生人數及比率。

表13-3　一所私立高職的全數抽煙人口數及比率

	現有學生數	抽煙人口數	抽煙比率(％)
男生	1750	497	28.40
女生	1948	107	5.49
合計	3698	604	16.33

資料來源：黃德祥，民82b，第81頁。

　　由表13-3的調查結果可見高中階段青少年抽煙比率達16.33％，男生更超過四分之一。黃德祥的調查中另外也發現，接受調查之高中的班級中，全班抽煙人數在16-20人者占22.67％。可見青少年抽煙問題不容忽視。

　　促使青少年抽煙有四個主要原因：㈠青少年過早曝露於大量的香煙廣告之中：香煙廣告常把香煙與男性化、獨立、自然、運動健將、漂亮、年輕、智慧、性吸引力、外交、財富、良好生活等加以聯結，使得渴求擁有這些特質的青少年受到吸引，而染上了抽煙習慣；㈡青少年由抽煙的父母與成人中模仿而得：青少年由於渴望進入成人社會，因此容易模仿父母與其他成人的抽煙行為，把抽煙當作是成人的象徵；㈢部分受到同儕的壓力：在青少年初期，青少年熱切希望獲得同儕接

納，尤其害怕被同儕視為「膽小鬼」(chicken)，如果不學習其他同儕吸煙，容易受到同儕排擠，而失去與同儕相處的樂趣；四與青少年想要滿足自尊及獲得地位有關：青少年抽煙行為常被當作學業失敗、無法參與課外活動或自我無法滿足的一種補償作用，女性青少年的抽煙更常含有追求獨立自主與叛逆的意義，來自低階層的青少年更把抽煙當作贏得社會地位的象徵。

就個人而言，抽煙亦有下列的作用：㈠消除緊張、使緊張的情緒得以緩和；㈡已形成無意識的習慣(unconscious habit)：抽煙成為一種反射動作(reflex action)，因而難以戒除；㈢強迫性口腔活動：可能與口腔期得不到充分滿足有關；㈣尼古丁(nicotine)成癮：香煙中的尼古丁使生理對其產生依賴，因而無法戒煙（黃德祥，民82b）。

香煙以一氧化碳(carbon monoxideco,)、尼古丁(nicotine)與古丁尼(cotinine)三者含量最高，直接對人體產生傷害。每一根香煙約有2-20mg的一氧化碳，每抽一根煙約有0.05至2.0mg的尼古丁，90％的尼古丁再轉化為古丁尼，再散布至全身主要器官中。值得注意的是，尼古丁與古丁尼在血液中形成穩定水準，使人成癮。另外香煙中含有硫氰酸鹽(thiocyanate)與焦油(tar)也不利身體健康，香煙與血液中的膽脂醇(cholesterol)交互作用，因而使人體產生病兆。此外，尼古丁會刺激身體釋放脂肪酸，增加三甘油化物(triglyceride)的綜合，進而抑制高密度脂蛋白(lipoprotein)的產生，高密度脂蛋白被認為是一種有利身體的膽脂醇。香煙中的一氧化碳也會抑制低密度脂蛋白的產生，同時由於甚多人在壓力之下抽煙，使香煙與壓力交互作用，而使心臟組織惡化，並且昇高血壓，有害人體健康(Pechacek et al., 1984)。

香煙上癮被認為與其他藥物上癮一樣難以戒除，目前有四個理論可以解釋抽煙的成癮性(addiction in smoking)：㈠尼古丁效果固著理論(nicotine fixed-effect thoery)；㈡尼古丁規則理論(nicotine regulation theory)；㈢多重規則模式(multiple regulation model)；㈣波氏理論(Pomerleau and Pomerleau theory)。以下再詳述之。

(一)尼古丁效果固著理論

此一理論認為，抽煙行為之所以受到增強，乃是因為香煙中所含的尼古丁在神經系統中刺激了酬賞中心(reward centers)，尼古丁使心跳加快，並且能放鬆肌肉，間接導致體內兒茶酚胺(catecholamines)的循環水準，因而使得尼古丁在人體中形成具有使人體產生心理警覺度與放鬆效果的逆理能力(paradoxical capacity)。不過尼古丁固著效果理論並沒有受到廣泛的支持，因為香煙中的尼古丁在人體中的存活期非常短暫，當抽煙停止，尼古丁即消失，因此，此一理論固然能說明為何人會重複的抽煙，但卻無法解釋人為何會經年累月的抽煙，此外，倘尼古丁是煙癮的唯一原因，則戒煙治療將容易發揮效果，可是結果卻不然。

(二)尼古丁規則理論

此一理論認為抽煙是因為體內尼古丁形成了固定水準所致，當血液中的尼古丁形成規則水平以後，倘不再有尼古丁進入，則會降低血液中的尼古丁水準，抽煙行為即再發生，體內尼古丁的排出部分是依賴尿液中的酸鹼(PH, acidity-alkalinity)發揮作用所致，尼古丁本身就是一種植物鹼(alkaloid)，當尿液中PH值低，亦即酸性高的時候，尼古丁就會被排出體外，但當PH值高的時候，亦即鹼性高的時候，尼古丁就會停留在人體，當抽煙規律化以後，也使尼古丁在人體形成規律，每當尿液中的PH值達到一定水準以後，就會增加抽煙的需求。

此一理論也曾受到批評，主要是因為在抽煙的時候，不只尼古丁在人體中形成規律，同時也調節了壓力、焦慮、無聊、煩悶等各種情緒狀態，每當壓力昇高以後，自然也會增加尿液中的酸性程度，自然使人體對抽煙的需求增加。因此環境因素才是主要的抽煙行為促動力量，而非尼古丁。

(三)多重規則模式

多重規則模式認為情緒因素是抽煙行為的主要因素，尼古丁只是情緒狀態制約作用的結果而已。以青少年而言，由於情緒常處於不穩定狀態，因此就由抽煙動作之中去獲取安全感與成熟感，使得抽煙成為能

減輕社會焦慮的行為。然而，抽煙之後並沒有完全解除心中的不安，焦慮仍然會再出現，同時尿液中的尼古丁也開始下降，兩者交互影響，抽煙的需求乃再提高。此一理論亦即顯示，情緒狀態與尼古丁是導致抽煙的多重規則化因子。

(四)波氏理論

波氏理論係由波氏夫婦(Pomerleau & Pomerleau, 1984;1989)所發展而成，他們把抽煙視為是一種「神經調節者」(neuroregulator)，加上尼古丁上癮，使得抽煙難以戒除。他們認為尼古丁是一種主動的神經調節者，會對體內乙醯化(acetylcholine)、正腎上腺素(norepinephrine)（因對內臟刺激而由腎上腺髓質所分泌的一種激素）、度巴明(dopamine)、血管抑制(asopression)等造成影響。尼古丁會使這些神經相關物質形成調節作用，而產生片刻的效果或影響，使得內在與外在不相關的一些因素或物質都成為尼古丁依賴循環(nicotine-dependence cycle)的重要刺激。

前述乙醯化與正腎上腺素，以及血管抑制都與焦慮與緊張之降低有密切關聯，而度巴明受到刺激則會產生快樂的感覺，工作效果的提昇也與乙醯化與正腎上腺素有關，所以使得抽煙者增加了注意力集中、記憶好、警覺性高、激動狀態、心理動作成就、以及篩選無關刺激的能力，同時也能減少緊張與焦慮。

除此之外，習慣抽煙的人倘若不抽煙，將會降低注意力集中度，並且減少辨別無關刺激的能力，同時在記憶力與心理動作成就上都會顯得較拙劣，並會增加緊張、焦慮、易怒、煩躁不安等。所以抽煙者學習到尼古丁至少是日常生活中因應問題的立即有效方式。最重要的乃是抽煙使人在警覺、激動與安靜、緊張消除之間形成循環，成為當事人因應問題的機制(mechanism)（黃德祥，民82b;Tayler,1991）。

總之，抽煙行為的發生有各式各樣的理由，有內在與外在的因素，此亦可見抽煙的戒除並非容易。

除此之外，抽煙的普遍，主要是與香煙的生產源源不斷有關，世界各國政府由香煙生產中獲取甚高的稅金收益，我國更將香煙當作專賣

產品，香煙生產者、煙草種植者、銷售者、廣告商更形成龐大的集團對抗反煙運動。在美國的香煙生產與銷售每年即提供二百萬個工作機會，每年的獲益金額高達三百億美金，政府的香煙稅金收入也高達二百二十億美金，整個香煙生產與銷售對各國國民生產毛額都有重要貢獻，在1980年香煙產業被美國農業部評為第六大企業，煙農家庭高達50萬戶，煙草產量每年五十億磅重，這使得香煙產業及相關維生人口形成一個龐大的政治利益團體（*Bell ＆ Levy, 1984; Evans,1984*）。

抽煙具有成癮性（*addiction*），戒除甚至比藥物或酒精還困難，因此預防抽煙習慣的養成乃成為教育與輔導上關注的焦點。泰勒（*Taylor, 1991*）即指出，甚多人在青春期初期即開始抽煙，此時，年輕人對抽煙問題認識不清或好奇而吸煙，終於上癮，以致於成為終身難以戒掉的習慣。多數抽煙的人第一次抽煙的時間在11至15歲之間，亦即在國小六年級至國中三年級階段，這期間的青少年約有三分之二曾試圖去抽煙。以美國而言，約有44％青少年吸過煙，其中一半的人一天吸一包煙，到高中時，則有63％人吸過煙，而三分之一的高中人更每天吸煙，上大學的學生抽煙情形比不上大學者為低，後者約有前者的3倍，女生比男生較有可能每天吸煙（*Atwater, 1996*）。

青少年一旦學會抽煙，將與成人的抽煙有相同的理由，青少年持續抽煙的原因主要有下列各項：

㈠緊張的鬆弛：通常抽煙者較為不安與過度緊張，抽煙可以緩和緊張狀態。

㈡與社交壓力有關：抽煙一般與喝咖啡、社交聚會、與人交談、或其他較歡愉的情景有關，形成社交活動中的必要行為，同時也對個人造成壓力，因而難以抗拒。

㈢口腔期衝動：抽煙是受口腔期滯留的影響，而以抽煙當作口腔滿足的一種補償作用。

㈣尼古丁的上癮：生理上對尼古丁成癮，因此無法戒除抽煙。尼古丁在大腦中只停留一、二分鐘，但二十分至半小時尼古丁就會完全離開

大腦，因而抽煙行為即一再發生，另一方面，身體對尼古丁產生依賴，一旦缺乏尼古丁，就愈有退縮、焦慮、疲倦等情緒障礙發生，加上個人對尼古丁忍受力增高，因此抽煙一旦形成習慣就難以戒除(*Rice*, 1993)。

　　青少年抽煙行為的原因頗為複雜，即使青少年本身也不知所以然。青少年的抽煙只是整體行為症狀的一部分而已，它可能與藥物使用、喝酒、偏差行為、性活動等有密切關聯。圖13-4是影響青少年開始抽煙的相關因素圖：

　　由圖13-4中可見影響青少年抽煙與否的相關因素極為複雜。在人口變項方面以年齡、性別及家庭社經水準為主要的影響因素，值得注意的是，父母是影響青少年抽煙的主要因素之一，通常家庭社經水準較低者，會有較多抽煙行為，同性的父母抽煙，對青少年抽煙行為的形成影響尤為重大。通常戒煙成功者必須其家庭也戒煙，而且有積極的態度方能達成。圖13-4中亦顯示家庭因素，是另一個單獨的因素，會影響青少年的抽煙行為。再以影響方向來看，年齡、性別與家庭社經水準對家庭影響因素有直接的作用，性別與家庭社經水準對社會文化影響因素亦有直接的作用，社會文化是屬於大環境的作用，較難全面且具體的評估。綜合而言，生理背景、家庭因素、社會文化都對個人目標與需求的形成有所影響，同時吸煙楷模、媒體對鼓勵吸煙之訊息、心理社會的健康程度、生理的健康程度，以及選擇生活型態的社會支持程度等因素都會有所影響，這些因素主要可以歸納為環境因素、同儕因素與個人因素三大類。大眾傳播媒體對吸煙的影響力一直是青少年抽煙的主要訊息，尤其電影與電視人物常以抽煙顯示某種獨特的個性，如反叛、性感、瀟灑與自在等，吸引青少年當作楷模，進而也支持抽煙行為。同儕間的壓力或楷模作用也是青少年抽煙的一大作用。

　　自我效能係影響青少年開始抽煙的另一個因素，自我效能係指個人對自己可以成功的達成行為目標的信念或看法，亦即是自我的信心程度，自我效能高低一直被認為是青少年不吸煙或戒煙與否的關鍵。與

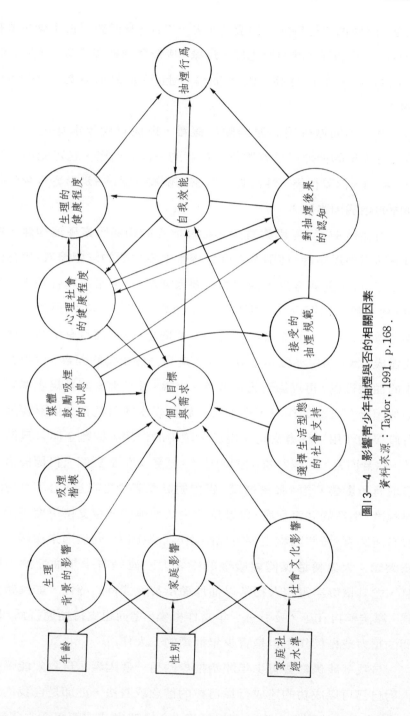

圖13-4 影響青少年抽煙與否的相關因素

資料來源：Taylor，1991，p.168．

自我效能有關的乃是個人的認知狀況，如對抽煙後果的認知與對個人身心健康的認知等。自我效能尤其對個人抗拒抽煙具有關鍵作用。圖13-4的模式亦顯示影響青少年抽煙與否的相關因素頗多是交互影響的，如自我效能與抽煙行為，心理社會健康與生理健康等都相互關聯，也因此要完全控制青少年的抽煙行為並非容易。在青少年抽煙之防治上，除非多管齊下，否則防止青少年抽煙或戒煙效果將會有限（黃德祥，民82b）。

二、青少年抽煙的防治

多數成人抽煙者是在青少年甚至兒童階段開始抽煙，黃德祥（民82b）的研究即發現，抽煙青少年中有8.19％的青少年於國小階段就開始抽煙，另有63.31％是在國中開始抽煙。顯示國中階段是青少年最易染上抽煙習慣的時間，這可能與青少年在國中階段遭受較多壓力並易受同儕影響有關，此外，亦顯示國中階段可能反煙教育並不成功。因此如何預防青少年抽煙本身即頗具教育意義。防止青少年抽煙最好的方法就是避免青少年開始抽第一根煙。防止青少年抽煙的方法主要有下列各項：

㈠反煙教育(antismoking education)必須避免極端的事件：反煙教育應依照事實作正確陳述，不能用恐嚇的方法制止青少年抽煙，抽煙對肺癌、循環系統疾病、心臟血管疾病、孕服或在使用口服避孕藥時的影響與危險性應具體顯示，倘利用極端事例反而會造成青少年的不信任與抗拒，讓青少年對抽煙行為產生過度的焦慮是防止青少年開始抽煙的有效方式，此外，如有反煙的教師身體力行的參與反煙教育，效果會更佳。

㈡反煙的訴求必須是積極的：反煙教育方案必須尊重青少年的價值、自我信念與成就感，並且要鼓勵青少年控制自己的行為。

㈢坦誠的告訴青少年真相：反煙教育方案必須以事實為基礎，誠實的與青少年相處，尤其要避免半信半疑的情況，方能影響青少年的認知

與態度。

㈣反煙教育儘可能由學生領袖與學生本身發起：反煙運動倘由學生領袖與團體自發性的發起，反煙的效果最易彰顯，另由抽煙學生報告抽煙的身心症狀更能防止抽煙行為的產生。

㈤反煙教育必須及早推行：應在國小階段就開始推展，以美國為例，多數兒童在12歲左右開始抽煙，因此，國小階段的反煙教育就非常必要，而且反煙方案倘能多元化，效果會更佳。

㈥協助學生探索自己：幫助學生探討與分析內在的、隱藏的、情緒的或社會的抽煙理由，有助於青少年去面對抽煙的問題，並產生戒煙的意圖。

㈦教學方法多樣性：反煙教育不能以單一教學方法進行，講述法、團體討論法、心理說服法或各種綜合式方式，都可以用來改變青少年對抽煙的認知、情感與行為反應。

除此之外，反煙的第一步要由大眾傳播媒體開始，如果由大眾傳播媒體推展反煙運動，可以消弱想開始抽煙者的意念，同時也會說服不抽煙者不抽煙，對於有心戒煙的抽煙者也可以使之獲得戒煙的激勵，使相信戒煙有益生理健康的人有較高信心與能力去戒煙(Atwater, 1996; Eisler et al., 1985)。

目前在戒煙矯治上較被常使用的策略有：㈠尼古丁口香糖(nicotine gum)；㈡嫌惡治療(aversion therapy)；㈢操作制約(operant conditioning)；㈣多重模式治療(multimodal intervention)等(Taylor 1991)。尼古丁口香糖是以含有尼古丁的口香糖供抽煙者咀嚼，用以替代抽煙行為，此方式雖有利於戒煙，但由於仍含有尼古丁，反而會使人轉而對尼古丁口香糖的依賴。嫌惡治療法則是將香煙轉變成不愉快的刺激，使人遠離香煙，如對抽煙者電殛，或讓其快速抽煙而產痛苦等，不過此類治療方法有道德上的問題。操作制約則由環境安排著手，使抽煙者遠離咖啡、喝酒等，另亦利用認知與行為處理協助當事人戒煙。多重模式治療則是新近的治療方法，兼顧各種治療策略的應用，此一模式有四個治療階段：

㈠激勵戒煙的動機；㈡訂定戒煙計畫與決定戒煙；㈢戒煙的行為管理 (*behavioral management*)；㈣透過輔導使當事人堅持不抽煙（黃德祥，民82b）。

另外，黃德祥（民82b）並對青少年抽煙的行為或防治提供了下列的建議：

㈠反煙教育應成為中學教育與輔導的重點工作。

㈡應於國小階段開始進行反煙教育，並於國中階段加強推動。

㈢反煙教育應取得家長及其家人的合作。

㈣學校應有週詳的反煙行政措施與輔導策略。

㈤大眾媒體、政府與社會公益團體應加強反煙教育。

貳、青少年的喝酒行為與防治

一、青少年喝酒的成因與問題

喝酒(*drinking*)與前述的吸煙傳統上都是一種被容許，甚至是值得鼓勵的文化習慣。在較原始的民族中，喝酒行為不論男女老少都極為普遍，青少年喝酒是被讚美的行為表現。青少年喝酒在甚多社會中甚至比抽煙更為開放。不過也由於此，青少年喝酒行為也較受忽略，相關的研究也較缺乏。

適當的喝酒可以增進人際情誼與促進身體循環，但過量的喝酒容易導致肝臟與心臟疾病，以及其他疾病的產生，喝酒過度更嚴重的問題是容易產生意外事件，甚至殺人與自殺。青少年喝酒形成習慣，長大後可能成為酒精上癮者(*alcoholism*)，造成個人、家庭及社會問題。酒精上癮者經研究發現通常有較多的慢性疾病，喝酒的人也較會表現暴力攻擊行為(*Engstorm, 1984; Kennedy, 1984*)。

在美國80％至93％的青少年有喝酒的經驗，有些青少年能節制的喝酒，但也有不少青少年喝酒過量，產生嚴重的問題(*Mann, Chassin, &*

Sher, 1987 ），而依據國外學者研究物質濫用情形（ *Gibson & Mithell, 1995* ），將酒精濫用情形概略分為 3 種程度，按輕重程度依序為偶發性飲酒過量（ *Episodic excessive drinking* ）、習慣性飲酒過量（ *Habitual excessive drink ing* ）及酒精成癮（ *Alcoholic addiction* ）等 3 種程度，而酒精成癮通常意謂著性格畏縮等問題。青少年喝酒者通常有較高的冒險傾向，期望能由喝酒中增強認知與動作能力，或者借助於酒精而能減少緊張與放鬆心情。

　　根據安斯壯(*Engstrom, 1984*)的調查發現，情境因素與住院的酗酒者及青少年酒精濫用(*alcohol-abusing*)者有密切關聯，表13-4係此二類受試者所反應的喝酒情境因素頻率高低程度。

表13-4　喝酒的情境因素

情境因素	住院酗酒者 (Hospitalized Alcoholics[a])(%)	青少年喝酒濫用者 (Alcohol-Abusing Adolescents[b])(%)	平均數 (Mean)(%)
無聊	77	81	79
憂鬱	81	64	73
焦慮	84	60	72
人際衝突	71	70	71
緊張消除	77	52	65
外向性憤怒	45	82	64
脾氣改變	65	61	63
挫折	61	63	62
渴望	79	42	61
社會壓力	43	62	53
個人控制的挑戰	68	31	50
痛苦	75	21	48
內向性憤怒	45	42	44
社會助長	53	33	43
認知改變	50	36	43
生理改變	59	24	42
模仿	20	56	38
好奇	23	44	34
同儕壓力	20	47	34

aN＝20　　bN＝20

資料來源：Engstrom, 1984, p.1051.

由表13-4中可以發現引發喝酒的情境非常多，但多數以應付或滿足心理需求爲最多，在住院酗酒者與青少年喝酒濫用者兩類受試合計反應的結果，以無聊(boredem)的情境因素居首位(79％)，其次是憂鬱或心情不好(depression)，再其次是焦慮、人際衝突與緊張消除。比例較低的情境分別是同儕壓力、好奇、模仿、生理改變與認知改變。再由表13-4中可以看到住院酗酒者與青少年喝酒濫用者之間的次數反應程度，有明顯的不同。青少年酒癮者以外向性憤怒居首位（占82％），其次是無聊（占81％），再次是人際衝突（占70％），而成人酒癮者以人際衝突的比率最高（占84％），再次是憂鬱（占81％），再次是社會壓力（占79％），其次分別是無聊與緊張消除（各占77％），就此而言，倘能減少青少年的憤怒、無聊與憂鬱程度即有助於喝酒行爲的預防。

安斯壯另外再請有積極家庭生活背景與有負向家庭背景之不喝酒青少年合併上述兩大類受試者，共計四大類，請他們分別報告喝酒的影響因素，此調查資料分喝酒的前置因素(antecedents)與喝酒的後果因素(consequences)二類分別呈現，並依其得分之標準化分數高低，繪製成如圖13-5的對照圖形。

由圖13-5中可以發現，喝酒的青少年組在前置因素與後果因素的反應上幾乎各項均是得分最高者，尤其在無聊、模仿、社會壓力、人際衝突、外在因果關係脾氣改變與同儕接納上的反應得分都在50分以上。另外，由圖13-4中，也可以發現住院酒癮者也比不喝酒青少年的得分較高，不過二組不喝酒青少年（積極與負向生活）之間的反應較不一致，但有積極家庭背景的不喝酒青少年反應分數有高於負向家庭背景之不喝酒青少年的趨勢。安斯壯認爲不喝酒青少年會有此結果乃是二組青少年對喝酒的因素報告分數是一種期望分數，而非眞正對喝酒的感受，亦即他們都是對喝酒因果之想當然爾的主觀看法，而非實際的體驗。

基本上圖13-5中可以明顯發現喝酒之青少年有較多的心理與情境作用，故要防止青少年喝酒可能需要有積極的社會替代性活動，使青少

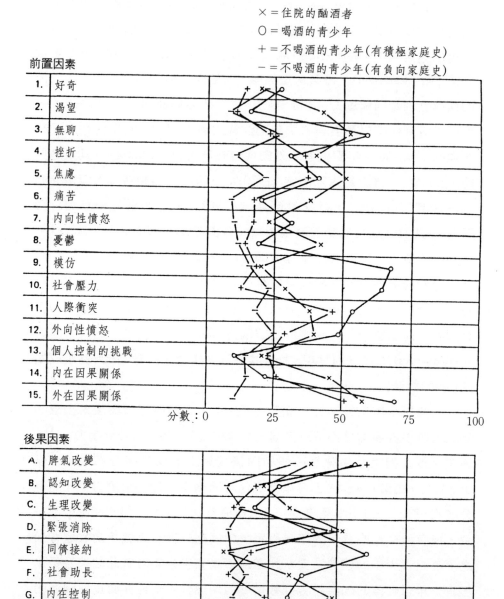

圖13-5　四類受試者喝酒原因分析

資料來源：Engstrom,1984, p. 1056.

年不致於感到無聊，而想喝酒。另外也要注意同儕的關係以免不當模仿
與受到社會壓力或遭遇人際衝突而養成喝酒習慣。安斯壯更指出，通常
不當喝酒的青少年在家庭與學校之中很少學習到如何放鬆自己、如何
果斷行事(assertion)、以及以較系統化的方式處理或調節自己的生活，
尤其過早曝露在喝酒情境中的青少年更會在未來濫行喝酒，值得父母
與教師們的注意。

　　除此之外，克楠等人(Kline, Canter, & Robin, 1987)對499位高中學
生調查其喝酒的因果關係，他們建構了圖13-6的徑路因果關係圖，經由
相關量表的評定之後發現，圖13-6中的重要變項有50％以上的解釋力。

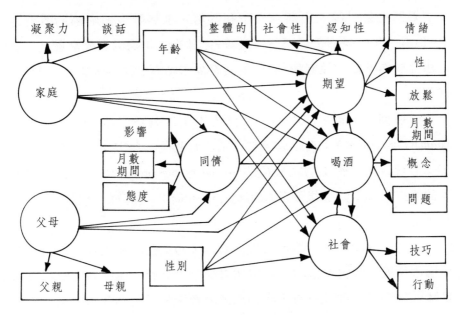

圖13—6　青少年喝酒行為的因果徑路分析模式
資料來源：Kline, Canter, & Robin, 1987, p. 524.

　　由圖13-6中可以發現影響青少年喝酒的變項極為複雜，主要因素
包括家庭、父母、同儕、期望(expect)、社會與喝酒行為的本身等，家
庭因素包括家庭的凝聚力與家庭成員間的談話溝通方式，家庭因素又
影響了其它各相關因素，由圖13-5的家庭影響力的方向來看，也支持了
本書第十一章中所稱家庭對青少年的影響是廣及青少年生活各層面的

論點。父母因素分別有父親及母親的作用，同儕因素則包括同儕的影響力、相處的時間月數與態度，青少年本身的性別因素也是主要作用力量，另外青少年對整體性(*global*)事物、社會性、認知性、情緒、性與放鬆的期望與其喝酒行為交互作用，社會技巧與行動也同時與喝酒行為交互影響。圖13-5可視為青少年喝酒因素的綜合性概念架構，有助於全盤了解青少年喝酒的相關作用力量，同時也可當作防治青少年喝酒的參考架構。

二、青少年喝酒行為的防治

喝酒過量對個人生活會有不利影響，雖然社會對喝酒的容忍性高，但青少年的喝酒仍然不值得鼓勵，尤其青少年喝酒之後常會發生意外事件或作不當的性冒險，所以推展青少年喝酒的防治方案，仍然有其必要。

一般而言，青少年喝酒的預防方案可以分為三級：㈠初級預防(*primary prevention*)：消除或調整會引發喝酒的一些因素，以預防青少年喝酒行為的發生；㈡次級預防(*secondary prevention*)：及早鑑定與處理飲酒失常者；㈢三級預防(*tertiary prevention*)：充分的處理與治療行為失常者。

對中學階段青少年的喝酒防治而言，初級預防模式可能更適宜在校園內推展，其主要目的在於增加青少年對喝酒所產生的負向結果的認識。最值得注意的是，青少年的戒酒教育通常得不到教師與家長的支持，他們往往忽略青少年喝酒的負面影響(*Engstrom, 1984*)。就國內而言，青少年的喝酒現象一直欠缺系統性與實徵性的研究資料，青少年對喝酒的認知、態度，以及喝酒的實際經驗也所知有限。近年來青少年吸毒的研究顯示，青少年的抽煙與喝酒常是藥物濫用的前奏，青少年的物質濫用常是多重性的，當抽煙與喝酒不能完全消除青少年的心理困擾時，更嚴重的吸食藥物的行為就跟著發生(*Garbarino, 1985*)。

至於已經形成酒癮的青少年，可以使用自我監控(*self-monitoring*)、

訂契約、與環境重建(*environmental restructuring*)等策略協助他們戒除。
其它行為治療技術如嫌惡法、爆炸法等也可以考慮使用,但在使用上需
審慎,因喝酒而有嚴重失常的青少年應尋求精神醫療的協助,一般而
言,青少年喝酒濫用是慢性疾病與心理困擾的反應,喝酒行為本身只是
一種徵候而已。父母與師長如果發現青少年有喝酒行為也可以利用下
列原則加以輔導:㈠先誠實的檢討自己的喝酒行為;㈡坦誠的表示情
感價值與經驗,並鼓勵青少年遠離酒類;㈢態度要冷靜、堅定與一致;
㈣與青少年分享(*sharing*)喝酒的觀念與訊息;㈤不要逼迫青少年作證
或承認;㈥要認識青少年自己無法控制自己的情境;㈦反映青少年對
喝酒與開車的感受;㈧當良好的傾聽者;㈨掌握要點,注意青少年飲
酒的行為問題,而不及於其它(*Dacey, 1986*)。

參、青少年的藥物濫用問題及防治

一、青少年藥物濫用的成因

　　青少年藥物或物質濫用一直是青少年研究的焦點問題。所謂藥物
濫用是指沒有經過醫生的診治或沒有醫生的處方,而使用法律所禁制
的藥物而言。青少年的藥物濫用問題目前一直困擾著世界各國政府與
人民,從美國、中南美洲、歐洲、至巴基斯坦、中國大陸,以及台灣都
有同樣的困擾。青少年的藥物濫用在多數國家被視為是偏差行為,有些
則視為犯罪行為。

　　青少年藥物濫用事實上是受到成人社會藥物濫用情況的牽引,尤
其違禁藥物的製造與販賣通常由成人所主導,再向青少年推銷,或利用
青少年當販賣掮客,而擴散了藥物的人口。艾德沃特(*Atwater, 1996*)指
出,青少年藥物濫用的原因極為複雜,下列是主要的使用類型:

　　㈠試驗性的使用(*experimental use*):藥物濫用多數起於一時性的使
用,使用者通常受好奇心的趨使,或渴求新的體驗,或使用藥物以短暫

的逃避個人的問題，終至上癮。

㈡社會消遣性的使用 (social-recreational use)：藥物的使用常興起於朋友或彼此熟識的聚會之中，此種社會消遣性的藥物使用較不會立即增多劑量或使用價錢較高的海洛因。

㈢環境與情境的使用 (circumstantial-situational use)：這是因為環境與情境的需求與期望得到預期效果而使用，如學生使用安眠藥或鎮定劑以幫助睡眠，久而久之對藥物上癮。此類藥物使用危險性高，因為形成習慣之後，戒除不易。

㈣激烈的藥物使用 (intensified drug use)：此類藥物使用者長期性的以藥物減除個人的問題與應付壓力情境，藥物使用已經成為個人生活的一部分，吸食者之間也形成關係，由於藥物的使用也使得個人生活方式與習慣改變。

㈤強迫性使用 (compulsive drug use)：此類藥物使用者也長期使用藥物，因而在生理與心理上產生依賴現象，他們幾乎每天需要使用藥物方能發揮日常生活功能。

瑞斯 (Rice, 1993) 指出，青少年第一次使用藥物的原因有下列五項：

㈠好奇：這是青少年濫用藥物的主要原因，甚多青少年有強烈的動機想試驗藥物使用的效果，他們或曾聽說藥物的作用，如迷幻藥可以使人有各式各樣的幻想、大麻煙可以減少自我控制並使人陶醉，如果他們相信藥物的效果，就會忽視藥物的傷害，因而容易想試試看藥物的實際作用。

㈡追求快樂與感官滿足：青少年藥物使用者想尋求快樂與感官的喜悅，而濫用藥物，尤其愈工業化與都市化的社會過度愈強調追求快樂，使青少年形成追求美好時光的價值觀，而不會考慮副作用，事實上青少年目前就是生活在一種「快樂導向」(fun-oriented) 的文化中，增加了他們想去嘗試藥物的動機。

㈢社會壓力：青少年常受同儕壓力而吸食藥物，他們不想與眾不同，當同儕都在吸食藥物時，個人抗拒吸食會被嘲笑為膽小鬼，甚至受

同儕排擠，另外青少年一直想獲得同儕團體或幫派的接納，在團體壓力下，他們難以抗拒學習他人的藥物吸食行為。

㈣**減低緊張、焦慮、壓力或逃避問題**：青少年不可否認的會面臨比兒童期更多成長、學習與生活上的壓力，為了減少緊張與焦慮，或逃避生活與學習問題，他們會以藥物當作工具，以減少心中的困擾。尤其不成熟、被動、依賴、挫折較多的青少年更會吸食藥物。

㈤**增加個人能力**：青少年會以藥物提高自我覺察力，引起他人注意或增加自己的創造力，或感受到神秘的力量。事實上多數禁藥，如安非他命、海洛因等也具有改變個人感覺與知覺的效果，青少年容易因初次感受到生理與心理改變的快樂而一再嘗試。另外家庭與社會因素也會促長青少年的藥物吸食行為，如：㈠親子間缺乏親密性；㈡父母過於嚴苛；㈢父母本身也使用藥物或酗酒；㈣欠缺親密朋友；㈤有憂鬱等情緒困擾；㈥常接近行為不良的青少年；㈦自卑；㈧在家中被當作代罪羔羊(*scapegoat*)；㈨與他人溝通不良；㈩叛逆、反抗；⑾社會上藥物容易取得；⑿大眾傳播不當示範或宣導效果不佳。

艾爾文與米爾斯坦(*Irwin & Millstein, 1990*)延續青少年冒險行為的分析模式，提出圖13-7的青少年藥物使用主要因素分析圖。

由圖13-7中可以發現，青少年藥物使用有內在的生物心理因素，以及外在的環境因素。此兩者交互作用增加了青少年受害的可能性與危險情境。在生物心理因素中，前置因素包括不自覺與冒險、好奇需求、角色楷模、利用藥物以增加自尊及性別作用等。在環境因素中則包括無效的藥物教育、廣告增多、缺乏警告廣告、家長教育、不當立法、以及醫生與家長知識欠缺或否定等前置因素。除了內外在因素之外，亦有二種催化因素的作用使青少年接近了藥物，包括心理內分泌的改變、缺乏經驗與知識及多重藥物的使用，以及社會壓力與同儕誘發、藥物易得等。由圖13-7的分析來看，青少年藥物的使用同樣涵蓋了個人、家庭與社會等複雜的因素，故在青少年藥物濫用的防治上也需要多方考慮這些因素，缺乏其中一環，都可能達不到良好的防治效果。

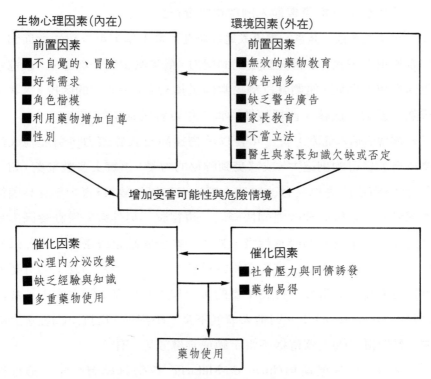

圖13-7　青少年藥物使用的主要因素

資料來源：Irwin & Millstein, 1990, p. 349.

　　佛爾曼(*Fuhrmamn, 1990*)也有相似的論點，他將青少年藥物濫用的原因歸爲二大決定因素：㈠社會決定因素(*social determinants*)：包括父母影響、宗教結合(*religious affiliation*)、同儕影響與學校影響；㈡個人決定因素(*personal determinants*)：包括低自尊、叛逆、冒險性、衝動性、獨立與信任感低。

　　另外亞當斯與加洛塔(*Adams & Gullotta, 1989*)則從㈠社會與心理；㈡家庭；㈢生理等三種觀點分析青少年藥物濫用的成因。亞當斯與加洛塔認爲美國高中青少年喝酒人口大量昇高是藥物濫用的主要根源，據統計約有91％高中畢業生喝過酒，41％酒醉過，另有5％是時常

酒醉者，此種高比率的喝酒人口與美國社會的變遷有密切關係，尤其是社會溝通頻繁、工業發展與市場走向有關，使得社會大眾喝酒極為普遍，對酒越依賴的青少年愈是會想逃避生活問題，由喝酒所引發的性、吸毒與自殺及其他偏差行為問題難以估計。喝酒過量的青少年容易有無根(rootlessness)的感覺、較憂鬱、失敗，因此喝酒通常與藥物濫用有相似社會及心理背景因素。

再從家庭觀點來看，藥物濫用與喝酒的青少年，通常親子關係甚差，父母本身在子女管教上有較多衝突，不一致與限制。在生理方面，生理結構可能對喝酒與藥物濫用具有助長作用。部分體質因素可能容易導致對酒精或藥物的依賴。

青少年藥物濫用通常具有階段之分，佛爾曼(Fuhrmamn, 1990)以圖13-8概略的呈現了青少年藥物濫用者的形成與復健的階段。

在圖13-8中可以發現，青少年藥物濫用者是一個試驗、習慣與依賴的歷程，在此歷程中，共有五個階段（左側）：㈠是偶然性與社會性的使用：此時青少年最常使用的藥物是抽煙、喝酒與抽大麻煙；㈡由初始的低度忍受，再增高使用的忍受度與力量，此時並有了同儕的接納；㈢增加藥物使用以影響成就、使用的冒險性乃提高；㈣經常性與高度性的使用、關心來源供應與財力問題，最後形成重劑的使用者；㈤形成社會孤立、養成妥協性格以保持既有習慣，其生理受傷害，並且有可能使用其它藥物。當青少年沒有吸食藥物而有生理性退縮症狀(physiological withdrawal symptoms)產生時，就是已經藥物成癮(addicted)，通常在圖13-8中的第三階段之後就會有藥物上癮的可能。此時使用藥物的青少年的非藥物使用朋友日益減少，當他們忍受藥物的使用以後，他們開始會說謊、感到罪惡、藏匿他們的相關藥物與器具、學業成就低落、增加購買藥物的金錢開支、並且對自己的儀表失去興趣，最後並失去所有非藥物使用的朋友，開始有憂鬱症，他們也開始會試著去戒掉，但終究沒有成功。到了最後上癮階段，青少年就開始輟學、無法工作、時常失去意識與記憶、失去所有朋友、體重急速下降、時常生病、整天吸食藥

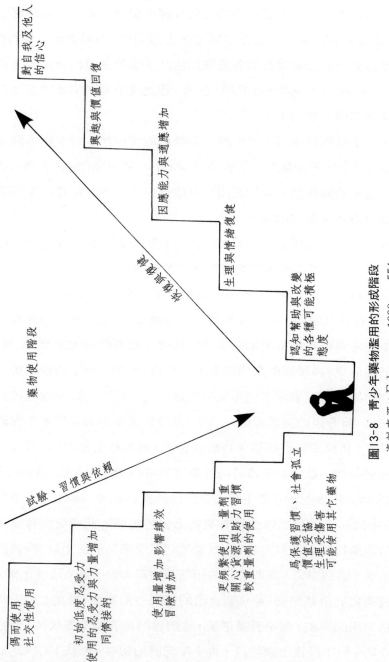

圖13-8　青少年藥物濫用的形成階段

資料來源：Fuhrmann, 1990, p. 554.

物，並且找任何可能吸食的藉口與理由。

對青少年藥物使用者的戒除、復原(recovery)與復健(rehabilitation)也有對應的五個階段(圖13-8右側)。在第一階段，協助者與吸食者雙方要認識協助與改變的各種可能，吸食者需要有積極的態度改變。第二階段要進行生理與情緒的復健。第三階段則要使因應技巧與增加適應能力。第四階段則需要回復個人的興趣與價值，以至第五階段需要增加個人與對他人的信心。對處於吸食第五階段的青少年而言，住院治療是最好的方式，在醫療機構治療之前先要去除吸食者的生理與心理困境，再如圖13-8所示，循序而上的加以復健。但不幸的，藥物上癮者的診治成功機會極小，因為藥物本身的成癮性（毒性）強烈，加上社會與個人因素不易一時改變，因此嚴重藥物濫用極可能成為「不歸路」，形成個人破產、親人盡去、朋友不再，或犯罪，以致於自殺或病發，甚至死亡的下場。故青少年藥物濫用本質上是個人與社會疾病的反映。

二、青少年藥物濫用的類別與影響

藥物的種類繁多，過度使用幾乎都會對生理與心理功能造成不利影響，干擾正常的生活功能。青少年藥物濫用的種類主要可以分為四大類：

㈠鎮靜催眠藥物(sedatire-hyponatic drugs)：包括巴比妥鹽(barbiturates)、酒精、大麻煙。

㈡麻醉性藥物(narcotics)：包括嗎啡(marphine)、海洛因、鴉片、以及可待因(codeine) （鴉片中的鹼質）。

㈢刺激物(stimulants)：包括咖啡因、尼古丁、安非他命(amphetamines)，此類藥物會刺激中樞神經系統。

㈣迷幻藥物(psychdelic drugs)：包括STD、LSD （二乙基菱角酸醯胺）、PCD、THC等(Forisha-Kovach, 1983)。

另外也有人將藥物區分為另外的四大類：㈠鎮靜劑(depressants)：如巴比妥鹽、麻醉物、鎮定劑、或其它鎮定止痛藥物；㈡刺激物(stimu-

lants)：如安非他命、古柯鹼與咖啡因；㈢心理轉換藥物(*mind-altering*

drugs)：如PCD、LSD、強力膠、以及其它迷幻藥物；㈣大麻煙與大麻製

品(*Gibson ＆ Mitchell,* 1995)。

　　圖13-9係1988年美國高中學生藥物使用的比率調查結果。

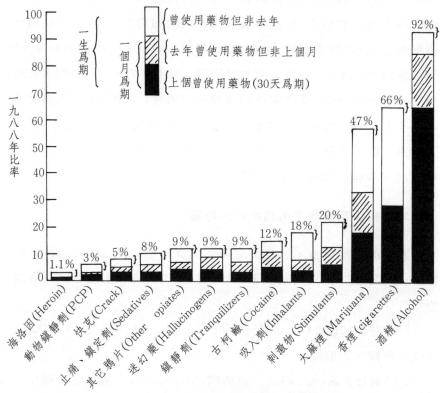

　　註：直線圖上方的括號係顯示95%信賴區間的上下限

圖13-9　美國高中學生藥物使用比率
資料來源：：Johnston, O'Malley, & Bachman, 1989, p. 33.

　　由圖13-9可見，美國高中學生有極大的比率使用酒類與抽煙，前者高達92％，後者亦達66％。另外抽大麻烟的比率亦接近一半（47％），其次是刺激物、吸入劑與古柯鹼，都超過一成。由此可見美國學生吸毒及其它物質濫用的嚴重性。另有研究顯示圖13-9的青少年藥物濫用情形仍延續至1990年，但古柯鹼的使用人數稍減（Cooper, 1991）。

　　美國學生所使用的藥物與其國內相關藥物取得的容易與否成正比，如古柯鹼由於受到中南美洲的大量走私入口，在全國各階層的泛濫情形極為嚴重。台灣則在近年由於自製安非他命大量內銷，而使青少年吸食者大量增加。可見不同國家社會中的藥物吸食類型有極大的不同，基本上某類非法藥物愈容易取得，青少年的吸食人口就會顯著提高。在20年前台灣地區青少年以吸食強力膠的人口最多，目前吸膠青少年已不多見，但在南美洲貧窮國家的青少年目前仍然以吸食強力膠為多。再以年齡或年級區分，不同年齡或年級階段青少年吸毒人口比率也不盡相同，以表13－5為例，煙酒的使用集中在國中一年級至高一，大麻煙的使用則以國三及高一為多，其它各類藥物濫用在國小六年級及高三都相對減少，依照鍾斯頓等人（Johnston, O'Malley, & Bachman, 1989）的論點，這與青少年的同儕互動狀況密切相關，因為青少年的藥物使用是一種普遍的同儕聯結現象，當同儕沒有影響力或影響力下降時，藥物使用的情況就會降低，不過由於多數藥物具成癮性，很多青少年轉而成為成人吸毒者。

　　表13-5也反映另一個事實，即愈貴的藥物青少年吸食人口愈少，以目前行情而言，海洛因最貴，故青少年吸食人口最少，喝酒與抽煙價格最低，故使用者人數最普遍。

表13-5　美國青少年藥物濫用的年級比率

第一次使用的年級	大麻煙	吸入劑	亞硝酸戊脂與丁烷基	迷幻藥	LSD	PCP	古柯鹼	海洛因	其它鴉片	刺激物	止痛鎮定劑	巴比妥鹽	美酚可龍	鎮靜劑	喝酒	酒醉	抽煙	每天抽煙
6th	2.3	2.4	0.2	0.1	0.1	0.1	0.2	0.1	0.2	0.2	0.2	0.2	0.2	0.2	8.6	3.3	19.4	1.5
7—8th	8.8	3.0	0.2	0.7	0.6	0.3	0.7	0.2	1.1	3.2	1.3	1.2	0.7	1.1	21.9	13.5	19.5	4.2
9th	13.2	3.4	0.7	1.8	1.5	0.7	1.6	0.3	1.8	5.2	2.4	2.1	1.2	2.2	25.7	20.6	11.7	5.3
10th	10.1	2.8	0.6	2.3	2.0	0.8	3.0	0.2	2.6	5.0	1.7	1.4	0.5	1.8	18.2	16.2	7.3	4.2
11th	8.5	2.8	2.4	2.4	2.2	0.6	4.1	0.2	1.8	4.1	1.3	1.4		2.7	12.0	12.1	5.8	3.5
12th	4.3	2.2	0.6	1.5	1.3	0.3	2.5	0.2	1.1	2.0	0.9	0.7	0.3	1.3	5.6	5.6	2.6	2.1
不曾使用	52.8	83.3	96.8	91.1	92.3	97.1	87.9	98.9	91.4	80.2	92.2	93.3	96.7	90.6	8.0	28.8	33.6	79.3

資料來源：Johnston, O'Malley, & Bachman, 1989, p.94．

　　就國內而言，目前藥物濫用以吸食安非他命、海洛因、FM2、MDMA類毒品，以及紅中、白板等鎮定劑為主要，此五大類毒品的可能出現的線索、對健康的影響與戒斷症候如表13－6所示。此表頗值得青少年藥物濫用之預防、鑑定與治療的參考。

　　三、青少年藥物濫用的預防與治療

　　依世界各國的經驗，青少年或成人的藥物防治工作一直無法有效達成，主要原因如前所述，吸毒問題本身是多重因素交互作用的結果，當不利因素無法一舉去除時，青少年與成人的吸毒問題就難以完全防治。

　　整體而言，青少年的藥物濫用（吸毒）問題的防治是一項艱鉅工作，需要動員社會各方面的力量共同配合推動，方能發揮效果，以下就預防與治療加以說明。

表13-6　藥物濫用對健康的影響

1.吸食強力膠或有機溶劑
(1)可能出現的線索──
　　身上衣服頭髮等常帶有有機溶劑的味道，經常洗頭，書包中有強力膠的瓶子，常有類似醉酒的行為舉止。四肢發抖，記憶力喪失。
(2)對健康的影響──
　　(A)毒性症狀：奇異的舉止、懼怕、幻覺、耳鳴、容易激怒、意識混亂、如醉酒般的行為。
　　(B)併發症：會導致心臟麻痺、心律不整、呼吸衰竭、吸入性肺炎、車禍及意外事件死亡。長久吸食則可能有腦病變、小腦萎縮、毒性肝炎、及急慢性腎衰竭發生。心肌病變、再生不良性貧血、血癌也不少見。
(3)戒斷症候群──主要為心理依賴，戒斷症候不明顯。

2.吸食大麻
(1)可能出現的線索──
　　經常有眼結膜嚴重充血的情形。會有幻覺、食慾增加、注意力無法集中，容易有挫折感、漫無目標的行為，過度誇張自我成就，對複雜的工作缺乏耐心。
(2)對健康的影響──
　　(A)毒性症狀：產生錯覺、幻覺、焦慮、害怕、意識混亂。嚴重者會有低血壓、顫抖、流汗、呼吸急促等現象。
　　(B)併發症：急性期會引起心律不整、肌肉溶解及急性腎衰竭；急性精神病也不少見。長期使用則會發生肺纖維化、免疫機能不全、男性女乳症、精子減少及變形、導致胎兒發生畸形。
(3)戒斷症候──不明顯。

3.安非他命、古柯鹼類
(1)可能出現的線索──
　　體重減輕、徹夜不眠、心跳加快、精神興奮卻沒胃口、同時會產生被害妄想及錯覺，而且滿臉青春痘。
(2)對健康的影響──
　　(A)毒性症狀：輕度中毒會有多話、躁動、失眠、發抖流汗、嘔吐等現象。中度中毒會有意識混亂、高血壓、呼吸及心跳加快、心律不整及幻覺。重度中毒則有嚴重高血壓、發高燒、全身抽搐意識昏迷。
　　(B)併發症：急性期會有心肌病變、心臟麻痺、心肌梗塞、低血壓、腦病變及出血、肌肉溶解、急生腎衰竭、肺水腫、死亡。慢性併發症會引起心臟衰竭、尿毒症、肺纖維化、被害妄想型精神病。
(3)戒斷症候群──
　　連續嗜睡幾天後大吃一頓，沮喪想自殺、焦慮、疲倦、呆滯。

4.鴉片類毒品：包括嗎啡、海洛因、速賜康、配西汀
(1)可能出現的線索──
　　金錢需求量突然增加。關節處血管有針刺的痕跡及硬化，尤其在鼠蹊部的血管。常會有打呵欠、流眼淚及鼻水的情形出現。體重減輕。注意瞳孔是否較一般人縮小許多？或打呵欠時瞳孔放大？
(2)對健康的影響──
　　(A)毒性症狀：昏迷、呼吸抑制甚至不會呼吸。肺水腫、腦部缺氧，變成植物人。急性氣喘血管破裂大出血。
　　(B)併發症：心臟心內膜炎、腦中風、急性腎衰竭、肺炎、肺栓塞、腦水腫、尿毒症、貧血、白血球稀少、血小板下降、肌肉及關節化膿。
(3)戒斷症候群──

打呵欠、流鼻水、流眼淚、起雞皮疙瘩、噁心、嘔吐、腹絞痛、拉肚子，甚至嚴重脫水而死亡。

5.紅中、白板、鎮靜劑類(即一般所謂迷幻藥)

(1)可能出現的線索──

　　幻覺、異常性嗜睡、如醉酒般行為、經常失眠、言詞含糊不清、心悸、焦慮易怒，而且伴有手的粗大抖動、注意力及記憶力障礙。書包中有紅色膠囊或白色藥片。

(2)對健康的影響──

　(A)毒性症狀：心臟擴張及無力，休克。引發全身抽搐、意識混亂、無法走路、頭痛、幻覺、錯覺、焦慮、激怒、譫妄。

　(B)併發症：昏迷、呼吸抑制、死亡、肺水腫、吸入性肺炎、急性腎衰竭，壞死性膀胱炎，血小板稀少，容易大出血及肝機能異常。

(3)戒斷症候群──

　　腸胃不適、焦慮、發抖、抽搐、噁心、嘔吐、癲癇發作、譫妄，意識混亂及視幻覺。

資料來源：林杰樑，民82，第15版。

(一)青少年藥物濫用的預防

　　「預防勝於治療」是青少年藥物濫用的最高準則，尤其防止青少年第一次使用(first use)更是極端重要，如圖13-6所示，青少年的藥物濫用呈階段性，具循序漸進的特質，故在預防上，應著重青少年藥物濫用助長因素的控制。

　　1.立法與司法上的努力

　　立法的周延與司法的有效執行是防治青少年及一般成人藥物濫用的根本性工作。

　　非法藥品（毒品）的製造、販賣與非法藥品的泛濫息息相關。美國近年來古柯鹼大量流行與南美洲非法毒品的傾銷密切關聯，因此美國甚至派兵至南美洲去消除古柯鹼樹，並給予農民補助金，鼓勵改種其他作物。不過成效並不大，主要原因在於古柯鹼的製造與販賣，獲利極豐，社會上的各種不當力量介入其中，包括政府的貪污與不良幫派的活動，使販賣集團形成極為嚴密的組織，政府的掃毒工作因而受到影響。

　　非法藥品除了需要有更嚴格的立法與執法，防止製造與販賣之外，對青少年藥物濫用有助長作用的抽煙與喝酒問題也需要有更嚴格的立法與執法，政府與教育單位並且要努力進行青少年不抽煙與不喝酒的宣導工作。以台灣而言，禁止商家將煙與酒賣給18歲以下青少年更

應嚴格執行。

　　我國現行麻醉品管理條例基本上將吸食違禁物品者視為犯罪行為，因此醫療單位對求診的毒癮患者負有舉證責任，故影響醫生對病患的接受與治療。另外，藥物成癮者本身即有嚴重的心理與社會問題，應以醫療的角度加以處置，故現行麻醉品管理條例似有斟酌修改的必要。另外，由於台灣屬海島型地區，容易有毒品走私進入，因此，嚴格的煙毒查緝極為重要。

　　2.教育與輔導上的努力

　　如前所述，青少年藥物濫用者有相當多的心理困擾，其所處家庭環境亦頗不利，諸如，低自尊、經常挫敗、缺乏成就動機、欠缺人際溝通技巧，以及親子與家人關係不良等。故學校應加強諮商與輔導，幫助學生增強因應問題與壓力（ *stress* ）的技巧。值得注意的是，目前學校的藥物濫用防治效果並不理想，甚至有研究發現，青少年接受了藥物濫用之防治教育以後，反而對藥物有了積極的看法(*Adams & Gullotta, 1989*)。一般而言，學校所推展的吸毒宣導效果是有限的，學校在青少年藥物濫用防治最根本的工作是針對較有可能吸毒者多予關懷與協助，尤其要增強他們的社會能力與提高其學業成就，方能使青少年免於藉助於藥物逃避個人與社會適應上的困難。另外學校也應多推動體育與休閒活動，不使青少年覺得無聊而產生其他心理困擾。

　　㈡青少年藥物濫用者的治療

　　青少年藥物成癮之治療首先要以醫療方法去毒(*detoxification*)，去毒方案首先是減少生理上的痛苦，其次是採取必要步驟協助青少年免除對藥物的依賴。目前主要的治療策略有下列各項：

　　1.心理諮商與治療

　　青少年藥物成癮者的治療始終都需要有心理諮商與心理治療的配合，心理諮商與治療的方法可以是精神分析取向的模式，也可以是行為治療模式。不過目前並沒有單一適合藥物戒除的心理治療模式，也沒有

非常有效的模式,因此心理治療必須與就業訓練、自我幫助團體(*self-help group*),以及其它的治療方法一起使用。

2.家族治療

心理治療著重於個別藥物成癮者的處遇,但青少年藥物濫用者多數有不健全的家庭,如父母酗酒與濫用藥物、不當管教、虐待子女等,使得青少年轉而向藥物形成依賴,故要協助青少年戒除毒癮需有家族治療的配合。家族治療的目的在於協助家庭成員解決他們的家庭問題,並且能以建設性與積極性的方法與家人相處,能把家庭視爲一整體,避免家庭問題成爲青少年迷失的陷阱。

3.美酚酮治療

美酚酮(*Methadone*)本身也具有毒性,但能防止海洛因中毒,以及降低海洛因戒斷的效應。美酚酮與海洛因具有對抗性,可以將毒性中性化,同時它也是一種定期的口服藥劑,因此在甚多國家已有爲毒癮患者免費提供美酚酮口服液的措施,不過美酚酮也因爲具有毒性,是否值得採用,仍有爭論。

4.治療社區與自助團體

青少年藥物成癮者最需要他人的支持與鼓勵,方有戒除意志,治療社區(*therapeutic communities*)是以團體住宿的方式,利用團體壓力與團體支持,以及診療教育、或安置就業的方式協助藥物成癮者戒除。

另一方面,藥物成癮者也可以組成自助團體,尤其藉助於已成功戒癮者的經驗,協助青少年戒毒。國外「酗酒者匿名會」(*Alcoholics Anoymous*)即在協助戒除酒與藥癮上頗有成就,並能獲得社會大眾信賴,國內也有必要參考借鏡(*Adams & Gullotta, 1989; Atwater, 1996*)。

另外,卡普濟與列寇(*Capuzzi & Lecoqu, 1983*)曾對青少年藥物濫用的治療提供13項原則,頗具參考價值:

⑴了解個人的宗教期望。

⑵運用家長教育與家族諮商。

⑶使用同儕團體諮商。

(4)個別與團體諮商甚於傳統的藥物教育。

(5)幫助青少年檢核藥物所帶來快樂與消除痛苦的知覺。

(6)發展建立自尊的方案。

(7)不要假定藥物使用者每個人都是叛逆的、低成就者。

(8)將冒險需求導向建設性活動的管道中。

(9)幫助青少年學習個人控制與延緩享受。

(10)幫助青少年發展其它有意義的獨立性情感。

(11)幫助青少年發展人際信任感。

(12)對青少年的性別角色刻板化印象應敏銳覺察，並幫助青少年學習表現適當的角色。

(13)對戒癮處理方案的效果加以評鑑。

第三節　青少年其他主要行為問題與防治

壹、青少年的憂鬱與自殺

一、憂鬱的成因與問題

　　憂鬱與自殺二者密切關聯，同樣是青少年常遭遇的問題，尤其憂鬱更是青少年普遍的困擾，據估計中學生約有三分之一有中度到重度的憂鬱現象，更有35％的青少年有自殺的意圖(*suicide ideation*)，嚴重憂鬱者通常發生在高二，女生尤其顯著，此外，學業成就與社會適應較差者愈會有憂鬱的感受(*Adams & Gullotta,1989; Rice,1993*)。憂鬱症的青少年常會抱怨十分疲倦、昏昏欲睡、感到空虛、孤獨、以及與他人疏離、也無法集中精神讀書，同時他們可能花太多時間看電視、電影、錄影帶或者做一些無謂的事，憂鬱的青少年常會有自殺的念頭，極少數且付之

行動，並自殺成功。一般說來，青少年憂鬱症者具有四種明顯的症狀。

㈠**情緒方面**：憂鬱的青少年常見心情頹喪、負向自我態度、滿足的經驗減少、參與他人活動減少、抱怨身體不舒服、失去幽默感等現象。

㈡**動機方面**：憂鬱的青少年失去追求成就的動機，成為逃避者與畏縮者，有自殺思想、依賴性增加。

㈢**認知方面**：低自尊、對未來負向期望，有自我責罰的態度、心神未定、有自殘身體的意念。

㈣**生理方面**：失去胃口、睡眠不安、性的興趣減少、倦怠感增加 (*Atwater,1996; Fuhrmamn,1990*)。

另外，青少年的某些行為表現事實上即是憂鬱的症候之一，例如：㈠無法集中注意力：因為憂鬱的青少年通常避免去觸及痛苦與悲傷的情感，因此思考形成跳躍式，而影響了注意力的集中；㈡逃家：青少年的問題根源常來自家庭之中，逃家使他們可以短暫的離開緊張的家庭情境，並使他們覺得可以自我控制；㈢性活動：憂鬱的青少年為了拋棄他們不被愛與需要的感受，會以性的活動作為解決憂鬱的方法，女性憂鬱者更常有此表現，因而受害；㈣無聊與不安：憂鬱的青少年會覺得自己無聊，但又不參與他人的活動，同時他們又常坐立不安，情緒不穩定；㈤攻擊行為與犯罪：憤怒與破壞性行為是憂鬱症青少年常有的表現，尤其男生更甚，這也是自暴自棄、自我形象低下且有無助感的反應。他們藉助於攻擊與犯罪行為、人為的誇大自己強壯、有恃無恐與聰明睿智，這即是一種偽裝的憂鬱症(*masked depression*)。此類青少年也會轉而自我毀壞與自殺，以獲得短暫的自我解脫(*Fuhrmamn,1990; Dacey, 1987*)。

憂鬱症的青少年通常經歷過嚴重性的失落(*losses*)，如父母與親人死亡、父母離婚、失去自尊與安全、寵物失落與死亡、被羞辱、被朋友拋棄與背叛、童年比現在愉快等。16至17歲是青少年憂鬱的高峰，女生更甚於男生，這可能女生傾向於內在懲罰(*intrapunitive*)，而男生傾向外向懲罰(*extrapunitive*)有關。

二、自殺的成因與問題

　　自殺是一種有意迅速結束自己生命的行為，在美國青少年自殺已成為僅次於意外事件的重要死因。圖13-10係美國青少年自殺率的統計圖，由圖中可見，10至14歲青少中自殺的比率高於15至19歲，非裔青少年自殺比率又高於白人。據估計，美國青少年每年約有10萬人意圖自殺，自殺成功者與自殺意圖的比率約為43/100,000，亦即美國青少年每年約有2,041人自殺身亡（ Dusek ，1996 ）。另外有研究指出（ Haim ，1974 ），自殺的時間較常發生在春天（3月至5月），而星期一的發生率又較其他時間為高；自殺的地點最常選在自家居處；至於自殺的方法則與求死欲念的程度有關，而有服藥、割腕、上吊，甚至造成廣泛創傷之跳樓與自焚等。國內青少年的實際自殺人數缺乏正式的統計資料，但報紙上時有所聞。

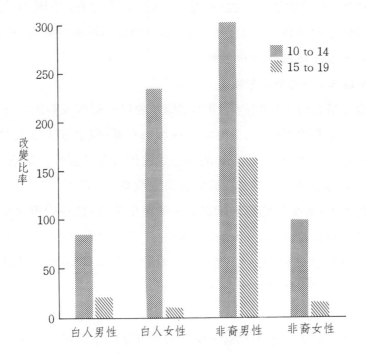

圖13－10　美國青少年的自殺率

資料來源：Santrock，1998，p.490.

賈寇布斯(*Jacobs*,1971)曾將青少年的自殺行為分為四個階段，並對青少年的自殺作了綜合性與發展性的解析。以下再分述之。

(一)階段一：問題的長期歷史

賈寇布斯認為青少年的自殺行為事出有因，有自殺意圖的青少年兒童期與家庭生活通常不快樂與不穩定。賈寇布斯研究發現，有自殺意圖的青少年與控制組青少年相比，認為他們的父母較嚴苛、不愛他們、批評與拒絕，此外，有自殺意圖的青少年並有71％來自於破裂的家庭，他們的自我形象低劣，覺得自己沒有效能、憂鬱與沮喪、自我認定混淆、自我概念低下、有無力感等。

(二)階段二：青少年期問題的誘發

有自殺意圖的青少年由於長期面對較多的困擾，因此到了青少年階段，比正常青少年遭遇較多的問題。賈寇布斯就發現有自殺意圖的青少年常轉學、父母離婚或死亡、有繼父母等，舊有存在的問題加上青少年身心適應上的困難，兩相交互作用，而使問題的嚴重性擴大與再現，雪上加霜，因而興起自殺的念頭。

(三)階段三：漸進的社會孤立

賈寇布斯發現，自殺的青少年剛開始會以較適應及與生命無關的方式去因應他們的問題，如公開的反抗與逃家等，但當這些方式用盡而周遭情況並沒有改善時，青少年開始感到與他人及整個社會疏離，慢慢地社會孤獨感增高，終至自我孤立與自我放棄。

除此之外，青少年的認知因素亦扮演重要角色，自殺的青少年常以個人的認知解釋(*cognitive interpretation*)看待問題與未來，正常人對未來會有更美好的認知建構與期望，但自殺的青少年卻覺得未來沒有希望，因而想先行自我結束生命。

(四)階段四：希望幻滅

自殺傾向的青少年大都有一個衝突與問題的生活史，到了青少年階段問題惡化，造成疏離、自我破壞與社會退縮，最後使個人問題難以掌握，並使生活的希望幻滅。賈寇布斯發現自殺的青少年在事先都會經

歷到一項非預期的創傷經驗(*unanticipated traumatic experience*)，但這一項經驗並不是自殺的唯一原因，它只是一個促動力量而已，青少年的自殺是長期不安、壓力、挫折、衝突、失望、悲觀及多重問題累積的結果（*Berman & Jobes*，1991）。

綜合而言，青少年的自殺或意圖自殺有四大類原因：

㈠人格問題

自殺青少年主要的問題來自於他們本身，因為有相同人生境遇的青少年不一定會選擇自殺一途。個人情結障礙與因應問題的技巧(*coping skills*)不足或缺乏才是主因。自殺青少年的人格問題尚有：1.憂鬱：如前所述憂鬱與自殺關聯密切，悲傷、沮喪、憂愁、失落等都是相關的情緒反應。2.可依靠的資源有限：自殺的青少年本身因應問題的能力有限，所以經常依靠他人的支持，尤其是同儕的協助，不過他們的同儕關係通常是痛苦與短暫的，他們經常過度依賴他人，以致於超出同儕的負荷，最後被人所拒，當外在來源無可依靠，自己內在力量又不足應付問題時，自殺的念頭就興起，有時並自殺成功。3.溝通技巧不足：自殺青少年普遍人際溝通能力不足，有時只對少數的人或在特定的環境中才願意溝通。4.現實考驗：人生的考驗相當多，他們的問題解決能力不足，也無法客觀的評估自己，使他們任由現在的問題所擺布，也對未來失去希望。5.過度敏感：自殺青少年時常對外在事物反應過度，也因而造成他人困擾，加重了個人的壓力。6.易受暗示(*suggestibility*)：自殺青少年易受外界影響，父母及他人有意無意的言詞都會對他們產生影響，自殺青少年高度易受他人暗示。7.幻化思考(*magical thinking*)：很多青少年對於死亡有不切實際的看法，把自殺當作幻化、解脫或進入極樂世界的方法，尤其大眾媒體與宗教常會對死亡加以美化，因而促長了青少年死亡的意圖。8.宗教幻想主義(*religious fantasticism*)：宗教對於死亡的詮釋較多，對宗教信仰愈虔誠的青少年會因過度信賴萬能的神或上帝，而想結束自己的生命，將問題的後果留給神或上帝去處理，並希望神或上帝可以拯救他們。9.缺乏控制環境的能力：自殺青少年

較屬於外控型(*external control*)，易受環境影響，卻又認爲自己運氣不佳、命運多舛。

㈡家庭問題

自殺青少年的家庭通常功能不彰(*dysfunction*)、解組、浮動與較多失落。自殺青少年的家庭問題尚有：1.親情失落(*parental losses*)：自殺的青少年常缺乏充分的親情，他們也可能曾受父母虐待、剝奪愛。自殺的青少年一般會認爲他們是家庭的負擔，如果他們消失也許家庭會變好些。2.親子角色倒轉(*parent-child role reversals*)：自殺青少年的父母可能本身有不少問題，反而尋求青少年的支持與幫助，青少年轉而成爲家庭與父母的支持者、照料者與忠告者，因此造成青少年的焦慮、痛苦、挫折與敵意，當他們無法完全負擔成人的問題時，轉而譴責自己的無能。自殺成爲他們逃避壓力的方法。3.溝通不良：家庭成員溝通不良是青少年自殺的主因之一，尤其父親與女兒之間溝通的不良常會導致女性青少年自殺。

㈢同儕問題

自殺青少年的家庭有較多困境，當同儕關係又不良時，青少年會感到世界沒有人能理解與支持他們，因此促長了青少年自殺的意念。另外同儕之間的行爲容易相互模仿，青少年的自殺且具有「流行性」(*epidemics*)，看到青少年同儕以自殺解決問題時，他們也可能加以仿同。

㈣社會因素

社會的變遷與壓力也會對青少年的自殺產生影響，相關的因素有：1.家庭變遷：家庭也是社會體系的一環，家庭結構改變，立即對青少年產生影響（如第十一章所述）。2.宗教：社會宗教力量的興衰也與青少年自殺有關，一般而言，青少年愈趨向於合法與正式的宗教組織，自殺傾向較低。3.社會轉變與流動：都市化與工業的社會中，青少年的生活挑戰較多，自殺率亦較高。4.成就取向：愈強調成功之重要性的社會，青少年自殺率愈高。5.攻擊性：愈不鼓勵攻擊與壓制攻擊行爲的社會，青少年的自殺率愈高，女生因爲在社會中受到的壓抑較多，故女性

意圖自殺者較多，但自殺成功者男多於女（*Dacey, 1987; Fuhrmamn, 1990*）。

三、青少年憂鬱與自殺的防治

青少年的憂鬱與自殺的成因與徵候相近，故防治策略可視為一體適用。青少年憂鬱與自殺的防治策略有下列各項：

㈠注意青少年的行為表現

青少年的自殺都有一定的徵兆，父母、師長及其它助人專業工作者對於青少年的行為表現應多留意、觀察，以便洞燭機先，防範於未然，表13-8是青少年自殺的早期信號。

表13-8　青少年自殺的早期信號

1. 直接的自殺威脅或評述，會說些：「我希望我死掉」、「家庭沒有了我會變好」、「我一無所有」等話。
2. 有事先的自殺意圖，也許極為微小。近五分之四的人至今會有一次以上的自殺意圖。
3. 身邊充滿死亡有關的音樂、藝術品與個人著作。
4. 因死亡、遺棄、破裂而失去家人、寵物、男女朋友。
5. 家庭分裂（family disruptions），如失業、嚴重疾病、搬家、離婚。
6. 睡眠、飲食習慣與個人健康有困擾。
7. 成績退步，缺乏上學興趣或以前重要的嗜好。
8. 行為方式急劇改變，如安靜、害羞的人變得非常慷慨。
9. 憂鬱、無助與沒有希望的感覺擴大。
10. 從家庭成員與朋友中退縮，並與重要他人疏離。
11. 放棄有價值的東西並將其它事情料理妥當。
12. 系列「意外」或衝動、冒險的行為發生，藥物或酒類濫用、不考慮個人安全、從事危險的活動。

資料來源：Santrock, 1998, p.651.

由表13-8中可知青少年的自殺徵候頗有蛛絲馬跡，稍加留意即可發現，因此，家長、教育與輔導工作者宜善加「察言觀色」。

㈡增加青少年因應問題的技巧

青少年憂鬱症與自殺意圖者最大的缺陷在於因應問題的能力與技巧不足，經常遭遇挫敗。同時憂鬱與自殺傾向的青少年普遍社會技巧不

佳，故增強青少年面對問題與改善人際關係是輔導的重點，第十二章所述的社會技巧訓練可供參考。另外尼爾森鍾斯(*Nelson-Jones* ,1993) 曾提出下列的問題處理訓練(*problem management training*) 模式，可以協助青少年增加自助(*self-help*) 能力。此一模式共有五個階段：1. 面對(*confront*) 問題；2.告知(*inform*) 自己；3.界定(*define*) 問題；4.決定(*decide*) 如何做；5.行動(*act*) 與評估，故此一模式又稱之為CIDDA系統自助模式。各階段重點如下：

1.面對問題：協助當事人面對問題，把問題當作人生的一部分，試著解決問題才是上策。此外要將問題視為己有(*ownshop*) ，而非推卸責任或歸咎他人，再者要清除內在空間，使個人有足夠心理能源應付問題。

2.告知自己：協助當事人獲得自己的內在與外在資訊，包括個人的情感、目標、技巧與問題，以及外在相關的人物與環境。

3.界定問題：訓練當事人明確的界定問題，並發現自己的優缺點，避免模糊。

4.決定如何做：在此階段要清楚個人實際可行的抉擇，並且在適當評鑑之後，選擇行動方案。

5.行動與評估：在此階段協助當事人訂立計畫、完成決定、檢查決定與行動的可能結果，以及評鑑成就與結果。

至於其他理性情緒治療、認知治療等心理諮商輔導方法亦值得採行。

㈢對青少年給予適當的社會支持

憂鬱與自殺的青少年通常會遭遇一連串的壓力事件與挫敗經驗，故教育與輔導工作者在青少年面對危機、壓力與失敗時給予適當的社會支持極為必要，不過社會支持的目的在於協助青少年自我幫助，不能使青少年形成另一種依賴。

葉沃斯等人(*Yeaworth, McNamee, & Pozehl, 1992*) 曾依照對青少年影響程度的高低，排列出影響青少年的人生改變事件(*life change event*)

（如表13-9所示），值得青少年教育與輔導工作者在事件發生時給予必要的助力。

表13-9　青少年人生改變事件等級表

等級	生活改變事件	生活改變單位
1.	父母死亡	98
2.	兄弟姊妹死亡	95
3.	親密朋友死亡	92
4.	父母離婚或分居	86
5.	學校中一科或多科學業失敗	86
6.	被警察逮捕	85
7.	被留級	84
8.	家庭成員有酗酒麻煩	79
9.	使用藥物或飲酒	77
10.	失去寵物	77
11.	父母或親人生病	77
12.	失去工作	74
13.	與親密的男女朋友分手	74
14.	輟學	73
15.	女朋友懷孕	69
16.	父母失業	69
17.	嚴重受傷或生病	64
18.	與父母爭吵	64
19.	與老師或校長有麻煩	63
20.	有下列的麻煩，如：青春痘、過重、過瘦、太高、太矮	63
21.	新的學校生活開始	57
22.	搬新家	51
23.	儀表改變(帶牙齒矯正器或眼鏡)	47
24.	與兄弟姊妹爭吵	46
25.	開始有月經(女生)	45
26.	家庭有新來的人(如祖父母、收養的兄弟姐妹，及他人)	35
27.	開始工作	34
28.	母親懷孕	31
29.	開始約會	31
30.	交了新朋友	27
31.	兄弟姊妹結婚	26

資料來源：Yeaworth, McNamee, & Pozehl, 1992, p.785.

教育與輔導工作者應敏銳的察覺表13-9對青少年有重大影響的人生改變事件及青少年的反應方式，給予適當與必要的協助，尤其如表13-9所列，當青少年有親人去世與失落時，更應給予必要的關懷。

貳、青少年的性違常與娼妓問題

青少年的性相關問題涉及的層面非常廣泛，包括法律、家庭、社會與個人等方面，除第五章與第十一章所述青少年性成熟與婚姻的相關問題外，於此將再討論青少年的同性戀與娼妓問題。

一、青少年的同性戀問題

同性戀(homosexuality)是青少年性成熟與性別角色發展上一個頗受重視的問題，由於新近流行的愛滋病中同性戀者一直為高危險群，因此在教育與公共衛生上，各國都甚為注意同性戀的形成、預防與矯治的相關問題。

事實上同性戀包括兩個主要類型：㈠同性性體驗(homosexual experience)；㈡同性戀傾向(homosexual orientation)。同性性體驗是指與同性的同儕或成人有了性經驗，而同性戀傾向則只是喜歡與同性有親密關係，並尋求此種性安排，但尚未發生性經驗。目前一般估計同性戀人口約有5－10%，其中男同性戀者高於女同性戀者。

即使在今天，同性戀仍然被視為是不正常的性活動，同性戀者的性行為表現仍然在極隱密的情況下進行，社會上對同性戀的接納程度雖高於往昔，但仍然頗為歧視，尤其宗教人士一直在譴責同性戀行為。不過也因此，青少年倘有同性性經驗，甚至只有同性戀傾向也會感到極大的羞恥與掙扎。

達樹(Dacey, 1986)指出，同性戀一直不甚被了解，常見的同性戀神話(myths,或誤解)有下列各項：

㈠男同性戀是膽小的(*sissies*)，從未與他人吵架。

㈡男同性戀者身體瘦弱，女同性戀者身體強壯，因此有強烈的同性戀傾向。

㈢同性戀會導致精神失常，因爲係由於荷爾蒙不平衡所造成的。

㈣男同性戀者的媽媽是過度保護者，並有拒絕與無能的父親，如係女同性戀者其情況剛好相反。

㈤同性戀者常想誘拐年輕兒童，因爲他們自己不能生育，這是他們補償的一種方法。

㈥可以從身體外觀與行爲舉止看出他是一位男同性戀者，如走路像女生、塗寇丹等。

㈦也可以從身體外觀與行爲舉止看出她是一位女同性戀者，如留短髮、具攻擊性等。

上述是頗爲普遍流傳的同性戀者印象，其實都不正確，它們都沒有被證實。過去對同性戀者最強烈的刻板印象是認爲同性戀是一種「疾病」(*sick*)。

1973年美國精神醫學會(*American Psychiatry Association*，簡稱APA)首先將同性戀排除於心理疾病(*mental illness*)之外，因爲APA認爲同性戀不會造成持續的情緒困擾，也不會造成社會功能失常。不過稍後APA中的一些保守人士翻案，而再把同性戀歸之爲「性取向困擾」(*sexual orientation disturbance*)的分類中，因爲同性戀者可能會因性抉擇而產生焦慮。由此爭議似乎也可看出同性戀仍然是見仁見智的問題。

然而，就青少年本身而言，有同性戀傾向或屬於同性戀經驗者，個人內在有難以避免地衝突存在，梅爾永(*Malyon, 1981*)指出，同性戀青少年處理自己的性情感有三個主要類型：㈠、壓抑(*repress*)；㈡、隱藏(*hide or suppress*)；㈢公開(*disclousre*)。

第一類型的青少年會利用各種心理防衛機轉將同性戀的意圖從意識中加以排除，此種類型的青少年有時會帶來甚多苦惱，壓抑型的青少

年其同性戀傾向並無法完全排除，也許長大之後會再興起。第二類型的青少年會隱藏自己的同性戀傾向或同性戀性經驗，因此有些人會尋求異性的約會或婚姻來掩蓋同性戀情感，並減少外界異樣的眼光。第三類型的青少年則公開自己的性取向，此類公開型的青少年常引發同儕的敵意與嘲笑，並且會與父母親有強烈的衝突，某些青少年因而受家人與朋友的排斥，這類青少年最需要諮商輔導上的協助。不過由於同性戀難以改變，強迫改變青少年的同性戀常常徒勞無功。

有學者指出，青少年對同性戀的恐懼感對個人的危害程度大於同性戀的行為本身，青少年的同性戀可能是性成熟遲滯、不喜歡異性間活動、過度沈湎於手淫的滿足、沒有異性親密、或其它性的不良適應的一種反映，這才是青少年諮商與輔導上特別值得注意的問題根源(*Kimmel & Weiner, 1995*)。

同性戀的形成被認為與親子關係不良及荷爾蒙分泌失調有關，不過真正原因目前仍不甚清楚。

由於青少年同性戀的成因未明，同性戀是否為疾病的爭論也未停止，因此青少年同性戀者是否需要接受治療也未有定論。不過同性戀雖是可以被接受的一種方式，但基於青少年教育與輔導的觀點而言，同性戀仍不值得鼓勵，在青少年同性戀的防治上，下列是可供參考的策略：

(一)提供充分男女交往機會：同性戀常因與異性接觸機會較少，對異性有誤解或不當恐懼所致，因此為青少年提供充分的交往機會有其必要，如公開的舞會、戶外野營活動、學校社團等。

(二)避免男女分班與分校：由於社會是兩性分工與合作的社會，在男女分班與分校中就讀的青少年，無疑的失去與異性一起工作與遊戲的機會，故男女分班與分校應避免，以防止同性同儕間產生愛戀行為。

(三)家庭與學校需有適當的性別角色教育：同性戀者通常有性別角色混淆的困擾，尤其父母教養子女的方式與子女的性別角色發展密切關聯（如第七章所述），為人父母者應注意及此，另學校中也可多推廣兩

性教育，以及兩性合作與競爭的相關教育活動。同性戀預防教育也可成為學校性教育的一部分。

　　(四)宣導同性戀的危險性與後果：近年來愛滋病患者有較多數屬於同性戀者，故同性戀是愛滋病的高危險群，學校教育與輔導工作者應可作此宣導，但切忌作情緒性批判，以免影響學生對同性戀者的接納程度。此外，由於選擇同性戀即表示不太可能有自己親生的小孩，此一後果所造成的影響，也應協助青少年認知。

二、青少年的娼妓問題

(一)成因與問題

　　賣淫或娼妓(prostitution)與人類歷史同樣久遠，被稱之為「古老的行業」(old-profession)，任何時空都存在著賣淫與娼妓問題。所謂賣淫是指以金錢買賣性的快樂。近年來，世界各國青少年娼妓問題都愈來愈嚴重。美洲、中南美洲如此，亞洲亦然。台灣的雛妓問題更受到國內外的注意。

　　根據研究，在1814年英國政府還准許12歲的女生賣淫，到了1875年才改為13歲，到1885年又提高為16歲(Adams ＆ Gullotta, 1989)。另根據調查，美國在1972年到1981年之間成年妓女增加了125.5％，但18歲以下妓女則增加了160.8％(Rogers, 1985)。

　　青少年娼妓事實上可以分為「妓女」與「男妓」兩類，妓女問題遠大於男妓問題，因為妓女人口遠多於男妓。青少年娼妓又可分為自願與非自願兩類，自願從娼的青少年是指在沒有外力脅迫下，自願從事性交易的行為，非自願從娼的青少年通常是由於外力脅迫下，如被父母、人口販子、或色情掮客(pimps)強制從事性交易活動。依世界各國現況而言，非自願的青少年娼妓愈來愈少，自願性娼妓卻愈來愈多。由於娼妓問題被認為是一種無受害者的犯罪(victimless crime)，因此世界各國在娼妓管理政策上不如其它社會問題的熱衷，因此問題的嚴重性各國不

一，但一般而言，落後與貧窮地區的青少年娼妓問題愈嚴重。另外由於娼妓也視同非法行為，故政府貪污、行政效率不彰的國家也有較嚴重的娼妓問題。

　　就教育與輔導工作而言，青少年娼妓的成因與防治十分值得加以關切。根據研究，美國青少年妓女年齡大多在13至18歲之間，也有10歲左右者，她們通常跟隨一位色情掮客，性活動的地點大多發生在車上，有時在公寓內，也有些在汽車旅館或一般旅館中，她們多數會服用避孕丸，她們對性病的看法來自於同伴，掮客多半會告訴她們別服用藥物，以免被捕。掮客年齡通常也不高，多數17至19歲，掮客多數在找到工作之後即不再涉及色情工作，少數掮客會用強制手段脅迫青少年妓女，多數對妓女相當照顧，因而使青少年妓女對他們產生心理與情緒依賴，青少年妓女賣淫時間主要是在下午及夜晚，下午的客人多數是有工作的已婚男性，因為他們晚上必須回家。有一項對200位妓女進行的調查發現，有16％的妓女年齡在16歲以下，三分之二的妓女的家庭有中等以上收入，家庭非常貧窮的妓女不多，然而她們多數有嚴重的家庭問題，其中70％曾有情緒上的被虐待（*emotional abuse*），62％有身體的被虐待（*physical abuse*），60％被性虐待（*sexual abuse*）。她們從事娼妓的管道得自於電影、書本與雜誌，14％經由朋友介紹從娼，7％由學校同學介紹，6％由鄰居引介，13％是由家人引入。妓女平均開始從娼年齡為16歲，55％由老鴇（*madams*）與色情掮客中介。她們從娼的理由有三分之二是基於經濟的原因，有些則為了買藥物，多數的妓女沒有朋友，或不再與朋友聯繫，多數妓女都曾逃學，94％的妓女對自己有負面評價（*Baizerman, Thompson, & Stafford-White, 1979; Sillbert & Pines, 1982*）。

　　另有研究發現，青少年妓女多數有過早的性經驗，她們第一次性交的平均年齡是12.9歲。她們的親子關係不佳，多數缺少溝通、親密性、父母監督不足、情感表達不良，或者父母重男輕女。青少年妓女也經常感到孤單、既沒有朋友也沒有親人關心，覺得被社會拋棄，因此希望以

賣淫自謀其力。可觀的金錢收入是青少年妓女最大的酬賞,由於她們多數不具就業技能,因此無法獲得良好收入,從娼的高收入使她們可以立即滿足所有的需求。另外有些青少年妓女從娼的理由是爲了避免無聊與在學校及家庭中被人瞧不起,她們多數拒絕當傳統家庭主婦的角色,也沒有當太太與媽媽的人生目標(Gray, 1973)。

此外,亦有研究發現,青少年女生逃學是賣淫的開始,逃學的女生身上所帶的金錢平均只夠三天花用,當金錢用盡又不敢或不想回家時,賣淫成爲她們最好的選擇,尤其逃學時又有涉及色情行業的同儕或成人的牽引,多數掉入其中。不過青少年妓女比成人妓女的工作危險性要高,她們常會被性虐待、搶劫、或作暴力攻擊,甚至金錢被掮客剝削(Garbarino, 1980; Wooden, 1976)。

目前亞洲國家,如日本、韓國、泰國、菲律賓或台灣都存有龐大的色情行業,色情掮客的供銷網路嚴密,青少年妓女受控制的情況可能更甚於西方,不過台灣有關青少年妓女的實徵性研究甚少,有關的資訊不足。但青少年妓女人口爲數不少,則被公認。

至於青少年男妓主要可以分爲四類:1.街頭與酒吧全職男妓:他們工作地點不定,通常具有陽剛氣概,也可能受到女朋友,甚至太太的支持,他們多數有逃學、逃家紀錄,多數欠缺教育與職業技能,從娼是他們最好的賺錢方法。2.全職應召男妓:這類男妓有固定地點應召,被稱之爲「應召男孩」(call boy),多數經由電話與顧客接頭,他們的工作技能亦極欠缺,平均開始從娼年齡在17.6至16.6歲之間。3.兼職男妓:此類男妓數量龐大,通常爲較多收入而從娼,他們會選擇特定的客人或掮客,此類男妓的教育程度較高,不少人甚至有良好工作。4.同儕犯罪文化(peer-delinquent culture)中的兼職男妓:此類男妓常發生在青少年幫派與犯罪文化群體中,他們常是被同儕暴力脅迫擔任男妓,尤其是同性戀男妓(Allen, 1980)。青少年男妓的家庭環境與親子關係同樣不佳,大半曾逃學與逃家,低教育水準、欠缺就業技能又期望有大量的金錢可以花用。青少年男妓比妓女較會相互保護與對付不付款者。

國內青少年男妓的相關研究亦不足，只聽聞有「午夜牛郎」之類的賣淫事情，是否有其它較組織化的男妓行業，不得而知。

㈡青少年娼妓問題的防治

世界各國在娼妓問題的防治上大都效果不顯著，尤其對自願從娼的青少年少見防治的策略，主要是青少年娼妓問題與整個社會的功能失常密切相關。

由於青少年從娼對其個人生理、心理，與未來家庭及婚姻的傷害極大，故青少年娼妓比成人娼妓更需要社會多方面的配合，共同防範。以下是可行策略：

1.家庭與社會的教育及宣導：青少年娼妓如前所述多數來自於功能不健全的家庭，因此，推廣家庭教育乃極為必要，親子關係的改善與對青少年更多的愛與關懷才能使他們免於逃家，而終至涉入色情行業。社會的教化亦頗為重要，基本上娼妓是受制於市場法則，當供需失衡時部分娼妓問題自然解決。不過目前社會上充斥色情的誘惑，故對色情有助長作用，這需要政府及公益團體共同加以抑制。另一方面將色情場所合法化與區隔更可以防止青少年從娼。

2.廣設青少年中途之家：青少年逃家是自願從娼的根源，政府有必要廣設中途之家，尤其在都會地區應多多設立，使一時負氣離家的青少年有暫時安頓之處。中途之家並應有專業的諮商輔導與社工人員的設置，以協助青少年重返家庭。目前救國團於台中市西屯路已設置一家青少年中途之家，有必要於其他縣市再增設，並廣為宣傳。

3.就業訓練的加強：由上述可知，青少年男妓與妓女多數不具備工作技能，故學校與政府就業單位應密切配合，參考第十章所述的方法與策略增加青少年的就業能力。當青少年可以經由合法管道自謀其力時，較不會從事非法的娼妓工作。

4.對青少年娼妓的諮商輔導：青少年娼妓多數走向「不歸路」，他們常會成為成人娼妓。當他們年老時，又可能轉而成為色情業的主持人（如老鴇與掮客）。因此對於青少年娼妓應給予適當諮商輔導，尤其當

他們被警方查獲時，更需要有專業的心理協助，如此才能使他們有勇氣改變生活方式，早日從良。

參、青少年的行為失常

一、青少年行為失常的成因與類型

青少年的行為失常(behavior disorder)是青少年的父母與教師所引以爲苦的事，尤其是常見的違規犯過與暴力行爲更是原因複雜，在輔導與矯治上也非一蹴可及，此外，由於青少年違規犯過行爲對正常的教學干擾極大，更容易耗損教師的心力，阻礙學校教育功能的發揮。

青少年行爲違常或違規與暴力行爲，在文獻上也被稱爲反社會行爲(antisocial behavior)、行爲失常(conduct disorder)、不當行爲(misconduct)、不良適應(maladjustment)、破壞行爲(disruptive behavior)，或是偏差行爲(deviate behavior)等不一而足(*Borduin, Henggeler & Monley*, 1995; *McCord & Tremblay*, 1992)。

從諮商與輔導的觀點而言，學生常見的行爲問題主要可以分爲三大類：㈠內向性問題(internalized problems)：相關的問題有：1.害羞、退縮；2.自卑；3.自我意識過強、過度敏感；4.恐懼、焦慮；5.逃避參與團體；6.悲傷、憂鬱；7.冷漠；8.心不在焉、注意力不集中等。㈡外向性行爲(externalized problems)：諸如，1.反抗、叛逆；2.對財物、規則或同儕的攻擊；3.過度需要他人的注意；4.過動性(hyperative)；5.脾氣暴躁；6.嫉妒等。㈢違規犯過行爲(rule-breaking behaviors)：如，1.抽煙；2.偷竊；3.吸食違禁藥物；4.打電動玩具；5.打架、滋事；6.逃學、逃家；7.性相關違規行爲；8.虞犯行爲；9.其它犯罪行爲等。一般老師通常較會注意第二、三類的學生問題，而忽略第一類問題，因爲後兩者對班級秩序與行政措施會有立即的干擾，但此三類問題常是交互作用與互爲因果的(*Kauffman & Wong, 1991; Steinberg, 1993*)。

依照美國精神醫學會（ *American Psychiatric Association, APA* , 1994 ）所出版的《心智失常診斷與統計手冊》第四版（ DSM－Ⅳ ）的分類，行為失常可以分為四大類：

㈠反抗性失常（ *Oppositional Defiant Disorder* ）：係指持續性地固執、抗拒改變、不妥協、不與人協商。

㈡注意力不足與過動性失常（ *Attention－Deficit/Hyperactivity Disorder* ）：言行不一、無組織、分心與健忘等。

㈢適應性失常（ *Adjustment Disorder* ）：生活遭遇困難。

㈣反社會人格失常（ *Antisocial Personality Disorder* ）：攻擊他人與動物、破壞財物、偷竊、違反法令等。

APA （ 1994 ）認為行為失常（ *conduct disorder* ）係指行為有下列十三項中的三項以上，且行為持續六個月以上者：㈠沒有與受害者衝突的偷竊行為；㈡逃家二次以上；㈢時常說謊；㈣玩弄消防設施；㈤曠課；㈥侵入他人住家或建築物；㈦破壞他人財物；㈧殘暴的對待動物；㈨強迫他人進行性的活動；㈩使用武器打架；㈪時常打架；㈫與受害者衝突的竊盜；㈬殘暴地對待他人。

蔣治邦（民81）調查國內國小學生的行為問題，經群集分析後，將學生的行為問題分為下列七個群集：㈠課業成績低落與缺乏上課意願；㈡情緒困擾；㈢說謊、欺騙行為、偷竊行為、賭博行為與進出不正常娛樂場所；㈣逃學行為、離家出走、抽煙行為與吸食迷幻藥物；㈤不當異性交往；㈥破壞上課秩序、抗拒師長管教、情緒不穩定易衝動、暴力行為、攻擊行為、打架鬥毆行為、人際關係欠佳與考試作弊行為；㈦勒索行為與參加不良幫派。蔣治邦的研究也發現，學生問題的總出現率以課業低落最多（62.8％）、其次分別是缺乏上課意願（61.6％）、說謊欺騙行為（55.0％）、人際關係欠佳（45.5％）、破壞上課秩序（41.9％）、打架鬥毆行為（30.8％）、情緒不穩易衝動（26.2％）、抗拒師長管教行為（23.7％）、偷竊行為（22.6％）、考試作弊（2.17％），以及進出不正

當娛樂場所（20.1％）等。

　　陳皎眉（民81）另調查國中學生的行為問題，她亦與蔣治邦（民81）的研究相同，將國中學生的行為問題分成類似的七個群集，另經分析後發現，就出現率而言，國中學生的行為問題以：「缺乏上課意願」、「課業成績低成就」、「說謊欺騙行為」最為普遍；其次分別是「破壞上課秩序」、「抽煙行為」、「逃學行為」、「抗拒師長管教」、「人際關係欠佳」、「情緒不穩定易衝動」、「進出不正當娛樂場所」、「打架鬥毆行為」、「考試作弊行為」等。由此可見，國內中小學生的違規犯過行為相當接近，只有抽煙行為是國中階段出現較多的行為問題。

　　青少年功能失常者具有四大特質：㈠生理方面：打人、踢人、丟東西、蠻橫、或偷竊等；㈡口語方面：諷刺、批評、諉過、抱怨、喧譁、反抗、不順從等；㈢情緒方面：沒有感情、不當使用情感等；㈣態度方面：負面、失敗主義等。

　　教育、輔導與心理學的相關論者一般都認為學生的違規、暴力與其它行為問題的產生都是事出有因的，大抵上都從個人、家庭、學校、社會與文化等方面作分析，雖然不同學者的著重點稍有不同，但了解學生問題的成因是防範的第一步。

　　青少年與兒童失常的原因分成下列四大因素：㈠原生性因素 (*etiological factor*)：此類因素又分為，1. 遺傳與染色體因素 (*genetic and chromosomal factors*)；2. 神經系統因素 (*neurological factors*)：前者常因父母的不良遺傳與染色體異常所產生，後者則因神經系統失常所造成的，如腦傷、心智遲滯、癲癇、或神經失常等；3. 體質與氣質性因素 (*constitutional and temperamental factors*)：此類因素常屬因不同的遺傳、生理特質與情緒類型的不同交互影響而造成的；㈡家庭與社會因素：可能的原因包括父母離婚、父母管教與控制、父母心智失常、父母犯罪行為、家庭結構、家庭行為類型、撫養與教養問題、社會團體影響等；㈢學校因素：此方面原因包括師長楷模、常規訓練、師生關係、學業成就、學校組織結構等；㈣社會、文化與文化轉換 (*transcultural*) 因

素：此方面因素包括都市文化、家庭遷移、失業率、種族、電視暴力示範，以及其它社會問題。由此可見青少年與兒童的行為問題的成因相當複雜，要防範學生問題的產生也須從各個層面著手（黃德祥，民82c; *Steinberg, 1985*）。

派克與艾樹(*Parker & Asher, 1987*)綜合歸納過去相關研究後，提出二個模式，第一模式稱之為「因果模式」(*Causal Model*)，認為不良行為是造成不良社會關係與生活適應的主要因素。另一個模式則是「易發模式」(*Incidental Model*)，這個模式則認為即使有不良社會行為，也不一定會造成不良的社會關係，即使是有，也是容易發生而已，而非必然發生。此二個模式如圖13-11所示。

事實上，這兩個模式都不完全。後一模式並不確定社會關係不良即會導致後期的不良適應。但前一模式則確定早期的失常(*disorders*)會造成不被同儕接納與不良適應行為。重視前一模式之研究者，特別著重同儕關係的重要性。他們支持同儕關係對以後適應的重要性。支持後一模式者，則儘量蒐集其他各種相關變項，以解釋更多的不良適應行為之產生的原因。不過這兩種模式都重視兒童與青少年的特性、行為、社會關係，以及以後的生活適應，均有其貢獻（黃德祥，民78）。

二、青少年行為失常的防治

青少年行為失常事實上也是個人身心與環境交互作用的結果，由於行為的形成並非一朝一日改變的結果，因此需要青少年的父母與教育工作者多付出耐心與愛心，下列是黃德祥（民82c）所建議的一些處理與防治策略。

㈠進行社會技巧訓練

社會技巧訓練(*social-skills training*)近年來在國外普遍被用來訓練違規與犯罪的青少年，效果頗受肯定，即使對一般學生而言，社會技巧訓練亦可提昇他們的社會能力。社會技巧訓練就是利用一套有計畫且明確的社會教導方案，使青少年與兒童學習待人接物的道理與技能，其

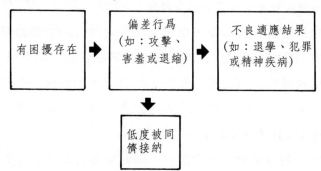

(A)因果模式(Causal Model)

偏差行為
(如：攻擊、
害羞或退縮) ➡ 低度被同
儕接納 ➡ 偏差社會化
(經驗或機會) ➡ 不良適應
(如：退學、
犯罪)

(B)易發模式(Incidental Model)

有困擾存在 ➡ 偏差行為
(如：攻擊、
害羞或退縮) ➡ 不良適應結果
(如：退學、犯罪
或精神疾病)

低度被同
儕接納

圖13-11　社會行為、社會關係及後期適應的關係模式圖
資料來源：Parker & Asher, 1987, p. 379.

主要的步驟有：1.示範；2.教導；3.角色扮演；4.演練；5.增強；6.回饋；7.酬賞；8.家庭作業等。其焦點在於人際問題的解決與學習適當的人際交往技巧（詳細內容參閱第十二章）。

(二)加強補救教學，設法提高學生學業成就

　　青少年與兒童行為問題的相關研究論著幾乎都把青少年與兒童的學業失敗視為問題行為的主要根源，因此加強學生的補救教學，設法提高學生學業成就乃當務之急。目前國中階段過大的升學與課業壓力，造

成太多的學校失敗者。因此對於違規與暴力行為的學生更應設法拯救
其學習上的困境，使他們逐漸感受到學習的樂趣，即便是進步有限，亦
不應放棄。當然此方面需要有教育行政方面的配合，如降低班級學生
數，普設資源教室與資源教師等（第十二章中另有詳述）。

㈢有效的使用行為改變技術

行為學派心理學者向來主張有效與無效的行為都是學習而來，因
此面對學生違規與暴力行為必須要經由反學習(unlearned)的歷程加以
改正。此種改變的歷程難以速成，需要教師更大的耐心、努力與付出。
常用的行為改變技術如，代幣法、隔離法、消弱法、飽足法、行為塑造
法、反應代價法等仍然是有效的輔導策略，中小學教師應能熟練應用。

㈣加強親師聯繫與家長諮商輔導

家庭仍是防範與矯正學生違規與暴力行為的重要力量，家長與教
師的聯繫工作乃應加強，目前以電話聯繫最為立即與直接，應多採用，
另外由學校結合社區力量作預防工作似可多加推廣。家長的諮商與輔
導亦是未來要努力的方向，此方面也許有待立法或行政上的配合。

㈤建立有效的輔導網路

由於一般教師教學負擔沉重，因此需要有健全與有效的輔導網路
作學生違規與暴力行為處理與矯治的體系，以便學生問題能有效疏
解，此一網路應分多層次與不同處理程序，將學校輔導單位與行政體
系，以及社區資源加以納入，對學生的不良行為能形成較明確的處理準
則，並利用校內外充分的資源，作妥當的輔導（黃德祥，民82c）。

本章提要

1. 青少年的偏差行為係指青少年從事偏離常態的行為表現，偏差行為通常具有下列特質：(1)行為表現與多數人的行為表現方式不同；(2)行為妨害公共秩序與安全；(3)行為對個人或他人造成損害；(4)與大人規定與期望的行為方式不符。

2. 青少年的偏差行為與犯罪的成因有：(1)人格因素：包括a.一般人格狀況，b.T型性格；(2)社會技巧與生活適應；(3)學業成就；(4)同儕影響；(5)社會的影響；(6)生理、心理與社會聯合性因素。

3. 青少年階段對身心危害最大的是藥物濫用問題，所謂藥物即指一般藥品、違禁藥品、麻醉及迷幻藥物，以及其他國內俗稱的毒品等一切物質。青少年的抽煙與喝酒是物質濫用的一種，它們常是藥物濫用的前奏。

4. 促使青少年抽煙有四個主要原因：(1)青少年過早曝露於大量的香煙廣告之中；(2)青少年由抽煙的父母與成人中模仿而得；(3)部分受到同儕的壓力；(4)與青少年想要滿足自尊及獲得地位有關。就個人而言，抽煙有下列的作用：(1)消除緊張；(2)形成無意識的習慣；(3)強迫性口腔活動；(4)尼古丁成癮。

5. 香煙上癮被認為與其他藥物上癮一樣難以戒除，目前有四個理論可以解釋抽煙的成癮性：(1)尼古丁效果固著理論；(2)尼古丁規則理論；(3)多重規則模式；(4)波氏理論。

6. 防止青少年抽煙的方法主要有下列各項：(1)反煙教育；(2)反煙的訴求必須是積極的；(3)坦誠的告訴青少年真相；(4)反煙教育儘可能由學生領袖與學生本身發起；(5)反煙教育必須及早推行；(6)協助學生探索自己；(7)教學方法多樣性。而目前在戒煙矯治上較被常使用的策略有：(1)尼古丁口香糖；(2)嫌惡治療；(3)操作制約；(四)多重模式治療。

7. 從各種資料可發現喝酒之青少年有較多的心理與情境作用，故要防止青少年喝酒可能需要有積極的社會替代性活動，使青少年不致於感到無聊，另外也要注意同儕的關係以免不當模仿與受到社會壓力或遭遇人際衝突而養成喝酒習慣。

8. 青少年喝酒的預防方案可以分為三級：(1)初級預防；(2)次級預防；(3)三級預防。至於已經形成酒癮的青少年，可以使用：(1)自我監控；(2)訂契約；(3)環境重建等策略協助他們戒除。

9. 青少年藥物濫用的原因極為複雜，下列是主要的使用類型：(1)試驗性的使用；

(2)社會消遣性的使用；(3)環境與情境的使用；(4)激烈的藥物使用；(5)強迫性使用。另外，青少年第一次使用藥物的原因有下列五項：(1)好奇；(2)追求快樂與感官滿足；(3)社會壓力；(4)減低緊張、焦慮、壓力或逃避問題；(5)增加個人能力。此外，家庭與社會因素也會促長青少年的藥物吸食行為。

10.青少年藥物濫用者是一個試驗、習慣與依賴的歷程，在此歷程中，共有五個階段：(1)偶然與社會性的使用；(2)由初始的低度忍受，再增高使用的忍受度與力量；(3)增加藥物使用以影響成就；(4)經常性與高度性的使用；(5)形成社會孤立，養成妥協性格以保有既有習慣。相對的，對青少年藥物使用者的戒除、復原與復健也有對應的五個階段。

11.青少年藥物濫用的種類主要可以分為四大類：(1)鎮靜催眠藥物；(2)麻醉性藥物；(3)刺激物；(4)迷幻藥物。

12.青少年藥物濫用者主要的治療策略尚有下列各項：(1)心理諮商與治療；(2)家族治療；(3)美酚酮治療；(4)治療社區與自助團體。

13.憂鬱與自殺二者密切關聯，同樣是青少年常遭遇的問題。一般說來，青少年憂鬱症者在：(1)情緒方面；(2)動機方面；(3)認知方面；(4)生理方面具有明顯的症狀。另外，青少年的某些行為表現事實上即是憂鬱的症候之一，例如：(1)無法集中注意力；(2)逃家；(3)性活動；(4)無聊與不安；(5)攻擊行為與犯罪。

14.自殺是一種有意迅速結束自己生命的行為。青少年的自殺行為分為四個階段：(1)階段一：問題的長期歷史；(2)階段二：青少年期問題的誘發；(3)階段三：漸進的社會孤立；(4)階段四：希望幻滅。

15.綜合而言，青少年的自殺或意圖自殺有四大類原因：(1)人格問題；(2)家庭問題；(3)同儕問題；(4)社會因素。

16.青少年憂鬱與自殺的防治策略有下列各項：(1)注意青少年的行為表現；(2)增加青少年因應問題的技巧；(3)對青少年給予適當的社會支持。

17.同性戀包括兩個主要類型：(1)同性性體驗：指與同性的同儕或成人有了性經驗；(2)同性戀傾向：指只是喜歡與同性有親密關係，並尋求此種性安排，但尚未發生性關係。

18.青少年有同性戀傾向或屬於同性性經驗者，個人內在難以避免地有衝突存在，同性戀青少年處理自己的性情感有三個主要類型：(1)壓抑；(2)隱藏；(3)公開。

19.同性戀雖是可以被接受的一種生活方式，但基於青少年教育與輔導的觀點而

言，同性戀仍不值得鼓勵，在防治上，下列是可供參考的策略：(1)提供充分男女交往機會；(2)避免男女分班與分校；(3)家庭與學校需有適當的性別角色教育；(4)宣導同性戀的危險性與後果。

20.青少年娼妓問題的防治上，以下是可行策略：(1)家庭與社會的教育及宣導；(2)廣設青少年中途之家；(3)就業訓練的加強；(4)對青少年娼妓的諮商輔導。

21.從諮商與輔導的觀點而言，學生常見的行為問題主要可以分為三大題：(1)內向性問題；(2)外向性行為；(3)違規犯過行為。依照美國精神醫學會所出版的《心智失常診斷與統計手冊》第三版的分類，行為失常可以分為四大類；(1)低社會性的攻擊行為失常；(2)低社會性的非攻擊行為失常；(3)社會性的攻擊行為失常；(4)社會性的非攻擊行為失常。

22.青少年與兒童失常的原因分成下列四大因素：(1)原生性因素：又分為a.遺傳與染色體因素、b.神經系統因素、c.體質與氣質性因素；(2)家庭與社會因素；(3)學校因素；(4)社會、文化與文化轉換因素。

23.青少年行為失常的一些處理與防治策略如下：(1)進行社會技巧訓練；(2)加強補救教學；(3)有效的使用行為改變技術；(4)加強親師聯繫與家長諮商輔導；(5)建立有效的輔導網路。

第十四章
青少年犯罪問題與防治

　　世界各國對青少年的刑罰政策類多採取「預防與教育甚於報復」，以及「宜教不宜罰」的原則。青少年即使有與成人罪犯相同的行為，通常也被視為「行為不當」(*misbehavior*)、「不服從」(*disobedient*) 或「不良行為」與「非行」(*delinquent*)，而不視為是犯罪 (*crime*)。不過中文之中，只要違反刑罰相關規定即視為犯罪，國內規範青少年不良行為的主要法律是「刑法」與「少年事件處理法」。本章將延續上一章繼續申論青少年犯罪的成因與司法體系、國內外青少年犯罪概況，以及青少年犯罪的預防與矯治策略。

　　由於青少年正值青春年華，倘因犯罪而身繫囹圄，對青少年個人、家庭、社會與國家都會造成無可彌補的損失，故青少年犯罪的預防與矯治特別需要全國上下寄予最大關注。

第一節　青少年犯罪的成因與相關司法體系

壹、青少年犯罪的成因

　　青少年犯罪的成因頗爲複雜，除第十三章所述的幾個主要因素之外，甚多犯罪學者並建構理論，用以解釋青少年的犯罪現象，以下將介紹著名的青少年犯罪理論。

一、學習理論

㈠不同聯結理論

　　學習理論犯罪學者認爲青少年的犯罪行爲是學習而來。蘇澤蘭等人(Sutherland & Cressey, 1960)認爲犯罪行爲是不同聯結(differential association)形成的，個人在環境中受到犯罪因素的增強而學到了犯罪行爲，青少年也不例外，蘇澤蘭的不同聯結理論共有九個要項：

　　1.犯罪行爲是學習而來的，學習因素甚於生物作用。

　　2.犯罪行爲是在與他人互動溝通過程中所學習而來的。

　　3.犯罪行爲的學習發生在親密的個人團體中。

　　4.犯罪行爲的學習包含：(a)犯罪技巧，它有時是簡單的技巧，有時是複雜的技巧；(b)犯罪的動機、驅力、合理化與態度。

　　5.特定取向的動機與驅力是來自於對法典有利與不利的界定。

　　6.會成爲少年犯罪者是因爲個人對違法之界定利大於弊的結果。

　　7.不同聯結的程度會因爲頻率、期間、優先順序與強度而有不同。

　　8.對犯罪與反犯罪類型的不同聯結學習過程中，包含了所有其它學習活動中所存在的各種機制。

　　9.雖然犯罪行爲是個人一般需求與價值的表現，但卻難以用一般

需求與價值加以充分解釋，因為非犯罪行為同樣也是個人需求與價值的表現。

　　蘇澤蘭的理論十分難懂，因而後來的論者又有各自不同的延伸應用。但基本而言，蘇澤蘭認為犯罪就是增強聯結的結果，尤其當個人認為違法有利於己時（獲得增強），個人就會與犯罪行為聯結起來，表現違法的行為。

㈡不同聯結理論的修正

　　蘇澤蘭不同聯結理論的重點在於強調犯罪行為是學習而得的，但葛拉澤(Glasser, 1972)認為青少年犯罪應該是不同認同(differential identi-fication)的結果，他認為犯罪行為是一種自願的行為(voluntary behavior)，個人是可以有選擇向犯罪或不犯罪者的角色認同的自由意志，因此犯罪行為是一種有意識的活動。對青少年而言，向不同同儕團體認同的結果形成犯罪與不犯罪的不同結果。葛拉澤認為犯罪取向的同儕團體具有三個指標：1.犯罪認同：團體中的個人認為自己與犯罪的他人相似；2.聯結性喜好(associational preference)：喜歡與犯罪者結合；3.忠誠(inmate loyalty)：相互的分享、信賴與犧牲。如果青少年認同了犯罪者，或與有犯罪取向的同儕團體結合，犯罪行為就容易發生。

　　此外，柏格斯與亞克斯(Burgess & Akers, 1966)也另外提出了「不同聯結增強理論」(differential-association reinforcement theory)用以補充不同聯結理論的不足，此一理論共有七個要項：

　　1.犯罪行為是依照操作制約學習的規則所學得的。

　　2.犯罪行為的學習包括在非社會情境中的增強與辨別作用，以及在社會互動中他人行為對犯罪行為的增強與辨別作用兩方面。

　　3.犯罪行為的學習主要發生在對個人具增強作用的團體中。

　　4.犯罪行為的學習包括特定的技術、態度、逃避過程等，犯罪行為的學習是情感與增強者，以及增強結果的函數。

　　5.特殊類別的犯罪是學習而來的，它們的發生頻率是增強者的情感與力量，以及增強者所採用的規則與規範的函數。

6.犯罪行為是區別犯罪行為之規範的函數，當犯罪行為比非犯罪行為受到更大的增強時，犯罪的行為就發生。

7.犯罪行為的強度是增強作用之數量、頻率與可能性的函數(Larson, 1984)。

整體而言，不同聯結理論與不同聯結理論之修正理論都強調犯罪行為的學習、增強與認同作用等的重要性，這些早期的犯罪理論事實上也與班都拉的社會學習理論（如第三章所述）有共通之處。犯罪行為的學習過程與一般行為的學習過程相同，只是犯罪行為直接違反了法律規範。

二、低階文化論

米勒(Miller, 1958)認為青少年犯罪是一種低階文化(lower-class culture)的產物，來自低階層文化的青少年他們之所以犯罪是因為他們的特質使他們容易犯罪，有不得不然的現象，米勒認為低階文化青少年具有下列的特質，因此他們較會犯罪。

㈠惹麻煩(trouble)：低階青少年對於守法與否非常敏感，惹麻煩是低階青少年贏得聲望的方法，像青少年幫派就以惹事生非、違反法律規定自炫。

㈡粗獷(toughness)：低階青少年較具身體力量，也較具男性氣概，常會展示身體氣力。

㈢精明(smartness)：低階青少年比較機靈、耍小聰明，他們看重有能力去欺騙、愚弄或耍詐他人的人。

㈣興奮(excitment)：低階青少年渴求刺激與冒險，喜歡參與賭博、打架等危險性的活動，他們也會捉弄女性。

㈤命運(fate)：低階青少年通常較相信命運，把人生的起落看成是命運好壞，他們喜歡預測未來。

㈥自主(autonomy)：低階青少年十分注重獨立，他們對權威會激烈的反抗，他們極想擺脫他人的支配與約束。

也由於低階青少年具有這些特性，故犯罪行為不斷。

三、中性化技術

中性化技術(*techniques of neutralization*)係指青少年犯罪者為自己的行為辯解的心理作用。史凱滋與馬查(*Skyes & Matza, 1957*)認為青少年犯罪者會對自己的行為合理化與辯護(*justification*)。當青少年學會中性化技術以後，偏差行為就容易發生。

中性化技術有五個要點：

(一)**責任否定**(*denial of responsibility*)：青少年會把他們的犯罪行為歸之於外在環境，認為行動非他們所能控制，是受到父母、社會、壞朋友等的影響，主要目的都在推卸自己行為的責任。

(二)**傷害否定**(*denial of injury*)：青少年犯罪者否定別人會受到傷害，即使有也是罪有應得，青少年竊盜犯常把「偷竊」稱作只是「借用」而已，幫派械鬥則稱之為私人事物與大家無關。傷害了他人則辯稱只是在惡作劇而已。

(三)**被害者否定**(*denial of the victim*)：青少年犯罪者會否認他們的行為有受害者，他們把打人稱之為正常的防衛，殺人則視為給對方適當懲罰，或認為自己在主持正義、替天行道，不認為有人受害，反而是在為社會或同儕除害。

(四)**譴責譴責他們的人**(*condemnation of the condemners*)：逮捕、阻止、或懲罰他們的人都被青少年犯罪者視為與他們過意不去的人，他們會反向譴責那些會譴責他們行為不當的人，警察逮捕他們，他們反過來指責警察貪污、愚昧、野蠻、沒有人性。

(五)**要求高度忠誠**(*appeal to high loyalties*)：青少年犯罪者雖然知道他們的行為是非法的，但會辯稱這是對團體忠誠的表現，他們只是在執行團體的決議而已，他們通常順從於團體，自認對團體忠心耿耿，同時團體也要求忠誠。

由上述可見，犯罪青少年所採用的中性化技術，事實上就是一套為

自己的行為辯解、卸責、自圓其說、規避他人指責的心理作用。

四、標籤理論

標籤理論(*label theory*)是青少年犯罪研究上最受重視的理論之一。標籤理論認為青少年的偏差行為基本上是由社會所製造出來的,社會統制階層對於何者是偏差行為,何者為非,具有界定、分類與懲罰的權力,因此,犯罪是由權威者的反應所造成的。

列墨特(*Lemert,* 1972)以為偏差行為可以區分為初級偏差行為(*primary deviance*)與次級偏差行為(*secondary deviance*)二類,初級偏差行為是由生理、心理、社會與文化因素所造成的,次級偏差行為則是由社會反應所造成的,對行為者加上犯罪標籤就是一種次級偏差行為。當行為者被「成功的烙印」(*successful stigmatization*)之後,他就成為罪犯。

標籤理論有下列的九項基本假設:

㈠犯罪行為不是與生俱來的。

㈡犯罪的界定是由有權勢的人所執行的。

㈢一個人成為罪犯不在於他違犯法律,而只在於被權威者定為罪犯而已。

㈣由於每個人同時會具有順從與偏差的可能,因此不能將人二分為犯罪者與非犯罪者兩類。

㈤行為「被查獲」(*getting caught*)是標籤作用過程的開始。

㈥「被查獲」與刑罰體系的判決,是罪犯形成的原因,此與罪犯特質無關。

㈦年齡、社經地位、種族等特質是罪犯在刑事判斷過程中會被當作有罪與否的判定依據。

㈧司法體系是建築在自由意志之上,容許是否對罪犯加以責罰或拒絕。

㈨加標籤是一種過程,最後導致行為者對偏差形象與次文化的認同,並形成對「拒絕者的拒絕」(*rejection of the rejectors*)。

　　一般而言,標籤理論就在強調青少年因具有某些不利的特質(如出身與性格不利),而使他們容易被貼上不公平的標籤,以爲他們是天生的罪犯,而在他們身上加上烙印。此種加標籤的過程經常是由青少年的權威人物（如警察、師長）,所加諸於他們身上所形成的。

五、社會結構論

　　社會學家比較會從整體社會結構角度分析青少年的犯罪問題，如法國社會學家涂爾幹(*Eunile Durkheim, 1858-1917*)認爲犯罪是因爲社會功能不彰,產生「迷亂」(*anomie*)的結果。美國社會學家墨頓(*Merton, 1957*)認爲社會結構影響犯罪,在社會中有五類的人:㈠順從型(*conformity*);㈡革新型(*innovation*);㈢儀式型(*ritualist*);㈣退縮型(*retreatism*);㈤叛逆型(*rebellion*)。順從型的人會順從社會文化所設定的目標,並以社會文化所認可的手段去追求目標。革新型的人也會接受既有的目標,但卻用自己較有創意的方法去達成目標。儀式型的人會壓抑個人抱負,幾乎衝動式的接受既有的規範。退縮型的人既不順從社會文化的目標,也不願意去追求。叛逆型的人較主動,他們希望依照自己的方式去創造新的社會結構,以滿足個人需求。在此五類之中,墨頓認爲革新型的人可以促進社會進步,但他們也容易犯罪。退縮型的人可能會逃家、濫用藥物。叛逆型的人也容易犯法,因爲他們不滿意目前的社會結構。至於社會功能論者(*functionalists*)則認爲社會具有統整、穩定、功能協調、價值共識等性質,當這些正常功能沒有發揮時,就容易犯罪。功能論者認爲犯罪現象具有下列的要素:

　　1.犯罪行爲是社會化的結果。

　　2.低階層比高階層更容易犯罪,因爲其社會化機制較不佳。

　　3.低階層有較多人被捕,因爲他們常犯罪。

　　4.犯罪具有文化共通性,但犯罪亦有社會功能。

　　5.不管社會主義或資本主義社會,因工業化與科層化的不同而有不同的犯罪率(*Hagan, 1988; Larson, 1984*)。

六、人格理論

青少年犯罪者的人格因素長期以來即甚受關注，通常青少年的人格特質是造成犯罪的直接作用力量。

羅斯(*Ross, 1979*)將青少年罪犯區分爲三大類：㈠衝動型青少年罪犯(*impulsive delinquents*)：此類青少年罪犯屬於正常青少年偶犯型，他們的犯罪偶而爲之，會因爲有罪惡感與恐懼被捕而不再犯罪；㈡社會化青少年罪犯(*socialized delinquents*)：此類犯罪者之所以犯罪是因生活在青少年犯罪的環境中，受到同儕引誘的結果；㈢非社會化的青少年罪犯(*unsocialized delinquents*)：此類罪犯沒有內在的自我控制能力，家庭關係不一致，有暴力、攻擊與敵意，青少年犯罪乃是他們不良適應的反映。

史考特(*Stott, 1982*)曾密集的探討102位犯罪青少年的背景，他的結論指出，青少年的不良適應是根源於家庭，他將青少年罪犯分爲下列五類：

㈠逃避與興奮型(*avoidance-excitement*)：此類青少年尋求興奮感並將它當作忘掉家庭煩惱的手段。

㈡遠離家庭型(*getting removed from family*)：由於家庭四分五裂，青少年乃重複犯罪，以便能被捕，進而可以遠離家庭。

㈢敵意型(*hostility*)：此類青少年覺得被家庭所拒絕，並且把犯罪當作自我放逐(*self-banishment*)的方法。

㈣犯罪忠誠考驗型(*delinquent loyalty testing*)：此類青少年在考驗他們的父母威脅要把他們放棄是否爲眞。

㈤虛張聲勢型(*bravado*)：此類青少年行爲暴戾，主要是把它當作在家中的價值與需求受懷疑的一種補償。

此外，犯罪青少年通常也有較多情緒困擾、低自尊、攻擊性強、無法自我控制、自我決定差等人格缺點(*Fuhrmamn, 1990*)。

馬傳鎭（民76）更以圖14-1解釋台灣地區青少年犯罪的行爲歷程，

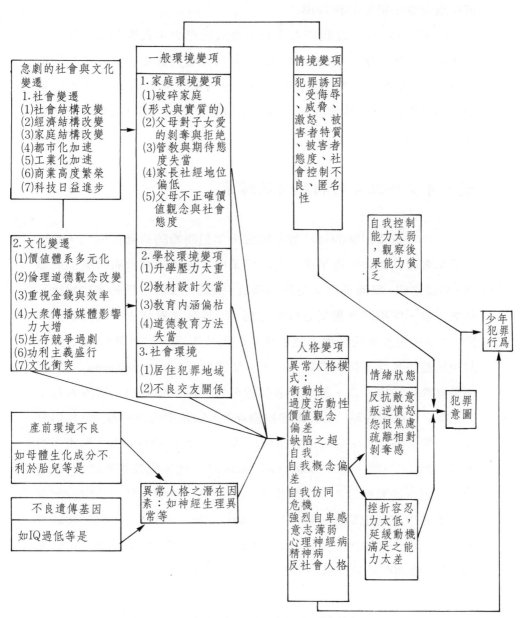

圖14-1　台灣地區少年犯罪行為歷程之理論模式

資料來源：馬傳鎮，民77，第59頁。

可視爲青少年犯罪的綜合模式。

由圖14-1可見馬傳鎭將人格變項看成是青少年犯罪的主要因素，但造成青少年人格異常的因素包括急劇的社會與文化變遷、產前環境不良，不良遺傳基因與一般環境變項（包括家庭環境、學校環境與社會環境不良因素），青少年人格異常加上情境變項的作用，產生了犯罪意圖，終至犯罪。

貳、青少年犯罪的相關司法體系

青少年犯罪相關的司法體系與青少年犯罪的防治關係密切，標籤理論學者認爲青少年過早進入司法體系中，容易被社會與同儕加上標籤，形成烙印，反而不利其犯罪的矯治。但是司法體系目的在於維護社會的正義，使犯罪者接受必要的懲罰，方能使正義伸張、社會秩序維持。青少年犯罪的司法體系是社會大的司法體系中的一環，基本上，一般司法體系包含三個大的單元：一、法律執行(law enforcement)：主要由警察執行法律；二、法庭：包括檢察官、辯護律師與法官等人員；三、矯治：包括觀護、矯治機構與假釋等。依罪犯的類別區分，可以分三個主要體系：一、成人重罪(adult felony)：包括攜械搶劫、傷害與殺人等重罪；二、成人輕罪(adult misdemeanor)：這是犯較輕罪之類別，通常不一定會發監執行；三、青少年犯罪：這是年齡在某一法定刑罰年齡之下青少年所犯的罪，包括虞犯(status offenses)在內。不同的司法體系對不同的犯罪類型所進行的司法程序、哲學觀與人員配置均有不同。因此整個司法體系就分成三大支流。圖14-2就是典型的一般司法體系。

由圖14-2中可以發現，在犯罪的司法體系中，青少年犯罪體系與成人司法體系採分流方式。但各個體系均包括調查、偵察、審判、判刑與矯正等重要過程。在青少年司法體系中更包括警察與非警察的舉發兩類，同時青少年司法程序中也可採行非司法的處置，在判刑之後的矯治

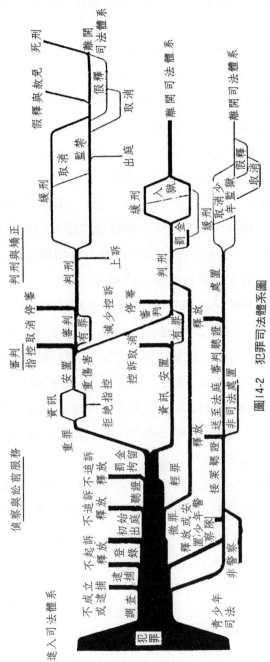

圖14-2 犯罪司法體系圖

資料來源：Kerr, Nelson, & Lambert. 1987, p. 260.

上，與成人犯相同，可採判處緩刑、發監執行及假釋等措施，執行完畢方離開司法體系。

我國青少年的司法體系大致與美國相當，依據刑法及少年事件處理法的規定，青少年犯罪的司法過程主要包括受理、調查、審理與執行四個程序。賈樂安（民78）曾以青少年竊盜犯的司法程序為例，舉出我國青少年的司法處置程序（如圖14-3所示）。由於青少年以竊盜罪案件最多，故圖14-3足以代表我國青少年犯罪的整個流程。

青少年的司法程序約有下列主要的步驟：

㈠**就年齡區分**：依現行少年事件處理法之規定，未滿18歲之人（含青少年及兒童）犯罪者，悉依少年事件處理法之規定處理。

㈡**犯罪之舉證**：當青少年犯罪行為發生（如竊盜），不論何人知道有觸犯刑罰規定者，皆得向少年法庭報告。

㈢**少年法庭受理**：少年犯罪經請求、報告及移送後，案件即繫屬於少年法庭，除少年法庭裁定移送檢察官外，均屬少年管訓或刑事案件。

㈣**審前調查**：少年法庭受理後應即從事審前調查，以發現青少年犯罪的相關因素，如品格、經歷、身心狀況、家庭情形、教育程度及其它必要事項，此項調查與成人刑事犯之處遇極不相同，主要目的在發現青少年犯罪的真正原因，俾利於青少年的審判與執行。此項調查通常由少年法庭觀護人擔任。

㈤**開始審理**：在審理過程中，為保護青少年，並無刑事訴訟法的兩造當事人攻防爭訟情形，目的在於找出最有利於青少年的處遇方式。

㈥**管訓處分**：審理之後少年法庭可以進行三種管訓處分：1.訓戒，並得予以假日輔導；2.交付保護管束；3.令人感化教育處所施以感化教育，併為諭知之處分，如少年染有煙毒或吸食麻醉迷幻物品成癮者或有酗酒習慣者，得令入相當處所實施禁戒。此外，如少年身體或精神狀態有缺陷者，得令至相當處所實施治療。

㈦**刑事處分**：青少年犯罪倘適用刑事處分者，則依刑法規定處分，可以處以有期徒刑、拘役、罰金等，但青少年除殺害直系尊親屬外，不

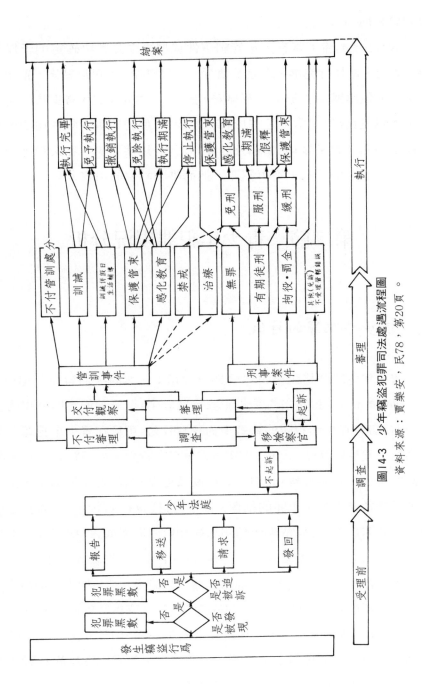

圖14-3　少年竊盜犯罪司法處遇流程圖

資料來源：賈樂安，民78，第20頁。

得判處死刑。

　　(八)執行與結案：當青少年管訓事件或刑事處分判決確定則予以必要之執行，當執行完畢、或免予執行、或假釋等，則可以結案，犯罪之青少年最後離開司法體系（賈樂安，民78）。由此可見，青少年的司法體系頗為冗長，但基本上是基於教育的觀點，使犯罪青少年在司法體系中能受到充分的保護，但又顧及社會的正義，以使青少年在接受應得之刑罰後，能改過遷善，不再犯罪，進而維護社會的治安。

第二節　青少年犯罪現況分析

壹、青少年犯罪的特徵

　　青少年犯罪嚴格說來可以分為三大類：一、隱藏的青少年犯(*hidden delinquency*)：這是指青少年犯罪行為發生，但未被報案與發現的犯罪，根據研究青少年犯罪的報警率約只有47％。可見在青少年犯罪上有甚大的犯罪黑數(*Fuhrmann, 1990*)。二、官方青少年犯罪紀錄：官方所統計的青少年犯罪資料，此部分資料較為可靠，尤其青少年犯罪被捕人數通常被當作青少年犯罪的指標。三、虞犯(*status offenses*)：虞犯是指行為有犯罪之虞，可以依少年相關法律加以處置者而言，根據我國少年事件處理法之規定，虞犯包括：(一)經常與有犯罪行性之人交往者。(二)經常出入不當進入之場所者。(三)經常逃學或逃家者。(四)參加不良組織者。(五)無正當理由經常攜帶刀械者。(六)有違警習性或經常於深夜在外遊蕩者。(七)吸食或施打煙毒以外之麻醉或迷幻物品者。由於知道青少年虞犯行為的父母與老師也頗多不願報案，所以青少年虞犯行為的實際官方資料也不能反應真正的青少年虞犯行為。

　　依據少年事件處理法第二條規定，「本法稱少年者，謂十二歲以上

十八歲未滿之人」。可見年齡十二至十八歲的青少年罪犯與虞犯適用少年事件處理法的規定,但同法第八十五條之一規定,「未滿十二歲之人,有觸犯刑罰法令之行為者,由少年法庭適用少年管訓事件之規定處理之。」可見年齡未滿十二歲之兒童亦適用少年事件處理法之規定。

此外,青少年犯罪的特徵之一是有明顯的性別差異現象。世界各國的青少年犯罪中男性都遠高於女性。較低社會階層的青少年犯罪率遠高於高、中階層的青少年,這與低階層青少年大都生活在貧窮、惡化的生活環境、父母忽視與遺棄有關。另外年齡亦是一項重要指標。年齡較輕的青少年有較多虞犯行為,年齡較高的青少年則較多觸犯一般的刑罰規定,如殺人、搶劫等。年齡較高的青少年也會有較多的攻擊行為。青少年罪犯不一定會成為成人罪犯,不過根據研究成人罪犯的偏差行為通常都是開始於青少年時期(*Fuhrmamn, 1990; Hagan, 1987*)。

貳、台灣的一般犯罪概況

青少年犯罪與成人犯罪密不可分,一方面是因為青少年犯罪是整體社會犯罪現象的一部分,成人犯罪的高低反映了社會控制與社會刑罰制度的良窳,另一方面是因為青少年犯罪有時是有成人共犯,甚至青少年犯罪是由成人所指揮、誘導或支配的。

近年來由於台灣社會變遷迅速(如第十一章所述),一般成人的犯罪率大為提高。表14-1係近十年來台灣地區刑案發生件數及破獲率,以及暴力犯罪(含故意殺人、恐嚇取財、強盜搶奪、擄人勒贖、強姦輪姦)的發生件數及破獲率。

由表14-1可以發現近年來國內刑案發生件數逐年增加,至民國八十七年更高達204,220件,暴力犯罪亦逐年昇高,但暴力犯罪在民國八十一年有稍許減少,降至6,480件。

圖14-4係台灣地區刑案發生之時間間隔;圖14-5係各類刑案發生之比較;圖14-6則係犯罪嫌疑人之教育程度分析。

表 14-1　台灣地區刑事案件統計表

年別	刑事案件		暴力犯罪	
	發生數（件）	破獲率（％）	發生數（件）	破獲率（％）
八十年	1 22747	83.05	8683	90.57
八十一年	1 39306	89.71	6480	92.79
八十二年	1 40648	91.13	711 0	95.95
八十三年	1 21523	89.90	7688	90.91
八十四年	1 70264	66.50	1 6489	62.92
八十五年	1 99641	65.42	1 6827	62.74
八十六年	202465	65.17	1 3642	70.90
八十七年	204220	64.56	1 2687	71.82

資料來源：行政院主計處，民 88，第 25 頁。

表 14-2　近十年青少年在犯罪人口中所佔的比率

年別	青年犯		少年犯	
	人數	百分比率	人數	百分比率
七十七年	1 2410	15.23	1 7510	21.48
七十八年	1 3317	15.32	1 9593	22.55
七十九年	1 4322	1 6.51	1 7286	1 9.93
八十年	27546	18.94	25472	17.51
八十一年	31 423	18.21	3071 9	17.80
八十二年	29748	16.83	30780	17.41
八十三年	23638	15.44	28378	18.54
八十四年	24066	15.47	29287	18.82
八十五年	28057	16.21	29680	17.15
八十六年	28251	16.40	2471 6	1 4.35

少年係指 12-17 歲的人
青年係指 18-23 歲的人
資料來源：內政部警政署，民 87，第 276 頁。

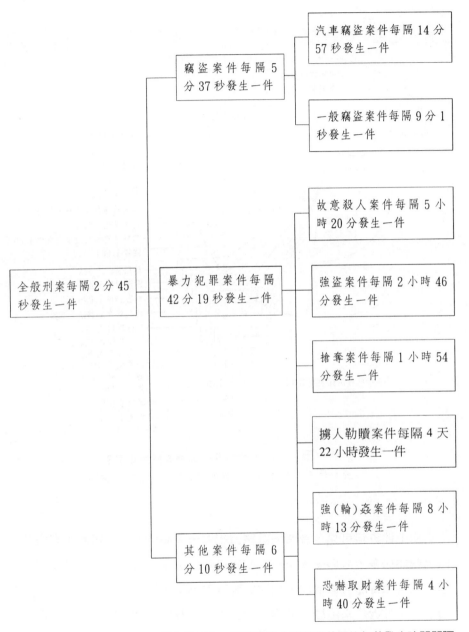

圖14-4　八十六年一至十二月全般刑案、竊盜與暴力犯罪案件平均每件發生時間間隔
資料來源：內政部警政署刑事警察局，民87，第18頁。

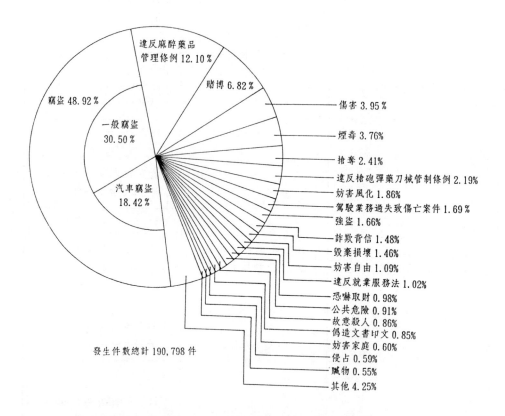

圖14－5 八十六年各類刑案發生比率圖
資料來源：內政部警政署刑事警察局，民87，第19頁。

　　由上述資料可見，台灣地區竊盜犯罪一直高居不下，目前以家庭及汽車竊盜居多，故形成家家戶戶裝置鐵窗的現象，近年來由於吸食安非他命及各類毒品人數增加，故違反麻醉藥品管制條件的犯罪比率亦大幅增加。另外近年來由於大家樂、六合彩、以及賭博性電動玩具的流行，故賭博罪亦接近刑案的五分之一。可見整體犯罪率與人口的增加是與台灣的社會變遷特質有密切關聯。竊盜與賭博的罪犯都是想不勞而獲與一夕致富的社會心理的反映，當挫折較多，又想立即獲得心理上的滿足者，就轉而以吸麻醉藥物當作依賴的對象。此外，違反麻醉藥品人數增

加亦顯示社會相關的麻醉藥品至爲氾濫，當然包括青少年在內都會受到立即的不良影響。

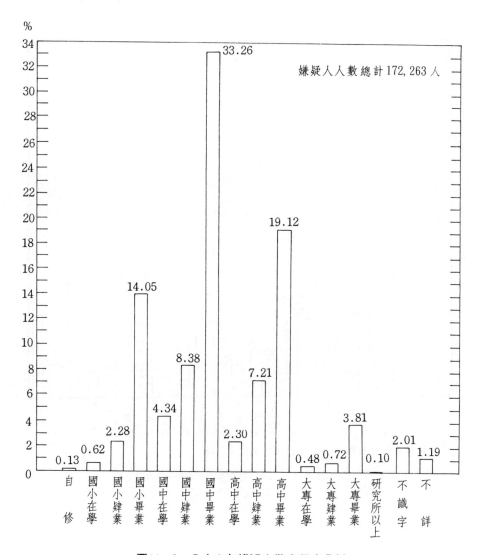

圖14-6　八十六年嫌疑人教育程度分析

資料來源：內政部警政署刑事警察局，民87，第22頁。

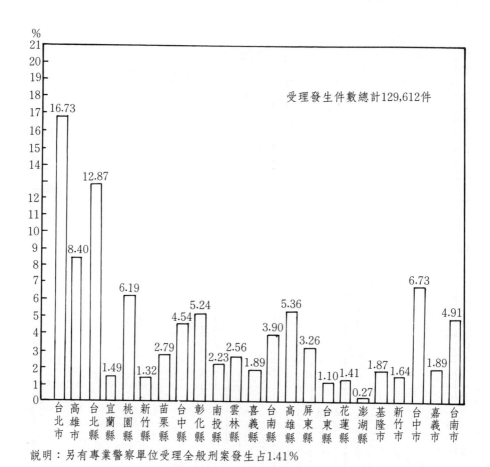

說明：另有專業警察單位受理全般刑案發生占1.41%

圖14－7　台灣刑案發生的地域分析

資料來源：內政部警政署刑事警察局，民87，第23頁。

參、台灣的青少年犯罪概況

　　青少年犯罪的趨勢基本上與前述的成人犯罪概況分析相符。以下將再就台灣地區的青少年犯罪情形作較深入的分析。

一、青少年犯罪人數

　　根據內政部警政署刑事警察局（民81）的統計，台灣地區犯罪人口由民國七十二年的四萬多人，至七十四年增加至五萬七千人，至民國七十五年已增加至八萬人以上，民國八十年罪犯更提高至十四萬人，八十一年更高達十七萬人以上。相同的，青少年罪犯亦由民國七十一年的一萬餘人增加至民國八十一年的三萬餘人，人數倍數雖不若一般犯罪人口的迅速，但亦高達三倍。另更值得注意的是，近年來連兒童犯罪（12歲以下）亦在增加之中。

　　在表14－3係歷年兒童、少年與青年犯罪嫌疑人統計資料。

　　在表 14-3 中亦可以發現女性青少年犯罪人數遠低於男性，女性青少年犯罪人數約為男性青少年犯罪的八分之一，不過近年來女性的犯罪人數亦有顯著的增加，同樣的不容忽視。

表14-3　歷年兒童嫌疑人、少年嫌疑人、青年嫌疑人人數與嫌疑人總人數比較

	嫌疑人總人數 Total Offenders			兒童嫌疑人人數 Child			少年嫌疑人人數 Juvenile			青年嫌疑人人數 Adolescent		
	合計 Total	男 (M)	女 (F)	合計 Total	男 (M)	女 (F)	合計 Total	男 (M)	女 (F)	合計 Total	男 (M)	女 (F)
七十七年	81,503	69,328	12,175	1,131	1,071	60	17,510	16,677	833	12,410	11,101	1,309
七十八年	86,900	73,730	13,170	1,161	1,095	66	19,593	18,623	970	13,317	11,797	1,520
七十九年	86,723	73,844	12,879	902	838	64	17,286	15,989	1,297	14,322	12,341	1,981
八 十 年	145,442	122,650	22,792	1,351	1,228	123	25,472	22,674	2,798	27,546	22,792	4,754
八十一年	172,551	141,922	30,629	1,619	1,481	138	30,719	27,103	3,706	31,423	25,361	6,062
八十二年	176,748	145,085	31,663	1,260	1,158	102	30,780	26,746	4,034	29,748	23,187	6,561
八十三年	153,097	125,063	28,034	1,047	934	113	28,378	24,999	3,379	23,638	18,328	5,310
八十四年	155,613	128,469	27,144	1,128	1,014	114	29,287	25,745	3,542	24,066	19,112	4,954
八十五年	173,047	143,345	29,702	1,157	1,005	152	29,680	25,755	3,925	28,057	22,428	5,629
八十六年	172,263	142,927	29,336	901	796	105	24,716	21,328	3,388	28,251	22,265	5,986

資料來源：內政部警政署刑事警察局，民87，第277頁。

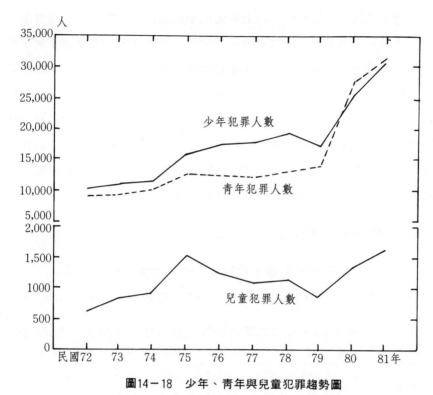

圖14－18　少年、青年與兒童犯罪趨勢圖

資料來源：內政部警政署刑事警察局，民87，第276頁。

　　由圖14－8的圖形走勢來看，台灣地區的少年犯罪人口在民國八十～八十一及八十五年代以後高於青年犯罪（18－21歲）人數，八十一年～八十五年稍低，近年來台灣地區的一般犯罪與青少年犯罪均呈極顯著昇高的趨勢，此亦顯示整體犯罪的預防與矯治問題之急迫性。僅以青少年犯罪而言，每年有超過二萬人犯罪，顯示家庭、學校與社會都出現了嚴重的功能失常現象。

二、青少年犯罪類型

　　再以青少年犯罪類型作分析，台灣地區青少年犯罪以暴力犯罪及竊盜犯居多數，但其它各類的案件亦在增加之中。

歷年來兒童的犯罪85％以上都是以竊盜為多，故如何防止兒童的偷竊行為是另一項重要的課題，再就青少年（少年）的犯罪類型來看，至民國79年以前竊盜案件都占青少年犯罪的56％以上，83年以後至85年更增至4,577人（占15.43％）。可見青少年藥物濫用情況之嚴重。青年罪犯（18－23歲）也有相同的趨勢。另外近年來青少年犯罪比率提高的罪型有贓物罪、違反槍礮彈藥管制條例、吸毒、販毒及賭博等，此與前述成人犯的犯罪趨勢大致相同，亦即在社會變遷及社會不良風氣影響下，連帶的也使青少年犯罪狀況受到不良影響。

三、青少年犯罪原因

青少年犯罪的原因複雜，表14-4係少年犯罪的原因分析。

由表14-4的分析中可以發現，家庭因素為青少年犯罪的主因，其次

表14-4　台灣地區各地方法院審理少年刑事案件暨管訓事件犯罪原因

年　別		合　計	生理因素	家庭因素	心理因素	社會因素	學校因素	其他因素
八十年	人數	24,285	297	9,528	1,835	5,621	164	6,840
	%	100.00	1.22	39.23	7.56	23.15	0.68	28.17
八十一年	人數	29,926	90	12,137	2,522	7,211	122	7,844
	%	100.00	0.30	40.56	8.43	24.10	0.41	26.21
八十二年	人數	29,969	123	12,077	3,213	7,522	149	6,855
	%	100.00	0.41	40.30	10.72	25.20	0.50	22.87
八十三年	人數	27,425	156	2,656	2,356	6,321	140	6,562
	%	100.00	0.57	8.59	8.59	23.05	0.51	23.93
八十四年	人數	27,792	136	11,974	1,851	6,616	104	7,111
	%	100.00	0.49	43.08	6.66	23.81	0.37	25.59
八十五年	人數	25,313	170	11,749	1,845	5,591	66	5,892
	%	100.00	0.67	46.41	7.29	22.09	0.26	23.28

資料來源：行政院青輔會，民87，第220頁。

是其他因素及社會因素。心理因素、生理因素與學校因素所占比率均不高。不過上述的犯罪因素分析十分籠統，可視爲青少年犯罪歸因的一種簡單類型。因青少年犯罪的直接與間接原因仍需再深入分析與探討。

四、青少年受害者

青少年階段自身保護能力較低，容易成爲同儕與成人犯罪侵害的對象，因此青少年被害的可能性亦大。

根據統計，12歲青少年受害者當中以恐嚇取財（男生）、妨害風化（女生）的被害情形較多。13歲與14歲青少年之中，也以恐嚇取財及妨害風化兩項罪名居多。但到了15歲時青少年被害者以竊盜、恐嚇取財及妨害風化三者居多。至16、17歲時因竊盜被害人數增多，被恐嚇取財者減少，但相對的故意殺人、強盜、傷害、駕駛過失等被害情形增多。另外在六個年齡層中，以14與15歲被害者最多，亦即國中一年級與高一時被害的情形最嚴重，其次是高二與高中階段（內政部刑事警察局，民81）。整體而言，青少年最容易因恐嚇取財與妨害風化而受害，亦即男生容易因錢財而被恐嚇，女生財容易受到性侵害，此在青少年教育上極具意義，即對青少年男性而言，錢不露白與知道如何保管財物極爲重要，對青少年女生而言，亦須學習避免受到性的侵犯。到了高中階段有激增的竊盜、殺人、強盜、傷害、駕駛過失上的被害，故人身安全與保護自己是高中階段青少年本身及其父母與師長所應隨時注意之要項。如青少年17、18歲有較多的駕駛過失被害，可見青少年高中階段較容易成爲車禍的被害者，尤其是被害身亡，故青少年的交通安全保護十分重要。

第三節　青少年犯罪的防治

　　青少年犯罪的預防與矯治是一項鉅大的社會工程(*social engineering*)，需要青少年個人、家庭、社會、學校、政府、法律等各方面的充分配合、協調與合作，才能發揮效果。每一青少年犯罪案件的發生都意謂著社會各方面的損失，因此預防青少年犯罪的發生甚於青少年犯罪的矯治。然而由上述國內青少年犯罪的日趨嚴重，可以斷言，我們的社會是生病了，尤其近二、三年青少年的藥物濫用情形更加惡化，更需要有更多的社會工程建構工作。本書第十二、三章所述家庭、學校與社會的輔導措施，以及第十三章所述的青少年偏差行為的防治是整體青少年犯罪防治方案中的一部分，本章將另探討青少年犯罪的社區矯治、觀護與司法的革新、家庭與學校的配合，以及罪犯青少年的個別矯治與復健。

壹、青少年犯罪的社區矯治

　　傳統的青少年犯罪防治計劃大都著重於個別青少年罪犯的處遇，但是效果有限。近年來青少年犯罪的社區矯治計劃極受各國政府的重視。

　　所謂社區矯治計劃(*community-based correctional programs*)係指結合社區、地方或地域中的各方面社會力量，配合教育、就業、社會工作、監所、中途之家與司法制度的革新，為青少年罪犯提供適當的處遇方案，共同矯治青少年罪犯，犯罪青少年不一定需要進入監所服刑。社區矯治計劃有四大要點：

　　一、在青少年進入法庭之前，青少年罪犯必須被置於安全的收容處所(*secure detension*)，如監獄、觀護所、看守所等，或是移轉至其它適當

矯治場所，如酒精與藥物諮商中心、駕駛教育中心、精神治療處所等施以必要的矯正，這些替代式的多元處遇方案必須成爲青少年罪犯矯治的必要項目。

二、在青少年罪犯被定罪、判刑之後，有必要採取對青少年有利的替代式監禁的方式，如，緩刑中交付保護管束。

三、在服刑期間，應以青少年罪犯的教育與職業訓練爲重點。

四、在青少年罪犯釋放或刑滿之後，也要有更生復健計劃(*Kerr, Nelson, & Lambert,1987*)。

更重要的乃是在青少年罪犯整個司法進行中，必須以教育方案爲實施的重點，沃爾福特(*Wolford,1998*)即指出，實施青少年罪犯的教育方案可以分爲四個階段：

一、青少年犯罪前的預防教育

青少年犯罪前的預防教育頗爲重要，學校、少年法庭可以共同配合推動增進教養子女技巧、增進親子關係、法律教育，以及對青少年的涉及法律事件進行必要的諮詢與諮商服務。

二、判決前後的教育

青少年受刑事判決前後，教育方案以有選擇性的學校(*alternative schools*)（如第十二章所述）、就業訓練、工作學習等爲重點，至於少數不適宜教育方案的青少年罪犯則留在監所內施以其它教育方案。

三、替代性教育方案

青少年罪犯教育的第三個階段，係以觀護、社區住所安置等爲主。觀護制度以青少年罪犯的監督與輔導爲重點，通常可以強制青少年入學接受教育。社區住所安置則是針對家庭環境不良的青少年，提供高度結構化的團體家庭生活環境，使青少年在團體家庭生活中能學習到如何管理自己的行爲，並滿足學校、社區與家庭的期望。

四、重返社會教育

　　青少年罪犯重返社會的教育亦極為重要，除了需要協助他們重新入學之外，也可以要求青少年全時工作與就業、接受職業訓練、或參加其他的教育安置。

　　社區矯治方案的另一個積極面是儘量以社區作為青少年罪犯的矯治場所，基本上是屬於非機構化處遇（*non-institutional   treatment*），一方面可以避免青少年集中一處相互學習不良生活技巧，另一方面可以紓減監所擁擠，以免妨害青少年身心健康，更重要的可以使青少年不致與社會脫節，有助於正常的學習與工作。

　　社區矯治計劃方案中，家庭環境的改善是重要一環，青少年犯罪社會控制理論認為青少年犯罪是可以控制的，因此對青少年社會化具重要影響力的相關體系必須要有所改善，青少年的父母必須學習、調整與改善其管教方式，對青少年多付出愛與關心，以增加青少年自我控制力，同時家庭、學校、社區機構更要密切結合，對青少年多給予鼓勵與支持，使他們有向上之心。

貳、司法與觀護制度的革新

　　青少年犯罪的執法人員，包括警察、法官、觀護人等必須擁有權威，他們愈有權威愈能增加青少年對法律的尊敬，故青少年犯罪的執法人員官僚化與腐敗是要絕對避免的（*Adams & Gullotta,*1989; *Keer,Nelson, & Lambert,*1987）。

　　青少年初次接觸到法庭通常非常的緊張，尤其青少年進入司法程序後青少年會形成烙印，其教師及僱主常會進而與青少年疏離，青少年本身也會形成負向的自我認定。

　　目前少年法庭最受批評的有三項：一、缺少區隔：少年法庭通常對不同類型的青少年罪犯很少加以區隔，事實上青少年罪犯有微罪

者、偶發犯與重罪者等不同類別，但少年法庭常對青少年罪犯之保護不足，使青少年進入司法體系後反而不利其改過遷善。二、沒有效率：少年法庭一般缺乏適宜的矯治與處遇設施，審理過程又常拖延過久，使得犯罪青少年失去正常學習的時間過長，浪費青少年時光，妨害青少年的成長，因而使青少年再犯率升高。三、人權保護不足：少年法庭往往忽視青少年自我舉證、法律諮詢、詳細查證、正常司法程序等基本人權，因而招致批評。

　　美國在1970年代即對少年法庭重加檢核，目前提出少年法庭的四個革新重點：一、去罪犯化(*decriminalization*)：不應將青少年進入司法程序者定為罪犯，而應以適當的教育與職業、心理輔導與治療及社區處遇為主，去除罪犯化的形成。二、適宜的司法程序(*due process*)：在司法程序中強調保護青少年的基本人權，公平地對待青少年，任何一個青少年均不可忽視。三、非機構化(*deinstitutionalization*)：儘量利用替代性的刑罰方案，使青少年不被監禁在監所之中。四、多樣化(*diversion*)：為青少年罪犯提供各種必要且多樣化的教育與社會服務，以減少青少年面對少年法庭(*Armstrong & Altschuler, 1982*)。上述的改革計劃也被稱之為「四D計劃」(*4D Programs*)，對國內少年法庭頗具參考意義。

　　另一方面，觀護工作也是少年犯罪處遇的重要一環，觀護工作之主要目的是使犯罪青少年於社區之中仍受到司法的監督，避免再犯。觀護人(*probation officer*)就是青少年罪犯的法定監督人，觀護人應隨時考察青少年的生活、注意其交友與行動，當青少年有需要時並給予必要的協助，同時也應訂定矯治計劃，給予必要的諮商與輔導。觀護人並且也要與青少年的父母及師長聯繫，共同協助青少年適應家庭、學校與社會生活，對就業的青少年也需要促請就業輔導機構與僱主的合作與配合。

　　不過國內觀護工作也面臨甚多的問題：一、個案負擔過重，依現行規定，一位觀護人需負擔近百件的個案，實際接案又超過百件以上，無法達成良好輔導效果，甚至在充分了解受觀護少年的行蹤上都有困難；二、現行法令規定觀護人需高考及格，故觀護人並非一定同時具有

法律、教育、社會工作與諮商輔導專長，故觀護工作難以發揮重要效果，雖然團隊的觀護工作最值得採行，但衡之實際卻有困難；三、義務觀護工作者素質難以掌握，因此常流於形式；四、觀護人流動率高，經驗無法傳承，此乃因國內觀護人待遇不及一般司法官所致。故在少年觀護制度上也有必要加以適當改革，提高觀護人的地位與待遇乃爲首要，另外在結合與運用社會資源上也更需加強。

參、家庭與社區的配合

犯罪青少年大都來自於問題的家庭，因此所有的青少年犯罪防治工作一定要將家庭納入其中，有研究顯示，當家庭中能發展出安全與有意義的關係時，青少年犯罪行爲就會日益消失(Stott, 1982)。在青少年犯罪防治上，家庭的配合極爲重要，少年法庭應責成家庭擔負更多的責任，對家庭功能不健全者也要提供較多的社會服務。另外家庭本身也要學習溝通與協商的技巧，了解壓力來源及紓解的方法，並且要使家庭成員間能發展良好的個人與集體責任感。由於家庭教育與輔導的成功與否關係青少年犯罪防治的成效，因此政府與民間單位可以多加合作，協助犯罪青少年的家庭能重組與改善。尤其公立醫療單位、社會工作者、觀護人員、學校教師等也有必要針對犯罪青少年的家庭共同訂定必要的處遇方案。

此外，社會的改革亦極爲必要，像不良場所的區隔、中途之家的擴建、青少年就業訓練方案的推展等都極爲必要。青少年的學校教育同時也要扮演重要的角色，如對犯罪青少年施以社會技巧訓練、提高他們的學業成就（如第十二章所述），以及必要的職業訓練與輔導（如第十章所述）等都有助於犯罪青少年的矯正。

肆、犯罪青少年的個別與團體矯治

在犯罪青少年的個別矯治與復健上，以行為改變技術最為有效，如代幣法可以做作為促使青少年改善行為的系統化方法，另外個別與團體的諮商與心理治療也可以有效的協助犯罪青少年自我探索與自我成長。

對於較嚴重缺陷與不良習性的青少年則應送至精神與醫療處所加以矯治或勒戒。

對於人格失常的青少年更應以增加他們的責任感、隸屬感與價值感為輔導的重點，使他們能重新適應社會生活。吳嫦娥（民79）曾嘗試性的為犯罪青少年建構一個本地化群體輔導模式，此一模式亦可在青少年犯罪防治上的參考應用（如圖14-9）。

圖14-9 的模式以團體方式為主，適用對象原則不限於犯罪青少年，所使用的策略包括關注、回饋、閱讀治療、認知改變、行為練習、行為改變、角色扮演、示範作用、同儕輔導等。行為目標則有：促進成員認識、加強成員關係、建立團體規則、認識團體、促進團體凝聚力、達成團體任務、團體結束、建立輔導關係、增進自我瞭解、加強自我肯定、加強自我發展、促進自我改變、建立適當的同儕關係、增進溝通技巧、改善親子溝通、促進和諧親子關係、改善父母管教方式、學習環境的調適等。目標頗為廣泛，基本上在增進青少年個人及其家庭與環境的適應能力。另外亦多樣化的採行各種活動方式，使青少年能在活動中充分的學習，最後再加評估。

伍、行政與司法的配合

青少年的犯罪防治工作涉及教育、建設、衛生、職訓、警政、司法、社會等各政府行政單位，在預防青少年犯罪的發生上，需加強就學與就

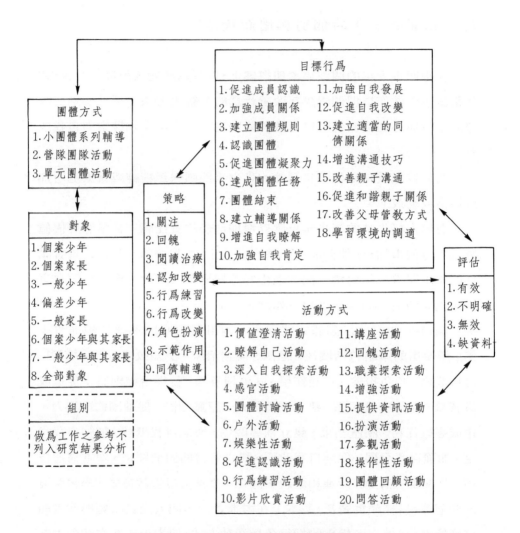

圖14－9 青少年犯罪防治群體輔導模式

資料來源：吳嫦娥，民79，第413頁。

業及休閒服務工作，當青少年問題發生時，需要加以保護、醫療與矯治。同時相關單位也應嚴格與充分的執法才能使青少年受到充分照顧，並能防治犯罪行為的發生。台灣目前對青少年的就學、職訓、在職訓練、輔導、環境的淨化的相關法令頗為完備（如表14-5所示），但關鍵在於未嚴格與充分的執法，如強迫入學仍未達100％，遊樂區之管理、新聞自律等都尚待加強，另一方面，青少年教育、輔導、服務與矯治的相關單位也需要密切合作、統整與一致的共同致力於青少年犯罪防治工作。

由表14-5可見國內青少年相關法令規定，大體完備，但徒法不足以自行，需有待政府與社會共同努力，如近二年來青少年濫用藥物極為嚴重，故依麻醉藥品管理條例，嚴密禁止非法輸入、製造、轉運與販賣可能更能正本清源的防止青少年吸毒。如前所述，青少年的犯罪防治工作是一項鉅大的社會工程，有待全國上下及青少年的共同努力，才能促使青少年免於發生偏差及犯罪行為，並進而能開發潛能，貢獻人群社會。

本書所呈現的青少年發展的各個層面，包括：生理、性與性愛、智能、社會化與性別角色、自我與情緒、道德、價值觀與宗教、生涯與休閒等方面發展的良窳即是青少年犯罪與否的根源，上述各章所分別提出的輔導策略亦即是青少年犯罪防治的有效策略，足以供青少年犯罪處遇工作者的參考運用。另外，本書分述了影響青少年發展的家庭、同儕、學校與社會等四大力量，當青少年犯罪時，亦應由此四大方面檢視其功能的缺失，並加以必要的改善、調整、修正或重組。防治青少年犯罪是社會共同的責任，除青少年本身之外，政府、家庭、學校、社區、青少年的同儕與相關成人均要共同承擔責任。然而，也由於青少年犯罪的防治是一項鉅大的社會工程，當此青少年犯罪狀況日趨惡化之時，此一社會工程更需要詳加規劃、有效投資、與充分集結社會資源，立即推動，才能發揮效果，建設美麗、祥和的新社會。

表14-5　我國青少年相關法令依據

措施	法令依據	對象	法定工作項目	主管機關
就學	國民教育法。	六歲至十五歲者。 已逾齡未受國民教育者。	強迫入學。 國民教育。	教育部
	高級中學法。	國民中學畢業者。 具有同等學力者。	國民補習教育。 高中教育。 職業教育。	
	補習教育法。	已逾學齡未受九年國民教育者。 已受九年國民教育者。 志願增進生活知能者。	國民補習教育。 進修補習教育。 短期補習教育。	
	特殊教育法。	資賦優異者。 身心障礙者。	教育。	
職訓	國民教育法。	學生有就業之需要者。	職業科目。 技藝訓練。	
	高級中學法。	不適於繼續接受高級中學教育者。 國民中學畢業者。 具有同等學力者。 在職人員。	職業教育。 職業訓練。 職業教育。 推廣教育。 建教合作。	
	職業學校法。			
	補習教育法。	國民畢業未繼續受教育者。	部分時間之職業進修補習教育。	

項目	法令依據	適用對象	內容	主管機關
在職訓練	職業訓練法	十五歲以上者。國中畢業者。在職人員。職業轉換者。十五歲以上者。國中畢業者。	養成訓練。技術生訓練。進修訓練。轉業訓練。雇主訓練。	
	勞動基準法			
在職訓練	職業訓練法	事業機構。	書面訓練契約之簽訂。訓練費用收取之禁止。工作範圍的限制。工作時間之計算。進修訓練。在職訓練費差額之繳交。	
輔導	少年事件處理法。少年及兒童管訓事件執行辦法。少年事件處理法施行細則。更生保護法。	有關犯刑罰法令行為之少年。有關犯刑罰法令之虞之少年。受少年管訓處分執行完畢者。	喻知少年之法定代理人對於少年嚴加管教。訓誡。假日生活輔導。保護管束。令入相當處所施以禁戒、治療。通知觀護人進行輔導。交付觀護人執行及掌理。教養感化。技藝訓練。庇護工廠。	法務部

社會秩序維護法。

未滿十四歲者。
十四歲以上至未滿十八歲經處罰執行完畢者。

　　就學。
　　就業。
　　急難救助。
　　小額貸款。
　　收容保護。
責由法定代理人加以管教。

內政部(警)

少年不良行為及虞犯預防辦法。

有不良行為之少年。
有觸犯刑罰法令之虞之少年。
受刑事、管訓或社會秩序維護法處罰完畢之少年。
經少年法庭諭知少年法定代理人嚴加管教之少年。
少年之父母或監護人無法管教之少年。

勸導、檢查、盤詰、制止。
通知少年家長加強管教。
不良行為之糾正。
生理及心理之矯治。
就業。
救濟。

內政部(警)(少年輔導委員會)

國民教育法。

國民小學。
國民中學。

高級中學法。

高級中學。

設置輔導室輔導人員，辦理學生輔導事宜。
就學生能力、性向及興趣輔導其適當發展。

教育部

環境的淨化　道路交通管理處罰條例。

未經許可在道路擺設(攤販)攤位者。

取締。

內政部(警)

法規	對象	規定	主管機關
食品衛生管理法。	含有害人身體健康之物質或異物者。	禁止販售、贈與或公開陳列者。	行政院衛生署
環境的淨化商業登記法。	商業。	申請登記事項登記規定之處分。違反強制記登之處分。	經濟部及省(市)建設廳(局)
省(市)舞廳、酒家、特種咖啡茶室管理規則。	舞廳、酒家、特種咖啡茶室業者。	僱用或進出場所對象之限制。	
省(市)娼妓管理規則。	妓女戶。		內政部(識)
電影法。	電影片映演業者。		
廣播電視節目供應事業管理規則。	廣播電視節目供應業者。		行政院新聞局
出版法。	出版品。	出版品登載之限制。損害國家利益等之禁止。	
電影法。	電影片。		
廣播電視法。	廣播電視節目。	廣播電視節目內容之限制。	
藥物藥商管理法。	西(中)藥製造業。	麻醉藥品非經許可之製造。	行政院衛生署
	西(中)藥販賣業。	麻醉藥品非經醫師處方箋之出售。	
麻醉藥品管理條例	非法用途之禁止。		
	非法輸入、製造、運輸、販賣者。		
	非法持有者。		
	非法施打、吸用者。		
	非法為人施打者。		

資料來源：吳安，民81，第120-133頁。

本章提要

1. 青少年犯罪理論有下列幾種：(1)學習理論；(2)低階文化論；(3)中性化技術；(4)標籤理論；(5)社會結構論；(6)人格理論。

2. 「中性化技術」係指青少年犯罪者爲自己的行爲合理化與辯護。其要點有五：(1)責任否定；(2)傷害否定；(3)被害者否定；(4)譴責譴責他們的人；(5)要求高度忠誠。

3. 「標籤理論」認爲青少年的偏差行爲基本上是由社會所製造出來的，社會統治階層對於何者是偏差行爲具有界定、分類與懲罰的權力。因此犯罪是由權威者的反應所造成的。

4. 墨頓認爲社會結構影響犯罪，而社會中有五類的人：(1)順從型；(2)革新型；(3)儀式型；(4)退縮型；(5)叛逆型。

5. 青少年犯罪可分爲三大類：(1)隱藏的青少年犯；(2)官方青少年犯罪紀錄；(3)虞犯。

6. 台灣一般犯罪的特徵：(1)近十年來台灣犯罪顯著增多；(2)犯罪類別以竊盜、違反麻醉品管制條例、賭博爲最多；(3)刑案發生的時間間隔十分密集；(4)青少年犯罪比例升高；(5)愈都市化的地區有較高的犯罪狀況。

7. 青少年犯罪的教育方案可分爲四個階段：(1)青少年犯罪前的預防教育；(2)判決前後的教育；(3)替代性教育方案；(4)重返社會教育。

8. 所謂「四D計劃」即是美國對少年法庭提出的四個革新重點：(1)去罪犯化；(2)適宜司法程序；(3)非機構化；(4)多樣化。

9. 犯罪青少年的個別矯治與復健上以行爲改變技術最爲有效，另外個別與團體諮商與心理治療也可以有效的協助犯罪青少年自我探索與自我成長。

10. 較嚴重缺陷與不良習性的青少年則應送至精神醫處所加以矯治或勒戒。

附錄一

少年事件處理法

民國五十一年一月三十一日總統令公布全文八十條

民國五十六年八月一日總統令修正公布第四十二及第六十四條條文

民國六十年五月十四日總統令修正公布全文八十七條

民國六十五年二月十二日總統令修正公布第三、十二、十三、十八、
十九、二十二、二十三、二十六、二十七、三十九、四十二、四十
三、四十五、五十、五十五至五十七、五十九至六十一、七十四、
七十七、八十一、八十四、八十五條條文

民國六十九年七月四日總統令修正公布第八十五條之一及第八十六條
條文

民國八十六年十月二十九日總統令修正公布全文八十七條條文

第一章　總則

第一條　為保障少年健全之自我成長，調整其成長環境，並矯治其性格，
特制定本法。

第一條之一　少年保護事件及少年刑事案件之處理，依本法之規定；本法
未規定者，適用其他法律。

第二條　本法稱少年者，謂十二歲以上十八歲未滿之人。

第三條　左列事件，由少年法院依本法處理之：

一　少年有觸犯刑罰法律之行為者。

二　少年有左列情形之一，依其性格及環境，而有觸犯刑罰法律之虞
者：

㈠經常與有犯罪習性之人交往者。

㈡經常出入少年不當進入之場所者。

㈢經常逃學或逃家者。

㈣參加不良組織者。

㈤無正當理由經常攜帶刀械者。

㈥吸食或施打煙毒或麻醉藥品之外之迷幻物品者。

㈦有預備犯罪或犯罪未遂而爲法所不罰之行爲者。

第三條之一 警察、檢察官、少年調查官、法官於偵查、調查或審理少年事件時，應告知少年犯罪事實或虞犯事由，聽取其陳述，並應告知其有選任輔佐人之權利。

第四條 少年犯罪依法應受軍事審判者，得由少年法院依本法處理之。

第二章　少年法庭之組織

第五條 直轄市設少年法院，其他縣（市）得視其地理環境及案件多寡分別設少年法院。

尚未設少年法院地區，於地方法院設少年法庭。但得視實際情形，其職務由地方法院原編制內人員兼任，依本法執行之。

高等法院及其分院設少年法庭。

第五條之一 少年法院分設刑事庭、保護庭、調查保護處、公設輔佐人室，並應配置心理測驗員、心理輔導員及佐理員。

第五條之二 少年法院之組織，除本法有特別規定者外，準用法院組織法有關地方法院之規定。

第五條之三 心理測驗員、心理輔導員及佐理員配置於調查保護處。

心理測驗員、心理輔導員，委任第五職等至薦任第八職等。佐理員委任第三職等至薦任第六職等。

第六條 （刪除）

第七條 少年法院院長、庭長及法官、高等法院及其分院少年法庭庭長及法官、公設輔佐人除須具有一般之資格外，應遴選具有少年保護之學識、經驗及熱忱者充之。

前項院長、庭長及法官遴選辦法，由司法院定之。

第八條　（刪除）

第九條　少年調查官職務如左：

一　調查、蒐集關於少年保護事件之資料。

二　對於少年觀護所少年之調查事項。

三　法律所定之其他職務。

少年保護官職務如左：

一　掌理由少年保護官執行之保護處分。

二　法律所定之其他事務。

少年調查官及少年保護官執行職務，應服從法官之監督。

第十條　調查保護處置處長一人，由少年調查官或少年保護官兼任，綜理及分配少年調查及保護事務；其人數合計在六人以上者，應分組辦事，各組並以一人兼任組長，襄助處長。

第十一條　心理測驗員、心理輔導員、書記官、佐理員及執達員隨同少年調查官或少年保護官執行職務者，應服從其監督。

第十二條　刪除

第十三條　少年法院兼任處長或組長之少年調查官、少年保護官薦任第九職等或簡任第十職等。其餘少年調查官、少年保護官薦任第六職等至第九職等或簡任第十職等；但簡任員額不得逾全部少年調查官、少年保護官員額之二分之一。

高等法院少年法庭少年調查官簡任第十職等至第十一職等。

第三章　少年保護事件

第一節　調查及審理

第十四條　少年保護事件由行為地或少年之住所、居所或所在地之少年法院管轄。

第十五條　少年法庭就繫屬中之事件，經調查後認為以由其他有管轄權之地方法院處理，可使少年受更適當之保護者，得以裁定移送於該管少年法院；受移送之法院，不得再行移送。

第十六條 刑事訴訟法第六條第一項、第二項,第七條及第八條前段之規定,於少年保護事件準用之。

第十七條 不論何人知有第三條第一款之事件者,得向該管少年法院報告。

第十八條 檢察官、司法警察官或法院於執行職務時,知有第三條之事件者,應移送該管少年法院。

對於少年有監督權人,少年之肄業學校或從事少年保護事業之機構,發現少年有第三條第二款之事件者,亦得請求少年法院處理之。

第十九條 少年法院接受第十五條、第十七條及前條之移送、請求或報告事件後,應先由少年調查官調查該少年與事件有關之行為、其人之品格、經歷、身心狀況、家庭情形、社會環境、教育程度以及其他必要之事項,提出報告,並附具建議。

少年調查官調查之結果,不得採為認定事實之唯一證據。

少年法院訊問關係人時,書記官應製作筆錄。

第二十條 少年法院審理少年保護事件,得以法官一人獨任行之。

第二十一條 少年法院法官或少年調查官對於事件之調查,必要時得傳喚少年、少年之法定代理人或現在保護少年之人到場。

前項調查,應於相當期日前將調查之日、時及處所通知少年之輔佐人。

第一項之傳喚,應用通知書,記載左列事項,由法官簽名;其由少年調查官傳喚者,由少年調查官簽名:

一 被傳喚人之姓名、性別、年齡、出生地及住居所。

二 事由。

三 應到場之日、時及處所。

四 無正當理由不到場者,得強制其同行。

傳喚通知書應送達於被傳喚人。

第二十二條 少年、少年之法定代理人或現在保護少年之人,經合法傳喚,無正當理由不到場者,少年法院法官得依職權或依少年調查官之請求發同行書,強制其到場。但少年有刑事訴訟法第七十六條所列各款情

形之一，少年法院法官並認為必要時，得不經傳喚，逕發同行書，強制其到場。

同行書應記載左列事項，由法官簽名：

一　應同行人姓名、性別、年齡、出生地、國民身分證字號、住居所及其他足資辨別之特徵。但年齡、出生地、國民身分證字號或住居所不明者，得免記載。

二　事由。

三　應與執行人同行到達之處所。

四　執行同行之期限。

第二十三條　同行書由執達員、司法警察官或司法警察執行之。

同行書應備三聯，執行同行時，應各以一聯交應同行人及其指定之親友，並應注意同行人之身體及名譽。

執行同行後，應於同行書內記載執行之處所及年、月、日；如不能執行者，記載其情形，由執行人簽名提出於少年法院。

第二十三條之一　少年行蹤不明者，少年法院得通知各地區少年法院、檢察官、司法警察機關協尋之。但不得公告或登載報紙或以其他方法公開之。

協尋少年，應用協尋書，記載左列事項，由法官簽名：

一　少年之姓名、性別、年齡、出生地、國民身分證字號、住居所及其他足資辨別之特徵。但年齡、出生地、國民身分證字號或住居所不明者，得免記載。

二　事件之內容。

三　協尋之理由。

四　應護送之處所。

少年經尋獲後，少年調查官、檢察官、司法警察官或司法警察，得逕行護送少年至應到之處所。

協尋於其原因消滅或顯無必要時，應即撤銷。撤銷協尋之通知，準用第一項之規定。

第二十四條 刑事訴訟法關於人證、鑑定、通譯、勘驗、搜索及扣押之規定，於少年管訓事件性質不相違反者，準用之。

第二十五條 少年法庭因執行職務，得請警察機關、自治團體、學校、醫院或其他機關團體為必要之協助。

第二十六條 少年法庭於必要時，對於少年得以裁定為左列之處置：

一 責付於少年之法定代理人、家長、最近親屬、現在保護少年之人或其他適當之機關、團體或個人，並得在事件終結前，交付少年調查官為適當之輔導。

二 命收容於少年觀護所。但以不能責付或以責付為顯不適當，而需收容者為限。

第二十六條之一 收容少年應用收容書。

收容書應記載左列事項，由法官簽名：

一 少年之姓名、性別、年齡、出生地、國民身分證字號、住居所及其他足資辨別之特徵。但年齡、出生地、國民身分證字號或住居所不明者，得免記載。

二 事件之內容。

三 收容之理由。

四 應收容之處所。

第二十三條第二項之規定於執行收容準用之。

第二十六條之二 少年觀護所收容少年之期間，調查或審理中均不得逾二月。但有繼續收容之必要者，得於期間未滿前，由少年法院裁定延長之；延長收容期間不得逾一月，以一次為限。收容之原因消滅時，少年法院應將命收容之裁定撤銷之。

事件經抗告者，抗告法院之收容期間，自卷宗及證物送交之日起算。

事件經發回者，其收容及延長收容之期間，應更新計算。

裁定後送交前之收容期間，算入原審法院之收容期間。

少年觀護所之組織，以法律定之。

第二十七條 少年法院依調查之結果，認少年有左列情形之一者，應以裁

定移送於有管轄權之法院檢察署檢察官：

　　一　犯最輕本刑爲五年以上有期徒刑之罪者。

　　二　事件繫屬前已滿十八歲者。

除前項情形外，少年法院依調查之結果，認犯罪情節重大，參酌其品行、性格、經歷等情狀，以受刑事處分爲適當者，得以裁定移送於有管轄權之法院檢察署檢察官。

前二項情形，於少年犯罪時未滿十四歲者，不適用之。

第二十八條　少年法院依調查之結果，認爲無付保護處分之原因或以其他事由不應付審理者，應爲不付審理之裁定。

少年因心神喪失而爲前項裁定者，得令入相當處所實施治療。

第二十九條　少年法院依少年調查官調查之結果，認爲情節輕微，以不付審理爲適當者，得爲不付審理之裁定，並爲左列處分：

　　一　轉介兒童或少年福利或教養機構爲適當之輔導。

　　二　交付兒童或少年之法定代理人或現在保護少年之人嚴加管敎。

　　三　告誡。

前項處分，均交由少年調查官執行之。

少年法院爲第一項裁定前，得斟酌情形，經被害人同意，命少年爲左列各款事項：

　　一　向被害人道歉。

　　二　立悔過書。

　　三　向被害人支付相當數額之慰撫金。

前項第三款之慰撫金，少年之法定代理人應負連帶支付之責任，並得爲民事強制執行之名義。

第三十條　少年法院依調查之結果，認爲應付審理者，應爲開始審理之裁定。

第三十一條　少年或少年之法定代理人或現在保護少年之人，得隨時選任少年之輔佐人。

犯最輕本刑爲三年以上有期徒刑之罪，未經選任輔佐人者，少年法院應

指定適當之人輔佐少年。其他案件認有必要者亦同。

前項案件，選任輔佐人無正當理由不到庭者，少年法院亦得指定之。

前兩項指定輔佐人之案件，而該地區未設置公設輔佐人時，得由少年法院指定適當之人輔佐少年。

公設輔佐人準用公設辯護人條例有關規定。

少年保護事件中之輔佐人，於與少年保護事件性質不相違反者，準用刑事訴訟法辯護人之相關規定。

第三十一條之一　選任非律師為輔佐人者，應得少年法院之同意。

第三十一條之二　輔佐人除保障少年於程序上之權利外，應協助少年法院促成少年之健全成長。

第三十二條　少年法院審理事件應定審理期日。審理期日應傳喚少年、少年之法定代理人或現在保護少年之人，並應通知少年之輔佐人。

少年法院指定審理期日時，應考慮少年、少年之法定代理人、現在保護少年之人或輔佐人準備審理所需之期間。但經少年及其法定代理人或現在保護少年之人之同意，得及時開始審理。

第二十一條第三項、第四項之規定，於第一項傳喚準用之。

第三十三條　審理期日，書記官應隨同法官出席，製作審理筆錄。

第三十四條　調查及審理不公開。但得許少年之親屬、學校教師、從事少年保護事業之人或其他認為相當之人在場旁聽。

第三十五條　審理應以和藹懇切之態度行之。法官參酌事件之性質與少年之身心、環境狀態，得不於法庭內進行審理。

第三十六條　審理期日訊問少年時，應予少年之法定代理人或現在保護少年之人及輔佐人以陳述意見之機會。

第三十七條　審理期日，應調查必要之證據。

少年應受管訓處分之原因、事實，應依證據認定之。

第三十八條　少年法院認為必要時，得為左列處置：

　　一　少年為陳述時，不令少年以外之人在場。

　　二　少年以外之人為陳述時，不令少年在場。

第三十九條　少年調查官應於審理期日出庭陳述調查及處理之意見。

少年法院不採少年調查官陳述之意見者，應於裁定中記載不採之理由。

第四十條　少年法院依審理之結果，認為事件有第二十七條第一項之情形者，應為移送之裁定；有同條第二項之情形者，得為移送之裁定。

第四十一條　少年法院依審理之結果，認為事件不應或不宜付保護處分者，應裁定諭知不付保護處分。

第二十八條第二項、第二十九條第三項、第四項之規定，於少年法院認為事件不宜付保護處分，而依前項規定為不付保護處分裁定之情形準用之。

第四十二條　少年法院審理事件，除為前二條處置者外，應對少年以裁定諭知左列之保護處分：

一　訓誡，並得予以假日生活輔導。

二　交付保護管束並得命為勞動服務。

三　交付安置於適當之福利或教養機構輔導。

四　令入感化教育處所施以感化教育。

少年有左列情形之一者，得於為前項保護處分之前或同時諭知左列處分：

一　少年染有煙毒或吸用麻醉、迷幻物品成癮，或有酗酒習慣者，令入相當處所實施禁戒。

二　少年身體或精神狀態顯有缺陷者，令入相當處所實施治療。

第一項處分之期間，毋庸諭知。

第四十三條　刑法及其他法律有關沒收之規定，於第二十九條及前條之裁定準用之。

少年法院認供本法第三條第二款各目行為所用或所得之物不宜發還者，得沒收之。

第四十四條　少年法院為決定宜否為保護處分或應為何種保護處分，認有必要時，得以裁定將少年交付少年調查官為六月以內期間之觀察。

前項觀察，少年法院得徵詢少年調查官之意見，將少年交付適當之機

關、學校、團體或個人為之，並受少年調查官之指導。

少年調查官應將觀察結果，附具建議提出報告。

少年法院得依職權或少年調查官之請求，變更觀察期間或停止觀察。

第四十五條 受保護處分之人，另受有期徒刑以上刑之宣告確定者，為保護處分之少年法院，得以裁定將該處分撤銷之。

受保護處分之人，另受保安處分之宣告確定者，為保護處分之少年法院，應以裁定定其應執行之處分。

第四十六條 受保護處分之人，復受另件保護處分，分別確定者，後為處分之少年法院，得以裁定定其應執行之處分。

依前項裁定為執行之處分者，其他處分無論已否開始執行，視為撤銷。

第四十七條 少年法庭為保護處分後，發見其無審判權者，應以裁定將該處分撤銷之，移送於有審判權之機關。

保護處分之執行機關，發見足認為有前項情形之資料者，應通知該少年法院。

第四十八條 少年法院所為裁定，應以正本送達於少年、少年之法定代理人或現在保護少年之人、輔佐人及被害人，並通知少年調查官。

第四十九條 文書之送達，適用民事訴訟法關於送達之規定。但不得為左列之送達。

一　公示送達。

二　因未陳明送達代收人，而交付郵局以為送達。

　第二節　保護處分之執行

第五十條 對於少年之訓誡，應由少年法院法官向少年指明其不良行為，曉諭以將來應遵守之事項，並得命立悔過書。

行訓誡時，應通知少年之法定代理人或現在保護少年之人及輔佐人到場。

少年之假日生活輔導為三次至十次，由少年法院交付少年保護官於假日為之，對少年施以個別或羣體之品德教育，輔導其學業或其他作業，並得命為勞動服務，使其養成勤勉習慣及守法精神；其次數由少年保護官

視其輔導成效而定。

前項假日生活輔導，少年法院得依少年保護官之意見，將少年交付適當之機關、團體或個人爲之，受少年保護官之指導。

第五十一條 對於少年之保護管束，由少年保護官掌理之；少年保護官應告少年以應遵守之事項，與之常保接觸，注意其行動，隨時加以指示；並就少年之教養、醫治疾病、謀求職業及改善環境，予以相當輔導。

少年保護官因執行前項職務，應與少年之法定代理人或現在保護少年之人爲必要之洽商。

少年法院得依少年保護官之意見，將少年交付適當之福利或教養機構、慈善團體、少年之最近親屬或其他適當之人保護管束，受少年保護官之指導。

第五十二條 對於少年之交付安置輔導及施以感化教育時，由少年法院依其行爲性質、身心狀況、學業程度及其他必要事項，分類交付適當之福利、教養機構或感化教育機構執行之，受少年法院之指導。

感化教育機構之組織及其教育之實施，以法律定之。

第五十三條 保護管束與感化教育之執行，其期間均不得逾三年。

第五十四條 少年保護管束、安置輔導或感化教育之執行，至多執行至滿二十一歲爲止。

第五十五條 保護管束之執行，已逾六個月，著有成效，認爲無繼續之必要者，或因事實上原因，以不繼續執行爲宜者，少年保護官得檢具事證，聲請少年法院免除其執行。

少年、少年之法定代理人、現在保護少年之人認保護管束之執行有前項情形時，得請求少年保護官爲前項之聲請，除顯無理由外，少年保護官不得拒絕。

少年在保護管束執行期間，違反應遵守之事項，不服從勸導達二次以上，而有觀察之必要者，少年保護官得聲請少年法院裁定留置少年於少年觀護所中，予以五日以內之觀察。

少年在保護管束期間違反應遵守之事項，情節重大，或曾受前項觀察處

分後，再違反應遵守之事項，足認保護管束難收效果者，少年保護官得
聲請少年法院裁定撤銷保護管束，將所餘之執行期間令入感化處所施以
感化教育，其所餘之期間不滿六月者，應執行至六月。

第五十五條之一　保護管束所命之勞動服務為三小時以上五十小時以下，
由少年保護官執行，其期間視輔導之成效而定。

第五十五條之二　第四十二條第一項第三款之安置輔導為二月以上二年以
下。

前項執行已逾二月，著有成效，認無繼續執行之必要者，或有事實上原
因以不繼續執行為宜者，負責安置輔導之福利或教養機構、少年、少年
之法定代理人或現在保護少年之人得檢具事證，聲請少年法院免除其執
行。

安置輔導期滿，負責安置輔導之福利或教養機構、少年、少年之法定代
理人或現在保護少年之人認有繼續安置輔導之必要者，得聲請少年法院
裁定延長，延長執行之次數以一次為限，其期間不得逾二年。

第一項執行已逾二月，認有變更安置輔導之福利或教養機構之必要者，
少年、少年之法定代理人或現在保護少年之人得檢具事證或敘明理由，
聲請少年法院裁定變更。

少年在安置輔導期間違反應遵守之事項，情節重大，或曾受第五十五條
之三留置觀察處分後，再違反應遵守之事項，足認安置輔導難收效果
者，負責安置輔導之福利或教養機構、少年之法定代理人或現在保護少
年之人得檢具事證，聲請少年法院裁定撤銷安置輔導，將所餘之執行期
間令入感化處所施以感化教育，其所餘之期間不滿六月者，應執行至六
月。

第五十五條之三　少年無正當理由拒絕接受第二十九條第一項之輔導、管
教或告誡，或拒絕接受第四十二條第一項第一款、第三款之訓誡、假日
生活輔導或安置輔導，少年保護官、少年之法定代理人或現在保護少年
之人、少年福利或教養機構，得聲請少年法院核發勸導書，經勸導無效
者，各該聲請人得聲請少年法院裁定留置少年於少年觀護所中，予以五

日以內之觀察。

第五十六條　執行感化教育已逾六個月，認無繼續執行之必要者，得由少年保護官或執行機關檢具事證，聲請少年法院裁定免除或停止其執行。

少年或少年之法定代理人認感化教育之執行有前項情形時，得請求少年保護官為前項之聲請，除顯無理由外，少年保護官不得拒絕。

第一項停止感化教育之執行者，所餘之執行期間，應由少年法庭裁定交付保護管束。

第五十五條之規定，於前項之保護管束準用之；依該條第四項應繼續執行感化教育時，其停止期間不算入執行期間。

第五十七條　第二十九條第一項之處分、第四十二條第一項第一款之處分及第五十五條第三項或第五十五條之三之留置觀察，應自處分裁定之日起，二年內執行之；逾期免予執行。

第四十二條第一項第二款、第三款、第四款及同條第二項之處分，自應執行之日起，經過三年未執行者，非經少年法院裁定應執行時，不得執行之。

第五十八條　第四十二條第二項第一款、第二款之處分期間，以戒絕治癒或至滿二十歲為止；其處分與保護管束一併諭知者，同時執行之；與安置輔導或感化教育一併諭知者，先執行之。但其執行無礙於安置輔導或感化教育之執行者，同時執行之。

依禁戒或治療處分之執行，少年法院認為無執行保護處分之必要者，得免其保護處分之執行。

第五十九條　少年法院法官因執行轉介處分、保護處分或留置觀察，於必要時，得對少年發通知書、同行書或請有關機關協尋之。

少年保護官因執行保護處分，於必要時得對少年發通知書。

第二十一條第三項、第四項、第二十二條第二項、第二十三條及第二十三條之一規定，於前二項通知書、同行書及協尋書準用之。

第六十條　少年法院諭知管訓處分之裁定確定後，其執行保護處分所需教養費用，得斟酌少年本人或對少年負扶養義務人之資力，以裁定命其負

擔全部或一部；其特殊清寒無力負擔者，豁免之。

前項裁定，得爲民事強制執行名義，由少年法院囑託各該法院民事執行處強制執行，免徵執行費。

第三節　抗告及重新審理

第六十一條　少年、少年之法定代理人、現在保護少年之人或輔佐人，對於少年法院所爲左列之裁定有不服者，得提起抗告。但輔佐人提起抗告，不得與選任人明示之意思相反：

一　第二十七條第一項、第二項之裁定。

二　第二十九條第一項之裁定。

三　第四十二條之處分。

四　第五十五條第三項、第五十五條之三留置觀察之裁定及第五十五條第四項之撤銷保護管束執行感化教育之處分。

五　第五十五條之二第三項延長安置輔導期間之裁定、第五項撤銷安置輔導執行感化教育之處分。

六　第五十六條第四項命繼續執行感化教育之處分。

七　第六十條命負擔教養費用之裁定。

第六十二條　少年行爲之被害人或其法定代理人，對於少年法院之左列裁定，得提起抗告：

一　依第二十八條第一項所爲不付審理之裁定。

二　依第二十九條第一項所爲不付審理，並爲轉介輔導、交付嚴加管教或告誡處分之裁定。

三　依第四十一條第一項諭知不付保護處分之裁定。

四　依第四十二條第一項諭知保護處分之裁定。

被害人已死亡或有其他事實上之原因不能提起抗告者，得由其配偶、直系血親、三親等內之旁系血親、二親等內之姻親或家長家屬提起抗告。

第六十三條　抗告以少年法院之上級法院爲管轄法院。

對於抗告法院之裁定，不得再行抗告。

第六十四條　抗告期間爲十日，自送達裁定後起算。但裁定宣示後送達前

之抗告亦有效力。

刑事訴訟法第四百零七條至第四百十四條及本章第一節有關之規定，於本節抗告準用之。

第六十四條之一 諭知保護處分之裁定確定後，有左列情形之一，認為應不付保護處分者，少年保護者、少年、少年之法定代理人、現在保護少年之人或輔佐人得聲請為保護處分之少年法院重新審理：

 一 適用法規顯有錯誤，並足以影響裁定之結果者。

 二 因發見確實之新證據，足認受管訓處分之少年，應不付保護處分者。

 三 有刑事訴訟法第四百二十條第一項第一款、第二款、第四款或第五款所定得為再審之情形者。

刑事訴訟法第四百二十三條、第四百二十九條、第四百三十條前段、第四百三十一條至第四百三十四條、第四百三十五條第一項、第二項、第四百三十六條之規定，於前項之重新審理程序準用之。

為保護處分之少年法院發見有第一項各款所列情形之一者，亦得依職權為應重新審理之裁定。

少年受保護處分之執行完畢後，因重新審理之結果，須受刑事訴追者，其不利益不及於少年，毋庸裁定移送於有管轄權之法院檢察署檢察官。

第六十四條之二 諭知不付保護處分之裁定確定後有左列情形之一，認為應諭知保護處分者，少年行為之被害人或其法定代理人得聲請為不付保護處分之少年法院重新審理：

 一 有刑事訴訟法第四百二十二條第一款得為再審之情形者。

 二 經少年自白或發見確實之新證據，足認其有第三條行為應諭知保護處分者。

刑事訴訟法第四百二十九條、第四百三十一條至第四百三十四條、第四百三十五條第一項、第二項及第四百三十六條之規定，於前項之重新審理程序準用之。

為不付保護處分之少年法院發見有第一項各款所列情形之一者，亦得依

職權爲應重新審理之裁定。

第一項或前項之重新審理於諭知不付保護處分之裁定確定後，經過一年者不得爲之。

第四章　少年刑事案件

第六十五條　對於少年犯罪之刑事追訴及處罰，以依第二十七條第一項、第二項移送之案件爲限。

刑事訴訟法關於自訴之規定，於少年刑事案件不適用之。

本章之規定，於少年犯罪後已滿十八歲者適用之。

第六十六條　檢察官受理少年法院移送之少年刑事案件，應即開始偵查。

第六十七條　檢察官依偵查之結果，對少年犯最重本刑五年以下有期徒刑之罪，參酌刑法第五十七條有關規定，認以不起訴處分而受保護處分爲適當者，得爲不起訴之處分，移送少年法院依少年保護事件審理；認應起訴者，應向少年法院提起公訴。依第六十八條規定由少年法院管轄之案件，應向少年法院起訴。

前項經檢察官爲不起訴處分而移送少年法院依少年保護事件審理之案件，如再經少年法院裁定移送，檢察官不得依前項規定，再爲不起訴處分而移送少年法院依少年保護事件審理。

第六十八條　左列刑事案件，應由少年法院管轄：

　　一　第八十五條第一項之案件。

　　二　兒童福利法刑事案件。

　　三　兒童及少年性交易防制條例刑事案件。

　　四　依刑事訴訟法第七條第一款、第二款、第四款規定與少年刑事案件相牽連之一般刑事案件。

第六十九條　對於少年犯罪已依第四十二條爲保護處分者，不得就同一事件再爲刑事追訴或處罰。但其保護處分經依第四十五條或第四十七條之規定撤銷者，不在此限。

第七十條　少年刑事案件之偵查及審判，準用第三章第一節及第三節有關

之規定。

第七十一條　少年被告非有不得已之情形，不得羈押之。

少年被告應羈押於少年觀護所。於年滿二十歲時，應移押於看守所。

少年刑事案件，於少年法院調查中之收容，視爲未判決前之羈押，準用刑法第四十六條折抵刑期之規定。

第七十二條　少年被告於偵查審判時，應與其他被告隔離。但與一般刑事案件分別審理顯有困難或認有對質之必要時，不在此限。

第七十三條　審判得不公開之。

第三十四條但書之規定，於審判不公開時準用之。

少年、少年之法定代理人或現在保護少年之人請求公開審判者，除有法定不得公開之原因外，法院不得拒絕。

第七十四條　法院審理第二十七條之少年刑事案件，對於少年犯最重本刑十年以下有期徒刑之罪，如顯可憫恕，認爲依刑法第五十九條規定減輕其刑仍嫌過重，且以受保護處分爲適當者，得免除其刑，諭知第四十二條第一項第二款至第四款之保護處分，並得同時諭知同條第二項各款之處分。

前項處分之執行，適用第三章第二節有關之規定。

第七十五條　（刪除）

第七十六條　（刪除）

第七十七條　（刪除）

第七十八條　對於少年不得宣告褫奪公權。

少年受刑之宣告，經執行完畢或赦免者，適用關於公權資格之法令時，視爲未曾犯罪。

第七十九條　刑法第七十四條緩刑之規定，於少年犯罪受三年以下有期徒刑、拘役或罰金之宣告者適用之。

第八十條　少年受刑人徒刑之執行，應注意監獄行刑法第三條、第八條及第三十九條第二項之規定。

第八十一條　少年受徒刑之執行而有悛悔實據者，無期徒刑逾七年後，有

期徒刑逾執行期三分之一後，得予假釋。

少年於本法施行前，已受徒刑之執行者，或在本法施行前受徒刑宣告確定之案件於本法施行後受執行者，準用前項之規定。

第八十二條　少年在緩刑或在假釋期中應付保護管束，由少年法院少年保護官行之。

前項保護管束之執行，準用第三章第二節保護處分之執行之規定。

第五章　附　　則

第八十三條　任何人不得於媒體、資訊或以其他公示方式揭示有關少年保護事件或少年刑事案件之記事或照片，使閱者由該項資料足以知悉其人為該保護事件受調查、審理之少年或該刑事案件之被告。

違反前項規定者，由主管機關依法予以處分。

第八十三條之一　少年受第二十九條第一項之轉介處分執行完畢二年後，或受保護處分或刑之執行完畢或赦免三年後，或受不付審理或不付保護處分之裁定確定後，視為未曾受各該宣告。

少年法院於前項情形應通知保存少年前科記錄及有關資料之機關，將少年之前科記錄及有關資料予以塗銷。

前項記錄及資料非為少年本人之利益或經少年本人同意，少年法院及其他任何機關不得提供。

第八十三條之二　違反前條規定未將少年之前科記錄及有關資料塗銷或無故提供者，處六月以下有期徒刑、拘役或新臺幣三萬元以下罰金。

第八十三條之三　外國少年受轉介處分、保護處分或緩刑期內交付保護管束者，得以驅逐出境代之。

前項驅逐出境，得由少年調查官或少年保護官向少年法院聲請，由司法警察機關執行之。

第八十四條　少年之法定代理人或監護人，因忽視教養，致少年有觸犯刑罰法律之行為，或有第三條第二款觸犯刑罰法律之虞之行為，而受保護處分或刑之宣告，少年法院得裁定命其接受八小時以上五十小時以下之

親職教育輔導。

拒不接受前項親職教育輔導或時數不足者，處新臺幣三千元以上一萬元以下罰鍰；經再通知仍不接受者，得按次連續處罰，至其接受爲止。

前項罰鍰，由少年法院裁定之。受處分人得提起抗告，並準用第六十三條及刑事訴訟法第四百零六條至第四百十四條之規定。

前項裁定，得爲民事強制執行名義，由少年法院囑託各該地方法院民事執行處強制執行之，免徵執行費。

少年之法定代理人或監護人有第一項前段情形，情況嚴重者，少年法院並得裁定公告其姓名。

前項裁定不得抗告。

第八十五條　成年人教唆、幫助或利用未滿十八歲之人犯罪或與之共同實施犯罪者，依其所犯之罪，加重其刑至二分之一。

少年法院得裁定命前項之成年人負擔第六十條第一項教養費用全部或一部，並得公告其姓名。

第八十五條之一　七歲以下未滿十二歲之人，有觸犯刑罰法律之行爲者，由少年法院適用少年保護事件之規定處理之。

前項保護處分之執行，應參酌兒童福利法之規定，由行政院會同司法院訂定辦法行之。

第八十六條　本法施行細則，由司法院會同行政院定之。

少年保護事件審理細則，由司法院定之。

少年保護事件執行辦法，由行政院會同司法院定之。

少年不良行爲及虞犯之預防辦法，由內政部會同法務部、教育部定之。

第八十七條　本法自中華民國六十年七月一日施行。

本法修正條文自公布日施行。

附錄二

兒童及少年福利法

民國九十二年五月二十八日公發布

第一章 總 則

第一條 為促進兒童及少年身心健全發展,保障其權益,增進其福利,特
制定本法。

兒童及少年福利依本法之規定,本法未規定者,適用其他法律之規定。

第二條 本法所稱兒童及少年,指未滿十八歲之人;所稱兒童,指未滿十
二歲之人;所稱少年,指十二歲以上未滿十八歲之人。

第三條 父母或監護人對兒童及少年應負保護、教養之責任。對於主管機
關、目的事業主管機關或兒童及少年福利機構依本法所為之各項措施,
應配合及協助。

第四條 政府及公私立機構、團體應協助兒童及少年之父母或監護人,維
護兒童及少年健康,促進其身心健全發展,對於需要保護、救助、輔
導、治療、早期療育、身心障礙重建及其他特殊協助之兒童及少年,應
提供所需服務及措施。

第五條 政府及公私立機構、團體處理兒童及少年相關事務時,應以兒童
及少年之最佳利益為優先考量;有關其保護及救助,並應優先處理。

兒童及少年之權益受到不法侵害時,政府應予適當之協助及保護。

第六條 本法所稱主管機關:在中央為內政部;在直轄市為直轄市政府;
在縣(市)為縣(市)政府。

前項主管機關在中央應設兒童及少年局;在直轄市及縣(市)政府應設
兒童及少年福利專責單位。

第七條 下列事項,由中央主管機關掌理。但涉及各中央目的事業主管機
關職掌,依法應由各中央目的事業主管機關掌理者,從其規定:

一　全國性兒童及少年福利政策、法規與方案之規劃、釐定及宣導事項。

二　對直轄市、縣（市）政府執行兒童及少年福利之監督及協調事項。

三　中央兒童及少年福利經費之分配及補助事項。

四　兒童及少年福利事業之策劃、獎助及評鑑之規劃事項。

五　兒童及少年福利專業人員訓練之規劃事項。

六　國際兒童及少年福利業務之聯繫、交流及合作事項。

七　兒童及少年保護業務之規劃事項。

八　中央或全國性兒童及少年福利機構之設立、監督及輔導事項。

九　其他全國性兒童及少年福利之策劃及督導事項。

第八條　下列事項，由直轄市、縣（市）主管機關掌理。但涉及各地方目的事業主管機關職掌，依法應由各地方目的事業主管機關掌理者，從其規定：

一　直轄市、縣（市）兒童及少年福利政策、自治法規與方案之規劃、釐定、宣導及執行事項。

二　中央兒童及少年福利政策、法規及方案之執行事項。

三　兒童及少年福利專業人員訓練之執行事項。

四　兒童及少年保護業務之執行事項。

五　直轄市、縣（市）兒童及少年福利機構之設立、監督及輔導事項。

六　其他直轄市、縣（市）兒童及少年福利之策劃及督導事項。

第九條　本法所定事項，主管機關及各目的事業主管機關應就其權責範圍，針對兒童及少年之需要，尊重多元文化差異，主動規劃所需福利，對涉及相關機關之兒童及少年福利業務，應全力配合之。

主管機關及各目的事業主管機關權責劃分如下：

一　主管機關：主管兒童及少年福利法規、政策、福利工作、福利事業、專業人員訓練、兒童及少年保護、親職教育、福利機構設置

等相關事宜。

二　衛生主管機關：主管婦幼衛生、優生保健、發展遲緩兒童早期醫療、兒童及少年心理保健、醫療、復健及健康保險等相關事宜。

三　教育主管機關：主管兒童及少年教育及其經費之補助、特殊教育、幼稚教育、兒童及少年就學、家庭教育、社會教育、兒童課後照顧服務等相關事宜。

四　勞工主管機關：主管年滿十五歲少年之職業訓練、就業服務、勞動條件之維護等相關事宜。

五　建設、工務、消防主管機關：主管兒童及少年福利機構建築物管理、公共設施、公共安全、建築物環境、消防安全管理、遊樂設施等相關事宜。

六　警政主管機關：主管兒童及少年保護個案人身安全之維護、失蹤兒童及少年之協尋等相關事宜。

七　交通主管機關：主管兒童及少年交通安全、幼童專用車檢驗等相關事宜。

八　新聞主管機關：主管兒童及少年閱聽權益之維護、媒體分級等相關事宜之規劃與辦理。

九　戶政主管機關：主管兒童及少年身分資料及戶籍相關事宜。

一○　財政主管機關：主管兒童及少年福利機構稅捐之減免等相關事宜。

一一　其他兒童及少年福利措施由各相關目的事業主管機關依職權辦理。

第十條　主管機關為協調、研究、審議、諮詢及推動兒童及少年福利政策，應設諮詢性質之委員會。

前項委員會以行政首長為主任委員，學者、專家及民間團體代表之比例不得低於委員人數之二分之一。委員會每年至少應開會四次。

第十一條　政府及公私立機構、團體應培養兒童及少年福利專業人員，並應定期舉辦職前訓練及在職訓練。

第十二條　兒童及少年福利經費之來源如下：

一　各級政府年度預算及社會福利基金。

二　私人或團體捐贈。

三　依本法所處之罰鍰。

四　其他相關收入。

第二章　身分權益

第十三條　胎兒出生後七日內，接生人應將其出生之相關資料通報戶政及衛生主管機關備查。

接生人無法取得完整資料以填報出生通報者，仍應為前項之通報。戶政主管機關應於接獲通報後，依相關規定辦理；必要時，得請求主管機關、警政及其他目的事業主管機關協助。

出生通報表由中央衛生主管機關定之。

第十四條　法院認可兒童及少年收養事件，應基於兒童及少年之最佳利益，斟酌收養人之人格、經濟能力、家庭狀況及以往照顧或監護其他兒童及少年之紀錄決定之。滿七歲之兒童及少年被收養時，兒童及少年之意願應受尊重。兒童及少年不同意時，非確信認可被收養，乃符合其最佳利益，法院應不予認可。

法院認可兒童及少年之收養前，得准收養人與兒童及少年先行共同生活一段期間，供法院決定認可之參考；共同生活期間，對於兒童及少年權利義務之行使或負擔，由收養人為之。

法院認可兒童及少年之收養前，應命主管機關或兒童及少年福利機構進行訪視，提出調查報告及建議。收養人或收養事件之利害關係人亦得提出相關資料或證據，供法院斟酌。

前項主管機關或兒童及少年福利機構進行前項訪視，應調查出養之必要性，並給予必要之協助。其無出養之必要者，應建議法院不為收養之認可。

法院對被遺棄兒童及少年為收養認可前，應命主管機關調查其身分資

料。

父母對於兒童及少年出養之意見不一致，或一方所在不明時，父母之一方仍可向法院聲請認可。經法院調查認為收養乃符合兒童及少年之最佳利益時，應予認可。

法院認可或駁回兒童及少年收養之聲請時，應以書面通知主管機關，主管機關應為必要之訪視或其他處置，並作成報告。

第十五條　收養兒童及少年經法院認可者，收養關係溯及於收養書面契約成立時發生效力；無書面契約者，以向法院聲請時為收養關係成立之時；有試行收養之情形者，收養關係溯及於開始共同生活時發生效力。

聲請認可收養後，法院裁定前，兒童及少年死亡者，聲請程序終結。收養人死亡者，法院應命主管機關或其委託機構為調查，並提出報告及建議，法院認收養於兒童及少年有利益時，仍得為認可收養之裁定，其效力依前項之規定。

第十六條　養父母對養子女有下列之行為，養子女、利害關係人或主管機關得向法院聲請宣告終止其收養關係：

　　一　有第三十條各款所定行為之一。

　　二　違反第二十六條第二項或第二十八條第二項規定，情節重大者。

第十七條　中央主管機關應自行或委託兒童及少年福利機構設立收養資訊中心，保存出養人、收養人及被收養兒童及少年之身分、健康等相關資訊之檔案。

收養資訊中心、所屬人員或其他辦理收出養業務之人員，對前項資訊，應妥善維護當事人之隱私並負專業上保密之責，未經當事人同意或依法律規定者，不得對外提供。

第一項資訊之範圍、來源、管理及使用辦法，由中央主管機關定之。

第十八條　父母或監護人因故無法對其兒童及少年盡扶養義務時，於聲請法院認可收養前，得委託有收出養服務之兒童及少年福利機構，代覓適當之收養人。

前項機構應於接受委託後，先為出養必要性之訪視調查；評估有其出養

必要後，始為寄養、試養或其他適當之安置、輔導與協助。

兒童及少年福利機構從事收出養服務項目之許可、管理、撤銷及收出養媒介程序等事項，由中央主管機關定之。

第三章　福利措施

第十九條　直轄市、縣（市）政府，應鼓勵、輔導、委託民間或自行辦理下列兒童及少年福利措施：

一　建立發展遲緩兒童早期通報系統，並提供早期療育服務。

二　辦理兒童托育服務。

三　對兒童及少年及其家庭提供諮詢輔導服務。

四　對兒童及少年及其父母辦理親職教育。

五　對於無力撫育其未滿十二歲之子女或被監護人者，予以家庭生活扶助或醫療補助。

六　對於無謀生能力或在學之少年，無扶養義務人或扶養義務人無力維持其生活者，予以生活扶助或醫療補助。

七　早產兒、重病兒童及少年與發展遲緩兒童之扶養義務人無力支付醫療費用之補助。

八　對於不適宜在家庭內教養或逃家之兒童及少年，提供適當之安置。

九　對於無依兒童及少年，予以適當之安置。

一〇　對於未婚懷孕或分娩而遭遇困境之婦嬰，予以適當之安置及協助。

一一　提供兒童及少年適當之休閒、娛樂及文化活動。

一二　辦理兒童課後照顧服務。

一三　其他兒童及少年及其家庭之福利服務。

前項第九款無依兒童及少年之通報、協尋、安置方式、要件、追蹤之處理辦法，由中央主管機關定之。

第一項第十二款之兒童課後照顧服務，得由直轄市、縣（市）政府指定

所屬國民小學辦理，其辦理方式、人員資格等相關事項標準，由教育部會同內政部定之。

第二十條 政府應規劃實施三歲以下兒童醫療照顧措施，必要時並得補助其費用。

前項費用之補助對象、項目、金額及其程序等之辦法，由中央主管機關定之。

第二十一條 疑似發展遲緩兒童或身心障礙兒童及少年之父母或監護人，得申請警政主管機關建立疑似發展遲緩兒童或身心障礙兒童及少年之指紋資料。

第二十二條 各類兒童及少年福利、教育及醫療機構，發現有疑似發展遲緩兒童或身心障礙兒童及少年，應通報直轄市、縣（市）主管機關。直轄市、縣（市）主管機關應將接獲資料，建立檔案管理，並視其需要提供、轉介適當之服務。

第二十三條 政府對發展遲緩兒童，應按其需要，給予早期療育、醫療、就學方面之特殊照顧。

父母、監護人或其他實際照顧兒童之人，應配合前項政府對發展遲緩兒童所提供之各項特殊照顧。

早期療育所需之篩檢、通報、評估、治療、教育等各項服務之銜接及協調機制，由中央主管機關會同衛生、教育主管機關規劃辦理。

第二十四條 兒童及孕婦應優先獲得照顧。

交通及醫療等公、民營事業應提供兒童及孕婦優先照顧措施。

第二十五條 少年年滿十五歲有進修或就業意願者，教育、勞工主管機關應視其性向及志願，輔導其進修、接受職業訓練或就業。

雇主對年滿十五歲之少年員工應提供教育進修機會，其辦理績效良好者，勞工主管機關應予獎勵。

第四章　保護措施

第二十六條 兒童及少年不得為下列行為：

　一　吸菸、飲酒、嚼檳榔。

　二　施用毒品、非法施用管制藥品或其他有害身心健康之物質。

　三　觀看、閱覽、收聽或使用足以妨害其身心健康之暴力、色情、猥
　　　褻、賭博之出版品、圖畫、錄影帶、錄音帶、影片、光碟、磁
　　　片、電子訊號、遊戲軟體、網際網路或其他物品。

　四　在道路上競駛、競技或以蛇行等危險方式駕車或參與其行為。

父母、監護人或其他實際照顧兒童及少年之人，應禁止兒童及少年為前
項各款行為。

任何人均不得供應第一項之物質、物品予兒童及少年。

第二十七條　出版品、電腦軟體、電腦網路應予分級；其他有害兒童及少
年身心健康之物品經目的事業主管機關認定應予分級者，亦同。

前項物品列為限制級者，禁止對兒童及少年為租售、散布、播送或公然
陳列。

第一項物品之分級辦法，由目的事業主管機關定之。

第二十八條　兒童及少年不得出入酒家、特種咖啡茶室、限制級電子遊戲
場及其他涉及賭博、色情、暴力等經主管機關認定足以危害其身心健康
之場所。

父母、監護人或其他實際照顧兒童及少年之人，應禁止兒童及少年出入
前項場所。

第一項場所之負責人及從業人員應拒絕兒童及少年進入。

第二十九條　父母、監護人或其他實際照顧兒童及少年之人，應禁止兒童
及少年充當前條第一項場所之侍應或從事危險、不正當或其他足以危害
或影響其身心發展之工作。

任何人不得利用、僱用或誘迫兒童及少年從事前項之工作。

第三十條　任何人對於兒童及少年不得有下列行為：

　一　遺棄。

　二　身心虐待。

　三　利用兒童及少年從事有害健康等危害性活動或欺騙之行為。

四　利用身心障礙或特殊形體兒童及少年供人參觀。

五　利用兒童及少年行乞。

六　剝奪或妨礙兒童及少年接受國民教育之機會。

七　強迫兒童及少年婚嫁。

八　拐騙、綁架、買賣、質押兒童及少年，或以兒童及少年為擔保之行為。

九　強迫、引誘、容留或媒介兒童及少年為猥褻行為或性交。

一○　供應兒童及少年刀械、槍21、彈藥或其他危險物品。

一一　利用兒童及少年拍攝或錄製暴力、猥褻、色情或其他有害兒童及少年身心發展之出版品、圖畫、錄影帶、錄音帶、影片、光碟、磁片、電子訊號、遊戲軟體、網際網路或其他物品。

一二　違反媒體分級辦法，對兒童及少年提供或播送有害其身心發展之出版品、圖畫、錄影帶、影片、光碟、電子訊號、網際網路或其他物品。

一三　帶領或誘使兒童及少年進入有礙其身心健康之場所。

一四　其他對兒童及少年或利用兒童及少年犯罪或為不正當之行為。

第三十一條　孕婦不得吸菸、酗酒、嚼檳榔、施用毒品、非法施用管制藥品或為其他有害胎兒發育之行為。

任何人不得強迫、引誘或以其他方式使孕婦為有害胎兒發育之行為。

第三十二條　父母、監護人或其他實際照顧兒童之人不得使兒童獨處於易發生危險或傷害之環境；對於六歲以下兒童或需要特別看護之兒童及少年，不得使其獨處或由不適當之人代為照顧。

第三十三條　兒童及少年有下列情事之一，宜由相關機構協助、輔導者，直轄市、縣（市）主管機關得依其父母、監護人或其他實際照顧兒童及少年之人之申請或經其同意，協調適當之機構協助、輔導或安置之：

一　違反第二十六條第一項、第二十八條第一項規定或從事第二十九條第一項禁止從事之工作，經其父母、監護人或其他實際照顧兒童及少年之人盡力禁止而無效果。

二　有品行不端、暴力等偏差行為，情形嚴重，經其父母、監護人或其他實際照顧兒童及少年之人盡力矯正而無效果。

前項機構協助、輔導或安置所必要之生活費、衛生保健費、學雜各費及其他相關費用，由扶養義務人負擔。

第三十四條　醫事人員、社會工作人員、教育人員、保育人員、警察、司法人員及其他執行兒童及少年福利業務人員，知悉兒童及少年有下列情形之一者，應立即向直轄市、縣（市）主管機關通報，至遲不得超過二十四小時：

一　施用毒品、非法施用管制藥品或其他有害身心健康之物質。

二　充當第二十八條第一項場所之侍應。

三　遭受第三十條各款之行為。

四　有第三十六條第一項各款之情形。

五　遭受其他傷害之情形。

其他任何人知悉兒童及少年有前項各款之情形者，得通報直轄市、縣（市）主管機關。

直轄市、縣（市）主管機關於知悉或接獲通報前二項案件時，應立即處理，至遲不得超過二十四小時，其承辦人員並應於受理案件後四日內提出調查報告。

第一項及第二項通報及處理辦法，由中央主管機關定之。

第一項及第二項通報人之身分資料，應予保密。

第三十五條　兒童及少年罹患性病或有酒癮、藥物濫用情形者，其父母、監護人或其他實際照顧兒童及少年之人應協助就醫，或由直轄市、縣（市）主管機關會同衛生主管機關配合協助就醫；必要時，得請求警察主管機關協助。

前項治療所需之費用，由兒童及少年之父母、監護人負擔。但屬全民健康保險給付範圍或依法補助者，不在此限。

第三十六條　兒童及少年有下列各款情形之一，非立即給予保護、安置或為其他處置，其生命、身體或自由有立即之危險或有危險之虞者，直轄

市、縣（市）主管機關應予緊急保護、安置或為其他必要之處置：

一　兒童及少年未受適當之養育或照顧。

二　兒童及少年有立即接受診治之必要，而未就醫者。

三　兒童及少年遭遺棄、身心虐待、買賣、質押，被強迫或引誘從事不正當之行為或工作者。

四　兒童及少年遭受其他迫害，非立即安置難以有效保護者。

直轄市、縣（市）主管機關為前項緊急保護、安置或為其他必要之處置時，得請求檢察官或當地警察機關協助之。

第一項兒童及少年之安置，直轄市、縣（市）主管機關得辦理家庭寄養、交付適當之兒童及少年福利機構或其他安置機構教養之。

第三十七條　直轄市、縣（市）主管機關依前條規定緊急安置時，應即通報當地地方法院及警察機關，並通知兒童及少年之父母、監護人。但其無父母、監護人或通知顯有困難時，得不通知之。

緊急安置不得超過七十二小時，非七十二小時以上之安置不足以保護兒童及少年者，得聲請法院裁定繼續安置。繼續安置以三個月為限；必要時，得聲請法院裁定延長之。

繼續安置之聲請，得以電訊傳真或其他科技設備為之。

第三十八條　直轄市、縣（市）主管機關、父母、監護人、受安置兒童及少年對於前條第二項裁定有不服者，得於裁定送達後十日內提起抗告。

對於抗告法院之裁定不得再抗告。

聲請及抗告期間，原安置機關、機構或寄養家庭得繼續安置。

安置期間因情事變更或無依原裁定繼續安置之必要者，直轄市、縣（市）主管機關、父母、原監護人、受安置兒童及少年得向法院聲請變更或撤銷之。

直轄市、縣（市）主管機關對於安置期間期滿或依前項撤銷安置之兒童及少年，應續予追蹤輔導一年。

第三十九條　安置期間，直轄市、縣（市）主管機關或受其交付安置之機構或寄養家庭在保護安置兒童及少年之範圍內，行使、負擔父母對於未

成年子女之權利義務。

法院裁定得繼續安置兒童及少年者，直轄市、縣（市）主管機關或受其交付安置之機構或寄養家庭，應選任其成員一人執行監護事務，並負與親權人相同之注意義務。直轄市、縣（市）主管機關應陳報法院執行監護事務之人，並應按個案進展作成報告備查。

安置期間，兒童及少年之父母、原監護人、親友、師長經主管機關許可，得依其指示時間、地點及方式，探視兒童及少年。不遵守指示者，直轄市、縣（市）主管機關得禁止之。

主管機關為前項許可時，應尊重兒童及少年之意願。

第四十條　安置期間，非為貫徹保護兒童及少年之目的，不得使其接受訪談、偵訊、訊問或身體檢查。

兒童及少年接受訪談、偵訊、訊問或身體檢查，應由社會工作人員陪同，並保護其隱私。

第四十一條　兒童及少年因家庭發生重大變故，致無法正常生活於其家庭者，其父母、監護人、利害關係人或兒童及少年福利機構，得申請直轄市、縣（市）主管機關安置或輔助。

前項安置，直轄市、縣（市）主管機關得辦理家庭寄養、交付適當之兒童及少年福利機構或其他安置機構教養之。

直轄市、縣（市）主管機關、受寄養家庭或機構負責人依第一項規定，在安置兒童及少年之範圍內，行使、負擔父母對於未成年子女之權利義務。

第一項之家庭情況改善者，被安置之兒童及少年仍得返回其家庭，並由主管機關續予追蹤輔導一年。

第二項及第三十六條第三項之家庭寄養，其寄養條件、程序與受寄養家庭之資格、許可、督導、考核及獎勵之辦法，由直轄市、縣（市）主管機關定之。

第四十二條　直轄市、縣（市）主管機關依第三十六條第三項或前條第二項對兒童及少年為安置時，因受寄養家庭或安置機構提供兒童及少年必

要服務所需之生活費、衛生保健費、學雜各費及其他與安置有關之費用，得向扶養義務人收取；其收費規定，由直轄市、縣（市）主管機關定之。

第四十三條　兒童及少年有第三十條或第三十六條第一項各款情事，或屬目睹家庭暴力之兒童及少年，經直轄市、縣（市）主管機關列為保護個案者，該主管機關應提出兒童及少年家庭處遇計畫；必要時，得委託兒童及少年福利機構或團體辦理。

前項處遇計畫得包括家庭功能評估、兒童少年安全與安置評估、親職教育、心理輔導、精神治療、戒癮治療或其他與維護兒童及少年或其他家庭正常功能有關之扶助及福利服務方案。

處遇計畫之實施，兒童及少年本人、父母、監護人、實際照顧兒童及少年之人或其他有關之人應予配合。

第四十四條　依本法保護、安置、訪視、調查、評估、輔導、處遇兒童及少年或其家庭，應建立個案資料，並定期追蹤評估。

因職務上所知悉之秘密或隱私及所製作或持有之文書，應予保密，非有正當理由，不得洩漏或公開。

第四十五條　對於依少年事件處理法所轉介或交付安置輔導之兒童及少年及其家庭，當地主管機關應予以追蹤輔導，並提供必要之福利服務。

前項追蹤輔導及福利服務，得委託兒童及少年福利機構為之。

第四十六條　宣傳品、出版品、廣播電視、電腦網路或其他媒體不得報導或記載遭受第三十條或第三十六條第一項各款行為兒童及少年之姓名或其他足以識別身分之資訊。兒童及少年有施用毒品、非法施用管制藥品或其他有害身心健康之物質之情事者，亦同。

行政機關及司法機關所製作必須公開之文書，不得揭露足以識別前項兒童及少年身分之資訊。

除前二項以外之任何人亦不得於媒體、資訊或以其他公示方式揭示有關第一項兒童及少年之姓名及其他足以識別身分之資訊。

第四十七條　直轄市、縣（市）主管機關就本法規定事項，必要時，得自

行或委託兒童及少年福利機構、團體進行訪視、調查及處遇。

直轄市、縣（市）主管機關或受其委託之機構或團體進行訪視、調查及處遇時，兒童及少年之父母、監護人、實際照顧兒童及少年之人、師長、雇主、醫事人員及其他有關之人應予配合並提供相關資料；必要時，該主管機關並得請求警政、戶政、財政、教育或其他相關機關或機構協助，被請求之機關或機構應予配合。

第四十八條　父母或監護人對兒童及少年疏於保護、照顧情節嚴重，或有第三十條、第三十六條第一項各款行為，或未禁止兒童及少年施用毒品、非法施用管制藥品者，兒童及少年或其最近尊親屬、主管機關、兒童及少年福利機構或其他利害關係人，得聲請法院宣告停止其親權或監護權之全部或一部，或另行選定或改定監護人；對於養父母，並得聲請法院宣告終止其收養關係。

法院依前項規定選定或改定監護人時，得指定主管機關、兒童及少年福利機構之負責人或其他適當之人為兒童及少年之監護人，並得指定監護方法、命其父母、原監護人或其他扶養義務人交付子女、支付選定或改定監護人相當之扶養費用及報酬、命為其他必要處分或訂定必要事項。

前項裁定，得為執行名義。

第四十九條　有事實足以認定兒童及少年之財產權益有遭受侵害之虞者，主管機關得請求法院就兒童及少年財產之管理、使用、收益或處分，指定或改定社政主管機關或其他適當之人任監護人或指定監護之方法，並得指定或改定受託人管理財產之全部或一部。

前項裁定確定前，主管機關得代為保管兒童及少年之財產。

第五章　福利機構

第五十條　兒童及少年福利機構分類如下：

一　托育機構。

二　早期療育機構。

三　安置及教養機構。

　四　心理輔導或家庭諮詢機構。

　五　其他兒童及少年福利機構。

前項兒童及少年福利機構之規模、面積、設施、人員配置及業務範圍等事項之標準，由中央主管機關定之。

第一項兒童及少年福利機構，各級主管機關應鼓勵、委託民間或自行創辦；其所屬公立兒童及少年福利機構之業務，必要時，並得委託民間辦理。

第五十一條　兒童及少年福利機構之業務，應遴用專業人員辦理；其專業人員之類別、資格、訓練及課程等之辦法，由中央主管機關定之。

第五十二條　私人或團體辦理兒童及少年福利機構，應向當地主管機關申請設立許可；其有對外勸募行為且享受租稅減免者，應於設立許可之日起六個月內辦理財團法人登記。

未於前項期間辦理財團法人登記，而有正當理由者，得申請核准延長一次，期間不得超過三個月；屆期不辦理者，原許可失其效力。

第一項申請設立之許可要件、申請程序、審核期限、撤銷與廢止許可、督導管理及其他應遵行事項之辦法，由中央主管機關定之。

第五十三條　兒童及少年福利機構不得利用其事業為任何不當之宣傳；其接受捐贈者，應公開徵信，並不得利用捐贈為設立目的以外之行為。

主管機關應辦理輔導、監督、檢查、評鑑及獎勵兒童及少年福利機構。

前項評鑑對象、項目、方式及獎勵方式等辦法，由主管機關定之。

第六章　罰　　則

第五十四條　接生人違反第十三條規定者，由衛生主管機關處新臺幣六千元以上三萬元以下罰鍰。

第五十五條　父母、監護人或其他實際照顧兒童及少年之人，違反第二十六條第二項規定情節嚴重者，處新臺幣一萬元以上五萬元以下罰鍰。

供應菸、酒或檳榔予兒童及少年者，處新臺幣三千元以上一萬五千元以下罰鍰。

供應毒品、非法供應管制藥品或其他有害身心健康之物質予兒童及少年者，處新臺幣六萬元以上三十萬元以下罰鍰。

供應有關暴力、猥褻或色情之出版品、圖畫、錄影帶、影片、光碟、電子訊號、電腦網路或其他物品予兒童及少年者，處新臺幣六千元以上三萬元以下罰鍰。

第五十六條　父母、監護人或其他實際照顧兒童及少年之人，違反第二十八條第二項規定者，處新臺幣一萬元以上五萬元以下罰鍰。

違反第二十八條第三項規定者，處新臺幣二萬元以上十萬元以下罰鍰，並公告場所負責人姓名。

第五十七條　父母、監護人或其他實際照顧兒童及少年之人，違反第二十九條第一項規定者，處新臺幣二萬元以上十萬元以下罰鍰，並公告其姓名。

違反第二十九條第二項規定者，處新臺幣六萬元以上三十萬元以下罰鍰，公告行為人及場所負責人之姓名，並令其限期改善；屆期仍不改善者，除情節嚴重，由主管機關移請目的事業主管機關令其歇業者外，令其停業一個月以上一年以下。

第五十八條　違反第三十條規定者，處新臺幣三萬元以上十五萬元以下罰鍰，並公告其姓名。

違反第三十條第十二款規定者，處新臺幣十萬元以上五十萬元以下罰鍰，並得勒令停業一個月以上一年以下。

第五十九條　違反第三十一條第二項規定者，處新臺幣一萬元以上五萬元以下罰鍰。

第六十條　違反第三十二條規定者，處新臺幣三千元以上一萬五千元以下罰鍰。

第六十一條　違反第三十四條第一項規定而無正當理由者，處新臺幣六千元以上三萬元以下罰鍰。

第六十二條　違反第十七條第二項、第三十四條第五項、第四十四條第二項、第四十六條第三項而無正當理由者，處新臺幣六千元以上三萬元以

下罰鍰。

第六十三條　違反第四十六條第一項規定者，各目的事業主管機關對其負責人及行為人，得各處新臺幣三萬元以上三十萬元以下罰鍰，並得沒入第四十六條第一項規定之物品。

第六十四條　兒童及少年之父母、監護人、實際照顧兒童及少年之人、師長、雇主、醫事人員及其他有關之人違反第四十七條第二項規定而無正當理由者，處新臺幣六千元以上三萬元以下罰鍰，並得按次處罰，至其配合或提供相關資料為止。

第六十五條　父母、監護人或其他實際照顧兒童及少年之人有下列情事之一者，直轄市、縣（市）主管機關得令其接受八小時以上五十小時以下之親職教育輔導，並收取必要之費用；其收費規定，由直轄市、縣（市）主管機關定之：

　　一　對於兒童及少年所為第二十六條第一項第二款行為，未依同條第二項規定予以禁止。

　　二　違反第二十八條第二項、第二十九條第一項、第三十條或第三十二條規定，情節嚴重。

　　三　有第三十六條第一項各款情事之一者。

經直轄市、縣（市）主管機關令其接受前項親職教育輔導，有正當理由無法如期參加者，得申請延期。

拒不接受第一項親職教育輔導或時數不足者，處新臺幣三千元以上一萬五千元以下罰鍰；經再通知仍不接受者，得按次連續處罰，至其參加為止。

第六十六條　違反第五十二條第一項規定者，由設立許可主管機關處新臺幣六萬元以上三十萬元以下罰鍰並公告其姓名，並命其限期申辦設立許可，屆期仍不辦理者，得按次處罰。

經設立許可主管機關依第五十二條第一項規定令其立即停止對外勸募之行為，而不遵令者，由設立許可主管機關處新臺幣六萬元以上三十萬元以下罰鍰並限期改善；屆期仍不改善者，得按次處罰並公告其名稱，並

得令其停辦一日以上一個月以下。

兒童及少年福利機構有下列各款情形之一者，設立許可主管機關應通知其限期改善；屆期仍不改善者，得令其停辦一個月以上一年以下：

一　虐待或妨害兒童及少年身心健康者。

二　違反法令或捐助章程者。

三　業務經營方針與設立目的不符者。

四　財務收支未取具合法之憑證、捐款未公開徵信或會計紀錄未完備者。

五　規避、妨礙或拒絕主管機關或目的事業主管機關輔導、檢查、監督者。

六　對各項工作業務報告申報不實者。

七　擴充、遷移、停業未依規定辦理者。

八　供給不衛生之餐飲，經衛生主管機關查明屬實者。

九　提供不安全之設施設備者。

一〇　發現兒童及少年受虐事實未向直轄市、縣（市）主管機關通報者。

一一　依第五十二條第一項須辦理財團法人登記而未登記者，其有對外募捐行為時。

一二　有其他重大情事，足以影響兒童及少年身心健康者。

依前二項規定令其停辦而拒不遵守者，處新臺幣六萬元以上三十萬元以下罰鍰。經處罰鍰，仍拒不停辦者，設立許可主管機關應廢止其設立許可。

兒童及少年福利機構停辦、停業、解散、撤銷許可或經廢止許可時，設立許可主管機關對於該機構收容之兒童及少年應即予適當之安置。兒童及少年福利機構應予配合；不予配合者，強制實施之，並處以新臺幣六萬元以上三十萬元以下罰鍰。

第六十七條　依本法應受處罰者，除依本法處罰外，其有犯罪嫌疑者，應移送司法機關處理。

第六十八條 依本法所處之罰鍰，經限期繳納，屆期仍不繳納者，依法移送強制執行。

第七章 附　　則

第六十九條 十八歲以上未滿二十歲之人，於緊急安置等保護措施，準用本法之規定。

第七十條 成年人教唆、幫助或利用兒童及少年犯罪或與之共同實施犯罪或故意對其犯罪者，加重其刑至二分之一。但各該罪就被害人係兒童及少年已定有特別處罰規定者，不在此限。

對於兒童及少年犯罪者，主管機關得獨立告訴。

第七十一條 以詐欺或其他不正當方法領取本法相關補助或獎勵費用者，主管機關應撤銷原處分並以書面限期命其返還，屆期未返還者，依法移送強制執行；其涉及刑事責任者，移送司法機關辦理。

第七十二條 扶養義務人不依本法規定支付相關費用者，如為保護兒童及少年之必要，由主管機關於兒童及少年福利經費中先行支付。

第七十三條 本法修正施行前已許可立案之兒童福利機構及少年福利機構，於本法修正公布施行後，其設立要件與本法及所授權辦法規定不相符合者，應於中央主管機關公告指定之期限內改善；屆期未改善者，依本法規定處理。

第七十四條 本法施行細則，由中央主管機關定之。

第七十五條 本法自公布日施行。

參考文獻

一、中文部份

大辭典(民74)：台北：三民書局。

中文大辭典(民74)：台北：中國文化大學出版部(七版)。

內政部(民76)：中華民國台閩地區人口統計(民國七十五年)。台北：內
　　政部。

內政部(民79)：中華民國台閩地區人口統計(民國七十八年)。台北：內
　　政部。

內政部(民80)：中華民國台閩地區人口統計(民國七十九年)。台北：內
　　政部。

內政部(民86)：中華民國台閩地區人口統計(民國八十六年)。台北：內
　　政部。

內政部警政署刑事警察局(民88)：台灣刑案統計。台北：內政部警政署
　　刑事警察局。

內政部警政署(民82)：中華民國台灣地區警政統計月報。台北：內政部
　　警政署。

江萬煊(民79)：男性青少年性問題。載於江漢聲編校，我們的性(II)：性
　　與人生(第136頁)。台北：藝軒圖書出版社。

江漢聲(民79a)：我們的性(II)：性與人生。台北：藝軒圖書出版社。

江漢聲(民79b)：台灣鄉村國中生性心理衛生之調查分析。載於江漢聲
　　編校，我們的性(II)：性與人生(第127-130頁)。台北：藝軒圖書
　　出版社。

江漢聲(民81)：青春期的我。台北：遠流出版社。

行政院主計處(民80)：中華民國台灣地區青少年狀況調查報告(十五至
　　廿四歲民間人口)。台北：行政院主計處。

行政院主計處(民81)：中華民國台灣地區社會指標統計(民國八十年)。
　　　台北：行政院主計處。

行政院主計處(民88)：中華民國台灣地區社會指標統計月刊(民八十八
　　　年)。台北：行政院主計處。

行政院主計處(民88)：台灣地區人力資源調查統計。台北：行政院主計
　　　處。

行政院勞工委員會(民88)：中華民國七十七年台灣地區婦女勞工統計月
　　　報。台北：行政院勞工委員會。

行政院勞工委員會(民82)：中華民國八十年台灣地區青少年勞工統計。
　　　台北：行政院勞工委員會。

行政院青年輔導委員會(民87)：青少年白皮書。台北：行政院青年輔導
　　　委員會。

吳安(民81)：少年福利工作的省思與前瞻：彩繪人生，充沛青春歲月。
　　　社區發展季刊，第58期，第126-137頁。

吳常娥(民79)：我國青少年本地化群體輔導模式的探討─少年犯罪防
　　　治、少年團體工作策略之研究。載於中國輔導學會主編，邁向21
　　　世紀輔導工作新紀元(第398-434頁)。台北：心理出版社。

李美枝(民75)：性別角色與兩性差異。載於吳靜吉編，心理學(第561-
　　　578頁。台北：國立空中大學。

李美枝、洪健棣(民75)：中國大學生的性別角色刻板印象。載於李美枝
　　　著，女性生理學。台北：大洋出版社。

朱岑樓(民70)：中國家庭組織的演變。台北：三民書局。

宋增欽(民81)：從休閒生活調查看國民未來休閒走向。主計月報，第74
　　　卷，第2期，第7-10頁。

林茂村(民77)：人體生理學。台北：徐氏基金會圖書公司。

林杰樑(民82)：毒？毒，毒得很？濫用藥物對健康的影響。中時晚報，
　　　六月三日，第15版。

施國隆(民81)：台灣省公私立國民中學七十九學年畢業生升學就業調查
　　　分析，主計月報，第75卷，第6期，第24-26頁。

教育部(民79)：中華民國教育統計指標。台北：教育部。

教育部(民81)：中華民國教育統計(民國八十一年)。台北：教育部。

教育部(民88)：中華民國教育指標統計(民國八十七年)。台北：教育
　　　部。

教育部體育司(民79)：台閩地區各級學校學生身高、體重、胸圍測量報
　　　告。台北：教育部體育司。

黃德祥(民70)：輔導教師在資優教育上的角色與功能。資優教育季刊，
　　　第4期，16-20頁。

黃德祥(民71)：父母離婚兒童自我觀念、學業成就與焦慮反應，及團體
　　　諮商效果之研究。國立台灣師範大學輔導研究所碩士論文。

黃德祥(民72)：荷倫德的職業抉擇理論。中國論壇，第16卷，第1期，
　　　第70-76頁。

黃德祥(民75)：輔導學的理論與應用。高雄：復文圖書出版社。

黃德祥(民76a)：諮商與心理治療的理論與實施。台北：心理出版社。

黃德祥(民76b)：如何幫助父母離婚的兒童與青少年。諮商與輔導，第
　　　12期，第2-4頁。

黃德祥(民78)：國中與國小班級中影響學生社會行為與社會關係之相關
　　　因素研究。國立政治大學教育研究所博士論文。

黃德祥(民79a)：青少年憤怒、敵意與社會能力之相關研究。國立彰化
　　　師範大學輔導學報，第13期，第271-303頁。

黃德祥(民79b)：青少年刺激尋求、社會行為、社會技巧及相關因素之
　　　研究。國立彰化師範大學學報，第1期，第87-116頁。

黃德祥(民80a)：測驗指導手冊的功能與應用。輔導月刊，第27卷，第
　　　5、6期合刊，第1-5頁。

黃德祥(民80b)：青少年休閒諮商與輔導的功能與實施。發表於二十一

世紀休閒教育研討會，國立政治大學主辦。

黃德祥(民80c)：犯罪青少年刺激尋求與社會技巧之分析研究。國立彰化師範大學輔導學報，第14期，第51-92頁。

黃德祥(80d)：大學學生評鑑教師教學效果之研究。國立彰化師範大學學報，第2期，第177-214頁。

黃德祥(民81a)：休閒輔導與學生發展。學生輔導通訊，第21期，第14-21頁。

黃德祥(民81b)：國中班級社會比較之研究。發表於中國人的心理與行為科際學術研討會，中央研究院民族學研究所主辦。

黃德祥(民81c)：國中班級社會比較及相關因素之研究。行政院國家科學委員會專案研究報告(編號 NSC81-0301-018-501)。

黃德祥、楊忠和(民81)：大學學生 T 型性格與 A 型行為的生理特質分析研究。國立彰化師範大學學報，第3期，第189-242頁。

黃德祥(民82a)：社會技巧訓練在青少年群育教學與輔導上的應用。發表於群育教學與輔導學術研討會，國立高雄師範大學主辦。

黃德祥(民82b)：青少年抽煙行為之調查研究—以一所私立高職為例。國立彰化師範大學學報，第4期，第67-110頁。

黃德祥(民82c)：學生違規與暴力行為的防範與處理。發表於班級經營系列座談會，國立師範大學教育研究中心主辦。

黃德祥(民84)：親職教育。台北：偉華書局。

黃國彥(民79)：青少年的性知識與態度。載於江漢聲編校；我們的性(II)：性與人生(第134-135頁)。台北：藝軒圖書出版社。

陳英豪(民68)：道德教育與國家建設。高雄：復文圖書出版社。

陳李綢(民80)：多重智力理論模式的驗證與智力的促進。國立台灣師範大學教育心理與輔導研究所博士論文。

陳皎眉(民81)：我國國民中學問題學生家庭現況之調查。台北：教育部輔導工作六年計畫專案研究報告。

陳宏銘(民79)：青春期前女性性生理及問題。載於江漢聲編校，**我們的性(Ⅱ)：性與人生**（第137-138頁）。台北：藝軒圖書出版社。

馬傳鎮(民77)：心理因素與環境因素對少年犯罪行為互動影響之研究——理論架構與研究假設之建立。**警學叢刊**，第18卷，第4期，第52-65頁。

晏涵文(民79)：教師對性教育應有的認識。載於江漢聲編校，**我們的性(Ⅱ)：性與人生**（第139-142頁）。台北：藝軒圖書出版社。

郭生玉(民74)：**心理與教育測驗**。台北：精華書局。

國語活用辭典(民76)：台北：五南圖書出版公司。

國語辭典(民73)：台北：台灣商務印書館。

新辭典(民78)：台北：三民書局。

賈樂安(民78)：少年竊盜罪行的成因及其輔導策略。**輔導月刊**，第25卷，第3、4期合刊，第19-31頁。

葉重新(民76)：台灣地區九所大學教師對「學生評鑑教師教學」期望之研究。國立政治大學教育研究所博士論文。

管紹曾、林萬福(民81)：八十年青少年統計分析。**中國統計通訊**，第3卷，第11期，第2-10頁。

蔣治邦(民81)：**影響國民小學問題學生家庭因素之研究**。台北：教育部輔導工作六年輔導計畫專案研究報告。

鍾思嘉(民79)：青少年的性教育。載於江漢聲編校，**我們的性(Ⅱ)：性與人生**（第131-133頁）。台北：藝軒圖書出版社。

魏麗敏(民77)：國小學生數學焦慮、數學態度與數學成就之關係暨數學學習團體諮商之效果研究。國立台灣師範大學教育心理與輔導研究所碩士論文。

魏麗敏(民81)：**國小兒童家庭因素、情緒困擾對成就與適應影響之分析研究**。高雄：復文圖書出版社。

辭源(民70)：台北：台灣商務印書館。

羅文基、朱湘吉、陳如山(民80)：生涯規劃與發展。台北：國立空中大
　　學。

二、英文部份

Adams, J. F. (1980). *Understanding adolescence: Current developments in adolescent psychology.* Boston: Allyn and Bacon, Inc.

Adams, V. (1981). The sibling bond: A lifelong love/hate dialectic. *Psychology Today, June,* 1981.

Adams, G. R., & Jones, R. M. (1983). Female adolescence; Identity development: Age comparison and perceived child-rearing experience. *Developmental Psychology, 19,* 249-256.

Adelman, H. S., & Taylor, L. (1983). Enchancing motivation for overcoming learning and behavior problems. *Journal of Learning Disorders, 16,* 382-391.

Adelson, J. (1986). *Inventing adolescence.* New Brunswik, NJ: Transaction Books.

Adler, A. (1930). *The patten of life.* New York: J. J. Little & Ives Co.

Adler, A. (1958). *What life should mean to you.* New York: Ork.

Aiken, L. R., Jr. (1994). Mathematics attutude towards. In T. Husen & T. N. Postlethwaite (Eds.), *The International encyclopedia of education.* Oxford: Pergaman Press.

Allen, L. R. (1980). Leisure and its relationship to work and career guidance. *Vocational Guidance Quarterly, 28,* 257-262.

American Psychiatric Association (1997). *Diagnostic and statistical manual of mental disorders (4rd ed.).* Washington, D.C.: Author.

Ames, C. (1981). Competitive versus cooperative reward structures: The influences factors on achievement attributions and affect. *American Educationd Research Journal, 18,* 273-287.

Ames, C., Ames, R., & Felker, D. W. (1977). Effects of competitive reward structure and valence of outcome on children's achievement attributions. *Journal of Educational Psychology, 69*, 1-8.

Anderson, H. J., & Walberg, H. J. (1974). Learning environments. In H. J. Walkerg (Ed.), *Evaluation educational performance. A sourcebook of methods, instruments, and examples,* Berkerley, CA: Mc Cutchan.

Angrist, S. S. (1972). Variations in women's adult aspirations during college. *Jaurnal of Marriage and the Family, 34,* 465-468.

Arlin, P. K. (1975). Cognitive development in adulthood: A fifth stage? *Developmental Psychology, 11,* 602-601.

Archer, S. L. (1982). The lower age boundaries of identity development. *Child Development, 53*, 1551-1556.

Aries, P. (1961). *Centuries of childhood: A social history of family life.* New York Uintage.

Armstrong, T. L., & Altschuler, D. M. (1982). Conflicting trends in juvenile justice sanctioning: Divergent strategies in the handling of the serious juvenile offender. *Juvenile and Family Court Journal, 33,* 15-30.

Asher, S. R., Oden, S. L., & Gottman, J. M. (1977). Children's friendships in school setting. C. E. Katz (Ed.), *Current topics in early childihood education* (Vol. 1. pp. 33-61). Norwood, NJ: Ablex Publisning Co.

Atwater, E. (1996). *Adolescence (4th ed.).* Englewood Cliffs, NJ: Prentice-Hall.

Ausubel, D. P. (1954). *Theory and problems of adolescent develop-

ment. New York: Grune & Stratton.

Ausubel, D. P., Montemayor, R., & Svajian, P. (1977). *Theory and problems of adolescent development (2nd. ed.).* New York: Grune and Stratton.

Ausubel, D. P., & Sullivan, E. V. (1980). *Theory and problems of child development (2nd ed.).* New York: Grune and Stratton.

Bachman, L. D., & O'Malley, P. M. (1980). *Monitoring the future: Questionnaire responses from the nation's high school seniors.* Ann Arbor, MI: Institute for Social Research.

Bahr, H. M., & Martin, T. K. (1983). And thy neighbor as thyself: Self-esteem and faith in people as correlates of religiosity and family solidarity among middletown high school students. *Journal for the Scientific Study of Region, June,* 132-144.

Baizerman, M., Thompson, J., & Stafford-White, K. (1979). Adolescent prostitution. *Child Today, 8,* 20-24.

Bammel, G., & Bammel, L. L. (1996). *Leisure and Human behavior,* Medison：Brown Benchmark.

Bandura, A. (1969). Social-learning of identificatory processes. In D. A. Goslin (Ed.), *Handbook of socialization theory and research.* Chicaga: Rand McNally.

Bandura, A. (1977). *Social learning theory.* Englewood Cliffs, NJ: Prentice-Hall.

Bandura, A. (1978). The self system in reciprocal determinism. *American Psychologist, 33,* 344-358.

Bandura, A. (1981). *Self-efficacy expectations with respect to occupationally specific behaviors.* Paper presented at annual meeting of the American Psychological Associations, Los Angeles.

Bandura, A., & McDonald, E. J. (1963). Influence of social reinforcement and the behavior of models in shaping children's moral judgments. *Journal of Abnornal and Social Psychology, 67*, 274-281.

Bandura, A., Ross, D., & Ross, S. A. (1963). Imitation of film-mediated aggressive models. *Journal of Abnormal and Social Psychology, 66*, 3-11.

Baston. C. D., & Ventis, W. C. (1982). *Religious experiences.* New York: Oxford University Press.

Bayley, N. (1970). Developmental of mental abilities. In P. H. Mussen (Ed.), *Carmichael's manual of child psychology (3rd ed.)*, (Vol. 1. pp. 1163-1209). New York: Wiley.

Becker, W. C. (1964). Consequences of different kinds of parental discipline. In M. L. Hoffman & L. W. Hoffman (Eds.), *Review of child development research (Vol. 1).* New York: Russell Sage Foundation.

Bell, C. S., Levy, S. M. (1984). Public policy and smoking prevention: Implications for research. In J. D. Matarazzo, S. M. Weiss, J. A. Herd, & S. E. Weiss (Eds.), *Behavioral health: A handbook of health enhancement and disease prevention.* New York: John Wiley & Sons.

Bem, S. (1981). Gender schema theory: A cognitive account of sex typing. *Psychological Review, 88*, 354-364.

Benedict, R. (1954). Continuities and discoutinuities in cultural conditioning. In W. E. Martin & C. B. Stendler (Eds.), *Read-*

ing in child development. New York: Harcourt, Brace.

Berman & Jobes (1991). *Addescent suicide assessment and intervention*. Washing ton, D. C. American Psychological Association.

Berzonsky, M. D. (1978). Ausubel's satellization theory: Application to some research on adolescents. *Adolescence, 13*, 167-180.

Berman & Jobes(1991). *adolescent suicide assessment and intervention*. Washington, D.C.：American Psychological Association.

Berzonsky, M. D. (1982). *Adolescent development*. New York: Mac Millan Publishing Co.

Blasi, A., & Hoeffel, E. C. (1974). Adolescence and formal operations. *Human Development, 17*, 344-363.

Block, J. H., Haan, N., & Smith, M. B. (1972). Socialization correlates of student activism. In A. M. Orum (Ed.), *The seeds of politics: Youth and politics in America*. Englewood Cliffs, NJ: Prentice-Hall.

Bloland, P. A. (1984). Leisure and career development: For college students. *Journal of Career Development, 11*, 119-128.

Bloland, P. A. (1987). Leisure as a campus resource for fostering student developmart. *Jonrnal of Counseling and Developmeut, 65*, 291-294.

Borduin, C. M., Herggeler. S. W., & Manley, C. M. (1995). Conduct and oppositional disorders. In V. B. Van Hasselt & M. Hersen (Eds.), *Hand-book of adolescent psychology (pp. 249-283)*. New York：Lexigton

Boyle. J. (1978). *Religious attitudes in adolescence*. Unpublished paper, Boston College.

Brooks-Gunn, J. (1986). Pubertal processes: Their relevance for developmental research. In V. B. Van Hasselt & M. Hersen (Eds.), *Handbook of adolescent psychology*. New York: Pergamon Press.

Broverman, I., Vogel, S., Broverman, D., Clarkson, F., & Rosenkrantz, P. (1972). Sex role stereotypes: A current appraisal. *Journal of Social Issues, 28*, 59-78.

Burgess, R. L., & Akes, R. L. (1966). A differential association of Sutherland's differential association theory and a strategy for empirical verification. *Journal of Research in Crime and Delinquency, Jonuary*, 128-147.

Burns. R. B. (1991). *Essentinl psychology (2nd ed.)*. Dordrecht, Canada: Kluwer Academic Publishers.

Buss, A. H., & Durkee, A. (1957). An inventory for assessing different kinds of hostility. *Journal of Consulting Psychology, 4*, 343-349.

Capuzzi, D., & Lecoqu, L. L. (1983). Social and personal deterninants of adolescent use and abuse of alcohol and marijuana. *The Personnel and Guidance Journal, 62*, 199-205.

Carlson, J. S. (1973). *Cross-cultural Piagetian studies: what can they tell us?* Paper presented at the biennial meeting of the International Society for the Study of Behavioral Development, Ann Arbor, Michigan, August.

Centers for Disease Control (1989). *Surgeon General's report on smoking: 25 years of progress, 1964-1989*. Washington, D. C.: Center Office for Health Promotion and Health, U. S. Government Printing Office.

Chen, C., Greenberger, E., Lester, J. Dong, Q., & Guo, M. S. (1998) *A cross-cultural study of family and peer Correlates of adolescent misconduct*. Development psychology, 34, 770-781.

Chilman, C. S. (1983). *Adolescent sexuality in a changing Amer- icau society (2nd ed.)*. New York: Wiley.

Cloward, R., & Ohlin, L. (1960). Delinquent and opportunity: A theory of delinquent gangs. New York: Free Press.

Cohen, A. K. (1955). *Delinquent boys: The culture of the gang.* New York: Free Press.

Cole, L. C., & Hall, I. N. (1970). *Psychology of adolescence.* New York: Holt, Rinehart and Winston, Inc.

Coleman, J. C. (1978). Current contradictions in adolescent the- ory. *Journal of Youth and Adolescence, 7,* 1-11.

Conger, J. J., & Galambos, N. L. (1997). *Adolescence and youth : Psychological development in a changing world*. New York: Addison- Wuley Educational.

Cooperswith, S. (1967). *The antecedents of self-esteem.* San Fran- cisco: W. H. Freeman.

Cooper, K. J. (1991). *Study: Seniors illegal drug use falls. The Philadephia Inquirer, January,* 25.

Cormier, W. H., & Comier, L. S. (1985). *Interviewing stvategies for helpers: Foundamentals and cognitive behavioral interven- tions (2nd ed.)*. Bermont, CA.: Brooks/Cole Publishing Co.

Craig, G. (1984). *Haman development.* Englewood Cliffs, NJ: Prentice-Hall, Inc.

Crites, J. O. (1958). *Vocational maturity and vocational adjust- ment.* Paper prsented at the meeting of the American Personnel and Guidance Association, St. Louis, Mo.

Crow, A., & Crow, L. B. (1965). *Adolescent development and adjustment (2nd ed.).* New York: McGraw-Hill Book Co.

Dacey, J. S. (1982). *Adolesents today (2nd ed.).* Glenview, IL: Scott, Foresman and Company.

Dacey, J. S. (1986). *Adolesceuts today (3rd ed.).* Glenview, IL: Scott, Foresman and Compay.

Damon, W., & Hart, D. (1977). The development of self-understanding from infancy through adolescence. *Child Development, 53,* 841-864.

Datan, N., & Ginsberg, L. (1975). *Life span developmental psychology: Normative life crises.* New York: Academic Press.

de Lissovoy, V. (1973). High school marriages: A longitadinal study. *Journal of Marriage and the Family, 35,* 245-255.

Dewey, J. (1933). *How we think: A restatement of the recreation of reflective thinking to the educative process.* New York: D. C. Health

Dienstbier, R. A., Kahle, L. R., Wills, K. A., & Tunnell, G. B. (1980). The impact of moral theories on cheating: Studies of emotion attribution and schema activation. *Motivation and Emotion, 4,* 193-216.

Dowd, E. T. (1982). Leisure counseling: Summary of an emerging field. *The Counseling Psychologist, 9,* 81-82.

Dunphy, D. C. (1972). Peer group socialization. In F. J. (Ed.), *Socialization in Australia* (pp. 200-217). Sydney, Australia: Angus and Robertson.

Dunphy, D. C. (1990). Peer group socialization. In R. E. Muuss

(Ed.), *Adolescent behavior and society* (*4th ed.*) (*pp. 171-183*). New York: Mh Graw-Hill Publishing Co.

Dusek, J. B. (1996). *Adolescent development and behavior*. Englewood Cliffs, NJ: Prentice-Hall.

Edwards, P. B., & Bloland, P. A. (1980). Leisure counseling and consultation. *Personnel and Guidance Journal, 58*, 935-44.

Elder, G. H. Jr. (1980). Adolescence in hiotorical perspective. In J. Adelson (Ed.). *Handbook of adolescent psychology*. New York: John Wiley & Sons, Inc.

Eisler, J. R., van der Pligt, J., Raw, M., & Sutton, S. R. (1985). Health behavior as goal-directed action. *Journal of Behavioral Medicine, 11,* 483-491.

Elkind, D. (1978). Understanding the young adolescent. *Adolescence, 13*, 127-134.

Elkind, D., & Bowen, R. (1979). Imaginary audience behavior in children and adolescents. *Developmeutal Psychology, 15*, 38-44.

Elkind, D. (1990). Egocentrism in adolescence. In R. E. Muuss (Ed.), *Adolescent behavior and society* (pp. 80-80). McGraw-Hill Publishing Co.

Engstrom, D. (1984). A psychological perspective of prevention in alcoholism. In J. D. Matrazzo, S. M. Weiss, J. A. Hera, N. E. Miller, & N. M. Weiss (Eds.), *Behavioral health: A handbook of health enchancement and disease prevention* (*pp. 1047-1058*). New York: John Wiley & Sons.

Epstein, J. L. (1983). Examining theories of adolescent friendships. In J. L. Epstein & N. L. Karweit (Eds.), *Friends in school* (*pp. 39-61*). London: Academic Press Inc.

Erikson, E. H. (1950). The problem of ego dientity. *Journal of the American Psychoanalytic Association, 4*, 56-121.

Erikson, E. H. (1959). Identity and the life cycle. *Psychological Issues, 1*, Monograph 1.

Erikson, E. H. (1963). *Childhood and society (2nd ed.)*. New York: Norton

Erikson, E. (1969). *Psycho-social theory of human development*. New York: Norton.

Erikson, E. H. (1968). *Identity: Youth and crisis*. New York: Norton.

Erikson, E. H. (1975). *Life history and the historial moment*. New York: W. W. Norton and Company, Inc.

Erlenmeyer-Kimling, L., & Jarvik, L. F. (1963). Genetics and intelligence. *Science, 142,* 1477-1479.

Espenschade, A. (1963). Restudy of relationships between physical performance of school children and age, height, and weight. *Research Quartly of the American Association for Health, Physical Edcation and Recreation, 34,* 144-153.

Evans, R. I. (1984). A social inoculation strategy to deter smoking in adolescents. In J. D. Matarazzo, S. M. Weiss, J. A. Herd, N. E. Miller, & S. M. Weiss (Eds.), *Behavioral health: A handbook of health enhancement and disease preventhon.* (pp.693-712) New York: John Wiley & Sons.

Fabrega, Jr. H., & Miller, B. (1995). Cultural and hitorical funtions. In V. B. Van Hasselt & M. Hersen (Eds.), *Handbook of adolescent psychology (pp. 3-68)*. New York: Lexington Books.

Farley, F. (1986). World of the Type T Personality. *Psychology*

Today, 20 (5), *46-52.*

Farley, F. H., & Farley, S. V. (1972). Stimulus-seeking motivation and delinquent behavior among institutionalized delinquent girls. *Journal of Consulting and Clinical Psychology, 39*, 94-97.

Feather, N. (1980). Values in adolescence. In. J. Adelson (Ed., *Handbook of adolescent psychology (pp. 247-297)*. New York. John Wiley & Sons, Inc.

Feist, J. (1985). *Theories of personality*. New York: Holt, Rinehart and Winston.

Ferrini, P., & Parker, L. A. (1987). *Career change*. Cambridge, MA: Technical Education Research Centers.

Festinger, L. (1954). A theory of social comparison processes. *Human Relations, 7*, 117-140.

Forisha-Kovach, B. (1983). *The experience of adolescence: Developmental in context*. Glenview, IL: Scott, Foresman and Company.

Fowler, J. (1974). Toward a developmental perspective on faith. *Regious Edcation, 69*, 207-219.

Fawler, J. (1975). *Faith development theory and the aims of religious socialization*. Paper presented at the religious research association meeting. Milwaukee, Wisconson, October.

Francoeur, R. T. (1982). *Becoming a sexual person*. New York: W. W. Norton.

Freud, A. (1946). *The ego and the mechanisms of defense*. New York: International University Press.

Freud, A. (1948). *The ego and the nechanisms of defense (C.*

Baines, Trns.). New York: International University Press.

Freud, S. (1953). Three essays on the theory of sexuality. In J. Strachey (Ed. and Trans.). *The standard edition of the complete psychological works of Sigmund Freud (pp. 130-243).* London: Hogarth Press.

Frisch, R. E., & Revelle, R. (1970). Height and weight at menarche and a hypothesis of critical body weights and adolescent event. *Science, 169,* 379-399.

Fuhrmamn, B. S. (1990). *Adolescence, adolescents.* Glenview, IL: Scott, Foresman and Company.

Gallatin, J. (1980). Political thinking in adolescence. In Aldelson (Ed.), *Handbook of adolescent psychology.* New York: Wiley.

Galotti, K. (1990). Approaches to studying formal and everyday reasoning. *Psychological Bulletin, 105,* 331-351.

Garbarino, J. (1980). Some thoughts on school size and its effects on adolescent development. *Journal of Youth and Adolescence, 9,* 19-31.

Garbarino, J. (1985). *Adolescent development: An eological perspective.* Columbus, OH: Charles E. Merrill Publishing Co.

Gardner, H. (1985). *Frames of mind: The theory of multiple intelligence.* New York: Basic Books.

Garrison, K. C., & Garrison, K. C., Jr. (1975). *Psychology of adolescence (7th ed.).* Englewood Cliffs, NJ: Prentice-Hall.

Gavber, J., Little, S., Hilsman, R., & Weaver, K. R. (1998). Family predictors of suicidal symptoms in young adolescent. Journal of Adolescence, 21, 445-457.

Gesell, A., Ilg, F. L., & Ames, L. B. (1956). *Youth: The years from ten to sixteen.* New York: Harper & Brothers.

Gibson, R. L., & Mitchell, M. H. (1990). *Introduction to guidance and counseling (3rd ed.)*. New York: MacMillan Publishing Co.

Gibson, R. L., & Mitchell, M. H. (1995). *Introduction to guidance and counseling (4th ed.)*. New York: MacMillan Publishing Co.

Gilligan, C. (1993). *In a different voice.* Cambridge, MA: Harvard University Press.

Ginsberg, E., Ginskeg, S. W., Axelrod, S., & Herma, J. L. (1951). *Occupational choice: An approach to a ganeral theory.* New York: Columbia University Press.

Glaser, D. (1972). The differential association theory of crime. In A. M. Rose (Ed.), *Human behavior and social processes.* Boston: Houghton Mifflin.

Glasser, W. (1969). *Schools without failure.* New York: Harper Row.

Goldstein, A. P., Sprafkin, R. P., Gershaw, N. J., & Klein, P. (1980). The adolescent: Social skill training through structured learning. In G. Cartedge & J. F. Milburn (Eds.), *Teaching social skills to children (pp. 249-279)*. New York: Pergamon Press.

Goldstein, A. P., Glick, B., Irwin, M. J., Pask-McCatney, & Rubama, I. (1989). *Reducing delinquency: Intevention in the community.* New York: Pergamon Press.

Grinder, R. E. (1973). *Adolescence.* New York: Wiley.

Gray, D. (1973). Turning out: A study of teenage prostitution.

Urban Life and Culture, 12, 401-425.

Guardo, C., & Bohan, J. (1971). Development of self identity in children. Child Development, 42, 1909-1921.

Guilford, J. P. (1988). Some changes in the struture of intellect model. Educational and Psychological Measurement, 48, 1-16.

Gullotta, T. P. (1987). Prevention's technology. Journal of Primary Prevention, 7, 176-196.

Gump, P. V. (1980). The school as a social situation. Annual Review of Psychology, 31, 553-582.

Gusta fsson, J. E. (1984). A unifying model for the structure of intellect abilit. Intelligence, 8, 79-203.

Gustafson, R. (1985). Alcohol-related aggression: A further study of the importance of frustration. Psychological Reports, 57, 683-697.

Haapasalo, J. (1990). Sensation seeking and Eysenck's personality dimensions in an offender sample. Personality and Individual Differences, 11, 81-84.

Haas, A. (1979). Teenage sexuality: A survey of teenage sexual behavior. New York: MacMillan.

Hackeff, H. (1985). Role of mathematics self-efficacy in the choice of math-related majors of college women and men: A path analysis. Journal of Counseling Psychology, 32, 47-56.

Hagan, J. (1987). Modern criminology: Crime, criminal behavior, and its control. New York: Mc Graw-Hill Book Co.

Hall, G. S. (1905). Adolescence: Its psychology, and its relations to physiology, antropology, sociology, sex, crime, religion, and education (Vol. 1 & 2). New York: Appleton- Century- Crofts.

Hallahan, D., & Kauffman, J. (1982). *Exceptional children: Introduction to special education (3rd ed.)*. Englewood Cliffs, NJ: Prentice-Hall.

Hammond, W. (1971). Part-time employment. *National Association of Secondary School Principal Bulletin, 55*, 67.

Hansen, S. L. (1977). Dating choices of high school students. *Family Coodinator, 26*, 133-138.

Harburg, E., Blakelock, E. H, Roeper, P. J. (1979). Resentful and reflective coping with arbitrary authority and bloold pressure. *Psychological Medicine, 41*, 189-202.

Hartup, W. W. (1983). Peer relations. In E. M. Hetherington (Ed.), *Handbook of child psychology (vol. 4. pp. 103-196)*. New York: John Wiley & Sons.

Havighurst, R. J. (1964). Youth in exploration and man emergent. In H. Borow (Ed.), Man in a world at work. Boston: Houshton Mifflin.

Harvighurst, R. J. (1966). *Developmental tasks and education (2nd ed.)*. New York: David Mckay.

Havighurst, R. J. (1972). *Developmental tasks and education (3rd ed.)*.New York: Mckay.

Hassett, J. (1981). But that would be wrong. *Psychology Today, November*, 34-50.

Hill, G. E. (1974). *Management and improvement of guidance*. Englewood Ciffs, NJ: Prentice-Hall.

Hill, J., & Monks, F. (1977). *Adolescence and youth in prospect*. Surrey, England: IPC Scieuce and Technology Press.

Hirose, H. (1972). Relationships between political knowledge and political attitudes in the process of political socialization. *Japanese Journal of Psychology, 43*, 238-250.

Hoffman, R. C. (1977). Sex differences in empathy and related behaviors. *Psychological Bulletin, 28*, 295-321.

Holland, J. L. (1972). *Professional manual for self-directed search.* Palo Alto, CA: Counsulting Psychologyists Press.

Hopkins, J. R. (1983). *Adolescence: The transitional years.* New York: Academic Press.

Horn, J. L., & Cattell, R. B. (1966). Age differences in primary ability factors. *Journal of Gerontology, 21*, 210-220.

Horn, J. L., & Cattell, R. B. (1967). Age differences in fluid and crystallized intelligence. *Acta Psychologica, 26*, 107-129.

Horrocks, J. E. (1976). *The psychology of adolescence (4th ed.).* Boston: Houghton Mifflin Co.

Honzik, M. P., Macfarlane, J. W., Allen, L. (1948). The stability of mental test performance between two and eighteen years. *Journal of Experimental Education, 17*, 309-324.

Humphries, L. G. (1979). The coustruct of general intelligence. *Intelligence, 3*, 105-120.

Hyde, J., & Phillis, D. (1979). Androgyny across the life-span. *Developmental Psychology, 15*, 334-336.

Irwin, C. E., & Millstein, S. G. (1990). Biopsychosocial correlates of risk-seeking behaviors during adolescence. In R. E. Muuss (Ed.), *Adolescent pehavior and society (pp. 339-350).* New York: McGraw-Hill Publishing Co.

Jaffe, M. L. (1998). *Adolescence.* New York: John Wiley & Sons, Inc.

Jacobs. J. (1971). *Adolescent suicide.* New York: Wiley.

Jennings, M. K., Ehman, L. H., & Niemei, R. G. (1974). Social studies teachers and their pupils. In M. K. Jennings & R. G. Niemi (Eds.), *The political character of adolescence: The influence of families and school.* Princeton: Princeton University Press.

Jennings, M. K., & Niemi, R. G. (1974). *The political character of adolescence: The influence of families and schools.* Princeton: Princeton University Press.

Johnson, C. (1978). Secondary schools and student responsibility. *Phi Delta Kappan, 59,* 338-34.

Johnston, L. D., O'Malley, P. M., & Bachman, J. G. (1989). *National trends in drug use and related factors among American high school students and young adult. 1975-1986.* Rockville, MD: National Institute on Drug Abuse.

Johnson, R. E. (1979). *Juvenile delinquency and its origin.* Cambridge: Cambridge University Press.

Johnston, F. E. (1964). Individual variation in the rate of skeletal maturation between five and eighteen years. *Child Development, 35,* 75-80.

Kahoe, R. D. & Meadow, M. J. (1984). A developmental perspective on religious orientation dimensions. *Journal of Religion and Health, 20,* 8-17.

Kauffman, J. M., & Wong, K. H. (1991). Effective teachers of students with behavioval disorders: Are generic teaching skills enough! *Behavioral Disorder, 16,* 225-237.

Keating, D. P. (1980). Thinking processes in adolescence. In J.

Adelson (Ed.), *Handbook of adolescent psychology*. New York: Wiley.

Keniston, K. (1970). *Youth and dissent*. New York: Harcourt Brace Jovanovich.

Kennedy, S. (1984). Youth programms stress non-alcoholic activities. *The Philadelphia Inquirer, 28*, 8-15.

Kerr, M. M., Nelson, C. M., & Lambert, D. C. (1987). *Helping adolescents with learning and behavior problems*. Columbus, OH: Merrill Publishing Co.

Kelly, E. A., & Hansen, D. (1987). Social interactions and adjustment. In V. B. Van Hasselt & M. Hersen (Eds.), *Handbook of adolescent psychology (pp. 102-129)*. New York: Lexington Books.

Kett, J. (1977). *Rites of passage*. New York. Basic Books

Kimmel, D. C., & Weiner, I. B, (1995). *Adolescence: A developmental transition*, Hillsdale, NJ: Lawrence Erlbaum Associates, Publishers.

Kindsvatler, R. (1978). A new view of the dynamics of discipline. *Phi Delta Kappan, 59, 322-324.*

Kinsey, A. (1948). *Sexual behavior in the human male*. Philadephia: W. B. Saunders Co.

Kletmer, R, H. (1979). Self esteem and college dating on educational attainment of youngmen. *Journal of Marriage and Family, 41*, 97-108.

Kline, R. B., Canter, W, A., & Robin, A. (1987). Parameters of teenage alcohol use: A path analytic conceptual model. *Journal of Consulting and Clinical Psychology, 55*, 521-528.

Kohlberg, L. (1963). The development of children's orientations toward a moral order: I. Seguence in the development of moral thought. *Vita Humana, 6*, 11-33.

Kohlberg, L. (1966). A Cognitive developmental analysis of children's sex-role concepts and attitudes. In E. E. Maccoby (Ed.), *The development of sex differences*. Standford: Stanford University Press.

Kohlberg, L. (1969). *Stages in the development of moral thought and action*. New York: Holt, Rinehart & Winston.

Kohlberg, L. (1975). The cognitive-developmental education. *Phi Delta Kappan, 56*, 610-677.

Kohlberg, L. (1981). *Essays on moral development: Development*. San Francisco: Harper & Row.

Koneya, M. (1976). Location and interaction seating arangements. *Environment and Behavior, 8*, 265-282.

Konopka, G. (1976). *Young girls: A portrait of adolescence*. Englewood Cliffs, NJ: Prentice-Hall.

Kostelnik. M, J., Stein, L. C., Whiren, A. P., & Soderman, A. K. (1993). *Guiding children's social development*. Cincinnati, OH: South-Western Publishing, Co.

Kratcoski & Kratcoski (1996). *Juvenile delinquency. Uppen Saddle*. NJ：Prentice – Hall.

Kuhn, D, (1979). The significance of Piaget's formal operations stage in education. *Journal of Education, 161*, 34-50.

Kulik, J. A., & Kulik, C. L. (1984). Effects of accelerated instruction on students. *Review of Educational Research, 54*, 409-425.

Lahey, B. B. (1992). *Psychology: An introduction*. Dubugue, IA:

Wm C. Brown Publishers.

Larson, C. J. (1984). *Crime-justice, & Society*. Bayside, NY: General Hall, Inc.

Lerner, H. (1987). Psychodynamic models. In V. B, Van Hasselt & M. Hersen(Eds.). *Handbook of adolescent psychology*. New York: Pergamon Press.

Lemert, E. (1972). *Social Pathology*. New York: McGraw-Hill.

Levine, J. M., & Moreland, R. L. (1986). Outcome comparisons in group contexts: Consequences for the self and others. In R. Schwarzer (Ed.), *Self-related cognitions in anxiety and motivation (pp.285-303)*. Hillsdale, NJ: Erlbaum.

Lewin, K. (1939). The field theory approach to adolescence. *American Journal of Sociology, 44,* 868-897.

Liberman, P. R., DeRisi, W. J., & Mueser, K. T. (1989). *Social skill training for psychiatric patients*. New York: Pergamon Press.

Loesch, L. C. (1981). Leisure counseling with young. *The Counseling Psycholosist, 9,* 55-67.

Luckey, E., & Nass, G. (1969). A comparison of sexual attitudes and behavior in an international sample. *Journal of Marriage and the Family, 31,* 364-379.

Lyman, H.B. (1991). Test scores and what they mean 5th ed. Englewood Cliffs, NJ: Prentice-Hall.

Maccoby, E. E., & Martin, J. A. (1983). Socialization in the parent-child interaction. In P. H. Muusen (Ed.), *Hardbook of child psychoogy (Vol. 4)*. New York: John Wiley and Sons.

Malyon, A. K. (1981). The homosexual adolescent: Developmental issues and social biase. *Child Welfare,* 60, 321-330.

Marcia, J. (1966). Development and validation of ego identity status. *Journal of personality and Social Psychology,* 3, 551-558.

Macia, J. (1967). Ego identity status: Relationship to change in self-esteem, "general maladjustment", and authoritarianism. *Jouraul of Personality,* 3, 119-133.

Marcia, J. (1976). Identity six year after: A follow-up study. *Journal of Youth and Adolescence,* 5, 145-160.

Marcia, J. (1980). Identity in adolescence. In J. Adelson(Ed.), *Handbook of adolescent psychology.* New York: John Wiley & Sons Inc.

Marsh, W. A., & Tanner, J. M. (1970). Variations in the pattern of pubertal changes in boys. *Achives of the Diseases of Childhood,* 45, 13.

Marshall, H. H., & Weinstein, R. S. (1984). Classroom factors affecting students' self-evaluations: An interactional model. *Review of Edacational Research,* 54, 301-325.

Maslow, A. H. (1970). *Motivation and personality(3rd ed.).* New York: Harper & Row.

Masters, W. H., & Johnson, V. E. (1979). *Homosexuality in perspective.* Boston: Little, Brown.

Masters, J. C., & Smith, W. P.(Eds.) (1987). *Social comparison, social justice and relative deprivation: Theorical, empirical and policy perspective.* Hillsdale, NJ: Erlbaum.

McCall, R., Applebaum, M., & Hogarty, D. (1973). Develpmental changes in mental performance. *Monographs of the Society* for Research in Child Development, 38, 150(whole).

McCandless, B. R. (1979). Adolescents: Behavior and development. Hinsdale, IL: The Dryden Press.

McCord, J., & Tremblay, R. E. (1992). Preventing antisocial Behavior: Interventions from birth through adolescence. New York: The Guilford Press.

Mead, M. (1950). Sex and temperament in three priminitire societies. New York: Merton Books.

Mead, M. (1953). Growing up in New Guinea. New York: Morrow.

Meadow, M. J., & Kahoe, R. D. (1984). Psychology of religion. New York: Harper and Row.

Meilman, P. W. (1979). Cross-sectional age changes in ego identity status during adolescence. Developmental Psychology, 15, 230-231.

Merton, R. (1957). Social theory and Social structure. Gelevcoe, IL: Free Press.

Miller, W. B. (1958). Lower class culture as a generating milieu of gang delinquency. Journal of Social Issues, 14, 5-19.

Miller, W. (1982). Youth gang. Children Today, 11, 10-11.

Miller, N. E., & Dollard, K. (1941). Social learning and imitation. New Haren, CN: Yale University Press.

Money, J., & Ehrhardt, A. A. (1972). Man and woman, boy and girl: The differentiation and dimorphism of gender identity from conception to maturity. Baltimore: Johns Hopkins University Press.

Mortimer, J. T. & Finch, M. D. (1996). Adolescents, work, and family: An intergenerational development analysis, New Delhi: Sage.

Muuss, R. E. (1982). *Theories of adolescence (4th ed.)*. New York: Random House.

Nadelson, C. (1981). Alternatire life styles and the mental health of children. In S. Arieti et al.(Eds.), *American handbook of psychiatry*. (*Vol. 7.*), New York: Basic Books Inc.

National Academy of Science (1974). *Recommended dietary allowances*. Washington, D. C.: National Academy of Sciences, National Resebrch Council.

Nelson-Jones R. (1993). *Practical counseling and helping skills: Helping clients to help themselves*. London: Cassell Educatitonal & Ltd.

Neulinger, J. (1981) . *To leisure: An introduction*. Boston: Allyn & Bacon.

Newman, B. M., & Newman, P. R. (1986). *Adolescent development*. Columbus, OH: Merrill Publishing Co.

Nugent, F. A. (1990). *An introduction to the profession of counseling*. Columbus, OH: A Bell & Howell Information Co.

Okech, J. E. (1987). Cross-cultural analysis of mathematical attitudes of righ school students and skills viewed as required for employment in Kenya. *Psychological Reports, 60,* 990.

Okun, M. A., & Sasfy, J. H. (1977). Adolescence, the self-concept, and formal operations. *Adolescence, 12,* 373-381.

O'Neil, J. M., Ohlde, C., Barke, C., Prosser-Gelwick, B., & Garfield, N. (1980). Research on a workshop to reduce the effects of sexism and sex-role sociolization on women's career planning. *Journal of Counseling Psychology, 27,* 529-

634.

O'Reilly, D. (1990). I deserve it. *The Philadelphia Inquirer, 21,* 1-D, 8-D.

Paikoff, R. C., & Brooks-Gunn, J. (1991). Do parent-child relationships change during puberty? *Psychological Bulletin, 110,* 47-68.

Parikh, B. (1980). Development of moral judgment and its relation to family environmental factors in India and American families. *Child Development, 51,* 1030-1039.

Parker, J. G., & Asher, S. (1987). Peer relations and later personal adjustment. *Psychologiral Bulletin, 102,* 357-389.

Pechacek, T. F., Murray, D. M., Luepker, R. V., Mittelmark, M. B., Johnson, C. A., & Shutz, J. M. (1984). Measurement of adolescent smoking behavior: Rationale and methods. *Journal of Behavioral Medicine, 7,* 123-140.

Petersen, A. C., & Taylor B. (1980). The biological approach to adolescence: Biological change and psychological adaptation. In J. Adelson(Ed.), *Handbook of adolescent psychology (pp.* 117-155). New York: Wiley.

Persky, I., Smith, K. D., & Basu, G. K. (1971). Relation of psychologic measures of aggression and hostility to testosterone production in man. *Psychosomatic Medicine, 33,* 265-277.

Piaget, J. (1964). *The moral judgment of the child.* Glencoe, IL: Free Press.

Piaget, J. (1972). Intellectual evolution from adolescence to adulthood. *Human Development, 15,* 1-12.

Piaget, E. C., & Inhelder, B. (1969) . *The psychology of the child.*

New York: Norton.

Pomerleau, O. F., & Pomerleau, C. S. (1984). Neuro-regulation and the reinforcement of smoking: Towards a biobehavioral explanation. *Neuroscience and Biobehavioral Review, 8,* 503-513.

Pomerleau, O. F., & Pomerleau, C. S. (1989). A biobehavioral perspective on smoking. In T. Ney, & A. Gale(Eds.), *Smoking and human behavior.* New York: Wiley.

Poppen, W. A., & White, P. N. (1984). Transition to blended family. *Elementary School Guidance and Counseling, 19,* 50-61.

Raphael, D., & Xelowski, H. G. (1980). Identity status in high school students: Critique and a revised paradigm. *Journal of Youth and Adolescence, 9,* 383-389.

Rice, F. P. (1978). *The adolescent: Development, relationships, and culture(2nd ed).* Boston: Allyn and Bacon, Inc.

Rice, B. (1979). Brave new world of intelligence testing. *Psychology Testing, 13,* 26-41.

Rice, F. P. (1983). *Contemporary marriage.* Boston: Allyn and Bacon, Inc.

Rice, F. P. (1993). *The adolescent: Development, relationships, and culture(5th ed.).* Boston: Allyn and Bacon, Inc.

Rogers, D. (1985). *Adolescents and youth.* Englewood Cliffs, NJ: Prentice-Hall.

Robinson, I. E., & Jedlicka, D. (1982). Change in sexual attitude and behavior of college students from 1965-1980: A research note. *Journal of Marriage and the Family, 44,* 237-240.

Roe, A. (1957). *Psychology of occupation.* New York: John Wiley.

Rogers, C. R. (1959). *Client-centered therapy.* Boston: Hougaton-Miffin.

Rogers, D. (1977). The psychalosy of adolescence. Englewood Cliffs, NJ: Prentice-Hall.

Rogers, M. F. (1985). AIDS in children: A review of the clinical, epidemiologic and public health aspects. *Pediatric Infections Disorder, 4,* 230-236.

Rokeach, M. (1973). *The nature of human values.* New York: The Free Press.

Ross, A. O. (1979). *Psychological disorders of children: A behavioral approach to theory, research, and therapy (2nd ed.).* New York: McGraw-Hill.

Rousseau, J. J. (1762). *Emile, or education (B. Foxley, trans.).* London: J. M. Dent and Sons Ltd.

Santrock, J. W. (1998). Adolescence. Dubugue, Iowa: McGrow-Hill.

Sarrel, L. J., & Sarrel, P. M. (1981) . Sexual unfolding: *Journal of Adolescent Health Care, 2,* 93-99.

Scheel, R. E., & Hall, E. (1983). *Developmental Psychology (4th ed.).* New York: Random House.

Schvaneveldt, J. D. (1973). Mormon adolscents' likes and dislikes towards parents and home. *Adolescence, 8,* 171-178.

Schwartz, M. (1969). Report on sex information knowledge of 87 lower class ninth grade boys. *Family Coordinator, 18,* 361-371.

Scotf, P. D. (1982). Defenders of order or guardians of human rights? In I. Taylor, P. Walton, & J. Young (Eds.), *Critical criminology.* London: Routledge & Kegan Paul.

Schaefer, E. S. (1959). A circumpler model for maternal behavior. *Journal of Abnormal and Social Psychology, 59,* 226-235.

Scott, E. M. (1978). Young drug users and nonabusers: A comparison. *International Journal of Offender Therapy and Comparative Criminology, 22,* 105-114.

Selbald, H. (1981). Adolescents concept of popularity and unpopularity, comparing 1960 and 1976. *Adolescence, 16,* 187-193.

Sebald, H. (1989). Adolescents peer orientation: Changes in the support system during the past three decades. *Adolescence, Winter,* 936-940.

Selman, R. L. (1980). *The growth of interpersonal understanding: Developmental and clinical analyses.* New York: Academic Press.

Selman, R., & Selman, A. (1979). Children's ideas about friendship: A new theory. *Psychology Today, 13,* 71-80, 114.

Seltzer, V. C. (1980). Social comparison behaviors of adolescents. In E. A. Pepitone(Ed.), *Children in cooperatiton and competition.* Lexington, MA: Lexington Books.

Senna, J., Rathus, S. A., & Siegel, L. J. (1974). Delinquent behavior and academic investment among suburban youth. *Adolescence, 9,* 481-494.

Shertz, B., & Stone, B. C. (1981). *Foundamentals of guidance(4th ed.).* Boston: Houghton Mifflin Co.

Sillbert, M. H., & Pines, A. M. (1982). Entrance into prostitution. *Youth and Society, 13,* 471-500.

Sizer, T. (1984). *Horace's compromise.* Boston: Houghton-Mifflin.

Skeels, H. M. (1966). Adult status of children with constrasting life experiences. *Monographs for Society of Research in Child Development,* 31, (No. 105).

Skinner, B. F. (1948). *Walden two.* New York: MacMillan.

Skinner, B. F. (1966). *The behavior of organisms: An experimental analysis.* Englewood Cliffs, NJ: Prentice-Hall.

Skinner, B. F. (1974). *About behariorism.* New York: Knopf.

Skolnick, A. S. (1986). *Psychology development.* Orland, FL: Harcourt Brace Jovanovich, Publishers.

Slavin, R. E. (1977). Cassroom reward structure: An analytic and practical review. *Review of Educatitonal Review,* 47, 633-650.

Slavin, R. E. (1997). *Educational psychology.* Needham Heights, MA: Allyn & Bacoh.

Smith, B. D., Davidson, R. A., Smith, D. L., Goldstein, H., & Perlstein, W. (1989). Sensation seeking and arousal: Effects of strong stimulation on electrodermal activation and memory task performance. *Personality and Individual Differences, 10,* 671-679.

Sorenson, R. C. (1973). *Adolescent sexuality in contemporary America.* New York: World.

Spence, J. (1982). Comments Baumrind's "Are anarogynous individual more effective persons and parents?" *Child Development, 53,* 76-80.

Spence, S. H. (1987). The relationship between social-cognition skill and peer sociometric ststus. *British Journal of Develop-*

mental Psychology, 5, 347-356.

Spence, J., & Helmreich, R. (1981). Androgyny versus gender schema: A comment on Bems gender schema theory. *Psychological Review, 88*, 365-368.

Steinberg, L. D. (1984). The varieties and effects of work during adolescence. In M. Lamb (Ed.), *Advances in developmental psychology.* Hillsdale, NJ: Lawence Erlbaum Associates.

Steinberg, L. D. (1993). Adolescence. New York. McGrow-Hill.

Sternberg, R. J. (1985). *Beyond IQ: A triarchic theory of intelligence.* New York: Cambridge University Press.

Stewart, J. (1975). Clarifying values clarification: A critque. *Phi Delta Kappan, June,* 684-688.

Stott, D. (1982). *Delinquency.* New York: SP Medical and Scientific Books.

Sullivan, H. S. (1953). *The interpersonal theory of psychiatry.* New York: Norton.

Super, D. E. (1980). *The psychology of careers.* New York: Harper.

Spokane, A. R. (1991). *Careeer intervention.* Englewood Cliffs, NJ: Prentice-Hall.

Suls, J., & Mullen, B. (1982). From the cadle to the grave: Comparison and self-evaluation across the life-spas. In J. Suls (Ed.), *Psychological perspectives on the self (Vol. 1, pp. 97-125).* Hillsdale, NJ: Erlbaum.

Super, D. E. (1957). *The Psychology of careers.* New York: Harper & Row.

Super, D. E., & Bachrach, P. B. (1957). *Scientific careers and vocational therapy*. New York: Teachers College Bureau of Publications.

Sutherland, E. H., & Cressey, D. R. (1960). *Principles of criminology*. New York: Lippincott.

Swain, R. C., Oetting, E. R., Edwavds, R. W., & Beauvais, F. (1989). Links from emotional distress to adolescent drug use: A path model. *Journal of Consulting and Cliuical Psychology, 57*, 227-231.

Sykes, G., & Matza, D. (1957). Techniques of neutralization: A theory of delinquency. *American Sociological Review, 22*, 664-670.

Tanner , J. M. (1962). *Growth at adolescence (2nd ed.)*. Oxford: Blackwell.

Tanner, J. M. (1971). Sequence, tempo, and individual variation in growth and development of boys and girls aged twelve to sixteen. *Daedalus, 100*, 907-930.

Tanner, J. M. (1972). Sequence, tempo, and individual variation in growth and development of boys and girls aged twelve to sixteen. In J. Kagan & R. Coles (Eds.), *12 to 16: Early adolescence (pp.1-24)*. New York: Norton.

Tanner, J. M. (1974). Sequance and tempo in the somatic changes in puberty. In M. M. Grumbach, G. D. Grave, & F. E. Mayer (Eds.), *The control of the onset of puberty*. New York: John Wiley & Sons.

Tanner, J. M. (1990). Sequence, tempo, and individual variation in growth and development of boys and girls aged twelve to sixteen. In R. E. Muuss (Ed.), *Adolescent behavior and society* (*pp. 39-56*). New York: McGrow-Hill Publishing Co.

Taylor, S. E. (1991). *Health psychology*. New York: McGraw-Hill, Inc.

Tedder, S. L., Libbee, K. M., & Scherman, A. A. (1981). Community support group for single custodial father. *The Personnel and Guidance Journal, 10*, 115-119.

Terman, L. M., & Oden, M. H. (1959). *Genetic Studies of genins: Vol. 5. The gifted group at mid-life: Thirty-five year follow-up of the superior child*. Stanford, CA: Stanford University Press.

Thornberg, H. D. (1975). *Contemporary adolescence: Readings*. Monterey, CA: Brooks/Cole Publishing Co.

Thornburg, H. D. (1981). Adolescent sources of information on sex. *The Journal of School Health, 51*, 272-277.

Tinsley, H. E. A., & Tinsley, D. T. (1981). An analysis of leisure counseling models. *The Counseling Psychologist, 9*, 45-53.

Tobias, S.(1976). Math anxiety: what it is and what can be done about it? *Ms., September, 3*, 56-59.

Toman, W. ,(1970). Birth order rules all. *Psychodogy Today, December*, 45-49, 68-69.

Torrance, E. P. (1972). Predictive validity of the Torrance tests of creative thinking. *Journal of creative Behavior, 6*, 236-262.

Torrance, E. P., & Hall, C. K. (1980). Assessing the future reaches of creative potential. *Journal of Creative Behavior, 14*, 1-19.

Turiel, E. (1969). Developmental processes in the child's moral thinking. In P. H. Mussen, J. Langer, & M. Convington

(Eds.), *New directions in developmental psychology*. New York:Holt.

Udry, J. R., Billey, T. D. G., Morris, N. M., Groff, T. R., & Raj, M. H. (1985). Serum androgenic hormones motivate sexual behavior in adolescent boys. *Fertility and Sterilty, 43*, 90-94.

U. S. Bureau of Census (1981). *Statistical abstract of the United States*. Washington, D. C.: U. S. Government Printing Office.

U. S. Bureau of The Census. (1990). *Statistical abstract of the United States: 1990*. Washington, D. C.: U. S. Government Printing Office.

Wallerstein, J. S., & Kelly, J. B. (1977). Divorce counseling service for families in the midst of divorce. *American Journal of Orthopsychiatry, 47*, 4-22.

Waterman, A. S. (1982). Identity development from adolscence to adulthood: An extension of theory and a review of research. *Developmental Psychology, 10*, 387-392.

Waterman, A. S., Geary, P. S., & Waterman, C. K. (1974). A longitudinal study of changes in ego identity status fron the freshman to the senior year at college. *Developmental Psychology, 10*, 387-392.

Wechsler, D. (1975). Intelligence defined and undefined: A realistic appraisal. *American Psychologist, 30*, 135-139.

Witt, P. A., & R Bishop, D. W. (1970). Situational antecedents to leisure behavior. *Journal of Leisure Research, 2*, 64-77.

Wolford, B. I. (1984). *Educational interventions in the juvenile justice system*. Paper presented at the National Adolescent Conference, Pensacola, Florida.

Wolford, B. J. (1985). Educationd interventions in the juvenile justice system. In S. Braaten, W. Evans, & R. B. Rutherford, Jr. (Eds.), *Programming for adolescents with behavioral disorder* (*Vol. 2, pp.74-86*). Reston, VA: Council for Children with Behaviral Disorders.

Woolfolk, A. E. (1998). *Educational psychology* (7th ed.). Needham Height, MA: Apyn & Bacon.

Wyshak, G., & Frisch , R. E. (1982). Evidence for a secular trend in age of menarche. *The New England Journal of Medicine, 306*, 1033-1035.

Yeaworth, R. C., McNamel, R. J., & Pozehl, B. (1992). The adolescent life change event scale: Its development and use. *Adolescence, 27*, 782-799.

Zabin, L. S., & Chark, S. D. Jr., (1980). Why the delay: A study of teenage family planning clinic patients. *Family planning Perspectives, 13*, 205.

Zelnik, M., & Kantner, J. F. (1980). Sexual activity, contraceptive use and pregnancy among metropolitan-area teenagers: 1971-1979. *Family Planning Perspectives, 12*, 230-237.

Zuckerman M. (1979). *Sensation seeking: Beyond the optimal level arousal*. Hillsdale, NJ: Erlbaum.

Zuckerman M. (1984). Experience and desire: A new format for sensation seeking scale. *Journal of Behavior Assessment, 6*, 101-114.

名詞索引

A

B

C

E

F

G

H

J

K

L

M

N

O

P

Q

R

S

T

國家圖書館出版品預行編目資料

青少年發展與輔導／黃德祥著. －－三
版. －－臺北市：五南圖書出版股份有限公
司, 20232.10
面； 公分
ISBN 978-626-343-826-2（平裝）

1.CST: 青少年 2.CST: 青少年問題 3.CST:
青少年輔導

544.67　　　　　　　112001418

1IS3

青少年發展與輔導

作　　　者 ― 黃德祥（309）

發 行 人 ― 楊榮川

總 經 理 ― 楊士清

總 編 輯 ― 楊秀麗

副總編輯 ― 王俐文

責任編輯 ― 金明芬

封面設計 ― 姚孝慈

出 版 者 ― 五南圖書出版股份有限公司

地　　　址：106臺北市大安區和平東路二段339號4樓

電　　　話：(02)2705-5066　傳　　　真：(02)2706-6100

網　　　址：https://www.wunan.com.tw

電子郵件：wunan@wunan.com.tw

劃撥帳號：01068953

戶　　　名：五南圖書出版股份有限公司

法律顧問　林勝安律師

出版日期　2000年11月二版一刷
　　　　　2021年10月二版二十四刷
　　　　　2023年10月三版一刷

定　　　價　新臺幣820元

經典永恆・名著常在

五十週年的獻禮——經典名著文庫

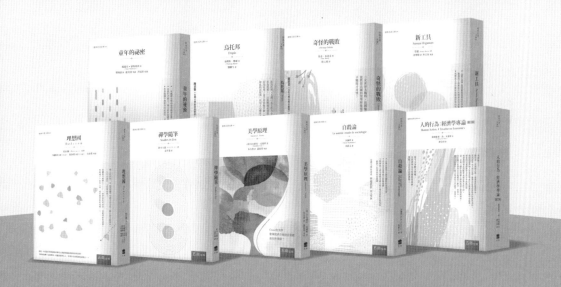

五南，五十年了，半個世紀，人生旅程的一大半，走過來了。

思索著，邁向百年的未來歷程，能為知識界、文化學術界作些什麼？

在速食文化的生態下，有什麼值得讓人雋永品味的？

歷代經典・當今名著，經過時間的洗禮，千錘百鍊，流傳至今，光芒耀人；

不僅使我們能領悟前人的智慧，同時也增深加廣我們思考的深度與視野。

我們決心投入巨資，有計畫的系統梳選，成立「經典名著文庫」，

希望收入古今中外思想性的、充滿睿智與獨見的經典、名著。

這是一項理想性的、永續性的巨大出版工程。

不在意讀者的眾寡，只考慮它的學術價值，力求完整展現先哲思想的軌跡；

為知識界開啟一片智慧之窗，營造一座百花綻放的世界文明公園，

任君遨遊、取菁吸蜜、嘉惠學子！